U0615583

《清實録》中的雄安史料 上

魏國棟　劉玉梅　編校

北京燕山出版社

圖書在版編目（CIP）數據

《清實錄》中的雄安史料 / 魏國楝，劉玉梅編校
. — 北京 : 北京燕山出版社，2021.4
ISBN 978-7-5402-6056-9

Ⅰ. ①清… Ⅱ. ①魏… ②劉… Ⅲ. ①雄安新區一地方史一史料 Ⅳ. ①K292.23

中國版本圖書館CIP數據核字(2021)第035611號

《清實錄》中的雄安史料

編　　校：魏國棟　劉玉梅
責任編輯：劉朝霞
封面設計：采薇閣
出版發行：北京燕山出版社有限公司
社　　址：北京市豐台區東鐵匠營葦子坑 138 號 C 座
郵　　編：100079
電話傳真：86-10-65240430（總編室）
印　　刷：河北虎彩印刷有限公司
開　　本：787×1092　1/16
字　　數：493.5 千字
印　　張：64
版　　别：2021 年 04 月第 1 版
印　　次：2021 年 04 月第 1 次印刷
ISBN　978-7-5402-6056-9
定　　價：1600.00 元（全 2 册）

河北大學燕趙文化高等研究院

INSTITUTE FOR ADVANCED STUDY OF YANZHAO CULTURE,HEBEI UNIVERSITY

成果文庫

《雄安歷史文化叢書》編委會

《雄安歷史文化叢書》總序

二〇一七年四月，中共中央、國務院印發通知，決定設立河北雄安新區，燕趙大地上，又一個春天的故事于此拉開帷幕。早在二〇一七年二月，習近平同志專程到河北省安新縣進行實地考察，在主持召開雄安新區規劃建設工作座談會時便已强調：『堅持保護弘揚中華優秀傳統文化，延續歷史文脉，建設緑色生態宜居新城區。』十月，黨的十九大勝利召開，總書記在《報告》中又特别指出：『堅定文化自信，文化是一個國家、一個民族的靈魂。文化興國運興，文化强民族强。没有高度的文化自信，没有文化的繁榮興盛，就没有中華民族偉大復興。』近年出版的《習近平用典》《習近平講故事》等書則更加表現了總書記尊重和汲取中華優秀傳統文化的高尚智慧與深厚修養。雄安新區的設立是『千年大計』，根據習近平同志的指示和指引，雄安不僅應該成爲引領創新的未來之城，同時也應成爲歷史豐厚的文化之城，而溝通歷史與未來的正是以習近平同志爲核心的黨中央設立雄安新區的英明決策，這也是『千年大計』更深層次的涵義。歷史文脉的延續與文化自信的建立離不開文獻史料的整理研究，因此，編輯一套全面呈現雄安地區歷史文化、風土民俗、水文地理、物産百工面貌的《雄安歷史文化叢書》，便是時代賦予歷史文獻工作者的一項刻不容緩、時不我待的重大課題了。

『雄安』之名取自雄縣與安新，不僅有『雄韜偉略，國泰民安』的吉祥寓意，也表達了對歷史的充分尊重。事實上，雄安位居畿輔，不僅歷史悠久，而且人杰地靈。雄安一帶昔稱臨易、易京，春秋戰國時期即爲燕都之一，而臨易、易京之得名，則因其地臨近易水，也即『風蕭蕭兮易水寒』之易水，直至唐代駱賓王仍賦詩咏贊：『此地别燕丹，壯士髪衝冠。昔時人已没，今日水猶寒。』真是千載以下，如見其人。燕趙多慷慨悲歌之士，在雄安這片土地上，這類人物與故事也是史不絶書。北宋時雄安是宋遼對峙前沿，宋將楊延昭抗遼故事在當地便廣爲流傳。明朝彈劾權奸的名臣楊繼盛，清初抗節不仕的大儒孫奇逢，則都是容城先賢，至今楊繼盛家鄉北河照村的村委會還懸挂着『秉忠臣銘訓，思一心爲民』的對聯。抗日戰争時期，白洋淀曾是水上游擊戰的戰場，《小兵張嘎》的故事在中國更是盡人皆知，狼牙山五壯士中犧牲的胡德林、胡福才也都是容城青年。兩千多年來，雄安孕育了忠義慷慨、淳樸善良的文化傳統，這也成了今天雄安新區建設的精神資源。這些傳統資源遍藏于雄安碑刻、方志、戲曲、文學與民俗文獻之中。此外雄安三縣境内還有衆多文化遺存，如新石器時代遺址、春秋戰國時期遺址、古戰道等文物古迹，都有待于我們去整理與發掘。早在二〇一三年底，習近平同志便明確提出：『要系統梳理傳統文化資源，讓收藏在禁宫裹的文物、陳列在廣闊大地上的遺産、書寫在古籍裹的文字都活起來。』總書記的卓識和遠見已爲歷史文獻工作者鼓足了幹勁，指明了方向。

爲了集中疏解北京非首都功能，深入推進京津冀協同發展，以習近平同志爲核心的黨中央以大禹治水的氣魄，爲國家級新區選址雄安，并將修復保護白洋淀生態區納入其中，體現了高超的政治智慧和深遠的歷史擔當。白洋淀是華北平原最大的淡水水域，瀦河、南瀑河、萍河、南拒馬河等多條河流在此交匯，九河下梢，匯集成淀，素有『北地西湖』『華北江南』的美譽。《水經注》記載：『其澤野有九十九淀，支流條分，往往徑通』，曾經形成了水鄉澤國、碧波萬頃的升平景象。然而白洋淀屬于平原半封閉式淺水型湖泊，水多則澇，水少則乾，因此也曾經歷過内澇與乾涸的歷史滄桑。康熙皇帝也對白洋淀情有獨鍾，曾有詩云：『遥看白洋水，帆開遠樹叢。流平波不動，翠色滿湖中。』他在位時就曾多次治理白洋淀水患。近現代以來，除去旱澇自然灾害以外，白洋淀還面臨着人爲污染的嚴重威脅。雄安新區囊括了白洋淀整個水域，在習近平同志爲規劃建設雄安新區所部署的七個方面重點任務中，首要兩點便是：『建設緑色智慧新城，建成國際一流、緑色、現代、智慧城市；打造優美生態環境，構建藍緑交織、清新明亮、水城共融的生態城市。』古代以水護邦，現代以水興城，未來水城共融，爲了從歷史中汲取有益的經驗，歷代白洋淀水資源利用與治理的相關文獻，以及新區所轄水文地理的相關文獻，都應成爲我們今天規劃建設雄安的重要參考。『水會九流，堪擬碧波浮泛艇。荷開十里，無勞魂夢到蘇堤』，以歷史連接未來，雄安與白洋淀水利文獻必將在建設水城共融的緑色智慧新城中發揮重要作用，『遥看白洋水，翠色滿湖中』的盛世圖景也必將在偉大的新時代重現，這是每一位歷史文獻工作者都夙心切盼、歡欣鼓舞的事情。

在全面掌握與充分占有雄安新區地方歷史文獻的基礎上，我們還將陸續編纂雄安系列文獻，以期用現代學術、科學方法對雄安的史地人文作出系統整理和整體描述。習近平同志曾指出：『建設雄安新區是一項歷史性工程，一定要保持歷史耐心，有「功成不必在我」的精神境界。』這體現了總書記和黨中央廣闊的政治胸襟與崇高的歷史抱負，同時，就雄安千年大計和未來的創新發展而言，對于今天從事雄安規劃建設與歷史文獻整理的工作者來説，則實在更需要有一種時不我待、盡其在我的擔當精神。正是本着這種精神，我們編輯整理了《雄安歷史文化叢書》系列文獻，提供給投身與關心雄安新區規劃建設的人們作爲參考，同時也是歷史文獻工作者爲雄安千年大計開局精心打造的一份獻禮。

編者識

二〇一八年六月

目録

《大清高宗純皇帝實録》……………………………………四

《大清仁宗睿皇帝實録》……一九

《大清文宗顯皇帝實録》……三九

《大清德宗景皇帝實録》……………………四八

《大清世宗憲皇帝實録》……六二

《大清高宗純皇帝實録》……六五

《大清文宗顯皇帝實録》……一〇六

《大清穆宗毅皇帝實録》……一〇八

《大清德宗景皇帝實録》……一一三

《大清仁宗睿皇帝實録》……一八六

《大清宣宗成皇帝實録》……一八九

《大清文宗顯皇帝實録》……一九四

《大清穆宗毅皇帝實録》……一九八

《大清世宗憲皇帝實録》……二四三

《大清高宗純皇帝實録》……二四八

《大清宣宗成皇帝實録》……三四二

《大清文宗顯皇帝實録》……三五二

《大清穆宗毅皇帝實録》……三五七

《大清德宗景皇帝實録》……三六三

《大清宣統皇帝政紀》……三七一

容城

《大清世祖章皇帝實録》

（順治四年　公元 1647 年）

順治四年（丁亥）春正月辛亥日

戶部奏請：「去年八旗圈地止圈一面，內薄地甚多，以致秋成歉收。今年東來滿洲又無地耕種。若以遠處府州縣屯衛、故明勳戚等地撥給，又恐收穫時孤貧佃戶無力運送，應於近京府州縣內，不論有主無主地土，撥換去年所圈薄地，並給今年東來滿洲。其被圈之民於滿洲未圈州縣內，查屯衛等地撥補。仍照遷移遠近，豁免錢糧，四百里者准免二年，三百里者准免一年，以後無復再圈民地，庶滿、漢兩便。」疏入，從之。於是圈順義、懷柔、密雲、平谷四縣地六萬七百五晌，以延慶州、永寧縣、新保安、永寧衛、延慶衛、延慶左衛右衛、懷來衛無主屯地撥補；圈雄縣、大城、新城三縣地四萬九千一百一十五晌，以束鹿、阜城二縣無主屯地撥補；圈容城、任邱二縣地三萬五千五十一晌，以武邑縣無主屯地撥補；圈河間府地二十萬一千五百三十九晌，以博野、安平、肅寧、饒陽四縣先圈薄地撥補；圈昌平、良鄉、房山、易州四州縣地五萬九千八百六十晌，以定州、晉州、無極縣、舊保安、深井堡、桃花堡、遞鴞堡、雞鳴驛、龍門所無主屯地撥補；圈安肅、滿城二縣地三萬五千九百晌，以武強、藁城二縣無主屯地撥補；圈完縣、清苑二縣地四萬五千一百晌，以真定縣無主屯地撥補；圈通州、三河、薊州、遵化四州縣地十一萬二百二十八晌，以玉田、豐潤二縣圈剩無主屯地及遷安縣無主屯地撥補；圈霸州、新城、漷縣、武清、東安、高陽、慶都、固安、安州、永清、滄州十一州縣地十九萬二千五百一十九晌，以南皮、靜海、樂陵、慶雲、交河、蠡縣、靈壽、行唐、深州、深澤、曲陽、新樂、祁州、故城、德州各州縣無主屯地撥補；圈涿州、淶水、定興、保定、文安五州縣地十萬一千四百九十晌，以獻縣先圈薄地撥補；圈寶坻、香河、灤州、樂亭四州縣地十萬二千二百晌，以武城、昌黎、撫寧各縣無主屯地撥補。

《世祖實録》卷 30，頁 245–246

《大清聖祖仁皇帝實録》

（康熙五年至康熙六十一年　公元 1665–1722 年）

康熙五年（丙午）春正月己未日

戶部議覆：「八旗圈換地土一事，以兩議請旨。一議：鑲黃旗近圈順義、密雲、懷柔、平谷四縣之地毋庸撥換外，其在右翼之涿州、雄縣、大城、新安、河間、任邱、肅寧、容城等處地，應照舊例從頭挨次撥換。將正白旗通州、三河迤東大路北邊至豐潤縣地，永平府周圍留剩地，撥給鑲黃旗。如不敷，將遵化至永平路北夾空民地圈給。其正白旗所撤通州迤東之地，亦應於永平周圍地內撥補。不敷，將路北夾空民地，灤州、樂亭縣民地圈給。至二旗包衣佐領下壯丁，應否遷移，伏候上裁。再六旗地畝內除一半可耕、一半不堪者不准撥換外，其過半不堪與全不堪者，應將各旗圈內空地或退回地畝，酌量撥換，俱俟秋成後，差員丈量分撥。一議：鑲黃旗既有順義等四縣地，應將所移涿州壯丁，即於順義等處民地圈給。其河間等七縣所移壯丁，應將正白旗薊州、遵化州地撥給。不敷，將夾空民地圈給。其通州、三河、玉田、豐潤等處地仍留正白旗。餘照前議。」奏入，輔臣等稱旨：「鑲黃旗涿州壯丁移於順義等縣，依後議。其前議將正白旗通州迤東大路北邊給與鑲黃旗，南邊留與正白旗之處，俟秋收後，差員將正白旗滿洲地、投充人地、皇莊地丈量明白，取具實數，酌議分撥，餘俱俟鑲黃旗遷移事竣，具題請旨。」

《聖祖實録》卷18，頁266

康熙六十一年（壬寅）九月辛亥日

旌表直隸烈婦：新安縣李壤妻辛氏、容城縣李煥元繼妻孫氏，夫亡自經，從容就義，俱給銀建坊如例。

《聖祖實録》卷299，頁893

《大清世宗憲皇帝實録》

（雍正四年　公元1726年）

雍正四年（丙午）三月庚申日

旌表直隸容城縣烈婦，黃桂林妻孫氏拒奸不汙，自縊殞命。給銀建坊，入祠致祭如例。

《世宗實録》卷42，頁625

《大清高宗純皇帝實録》

（乾隆二年至乾隆五十九年　公元1737–1794年）

乾隆二年（丁巳）七月壬寅日

戶部議覆：「直隸總督李衛疏報，宛平、霸州、保定、文安、大城、房山、永清、昌平、懷柔、延慶、通州、武清、寶坻、清苑、滿城、安肅、定興、唐縣、博野、慶都、容城、完縣、蠡縣、祁州、束鹿、安州、高陽、新安、玉田、河間、獻縣、阜城、肅寧、任邱、交河、景州、吳橋、東光、故城、天津、滄州、靜海、井陘、獲鹿、元氏、欒城、贊皇、晉州、廣宗、鉅鹿、內邱、磁州、邯鄲、成安、肥鄉、曲周、廣平、雞澤、威縣、清河、宣化、蔚州、萬全、懷安、西寧、蔚縣、懷來、冀州、新河、棗強、武邑、衡水、趙州、深州、武強、安平、曲陽、深澤、易州、淶水、廣昌等八十一州縣衛二麥歉收，動支存倉穀石分別賑濟。」得旨：「依議速行。」

《高宗實録》卷47，頁806

乾隆五年（庚申）十二月壬寅日

旌表逼嫁捐軀之直隸定興縣民李國成聘妻王氏，退婚捐軀之直隸容城縣民李師舜聘妻劉氏。

《高宗實録》卷132，頁921

乾隆九年（甲子）秋七月乙酉日

直隸總督高斌疏報：「據布政使沈起元詳稱，霸州、保定、固安、宛平、大興、文安、大城、涿州、房山、良鄉、永清、東安、香河、昌平、順義、懷柔、密雲、平谷、延慶衛、薊州、通州、三河、武清、寶坻、寧河、灤州、盧龍、遷安、撫寧、昌黎、樂亭、臨榆、雄縣、高陽、新安、清苑、滿城、安肅、新城、容城、定興、唐縣、博野、蠡縣、慶都、完縣、祁州、安州、束鹿、河間、獻縣、阜城、肅寧、任邱、交河、景州、故城、吳橋、東光、寧津、天津、津軍廳、青縣、靜海、滄州、南皮、鹽山、慶雲、靈壽、新樂、廣宗、鉅鹿、平鄉、南和、廣平、雞澤、曲周、磁州、成安、威縣、清河、廣平、開州、赤城、延慶、萬全，冀州並所屬之新河、南宮、武邑，深州並所屬之武強、饒陽、安平，定州並所屬之曲陽、深澤，易州並所屬之淶水，遵化州並所屬之豐潤、玉田，熱河、八溝、喀喇河屯等一百五州縣衛廳，今春雨澤愆期，間被冰雹，二麥歉收。再東安、遷安、撫寧、唐縣、定興、河間、靈壽、延慶、懷安、西寧、蔚州、懷來等州縣，四五六等月被雹傷禾，業經借給籽種，俟秋收後，確勘分數，另行題明。」得旨：「該部速議具奏。」尋議：「應如該督所請辦理。秋獲後，將收成分數另題，並將借給籽種數目咨部。」得旨：「依議速行。」

《高宗實録》卷 220，頁 835–836

乾隆十年（乙丑）七月丙戌日

戶部議准：「陞任直隸總督高斌疏稱，直屬文安、河間、獻縣、阜城、肅寧、交河、吳橋、東光、滄州、慶雲、靜海、鹽山、青縣、西寧、赤城、宛平、大興、霸州、保定、大城、涿州、房山、良鄉、固安、永清、香河、密雲、通州、三河、武清、寶坻、薊州、寧河、灤州、盧龍、遷安、撫寧、臨榆、清苑、滿城、安肅、定興、新城、唐縣、博野、慶都、容城、完縣、蠡縣、雄縣、祁州、束鹿、安州、高陽、新安、任邱、寧津、故城、天津、南皮、正定、獲鹿、元氏、藁城、欒城、無極、贊皇、平鄉、廣宗、鉅鹿、唐山、內邱、任縣、磁州、邯鄲、成安、曲周、廣平、威縣、清河、東明、延慶、宣化、萬全、龍門、懷來，冀州並所屬之新河、武邑、衡水，趙州並所屬之柏鄉、隆平、臨城、寧晉、高邑，深州並所屬之武強、饒陽、安平，定州並所屬之曲陽、深澤，易州並所屬之淶水、廣昌，遵化州並所屬之豐潤、玉田，又延慶衛、熱河、喀喇河屯等一百一十二州縣衛廳，因春夏雨澤愆期，二麥被旱歉收，兼有被雹傷損者，俱經酌借籽種口糧，並令及時布種秋禾。其應否加賑蠲免，俟秋獲時勘明分數辦理。」

得旨：「依議速行。」

《高宗實録》卷245，頁158–159

乾隆十年（乙丑）十一月庚午日

賑貸直隸香河、三河、昌平、密雲、延慶衛、新安、容城、易州、吴橋、交河、景州、獻縣、故城、天津、慶雲、靜海、鹽山、滄州、正定、元氏、藁城、無極、贊皇、鉅鹿、廣宗、內邱、唐山、平鄉、柏鄉、高邑、臨城、威縣、清河、宣化、萬全、懷安、西寧、蔚州、蔚縣、延慶州、赤城、龍門、懷來、保安、熱河、張家口、獨石口、喀喇河屯等四十八州縣衛廳旱災軍民。

《高宗實録》卷252，頁252

乾隆十一年（丙寅）三月丙申日

是月，直隸總督那蘇圖奏：「接准部咨，以所報官莊被災分數，與內務府委員所報不同，行令查覆。查近年官地莊頭多有不報，地方官徑赴內務府自行呈報者，內除香河一縣，業於上年咨部，是以前奉未經列入。其靜海縣現在飭查未到，至南皮、容城、獲鹿、房山四處，均無詳報被災之案。又新城、交河二縣，前據該地方官勘，不成災。臣據結聲敘，故與委員所報不同。」得旨：「朕所以令汝密察者，恐地方官與內務府差員作弊也。若如此苟且了事之查察，則多此一事，反不如無矣。且苟且尚可，粉飾甚不可。慎之。」

《高宗實録》卷261，頁390–391

乾隆十一年（丙寅）閏三月乙丑日

又奏：「前查辦官莊地畝被災，遺漏靜海、南皮、香河、獲鹿、容城等五縣，荷蒙恩宥，不加譴責。今已查明歉收分數，咨部核辦。」得旨：「以後凡事留心，屢邀朕宥，於汝何顏？但直隸總督實倍難於各省，朕亦知之，而卿則不可不自勉也。」

《高宗實録》卷263，頁413

乾隆十二年（丁卯）六月庚申朔日

戶部議准：「直隸總督那蘇圖疏稱八旗下屯種地人等應建房屋。現在通州、昌平、豐潤、三河、玉田、昌黎、樂亭、淶水、武清等州縣各報建竣二百五十戶。又任邱、文安、香河、大興、延慶衛、大城、霸州、延慶州、灤州、順義、清苑、望都、容城、密雲、寶坻、遷安、高陽、雄縣、蠡縣等州縣衛續報，共建竣三百六十九戶。又建竣耕種、認買公產地畝共三十二戶。應查明已撥人戶，令其前往耕種。內有各屬已造旗分姓名，及現報完工尚未造有旗分姓名者，均經分晰匯造總冊，應聽戶部移咨各旗，按戶查明，發銀給照，令其前往等語。查各州縣建竣房屋內，八旗共計六百十九戶，耕種公產者三十二戶，共六百五十一戶。應照原議，於公產地價項下，動撥銀六萬五千一百兩，令各該旗出具總領，赴部領回，會同查旗御史按戶給發。每戶給牛具耔種銀各一百兩，並印照一紙，令其前往。」又稱：「各屬未經建竣六百四十三戶，及耕種認買公產旗人一十九戶，現在督令速建等語。應令該督嚴飭趕辦，隨竣隨報，俾得陸續下屯耕作。」從之。

《高宗實録》卷 292，頁 822–823

乾隆十二年（丁卯）七月丙午日

賑恤直隸固安、永清、香河、武清、涿州、霸州、大城、薊州、玉田、新城、容城、蠡縣、雄縣、祁州、束鹿、安州、高陽、新安、易州、淶水、河間、獻縣、阜城、肅寧、任邱、寧津、吳橋、故城、東光、天津、南皮、正定、井陘、藁城、冀州、南宮、新河、武邑、衡水、趙州、柏鄉、隆平、高邑、臨城、深州、武強、饒陽、安平、沙河、南和、平鄉、廣宗、鉅鹿、内邱、永年、曲周、雞澤、邯鄲、成安、威縣、清河、磁州、宣化、赤城、萬全、懷來、蔚州、蔚縣、西寧、懷安、喀喇河屯通判、獨石口同知、熱河、八溝同知、四旗通判等七十五州縣廳被水、被旱、被雹饑民。

《高宗實録》卷 295，頁 864

乾隆十五年（庚午）十月甲午日

蠲緩直隸固安、永清、霸州、保定、文安、大城、東安、武清、寶坻、薊州、寧河、宛平、涿州、樂亭、清苑、容城、唐縣、博野、新城、完縣、蠡縣、雄縣、祁州、安州、高陽、新安、安肅、河間、肅寧、任邱、天津、青縣、靜海、津軍廳、萬全、張家口同知、西寧、蔚縣、宣化、龍門、懷安、定州、曲陽、易州、豐潤、玉田等四十六廳州縣水災、雹災地畝本年額賦。其固安、永清、霸州、保定、文安、武清、寶坻、新城、雄縣、安州、新安、天津、津軍廳、靜海、大城、肅寧、高陽、玉田等十八廳州縣饑民，貸予口糧。保定、文安、大城、東安、武清、寶坻、薊州、寧河、清苑、新城、完縣、蠡縣、雄縣、祁州、安州、高陽、新安、河間、肅寧、任邱、天津、青縣、靜海、津軍廳、西寧、豐潤、玉田、固安、永清、霸州、易州、唐縣、曲陽、定州、樂亭等三十五廳州縣饑民，並予賑恤有差。

《高宗實録》卷 375，頁 1144

乾隆十六年（辛未）五月庚戌日

諭：「據直隸總督方觀承奏稱，霸州等處上年勘不成災，及歉收各村莊，所有借給籽種口糧，例應按期催追還倉，但現在各處麥收，雖屬可期，而米穀無出，民力不無拮据等語。著照所請，將霸州、涿州、寶坻、薊州、豐潤、清苑、雄縣、完縣、祁州、容城、河間、肅寧、任邱、天津、青縣、靜海、定州、曲陽、宣化、懷安、萬全、蔚縣等二十二州縣內，從前借給各村莊米穀，無論加息免息，俱緩至本年秋成後，照數完交，以抒民力。該部遵諭速行。」

《高宗實録》卷 388，頁 99

乾隆十七年（壬申）六月癸卯日

直隸總督方觀承奏：「據近日所報，唐山、趙州、寧晉、隆平、新河、武邑、棗強等處，蝗蝻撲除將盡。查趙、冀二屬，南連順德，北入正定，境壤交錯，互有飛越，恐致滋延。臣現駐趙州，分員四出搜捕，其正定屬之平山、獲鹿、井陘、靈壽、正定、元氏、行唐、新樂等處，或撲除已盡，或既撲復萌，並飭加緊巡查，速就殄滅。再保定屬之清苑、安肅、安州、容城、新安、高陽、完縣、蠡縣、唐縣等處，亦據報將次告竣。細察近日情形，大率皆係草上螞蚱，雖有翅能飛，然亦不過於數里中，乍起乍落，非若飛蝗之漫空遠颺。是以一經趕撲，就地立盡，田禾幸皆無損。」得旨：「今年蝗蝻，雖幸不為害，若非朕督責，將不知何底止矣。此時雖云撲除，然向前正宜謹防。慎之。」

《高宗實録》卷 416，頁 453–454

乾隆三十五年（庚寅）十月壬辰日

戶部議覆：「直隸總督楊廷璋疏稱各州縣被災應行賑恤事宜。一、勘明被水、被雹村莊成災之武清、寶坻、寧河、香河、霸州、保定、文安、大城、固安、永清、東安、宛平、大興、涿州、順義、懷柔、密雲、清苑、安肅、定興、新城、高陽、安州、望都、容城、蠡縣、雄縣、祁州、新安、天津、靜海、滄州、青縣、津軍廳、成安、曲周、廣平、大名、南樂、清豐、元城、萬全、龍門、定州、豐潤、玉田等四十六州縣廳，按成災分數，蠲免錢糧，並極次貧民，自十一月起，分別給賑口糧。米糧由鄰近災輕及並不被災州縣內協撥。倘鄰境無米可撥，每米一石，折銀一兩二錢。一、村莊離城窵遠，窮民領米維艱。飭各州縣將被災村莊離城數十里以外者，於適中地設廠，委員監賑。其各州縣撥運倉糧，應給腳價。一、被災貧士，照次貧例賑給。每米一石，折銀一兩，令教官散給。一、屯居被災旗人竈戶，俱令辦災各委員及地方官會同場員，查明戶口，分別一體賑恤。本管道、府、廳、州總理稽查。一、查災監賑委員，除正印外，其佐雜教官試用等官，並書役等應給盤費飯食，及造冊紙張銀兩。一、被災各屬涸出地畝，借給麥種籽種穀石。並勘不成災村莊農民缺乏口糧，請分別借給，均於來歲秋收後，免息追還。至明歲停賑後，青黃不接時，貧民糴食維艱，應照歉收例，酌動倉穀平糶。一、各屬錢糧，業經普蠲。其例不普蠲之屯糧，並房租新墾地畝，及勘不成災地畝，應徵屯糧等項。並節年舊欠錢糧，民借米穀，分別停徵帶徵。一、入官存退餘絕等項地畝，及公產井田香燈地租，請照民地例緩徵。一、窮民廬舍被沖，及淹浸坍塌者，請給貲苫蓋。每瓦房一間，給銀一兩，土草房五錢。一、霸州被災官圍營田，應解易州供應陵稍米石。應俟來年稻穀豐收，通融補解，其佃民歸入該州一體給賑，均應如所請。」從之。

《高宗實録》卷 871，頁 678–679

乾隆三十六年（辛卯）七月戊辰日

是月，直隸總督楊廷璋奏：「被災州縣，除已奏大興等四十一處外，又續據稟順義等二十四州縣內，順義、容城、晉州、南皮、廣平、邯鄲、雞澤、曲周、永年、成安、大名、開州、清豐、龍門、延慶、南和、任縣、趙州、隆平等十九州縣較輕，鹽山、青縣、滄州、慶雲四處次重，寧晉一縣較重，共被水六十五州縣。現在確勘分別辦理。報聞。」

《高宗實録》卷889，頁925

乾隆三十八年（癸巳）三月戊戌日

諭：「前因永定、北運二河工程，關係民生，特命重臣會勘。大發帑金，克期修築。經周元理奏請省視其成，以慰臣民望幸。因諏吉，恭奉皇太后安輿巡幸天津，順途周覽，仍復指示機宜，期使共資利賴。業於啟鑾日降旨，將經過地方及天津闔府屬本年應徵錢糧，蠲免十分之三，用敷闓澤。昨歲畿輔普慶豐登，閭閻藉以康阜。今蹕路所經，見小民扶老攜幼，夾道歡迎，足徵飽暖恬熙景象。惟是元氣初復之時，更宜培養，而各州縣尚有節年緩帶未完欠項，例應次第催徵，民力仍恐不能充裕。著再加恩，將沿途經由之宛平、大興、良鄉、房山、涿州、淶水、易州、定興、容城、新城、雄縣、任邱、霸州、保定、文安、大城、武清、東安、永清、固安等二十州縣未完乾隆三十三、四、五、六等年緩帶民欠銀三萬五千五百二十七兩零，穀、豆三十四石四升，天津府屬州縣共未完乾隆三十四、五、六等年，緩帶地糧銀六萬八百九十二兩零，本色屯糧穀並米、豆，合穀一萬六千一百七十五石七門五升零，普行豁免。俾郊甸海濱黎庶，永免追呼，益臻樂利，稱朕行慶觀民，加惠無已之至意。該部即遵諭行。」又諭：「此次辦差文武官員，任內所有降級、罰俸、住俸之案，俱著開復，其無此等案件者，各加一級。」

《高宗實録》卷928，頁482–483

乾隆四十一年（丙申）夏四月癸丑日

蠲免直隸霸州、保定、文安、大城、固安、永清、東安、武清、寶坻、薊州、寧河、香河、大興、宛平、順義、清苑、安肅、新城、博野、望都、容城、蠡縣、雄縣、祁州、安州、高陽、新安、河間、獻縣、任邱、天津、青縣、靜海、津軍廳、正定、晉州、無極、藁城、新樂、雞澤、大名、元城、玉田、武邑、衡水、趙州、隆平、寧晉、深州、武強、安平、定州等五十二州縣廳乾隆四十年水災額賦有差。

《高宗實録》卷1006，頁512

乾隆五十七年（壬子）閏四月庚辰日

諭：「前因直隸順德、大名、廣平三府屬雨澤愆期，業經截留漕糧三十萬石，並將新舊錢糧概予緩徵。其保定以北各州縣亦未得透雨，應否緩徵平糶之處。降旨詢問梁肯堂，茲據覆奏，該處各州縣久未得雨，或得雨未透，麥收未能豐稔等語。近畿一帶，上年秋成雖在八分以上，且現經該督飭屬將倉儲穀石分別借糶，民食自不至缺乏，但麥收既屬歉薄，若照例將新舊錢糧倉穀同時並徵，民力究未免拮据。所有保定府屬之清苑、滿城、安肅、定興、新城、容城、安州、束鹿、雄縣，順天府屬之宛平、大興、霸州、東安、大城、保定、文安、涿州、良鄉、固安、永清、香河、昌平、順義、懷柔、密雲、平谷、通州、三河、武清、寶坻、薊州、寧河，河間府屬之獻縣、景州、故城、吳橋、交河，易州並所屬之淶水、廣昌等四十州縣應徵本年節年倉穀錢糧，均著加恩，緩至本年秋成後，再行啟徵。俾民力益紓，以副朕軫念閭閻，有加無已至意。該部遵諭即行。」

乾隆五十七年（壬子）六月壬辰日

諭：「據梁肯堂奏，河間、保定、天津等屬受旱較重，請分別賞藉口糧等語。本年河間等屬雨澤短缺，近雖得雨數次，為時已遲。所有被旱較重之處，無力貧民口食未免拮据，著加恩將河間府屬之景州、河間、獻縣、阜城、任邱、吳橋，保定府屬之雄縣、束鹿八州縣貧民，於七八兩月內，先行賞借兩月口糧。其河間府屬之肅寧、交河、東光，保定府屬之清苑、滿城、安肅、唐縣、博野、望都、完縣、蠡縣、容城、新安，天津府屬之青縣、南皮、滄州、鹽山、慶雲等十八州縣，酌借八月一月口糧，以資接濟。該督務須董飭所屬，實力稽查，妥為經理，毋任胥役人等揑冒滋弊。俾小民均霑實惠，以副朕軫恤窮簷，有加無已至意。」

《高宗實録》卷 1402，頁 839–840

乾隆五十八年（癸丑）春正月己亥日

諭：「上年直隸順德、廣平、大名三府，並保定、河間、天津等府屬，因夏秋雨澤缺少，被旱成災。節經降旨，令該督實力撫恤，並截留漕糧，動撥銀米，分別賑濟，俾災黎糊口有資，毋使一夫失所。第念今春正賑已畢，青黃不接之時，小民生計維艱，口食恐不無拮据，著再加恩，將順天府屬之保定、文安、大城、武清、寶坻、寧河，河間府屬之河間、任邱、景州、獻縣、交河、阜城，天津府屬之青縣、慶雲、鹽山，保定府屬之清苑、束鹿、滿城、望都、容城，趙州屬之寧晉，共二十一州縣，成災七八分之極貧，概行加賑兩個月，以資接濟。至被災較輕各州縣，仍著該督察看情形，分別借糶，妥為籌辦。該督務須董飭所屬，實心經理，俾災黎均霑渥澤，以副朕軫念窮簷，普錫春祺，有加無已至意。該部即遵諭行。」

《高宗實録》卷 1420，頁 2

乾隆五十八年（癸丑）二月辛未日

諭軍機大臣等：「昨吉慶奏，上年被旱歉收之德州、平原等二十七州縣衛，於麥熟後先徵舊欠。其應徵五十八年地丁錢糧，緩至九月啟徵，已即批令准行矣。本日據梁肯堂奏，保定省城於二月初五日得雨深透等語。京城初五日得雨三寸，而保定同日渥被春膏。並據永瑺奏，易州亦於初五日得雨六寸。看來此次雨勢寬廣，直隸地方諒可普霑，麥收有望，朕心深為欣慰。但京南順德、廣平、大名三府上年因旱歉收，而河間、景州、天津為尤重，雖已蠲賑並施新正，復加恩降旨展賑，但究恐民力不無拮据。著將硃批吉慶摺，鈔寄梁肯堂閱看，並令該督將被旱各州縣，有無應照吉慶所請，酌量緩徵之處，體察情形，據實具奏，以副朕軫念災區，有加無已至意。」尋奏：「保定、文安、大城、武清、寶坻、寧河、河間、任邱、景州、獻縣、交河、阜城、青縣、慶雲、鹽山、清苑、滿城、束鹿、望都、容城等二十州縣被災較重，請照山東例，麥熟後先徵舊欠。本年地丁錢糧及各項旗租，緩至九月啟徵。」從之。

《高宗實録》卷 1422，頁 30

乾隆五十九年（甲寅）三月戊戌日

諭：「前因直隸節年遞欠為數較多，業經降旨，因災帶緩未完銀兩寬免十分之三。此次巡幸天津，已降旨將經過地方及天津闔府屬本年應徵錢糧蠲免十分之三。茲朕巡方觀俗，小民望幸情殷，自應渥沛恩施。所有經過地方之大興、宛平、東安、保定、涿州、新城、容城、雄縣、任邱、霸州、文安、大城、武清等州縣節年未完緩帶銀八萬三百六十九兩零，著再加恩蠲免十分之四，並將天津府屬節年積欠未完之緩帶徵地糧銀十三萬三千一百四十兩零，普行豁免，俾蹕路所經，及海濱蔀屋益慶盈寧，共安樂利，以示省耕施惠至意。該部即遵諭行。」

《高宗實録》卷 1448，頁 319–320

乾隆五十九年（甲寅）四月甲戌日

諭：「前因直隸去冬今春雨雪稀少，節經降旨令該督查明，如有應行接濟之處，妥為辦理。茲據梁肯堂覆奏，保定等府各屬，雖得雨數次，究未霑足，除濱臨河淀等處地畝麥收尚屬可望，其高阜處所，難望有收等語。著加恩將保定府屬之清苑、滿城、安肅、定興、新城、唐縣、博野、望都、容城、完縣、蠡縣、雄縣、祁州、束鹿、安州、高陽、新安，順天府屬之涿州、房山、固安、永清、東安、文安、大城、保定、霸州、通州、武清、薊州、香河、寧河、寶坻、昌平、順義，河間府屬之河間、獻縣、阜城、肅寧、任邱、交河、寧津、景州、吳橋、故城、東光，正定府屬之正定、獲鹿、井陘、阜平、欒城、行唐、靈壽、平山、元氏、贊皇、晉州、無極、藁城、新樂，順德府屬之邢臺、沙河、南和、平鄉、廣宗、唐山、鉅鹿、內邱、任縣，廣平府屬之永年、曲周、肥鄉、雞澤、廣平、邯鄲、成安、威縣、清河、磁州，大名府屬之元城、大名、南樂、清豐、東明、開州、長垣，易州並所屬之淶水、廣昌，定州並所屬之曲陽、深澤，深州並所屬之武強、饒陽、安平，趙州並所屬之柏鄉、隆平、高邑、臨城、寧晉，冀州並所屬之南宮、新河、棗強、武邑、衡水等一百七州縣應徵本年節年倉穀錢糧，均著緩至本年秋成後，再行徵收。俾民力寬紓，以副朕軫念閭閻，有加無已至意。該部即遵諭行。」

《高宗實録》卷 1451，頁 343–344

乾隆五十九年（甲寅）冬十月丁卯日

賑恤直隸霸州、保定、文安、大城、固安、永清、東安、宛平、良鄉、涿州、通州、武清、寶坻、薊州、寧河、香河、灤州、昌黎、樂亭、清苑、滿城、安肅、新城、博野、望都、容城、蠡縣、雄縣、祁州、束鹿、安州、高陽、新安、河間、獻縣、阜城、肅寧、任邱、交河、景州、故城、吳橋、東光、天津、青縣、靜海、滄州、津軍廳、正定、井陘、阜平、行唐、平山、晉州、無極、藁城、新樂、南和、平鄉、鉅鹿、任縣、永年、邯鄲、成安、肥鄉、曲周、廣平、雞澤、威縣、清河、磁州、大名、元城、南樂、豐潤、玉田、冀州、南宮、棗強、新河、武邑、衡水、趙州、隆平、寧晉、深州、武強、饒陽、安平、定州、曲陽、深澤九十二廳州縣本年水災貧民。

《高宗實録》卷 1462，頁 542

嘉慶四年（己未）十二月庚戌日

諭內閣：「胡季堂奏審擬續獲盜犯一摺，已交刑部速議具奏矣。此案盜犯于二、紀會等，皆係張標夥匪，住伊窑內，屢次隨同行劫。且探知何處鋪面熱鬧，煙火稠密，如直隸容城縣之白溝河及易州、大名、深澤等處，山西孝義縣之迤南地方，河南臨漳之五岔口邨，俱糾結多人，分投前往，肆行強劫，殺傷事主，實屬不法已極。地方官若無其事，任彼横行，朕實深憤恨。而大吏等一味因循畏葸，其盜首張標盤踞直隸、河南交界地方十有餘年，朕早有所聞，屢諭胡季堂、吳熊光速行搜捕。而該督等心存畏事，延擱不辦，以致釀成長新店劫掠之案，然亦幸因此案破露。經朕節降嚴旨，責令查拏，該督及地方官等始知畏懼，將盜首張標及案內夥犯陸續就獲，否則何以清盜源而靖奸宄耶？各省封疆大吏於地方重大案件，往往心存姑息，不肯早行辦理，以保全人命，為自積陰功，殊不知此等積年盜匪，若於初起時即行查拏懲辦，既不至任其四處擾害，多戕人命。而破案之後，亦可不至誅及多人。即如教匪一案，該督撫等若能於平日早為覺察，密訪嚴拏，不過將為首匪徒辦理數人，即可完結，何至輾轉勾結，日久蔓筵，竟成叛逆之案。此時用兵徵剿，轉不能不痛加殲戮，誅之不可勝誅，此皆由姑息於前，養癰貽患所致。是伊等積陰功之見，實為大損陰功，豈非婦寺之仁耶？嗣後各督撫等於地方應辦要件，務須慎之於始，一有端倪，即行查拏究辦，隨案示懲，免使萌蘖潛滋，釀成巨案。至前此直隸搜捕張標，因喬人傑辦理不善，致被風聞先逸，是以將喬人傑革去頂帶。今朕聞喬人傑前往內黃圍拏張標時，伊親自拽衣持刀，跳越牆內，督率搜捕，雖被張標得信潛逃，而其夥黨皆因此畏懼竄散，得以陸續就擒，首犯張標亦旋經拏獲。是喬人傑雖不能將張標即時拏獲，而較之胡季堂之遷延不辦者，尚為勇往。喬人傑著賞還頂帶，以示功過兩不相掩之意。將此通諭知之。」

《仁宗實録》卷 56，頁 742–743

嘉慶六年（辛酉）六月己巳日

免直隸被災較重之香河、霸、文安、清苑、滿城、安肅、定興、新城、博野、望都、容城、完、蠡、雄、祁、安、高陽、新安、河間、獻、肅寧、任邱、故城、交河、平山、冀、清河、衡水、武邑、趙、隆平、寧晉、深、饒陽、安平、大城、永清、東安三十八州縣本年額賦。被災稍輕之密雲、正定、井陘、阜平、行唐、藁城、晉、無極、新樂、靈壽、任、阜城、南宮、定、曲陽、深澤、易、廣昌、淶水十九州縣本年額賦十分之五。

《仁宗實録》卷 84，頁 105–106

嘉慶六年（辛酉）十二月丙午日

加賑直隸大興、宛平、通、武清、寶坻、香河、寧河、霸、保定、文安、大城、固安、永清、東安、涿、房山、良鄉、順義、清苑、安肅、新城、博野、雄、蠡、容城、束鹿、安、新安、河間、獻、肅寧、任邱、交河、景、

東光、天津、青、靜海、正定、藁城、無極、阜平、新樂、平山、豐潤、玉田、冀、武邑、衡水、新河、趙、柏鄉、隆平、寧晉、深、武強、饒陽、安平、定、深澤六十州縣被水災民。

《仁宗實録》卷 92，頁 216

嘉慶七年（壬戌）三月己亥日

緩徵直隸昌平、定興、望都、高陽、滿城、故城、武清、寧河、順義、東安、寶坻、永清、苑、安肅、雄、容城、新安、安、新城、肅寧、景、獻、天津、青、靜海、正定、新樂、藁城、趙、柏鄉、定、大興、涿、房山、良鄉、霸、保定、大城、河間、任邱、新河、寧晉、隆平四十三州縣上年水災新舊額賦及各項旗租。

《仁宗實録》卷 97，頁 286

嘉慶七年（壬戌）五月庚辰日

諭內閣：「上年畿輔被水成災，河隄漫溢。經朕多方拯恤，工賑並興，昨永定河工修築完竣。曾將在事出力大小臣工，分別甄敘。其疏防各員，亦一體施恩矣。因思荒祲出於天災，補救則全資人力。若地方官不實心經理，玩視民瘼，即當治以應得之罪。今直隸辦賑各州縣，自去夏至今，並無因賑被人控告之事，即間有一二飭查之案，亦全屬虛誣，可見該州縣官辦理認真，尚無侵蝕等弊。並聞此次停賑之後，尚有自出己貲，佽助災民回籍者。地方官果能盡心民事，實屬可嘉。應量加録敘，以示鼓勵。所有直隸辦賑各州縣，著熊枚秉公詳查，據實保奏，擇其實心撫恤，輿情愛戴，並能捐貲惠及窮黎者為最。其於賑務經理得宜，災民均受實惠者次之。其循分辦理，並無貽誤者又次之。熊枚上年曾經周歷各府州，見聞自為確切，即著分別開單具奏。候朕酌量加恩。」尋奏：「請將知府朱應榮等三十員分別升補、議敘、送部引見，容城縣知縣章德溥等四員議處。」從之。

《仁宗實録》卷98，頁310-311

嘉慶七年（壬戌）六月壬寅日

諭軍機大臣等：「朕聞新城縣地方現有蝗蝻，尚未據熊枚具奏，是否係該縣諱匿不報？抑係稟知該署督，而熊枚尚未奏及？此時正值禾苗長發之際，直隸通省春夏雨澤，究未十分透足，蝗蝻最易萌動，為害地方。大吏應隨時留心，一面奏聞，一面撲捕，不得稍存諱飾。著熊枚即查明新城縣地方，蝗蝻起自何時，該縣是否稟報，現在多寡若何？並此外州縣是否尚有滋生之處？據實具奏。至捕蝗之法，若專委地方官撲捕，恐帶領多人踐踏禾稼，致滋擾累。不如曉諭百姓，令其自捕，或易以官米，小民自更樂於從事。將此諭令知之。」尋奏上。得旨：「朕前聞直隸新城一帶間有蝗蝻，降旨詢問熊枚。曾據覆奏該處並無蝗蝻萌動。茲又據熊枚續奏，與新城相近之張家莊、河北村等處偶有飛蝗停集，而容城、安肅、定興等縣亦先後稟報，俱有飛蝗。並據稱景州、任邱等處間亦有之。可見朕前此所聞，不為無因。而外省地方積習，只顧圖免目前處分，隱匿不報，殊不知諱匿更干嚴議，避輕罪而轉獲重譴矣。現在顔檢不日到任，著熊枚於交代後，即前赴景州、任邱一帶親行詳細查勘，不可任聽委員等扶同捏飾。如查有蝗蝻，仍遵前旨，令該處百姓自行撲捕，或易以官米，或買以錢文，務期迅速搜除淨盡，勿致損傷禾稼。」

嘉慶九年（甲子）秋七月乙未日

諭內閣：「前因京城廣渠門外及通州等處間有飛蝗，一面派范建豐前往查勘，一面諭令顏檢將直隸地方有無蝗蝻滋長之處，詳悉查明具奏。旋據該督奏稱均已撲除淨盡，並稱飛蝗只食青草，不傷禾稼，本不成話。嗣於前月二十九日朕齋戒進宮，披覽章奏，適一飛蝗集於御案，當令捕撲，續經太監等捕獲十數個。因思宮禁既有飛入者，則郊原田野，不知更有幾何？旋即派卿員四路查勘，並將御制見蝗歎及宮中捕得蝗蟲發交顏檢閱看，復令趕緊飭查。茲據奏，馳赴宛平縣屬之水屯、八角二村查看。該處七八十畝之廣，穀粟被傷，約有三四畝。復據大興、宛平、通州、武清、新城、遵化、任邱、容城、淶水、固安、保定、滿城等州縣稟報，所屬村莊，均有蝻子萌生，現在上緊捕除等語。可見如許州縣均有蝗蝻。若非特派卿員馳勘，經朕再四嚴飭，顏檢仍未必據實直陳。前此所奏，實不免於粉飾。朕勤求治理，以家給人足，時和歲豐為上瑞，至於前史所奏景星慶雲之祥，猶皆鄙斥不言。惟於地方水旱蟲傷等事，刻深縈廑，宵旰不遑，勤加諮訪。祖考付朕天下，惟期豐年為瑞，豈好言災祲，實以民瘼所關至重。朕早得聞知一日，即可立時辦理，俾民生早得一日安全。督撫等狃於積習，必不肯據實陳奏，是誠何心？若以隱匿不奏，藉此可紓宵旰焦勞，殊不知釀成大患，宵旰焦勞更甚。彼時朕一人承當，隱匿不奏者，轉得置身事外，言及此實深畏懼。總之粉飾之習一開，則督撫等惟事敷陳吉語，而屬員意存迎合。日久相蒙，必至一切國計民生之事，概不以實上陳。即如今年直隸麥收，顏檢早經奏報十分。夫十分乃係上稔，豈可多得？彼時麥田尚未收割，而奏牘已豫為鋪張，實未免措詞過當。此次蝗蝻萌蘖，又不先行入告，直待朕節次垂詢，始一一奏聞，計所開村莊有三十餘處之多，其中斷非盡係降旨查詢後具報者。封疆大吏若事事務求粉飾，其流弊必至於欺罔而後已。顏檢奏請交部嚴加議處之處，本屬咎所應得，姑念該督平素辦事尚屬認真，著加恩改為交部議處。嗣後惟當痛改前非，實心任事，遇有地方災歉事務，尤當一面查辦，一面據實陳奏，俾閭閻疾苦不致壅於上聞，方為不負委任。若再有諱匿遲延，經朕查出，必當將該督嚴行懲處，不能曲為寬貸矣。將此旨通諭中外知之。」

《仁宗實録》卷131，頁778–779

嘉慶十三年（戊辰）八月辛酉日

緩徵直隸承德府及良鄉、涿、三河、文安、大城、清苑、定興、蠡、容城、肅寧、無極、新樂、天津、靜海、青、盧龍、遷安、大名、南樂、清豐二十州縣水災新舊額賦、旗租倉穀。

《仁宗實録》卷200，頁664–665

嘉慶十四年（己巳）十二月戊申日

又諭：「溫承惠奏，直隸三次清查案內抵款銀兩，設法查辦一摺。直隸三次清查案內未完各款，自應趕緊催追完解。若屆限滿時，率行奏請予展年復一年，伊於何底，是名為清查帑項終歸無著，仍非覈實辦公之道。除此次該省留抵什物項下，應變銀九萬七千四百餘兩，著加恩，姑照所請，數在五百兩至一千兩以上者勒限一年，二千兩以上者勒限二年，五千兩以上者勒限三年，一律變竣。其交代案内留抵什物估變不敷及墊支墊解無著，共銀二十六萬五千一百餘兩，亦照所請，將數在三千兩之霸州等六十三州縣共銀八萬一千一十三兩零，勒限二年歸補；三千兩以上之容城等三十一州縣共銀一十四萬四千七十七兩零，勒限四年歸補；一萬兩以上之寶坻等三縣共銀四萬五十三兩零，勒限六年歸補。均責成該管道府按限實力催追，提解司庫歸款，毋任稍有短絀外，嗣後不得再行奏請展限。如限内仍有未能按數完繳者，即著落各該管上司如數攤賠，以清庫款。該督此後毋許復留清查名目，儻仍有奏及清查者，除將該地方官查明究治外，必將該督一併懲處。」

《仁宗實録》卷223，頁1005

嘉慶十五年（庚午）夏四月癸丑日

緩徵直隸清苑、滿城、蠡、雄、高陽、新安、安、安肅、定興、新城、唐、博野、望都、容城、完、祁、束鹿、正定、獲鹿、阜平、靈壽、平山、晉、新樂、易、淶水、廣昌、冀、棗強、南宫、武邑、衡水、新河、深、武強、饒陽、安平、定、曲陽、深澤四十州縣麥收歉薄新舊額賦。

《仁宗實録》卷228，頁69

嘉慶十六年（辛未）三月壬申日

免蹕路經過直隸大興、宛平、良鄉、房山、涿、清苑、安肅、定興、新城、唐、望都、容城、完、正定、新樂、易、淶水、定、行唐、滿城、曲陽、阜平二十二州縣節年緩徵帶徵銀米，並大興、宛平、良鄉、涿、清苑、安肅、新城、定興八州縣節年緩徵帶徵旗租，及良鄉、房山、涿、清苑、安肅、定興、新城、容城八州縣新舊借欠銀米。

《仁宗實録》卷 241，頁 246

嘉慶十九年（甲戌）五月丁未日

緩徵直隸大城、永清、涿、滿城、安肅、博野、望都、容城、蠡、雄、祁、高陽、新安、獻、阜城、景、南皮、正定、井陘、行唐、靈壽、平山、元氏、無極、贊皇、晉、藁城、新樂、武邑、深、武強、饒陽、定、深澤三十四州縣旱災新舊額賦並旗租、倉穀、折色口糧銀。

《仁宗實録》卷 291，頁 976

嘉慶二十年（乙亥）六月癸未日

緩徵直隸通、武清、文安、大城、永清、東安、良鄉、涿、清苑、滿城、安肅、定興、新城、博野、望都、容城、蠡、雄、祁、安、新安、河間、獻、阜城、肅寧、任邱、交河、景、正定、獲鹿、元氏、贊皇、晉、無極、藁城、新樂、武邑、衡水、深、武強四十州縣二麥歉收新舊額賦、旗租，並借欠倉穀口糧。

《仁宗實録》卷 308，頁 86

嘉慶二十二年（丁丑）九月丙辰日

賑直隸大興、宛平、涿、良鄉、清苑、滿城、安肅、唐、博野、望都、容城、完、雄、祁、束鹿、安、高陽、定興、獲鹿、井陘、行唐、靈壽、元氏、贊皇、新樂、武強、定、曲陽、深澤二十九州縣被旱、被霜、被雹災民，並蠲緩新舊糧租，借欠倉穀。及文安、固安、東安、霸、永清、保定、新城、正定、晉、藁城、平山、深、饒陽、安平、通、薊、三河、蠡、欒城、無極二十州縣新舊糧租倉穀有差。

《仁宗實録》卷 334，頁 407

嘉慶二十三年（戊寅）春正月丙午

給直隸大興、宛平、清苑、滿城、望都、完、安、雄、容城、束鹿、博野、定、曲陽、行唐、武強、唐、新樂十七州縣上年被旱災民一月口糧。

《仁宗實録》卷 338，頁 462

嘉慶二十四年（己卯）十一月壬戌日

蠲緩直隸通、武清、大興、宛平、霸、保定、大城、雄、安、高陽、新安、長垣、東明、開、安肅、青、靜海、灤平、趙、寧晉、薊、寧河、文安、灤、清苑、容城、博野、蠡、河間、獻、交河、天津、滄、鹽山、元城、大名、清豐、南樂、鉅鹿、冀、新河、衡水、隆平四十三州縣，暨津軍同知所屬水災本年額賦，及舊欠糧租倉穀。並賑通、武清、霸、保定、大城、固安、永清、東安、雄、安、高陽、新安、長垣、東明、開十五州縣旗民。

《仁宗實録》卷 364，頁 807

《大清宣宗成皇帝實録》

（道光元年至道光二十七年　公元 1821–1847 年）

道光元年（辛巳）冬十月乙酉日

蠲緩直隸安肅、新城、東安、涿、靜海、寧晉、定、永清、容城、雄、安、高陽、天津、青、滄、南皮、鹽山、慶雲、大名、南樂、宣化、保安、懷來、赤城、龍門、新河二十六州縣被水、被雹村莊新舊額賦。賑安肅、新城、東安、涿、靜海、寧晉、定七州縣災民。

《宣宗實録》卷 24，頁 433

道光二年（壬午）冬十月丁未日

賑直隸霸、保定、文安、大城、永清、望都、雄、安、新安、獻、任邱、清苑、安肅、新城、博野、祁、高陽、河間、肅寧、無極、藁城、新樂、開、大名、元城、南樂、清豐、東明、長垣、冀、南宮、新河、武邑、衡水、趙、隆平、寧晉、深、武強、饒陽、安平、定、深澤四十三州縣被水災民。並蠲緩通、三河、寶坻、香河、大興、宛平、房山、順義、滿城、定興、容城、束鹿、蠡、景、東光、吳橋、寧津、滄、南皮、鹽山、欒城、南和、平鄉、廣宗、永年、邯鄲、曲周、廣平、豐潤、玉田、棗強、柏鄉、高邑、武清、薊、固安、寧河、東安、交河、天津、青、靜海、正定、阜平、鉅鹿、任、雞澤、曲陽四十八州縣新舊額賦。

《宣宗實録》卷 42，頁 754

道光三年（癸未）春正月丙子日

展賑直隸霸、保安、文安、大城、永清、雄、安、新安、任邱、清苑、安肅、新城、博野、祁、高陽、河間、肅寧、無極、藁城、新樂、冀、南宮、新河、武邑、衡水、趙、隆平、寧晉、深、武強、饒陽、安平、定、深澤、望都、獻三十六州縣上年被水災民。並緩徵開、元城、大名、南樂、清豐、東明、長垣、武清、薊、固安、寧河、東安、交河、天津、青、靜海、正定、阜平、鉅鹿、任、雞澤、曲陽、通、三河、寶坻、香河、大興、宛平、房山、順義、滿城、定興、容城、束鹿、蠡、景、東光、吳橋、寧津、滄、南皮、鹽山、欒城、南和、平鄉、廣宗、永年、邯鄲、曲周、廣平、豐潤、玉田、棗強、柏鄉、高邑五十五州縣歉收村莊本年額賦。

《宣宗實録》卷 48，頁 852

道光四年（甲申）春正月丙寅日

展賑直隸通、三河、武清、寶坻、薊、香河、寧河、霸、保定、文安、大城、固安、永清、東安、大興、宛平、清苑、安肅、定興、新城、望都、雄、高陽、安、新安、河間、獻、任邱、天津、青、靜海、無極、藁城、新樂、趙、隆平、寧晉、定三十八州縣上年被雹災民一月，緩徵本年額賦。並緩涿、昌黎、樂亭、博野、容城、蠡、祁、阜城、肅寧、交河、景、故城、東光、滄、阜平、行唐、南和、平鄉、鉅鹿、任、雞澤、威、清河、大名、元城、南樂、清豐、豐潤、玉田、冀、南宮、新河、武邑、衡水、武強、饒陽、安平、曲陽、深澤、灤、南皮、正定、良鄉、房山、昌平、順義、懷柔、盧龍、滿城、唐、完、束鹿、吳橋、鹽山、獲鹿、欒城、靈壽、平山、晉、邢台、沙河、唐山、廣宗、永年、邯鄲、曲周、開、遵化、棗強、柏鄉、高邑、深七十二州縣暨清軍廳應徵本年額賦有差。

《宣宗實録》卷 64，頁 1

道光四年（甲申）二月乙未日

諭內閣：「蔣攸銛奏倉廒逼近河岸，請添築柴壩一摺。白溝河地方萬年倉廒恭貯陵糈米石，據該督勘明逼近河岸，亟應建築柴壩二道，以資保護。著准其在司庫水利生息銀內，撥給新城、容城二縣，趕緊購料分段承修，工竣覈實驗銷。該部知道。」

《宣宗實録》卷 65，頁 16

道光四年（甲申）六月戊申日

諭內閣：「蔣攸銛奏參稟報飛蝗遲延之知縣一摺。直隸安州等州縣間有蝻孽萌生，據該督將已未收捕淨盡情形，分別具奏。著將未經撲淨各處，委員查勘，趕緊收捕，勿令傷及田禾。其容城縣知縣何志清於飛蝗入境，遲至數日，始行含混稟報，又不照例設廠收買，實屬玩延。何志清著先行摘去頂帶，勒限趕緊收買撲捕，毋再遲延幹咎。」

《宣宗實録》卷 69，頁 99

道光四年（甲申）十一月癸丑日

展緩直隸武清、寶坻、香河、寧河、房山、昌平、順義、密雲、平谷、安肅、定興、新城、博野、容城、新安、蠡、高陽、祁、束鹿、天津、慶雲、靜海、青、南皮、獻、無極、新樂、靈壽、藁城、阜平、鉅鹿、廣宗、唐山、平鄉、任、永年、邯鄲、清河、雞澤、廣平、曲周、開、東明、長垣、盧龍、欒亭、宣化、龍門、遵化、豐潤、淶水、南宮、趙、寧晉、隆平、高邑、臨城、深、深澤、武強六十州縣上年被災應徵節年出借籽種口糧。

《宣宗實録》卷 75，頁 221

道光六年（丙戌）二月戊寅日

諭軍機大臣等：「那彥成奏訪獲藉治病為由，斂錢惑眾各犯一摺。邪教斂錢惑眾，最為風俗人心之害。該犯胡犄角即胡之機，約同張茂等立會治病。據供，係得自容城縣教匪張儉。傳說有犄角馬匹名目，並學舞刀扎針等邪術治病。應徹底究訊，以絕根株。著該督逐一嚴切審訊，務得確情，飭屬將首惡張儉及各逸犯嚴拏務獲，訊明定擬具奏。並一面出示剴切曉諭，勿任愚民為其所惑，固不可稍事寬縱，亦不可累及無辜也。將此諭令知之。」尋奏：「拏獲張儉供認前情不諱。張儉、胡犄角曾經供奉飄高老祖，及收藏經卷，按發邊遠充軍例上加重，改發新疆。張茂聽從入會，按例擬杖、徒。下部議。」從之。

《宣宗實録》卷 95，頁 550

道光九年（己丑）秋七月丁酉日

諭內閣：「那彥成奏，修墊練車橋道經費，請分案估銷一摺。昌陵碑樓所需楠柏木植，應用練車運送，經過直隸容城等州縣，沿途橋座，均須鑲寬。道路溝坎，亦應一律平坦。據該督委員勘估，共需經費銀五千一百餘兩。著照所請，準其於庫存道光三年賑案餘賸經費銀內，動撥給領，分案報銷。」

《宣宗實録》卷 158，頁 428

道光十年（庚寅）夏四月乙丑日

修建直隸大城、安、新安、青、井陘、沙河、曲周、雞澤、邯鄲、大名、保安、懷來、廣昌、安平十四州縣監獄，撫寧、容城、高陽、獻、阜平、贊皇、懷來、懷安、廣平、開、大名、易、遵化十三州縣常平倉廒，並文安縣典史衙署。從總督那彥成請也。

《宣宗實録》卷 167，頁 584

道光十年（庚寅）十月辛丑日

蠲緩直隸文安、大城、高陽、任邱、薊、寧河、保安、安肅、容城、雄、安、河間、無極、鉅鹿、任、隆平、寧晉、深澤、阜城、東光、景、南皮、鹽山、冀、武邑、深、武強、青、靜海、新河、衡水三十一州縣被水、被旱、被雹村莊新舊額賦有差，並賑文安、大城二縣貧民。

《宣宗實録》卷 177，頁 774

道光十二年（壬辰）秋七月丁巳日

展緩直隸大城、阜城、東光、滄、南皮、成安、保安、龍門、冀、南宮、新河、武邑、衡水、寧晉、武強、邯鄲、磁、文安、高陽、任邱、棗強、交河、寶坻、香河、霸、東安、良鄉、房山、涿、懷柔、密雲、灤、遷安、撫寧、昌黎、樂亭、臨榆、清苑、安肅、定興、新城、博野、望都、容城、蠡、雄、祁、安、新安、河間、獻、肅寧、景、故城、寧津、天津、青、靜海、鹽山、慶雲、正定、獲鹿、晉、無極、藁城、邢台、任、雞澤、延慶、蔚、宣化、懷安、西寧、懷來、豐潤、易、淶水、隆平、定、曲陽、深澤、獨石口八十二廳州縣被旱村莊舊欠額賦。

《宣宗實録》卷 215，頁 200–201

道光十二年（壬辰）閏九月丙戌日

緩徵直隸三河、薊、寧河、東安、鹽山、靈壽、蔚、宣化、龍門、懷來、淶水、遵化、玉田、定、大興、宛平、武清、昌平、順義、良鄉、房山、寶坻、香河、定興、豐潤、盧龍、唐、容城、完、南皮、慶雲、延慶、赤城、易、南宮、新河、安、河間、獻、任邱、大名、趙、隆平、寧晉、高陽、滄、鉅鹿四十七州縣被水、被旱、被霜村莊新舊額賦。賑阜平、行唐、保安、霸、大城、永清、雄、天津、青、靜海十州縣災民。

《宣宗實録》卷 221，頁 304

道光十三年（癸巳）春正月甲戌日

緩徵直隸霸、保安、吳橋、行唐、大城、永清、東光、天津、靜海、阜平、青、雄、三河、薊、寧河、東安、鹽山、靈壽、宣化、蔚、龍門、懷來、遵化、玉田、淶水、定、通、安、滄、易、趙、隆平、寧晉、武清、寶坻、香河、固安、大興、宛平、房山、良鄉、昌平、順義、懷柔、密雲、平谷、盧龍、定興、安肅、新城、唐、完、容城、高陽、河間、獻、任邱、南皮、慶雲、大名、延慶、赤城、豐潤、南宮、新河六十五州縣上年被旱、被水、被霜、被雹村莊額賦。展賑霸、大城、永清、雄、青、吳橋、東光、天津、靜海、阜平、行唐、保安十二州縣災民一月。

《宣宗實録》卷229，頁423

道光十三年（癸巳）夏四月辛亥日

展緩直隸通、三河、武清、寧河、固安、東安、大興、宛平、昌平、順義、天津、遵化、淶水、香河、良鄉、房山、懷柔、密雲、平谷、定興、薊、霸、永清、懷來、唐、容城、完、安、滄、安肅、新城、延慶、赤城、涿、保定、文安、廣昌、易、新河、蔚、清苑、交河、雄、津軍四十四廳州縣被旱村莊新舊額賦。

《宣宗實録》卷235，頁517

道光十四年（甲午）六月庚子日

修直隸無極、密雲、容城、阜城、正定、懷柔六縣並南路廳監獄，無極、密雲、深澤、臨城、涿、大城、長垣、趙、滄九州縣倉廒。從總督琦善請也。

《宣宗實録》卷253，頁835

道光十四年（甲午）九月乙酉日

加賑直隸霸州被水災民。蠲緩霸、大城、涿、新城、雄、獻、天津、寧晉、保定、良鄉、房山、清苑、安肅、唐、博野、容城、蠡、祁、安、高陽、河間、肅寧、任邱、景、故城、青、滄、靜海、南皮、鹽山、正定、藁城、南和、平鄉、鉅鹿、任、永年、雞澤、大名、赤城、冀、南宫、新河、武邑、衡水、趙、隆平、深、饒陽、安平、定、深澤五十二州縣被水村莊新舊額賦，給赤城縣災民房屋修費。

《宣宗實録》卷257，頁924

道光十四年（甲午）十二月乙巳日

修直隸容城、新城二縣萬年倉，從總督琦善請也。

《宣宗實録》卷261，頁984

道光十五年（乙未）春正月丙寅日

緩徵直隸大興、宛平、固安、東安、永清、武清、霸、大城、涿、新城、雄、獻、天津、寧晉、保定、良鄉、房山、清苑、安肅、唐、博野、容城、蠡、祁、安、高陽、河間、肅寧、任邱、景、故城、青、滄、靜海、南皮、鹽山、正定、藁城、南和、平鄉、鉅鹿、任、永年、雞澤、大名、赤城、冀、南宫、新河、武邑、衡水、趙、隆平、深、饒陽、安平、定、深澤五十八州縣上年被水村莊新舊額賦。

《宣宗實録》卷 262，頁 2–3

道光十五年（乙未）十一月丙戌日

緩徵直隸霸、保定、大城、清苑、安肅、博野、容城、蠡、雄、祁、安、高陽、河間、獻、肅寧、任邱、景、吳橋、東光、靜海、青、滄、南皮、鹽山、南和、大名、鉅鹿、任、冀、南宮、新河、武邑、衡水、隆平、寧晉、深、武強、饒陽、安平、定、深澤四十一州縣被水、被雹村莊新舊額賦及前貸銀穀。

《宣宗實録》卷 274，頁 219

道光十六年（丙申）春正月丙戌日

展緩直隸霸、保定、大城、清苑、安肅、博野、容城、蠡、雄、祁、安、高陽、河間、獻、肅寧、任邱、景、吳橋、東光、靜海、青、滄、南皮、鹽山、南和、大名、鉅鹿、任、冀、南宮、新河、武邑、衡水、隆平、寧晉、深、武強、饒陽、安平、定、深澤四十一州縣上年被水、被雹村莊舊欠額賦。

《宣宗實録》卷 277，頁 264

道光十八年（戊戌）六月己亥日

旌表守正捐軀直隸容城縣民蕭崑姪女亭兒、貴州普安縣民黄新昌妹六妹。

《宣宗實録》卷 312，頁 852

道光二十年（庚子）春正月癸巳日

展緩直隸滄、安、西寧、保、安、博野、容城、蠡、雄、高陽、獻、任邱、青、靜海、南皮、鹽山、慶雲、藁城、雞澤、大名、南樂、平鄉、宣化、懷來、新河、武邑、武強、饒陽、阜城、寧晉二十九州縣上年歉收村莊舊欠額賦。

《宣宗實録》卷 330，頁 1

道光二十五年（乙巳）六月丙辰日

緩徵直隸大興、宛平、安、容城、高陽、懷來、赤城、靜海、豐潤、易、涞水、廣昌、武強、南和、平鄉、鉅鹿、雞澤、新河十八州縣舊欠額賦。

《宣宗實録》卷 418，頁 248

道光二十五年（乙巳）冬十月己丑日

綏徵直隸寶坻、寧河、保定、天津、薊、霸、安肅、靜海、豐潤、玉田、三河、武清、東安、灤、樂亭、定興、新城、容城、雄、安、青、滄、南皮、鹽山、慶雲、寧晉、邢臺、南和、永年、邯鄲、肥鄉、雞澤、磁、元城、南樂、清豐、新河、大名、成安、廣平四十州縣歉收村莊新舊額賦。賑寶坻、寧河、保定、天津四縣災民。

《宣宗實録》卷 422，頁 292

道光二十七年（丁未）九月乙巳日

蠲緩直隸鹽山、邯鄲、廣平、大名、清豐、武清、安肅、容城、安、青、靜海、滄、南皮、元氏、邢臺、南和、唐山、平鄉、廣宗、鉅鹿、任、永年、成安、肥鄉、曲周、雞澤、磁、元城、南樂、東明、長垣、隆平、新河、宣化、龍門、寧晉三十六州縣被水、被旱、被雹村莊新舊額賦有差。

《宣宗實録》卷 448，頁 618

《大清文宗顯皇帝實録》

（咸豐三年　公元 1853 年）

咸豐三年（癸丑）十月甲申日

蠲緩直隸保定、文安、固安、天津、寧河、永清、新城、雄、安、高陽、獻、交河、吳橋、東光、青、靜海、藁城、豐潤、玉田、大城、霸、薊、新城、武清、寶坻、灤、清苑、蠡、束鹿、河間、阜城、滄、南皮、鹽山、慶雲、正定、無極、南和、雞澤、元城、大名、南樂、清豐、武邑、深、深澤、博野、景、南宮、新河、寧晉、武強、容城五十三州縣被水、被風村莊新舊額賦。並賑保定、文安、固安、天津四縣被水災民。

《文宗實録》卷109，頁680

《大清穆宗毅皇帝實録》

（同治二年至同治十三年　公元1863–1874年）

同治六年（丁卯）六月壬辰日

諭軍機大臣等：「近聞直隸地方夏間海嘯，遍地皆鹽。青、滄鹽匪，屢有爬鹽灑賣之事。現因緝梟馬勇外調，該匪竄出任邱、雄縣、容城一帶，復繞至霸州、東安等處，句結各處饑民，搶掠鹽店。並搶劫鋪戶，逼索村莊馬匹銀錢，形同馬賊。青、滄鹽匪久為畿疆之患，茲復句結饑民，肆行搶劫，若不亟籌剿捕，貽害滋深。著萬青藜、胡肇智嚴飭所屬各州、縣實力巡緝。將各該地方饑民，隨時安撫，毋為該匪所煽惑，別滋事端。劉長佑亦當迅撥兵勇，分路搜拏，並飭派出之將弁，會同崇厚所練之兵勇，齊心剿擊，務絕根株。將此各諭令知之。」

《穆宗實録》卷205，頁650

同治六年（丁卯）十月己酉日

諭軍機大臣等：「穆騰阿奏，梟匪搶過滹沱，剽疾北竄。衍秀奏，易州鄰境已有馬賊，請飭督臣追剿各一摺。梟匪於十月二十四日竄至保定迤西，旋由容城西北折而東北，穆騰阿督率各軍由北河驛跟剿。即著嚴檄劉景芬及河間練軍合力搜捕，務將此股醜類就地殄除。昨據劉長佑奏，該匪供稱欲出口外逃生。該督當懍遵前旨，與穆騰阿克期兜擊，毋得縱令逸出邊外，致剿辦更難著手。匪蹤極為剽疾，難保不由東固等處，旁竄青、滄一帶，再由舊路肆擾。著崇厚檄飭官軍嚴密防剿，遇賊即擊，以遏狂氛。該匪竄至滿城、安肅一帶，係與易州接壤，陵寢重地，關係尤為緊要。衍秀已酌派兵勇相機防堵，即著不動聲色妥為布置。遵、薊一帶係出口之路，且與古北口相近，亦不可不妥籌扼截。著鄭魁士派撥所練兵勇，視賊所向，會籌埽蕩。薊州與馬蘭鎮相距非遙，著寶珣先事防維，毋令匪蹤擾及附近處所。劉長佑親督各軍剿匪，遷延日久，賊勢愈張。現在該匪馬賊增至七八百人，步賊增至三四百人。儻再粉飾養癰，任令遍擾畿疆，或震驚陵寢地面，劉長佑自問當得何罪？本日據神機營奏，遵撥擡槍隊四百名，交參將德元帶往霸州防守。排槍隊四百名，交護軍參領英廉帶往任邱，更替內火器營防守，聽候穆騰阿調遣等語。即著飭令迅速起程，以資厚集。惟直隸兵力，尚屬不敷兜剿，應如何再行添調官兵，於近畿一帶分路扼堵之處，著神機營酌度辦理。將此諭知神機營並由五百里諭知劉長佑、穆騰阿、崇厚、寶珣、衍秀，傳諭鄭魁士知之。」

《穆宗實録》卷214，頁801–802

同治六年（丁卯）十二月乙酉日

蠲緩直隸通、三河、武清、寶坻、香河、寧河、霸、保定、固安、永清、宛平、房山、天津、青、靜海、滄、豐潤、薊、順義、清苑、新城、玉田、東安、雄、文安、大城、隆平、良鄉、涿、灤、盧龍、昌黎、安肅、完、定興、容城、束鹿、安、南皮、鹽山、慶雲、廣宗、永年、雞澤、元城、大名、懷來、淶水、深、定、衡水、昌平、蠡、高陽、阜城、南樂、清豐、宣化、深澤、磁、晉六十一州縣被旱地方新舊額賦雜課，並民借倉穀有差。

《穆宗實録》卷218，頁860

同治七年（戊辰）春正月辛亥日

緩徵直隸宛平、通、三河、武清、寶坻、薊、香河、寧河、霸、保定、固安、永清、東安、房山、順義、清苑、新城、雄、天津、青、靜海、滄、開、東明、長垣、豐潤、玉田、文安、大城、良鄉、涿、昌平、灤、盧龍、昌黎、安肅、完、定興、容城、蠡、束鹿、安、高陽、阜城、南皮、鹽山、慶雲、廣宗、永年、雞澤、元城、大名、南樂、清豐、宣化、懷來、淶水、衡水、深、定、深澤、晉六十二州縣被水、被旱、被雹、被風、被擾地方新舊額賦租課，暨民借倉穀有差。

同治七年（戊辰）正月辛未日

諭軍機大臣等：「官文奏撚逆竄踞祁州，漸趨蠡縣，籌辦情形，並豫備援軍糧米各摺片。英翰奏，皖軍起程日期，請飭沿途接濟軍需，並歸官文調度，覆陳降眾情形各摺片。逆匪竄陷祁州，尚在該州境內盤踞，並漸向蠡縣東南肆擾。官文現飭劉松山等軍緊躡賊後，向南壓剿，而令張曜、宋慶兩軍分由容城北河向南移紮，已到大汲店一帶。擬繞由南路，轉向西北，與劉松山、郭寶昌等軍會合夾擊，布置尚屬周妥。現在東北一路，已有丁寶楨並陳濟清等所統天津洋槍等隊，兵力較厚，且匪蹤既在祁、蠡一帶停留，並未紛竄，正可乘此機會會合各軍，一鼓殲除。即著官文飭令劉松山等並豫營各軍迅速合剿。官文亦即督率春壽、富和、佘承恩等各隊奮勇進發，克期並舉。陳國瑞所統之隊，即令作為遊擊之師，往來策應。並著丁寶楨約令陳濟清等軍，由東、北兩面迎頭兜擊，以剿為防，毋稍延緩。各路大兵雲集，若不乘此聲威，聚而殲旃，以致匪徒他竄，必又成尾追之勢。該將領中如有遷延觀望、貽誤事機者，即著官文嚴參治罪。如果殲擒巨魁，盡殄醜類，亦必榮邀懋賞。至各軍營糧草，著官文飭令地方州、縣克日辦齊，准其作正開銷。如有貽誤，即行嚴參懲辦。並著官文、崇厚速將洋米轉運各處，以備李鴻章等軍營接濟。英翰所派程文炳一軍，已於初十日由東阿渡黃，著即歸官文節制調遣，並著迅速迎提北上，探賊所向，迎頭力剿。如有遲延觀望，即由官文嚴參。所需軍火糧餉，並由官文就近接濟。其方長華一軍，本由豫省渡河。著官文、英翰飛飭方長華與牛師韓兩軍，均暫在黃河南岸扼要駐紮，以防賊匪南竄。所統降眾，英翰當飭令該統將等妥為駕馭，毋任滋事。李鶴年現駐磁州，著遵奉前諭，遇賊南竄順廣一帶，即與直境追軍會合夾擊，毋任竄逸他處。李鴻章現已定期北上，著即督率各營，迅速馳赴直境，合力剿辦，毋稍延誤。將此由六百里各諭令知之。」

《穆宗實録》卷223，頁34–35

同治七年（戊辰）十月辛未日

蠲緩直隸文安、永清、清豐、安平、霸、保定、宛平、固安、高陽、安、元城、豐潤、寶坻、大城、良鄉、新城、蠡、雄、河間、獻、阜城、任邱、青、靜海、晉、無極、平鄉、永年、雞澤、清河、磁、大名、南樂、懷安、玉田、寧晉、隆平、深、饒陽、深澤、薊、容城、肅寧、任、邯鄲四十五州縣被水、被雹地方新舊額賦。

《穆宗實録》卷245，頁412

同治十年（辛未）十一月丁亥日

蠲緩直隸開、東明、長垣、通、武清、香河、清苑、安肅、蠡、元城、大名、灤、玉田、完、景、成安、曲陽、三河、欒亭、定興、博野、容城、祁、束鹿、阜城、肅寧、正定、晉、無極、藁城、沙河、南和、平鄉、廣宗、鉅鹿、任、永年、邯鄲、廣平、雞澤、清河、磁、趙、隆平、寧晉、深、武強、饒陽、深澤、武邑、新樂、寶坻、寧河、霸、保定、文安、大城、固安、永清、東安、大興、宛平、良鄉、房山、涿、新城、雄、安、高陽、河間、獻、任邱、交河、吳橋、東光、天津、青、靜海、滄、南皮、鹽山、唐山、豐潤、安平八十四州縣被水地方新舊額賦有差，並減免差徭。

《穆宗實録》卷323，頁268

同治十一年（壬申）春正月丁亥日

緩徵直隸通、武清、寶坻、香河、霸、寧河、保定、文安、大城、固安、永清、東安、大興、宛平、良鄉、房山、涿、灤、清苑、安肅、新城、蠡、雄、安、高陽、河間、獻、任邱、交河、吳橋、東光、天津、青、靜海、南皮、鹽山、唐山、開、元城、大名、東明、長垣、豐潤、玉田、安平、三河、樂亭、定興、博野、容城、完、祁、束鹿、慶雲、阜城、肅寧、景、正定、晉、無極、藁城、新樂、沙河、南和、平鄉、廣宗、鉅鹿、任、永年、邯鄲、成安、肥鄉、曲周、廣平、雞澤、清河、磁、武邑、趙、隆平、寧晉、深、武強、饒陽、定、深澤八十七州縣被水地方新舊額賦租課，暨民借倉穀有差。

《穆宗實録》卷327，頁325

同治十一年（壬申）十月戊寅日

蠲緩直隸寶坻、薊、霸、保定、文安、大城、固安、永清、武清、東安、宛平、良鄉、房山、涿、新城、雄、安、高陽、河間、獻、任邱、天津、鹽山、安平、深澤、灤、清苑、安肅、博野、祁、元城、豐潤、玉田、饒陽、通、三河、香河、定興、望都、蠡、束鹿、肅寧、南皮、正定、晉、無極、藁城、新樂、南和、永年、成安、廣平、雞澤、磁、趙、寧晉、深、定、容城、沙河、鉅鹿、任、邯鄲、武邑六十四州縣被水、被旱、被雹地方新舊額賦，暨民借倉穀有差。

《穆宗實録》卷 344，頁 524

同治十二年（癸酉）春正月壬午日

緩徵直隸寶坻、薊、保定、霸、文安、大城、固安、永清、東安、武清、宛平、良鄉、房山、涿、灤、清苑、安肅、新城、博野、雄、祁、安、高陽、河間、獻、任邱、天津、鹽山、開、元城、大名、東明、長垣、豐潤、玉田、饒陽、安平、深澤三十八州縣被水地方本年額賦，並展緩通、三河、香河、定興、望都、容城、蠡、東鹿、肅寧、青、靜海、滄、南皮、慶雲、正定、晉、無極、藁城、新樂、沙河、南和、鉅鹿、任、永年、邯鄲、成安、肥鄉、廣平、雞澤、磁、武邑、趙、寧晉、深、定三十五州縣積欠糧租，暨民借倉穀。

《穆宗實録》卷 348，頁 583

同治十二年（癸酉）二月丁卯日

諭軍機大臣等：「有人奏遊勇滋擾地方，亟宜整頓一摺。據稱本年正月，湖北差弁行至直隸保定府屬望都、滿城一帶，突遇騎馬賊匪，搶去衣服銀物，並傷事主。容城等縣路劫重案，層見疊出。傳聞半係遊勇溷跡，肆行劫掠等語。近來各營散勇，往往流為盜匪，沿途搶劫，實為閭閻之害。尤慮日久滋蔓，釀成巨患，亟宜認真拏辦。著李鴻章派委妥員，會同地方文武嚴密巡察，實力查拏，嚴行懲辦，以安行旅而靖地方。將此諭令知之。」

《穆宗實録》卷 349，頁 620–621

同治十二年（癸酉）冬十月庚寅日

蠲緩直隸宛平、良鄉、涿、灤、清苑、安肅、新城、蠡、吳橋、鹽山、元城、大名、豐潤、玉田、安平、房山、樂亭、博野、祁、阜城、肅寧、故城、南皮、無極、藁城、雞澤、清河、南樂、清豐、武強、饒陽、深澤、容城、通、三河、武清、薊、香河、寧河、霸、保定、文安、大城、固安、永清、東安、順義、懷柔、雄、高陽、安、河間、獻、任邱、交河、景、東光、天津、青、靜海、滄、定、開、長垣、東明六十五州縣被水、被雹地方新舊額賦，暨倉穀雜課有差。

《穆宗實録》卷 358，頁 738

同治十三年（甲戌）春正月丙午日

展緩直隸通、三河、武清、寶坻、薊、香河、寧河、霸、保定、文安、大城、固安、永清、東安、宛平、良鄉、涿、順義、懷柔、灤、清苑、安肅、新城、蠡、雄、高陽、安、河間、獻、任邱、交河、景、吳橋、東光、天津、青、靜海、滄、鹽山、開、元城、大名、東明、長垣、豐潤、玉田、安平、定四十八州縣被水地方春徵額賦，並展房山、樂亭、博野、容城、祁、阜城、肅寧、故城、南皮、無極、藁城、任、雞澤、清河、南樂、清豐、宣化、武強、饒陽、深澤二十州縣節年民欠糧租。

《穆宗實録》卷 362，頁 789–790

《大清德宗景皇帝實録》

（光緒五年至光緒三十二年　公元 1879–1906 年）

光緒五年（己卯）十月己未日

蠲緩直隸寶坻、薊、香河、霸、保定、文安、大城、涿、雄、高陽、安、任邱、天津、安平、深澤、通、三河、武清、寧河、永清、東安、灤、清苑、新城、河間、獻、肅寧、青、靜海、鹽山、慶雲、新樂、豐潤、玉田、饒陽、定、固安、樂亭、滿城、安肅、博野、望都、容城、蠡、祁、阜城、交河、景、故城、滄、無極、藁城、平鄉、鉅鹿、任、廣平、磁、大名、元城、冀、新河、武邑、衡水、隆平、深六十五州縣被災村莊糧租，暨開、東明、長垣三州縣被水歉收村莊本年額賦雜課有差。

《德宗實録》卷 102，頁 519

光緒六年（庚辰）春正月庚午日

緩徵直隸通、三河、武清、寶坻、薊、香河、寧河、霸、保定、文安、大城、永清、東安、涿、灤、清苑、新城、雄、安、高陽、河間、獻、肅寧、任邱、天津、青、靜海、鹽山、慶雲、新樂、開、東明、長垣、豐潤、玉田、饒陽、安平、定、深澤、固安、欒亭、滿城、安肅、博野、望都、容城、蠡、祁、阜城、交河、景、故城、滄、無極、藁城、平鄉、鉅鹿、任、廣平、磁、大名、元城、冀、新河、武邑、衡水、隆平、深六十八州縣被災地方新舊錢糧租課有差。

《德宗實録》卷 107，頁 575

光緒七年（辛巳）冬十月戊子日

蠲緩直隸定興、雄、容城、寧河、文安、天津、遵化、豐潤、安平、武清、寶坻、灤、清苑、蠡、安、獻、任邱、青、靜海、滄、南皮、鹽山、行唐、靈壽、邢臺、南和、唐山、內邱、任、廣平、雞澤、大名、南樂、懷安、棗強、隆平、深、饒陽、深澤三十九州縣水旱及被雹、被蟲地方，開、東明、長垣三州縣濱臨黃河被水村莊錢糧租課額賦有差。

《德宗實録》卷 138，頁 984

光緒九年（癸未）冬十月壬戌日

豁免順天直隸通、三河、武清、寶坻、薊、香河、寧河、霸、保定、文安、大城、永清、大興、宛平、涿、順義、懷柔、遷安、盧龍、新城、博野、容城、蠡、雄、安、高陽、河間、獻、阜城、肅寧、任邱、吳橋、東光、天津、青、靜海、南皮、鹽山、新樂、清河、玉田、高邑、深、武強、饒陽、安平、定、深澤四十八州縣被水、被風、被雹、被蟲災重各村莊本年下忙額賦，並地租雜課有差。其災歉較輕之固安、東安、良鄉、房山、灤、樂亭、清苑、定興、交河、滄、無極、沙河、廣宗、元城、大名、南樂、清豐、豐潤、冀、武邑、密雲、昌黎、安肅、望都、完、祁、景、故城、慶雲、正定、井陘、欒城、贊皇、晉、藁城、元氏、邢臺、南和、唐山、平鄉、鉅鹿、內邱、任、永年、邯鄲、肥鄉、曲周、廣平、雞澤、威、磁、新河、衡水、趙、柏鄉、隆平、棗強、臨城、曲陽、滿城、寧晉六十一州縣，暨開、東明、長垣三州縣濱河村莊錢糧，均分別蠲緩有差。

《德宗實錄》卷 172，頁 398

光緒十年（甲申）春正月戊寅日

展緩直隸通、三河、武清、寶坻、薊、香河、寧河、霸、保定、文安、大城、固安、永清、東安、大興、宛平、良鄉、房山、涿、順義、懷柔、灤、盧龍、遷安、樂平、清苑、定興、新城、博野、容城、蠡、雄、安、高陽、河間、獻、阜城、肅寧、任邱、交河、吳橋、東光、天津、青、靜海、滄、南皮、鹽山、無極、新樂、沙河、廣宗、清河、開、元城、大名、南樂、清豐、東明、長垣、豐潤、玉田、冀、武邑、高邑、寧晉、深、武強、饒陽、安平、定、深澤七十二州縣成災地方本年租賦，及密雲、昌黎、滿城、安肅、望都、完、祁、景、故城、慶雲、正定、井陘、欒城、元氏、贊皇、晉、藁城、邢臺、南和、唐山、平鄉、鉅鹿、內邱、任、永年、邯鄲、肥鄉、曲周、廣平、雞澤、威、磁、新河、棗強、衡水、趙、柏鄉、隆平、臨城、曲陽四十州縣歉收地方民欠糧租雜課有差。

《德宗實録》卷177，頁463-464

光緒十二年（丙戌）冬十月丁丑日

蠲緩順直通、三河、武清、寶坻、薊、香河、寧河、霸、保定、文安、大城、東安、順義、懷柔、密雲、灤、盧龍、遷安、昌黎、樂亭、蠡、雄、安、高陽、河間、獻、任邱、吳橋、天津、靜海、豐潤、玉田、安平、深澤、大興、宛平、平谷、清苑、新城、容城、肅寧、青、滄、鹽山、無極、饒陽、固安、永清、涿、安肅、博野、望都、南皮、晉、永年、大名、元城、深、定、開、東明、長垣六十二州縣被水災歉村莊本年地丁錢糧、新舊額賦各項租課有差。

《德宗實録》卷233，頁149

光緒十三年（丁亥）春正月庚寅日

蠲緩直隸通、三河、武清、寶坻、薊、香河、寧河、霸、保定、文安、大城、東安、大興、宛平、順義、懷柔、密雲、平谷、灤、盧龍、遷安、昌黎、樂亭、清苑、新城、容城、蠡、雄、安、高陽、河間、獻、肅寧、任邱、吳橋、天津、青、靜海、滄、鹽山、無極、開、東明、長垣、豐潤、玉田、饒陽、安平、深澤、固安、永清、涿、安肅、博野、望都、南皮、晉、永年、元城、大名、深、定六十二州縣被災地方錢糧，並春賦旗租有差。

《德宗實録》卷 238，頁 197

光緒十七年（辛卯）春正月丁卯日

緩徵直隸通、三河、武清、寶坻、薊、香河、寧河、霸、保定、文安、大城、固安、永清、東安、大興、宛平、良鄉、房山、涿、順義、懷柔、密雲、平谷、灤、盧龍、遷安、昌黎、樂亭、清苑、安肅、定興、新城、唐、博野、望都、容城、蠡、雄、安、高陽、河間、獻、任邱、交河、景、故城、吳橋、東光、天津、青、靜海、滄、南皮、鹽山、慶雲、無極、清河、開、南樂、長垣、豐潤、玉田、寧晉、深、武強、饒陽、安平、定、曲陽、深澤、滿城、完、祁、肅寧、藁城、新樂、邢臺、沙河、南和、唐山、平鄉、鉅鹿、任、永年、邯鄲、廣平、雞澤、威、元城、大名、清豐、東明、易、淶水、棗強、武邑、衡水、隆平九十八州縣被災村莊新舊額賦雜課有差，並展緩原貸倉穀籽種。

《德宗實録》卷 293，頁 898

光緒十八年（壬辰）冬十月己巳日

蠲緩直隸河間、肅寧、景、東光、滄、平鄉、深、安平、良鄉、房山、滿城、定興、唐、容城、完、祁、南皮、鹽山、無極、南和、任、雞澤、元城、大名、南樂、棗強、隆平、寧晉、定、開、東明、長垣三十二州縣歉收村莊新舊糧賦租課，並減免差徭。

《德宗實録》卷317，頁107

光緒十八年（壬辰）十一月乙酉日

豁免直隸通、三河、武清、寶坻、薊、香河、寧河、霸、保定、文安、大城、固安、永清、東安、大興、宛平、良鄉、房山、涿、昌平、順義、懷柔、密雲、平谷、灤、盧龍、遷安、樂亭、臨榆、清苑、滿城、安肅、定興、新城、唐、博野、望都、容城、完、蠡、雄、安、高陽、河間、獻、肅寧、任邱、交河、故城、天津、青、靜海、滄、南皮、延慶、保安、懷來、遵化、豐潤、玉田、易、淶水、定六十三州縣光緒九年暨十三年以前民欠，及緩帶徵錢糧。

《德宗實録》卷318，頁114

光緒十九年（癸巳）冬十月乙丑日

蠲免直隸通、三河、武清、寶坻、薊、香河、寧河、霸、保定、大城、固安、永清、東安、大興、宛平、良鄉、房山、涿、順義、懷柔、密雲、灤、盧龍、安肅、定興、新城、博野、蠡、雄、高陽、獻、任邱、天津、青、靜海、鹽山、豐潤、玉田、饒陽三十九州縣災重地方糧賦。其樂亭、清苑、容城、河間、肅寧、吳橋、隆平、武強、安平、昌平、望都、完、滄、南皮、無極、邯鄲、雞澤、開、東明、長垣二十州縣被水村莊丁糧課租並緩徵。

《德宗實録》卷329，頁224

光緒二十年（甲午）十一月辛巳日

蠲豁順天直隸通、三河、武清、寶坻、薊、香河、寧河、霸、保定、文安、大城、永清、東安、大興、宛平、良鄉、懷柔、密雲、平谷、灤、盧龍、遷安、樂亭、昌黎、安肅、博野、蠡、雄、安、高陽、河間、獻、阜城、景、故城、吴橋、天津、靜海、滄、鹽山、清河、清豐、豐潤、玉田、冀、新河、衡水、深、武強、饒陽五十州縣被水災重村莊丁糧租賦。其災歉較輕之涿、撫寧、清苑、新城、唐、任邱、東光、青、南和、平鄉、永年、肥鄉、武邑、寧晉、安平、固安、房山、順義、滿城、定興、望都、容城、完、祁、肅寧、交河、南皮、慶雲、無極、邢臺、沙河、唐山、鉅鹿、任、邯鄲、曲周、廣平、雞澤、威、磁、元城、大名、南樂、遵化、棗強、柏鄉、隆平、高邑、深澤四十九州縣正雜各賦，及濱臨黄河之開、東明、長垣三州縣本年錢糧，暨出借倉穀，並分別蠲緩。

《德宗實録》卷353，頁579

光緒二十七年（辛丑）十二月丁酉日

豁緩直隸通、三河、武清、寶坻、薊、香河、寧河、霸、保定、文安、大城、固安、永清、東安、大興、宛平、良鄉、房山、涿、昌平、順義、懷柔、密雲、盧龍、臨榆、清苑、滿城、安肅、定興、新城、唐、容城、蠡、雄、祁、安、河間、肅寧、任邱、交河、景、東光、青、靜海、南皮、鹽山、井陘、靈壽、平山、晉、藁城、新樂、邢臺、沙河、南和、平鄉、廣宗、鉅鹿、成安、肥鄉、曲周、廣平、延慶、蔚、宣化、懷來、西寧、遵化、豐潤、淶水、棗強、衡水、隆平、深、寧晉、武強、饒陽、安平、定、曲陽、深澤、張家口八十二廳州縣被災歉收村莊糧賦地租。」

《德宗實録》卷491，頁491–492

光緒三十年（甲辰）五月辛丑日

諭內閣：「袁世凱奏舉劾屬員一摺。直隸開州知州胡賓周、唐縣知縣陳友璋、定興縣知縣黄國瑄、威縣知縣岳齡、故城縣知縣林學瑊、廣宗縣知縣張繼善、雄縣知縣謝愷、新河縣知縣傅澂源、署南和縣知縣候補直隸州知州毛隆光，既據該督聲稱政蹟卓著，均著傳旨嘉獎。廣平縣知縣韓景儒，門丁用事，才具平庸；欒城縣知縣張源曾信任家丁，性情闇弱；無極縣知縣李蔭桓，親屬招搖，頗滋物議；容城縣知縣陶承先，縱役滋擾，怨聲載道；博野縣知縣許湘甲，徇庇差役，罔恤民艱；任縣知縣吳慶祥，役吏弄權，優柔昏聵；署曲陽縣事、任邱縣知縣周斯億，捕務發弛，徒工粉飾；署清豐縣事、南和縣知縣黄文良，積壓詞訟，弊竇滋生；署懷安縣事、藁城縣知縣陳沐，懶惰因循，難期振作；龍門縣知縣張兆齡，性耽安逸，不勤民事；署豐潤縣事、試用知縣寧緗，執拗任性，辦事糊塗，均著即行革職。滄州知州王前彰人地不宜，深澤縣知縣續曾緝捕不力，東光縣知縣王安定報案含混，正定縣知縣戴作楫年力就衰，均著開缺另補。」另片奏：「開州學正姜有範目病已深，學務多曠；元城縣教諭張鴻辰性喜攬事，致招物議；沙河縣教諭蕭文治聲名平常，士有煩言；任縣教諭王潤性近輕躁，不堪矜式；邢台縣訓導杜霖年老昏眊，甚失士心，均著一併革職。」

《德宗實録》卷531，頁68

光緒三十年（甲辰）冬十月壬戌日

蠲緩順直通、武清、霸、保定、文安、大城、固安、永清、東安、宛平、良鄉、房山、涿、懷柔、清苑、滿城、安肅、定興、新城、容城、完、蠡、雄、安、高陽、河間、獻、任邱、天津、青、靜海、滄、南皮、鹽山、平山、無極、邢臺、南和、隆平、深、棗強、饒陽、安平、獨石口四十四廳州縣被水、被雹、被蟲、被旱、被霜、被風地方本年應徵糧租。其開、東明、長垣三州縣濱臨黃河被水地方應徵糧賦，並分別蠲緩。

《德宗實録》卷 536，頁 136–137

光緒三十一年（乙巳）十一月癸酉日

蠲緩直隸武清、文安、大城、東安、滿城、安肅、定興、容城、高陽、河間、獻、交河、天津、青、靜海、滄、鹽山、元氏、永年、邯鄲、雞澤、元城、西寧、易、武強二十五州縣被災地方糧租。其開、東明、長垣濱河三州縣歉收村莊錢糧，暨原貸倉穀，並展緩。

《德宗實録》卷 551，頁 314

光緒三十二年（丙午）二月甲子日

諭內閣：「袁世凱奏參庸懦不職各員等語。直隸容城縣知縣劉寅，才具竭蹶，粉飾欺蒙；遷安縣知縣孔憲廷，暱比劣紳，縱容丁役；署阜城縣知縣、候補知縣冬之陽，識見猥瑣，操守平常；開缺另補知縣淩洪才，聽斷糊塗，釀成人命；候補知縣韋承鼐，怠惰恩循，辦事廢弛；留直補用知縣李寶琳，志氣委靡，任意玩忽；候補知縣金祖祺，顢頇性成，不知檢束，均著即行革職。肅寧縣知縣孫天運，性涉疏懶，馭下稍寬；廣昌縣知縣陸寶善，才欠開展，用人不慎，均著開缺另補。」另片奏：「順天武清縣知縣項壽堃性情貪鄙，惟利是圖。紳民捐助學堂經費，格外需索。又藉禁賭為名，任意苛罰，魚肉平民，實屬貪墨不職，著革職，發往軍臺效力贖罪，以示懲儆。」

《德宗實録》卷556，頁374

光緒三十二年（丙午）冬十月己卯日

蠲緩直隸武清、文安、東安、清苑、定興、容城、安、獻、阜城、交河、天津、青、靜海、滄、南皮、鹽山、獲鹿、欒城、元氏、平鄉、廣宗、鉅鹿、肥鄉、廣平、雞澤、易、冀、南宮、趙、深、饒陽、安平、張家口三十三廳州縣被雹、被蟲、被水、被旱地方，暨開、東明、長垣三州縣被淹地方糧賦有差。

《德宗實録》卷565，頁482

安新

《大清世祖章皇帝實録》

（順治四年至順治十六年　公元1647–1659年）

順治四年（丁亥）春正月辛亥日

戶部奏請：「去年八旗圈地止圈一面，內薄地甚多，以致秋成歉收。今年東來滿洲，又無地耕種。若以遠處府州縣屯衛、故明勳戚等地撥給，又恐收穫時孤貧佃戶無力運送。應於近京府州縣內，不論有主無主地土，撥換去年所圈薄地，並給今年東來滿洲。其被圈之民，於滿洲未圈州縣內，查屯衛等地撥補。仍照遷移遠近，豁免錢糧。四百里者准免二年，三百里者准免一年，以後無復再圈民地，庶滿漢兩便。」疏入，從之。於是圈順義、懷柔、密雲、平谷四縣地六萬七百五晌，以延慶州、永寧縣、新保安、永寧衛、延慶衛、延慶左衛右衛、懷來衛無主屯地撥補；圈雄縣、大城、新城三縣地四萬九千一百一十五晌，以束鹿、阜城二縣無主屯地撥補；圈容城、任邱二縣地三萬五千五十一晌，以武邑縣無主屯地撥補；圈河間府地二十萬一千五百三十九晌，以博野、安平、肅寧、饒陽四縣先圈薄地撥補；圈昌平、良鄉、房山、易州、四州縣地五萬九千八百六十晌，以定州、晉州、無極縣、舊保安、深井堡、桃花堡、遞鴞堡、雞鳴驛、龍門所無主屯地撥補；圈安肅、滿城二縣地三萬五千九百晌，以武強、藁城二縣無主屯地撥補；圈完縣、清苑二縣地四萬五千一百晌，以真定縣無主屯地撥補；圈通州、三河、薊州、遵化、四州縣地十一萬二百二十八晌，以玉田、豐潤二縣圈剩無主屯地，及遷安縣無主屯地撥補；圈霸州、新城、漷縣、武清、東安、高陽、慶都、固安、安州、永清、滄州十一州縣地十九萬二千五百一十九晌，以南皮、靜海、樂陵、慶雲、交河、蠡縣、靈壽、行唐、深州、深澤、曲陽、新樂、祁州、故城、德州各州縣無主屯地撥補；圈涿州、淶水、定興、保定、文安五州縣地十萬一千四百九十晌，以獻縣先圈薄地撥補；圈寶坻、香河、灤州、樂亭四州縣地十萬二千二百晌，以武城、昌黎、撫寧各縣無主屯地撥補。

《世祖實録》卷 30，頁 245–246

順治八年（辛卯）春正月己巳日

免直隸安州芝棉額解錢糧。

《世祖實録》卷 52，頁 412

順治十六年（己亥）閏三月丙申日

裁直隸安州、易州州判，淶水縣縣丞。

《世祖實録》卷 125，頁 969

《大清聖祖仁皇帝實録》

（康熙七年至康熙三十九年　公元 1668–1700 年）

康熙七年（戊申）十一月壬戌日

免直隸保安州、保安衛、礬山堡康熙六年分雹災額賦十之三。

《聖祖實録》卷 27，頁 380

康熙三十三年（甲戌）十一月癸酉日

吏部右侍郎安布禄、工部右侍郎常綬等奏：「臣等遵旨查直隸安州等十一州縣，貧民十萬餘口，應賑米四萬餘石。」上諭大學士等曰：「朕思直隸米價騰貴，小民艱苦。若僅照數給米，仍恐無益。著將此米，一半散給百姓，一半照目前米價折銀給與貧民。所餘之米，著視時價減糶，則百姓既得銀兩，而糴米又易，庶民霑實惠。其安州等十一州縣康熙三十四年地丁錢糧，盡行蠲免。」

《聖祖實録》卷165，頁800

康熙三十八年（己卯）九月戊午日

免直隸安州、新安等三州縣本年分水災額賦有差。

《聖祖實録》卷195，頁1059

康熙三十九年（庚辰）秋七月庚申日

直隸巡撫李光地疏報：「直隸今歲大有年，並進清苑縣、安州等處所產兩穗、三穗、五穗嘉禾四十一本。下所司知之。」

《聖祖實録》卷200，頁38

《大清世宗憲皇帝實録》

（雍正三年至雍正五年　　公元 1725–1727 年）

雍正三年（乙巳）三月壬寅日

增直隸省各學取進文童額數。文安、通州、寶坻、豐潤、蠡縣、高陽、河間、任邱、景州、冀州、定州、南宮、棗強、清豐、滑縣、東明、開州、長垣十八州縣，向係大學，照府學額各取進二十三名。薊州、盧龍、遷安、昌黎、樂亭、博野、祁州、安州、新安、獻縣、阜城、靜海、寧津、天津衛、萬全、蔚縣、衡水、安平、雞澤、成安、清河、魏縣、南樂、内黄二十四州縣衛，向係中學，升為大學，各取進十八名。香河、順義、深澤、青縣、西寧、靈壽、行唐、贊皇、新河、高邑、無極、新樂、曲陽、廣宗、唐山、内邱十六縣，向係小學，升為中學，各取進十五名。

《世宗實録》卷 30，頁 447

雍正四年（丙午）五月壬子日

工部等衙門議覆：「怡親王允祥疏言畿輔西南水利。一、拒馬河，為淶水之下流。白溝河，為拒馬河之歸宿。馬頭、芒牛諸水，又皆為白溝河之枝津。水泉疏衍，俱可灌田。惟芒牛下無所歸，多致泛溢，請於高橋以下，疏濬淤塞，使安流入淀，則房涿之水利可興。一、房、涿之間，王家莊等處，向係水田，改為旱田，甚屬可惜。請於鐵鎖崖分流之處，深溝側注，使水之來者不窮。復於白溝河之上隨宜建閘，使水之去者有節，則啟閉以時，王家莊等處之水田可復。一、易水有三：濡水，名北易；雹水，名南易；武水，名中易。自濡水與淶水合，其流始大。請循石壩之舊基，考開渠之遺跡，沿流建閘，以廣水利。一、徐水分為諸河，而安州實九河下流。有徐水為蓄洩之方，則安州無泛溢之害。請分減依城河以上諸水，令雹水、徐水徑趨東淀。復疏引一畝、方順、蒲水、九龍等泉，以資灌溉。一、唐河上承滱水，合滋、沙二河。明代於雹水村，架木為槽以過水，號為騰橋，溉田無算。今請於唐水所經之處，築岸濬渠，復多設騰橋，以防衝潰。則節宣有法，而濡溉無窮。一、沙河在唐河之南者，其流為大。請凡阜平、行唐、新樂之水田，有泉渠堙廢者，盡行疏滌，以資民利。一、滋水自行唐縣牛飲山白鹿谷而下，洶湧淜湃，淤田沒稼。請於靈壽之滋水七祖寨、岔頭、錦繡、大明川等處，壅流積水，以溉田疇。復於深澤之龍泉、堌沃、仁橋等處，疏滌河流，鑿渠收利。至豬龍一帶，建閘築隄，及時防護，則患去而利可獨存。一、滹沱河性最悍急，合冶河而益大。當鬬冶河以殺滹沱之勢，引洨河以導冶河之歸。請將冶河入滹之處，堅築大隄以遏絕之，引入洨河以適其性，則寧晉、東鹿之民，得有寧宇，而正定諸縣水利，可以漸興。一、洨河為四水交流，故名洨城。舊曾築隄以備旱澇，仍請建壩蓄水，令農民易於戽汲。又縱橫開溝，令可通流，斯為萬全之利。一、槐水、午水、沛水、泥河、泜水、沙水、李陽河、七里河、小馬河、柳河等諸水，故道久堙，源流可考，請酌量疏通。令漫水有歸，則腴田可復。一、聖水井、白馬河、牛尾河諸水，皆可為田疇之利。請將白馬入泊故道，疏滌通暢，嚴禁邢民閉閘專利。復於牛尾河經行之處，酌量建閘，以時啟閉，則任縣民田永賴。一、刑臺泉河無數，故曰百泉。舊有均利、均濟、均惠、通濟、通惠、通利、永賴、惠民、邵家、新閘、博濟、永潤、普潤諸閘，引百泉水溉田。請按閘座上下，遇需水之時，先閉下閘，俟蓄水既盈，乃閉上閘，復蓄如前，各以三日為期，禁民無得擅專攙越。并展拓河身一倍，則南和、任縣，皆為澤國。一、野河引流凡七十二道，會於沙河，又有洺河與沙河合為沙洺河，常苦涸竭。請引滏陽河入沙洺。令永年、雞澤、南和等縣，並得霑溉之利。一、滏陽河合諸沁二水，其流甚鉅。向時建有八閘，應修復以時啟閉，使上下均平，各沾水澤。一、南北二泊，為眾水所匯。請於穆家口河道，隘者廣之，淺者深之，令水勢得分。復於邢家灣、王甫隄諸處，橋之廢者葺之，少者增之，使水得暢流，不致梗塞。再將灃河古隄，增卑培薄，使水無泛決，則任縣、隆平之民，俱獲利益。一、寧晉泊，地窪水深。自滹沱橫截滏水，七里河口，淤為平地。泊水無歸滏之路，遂為民害。請於洨口、營上村等處，大加展挖，使隘口寬深，則積潦消，而涸出之地可耕。再作小隄以拒外至之水，作斗門以洩內出之水，則汙萊悉成沃壤矣。一、滹沱為京西大川，綿亘千餘里，時決時徙。深州、東鹿尤被其害。查南和縣有乾河，為滹沱入滏舊路。請自張岔開挑六七里，務令寬深，直達決河。復改流自木邱至焦岡，導滹河入滏水，則腴田盡復，深、束之衝決可免矣。以上十七條，均應如所請。」從之。

《世宗實録》卷44，頁661–663

雍正五年（丁未）八月己酉日

總理水利營田事怡親王等疏報：「現值秋成，所營京東灤州、豐潤、薊州、平谷、寶坻、玉田等六州縣，稻田三百三十五頃。京西慶都、唐縣、新安、淶水、房山、涿州、安州、安肅等八州縣，稻田七百六十頃七十二畝。天津、靜海、武清等三州縣，稻田六百二十三頃八十七畝。京南正定、平山、定州、邢臺、沙河、南和、平鄉、任縣、永年、磁州等十州縣，稻田一千五百六十七頃七十八畝。其民間自營己田，如文安一縣，三千餘頃。安州、新安、任邱等三州縣，二千餘頃。據各處呈報，新營水田，俱禾稻茂密，高可四五尺，每畝可收穀五六七石不等。至正定府之平山縣，及直隸天津州，呈送新開水田所產瑞稻，或一莖三穗，或一莖雙穗，謹呈御覽。下部知之。」

《世宗實録》卷 60，頁 923

《大清高宗純皇帝實録》

（乾隆二年至乾隆五十九年　公元 1737–1794 年）

乾隆二年（丁巳）正月戊午日

是月，直隸總督李衛奏：「安州豬龍河兩岸淤出地畝，民人王希賢等，爭墾不遂。同誠親王府護衛庫克，指稱王府名色，兩次來州囑託。除飭嚴審王希賢等定擬外，先據實奏聞。」得旨：「卿此奏甚是，如此執法秉公，實是封疆大臣之度。今特賜卿四團龍補褂，以獎卿直。此雖小事，然小事不避情面，可知大事益展嘉猷矣。其棍徒生事，須當重處，以警其餘，此皆庫克輩所為。王年幼，不知也。朕已另有處分，卿不必用本題奏。」

《高宗實録》卷 35，頁 659

乾隆二年（丁巳）七月壬寅日

戶部議覆：「直隸總督李衛疏報宛平、霸州、保定、文安、大城、房山、永清、昌平、懷柔、延慶、通州、武清、寶坻、清苑、滿城、安肅、定興、唐縣、博野、慶都、容城、完縣、蠡縣、祁州、束鹿、安州、高陽、新安、玉田、河間、獻縣、阜城、肅寧、任邱、交河、景州、吳橋、東光、故城、天津、滄州、靜海、井陘、獲鹿、元氏、欒城、贊皇、晉州、廣宗、鉅鹿、內邱、磁州、邯鄲、成安、肥鄉、曲周、廣平、雞澤、威縣、清河、宣化、蔚州、萬全、懷安、西寧、蔚縣、懷來、冀州、新河、棗強、武邑、衡水、趙州、深州、武強、安平、曲陽、深澤、易州、淶水、廣昌等八十一州縣衛二麥歉收，動支存倉穀石，分別賑濟。」得旨：「依議速行。」

《高宗實録》卷47，頁806

乾隆五年（庚申）秋七月壬申日

旌表守正捐軀之直隸安州民劉明德妻淩氏。

《高宗實録》卷122，頁790

乾隆五年（庚申）秋七月甲戌日

直隸總督孫嘉淦疏報：「香河、寶坻、文安、大城、遵化、安州、易州、承德、盧龍、靜海、井陘、西寧、保安、延慶、等十四州縣衛，乾隆四年分開墾水旱荒地一百一十頃三十一畝有奇。」

《高宗實録》卷122，頁792

乾隆九年（甲子）秋七月乙酉日

直隸總督高斌疏報：「據布政使沈起元詳稱，霸州、保定、固安、宛平、大興、文安、大城、涿州、房山、良鄉、永清、東安、香河、昌平、順義、懷柔、密雲、平谷、延慶衛、薊州、通州、三河、武清、寶坻、寧河、灤州、盧龍、遷安、撫寧、昌黎、樂亭、臨榆、雄縣、高陽、新安、清苑、滿城、安肅、新城、容城、定興、唐縣、博野、蠡縣、慶都、完縣、祁州、安州、束鹿、河間、獻縣、阜城、肅寧、任邱、交河、景州、故城、吳橋、東光、寧津、天津、津軍廳、青縣、靜海、滄州、南皮、鹽山、慶雲、靈壽、新樂、廣宗、鉅鹿、平鄉、南和、廣平、雞澤、曲周、磁州、成安、威縣、清河、廣平、開州、赤城、延慶、萬全，冀州並所屬之新河、南宮、武邑，深州並所屬之武強、饒陽、安平，定州並所屬之曲陽、深澤，易州並所屬之淶水，遵化州並所屬之豐潤、玉田，熱河、八溝、喀喇河屯等一百五州縣衛廳，今春雨澤愆期，間被冰雹，二麥歉收。再東安、遷安、撫寧、唐縣、定興、河間、靈壽、延慶、懷安、西寧、蔚州、懷來等州縣，四五六等月，被雹傷禾。業經借給籽種，俟秋收後，確勘分數，另行題明。」得旨：「該部速議具奏。」尋議：「應如該督所請辦理。秋獲後，將收成分數另題，並將借給籽種數目咨部。」得旨：「依議速行。」

《高宗實録》卷220，頁835–836

乾隆九年（甲子）九月癸卯日

吏部尚書、協辦大學士劉於義，直隸總督高斌奏：「遵旨查勘水利。伏以東西二淀，諸水滙聚，非遍行履勘，不能洞悉源委。擬從東淀閱至西淀，自新安、安州，以至保定、清苑，方可得二淀全局。所有應行開浚各事宜，容勘畢詳籌奏聞。」得旨：「是。悉心詳酌，成此永久有益之舉，惟卿等是賴也。」

《高宗實録》卷225，頁913

乾隆十年（乙丑）七月丙戌日

戶部議準：「陞任直隸總督高斌疏稱，直屬文安、河間、獻縣、阜城、肅寧、交河、吳橋、東光、滄州、慶雲、靜海、鹽山、青縣、西寧、赤城、宛平、大興、霸州、保定、大城、涿州、房山、良鄉、固安、永清、香河、密雲、通州、三河、武清、寶坻、蘇州、寧河、灤州、盧龍、遷安、撫寧、臨榆、清苑、滿城、安肅、定興、新城、唐縣、博野、慶都、容城、完縣、蠡縣、雄縣、祁州、束鹿、安州、高陽、新安、任邱、寧津、故城、天津、南皮、正定、獲鹿、元氏、藁城、欒城、無極、贊皇、平鄉、廣宗、鉅鹿、唐山、內邱、任縣、磁州、邯鄲、成安、曲周、廣平、威縣、清河、東明、延慶、宣化、萬全、龍門、懷來，冀州並所屬之新河、武邑、衡水，趙州並所屬之柏鄉、隆平、臨城、寧晉、高邑，深州並所屬之武強、饒陽、安平，定州並所屬之曲陽、深澤，易州並所屬之淶水、廣昌，遵化州並所屬之豐潤、玉田，又延慶衛、熱河、喀喇河屯等一百一十二州縣衛廳，因春夏雨澤愆期，二麥被旱歉收，兼有被雹傷損者，俱經酌借籽種口糧，並令及時布種秋禾。其應否加賑蠲免，俟秋穫時勘明，分數辦理。」

《高宗實録》卷 245，頁 158–159

得旨：「依議速行。」

乾隆十年（乙丑）十一月己巳日

大學士等會議協辦大學士劉於義等奏直隸水利章程：一、各州縣新工，宜令官入交代，民均力役，應如所請。令直隸總河、總督，將各屬河道隄岸等工，畫明界址，分派印汛各官管理，並令各村莊設立渠長。遇汛過及冰融水涸時，督率居民，自行疏浚修補。水衝木朽坍塌，準勘明估報，動項修理。一、唐河兩岸，宜設涵洞，應如所請。於唐、完、滿三縣境內，每五里設涵洞一座。一、新建河閘，宜移駐汛員，應如所請。東鹿縣管河主簿，移駐唐縣，專司廣利首閘，並境内河道。寧晉縣百尺巡檢，移駐滿城縣之方順橋，管理方順橋一帶村莊，並滿城縣境内河道、橋閘、涵洞等項，定為兼河之缺。缺出，於河員内揀署。清苑、安州、新安三州縣新工，仍歸原管之河員管理。新城縣河道，將定興縣縣丞，改駐新城管理。一、閘座宜設立額夫，應如所請。廣利、通會、金線、小聖廟、下閘、東安屯、善馬廟、寨頭廟等八閘，每閘設閘夫八名，每名歲給工食銀六兩。同口村、段村、新閘等三閘，責令坐落村莊之練地及所設渠長管理。一、保定新河，宜專定管轄之河廳。應如所請。將保定府鹽捕通判，改為水利通判。管唐縣、完縣、滿城、清苑、安州、五屬河道。凡河閘一切事宜，並汛員考成，均由該員核轉。並換給保定府水利鹽捕通判關防。一、新設垡船衩夫，宜分隸東西兩淀。應如所請。將新添垡船二百隻，衩夫六百名，各分半，撥津軍、河捕二廳管轄。並增設千總二員，分隸該二廳，駐劄東西兩淀，管理船夫。一、子牙隄河，宜分隸廳汛，並添設管堡河兵。應如所請。自莊兒頭至當城，歸子牙廳管轄。自當城、至西沽紅橋，歸津軍廳管轄。其二廳原隸之垡船衩夫，每廳各分立上下二汛，撥派員弁駐劄，修浚防護。並於隄岸添建堡房二十座，每座設河兵二名，於南運河河兵内抽撥。一、各河隄岸，宜廣籌栽柳。應如所請。民地相連之隄岸，地方官勸令各按地界種植。州縣佐雜及河工效力人員願捐種者，成活後，驗明，照河工栽柳例分别議敘。」從之。

《高宗實録》卷252，頁251–252

乾隆十二年（丁卯）七月丙午日

賑恤直隸固安、永清、香河、武清、涿州、霸州、大城、薊州、玉田、新城、容城、蠡縣、雄縣、祁州、束鹿、安州、高陽、新安、易州、淶水、河間、獻縣、阜城、肅寧、任邱、寧津、吴橋、故城、東光、天津、南皮、正定、井陘、藁城、冀州、南宫、新河、武邑、衡水、趙州、柏鄉、隆平、高邑、臨城、深州、武強、饒陽、安平、沙河、南和、平鄉、廣宗、鉅鹿、内邱、永年、曲周、雞澤、邯鄲、成安、威縣、清河、磁州、宣化、赤城、萬全、懷來、蔚州、蔚縣、西寧、懷安、喀喇河屯通判、獨石口同知、熱河、八溝同知、四旗通判等七十五州縣廳被水、被旱、被雹饑民。

《高宗實録》卷295，頁864

乾隆十三年（戊辰）閏七月辛酉日

又諭：「著寄字與直隸總督那蘇圖，直省應行修補之城，共有幾處？現在飭交徐杞、陳宏謀、陳悳華、高山等修理之城工，約於何時告竣？若修理別處城垣，動用若乾萬銀兩之處，著查明具奏。」尋奏：「直屬一百四十三州縣衛城垣，連沿邊關口，及緊要城堡，共計一百六十四處。除已修四十六處外，現在陳宏謀承修之定州，因匠值農忙，量給假期，約於明年夏間告竣。陳悳華承修之安州，於明年四月內可完工。至徐杞承修之沙河鞏華城，潘思榘承修之涿州，高山承修之豐潤，俱未興工。其餘前督臣高斌任內估計城工，尚有二十處未修，共需銀三十九萬五千三百餘兩。其坍塌未經估報者，業已委員分路勘估，統俟報齊核計，分晰議奏，報聞。」

《高宗實録》卷 320，頁 269

乾隆十五年（庚午）十月甲午日

蠲緩直隸固安、永清、霸州、保定、文安、大城、東安、武清、寶坻、薊州、寧河、宛平、涿州、樂亭、清苑、容城、唐縣、博野、新城、完縣、蠡縣、雄縣、祁州、安州、高陽、新安、安肅、河間、肅寧、任邱、天津、青縣、靜海、津軍廳、萬全、張家口同知、西寧、蔚縣、宣化、龍門、懷安、定州、曲陽、易州、豐潤、玉田等四十六廳州縣水災、雹災地畝本年額賦。其固安、永清、霸州、保定、文安、武清、寶坻、新城、雄縣、安州、新安、天津、津軍廳、靜海、大城、肅寧、高陽、玉田等十八廳、州、縣饑民，貸予口糧。保定、文安、大城、東安、武清、寶坻、薊州、寧河、清苑、新城、完縣、蠡縣、雄縣、祁州、安州、高陽、新安、河間、肅寧、任邱、天津、青縣、靜海、津軍廳、西寧、豐潤、玉田、固安、永清、霸州、易州、唐縣、曲陽、定州、樂亭等三十五廳州縣饑民，並予賑恤有差。

《高宗實録》卷375，頁1144

乾隆十七年（壬申）六月癸卯日

直隸總督方觀承奏：「據近日所報，唐山、趙州、寧晉、隆平、新河、武邑、棗強等處，蝗蝻撲除將盡。查趙、冀二屬，南連順德，北入正定，境壤交錯，互有飛越，恐致滋延。臣現駐趙州，分員四出搜捕。其正定屬之平山、獲鹿、井陘、靈壽、正定、元氏、行唐、新樂等處，或撲除已盡，或既撲復萌，並飭加緊巡查，速就殄滅。再保定屬之清苑、安肅、安州、容城、新安、高陽、完縣、蠡縣、唐縣等處，亦據報將次告竣。細察近日情形，大率皆係草上螞蚱，雖有翅能飛，然亦不過於數里中乍起乍落，非若飛蝗之漫空遠颺。是以一經趕撲，就地立盡，田禾幸皆無損。」得旨：「今年蝗蝻，雖幸不為害，若非朕督責，將不知何底止矣。此時雖云撲除，然向前正宜謹防。慎之。」

《高宗實録》卷416，頁453–454

乾隆二十六年（辛巳）十一月丙申日

加賑直隸固安、永清、東安、武清、文安、大城、霸州、保定、冀州、衡水、武邑、開州、長垣、東明、景州、清河、蠡縣、東光、滄州、南宫、新河、隆平、寧晉、深州、武強、天津、竇坻、薊州、寧河、清苑、新城、博野、望都、祁州、雄縣、安州、高陽、新安、河間、獻縣、肅寧、任邱、交河、青縣、靜海、南皮、鹽山、慶雲、平鄉、廣宗、鉅鹿、唐山、任縣、永年、邯鄲、成安、曲周、廣平、雞澤、威縣、磁州、元城、大名、南樂、清豐、蔚州、豐潤、玉田、定州等六十九州縣被災貧民屯灶，並緩各屬已未成災，本年應徵錢糧及節年舊欠。

《高宗實録》卷648，頁249

乾隆二十七年（壬午）春正月戊申日

加賑直隸文安、大城、天津、津軍、冀州、武邑、衡水、長垣八州縣廳，並固安、霸州、保定、安州、開州、東明、清河、新河、南宮、武強、隆平、寧晉、寶坻、武清、高陽、新安、肅寧、交河、東光、滄州、大名、元城、永年、成安、廣平、雞澤、威縣、深州二十八州縣水災村莊饑民。

《高宗實録》卷652，頁306

乾隆二十七年（壬午）六月丁酉日

蠲免直隸固安、永清、東安、武清、霸州、保定、文安、大城、宛平、寶坻、薊州、寧河、灤州、清苑、新城、博野、望都、蠡縣、祁州、雄縣、安州、高陽、新安、河間、獻縣、肅寧、任邱、交河、景州、東光、天津、青縣、靜海、滄州、南皮、鹽山、慶雲、津軍廳、平鄉、廣宗、鉅鹿、唐山、任縣、永年、邯鄲、成安、曲周、廣平、雞澤、威縣、清河、磁州、開州、大名、元城、南樂、清豐、東明、長垣、西寧、蔚州、豐潤、玉田、冀州、南宮、新河、武邑、衡水、隆平、寧晉、深州、武強、定州、曲陽等七十四州縣廳，乾隆二十六年水災額賦有差。

乾隆二十七年（壬午）八月壬子日

又諭：「今年直隸夏雨成澇，濱水窪地，田禾不無淹損。所有積年錢糧帶徵、緩徵各屬內，今年復被水災之文安、大城、武清、寶坻、薊州、天津及霸州、保定、永清、東安、安州、新安、青縣、靜海、滄州、寧晉、津軍廳十七州縣廳，民力自屬拮据，其應徵銀八萬二千四百兩零，穀豆、高粱五千四百石零，均予豁免，以示優恤。至與災重州縣，毗連本處，復被水災之寧河、固安、鹽山、慶雲、衡水五縣，所有應徵銀二萬一千五百餘兩，穀豆、高粱一百八十餘石，亦著一體蠲免。該督其嚴飭所屬，實力奉行，務使窮民均霑實惠，毋致吏胥中飽，副朕加惠黎元至意。該部遵諭速行。」

《高宗實録》卷664，頁429

乾隆二十七年（壬午）十月己酉日

諭軍機大臣等：「范時紀摺奏，京南霸州、文安等處，地勢低窪，易致淹浸。請設法疏通，添築隄埝，改為水田一事。此不過偶以近來一二年間，雨水稍多，竟似此等地畝，素成積潦之區。殊不知現在情形，乃北省所偶遇。設過冬春之交，晴霽日久，便成陸壤。蓋物土宜者，南北燥濕，不能不從其性。即如附近昆明湖一帶地方，試種稻田，水泉最為便利，而蓄洩旺減不時，灌溉已難遍及。倘將窪地盡令改作秧田，當雨水過多，即可藉以瀦用。而雨澤一歉，又將何以救旱。從前近京議修水利營田，未嘗不再三經畫，始終未收實濟，可見地利不能強同，亦其明驗。但范時紀既有此奏，著將原摺一條鈔寄方觀承閱看，或有可以隨宜酌採，於目下流消之法，裨補一二者。該督細心籌議具奏，將此傳諭方觀承知之。」尋奏：「直屬試種水田瀦涸不常，非地利所宜。惟京南之文安、霸州，保定所屬之安州、新安等處，其低窪各村莊，遇水瀦時，令暫種稻田，涸後仍聽隨宜播種。」得旨：「覽奏俱悉。」

《高宗實録》卷 673，頁 523

乾隆二十七年（壬午）十月庚戌日

加賑順天直隸所屬霸州、保定、文安、大城、涿州、良鄉、固安、永清、東安、香河、宛平、大興、昌平、順義、三河、武清、寶坻、薊州、寧河、灤州、昌黎、樂亭、清苑、安肅、新城、望都、雄縣、安州、高陽、新安、河間、獻縣、阜城、肅寧、任邱、交河、景州、東光、天津、青縣、靜海、滄州、南皮、鹽山、慶雲、津軍、成安、廣平、大名、元城、宣化、萬全、懷安、張家口、豐潤、玉田、冀州、南宮、新河、武邑、衡水、隆平、寧晉等六十三州縣廳，本年被水、雹、霜災饑民，分別蠲緩應徵額賦。

《高宗實録》卷 673，頁 524–525

乾隆二十八年（癸未）三月己未日

御史興柱、顧光旭奏：「堵築漫口，現已合龍。臣興柱往新安、安州等處，臣顧光旭往寧河、寶坻等處，分勘有無積水，及體察加賑再賑。」得旨：「嘉獎。」

《高宗實録》卷 682，頁 632

乾隆二十八年（癸未）六月己丑日

諭軍機大臣等，昨據方觀承奏：「安州、任邱近淀水窪之内，有魚蝦遺子，蠕動如蝻者。又青縣、滄州、慶雲等處，俱有零星蝻子。景州、獻縣亦間有生發。雖據稱現在督率搜捕，但目下是否捕除淨盡。近聞鄭州一帶，亦間有蝻子。當此積潦初涸，正宜及時查察，不使稍有遺留。著傳諭該督，將現在如何辦理，作速查明奏聞。」

《高宗實録》卷 688，頁 702

乾隆二十八年（癸未）六月庚寅日

又諭：「直屬安州、任邱等處，俱有蝻孽蠕長。鄭州一帶，亦間有萌生之處。昨已降旨，令該督將曾否撲除淨盡，詳細查奏。」兹據達色奏：「山東曆城、長清等縣境内，間有飛蝗。現經該督撫率司道等，親赴各該處，上緊撲滅。其經過直隸之吴橋、東光、南皮、滄州、青縣、静海境内村莊，亦均有飛蝗數處等語。看來直隸、山東、毗連一帶間段，俱有蝗蝻。若不及早搜捕，誠恐漸滋貽害。東省業經阿爾泰等，親率督捕。而直屬有蝗各處，該督方觀承、布政使觀音保，亦曾親赴督率搜查否，抑係止據各該屬稟報？僅委之州縣等官辦理？向來外吏習氣，每於壤地相接、交錯之區，即不無意存畛域，彼此推諉。著傳諭方觀承，速即督同觀音保，分道搜捕，不使稍留遺孽。並將飛蝗現在是否撲除淨盡，據實詳查奏聞。」

《高宗實録》卷 688，頁 703–704

乾隆二十八年（癸未）六月丁酉日

直隸總督方觀承奏：「安州、靜海、青縣、獻縣、滄州、南皮、故城、東光、寧津，蝗蝻現已撲除。惟任邱縣屬七里莊與鄭州相連，生有蝻子畝餘。景州、慶雲與東省接壤地方，亦間有生發。布政使觀音保，即赴各處督捕。雄縣報有蝗蝻，臣即親往查辦。」得旨：「汝直隸之事，往往不如山東、河南。慎之。」

《高宗實録》卷 688，頁 708–709

乾隆二十八年（癸未）七月乙亥日

諭軍機大臣等：「直屬六月二十八、九等日，據報得有透雨。自立秋以來，又將半月有餘，未審復得雨澤否？今歲禾稼，雖曆詢俱稱長髮豐稔，但其中是否有因得雨澤少，未能一律暢茂之處？及現在有無望雨情形？並著傳諭方觀承，據實查明，速奏。」尋奏：「各屬六月二十九日普雨之後，七月初五、六等日，順天、保定、永平、河間、天津等府屬，遵、易、冀、趙、深、定等州屬，復得雨三四寸至七八寸不等。初九日，保定以南各府州屬，又報得雨二三寸。而順屬之昌平、通、薊、霸、保、房山一帶，更為優渥。此時禾稼成實，高粱穀黍，以次收穫。

惟晚禾仍需雨澤，其後種之豆莜，向前更望雨勤，乃可一律豐收。至宣屬宣化附郭二三十里之內，並萬全北鄉、張家口外等山地，微覺乾燥，收成恐減分數。再文安、霸州、安州、新安，積水窪地，所種稻田甚廣，俱倍常茂實，足資接濟。」得旨：「晚田竟致被旱，殊為可惜。民情光景如何，有須豫為綢繆處否？速奏來。」

《高宗實録》卷 691，頁 744–745

乾隆三十三年（戊子）冬十月丁卯日

戶部議准：「直隸總督楊廷璋疏稱，直屬本年被水雹等災，請將最重之霸州、保定、安州、靜海四州縣，先給一月口糧。並摘賑文安、大城、永清、東安、正定、晉州、藁城、寧晉等八州縣極貧民。其武清、寶坻、寧河、清苑、安肅、新城、博野、望都、蠡縣、雄縣、束鹿、高陽、新安、獻縣、肅寧、任邱、天津、青縣、滄州、慶雲、南和、平鄉、任縣、成安、曲周、廣平、豐潤、玉田、冀州、武邑、衡水、隆平、深州、武強等三十四州縣，俟十一月起賑。貧士旗灶，俱一體辦理。至涸出地畝，貸給耔種。應徵錢糧米豆等項，並節年舊欠，分別緩帶。其河間、鹽山二縣被災地畝，俟勘明另題。」得旨：「依議速行。」

《高宗實録》卷 820，頁 1136

乾隆三十四年（己丑）春正月丙戌日

又諭：「直隸各屬，上年間被水災，業經加恩，分別賑恤。現在時屆東作，尚恐被災貧民，際此青黃不接之候，生計不無拮据。著再加恩，將霸州、保定、安州、文安、永清、東安、寧晉等七州縣，被災六分之極貧，及七、八、九、十分之極次貧，均加賑一個月。其大城、靜海二縣，雖有代賑工程，尚恐不敷接濟。又災分稍次之任邱、肅寧、慶雲三縣內，成災九分村莊極次貧民，均著於停賑後，各加賑一個月。該督其務董率屬員，實力查辦，無任胥吏中飽，俾小民均霑實惠，副朕加惠黎元至意。該部遵諭速行。」

《高宗實録》卷826，頁1-2

乾隆三十四年（己丑）三月乙酉日

蠲免直隸霸州、保定、文安、大城、永清、東安、武清、寶坻、薊州、寧河、清苑、安肅、新城、博野、望都、蠡縣、雄縣、束鹿、安州、高陽、新安、河間、獻縣、肅寧、任邱、天津、青縣、靜海、滄州、鹽山、慶雲、正定、晉州、藁城、南和、平鄉、任縣、成安、曲周、廣平、豐潤、玉田、冀州、武邑、衡水、趙州、隆平、寧晉、深州、武強等五十州縣，並津軍、張家口二廳，乾隆三十三年分水災額賦。

《高宗實録》卷830，頁66

乾隆三十五年（庚寅）十月壬辰日

戶部議覆：「直隸總督楊廷璋疏稱各州縣被災應行賑恤事宜。一、勘明被水、被雹村莊成災之武清、寶坻、寧河、香河、霸州、保定、文安、大城、固安、永清、東安、宛平、大興、涿州、順義、懷柔、密雲、清苑、安肅、定興、新城、高陽、安州、望都、容城、蠡縣、雄縣、祁州、新安、天津、靜海、滄州、青縣、津軍廳、成安、曲周、廣平、大名、南樂、清豐、元城、萬全、龍門、定州、豐潤、玉田等四十六州縣廳，按成災分數，蠲免錢糧，並極次貧民，自十一月起，分別給賑口糧。米糧由鄰近災輕及並不被災州縣内協撥。倘鄰境無米可撥，每米一石，折銀一兩二錢。一、村莊離城窵遠，窮民領米維艱。飭各州縣將被災村莊，離城數十里以外者，於適中地設廠，委員監賑。其各州縣撥運倉糧，應給腳價。一、被災貧士，照次貧例賑給。每米一石，折銀一兩，令教官散給。一、屯居被災旗人竈戶，俱令辦災各委員及地方官，會同場員，查明戶口，分別一體賑恤。本管道、府、廳、州、總理稽查。一、查災監賑委員，除正印外，其佐雜教官試用等官並書役等，應給盤費飯食，及造冊紙張銀兩。一、被災各屬涸出地畝，借給麥種籽種穀石。並勘不成災村莊農民，缺乏口糧，請分別借給。均於來歲秋收後，免息追還。至明歲停賑後，青黄不接時，貧民糴食維艱，應照歉收例，酌動倉穀平糶。一、各屬錢糧，業經普蠲。其例不普蠲之屯糧，並房租新墾地畝，及勘不成災地畝，應徵屯糧等項，並節年舊欠錢糧，民借米穀，分別停徵帶徵。一、入官存退餘絕等項地畝，及公產井田香燈地租，請照民地例緩徵。一、窮民廬舍被衝，及淹浸坍塌者，請給葦苫蓋，每瓦房一間，給銀一兩，土草房五錢。一、霸州被災官圍營田，應解易州供應陵糈米石，應俟來年稻穀豐收，通融補解。其佃民歸入該州一體給賑，均應如所請。」從之。

《高宗實録》卷871，頁678-679

乾隆三十六年（辛卯）秋七月丙午日

直隸總督楊廷璋奏：「據永定河道滿保稟稱：七月初二日，盧溝橋水發，南岸二工漫口七十餘丈，北岸二工漫口一百餘丈外，尚有水漫斷隄一十五處。臣即飛往確勘。至北運河水勢，據楊村通判具報，河水止長三寸，各隄鞏固。」得旨：「已有旨了。」又批：「不然。今亦有衝漫之處，汝特未知耳。」諭軍機大臣等：「楊廷璋覆奏永定、北運等河水勢情形一摺，所奏甚不滿意，已於摺內批示。永定河正當伏秋大汛之時，關係最為緊要。水勢消長信息，理應時刻相通。今各工漫口，係七月初二日之事，縱因道廳稟報遲延，該督值此雨水較大之時，即應早為查探，上緊護防。乃經屢次傳諭切詢，尚不星速差員查勘，據實覆奏，仍待河道滿保呈報，始據以入告。何竟不以為事，漠不關心若此。現派侍郎德成，前往漫口，會同該督堵築，該督可即督趲工料人夫，剋期修築完固。其該處漫口情形，較去歲大小若何？隄外漫溢之地，田廬有無受傷？成災與否？並著迅速切實查明。有應撫恤者，照例妥協經理。該督仍遵前旨，即赴該處，不必來此接駕。俟河工妥辦蕆事，再行奏聞，前赴行在。又北運河每遇夏秋盛漲，易於泛溢。昨因雨勢過大，曾傳旨詢問西寧達翎阿。今據奏稱，初三日夜，王家莊西岸，水長漫溢，刷開隄工一段，約寬數十丈。河西務甘露寺，亦刷開隄工一段，寬數十丈。馬頭以北，至張家灣，兩岸河水漫散，低地俱有積水等語。而該督尚據通判所稟，謂北運河隄壩各工，俱極鞏固，全非實在情形。該督前此既未能周知，及經接奉詢問之旨，亦應迅速委員勘實奏覆，何率憑通判一稟，遂信以為實乎？所有衝漫隄工，應即專派大員，上緊分段堵築，速令完固。至兩岸沮洳之區，連年初潦。武清等縣，積歉之餘，尤深廑念。應即速查明，是否成災，照例分別妥辦，務使貧民均霑實惠。又今歲巡幸時，指示興濟、捷地兩處工程，改閘為壩。聞近來減水甚暢，南運河隄岸，皆得無恙。其效驗已屬顯見，因思北運河向來漲發最盛，而宣洩之路較少。其筐兒港減水，前歲雖曾修葺，而出水之口，尚未甚寬，似尚可量為展放。至王家務減水，久未修治，未審現在形勢若何。及此外或有可酌添壩座，分消漲水之處，俾得宣通無阻，實屬釜底抽薪善策。著傳諭楊廷璋，留心體訪。俟秋冬潦退時，朕差裘曰修前往，會同楊廷璋，親往相度。詳細繪圖貼說呈覽，候朕另降諭旨。仍先將各河漫口，現在作何搶修事宜，及民田被淹，是否成災各情形，迅速覆奏，毋得稍有含糊粉飾，自于咎戾。」尋奏：「永定河漫口，漸次消涸，中溜不過二十三丈，止淹及玉皇廟村與附近之四小村。水勢直趨淀河，其沿途有無旁溢，容查奏。張家、王甫隄工，已稟漫溢。河西務甘露寺被水，尚未報到。馬頭張灣，間有積水。涿州、良鄉、大興、宛平、固安，以及續報之昌平、密雲、懷柔，三河、永清、蠡縣、安州、新城、南樂、文安、高陽等各州縣，俱稱雨後積水。暨武清等沮洳之區，俱已委員確勘。是否成災，據實具奏，報聞。」

《高宗實録》卷 888，頁 897–898

乾隆三十六年（辛卯）秋七月壬子日

直隸總督楊廷璋奏：「大興等十七州縣與霸州等十二州縣被淹。臣確查分數，大興、宛平、良鄉、固安、永清、東安、霸州、武清等八州縣頗重，涿州、密雲、懷柔、通州、昌平、雄縣、安州、蠡縣、新城、文安、保定、香河、寶坻等十三州縣次重，三河、高陽、任邱、安肅、南樂、懷來、定州、元城等八州縣較輕。已批司委員確勘，先飛飭借給每戶義穀四斗。其坍塌房屋者，瓦房給銀一兩，土房五錢。仍俟勘得成災與否，分別辦理。又蔚州、延慶、西寧三屬，前據稟報有被雹村莊，亦經飭查，統歸秋災案内撫恤。」得旨：「另有旨諭。」又批：「此皆外省俗例，足見非實心辦事也。不可。」諭軍機大臣等：「據楊廷璋奏，查辦被水各州縣災務一摺，内有批司委員確勘之句，殊屬非是，已於摺内批示矣。災務關係民生，最為緊要，自應迅速查辦，俾災黎早得安全。今藩司楊景素，現在密雲督辦差務，晝夜不輟，豈復能兼顧及此？如此易知之事，楊廷璋亦不知乎？楊廷璋身任總督，通省文武，皆其所轄，派令查勘災務，誰敢不遵？豈必待藩司查稟，始能料理？且該督近在永定河干，派員甚為直捷，而又批交楊景素輾轉往還，稽延時日，亦非情理。若以為辦災係藩司專責，即暫令王顯緒代為行文。俟楊景素回任，再為補詳，亦何不可？而必為此紆回曲折之事乎？此等外省相沿俗例，極可憎鄙，朕屢經嚴飭矣。楊廷璋久任封疆，向來頗知認真辦事，不應拘牽陋習若此。豈復實心任事之道？至現在被災計二十九州縣，恐賑借等項，需用較多。已降旨令戶部撥庫銀五十萬兩，發交該督備用。該督其董飭屬員，實力妥辦，務使貧民均霑實惠。若辦理稍不盡心，致有侵扣冒濫諸弊，惟於該督是問。仍將被災情形，速飭確查，分別辦理，據實明白回奏。」尋奏：「被水之大興等二十九州縣外，又據續報天津、清苑、房山、新安、正定、薊州、大城、靜海、寧河、豐潤、玉田、藁城十二處被災。已飭令確勘，分別撫恤。所有恩撥庫銀五十萬兩，收兑藩庫備用。將來應撫應賑，臣當遵旨悉心妥辦，務使災黎均霑實惠。」得旨：「覽。」

《高宗實録》卷 888，頁 905–906

乾隆四十年（乙未）冬十月己丑日

諭：「今歲畿南一帶，因七月間雨水稍多，低窪村莊，間被淹浸。現據該督查明，題報成災之保定、文安等四十七州縣廳，照例撫恤賑濟。並將此次被災較重之霸州、永清、新城、雄縣、安州、新安等六州縣，先於九十兩月，摘出賑給，貧民已可不致失所。第念此等摘賑各戶，尤係災黎中窮乏之民。惟是大賑定期，須在十一月，今年孟冬，適當置閏。此等貧民，於摘賑完畢以後，距大賑尚需待哺一月，未免餬口無資，深為軫念。著加恩將災重之霸州等六州縣，應得大賑，即於閏十月開放，俾得接濟無缺。該督務飭所屬，實心妥辦，以副朕加惠窮黎至意。該部遵諭速行。」

《高宗實録》卷993，頁259–260

乾隆四十一年（丙申）春正月甲戌日

又諭：「昨歲畿南一帶，因夏秋間雨水稍多，濱臨河淀州縣之低窪村莊，地畝被潦，均不及一隅。業經該督勘明保定、文安等五十二州縣廳成災之處，照例撫恤賑濟，並降旨將較重之霸州等六州縣，應行摘賑，提前一月，俾與大賑接濟無缺，貧民已可不致失所。第念新春正二月正賑已畢，距麥收尚遠，茅檐口食，或恐不無拮据。茲當履端肇始，宜沛恩施，著加恩將被災較重之霸州、永清、新城、雄縣、安州、新安六處，及次重之文安、保定、武清、大城、清苑、天津、靜海、青縣八處，均各展賑一個月，俾窮黎益霑愷澤。該督其董率所屬，實心經理，以副朕加惠畿民至意。該部即遵諭行。」

《高宗實録》卷1000，頁378

乾隆四十一年（丙申）二月庚午日

諭：「本年新正，曾將畿南一帶昨歲被潦州縣，分別予以展賑，用普春祺。茲當金川全境蕩平，巡幸山左，凡鑾輅所經之地，現已普被恩膏。其災區之不值蹕途者，亦堪軫念。著加恩將霸州、保定、文安、大城、永清、河間、獻縣、武邑、衡水、寧晉、武強、安平等十二州縣，未完乾隆三十九年，因災緩帶地糧銀八萬六千七百四十五兩零，屯米二百四十八石零；又霸州、保定、文安、大城、永清、新安、安州、固安、蠡縣、河間、獻縣、任邱、晉州、玉田、武邑、衡水、陸平、寧晉、深州、安平等二十州縣，未完乾隆三十三、四、五、六、七、八、九等年，因災出借常平穀二萬八十九石零，米二萬八千七百七十二石零，麥五千八百七十四石零；又霸州、固安、河間、三州縣，未完乾隆三十九年，因災出借井田屯穀二百九十一石零，米一千四百五十七石零，概行蠲免，以示慶成施惠至意。該部即遵諭行。」

《高宗實録》卷 1003，頁 450–451

乾隆四十一年（丙申）夏四月癸丑日

蠲免直隸霸州、保定、文安、大城、固安、永清、東安、武清、寶坻、薊州、寧河、香河、大興、宛平、順義、清苑、安肅、新城、博野、望都、容城、蠡縣、雄縣、祁州、安州、高陽、新安、河間、獻縣、任邱、天津、青縣、靜海、津軍廳、正定、晉州、無極、藁城、新樂、雞澤、大名、元城、玉田、武邑、衡水、趙州、隆平、寧晉、深州、武強、安平、定州等五十二州縣廳，乾隆四十年水災額賦有差。

《高宗實録》卷 1006，頁 512

乾隆四十四年（己亥）正月己酉日

直隸總督周元理奏：「直屬威縣土城，年久坍塌。玉田縣磚城，水衝蟄陷，均應估修。阜城、安州、新安三處土城，工不經久。請一體改建磚城，並動司庫旗租銀項，委員督辦。下部知之。」

《高宗實録》卷1075，頁432

乾隆四十五年（庚子）十月壬戌日

蠲免直隸霸州、保定、文安、大城、涿州、房山、良鄉、固安、永清、東安、香河、宛平、大興、昌平、順義、懷柔、密雲、平谷、通州、三河、武清、寶坻、薊州、寧河、遷安、清苑、安肅、定興、新城、望都、蠡縣、雄縣、安州、高陽、新安、河間、獻縣、肅寧、任邱、交河、天津、青縣、靜海、滄州、津軍廳、南和、任縣、永年、邯鄲、成安、曲周、廣平、雞澤、磁州、延慶、保安、蔚州、懷來、獨石口廳、豐潤、玉田、易州、武強，六十三州縣，本年被水災田額賦。

《高宗實録》卷1117，頁922–923

乾隆四十六年（辛丑）春正月乙亥日

諭：「上年直隸地方，雨水稍多。低窪地畝，田禾被淹。業經降旨截漕三十萬石，並撥通倉米三十萬石，部庫銀三十萬兩，以備賑濟之用。茲當東作方興，例賑將畢，青黃不接之時，小民糊口維艱，殊堪軫念。著加恩將霸州、保定、文安、大城、固安、永清、東安、宛平、良鄉、涿州、武清、寶坻、寧河、天津、靜海、新城、雄縣、清苑、安州、新安等二十州縣，於今春正賑後，再加賑一個月，以資接濟。其無庸加賑各廳州縣，亦著該督察看情形，酌量借糶，俾民氣益紓。該督其董率屬員妥協辦理，以副朕軫恤窮黎至意。該部即遵諭行。」

《高宗實録》卷 1122，頁 1

乾隆四十六年（辛丑）四月辛酉日

蠲免直隸霸州、保定、文安、大城、涿州、房山、良鄉、固安、永清、東安、香河、宛平、大興、昌平、順義、懷柔、密雲、平谷、通州，三河、武清、寶坻、薊州、寧河、清苑、新城、雄縣、蠡縣、安州、高陽、新安、河間、獻縣、任邱、交河、天津、青縣、靜海、滄州、津軍廳、南和、任縣、永年、邯鄲、曲周、雞澤、磁州、蔚州、豐潤、玉田，五十廳州縣，乾隆四十五年水災民地官地額銀十五萬六千二百一十七兩有奇，糧一千五百二十石有奇，並豁除積欠倉糧一十六萬五千七百二十七石有奇。

《高宗實録》卷 1129，頁 88

乾隆四十六年（辛丑）四月壬申日

是月，直隸總督袁守侗奏：「上年直省被水各屬内，武清、天津二縣雖尚有未涸村莊，但或係地處上游，或係附近海河，消退尚易。文安、霸州、大城、寶坻四州縣，半月以來天氣晴霽，漸次可涸者又有十之六七。寧河、靜海、保定、新安、安州五州縣，未消積水自十餘村至三四十村不等。現飭上緊設法疏消，隨宜布種。」得旨：「是，實力勉為之。」

乾隆四十七年（壬寅）五月辛亥日

直隸總督鄭大進奏：「保定省城南有九龍河一道，發源於望都縣之九龍泉。由清苑之張登鎮，安州之依城河，新安之長流河，至任邱之十一橋入淀。該州縣等旱潦藉以蓄洩，商販由此往來。比年來日漸淤淺，亟宜挑挖。至河身高低不一，全賴閘座以司啟閉。九龍河自望都縣東門外響閘以下，僅設殷家營、高嶺村二閘。自殷家營至清苑縣境，綿長六十餘里，河水迅駛，必須添建閘座。清苑境内，於冉村、鄧村、營頭村添建三座。又該縣自陽城村至張登鎮，原有石橋十座，俱坍損應修。至安州、新安、任邱，河身間有沙淤，均應一律疏浚。」得旨：「如所議行。」

《高宗實録》卷 1156，頁 496–497

乾隆五十年（乙巳）三月乙亥日

豁免直隸霸州、保定、文安、大城、涿州、固安、東安、香河、宛平、大興、昌平、順義、懷柔、密雲、通州、三河、武清、寶坻、薊州、寧河、清苑、安肅、新城、蠡縣、安州、高陽、新安、獻縣、肅寧、任邱、交河、天津、青縣、靜海、滄州、慶雲、鹽山、藁城、永年、成安、廣平、東明、長垣、延慶、蔚州、豐潤、玉田、趙州、寧晉四十九州縣，自乾隆四十一年起，至四十九年止，民欠因災出借未完穀米豆麥十三萬六千七百七十八石有奇。

《高宗實録》卷 1129，頁 99

《高宗實録》卷 1227，頁 451

乾隆五十一年（丙午）春正月壬子日

諭：「上年直隸大名、順德等府屬，雨澤愆期，被旱成災。又正定、冀州等州縣，因滹沱等河上游盛漲，田禾間有被淹之處。業經降旨，令該督分別蠲緩賑借，實力撫恤，俾無失所。第念春耕肇始，布種翻犁，民力不無拮据。著再加恩，將被旱成災之大名、元城、開州、清豐、南樂、東明、長垣、平鄉、廣宗，並被水之冀州、藁城、衡水、新河、趙州、隆平、寧晉等十六州縣内之有地無力貧民，著該督按戶計畝，借給耔種。並著查明，借給一月口糧，俾資耕作。其勘不成災之正定、晉州、清苑、安州、望都、蠡縣、高陽等七州縣，以及成災五分以下各村莊，有需酌借耔種口糧者，一併察看情形，分別辦理。至成災州縣内之無地、無力、乏食貧民，於停賑後，三月間再行摘賑一個月，以資生計。所有本年應徵新舊錢糧倉穀，俱緩至秋後開徵，以紓民力。該督其董率所屬，實力妥辦，務使災黎均霑渥澤，用普春祺。該部即遵諭行。」

《高宗實録》卷 1246，頁 746–747

乾隆五十一年（丙午）七月辛未日

是月，直隸總督劉峨奏：「直屬滹沱、滏河、沙河、唐河、瀦龍、九龍等河，均發源山西。七月中，上游山水陡發，宣洩不及，民埝間有漫溢。據趙州、寧晉、隆平、曲周、望都、蠡縣、安州、高陽、肅寧、清苑等十州縣報，近河田畝被淹，又宣化府屬萬全縣四角屯等十一村雨雹，秋禾被傷。現飭員查勘，設法疏消，分別辦理。其餘各屬雨澤調勻，可冀豐稔。」得旨：「覽奏稍慰，有成偏災者，亦加意撫恤。」

《高宗實録》卷 1259，頁 936–937

乾隆五十一年（丙午）十月丁巳日

戶部議覆：「直隸總督劉峨疏稱，安州、高陽、肅寧、任邱四州縣，秋禾成災五分，應照例蠲額賦十之一。餘各州縣村莊，應查明被災之處，照例緩徵。舊欠、舊借，統待明年麥秋後徵解，被災者準借籽種口糧。」得旨：「依議速行。」

《高宗實録》卷 1267，頁 1083

乾隆五十四年（己酉）六月甲申日

直隸總督劉峨奏覆：「靈壽被災等戶，其房屋木料，未經衝失，高阜田禾，亦無妨礙，低窪處間有受傷。其坍損房屋之千餘戶，現給修費銀，乏食貧民現在撫恤，淹斃男婦四名口，給棺殮埋。至蠡縣之孟嘗、劉佃二處，衝決之所，現已搶築合龍。田禾被傷者，酌借籽種，俾得補種，並動義倉米穀，借給口糧。再現因雨水稍多，以致近河之清苑、望都、安州、雄縣、高陽、任邱、河間、景州、獻縣、廣平、靜海、滄州、灤州、定州、趙州、隆平、寧晉、保定、東安、武清等二十州縣，低窪地畝，間被浸淹。現在上緊疏消，並查勘災戶，分別辦理。」

得旨：「不可諱災，詳悉查辦。」

《高宗實録》卷1334，頁1062

乾隆五十四年（己酉）秋七月丁酉日

諭：「據劉峨奏，原報被水之安州，復於六月二十三、四等日，大雨如注。上游諸河並漲，以致該州隄埝漫溢，被水較重。請先行撫恤，酌量摘賑。又河間、保定府屬等八州縣，均有被水較重之處，請一體先行借給口糧，並予以摘賑等語。本年夏秋以來，近畿一帶，雨水較多，諸河并漲，民田廬舍，間被淹浸。該督既飭屬查勘，亟應妥為撫恤。所有安州被水之六十餘村莊，及河間府屬之河間、任邱、獻縣、阜城、景州，保定府屬之清苑、雄縣、新安等八州縣，無分極次貧民，俱著先行借給口糧，酌量摘賑，以資接濟。並著查明成災輕重，按月給賑。其大名、宣化二府屬，亦有被水地方，並著一併勘明。如有成災處所，即行分别辦理。該督務須督飭所屬，實心經理，俾小民均霑實惠，毋致一夫失所，以副朕軫念災黎至意。該部即遵諭行。」

《高宗實録》卷1334，頁1082

乾隆五十四年（己酉）八月甲戌日

諭曰：「馮光熊奏，勘得保定府屬之清苑、安州、新安、雄縣，河間府屬之任邱、河間、獻縣、肅寧、阜城、景州，天津府屬之天津、靜海、滄州、青縣、鹽山，順天府屬之大城、武清、東安、永清等處地畝，被淹成災，自五六七分至八九分不等。緣各災戶距麥收未遠，農民薄有儲蓄。復蒙恩賞口糧，先行撫恤，不至流離急迫。俟清查戶口，分別極次貧民，核實給賑摘賑。所有續報東光、新城等十五處，統歸秋災案内，分晰查辦等語。本年直隸各府大田，本可望豐收。乃因夏秋雨水過多，河淀並漲，被澇成災，地方較廣。雖據馮光熊周歷親查，並遵旨酌給口糧，目下民情，均各安帖。但現距明歲麥秋尚遠，恐貧黎糊口不繼，朕心深為廑注。著交與劉峨，督率藩司，確查妥辦，加意撫恤。向來各省辦賑，多有本折兼放者，此次均著給與本色，庶災黎不至覓食維艱，於生計更為有益。第恐直省常平社義各倉，不敷散給。著將北倉上年截存米十一萬九千餘石，概行賞給。倘尚不敷用，劉峨即行奏聞，再於通倉酌撥。該督宜董飭所屬，實心經理，仍設法疏消積水，俾及時趕種秋麥，以為明歲接濟。務使閭閻均霑實惠，元氣速紓，以副朕軫念畿輔黎庶，有加無已至意。倘該督不能妥協辦理，朕明春巡幸山東，經過直省各州縣，見該處災民尚有菜色，則惟該督是問。」

《高宗實録》卷 1337，頁 1125–1126

乾隆五十五年（庚戌）春正月乙酉日

諭：「上年直隸保定、河間、天津、順天等府屬各州縣，因夏秋雨水較多，河流漲發，田禾被淹成災。節經降旨，銀米兼撥。令該督實力撫恤，分別賑濟，小民自可不致失所。第念今春正賑已畢，青黄不接之時，民食恐不無拮据。著再加恩，將順天府屬之霸州、文安、大城、武清、東安、永清，保定府屬之清苑、安州、雄縣、新安、高陽，河間府屬之河間、獻縣、阜城、肅寧、任邱、景州，天津府屬之天津、青縣、靜海、滄州、鹽山等二十二州縣，成災七八分之極貧，並九分災之極次貧民，俱展賑一個月，以資接濟。其成災八分以下各州縣，及勘不成災地方，仍著該督察看情形，或酌藉口糧耔種，或減價平糶，分別籌辦。該督務督飭所屬，實心經理，俾災黎均霑愷澤，以副朕普錫春祺，有加無已至意。該部即遵諭行。」

《高宗實録》卷1346，頁6

乾隆五十五年（庚戌）五月己酉日

諭軍機大臣等：「據梁肯堂奏，順天等各府州屬，於本月十七、十九、二十四五等日，得雨一二寸至五六寸不等。朕逐細披閱單內，如固安、涿州、良鄉、盧龍等州縣，俱已得雨深透，田禾自可日滋長發。其順天府屬之寶坻，保定府屬之安州，及河間、正定府屬之阜城、井陘等各州縣，此次僅報一二寸。而從前該督奏到各屬得雨單內，亦未將各該州縣列入。恐地脈久乾之後，止得此一二寸雨澤，尚欠霑足。著傳諭梁肯堂，即查得雨一二寸之各州縣，大田曾否栽插齊全，並現在有無望澤情形，速行據實覆奏，毋稍諱飾。」

《高宗實録》卷1355，頁157

乾隆五十五年（庚戌）六月丁巳日

蠲免直隸霸州、保定、文安、大城、永清、東安、武清、香河、寧河、樂亭、清苑、滿城、安肅、望都、蠡縣、雄縣、祁州、安州、高陽、新安、河間、獻縣、阜城、肅寧、任邱、景州、天津、青縣、靜海、滄州、南皮、鹽山、津軍廳、正定、靈壽、藁城、新樂、肥鄉、曲周、廣平、磁州、元城、大名、豐潤、冀州、衡水、趙州、隆平、寧晉、深州、武強、饒陽、安平、定州等五十四廳州縣，並各屬旗地，乾隆五十四年分水災額賦。

《高宗實録》卷1356，頁170

乾隆五十六年（辛亥）六月甲辰日

蠲免直隸霸州、保定、文安、大城、固安、永清、東安、大興、通州、武清、寶坻、薊州、香河、寧河、灤州、盧龍、昌黎、樂亭、清苑、新城、蠡縣、博野、雄縣、祁州、安州、高陽、新安、河間、獻縣、阜城、肅寧、任邱、交河、景州、故城、東光、寧津、天津、青縣、靜海、滄州、南皮、鹽山、慶雲、津軍廳、南和、平鄉、廣宗、鉅鹿、任縣、永年、邯鄲、成安、肥鄉、曲周、廣平、雞澤、威縣、清河、磁州、元城、豐潤、玉田、冀州、南宮、新河、棗強、武邑、衡水等六十九廳州縣上年水災額賦有差。

《高宗實録》卷1380，頁514

乾隆五十七年（壬子）閏四月庚辰日

諭：「前因直隸順德、大名、廣平三府屬雨澤愆期，業經截留漕糧三十萬名，並將新舊錢糧，概予緩徵。其保定以北各州縣，亦未得透雨，應否緩徵平糶之處，降旨詢問梁肯堂。茲據覆奏，該處各州縣，久未得雨，或得雨未透，麥收未能豐稔等語。近畿一帶，上年秋成，雖在八分以上，且現經該督飭屬，將倉儲穀石，分別借糶。民食自不至缺乏，但麥收既屬歉薄，若照例將新舊錢糧倉穀，同時並徵，民力究未免拮据。所有保定府屬之清苑、滿城、安肅、定興、新城、容城、安州、束鹿、雄縣，順天府屬之宛平、大興、霸州、東安、大城、保定、文安、涿州、良鄉、固安、永清、香河、昌平、順義、懷柔、密雲、平谷、通州、三河、武清、寶坻、薊州、寧河，河間府屬之獻縣、景州、故城、吳橋、交河，易州並所屬之淶水、廣昌等四十州縣，應徵本年節年倉穀錢糧，均著加恩，緩至本年秋成後，再行啟徵。俾民力益紓，以副朕軫念閭閻，有加無已至意。該部遵諭即行。」

《高宗實録》卷 1402，頁 839–840

乾隆五十七年（壬子）六月戊辰日

諭：「據梁肯堂奏直隸各州縣得雨情形一摺，並開具清單進呈，詳加披閱。內中保定、正定各府屬，得雨不過一二寸者居多。於農田有何裨益？即保定省城及附近安州等州縣，得雨三四寸，較之京城現在所獲雨澤，未為霑足。當此夏令久晴，地土乾燥，得此數寸之雨，何益於事？至景州及順德、廣平、大名等處，迄今尚未得雨。看來畿輔東南一帶，及山東之德州、東昌、臨清，並河南之彰德、衛輝、懷慶各府屬，雨澤俱屬短缺。即使日內得有澍雨，亦祇可補種晚禾。若時逾大暑，仍不得雨，即莜麥雜糧，亦俱不能補種。是缺雨地方，旱象已成。雖直隸一省，業經前後賞給漕糧五十萬石，俾資接濟。但被旱地方較廣，一切仍應留心酌為調劑，據實奏聞，毋得稍存諱飾。將此各諭令知之。」

《高宗實録》卷 1406，頁 888

乾隆五十九年（甲寅）四月甲戌日

諭：「前因直隸去冬今春雨雪稀少，節經降旨，令該督查明，如有應行接濟之處，妥為辦理。兹據梁肯堂覆奏，保定等府各屬，雖得雨數次，究未霑足，除濱臨河淀等處地畝，麥收尚屬可望，其高阜處所，難望有收等語。著加恩將保定府屬之清苑、滿城、安肅、定興、新城、唐縣、博野、望都、容城、完縣、蠡縣、雄縣、祁州、束鹿、安州、高陽、新安，順天府屬之涿州、房山、固安、永清、東安、文安、大城、保定、霸州、通州、武清、薊州、香河、寧河、寶坻、昌平、順義，河間府屬之河間、獻縣、阜城、肅寧、任邱、交河、寧津、景州、吳橋、故城、東光，正定府屬之正定、獲鹿、井陘、阜平、欒城、行唐、靈壽、平山、元氏、贊皇、晉州、無極、藁城、新樂，順德府屬之邢臺、沙河、南和、平鄉、廣宗、唐山、鉅鹿、內邱、任縣，廣平府屬之永年、曲周、肥鄉、雞澤、廣平、邯戰、成安、威縣、清河、磁州，大名府屬之元城、大名、南樂、清豐、東明、開州、長垣，易州並所屬之淶水、廣昌，定州並所屬之曲陽、深澤，深州並所屬之武強、饒陽、安平，趙州並所屬之柏鄉、隆平、高邑、臨城、寧晉，冀州並所屬之南宮、新河、棗強、武邑、衡水等一百七州縣，應徵本年節年倉穀錢糧，均著緩至本年秋成後，再行徵收。俾民力寬紓，以副朕軫念閭閻，有加無已至意。該部即遵諭行。」

《高宗實録》卷 1451，頁 343–344

乾隆五十九年（甲寅）冬十月丁卯日

賑恤直隸霸州、保定、文安、大城、固安、永清、東安、宛平、良鄉、涿州、通州、武清、寶坻、薊州、寧河、香河、灤州、昌黎、樂亭、清苑、滿城、安肅、新城、博野、望都、容城、蠡縣、雄縣、祁州、束鹿、安州、高陽、新安、河間、獻縣、阜城、肅寧、任邱、交河、景州、故城、吳橋、東光、天津、青縣、靜海、滄州、津軍廳、正定、井陘、阜平、行唐、平山、晉州、無極、藁城、新樂、南和、平鄉、鉅鹿、任縣、永年、邯鄲、成安、肥鄉、曲周、廣平、雞澤、威縣、清河、磁州、大名、元城、南樂、豐潤、玉田、冀州、南宮、棗強、新河、武邑、衡水、趙州、隆平、寧晉、深州、武強、饒陽、安平、定州、曲陽、深澤九十二廳州縣，本年水災貧民。

《高宗實録》卷 1462，頁 542

《大清仁宗睿皇帝實録》

（嘉慶八年至嘉慶十三年　　公元 1803–1808 年）

嘉慶八年（癸亥）八月庚寅日

諭內閣：「前因戶部具奏，直隸督臣顏檢，將大城等七州縣旗租，例應蠲免五分者，於奉到部覆後，仍咨請查核更正，全行豁免。曾降旨申飭，仍照部議行。旋經顏檢於差次面奏。此項旗租，業已頒發謄黃，與民糧一體，全行豁免。且被災較輕之大興等州縣旗租，業已蠲免五分。當即令軍機大臣查奏。茲據查明上年顏檢摺內，以大城等七州縣被水較重，請將應徵錢糧，及各項旗租，照宛平、文安之例，一體豁免。其時宛平、文安錢糧，雖經全免，並未免及旗租，何例可照？是該督奏請本覺含混，戶部前議詳核定例，止準免旗租五分，原無不合。惟於被水較輕之大興等七州縣，因諭旨內將前項銀糧準豁免十分之五，遂咨覆該督，將旗租蠲免五分，亦欠分晰。惟是大城等處旗租，該督等已誤行蠲免十分。而大興等七州縣被災較輕之處，旗租亦已免至五分。自未便復令補徵，此係加惠黎元之事。朕覃敷愷澤，寧濫無遺。所有大城、河間、新河、寧晉、隆平、新安、安州、七州縣，及宛平、文安二縣，應徵七年各項旗租，竟著加恩全行蠲免。其大興、霸州、保定、涿州、房山、良鄉、任邱七州縣，應徵七年分旗租，亦著加恩，准免十分之五，此後不得援以為例。至該督於奏請時，如欲將旗租與民糧一律請豁，則當聲明。旗租從無全免之例，懇求破格施恩，方為正辦。何得含糊聲敘，以致辦理歧誤，咎實難辭。著將顏檢同藩司瞻柱，一併交部議處。」

《仁宗實録》卷 119，頁 596–597

嘉慶九年（甲子）春正月甲午日

諭內閣：「前據顏檢奏，直隸省之安州、新安、隆平、寧晉、新河五州縣，地處窪下，非接連泊地，即逼近河隄。積水村莊，一時未能全涸，當經諭令查明奏請施恩。旋據該督奏稱，查明安州三十三村，新安縣二十一村，隆平縣四十一村，寧晉縣八十二村，新河縣二十一村，積水均未涸出等語。該州縣各村莊，地連河泊，被水連年，積潦難消，有妨耕作。所有額徵地丁錢糧，若令照舊供輸，民力未免拮据。著加恩將安州等五州縣積水各村莊，應徵額賦，照從前文安縣大窪減賦成例，每年查明實在情形，水大則全行蠲免，水小則量為減賦。俟積水全涸，可以耕種時，再行查照原額徵收。該督當飭令地方官妥為勘辦，務令實惠及民。毋使胥吏等影射侵漁，以副朕廑念潦區，恩施無已至意。」

《仁宗實録》卷 125，頁 680

嘉慶十年（乙丑）秋七月甲戌日

直隸總督吳熊光覆奏：「南宫、河間二縣，積水未涸地九百二十五頃三十三畝有奇。額賦請照安州等大窪減賦例，自十年為始，水大全行豁免，水小量為酌減。其舊欠額賦口糧耔種等，仍分年帶徵。」從之。

《仁宗實録》卷 147，頁 1024

嘉慶十三年（戊辰）九月戊辰日

免直隸安州積水淀地積欠租銀。

《仁宗實録》卷 201，頁 668

《大清宣宗成皇帝實録》

（道光元年至道光十七年　公元 1821–1837 年）

道光元年（辛巳）二月甲申日

旌表守正捐軀，直隸安州民祁寬女鏡姐，山東棲霞縣民尹欒成子妻鐘氏。

《宣宗實録》卷 13，頁 247

道光元年（辛巳）四月乙巳日

旌表守正捐軀，江蘇睢寧縣民陳宗喜妻王氏，直隸安州民李維妻王氏，安平縣民婦劉張氏。

《宣宗實録》卷 18，頁 323

道光二年（壬午）秋七月壬辰日

旌表守正捐軀，直隸安州民谷玉明女楊谷氏。

《宣宗實録》卷 38，頁 686

道光四年（甲申）六月戊申日

諭內閣：「蔣攸銛奏參稟報飛蝗遲延之知縣一摺。直隸安州等州縣，間有蝻孽萌生。據該督將已未收捕淨盡情形，分別具奏。著將未經撲淨各處，委員查勘，趕緊收捕，勿令傷及田禾。其容城縣知縣何志清，於飛蝗入境，遲至數日，始行含混稟報，又不照例設廠收買，實屬玩延。何志清著先行摘去頂帶，勒限趕緊收買撲捕，毋再遲延干咎。」

《宣宗實録》卷69，頁99

道光四年（甲申）六月乙卯日

又諭：「程含章等奏治水大綱，請發銀辦理一摺。直隸全省水利，經程含章會同蔣攸銛，督率各道，將緊要處所逐一查勘。奏請先理大綱，興辦大工九處。如疏通天津海口，疏浚東西淀、大清河，及相度永定河下口，疏子牙河積水，復南運河舊制，估辦北運河，修築千里長隄，均著照所議分別估辦。其請先籌撥銀一百二十萬兩，以作工需，並請於八、九月間，解到四五十萬兩，先行擇辦。著戶部查明廣東、江西、浙江等省封貯，及新收捐監銀，共有若干萬兩。可先撥若干萬兩，分晰迅速具奏。」再降諭旨：「至秋汛後或尚有變更，俟辦理時隨估隨奏，妥議章程，責成分辦。此外如三支、黑龍港、宣惠、滹沱各舊河，沙、洋、洺、滋、洨、唐、龍鳳、龍泉、瀦龍、牤牛等河，及應修文安、大城、安州、新安等處隄工，著分年次第辦理。各州縣支港溝渠，著飭各地方官，俟秋收後，勸諭農民按畝出工挑挖，以資消洩。至該侍郎等奏稱，挑河築隄，如有占用旗民地畝，分別撥補給價。其將河身官地，朦混升科者，豁除錢糧免究。俱著照所請行。」

《宣宗實録》卷69，頁103–104

道光四年（甲申）閏七月乙卯日

諭軍機大臣等：「據程含章等覆奏，帶同御史陳澐，查勘永定河新建閘壩一摺。據稱新建灰壩，毫無妨礙。新修金門石閘，亦無淹及民房田地之事。其涿州任村坍塌房屋，本係去年衝壞。至下口淤淺處所，係上年永定河衝刷泥沙停積，與新開閘壩無涉。良鄉、涿州大道地勢甚高，亦決不致淹衝官道，有礙驛遞。新安、安州被淹，係白溝濁流倒灌所致，並不關永定減河之事。所奏情形，瞭若指掌。至程含章所稱束水攻沙，藉清刷濁，與面奏之言相符。閘壩既修，分減漲勢，保護隄工，即保護百姓田廬。去歲張文浩亦係如此奏對。是新建閘壩，有利無害，毫無疑義。該御史陳澐，先於四月間具奏，降旨令程含章等，再加相度。業據該侍郎等先後覆奏，險工得以平安，皆閘壩減水之力。茲該御史又行具奏，因令程含章帶同履勘，面為陳指利病，乃該御史仍固執己見，不以為然，其意何居？儻必申其說，不顧全河大局，嘵嘵具摺致辯，尚復成何事體？著程含章、蔣攸銛，將該御史履勘閘壩時，作何情形，若不諳河務，又復阻撓公事，擅作威福，其風斷不可長，即著據實密奏。並傳旨令該御史即日回京可也。將此諭令知之。」

《宣宗實録》卷71，頁140–141

道光五年（乙酉）三月癸卯日

諭內閣：「蔣攸銛奏撥補代徵地畝，請官為收租散放一摺。直隸深州撥補安州圈地，原係深州民人承種交租。俾被圍旗地之戶，藉租養生，立法本為至善。今據安州受補業戶，以每年所得租銀，不敷應用，呈請交地售賣。據該督奏稱，此項地畝，係將租銀撥給安州，並非撥地。若准其另售，則原佃各戶一旦失業，勢必奪佃增租。請照舊官徵官解，並查明原欠乾隆五十八年，及嘉慶三四五六七八九等年，未解租銀六千三百一十餘兩，係該前州陸香森徵存虧短，業經歸於續虧案内咨追。俟解到直隸，即可移解散放。其道光二、三等年租銀一千一百五十餘兩，因被水緩徵，非佃戶無故拖欠，今已照數完納，解交安州散放，各佃戶並無未完銀兩。著照所請，所有深州代徵安州地租，著仍舊由官徵解，散放收領。如安州業戶，因所得租不敷應用，准其賣租，不准賣地。令佃戶照舊完納，不得奪佃增租，以杜爭端而恤窮佃。」

《宣宗實録》卷 80，頁 289–290

道光十二年（壬辰）十二月庚申日

諭軍機大臣等：「據耆英等奏，直隸保定府新安縣民馬金寶、楊溥，來京呈訴。新安縣為九河下游，隄長亙百餘里，必須專員就近照料，以資保衛。今新安縣知縣員缺裁汰，歸併安州知州及州判兼管，離隄較遠。設遇河水漲發，照料難周，百姓納糧往返，至七八十里不等。盜賊爭訟，無專員彈壓。武舉辛來熊、生員高玉衡，先後同鄉民千餘人，赴保定府暨總督衙門具呈，均未准理。現在闔邑鄉民，願捐穀三千石，懇請復設知縣等語。直隸新安縣知縣員缺，前經該督奏准裁汰，該民人呈訴種種不便，是否實在情形，著穆彰阿於湖北、河南查辦事竣旋京時，順道查勘明確，據實具奏。該民人已明降諭旨，飭令回籍聽候查辦。將此諭令知之。」

《宣宗實録》卷 228，頁 403

道光十三年（癸巳）二月壬子日

諭軍機大臣等：「上年據耆英等奏，直隸保定府新安縣民馬金竇、楊溥來京呈訴，新安縣為九河下游，隄長亙百餘里，必須專員就近照料。今新安縣知縣員缺裁汰，則照料難周。百姓納糧，往返至七八十里不等。遇有盜賊爭訟，並無專員彈壓。所有闔邑鄉民，願捐穀石，懇請復設知縣等語。當經降旨，令穆彰阿於湖北、河南查辦事竣旋京時，順道查明，據實具奏。現在該縣民人馬金竇又復在步軍統領衙門，呈控安州知州多派差役，各莊村嚴拏不願歸併安州之人，並勒令眾民出具情願歸併甘結。又將道士智多、民人楊雙太，及來京告狀之楊溥、地保鄭姓等，一併拏去解送保定府看押。計此時穆彰阿已抵保定，著即將馬金竇等所控各情節，悉心詳查。其懇請復設縣令之處，是否可行。務當秉公查勘明確，據實具奏。該縣民人馬金竇，已明降諭旨，著兵部迅速遞解保定，歸案審訊。將此諭令知之。」

《宣宗實録》卷 231，頁 463

道光十三年（癸巳）二月甲寅日

諭内閣：「上年據直隸保定府新安縣民人馬金竇、楊溥來京呈訴，該縣員缺裁汰，種種不便，懇請復設知縣等情。當經降旨，令穆彰阿於旋京時，順道查明具奏。茲據奏稱，行抵直隸省城，飭傳該民人楊溥，訊係馬金竇起意，商同來京具控。調查案卷，惟上年六月間，有武舉辛來熊等六人，在保定府衙門具呈。九月間有生員高玉衡等五人具呈，因新安向有撥運差務，該生等家充船戶，例應承當。今裁縣歸州，欲量求減免。是以赴總督衙門遞呈，委無别故，業具切實甘結，並無鄉民千餘人赴訴之案。該民人等原呈所稱，鄉民千餘人赴訴不理一節，竟屬不符。該尚書親赴新安鄉一帶，查看界址，該處極遠之張莊等村莊至安州城，較之至新安城，止遠二十里。原呈所稱往返至七八十里不等一節，亦屬不符。各處河道，向係廳員專管，州縣僅止協防。現在新安縣管河縣丞裁汰，即以安州管河州判移駐新安，就近彈壓地方，兼管兩處河務。河隄本非知縣專管，既經移駐州判，即與舊設之縣丞專管無異，裁併安州，亦與舊設之知縣協防無異。原呈所稱州判離隄較遠一節，更屬不符。至該尚書行抵該處，即有新安四鄉士民陸金台等二百人，聯名具呈，僉稱裁縣歸州以來，舊有差徭，悉加輕減，遠近鄉村，無不樂便。現聞仍欲復設縣缺，闔邑士民，實非所願，並無另有以裁缺不便，願復舊制申訴者。州縣之設，所以牧民，使民情果有未便，原無難因地制宜，仍行復設。現據該尚書查明該處，民皆樂業，官無冗員，國計民生，兩有裨益，所有該民人呈請復設知縣之處，著無庸議。」

《宣宗實録》卷 231，頁 466

道光十七年（丁酉）八月庚戌日

協辦大學士署直隸總督琦善奏：「新安縣歸併安州，前經奏准，將安州訓導移駐新安，學額循舊，其貢生花紅旗扁，鄉會試盤費牌坊，及春秋兩祭，修理學宮，行香紙燭各項銀，並新安舊額留養孤貧銀，應仍前支放。保定府同知門子工食，宛平縣縣丞、獻縣主簿，二處民壯工食，向在新安地糧內留支，應照額移解。原設遞馬六匹，應酌留二匹，其鋪司二名，並應留用。下部知之。」

《宣宗實録》卷 300，頁 658

《大清文宗顯皇帝實録》

（咸豐元年至咸豐十年　公元 1851–1860 年）

咸豐元年（辛亥）九月庚辰日

又諭：「永康等奏置買地畝辦理完竣一摺，所有廣恩庫動款置買直隸安州等處地畝，及每年應收地租銀兩，著訥爾經額派員詳細查勘地畝租數是否相符，奏明存案，毋稍含混。」

《文宗實録》卷 44，頁 612

咸豐八年（戊午）正月壬寅日

又諭：「載容奏請飭催地租銀兩等語。西陵廣恩庫地租銀兩，易州等州縣共欠交陳租五千二百五十餘兩。前經奏催，易州等州縣，不但陳租未完，新租仍復拖欠。其安州陳欠，並上年應交新租，仍不交完，實屬延玩。著直隸總督即行嚴飭易州、安州、任邱、高陽、河間、安肅等六州縣，將欠交廣恩庫陳新租銀，趕緊完交，以重庫款，毋再遲延。」

《文宗實録》卷 244，頁 774

咸豐九年（己未）正月丙申日

諭內閣：「載䄅等奏請飭催直隸各州縣應解庫款等語。直隸各州縣，欠交廣恩庫陳新各租銀，共九千七百餘兩。前經降旨飭催。茲據奏稱，僅據易州、安州、任邱、河間、高陽、安肅、保定等州縣，解到陳租銀五百七十七兩零。又據易州、安州、任邱、河間、高陽等州縣，解到新租銀二千一百十六兩零。其安肅、保定等縣，上年新租，毫未解交，實屬延玩。著慶祺勒限，嚴飭各該州縣，將欠交陳新租銀，掃數完納。並轉飭該藩司，將上年應解銀兩，趕緊籌撥，以重庫款，不准稍涉遲延。該督曾任泰寧鎮總兵，自應備悉彼處情形，毋許視為泛常，一催了事。」

《文宗實録》卷 274，頁 20–21

咸豐十年（庚申）三月戊辰日

又諭：「內務府奏清查各州縣新編莊頭積欠錢糧，並未完應徵租銀分別辦理一摺。直隸順天、大興等四十九州縣，新編莊頭自道光三十年至咸豐九年，積欠租銀至二十萬四百餘兩之多。現經該衙門派員，會同直隸順天委員，查明積欠銀錢確數。所有佃欠，並該州縣徵存未解各租，著即照議，由該總督府尹，檄飭各該州縣，迅速傳佃追租，勒限兩個月徵齊，交該莊頭承領，不准再行延宕。至該莊頭實未完銀十四萬餘兩，於上年仍未交齊，並藉詞取巧，實屬狡猾，亟應從嚴懲辦。所有交過一成至八成之張善通等一百四十八名，均著按成分限勒交。如限滿不完，即著命交慎刑司押追。其交不足成數之把雙符等十八名，即著按名鎖拏來京，交慎刑司嚴追。

其分厘未交之袁尚忱、高成階、于成傑、高堉四名，著該總督府尹，密飭該州縣，將該莊頭家產，一併查抄備抵，按名鎖拏來京，加等治罪。其承領地畝，暫由該地主官收管，聽候牌取。儻胥役徇情縱放，即將該州縣從嚴參辦。催長文通、慧祥、吉陞承催毫無實效，著先行摘去頂帶，責令會拏莊頭。如有一名漏網，即著一律治罪。至該衙門牌取通州等三十九州縣欠租銀，三萬七千一百五十餘兩，屢催罔應，實屬疲玩。仍著該總督府尹，嚴飭該州縣，勒限六個月，掃數徵齊。俟牌取委員到境，同本年租銀，一併兌交。儻再延宕，即由該衙門指名參奏。順義等七州縣，連年分厘未徵。著直隸總督、順天府尹，查取歷任順義、懷柔、密雲、高陽、平谷、良鄉、安州各州縣職名，先行交部照例議處。應徵租銀，勒限六個月，全數徵齊，同本年租銀，一併兌交牌取委員。儻仍前抗違，即著從嚴參辦。其催徵不力之歷任司員、筆帖式等，著該衙門分別議處，以示懲儆。」

《文宗實録》卷309，頁527–528

《大清穆宗毅皇帝實録》

（同治六年至同治七年　公元1867–1868年）

同治六年（丁卯）六月丁亥日

諭內閣：「奕梁等奏兵米轉運遲延，請分別查催，並將督軍不力之道員議處一摺。西陵官兵等應食粟米，

前經戶部奏明，由山東漕糧內截撥，疊經奕梁等咨催，僅運到米二千餘石，下餘之米，均未運解。兵食攸關，
豈容任意延宕？著倉場侍郎迅即委員守催運兌，毋任逗遛。並著直隸總督嚴飭安州等州縣，趕緊設法剝運。如
敢仍前怠忽，即行查參。糧道有督挽之責，於奉撥糧石，自應迅速催解。乃去年截撥之米，延至今夏，尚未兌
交清楚，實屬玩愒。山東督糧道沈維璥，著先行交部議處。仍責令嚴飭幫弁，妥速運兌，如再稽延，即由戶部
嚴參，以重兵食而儆怠玩。」

《穆宗實録》卷205，頁646–647

同治六年（丁卯）秋七月己未日

諭軍機大臣等：「劉長佑奏剿捕鹽匪情形，並請派員總統遵化練軍各片。西路鹽匪，竄向安州東路，復有
新起鹽匪，竄擾寧津、吳橋等處，恐其聚成大股。劉長佑、崇厚務當嚴飭所派將士，分路兜截，迅速剿除，不
得再任蔓延，致幹咎戾。劉景芳所統練軍，既經調回河間。所有齊河至張秋一帶河防，即著責成唐訓方接辦。
並將現駐河間之遵化練軍兩營，調赴齊河，以厚兵力。定安因整頓密雲旗兵，未能兼顧遵化練軍事務，著即派
令春霖前往接統，並接署通永鎮篆務，以專責成。黃仁遺業經部議革職，著准其留營帶隊，以觀後效。將此各
諭令知之。」

《穆宗實録》卷207，頁681

同治六年（丁卯）秋七月辛酉日

諭軍機大臣等：「順天府奏梟匪回竄入境，請飭會剿一摺。梟匪前向安州東竄，茲已竄擾固安、永清。雖經直字營及保定練軍，跟蹤追躡，匪蹤飄忽，並未大受懲創。畿輔重地，豈容該匪肆意奔突！劉長佑剿辦此股賊匪，毫無把握，此時若不迅圖撲滅，稍贖前愆，自問當得何罪？現在匪股由永清東南奔竄，本日神機營已派馬步三千餘名，前往兜拏，即著該督嚴飭費學曾等，覘賊所向，會合夾擊，毋得縱賊自如，始終貽誤。並著崇厚催令派出兵弁，一體會剿，以期及早蕆事。胡肇智仍當嚴飭地方官，激勵鄉團會辦，並勤加偵探，毋稍疏懈。將此由五百里諭知劉長佑、崇厚，並諭令胡肇智知之。」

《穆宗實録》卷 207，頁 684–685

同治六年（丁卯）七月庚午日

諭軍機大臣等：「劉長佑奏剿捕鹽匪情形，並出省督軍一摺。梟匪由安州東竄固安一帶，經劉長佑派兵追捕，該匪展轉奔竄，向阜城、衡水等處南趨。劉長佑現擬出省親督剿辦，著即嚴飭各路兵勇，並劉景芳所部四面兜擊，迅速殲除。阜城等處，緊接東省，丁寶楨當檄地方文武合力會剿，以淨根株，毋任延蔓。寧津、吳橋另股鹽匪，前據崇厚奏稱，已飭防河之副將文瑞折回滄州剿捕。現據劉長佑聲稱，此股梟匪，均已逃匿無蹤，其散往何處，作何剿捕，並未詳細陳明。著劉長佑、崇厚，會督兵勇，實力嚴查搜緝，以杜復萌。武定為鹽匪聚集之區，丁寶楨尤應嚴密督捕，毋稍鬆懈。將此由五百里各諭令知之。」

同治七年（戊辰）二月庚辰日

諭軍機大臣等：「李鴻章奏官軍先後赴直情形，並擬逼賊入豫兜勦各摺片。潘鼎新等軍，昨據官文奏稱，距張登鎮不遠。諭令在北路扼紮，以資休息。李鴻章所稱，該藩司等徑趨饒陽，自係在官文奏報以前之事。該司等跋涉遠來，誠不宜輕於浪戰。著仍遵前諭，暫在北路堵扼，以杜撚蹤北竄。李鴻章現由東阿渡黃，即著相機前進。周盛波各軍，並著催提北上，以厚兵力。李鴻章抵直後，即可在東南一面擇要扼紮。如兵力有餘，並著分撥數軍，馳赴東北，會合丁寶楨、崇厚各軍，向西南壓擊。現在丁寶楨駐紮任邱一帶，即著和衷商酌，妥為布置。當此事機孔亟，宵旰焦勞。該督撫等俱朝廷所委任，當思師克在和之義，協力同心，迅籌滅賊。儻因意見參商，致誤事機，其何顏以對軍民耶？李鴻章因直隸地勢平衍，擬蹙之於懷衛，設法圈制，固屬因地制宜。惟現聞該逆，由祁州竄至安州，復至高陽肆擾，勢仍北趨，似未知畏威南竄。若不痛加擊勦，恐裹脅日多，必至盤距近畿。劉松山等軍，著官文仍遵前旨，飭令由北面壓勦而南。若得一二勝仗，則軍威大振，足懾逆膽。儻日久遷延，師老餉缺，愈形棘手。其郭松林、楊鼎勳等軍應否飭令徑趨東昌、大名一帶，著李鴻章相機調派。所有淮軍糧草，著官文嚴飭各屬，妥為備辦，毋使缺乏。左宗棠行抵何處，著即相機前進，妥為調度。並著與李鴻章隨時籌商方略，共奏膚公。天津為富庶之區，地廣人眾，逆匪垂涎，實在意中。著崇厚懍遵前諭，妥為防勦。並著與丁寶楨各軍，聯絡聲勢，隨時扼截，毋使闌入，是為至要。神機營奏，陳國瑞募勇成隊，酌給餉銀三萬兩，以供支放。著官文傳諭該侍衛祇領，後撙節動用，此係格外體恤。該侍衛當奮勉勦賊，以圖報稱，

《穆宗實録》卷208，頁691

不得徒托空言。神機營餉項，豈能時時撥給？嗣後如有缺乏，著官文隨時支發，毋稍貽誤。本日據侍郎畢道遠奏，陳國瑞剿賊奮勇，堪派左宗棠翼長等語。陳國瑞本係交左宗棠差遣，其可否派充翼長，著左宗棠察看。儻因該侍衛性情與充當翼長不堪相宜，或另派妥員，或不必派員之處，均著該大臣酌核辦理。將此由六百里各諭令知之。」

《穆宗實録》卷224，頁48–50

同治七年（戊辰）二月丙戌日

諭軍機大臣等：「崇厚奏賊勢逼近津南，請飭淮皖各軍進剿；萬青藜、王榕吉奏請飭撥官兵，以固畿南各一摺。崇厚所奏，賊匪竄擾獻縣之淮鎮，並青縣之杜林鎮，距青、滄等城甚近，似賊股大勢，又已趨近津南，情形萬分吃緊。該處地廣兵單，需兵甚急。且各路軍火糧餉，均藉津郡轉運接濟，關係非輕。著左宗棠、官文速派劉松山、郭寶昌、喜昌、宋慶、張曜各軍，星夜兼程，分道前進。或由大城一路繞前迎擊，或由獻縣一路躡蹤追剿，務期趕緊剿辦，不得專事株守，任聽賊騎縱横，到處蹂躪。現在河津一帶吃緊，官文應先其所急，速飭由安州進剿之程文炳一軍，及春壽等所部馬隊，一併馳赴任邱、大城，協合防剿。丁寶楨駐軍河間，著即分撥所部，於大城、任邱一帶，扼要堵剿，並與天津兵勇，就近聯絡聲勢，互相援應，兼顧北路，以固畿南門戶。並著李鴻章懍遵前諭，迅派得力大支勁旅數軍，由德州、河間等處，兼程迎頭進剿，毋得稍事遷延。該大臣計期早應行抵直境，即著於天津、河間一帶，相機進紮，迅籌滅賊之方。崇厚當督飭鄧啟元、陳濟清等軍，在津南一帶奮力迎剿，並著將津郡防務嚴密布置。天津民情，素稱奮勇，並著崇厚督飭該地方官，聯絡紳團，身先任事，以資鼓舞。左宗棠現已行抵定州，著即照該大臣前議，督飭諸軍向南兜剿，力挫凶鋒，以贖前愆。萬青藜等另片奏，擬築黃村等處堡寨等語。黃村為京南屏蔽，該兼尹等現督官紳築立堡寨，擬將南、北兩面圍牆，東至南苑西牆為止，並將黃村、紅門圈入寨內，著照所擬趕緊辦理，其餘各屬地方堡寨，並著該兼尹等督飭各地方官速為興修，以資守禦。將此諭知萬青藜、王榕吉，並由六百里各諭令知之。」

《穆宗實録》卷 224，頁 58–59

《大清德宗景皇帝實録》

（光緒元三年至光緒三十三年　公元 1877–1907 年）

光緒三年（丁丑）十月壬寅日

諭軍機大臣等：「御史田翰墀奏鹽梟滋擾直境，亟宜整頓捕務一摺。據稱本年九月間，有鹽梟多人，在蠡縣、安州一帶搶劫，並有捆縛事主勒贖情事。李鴻章分撥練軍，會同地方官訪緝盜匪。無如各州縣捕務廢弛，視為具文，以致鹽梟乘間竊發等語。梟匪搶掠，為害閭閻，亟應嚴密查拏，以杜滋蔓。著李鴻章嚴飭所屬地方文武，與練軍聯絡巡防，實力緝拏懲辦，不得稍形懈弛。將此諭令知之。」

《德宗實録》卷 60，頁 826

光緒五年（己卯）七月庚辰日

諭內閣：「李鴻章奏直境被水各屬，秋成失望，請賞撥漕糧賑撫一摺。本年夏秋之交，雨水過多。直隸之安州、雄縣等處，田禾淹沒，小民蕩析離居，實堪憫惻。加恩，著照所請，所有本年江北漕糧，即由李鴻章就近截留六萬石，查明災分輕重，酌量勻撥。並嚴飭各該地方官，核實分次散放，務令實惠及民，不准絲毫弊混。其隨漕輕賚等項銀米，並著飭令江南糧道，照數扣出，一併解直，俾資運費。」

《德宗實録》卷98，頁456–457

光緒五年（己卯）冬十月癸卯日

諭軍機大臣等：「本年直隸、山西、河南被災，山東平度州等處被水。節經各該省奏到，將新舊錢糧分別蠲免緩徵，並因直隸文安等州縣，積水無麥，撥給江蘇、浙江本屆漕米各四萬石。安州等處被水，撥給江北漕糧六萬石。又以前截漕糧不敷，復撥湖北新漕三萬石，藉資賑恤。山西賑糧不敷，撥山東漕米八萬石，並輕賚等銀三萬數千兩，豆子二千七百餘石。又因賑撫善後無款，部庫撥銀二十萬兩。又撥山東等省地丁等銀三十萬兩，以濟要需。江蘇、清江等處被風，陝西、甘肅、潼關、階州等處地震，山東濟南石圩被衝，廣東三水等縣被水，四川南坪等處地震，雲南鄧州等處鹽井被衝，均經該督撫等查勘撫恤，小民諒可不至失所。惟念來春青黃不接之時，民力未免拮据，著傳諭該督撫等體察情形，如有應行接濟之處，即查明據實覆奏，務於封印以前奏到，候朕於新正降旨加恩。直隸山西春夏缺雨，江蘇陽湖縣被雹，浙江杭州等府各屬被旱、被蟲、被雹、被風，江西安福等縣，安徽安慶等屬，湖南湘陰等處，湖北各屬、浙江紹興等處，低田被淹。江蘇、安徽、河南、山西、陝西、甘肅等省，間有蝗蝻萌生，均經該督撫等委員查勘。即著迅速辦理，並將來春應否接濟之處，一併查明於封印前奏到。此外各省有無被災地方，應行調劑撫恤之處，著該將軍督撫一併查奏，候旨施恩。將此各諭令知之。」

《德宗實録》卷101，頁507–508

光緒六年（庚辰）冬十月戊戌日

又諭：「本年河南洛陽等縣被風、被雹各村莊，麥禾受傷，經該撫奏到，業已降旨加恩，將本年應完錢糧，緩至秋後，察看辦理。並因直隸安州等州縣窪區積水，春麥難種，特賞給江蘇、浙江漕米十萬石，藉資散賑。陝西臨潼等州縣被雹、被水，浙江宣平等處被雹，廣東南海等縣、安徽宿松等縣被水，江蘇江都、甘泉二縣被風，湖南石門縣被水，四川資陽等縣被雹、被水，均經該督撫等查勘撫恤，小民諒可不致失所。惟念來春青黄不接之時，民力未免拮据，著傳諭該督撫等體察情形，如有應行接濟之處，即查明據實覆奏，務於封印以前奏到，候朕於新正降旨加恩。江西安福等縣被旱、被水，浙江金華各屬，田禾間有被淹，湖北武昌各屬被水，江蘇鹽城等縣蝻子萌生，淮安各屬間有飛蝗，並高阜田地被旱，山東新城等縣被旱，安徽、河南各屬間被水旱，均經該督撫等委員查勘。即著迅速辦理，並將來春應否接濟之處，一併查明，於封印前奏到。此外各省有無被災地方，應行調劑撫恤之處，著該將軍督撫等一併查奏，候旨施恩。將此各諭令知之。」

光緒七年（辛巳）夏四月庚申日

諭内閣：「給事中樓譽普奏，直隸安州、雄縣、新城地方，近有匪徒句結蠹役，私立卡局，抽收船戶錢文，名曰船頭，勒索行旅，大為地方之害，請飭嚴禁等語。該處為往來通衢，豈容匪徒私立船頭名目，擾害地方！著李鴻章飭屬查明，一律嚴禁，以恤商旅。」

《德宗實録》卷 121，頁 749

光緒八年（壬午）十二月丁巳日

諭軍機大臣等：「載燦等奏請飭催欠解租銀一摺。據稱直隸安州等州縣，應解廣恩庫租銀，自光緒四年以後，共欠解新陳租銀至六千三百餘兩。現在廣恩庫需款孔亟，無可籌措。著張樹聲嚴飭各州縣，即將欠解新陳租銀，限於本年封印前，一律埽數完解，以應要需，毋稍延欠。將此諭令知之。」

《德宗實録》卷 129，頁 864

光緒八年（壬午）十二月癸亥日

《德宗實録》卷 156，頁 194

諭內閣：「張樹聲奏禁墾官淀，奸民設計投獻公府，招佃收租，請旨查辦一摺。據稱直隸安州西淀，間有淤地，因關係水道，疊經禁墾。奸民王福祥等，竟敢捏造頃畝租冊，赴溥泰府投獻，冀充莊頭漁利。並有禮部郎中孟傳金前往說合。溥泰輒私劄該州，併發告示諭帖，派護衛薩彬前往勘丈，招佃收租等語。此案著交宗人府會同刑部，確切查訊，定擬具奏。」

《德宗實錄》卷 156，頁 199

光緒九年（癸未）三月戊子日

又諭：「宗人府、刑部奏審明直隸安州私墾官淀一案，分別定擬一摺。此案王幅詳於禁墾淀地，輒起意捏造租冊，商同張金謀等，句串護軍校薩彬，將淀地蒙混投獻溥泰公府，希圖倚勢墾種，充當莊頭，實屬膽大妄為。王幅詳著照所擬，發邊遠充軍，到配折責安置。張金謀聽從投獻，往向薩彬說合，著杖一百，徒三年。禮部郎中孟傳金，明知淀地禁墾，仍向薩彬告稱可辦，並代溥泰擬劄文告示諭帖，復捏名頂冒，希冀分種地畝，殊屬不安本分，著革職發往軍台效力贖罪。薩彬身充公府包衣，於王幅詳等投獻淀地，並不確切訪明，遽行勘丈，張貼告示，亦屬咎有應得。薩彬即田瑞，著革去護衛銜護軍校，杖九十，徒二年半。該犯與王幅詳俱供母老丁單，均著不准留養。奉恩鎮國公溥泰，於王幅詳等具呈投獻淀地，並不查明是否禁墾，輕聽孟傳金之言，托擬劄文告示諭帖等件，並親筆標畫，派人前往勘丈，即係已受投獻。溥泰著革去公爵，仍照例折圈禁一年，以示懲儆。」

《德宗實錄》卷 161，頁 256–257

光緒十二年（丙戌）八月戊辰日

諭內閣：「前因順直所屬被水成災，諭令截留漕米六萬餘石備賑。昨據畢道遠等奏，順屬水災尤重，允准再撥漕米五萬石。並欽奉慈禧端佑康頤昭豫莊誠皇太后懿旨，賞銀二萬兩，專備順屬賑撫之用。茲據李鴻章奏，本年七月間連日大雨，河流陡長，宣洩不及，北運河等處先後漫口。香河、武清、通州、三河、寶坻、寧河、蠡縣、高陽、安州暨天津各地方，被淹甚廣。並永平府屬河水猝發，盧龍等縣亦被淹灌。覽奏殊堪憫惻。著照所請，由藩庫先行提銀十萬兩，李鴻章即督飭印委各員，迅速分投查勘，設法拯救，散放急賑。其各處漫決口門，嚴飭派出各員，趕籌堵築，以工代賑。欽奉慈禧端佑康頤昭豫莊誠皇太后懿旨，直隸各屬被水災民，嗷嗷待哺，著戶部再將此次中秋節應進宮內款項，撥銀二萬兩，由李鴻章派員承領，以資賑濟。欽此。該督務當仰體聖慈軫念災區，有加無已之至意，督飭各屬，查明被災輕重，分別妥速散給，務使實惠均霑，毋任稍有弊混。」

《德宗實録》卷231，頁115–116

光緒十七年（辛卯）十二月癸巳日

豁免直隸安州積澇地畝本年應徵租銀，其文安縣積澇地畝本年應徵糧銀並蠲緩。

《德宗實録》卷305，頁1029

光緒十九年（癸巳）春正月丁酉日

諭軍機大臣等：「有人奏知州侵扣賑款，擾害閭閻，請飭查辦一摺。據稱直隸署安州知州周家鼎，信任幕友廢員葉其昌，把持公務。該州所領賑米棉衣，均未全放。貧民求糧不給，反將董事馬懋修掌責。並有索錢納賄勒罰商貨，妄拏良民等語。著李鴻章確切查明，據實具奏，毋稍姑容，原摺著鈔給閱看。將此諭令知之。」尋奏：「周家鼎被參各節，逐款訪查，均無其事，請毋庸置議。葉其昌以降調人員，在署司帳，既招物議，應令辭退遠嫌。報聞。」

《德宗實録》卷 320，頁 147

光緒十九年（癸巳）二月戊午日

諭內閣：「上年直隸安州等州縣，窪區被災較重，疊經賞撥銀米，蠲緩糧租，開辦賑捐，分別接濟。惟念現距麥秋，為時尚早，小民生計維艱，允宜再沛恩施，俾資春撫。著於本年江蘇海運到津漕米內，截留五萬石，由李鴻章詳查應賑戶口，核實散放，並以工代賑。其隨漕輕齎等項，及剝價、運費、經剝耗食米石，並著分解賑局應用。該督務當嚴飭所屬，認真撫恤，毋任官吏稍有弊混，用副軫念民艱，有加無已至意。」

《德宗實録》卷 321，頁 155

光緒十九年（癸巳）九月辛巳日

諭軍機大臣等：「本日據孫家鼐、孫楫奏，文安、大城兩縣士民，因安州匪徒扒隄被淹，來京呈控一摺。

並據鴻臚寺卿劉恩溥陳奏，該二縣民人呈訴情形，大略相同。匪徒聚眾挖隄，情殊可惡。著李鴻章派委大員馳往該處，查勘確情，嚴拏匪犯，照例懲辦，並籌辦法，詳定章程，不准以鄰為壑，貽害民生。至災民恃眾構訟，儻查有逼勒同行等事，即將為首之人，嚴拏懲辦，以儆刁風。原摺片著分別鈔給閱看。將此各諭令知之。」

《德宗實録》卷 328，頁 209–210

光緒二十三年（丁酉）十二月己巳日

蠲緩直隸霸、靜海二州縣被水村莊淀泊租銀，其安州積澇地畝租銀並豁免。

《德宗實録》卷 413，頁 397

光緒二十五年（己亥）十二月丁亥日

豁免直隸安州東北兩淀積澇地畝租賦。

《德宗實録》卷 457，頁 1016

光緒三十年（甲辰）五月己亥日

以報效學堂經費，予直隸安州文生李景坡、臨榆縣候選知縣楊文斌建坊。

光緒三十一年（乙巳）五月丁酉日

緩徵直隸安州韓堡等四村應納本年上忙糧租。

《德宗實録》卷 531，頁 67

光緒三十三年（丁未）十一月己酉日

豁免直隸安州積澇地畝糧租。

《德宗實録》卷 545，頁 243

《德宗實録》卷 583，頁 711

雄縣

《大清世祖章皇帝實録》

（順治四年至順治十八年　公元 1647–1661 年）

順治四年（丁亥）春正月辛亥日

戶部奏請：「去年八旗圈地止圈一面，内薄地甚多，以致秋成歉收。今年東來滿洲，又無地耕種。若以遠處府州縣屯衛、故明勳戚等地撥給，又恐收穫時，孤貧佃戶無力運送。應於近京府州縣内，不論有主無主地土，撥換去年所圈薄地，並給今年東來滿洲。其被圈之民於滿洲未圈州縣内，查屯衛等地撥補。仍照遷移遠近，豁免錢糧。四百里者准免二年，三百里者准免一年，以後無復再圈民地，庶滿漢兩便。」疏入，從之。於是圈順義、懷柔、密雲、平谷四縣地六萬七百五晌，以延慶州、永寧縣、新保安、永寧衛、延慶衛、延慶左衛右衛、懷來衛無主屯地撥補；圈雄縣、大城、新城三縣地四萬九千一百一十五晌，以束鹿、阜城二縣無主屯地撥補；圈容城、任邱二縣地三萬五千五十一晌，以武邑縣無主屯地撥補；圈河間府地二十萬一千五百三十九晌，以博野、安平、肅寧、饒陽四縣先圈薄地撥補；圈昌平、良鄉、房山、易州四州縣地五萬九千八百六十晌，以定州、晉州、無極縣、舊保安、深井堡、桃花堡、遞鴉堡、雞鳴驛、龍門所無主屯地撥補；圈安肅、滿城二縣地三萬五千九百晌，以武強、藁城二縣無主屯地撥補；圈完縣、清苑二縣地四萬五千一百晌，以真定縣無主屯地撥補；圈通州、三河、薊州、遵化四州縣地十一萬二百二十八晌，以玉田、豐潤二縣圈剩無主屯地，及遷安縣無主屯地撥補；圈霸州、新城、漷縣、武清、東安、高陽、慶都、固安、安州、永清、滄州十一州縣地十九萬二千五百一十九晌，以南皮、靜海、樂陵、慶雲、交河、蠡縣、靈壽、行唐、深州、深澤、曲陽、新樂、祁州、故城、德州各州縣無主屯地撥補；圈涿州、淶水、定興、保定、文安五州縣地十萬一千四百九十晌，以獻縣先圈薄地撥補；圈寶坻、香河、灤州、樂亭四州縣地十萬二千二百晌，以武城、昌黎、撫寧各縣無主屯地撥補。

《世祖實録》卷 30，頁 245–246

順治十八年（辛丑）夏四月丁酉日

旌表孝子，直隸易州呂世奇；節婦，大名縣張昭妻趙氏、雄縣董光綬妻解氏、孑貇妻閻氏、南皮縣湯橋妻穆氏，各給銀建坊如例。

《世祖實録》卷 2，頁 61

《大清聖祖仁皇帝實録》

（康熙二年至康熙四十五年　公元 1662–1706 年）

康熙二年（癸卯）九月戊寅日

免直隸雄縣等十二州縣本年分水災額賦有差。

《聖祖實録》卷 10，頁 157

康熙五年（丙午）二月己未日

戶部議覆：「八旗圈換地土一事，以兩議請旨。一議：鑲黃旗近圈順義、密雲、懷柔、平谷四縣之地，毋庸撥換外，其在右翼之涿州、雄縣、大城、新安、河間、任邱、肅寧、容城等處地，應照舊例，從頭挨次撥換。將正白旗通州、三河迤東大路北邊至豐潤縣地，永平府周圍留剩地，撥給鑲黃旗。如不敷，將遵化至永平路北夾空民地圈給。其正白旗所撤通州迤東之地，亦應於永平周圍地內撥補。不敷，將路北夾空民地，灤州、樂亭縣民地圈給。至二旗包衣佐領下壯丁應否遷移，伏候上裁。再六旗地畝內，除一半可耕、一半不堪者不准撥換外，其過半不堪與全不堪者，應將各旗圈內空地，或退回地畝，酌量撥換，俱俟秋成後，差員丈量分撥。一議：

鑲黃旗既有順義等四縣地，應將所移涿州壯丁，即於順義等處民地圈給。其河間等七縣所移壯丁，應將正白旗薊州、遵化州地撥給。不敷，將夾空民地圈給。其通州、三河、玉田、豐潤等處地仍留正白旗。餘照前議。」奏入，輔臣等稱旨：「鑲黃旗涿州壯丁，移於順義等縣，依後議。其前議將正白旗通州迤東大路北邊給與鑲黃旗，南邊留與正白旗之處，俟秋收後，差員將正白旗滿洲地、投充人地、皇莊地丈量明白，取具實數，酌議分撥。餘俱俟鑲黃旗遷移事竣，具題請旨。」

《聖祖實録》卷18，頁266

康熙二十年（辛酉）八月戊午日

上駐蹕雄縣。

《聖祖實録》卷97，頁1226

康熙二十年（辛酉）八月壬戌日

上回鑾，駐蹕雄縣南。

《聖祖實録》卷97，頁1227

康熙二十三年（甲子）二月丁巳日

上駐蹕雄縣南十里鋪。

《聖祖實録》卷 114，頁 182

康熙三十三年（甲戌）夏四月己卯日

工部議覆：「直隸巡撫郭世隆疏言，霸州等處田被水淹，皆由子牙等河隄岸衝決未修之故。查大城縣趙扶村之南隄及龍王廟隄，青縣楊村隄起至東子牙村隄止，雄縣蒲淀、五官淀之東隄，俱單薄不堪，應行修築。黑龍港河及大城縣王家口淤塞，俱應開浚，均應如所請。」從之。

《聖祖實録》卷 163，頁 780

康熙三十四年（乙亥）九月癸未日

論戶部：「直隸順天、保定、河間、永平四府所屬地方，今歲水潦傷稼，三農歉收。朕巡幸所至，遍加諮訪。聞高阜之產，尚有秋成，而卑下之田，被潦者多，計所收穫，不能相敵。雖經勘災頒賑，不致仳離失所，而額辦錢糧，若仍行徵取，則民力匱乏，難以輸將。朕心深切不忍，著將四府康熙三十五年地丁銀米，全與蠲免，用示寬恤。其霸州、雄縣、香河、寶坻四處，皆有水道，可以轉輸，每處著發米一萬石，各差司官一員齎往，照彼地時價，減值發糶，以資民食。著行文該撫，通行曉諭，俾均霑實惠，副朕軫念災黎至意。」

《聖祖實録》卷 168，頁 825

康熙四十年（辛巳）夏四月壬子日

直隸巡撫李光地疏言：「承修永定河，自郭家務至柳岔口開河築隄，釘樁下埽七十餘里。大城縣西隄樁埽工七十餘里，又子牙河廣福樓新河至賈口等處，兩岸隄工五十餘里，雄縣水佔民隄未完工程二十餘里，今俱已完工。又接修永定河石隄之下樁工一百餘丈，及大城南隄並河間、獻縣之工，俱可告竣。下部知之。」

《聖祖實録》卷 204，頁 84

康熙四十五年（丙戌）春正月乙未日

上駐蹕雄縣孟良營。

《聖祖實録》卷 224，頁 251

康熙四十五年（丙戌）春正月丙申日

上自孟良營登舟，至雄縣西關停泊。

《聖祖實錄》卷 224，頁 251

康熙四十五年（丙戌）春正月丁酉日

御舟泊雄縣南關。

《聖祖實錄》卷 224，頁 252

《大清世宗憲皇帝實錄》

（雍正五年至雍正十年　公元 1727–1732 年）

雍正五年（丁未）冬十月戊戌日

署直隸總督宜兆熊疏言：「霸州、雄縣等二十四州縣被水窮民，已蒙恩散賑，其各屬被水地畝錢糧，暫請緩徵。」得旨：「朕念直隸濱河之地，易於被水，用沛特恩，遣官發帑，加意賑恤，此乃格外惠及窮民之意。至於被水之處，仍應勘明分數，題請照例蠲卹，不得因已經遣官發帑，遂不照定例遵行，並諭各省知之。」

《世宗實錄》卷 62，頁 955

雍正五年（丁未）十二月辛丑日

免直隸雄縣等四縣本年分水災額賦有差。

《世宗實録》卷64，頁988

雍正七年（己酉）十二月戊申日

裁駐防昌平、順義、良鄉、寶坻、固安，采育、東安、霸州、雄縣九處筆帖式各一員。

《世宗實録》卷89，頁199

雍正十年（壬子）五月壬申日

諭內閣：「附近京師小縣城內，所有駐防滿洲兵丁，俱係協領等官管束。因無總轄大員，故教訓兵丁，稽察官員之事，殊為踈忽，應交相近駐劄之大臣兼管。若近陵寢者，即令陵寢大臣管轄。近天津者，即令天津都統管轄。若附近無有大臣駐劄之處，著由京師特派大臣一員，令其統轄。每年巡察一次，則官兵各加奮勉遵法，而地方可無妄行生事之人。著大學士鄂爾泰詳酌議奏。」尋議：「喜峰口、冷口、羅文峪，俱與陵寢相近。此三處駐防官兵，請交陵寢處大臣等稽察管轄。三河、玉田、順義縣、永平府，係直達山海關之大路，此四處交與山海關總管。滄州與天津相近，交與天津水師營都統。德州係山東所屬，交與青州將軍。各就近稽察管轄。

獨石口、古北口、張家口、錢家店、鄭家莊、昌平州六處係一路，寶坻縣、固安縣、雄縣、霸州、彩峪、保定府、良鄉縣、東安縣八處係一路，俱無可兼管之處，應由京城派副都統各一員，令其總理。每年秋季，前往稽察一次。分別勸懲，務令勤加操演，謹守本分。其官員優劣，亦令分別具奏。」從之。

《世宗實録》卷 118，頁 567

《大清高宗純皇帝實録》

（乾隆元年至乾隆五十九年　公元 1736–1794 年）

乾隆元年（丙辰）六月丙戌日

直隸總督李衛疏陳易州山陵駐防員役供應事宜：一、易州山陵，歲約需員役白米一千石，次白米二百石，江米一百石，漕米九千石。行文倉場總督，於漕船抵津時，豫酌按數截留。該幫領運千總，於天津僱船運至白溝河水次，先將樣米呈送陵部驗明，由坐糧廳及該管道委員監收後，按數給發。將給過支剩米數，歲底報部。一、截漕水運白溝一帶地方，每年將及起運時，遴委幹員募夫挑浚淤淺。一、截撥漕糧。遇乾淺、水大之時，仍由白溝河起載，陸路至易州。若北河水勢通暢，竟從北河起運。一、天津至白溝沿河地方，向有營汛，照舊催儹。其霸州、任邱、雄縣等，添設汛房，每汛設兵五名，建房三間，催儹巡查。汛兵於附近各營抽撥。一、雄縣西關橋樑宜修葺，以便重運停泊。一、白溝河鎮西岸園地，建倉廒二十間，存貯。一、易州城有入官房五十五間，改作倉廒，並於隙地內，酌量添造。一、易州城、白溝河兩處各設倉夫看守。一、撥運漕白米石，照薊州之例，每石給耗三升九合。其三色白米，亦照例減半，每石給耗一升九合，按年造冊奏報。一、山陵應需祭祀牛羊豆草，並各員役俸餉，俟禮部等衙門題定後，按期題撥，依價採買。一、易州運送米豆草束車價銀兩，照薊、遵、豐、三州縣准給腳價之例支給。一、山陵應需柴炭槽面及冰塊，於司庫地糧存公銀內撥給。一、山陵祭祀牛羊，日支豆草，並供應包衣、禮部、兵部、葦白、柴炭、冰塊等項，飭令附近州縣，照例豫備供應，於辦公銀內動支。均下部議行。」

《高宗實録》卷 21，頁 508–509

乾隆二年（丁巳）九月丁酉日

戶部議覆：「直隸總督李衛疏稱，河間府屬任邱等六州縣，額設墩夫四百四十名，應付過往差使，其餘府州縣並未設立。請將任邱等六州縣額設墩夫，裁去一百七十名，以一百五十四名改撥順天府屬之良鄉、涿州、保定府屬之新城、雄縣，尚餘十六名。查交河縣所轄驛路，計程八十里，原額止二十名，應添入交河縣屬之富莊驛，以資接濟。均應如所請。」從之。

《高宗實録》卷 50，頁 858–859

乾隆三年（戊午）三月丙子日

直隸總督李衛疏報：「文安、香河、雄縣、長垣等四縣，首出隱匿地三十五頃八十一畝有奇。」

《高宗實録》卷 65，頁 58

乾隆三年（戊午）七月庚辰日

是月，直隸總督李衛奏：「唐縣、固安、雄縣、霸州、博野、肅寧、滿城、新城、完縣、滄州、青縣、薊州、唐山、任縣、南和、平鄉、河間、蠡縣、永平、保定、雞澤、高陽等二十二州縣，因近日綿雨連旬，窪地被澇。其續生蝻子之固安等州縣，現在設法消除，亦能減少分數。」得旨：「朕正為雨水過多，倍切憂慮，覽奏，情形俱悉。其被水處所，當加意賑恤。至蝗蝻何尚有如許之多，此皆地方有司奉行不力，與察查不周之所致耳。卿其加意料理。至近日天氣漸次晴霽，朕心稍慰，但須多晴數日方佳也。」

《高宗實録》卷 73，頁 168

乾隆四年（己未）三月丙子日

諭：「朕聞得天津、河間、文安一帶，積水未消，民間難以布種。屢諭總督孫嘉淦，設法疏浚，並將小民如何資生之處，確行訪察奏聞。今據孫嘉淦奏稱：天津等處村莊，除已經涸出，現種麥禾暢茂者不開外，查天津地方，目下雖未涸出，將來可涸，不誤晚禾者四十七處，其深窪積水，難望消涸者四十二處。河間地方，目下雖未涸出，將來可涸不誤晚禾者五處，其深窪積水難望消涸者三十七處。文安地方，目下雖未涸出，將來可涸不誤晚禾者二十一處，其深窪積水難望消涸者五十三處。又靜海縣之賈口、義渡等十七村，大城縣之王凡、固獻等十六村，雄縣之孟家、齊官等八村，積水尚未全消。凡此六縣積水之區，其可望涸出者，止可種植稚禾晚稻。其不能涸出者，將來雖有魚葦菱蒲之利，亦必待至五六月間方可有望，目前資生無策等語。朕覽孫嘉淦所奏，甚為明晰。地方積潦未消，其為害更甚於被旱。若不施恩於常格之外，則停賑之後，小民仍不免於饑餒。朕深憫焉！著將此六縣內，現雖未涸將來可涸之一百一十四村莊，再行加賑一個月；其深窪積水難望消涸之一百三十二村莊，應再加賑兩個月。孫嘉淦可督率有司，遵朕諭旨確速辦理，毋得稽遲。該部迅速行文前去。」

《高宗實録》卷 89，頁 381–382

乾隆五年（庚申）三月壬子日

免直隸雄縣所屬龍華等八村莊乾隆三年分水災額賦有差。

《高宗實録》卷 112，頁 653

乾隆五年（庚申）十一月丙申日

又遵旨議覆：「御史周祖榮奏永定河改由故道，所有近河村落不無漫溢，請敕查水道所經，必應遷徙者若干村，先擇不受水患之地，酌給遷費等語。查自放河以來，嚴飭各官履勘。據報涿州、良鄉、永清、新城、雄縣、固安、霸州等州縣，其中近河村落，有無庸築墊防護者，有宜築一面者，有宜築兩面三面者，俱已勸諭居民，自行修築，並無必應遷移之處。緣此地歷年過水，民皆聚居高處，間有散居低處者，令止在本村那移。地方官量加資助，亦無庸給與遷費，別行安插也。又稱豫防淹没地畝，查明存案，將來撥補或給價之處，尤屬難行。蓋渾水經由，若止漫流平過，則地皆淤肥，即可種獲。如改流頂衝之處，必須隨時防護。即有衝坍，亦必待事後查勘。所奏均無庸議。總之，民情難静而易動。現在河流順軌，民情安静。一切善後之圖，惟當周詳慎重，以安百姓之身家，不可張大其事，驟驚愚民之耳目。」得旨：「所謂民情難静而易動，實為政之要。然思患豫防，不動聲色，而措泰山之安者，亦必先有以得其要，而後可無為而治也。況數十年未經行之故道，壯與幼未目睹之事，而可保其無少虞乎？故朕謂必明年伏秋無事，方可謂之成功者，此也。卿其加之意焉。」

《高宗實録》卷 131，頁 916–917

乾隆六年（辛酉）正月戊子日

直隸河道總督顧琮，以永定河淩汛水勢，各村莊被淹情形奏入。諭軍機大臣等：「永定河工，關係緊要。大學士鄂爾泰、尚書訥親，前往查勘經理，必須將各處地勢及發水情形，一一察視明晰，始可次第施工，以期一勞永逸。但此事尚須時日，目下未能遽定。而朕軫念民瘼之心，甚切於懷。伊等到彼，可即將居民被水光景，果否如顧琮摺内所奏，速行詳細奏聞。至於被水之處，將來百姓遷移必有費用。朕意欲將各該處本年應徵錢糧，酌行寬免，以紓民力。亦著伊等密議奏聞，如果應行豁免，可速將某州某縣查明具奏，爾等可即寄信前去。」

尋奏覆：「新河自金門閘以下五里即有漫水，至四五十里外。固安、良鄉、涿州、新城、雄縣、霸州，各境內村莊地畝多被水淹。顧琮所奏水勢寬深情形屬實，各村地基多在高阜，水繞村外，房屋尚無坍圮。上年秋后土乾，種麥甚少，現水浸處，多未播種。惟霸州、雄縣各村窪地，秋麥有被淹者，若清明前水退，尚可補種春麥，窪下地畝可種高粱稗子，但恐一時難涸，過期不耕。有應免錢糧之處，應交督臣查奏。」得旨：「知道了。查明再免，不如降旨令查免，庶可以早慰民心也。有旨諭部。」

《高宗實録》卷135，頁947

乾隆六年（辛酉）二月丙申日

諭：「昨因永定河放水，經理未善，以致固安、良鄉、涿州、新城、雄縣、霸州各境內村莊地畝，多有被淹之處，難以耕種。且居民遷移，不無困乏。朕與孫嘉淦不能辭其責也。用是痌瘝難安，深為軫念。著大學士鄂爾泰、尚書訥親，會同總督孫嘉淦，詳悉查明被水處所，應免錢糧若干，速行奏請豁免。先將此旨曉諭百姓知之。」

《高宗實録》卷136，頁956

乾隆六年（辛酉）冬十月己亥日

蠲免直隸雄縣被水災貧民所借籽種、口糧九千四十餘石，代賑。

《高宗實録》卷152，頁1177

乾隆六年（辛酉）十二月戊戌日

蠲免直隸永定河放水被災地畝：霸州、涿州、固安、永平、雄縣未涸地本年應徵錢糧；已涸地本年應徵錢糧之半。

《高宗實録》卷156，頁1232

乾隆八年（癸亥）九月己酉日

直隸總督高斌奏：「遵化、寶坻、玉田、昌平、順義、東安、良鄉、霸州、固安、大興等處駐防，本年冬季及來歲春季，並保定、雄縣二處駐防來歲春季，共應需採買兵米一萬二千餘石。請照從前折中一兩之價，每石增銀三錢。」得旨：「准增給。」

《高宗實録》卷201，頁589

乾隆九年（甲子）四月甲戌日

直隸總督高斌奏：「順天府屬之霸州、大城，保定府屬之新城、雄縣、束鹿、高陽等縣，河間府屬之河間、獻縣、阜城、肅寧、任邱、交河、景州、故城、吳橋、東光、寧津等州縣，天津府屬之天津、青縣、靜海、滄州、南皮、鹽山、慶雲等州縣並津軍廳，正定府屬之欒城縣，廣平府屬之威縣、清河，冀州屬之武邑、衡水、饒陽、安平等州縣，遵化州屬之豐潤縣，共三十三州廳縣，上年既歉收，今歲又未得雨，民間錢糧，無力完納。又順天府屬之文安，保定府屬之新安二縣，上年雖未成災，但與災地毗連，今春均未得雨。請將該州縣廳，無論上年被災與未被災，應納乾隆九年分新糧，及未成災應完八年分新舊錢糧，並已未成災，應於九年麥熟後完納之八年分錢糧及各年舊欠，均予緩至本年秋後徵收。」得旨：「近亦有旨矣。」又奏：「應徵錢糧既緩，其歲需佐雜俸銀及胥役工食，無項留支。現遵五年十一月內諭旨，於司庫存公銀內撥補。至驛遞工料，乃夫馬計日必需，自應按季支給。除河間等處春季應支工料，已於司庫銀內撥給，今被災各屬銀糧既緩，則未經開徵以前，夏季以後，均請通融撥給。」得旨：「又撥公項八十萬，即為此一切也。所奏俱悉。」

《高宗實録》卷215，頁762–763

乾隆九年（甲子）四月甲戌日

又奏：「請借各州縣貯備米石，為大城、寧津、故城、肅寧、衡水、深州、安平、饒陽、新城、雄縣、霸州、文安十二州縣災民口糧，共需三萬六千石。秋收後民力未紓，更請豁免。」得旨：「著照所請賜予，秋收後不必還倉。該部知道。」

《高宗實録》卷215，頁763

乾隆九年（甲子）四月乙亥日

戶部議覆：「倉場侍郎覺羅吳拜疏稱，撥運易州漕糧，原議於天津西沽起剝，運至白溝河交卸。嗣因僱剝費繁，疊次起卸不便，議自天津直抵雄縣亞谷橋轉運。上年漕臣顧琮，以淀河每多淤滯，糧艘不能遄行往返，請於水小之年，仍令西沽剝運。今確勘各州縣所屬水程不甚相遠，尚易挑挖。請於每年糧船將到之前，豫行探明淤淺之處，及時挑挖。倘船身過重，於水小之年，仍需足數起剝。應如所請。」從之。

《高宗實録》卷 215，頁 763

乾隆九年（甲子）秋七月乙酉日

直隸總督高斌疏報：「據布政使沈起元詳稱，霸州、保定、固安、宛平、大興、文安、大城、涿州、房山、良鄉、永清、東安、香河、昌平、順義、懷柔、密雲、平谷、延慶衛、薊州、通州、三河、武清、寶坻、寧河、灤州、盧龍、遷安、撫寧、昌黎、樂亭、臨榆、雄縣、高陽、新安、清苑、滿城、安肅、新城、容城、定興、唐縣、博野、蠡縣、慶都、完縣、祁州、安州、束鹿、河間、獻縣、阜城、肅寧、任邱、交河、景州、故城、吳橋、東光、寧津、天津、津軍廳、青縣、靜海、滄州、南皮、鹽山、慶雲、靈壽、新樂、廣宗、鉅鹿、平鄉、南和、廣平、雞澤、曲周、磁州、成安、威縣、清河、廣平、開州、赤城、延慶、萬全，冀州並所屬之新河、南宮、武邑，深州並所屬之武強、饒陽、安平，定州並所屬之曲陽、深澤，易州並所屬之淶水，遵化州並所屬之豐潤、玉田、熱河、八溝、喀喇河屯等一百五十州縣衛廳，今春雨澤愆期，間被冰雹，二麥歉收。再東安、遷安、撫寧、唐縣、定興、河間、靈壽、延慶、懷安、西寧、蔚州、懷來等州縣，四五六等月，被雹傷禾，業經借給耔種，俟秋收後，確勘分數，另行題明。」得旨：「該部速議具奏。」尋議：「應如該督所請辦理。秋獲後，將收成分數另題，並將借給耔種數目咨部。」得旨：「依議速行。」

《高宗實録》卷 220，頁 835–836

乾隆九年（甲子）七月甲辰日

又奏：「永定河北岸三工，莊河係河溜頂衝之處。初七日水勢長大，河灘塌卸，漸逼隄根，隨接築護隄埽工二十餘丈，工已完竣。再查山東德州一帶，並無發水之處。惟雄縣、新城雨水甚大，窪地晚禾間有淹浸，近亦消退。」得旨：「此處連年被災，必撫恤十分得宜，然後可作何措辦，速奏以慰朕懷。統計天、河兩府所屬，秋災復有幾處耶？有成災之處否？」

《高宗實録》卷 221，頁 854–855

乾隆九年（甲子）七月甲辰日

又奏：「上年被災之河間、天津二府，深、冀二州等屬，連次得雨，秋禾隨亦改觀。至雄縣以北河水漲溢之處，亦止低窪被淹，旋即消落，高地晚禾現俱暢茂。」得旨：「覽奏，朕懷稍慰矣。」

乾隆九年（甲子）十月壬申日

賑貸直隸保定、大城、通州、蠡縣、慶都、定興、雄縣、龍門、廣昌、新城、萬全、西寧、薊州、灤州、天津、慶雲、靜海、延慶等十八州縣水旱蟲雹等災民，並分別停緩新舊額徵。

《高宗實録》卷 221，頁 855

乾隆九年（甲子）十二月丙午日

大學士鄂爾泰等會議，協辦大學士、吏部尚書劉於義等奏稱：「奉旨查辦直隸水利事宜，履勘各屬舊有淀泊河渠，與擬開泉渠河道，並隄埝涵洞橋閘等項，悉與司道守令暨地方老民，熟籌確訪。審水性之強弱，地勢之順逆，民心之好惡，權以利害之輕重，定措施之次第。將現在應辦各工，酌定規條。一、宛平、良鄉、涿州各河溝諸水，俱會入牤牛，歸於拒馬，為受水之地。但河身淺狹淤阻，往往瀝水不能導送，以致漫溢。應將良鄉上游，宛平、房山境內各河溝，照舊例用民力疏通，歸入廣陽、茨尾二河。其宛平之北岡窪、趙新店，及房、良二邑之順水河、溝雅河，良邑之黄屯河、廣陽、茨尾二河，並良、涿之牤牛正支河，均應挑浚。又通濟橋橋孔低矮，有礙水道，應將舊橋拆造起高。趙新店之南，地勢窪下，應建橋疊道，以通往來。一、新城、雄縣境內之白溝河，為拒馬下流，衆水歸宿。雄縣、新城地勢窪下，夏秋漲不能分減，應將十里鋪支河一道，又十三里支河一道，開挖寬深，舊有之盧僧河一併開通，分減白溝漲汛。十九垈支河，五里之下，馮家營起，直南開河一道，接入盧僧河，並以挑河之土，兩岸堅築子埝。自十里鋪起至新橋窯，亦築子埝一道。又新城南關等處，應疊道建橋。雄縣王克橋、西槐二支河，應開挖寬深。一、趙北口淀，為西南諸水匯歸之地。內有支河，以為疏消水道，由直沽入海。其塌河，為瀦蓄北運河、洩水之要區，由陳家口賈家沽入海，應於張青口北，另開支河一道分洩。又玉帶河之支流為中亭河、張家嘴河，應開展。西河之六郎隄，應幫築高厚。臺山河、趙家房河之木橋，應改建活板通舟。一、東淀河道，為陵糈漕艘往來經由。河身迂曲，易於淤狹。查有勝芳舊河一道，東北直注，形勢徑捷，土人名為照直河，應開通。再楊家河，自莊西至下河頭，應展寬挑深。莊東北至中河頭，應裁灣取直。一、子牙河上游為滹沱河，發源山西之泰戲山。經直隸衡水縣，會滏陽河，北注大成縣王家口。每年清渾並漲，迤南數十百村莊悉遭潦浸，及汛退泥停，散漫淤墊。應於王家口北莊兒頭起，堵截子牙河下流。另於陳家泊展開河身一道，改溜東行，使清渾永不相混。一、正定府屬之井陘、平山二縣民人，於各村莊河灘營治稻田，均應修理。請借給井陘縣民人工本銀三千七百七十二兩零；平山縣民人工本銀五千五十九兩零，按照十年完繳，俟成後照例升科。又正定府屬，並定州八州縣，通計營成稻田共六百六十餘頃，接連地面，尚可開拓，應將已經營成之田，查丈清楚，造報戶部。以上應辦各工，約估需銀四十七萬三千四百餘兩。請將直賑項內，撥銀五十萬兩，豫為料理，春融次第興工，均應如所請。」得旨：「依議速行。」

《高宗實録》卷 230，頁 965–966

乾隆九年（甲子）十二月壬申日

又奏："修理直隸城垣，請將密雲、石匣、懷來三處列為要工，東安、永清、固安、涿州、定興、新城、雄縣七處列為緩工，分別估需動支，派員領辦承修。"得旨："皆准興修，拱極城亦應略為修補。"

《高宗實録》卷231，頁984

乾隆十年（乙丑）七月丙戌日

戶部議准："陞任直隸總督高斌疏稱，直屬文安、河間、獻縣、阜城、肅寧、交河、吳橋、東光、滄州、慶雲、靜海、鹽山、青縣、西寧、赤城、宛平、大興、霸州、保定、大城、涿州、房山、良鄉、固安、永清、香河、密雲、通州、三河、武清、寶坻、蘇州、寧河、灤州、盧龍、遷安、撫寧、臨榆、清苑、滿城、安肅、定興、新城、唐縣、博野、慶都、容城、完縣、蠡縣、雄縣、祁州、束鹿、安州、高陽、新安、任邱、寧津、故城、天津、南皮、正定、獲鹿、元氏、藁城、欒城、無極、贊皇、平鄉、廣宗、鉅鹿、唐山、內邱、任縣、磁州、邯鄲、成安、曲周、廣平、威縣、清河、東明、延慶、宣化、萬全、龍門、懷來，冀州並所屬之新河、武邑、衡水，趙州並所屬之柏鄉、隆平、臨城、寧晉、高邑，深州並所屬之武強、饒陽、安平，定州並所屬之曲陽、深澤，易州並所屬之淶水、廣昌，遵化州並所屬之豐潤、玉田，又延慶衛、熱河、喀喇河屯等一百一十二州縣衛廳，因春夏雨澤愆期，二麥被旱歉收，兼有被雹傷損者，俱經酌借耔種口糧，並令及時布種秋禾。其應否加賑蠲免，俟秋獲時勘明，分數辦理。"得旨："依議速行。"

乾隆十年（乙丑）十一月己丑日

戶部議准："直隸總督那蘇圖奏稱保定、雄縣駐防兵，丙寅年歲需米共一萬二千七百六十一石。本應各屬採買，但本年二麥歉收，幸獲秋成。若採買兵米，恐市價漸長。請動保定各屬分貯漕米，將原估價銀扣存司庫充餉。"從之。

《高宗實録》卷245，頁158–159

乾隆十一年（丙寅）九月丙午日

直隸總督那蘇圖奏："直隸秋收豐稔。所有節年、本年民借口糧籽種等項，應令及時交還。但查各屬情形，或係積歉之後，元氣未復；或係被災之後，地方出借數多，一時新舊並追，民力未免拮据。今各屬借項，自萬石至六萬石不等，內鹽山、慶雲二縣，民欠最多。請將所借米穀，分作三年帶徵。其河間、故城、寧津、獻縣、景州、任邱、吳橋、滄州、南皮、靜海、雄縣、新城等十二州縣，請將新舊借項分作二年帶徵，交河、阜城、青縣、威縣、清河、深州等六州縣，請將本年借項全還，其節年舊欠分作二年帶徵。又宣化府屬十一州縣，上年被災，本年亦多被雹，請無論所欠多寡，統分作二年帶徵。"得旨："著照所請行。該部知道。"

《高宗實録》卷274，頁587–588

乾隆十二年（丁卯）夏四月辛未日

大學士等議覆：「據直隸總督那蘇圖等奏稱，上年十一月內，侍郎玉保奏請獨石口等處添給生息銀一案。內稱查各省駐防兵，俱蒙賞滋生銀。惟直隸各小城及各邊口，內除鄭家莊向有房租銀外，餘山海關等處，未蒙恩賞。各處兵數，自八百名至四十名不等。若按地方分給本銀，未免難於辦理，請將天津每年賞賸利銀內酌給。其各處每年應需數目，並如何撥給存貯備賞之處，交直隸總督天津都統定議具奏等因。查山海關、冷口、羅文峪、喜峰口、獨石口、張家口、古北口、昌平州、千家店、雄縣、盧龍、三河、寶坻、玉田、東安、固安、霸州、采育營、順義、良鄉等處駐防兵，共二千六百四十名，驍騎校共四十五員，每官兵百名，酌撥息銀八十四，每歲共應撥天津餘息銀二千一百四十八兩，分給貯附近該管衙門備賞。查各省駐防，遠近不齊，兵多寡不一。應請按照兵數，將歲需派出賞項，先令該駐防統轄之員，出具印領，差弁赴臣富昌等衙門領貯，試辦一年。如有餘，統於歲底查明，存作下年賞數，仍於次年歲首接續具領。其歲底冊報之法，查冷口、羅文峪、喜峰口三處，均由山海關副都統管轄。獨石口、張家口、古北口、昌平州、千家店五處，均請照鄭家莊之例，由本管大員造冊請銷。其各小口，聽管領之員，隨旗造冊，送部核銷，所有赴領盤費，各照遠近，公項動給等語，均應如所奏行。再查各省駐防生息銀，俱係各該將軍副都統等，造冊咨送各該承查旗分核銷。惟鄭家莊係房租銀兩，由該管副都統自行奏銷。現在山海關等處撥給銀，雖由各該處賞給，均係天津餘息，且為數無多。若如該督等所請，紛煩難稽。應令各該管副都統造冊，仍報承查天津生息銀兩之正、藍各旗，總核奏銷。」從之。

《高宗實録》卷288，頁764-765

乾隆十二年（丁卯）六月庚申日

戶部議准：「直隸總督那蘇圖疏稱，八旗下屯種地人等應建房屋。現在通州、昌平、豐潤、三河、玉田、昌黎、樂亭、淶水、武清等州縣，各報建竣二百五十戶。又任邱、文安、香河、大興、延慶衛、大城、霸州、延慶州、灤州、順義、清苑、望都、容城、密雲、寶坻、遷安、高陽、雄縣、蠡縣等州縣衛，續報共建竣三百六十九戶。又建竣耕種認買公產地畝共三十二戶，應查明已撥人戶，令其前往耕種。內有各屬已造旗分姓名，及現報完工尚未造有旗分姓名者，均經分晰，彙造總冊。應聽戶部移咨各旗，按戶查明，發銀給照，令其前往等語。查各州縣建竣房屋內，八旗共計六百十九戶，耕種公產者三十二戶，共六百五十一戶。應照原議，於公產地價項下，動撥銀六萬五千一百兩，令各該旗出具總領，赴部領回，會同查旗御史，按戶給發，每戶給牛具籽種銀各一百兩，並印照一紙，令其前往。又稱：各屬未經建竣六百四十三戶，及耕種認買公產旗人一十九戶，現在督令速建等語。應令該督嚴飭趕辦，隨竣隨報，俾得陸續下屯耕作。」從之。

《高宗實録》卷 292，頁 822–823

乾隆十二年（丁卯）七月丙午日

賑恤直隸固安、永清、香河、武清、涿州、霸州、大城、薊州、玉田、新城、容城、蠡縣、雄縣、祁州、束鹿、安州、高陽、新安、易州、淶水、河間、獻縣、阜城、肅寧、任邱、寧津、吳橋、故城、東光、天津、南皮、正定、井陘、藁城、冀州、南宮、新河、武邑、衡水、趙州、柏鄉、隆平、高邑、臨城、深州、武強、饒陽、安平、沙河、南和、平鄉、廣宗、鉅鹿、內邱、永年、曲周、雞澤、邯鄲、成安、威縣、清河、磁州、宣化、赤城、萬全、懷來、蔚州、蔚縣、西寧、懷安、喀喇河屯通判、獨石口同知、熱河、八溝同知、四旗通判等七十五州縣廳被水、被旱、被雹饑民。

《高宗實録》卷 295，頁 864

乾隆十二年（丁卯）七月戊午日

又奏：「雄縣城垣頹壞，亟應修整。又該縣南門外之瓦濟橋，年久坍塌。趙北口之易陽橋，亦多朽壞。均請動項興修。報聞。」

《高宗實録》卷 295，頁 872

乾隆十五年（庚午）三月壬申日

又奏：「自雄縣於本月二十三日回署，經過地方，因望後風多氣燥，田土覺乾。臣親行斷驗，低田二指以下，高田三指以下，即見湖潤。詢之農民，僉稱月內得雨二寸餘，即可接濕。二十三、四兩日，保定省城連得陣雨。各處糧價俱平。」得旨：「朕正為此愁勞。昨京師得二寸許雨澤，雖略潤澤，究欠霑足。此數日間得沛大澤，方於麥收不致減分數也。保陽一帶，近日光景又復若何？實奏以慰朕懷。」

《高宗實録》卷 361，頁 977

乾隆十五年（庚午）六月丁亥日

諭：「據直隸總督方觀承奏稱，新城縣屬之東雙鋪頭、高橋等十九村，雄縣屬之四柳莊等十一村，俱因清河水漲，淹及民田。目今水已涸出，正可補種莜麥，應查明無力貧戶，酌借耔種，以資力作。其永清之王居等村，霸州之堂二鋪等村，武清之王慶坨等村，皆附近永定河。因各壩減水過多，引河不能容納，致有淹浸。其貧民無力補種者，懇准與一例查明，酌借耔種，照例於來年免息還倉等語。今歲河水盛漲，居民田畝被淹，朕心深為軫念。此時即經補種，亦係雜糧，僅資餬口。所有借給耔種，著加恩賞給，不必還倉。該督方觀承速行查辦，務令被水災黎均霑實惠，無致失所。」

《高宗實録》卷 367，頁 1048

乾隆十五年（庚午）十月壬辰日

諭軍機大臣等：「據吳應枚奏，奉命前往山東，祭告曲阜。沿途見新城、雄縣等處，被淹涸出地畝，種麥尚少。至德州、東平、兗州等處，隴麥亦未全種等語。此摺著鈔寄準泰閱看，令其查明德州等處，麥未全種緣由。並吳應枚摺有應照依辦理之處，即行查辦，仍具摺覆奏。再朕巡幸河南，所過地方，有已種秋麥者，有未經播種者，或係惰農不勤耕作，或因土宜未便全種麥苗，俱未可定。此摺著一併鈔寄詢問鄂容安，令其詳悉據實奏聞。」尋準泰奏：「東省秋麥，葉種十分之七，餘留種棉花、春麥、高粱。緣瘠區布種秋麥，經寒則麥苗拳縮，沙瘠高阜，止可植種旱穀，此實隨地制宜之理。報聞。」鄂容安奏：「豫省田地，除本係留種秋禾，尚未耕耨外，旱麥已見青葱，晚麥現因缺雨，出土稀少。」得旨：「豫省今冬頗旱，一切應留意，據實奏報辦理，不可稍存粉飾之見也。」

《高宗實録》卷375，頁1141

乾隆十五年（庚午）十月甲午日

蠲緩直隸固安、永清、霸州、保定、文安、大城、東安、武清、寶坻、薊州、寧河、宛平、涿州、樂亭、清苑、容城、唐縣、博野、新城、完縣、蠡縣、雄縣、祁州、安州、高陽、新安、安肅、河間、肅寧、任邱、天津、青縣、靜海、津軍廳、萬全、張家口同知、西寧、蔚縣、宣化、龍門、懷安、定州、曲陽、易州、豐潤、玉田等四十六廳州縣水災、雹災地畝本年額賦。其固安、永清、霸州、保定、文安、武清、寶坻、新城、雄縣、安州、新安、天津、津軍廳、靜海、大城、肅寧、高陽、玉田等十八廳州縣饑民，貸予口糧。保定、文安、大城、東安、武清、寶坻、薊州、寧河、清苑、新城、完縣、蠡縣、雄縣、祁州、安州、高陽、新安、河間、肅寧、任邱、天津、青縣、靜海、津軍廳、西寧、豐潤、玉田、固安、永清、霸州、易州、唐縣、曲陽、定州、樂亭等三十五廳州縣饑民，並予賑恤有差。

《高宗實録》卷375，頁1144

乾隆十五年（庚午）十一月乙巳日

諭：「今歲直屬固安等處，偶被偏災，收成稍薄。著將乾隆辛未年豫、東二省粟米，截留十萬石，以備來年賑糶之用。其保定、雄縣所有明年應辦兵米，即於此項内支撥，停其採買。至固安、霸州、寶坻、玉田、順義、東安、良鄉、大興等八州縣歉收之地，米價稍昂。其應需本年冬季及來歲春季兵米，著加恩准照舊例，每石增價三錢，以示軫恤兵民至意。該部即遵諭行。」

《高宗實録》卷 376，頁 1155

乾隆十六年（辛未）五月庚戌日

諭：「據直隸總督方觀承奏稱，霸州等處，上年勘不成災及歉收各村莊，所有借給籽種口糧，例應按期催追還倉。但現在各處麥收，雖屬可期，而米穀無出，民力不無拮据等語。著照所請，將霸州、涿州、寶坻、薊州、豐潤、清苑、雄縣、完縣、祁州、容城、河間、肅寧、任邱、天津、青縣、靜海、定州、曲陽、宣化、懷安、萬全、蔚縣等二十二州縣内，從前借給各村莊米穀，無論加息免息，俱緩至本年秋成後照數完交，以抒民力。該部遵諭速行。」

《高宗實録》卷 389，頁 99

乾隆十六年（辛未）十月癸亥日

是月，直隸總督方觀承奏：「保定、雄縣駐防官兵明歲餉米，此時例應採買。但米稍昂貴，例價不敷，且恐有妨民食。查本年八月內，遵旨委員赴奉天買米十萬石，明春到齊。請即由淀河運充兵餉。今暫於保定府倉內，借穀碾米應用，俟奉天米到歸還。」得旨：「嘉獎。」

《高宗實録》卷401，頁281

乾隆十七年（壬申）五月戊寅日

直隸總督方觀承覆奏：「直屬先後詳報生蝻者四十三州縣。今已報撲淨者：通州、武清、香河、寶坻、固安、東安、安肅、新城、博野、望都、蠡縣、阜城、交河、寧津、景州、東光、靜海、南皮、慶雲、成安、衡水等二十一州縣。現將捕竣者：永清、祁州、獻縣、深州、清苑等五州縣。撲盡續生者：霸州、寧河、吳橋、天津、鹽場、滄州、青縣、鹽山、定州、元城、大名、南樂、魏縣、清豐、東明、開州、長垣等十六州縣。甫經生發，現正撲捕者：雄縣一縣。至大名一府八州縣，俱報生蝻，撲後復萌，實因上年黃水漫及之故。該處地方遼闊，誠如諭旨，離京離省遙遠，查察難周，所委道府丞倅，恐有顧此失彼之慮。已於臣標並正定鎮標，多派員弁，分頭協辦。報聞。」

《高宗實録》卷415，頁432

乾隆十八年（癸酉）三月壬午日

兵部議准：「大學士公傅恒奏請酌定各省駐防軍政卓異人員。凡薦舉之員數，仍以駐防之多寡酌中定額。嗣後，黑龍江不得過七員，盛京不得過六員，船廠不得過五員，西安、綏遠城，均不得過四員，杭州、江寧、荆州均不得過三員，涼州、天津、廣州、京口、寧夏、成都，均不得過二員。熱河、青州、山海關、福州，均不得過一員，河南、太原二處，駐防官最少，應俟軍政屆期，由部奏派大臣前往考察。又獨石口、千家店、張家口、古北口、鄭家莊、昌平州六處，及保定、寶坻、固安、東安、雄縣、良鄉、霸州、采育八處，軍政之年，向係原派巡察大臣考核，該處員數無多，且係分駐，難以定額。如果有賢能出衆者，准其薦舉一員，否則寧缺毋濫。」從之。

《高宗實録》卷435，頁679

乾隆十八年（癸酉）十二月庚戌日

直隸總督方觀承奏：「保定、雄縣駐防官兵歲需俸餉米，向係清苑等縣秋收時按定價採買，米貴照例奏請加值。今歲米價太昂，未便援例再增。來年駐防應支米，請於津倉存貯本年截留南漕米內撥運。原撥採買銀，仍扣存庫。」得旨：「如所議行。」

《高宗實録》卷454，914頁

乾隆二十三年（戊寅）九月癸丑日

是月，直隸總督方觀承奏：「保定駐防兵米，向係保屬採買。雄縣係該縣採買供支。節經米貴，於每石定價一兩外，加三四錢不等。現糧價雖減，而每石尚需一兩七八錢。州縣採買，既恐藉詞派累，且於民食有妨。查天津北倉所貯十八年截留漕米，除今年恩准撥給駐防兵米外，尚存二萬六千七百餘石。來歲請仍於此項撥支，米價扣存報部。」得旨：「如所議行。」

《高宗實録》卷 571，頁 258

乾隆二十四年（己卯）五月乙未日

諭軍機大臣等：「京畿雨澤未霈，朕為閭閻生計，日夜憂懸，多方籌畫。聞景州一帶，地勢潮潤，刈麥種禾者尚多。惟雄縣、新城暵乾為甚。著傳問方觀承，此二處民間情形果係如何，該督曾否確查，及如何籌畫接濟。其倉糧如不敷用，現有截留南漕陸續到次，此二縣俱可水路撥運。該督可酌量情形，現在或須減價平糶，得雨之後，或須借給耔種，速運接濟。一面辦理，一面奏聞。」

《高宗實録》卷 587，頁 511

乾隆二十五年（庚辰）十二月庚子日

直隸總督方觀承奏：「張家口駐防兵豫支米，經軍機大臣議准，照京師甲米例四季關支。茲通查直省各駐防兵，惟保定、雄縣、古北口、千家店，向係按四季關支，無庸復議。天津水師營，則係按月關支。熱河按三季關支。寶坻、玉田、三河、冷口、山海關、盧龍、喜峰口、羅文峪、滄州、昌平、順義、霸州、固安、東安、大興、良鄉、張家口、獨石口等十八處，係春秋兩季關支。辦理殊不畫一，請悉照京師甲米例，均作四季支放。」得旨：「如所議行。」

《高宗實録》卷627，頁1050

乾隆二十六年（辛巳）十一月丙申日

加賑直隸固安、永清、東安、武清、文安、大城、霸州、保定、冀州、衡水、武邑、開州、長垣、東明、景州、清河、蠡縣、東光、滄州、南宮、新河、隆平、寧晉、深州、武強、天津、寶坻、薊州、寧河、清苑、新城、博野、望都、祁州、雄縣、安州、高陽、新安、河間、獻縣、肅寧、任邱、交河、青縣、靜海、南皮、鹽山、慶雲、平鄉、廣宗、鉅鹿、唐山、任縣、永年、邯鄲、成安、曲周、廣平、雞澤、威縣、磁州、元城、大名、南樂、清豐、蔚州、豐潤、玉田、定州等六十九州縣被災貧民屯灶，並緩各屬已未成災本年應徵錢糧及節年舊欠。

《高宗實録》卷648，頁249

乾隆二十七年（壬午）三月乙卯日

諭：「直隸保定等處駐防兵丁，本年夏、秋、冬三季兵米，例應給發折色。但念各該地方，上年俱有被水之處，米價未免稍昂，兵丁買食維艱。去歲截留東省漕糧五萬三千餘石。今除賑糶之外，尚存米一萬七千餘石。著加恩將保定、雄縣，及東安、采育、霸州、良鄉、順義七處駐防兵丁，應領乾隆二十七年夏、秋、冬三季兵米一萬四千二百餘石，即於此項餘剩粟米內全數動撥。在兵丁可以不與閭閻爭糴，市集糧價亦可不致翔湧，於民食兵糈，均有裨益。該部遵諭速行。」

《高宗實録》卷 657，頁 351

乾隆二十七年（壬午）閏五月辛卯日

是月，直隸總督方觀承奏：「本月十九日雨止，已獲連晴。二十三、四等日，又復連夜傾注。景州、河間水道疏消有路，尚不至存蓄。惟任邱、雄縣、新城一帶濱河大道，未能減落。而千里長隄，無處起土，只可暫行停修，再相機辦理。」得旨：「覽奏俱悉，甫晴兩日，今復陰雨，朕甚憂之。」

《高宗實録》卷 663，頁 422–423

乾隆二十七年（壬午）六月丁酉日

蠲免直隸固安、永清、東安、武清、霸州、保定、文安、大城、宛平、寶坻、薊州、寧河、灤州、清苑、新城、博野、望都、蠡縣、祁州、雄縣、安州、高陽、新安、河間、獻縣、肅寧、任邱、交河、景州、東光、天津、青縣、靜海、滄州、南皮、鹽山、慶雲、津軍廳、平鄉、廣宗、鉅鹿、唐山、任縣、永年、邯鄲、成安、曲周、廣平、雞澤、威縣、清河、磁州、開州、大名、元城、南樂、清豐、東明、長垣、西寧、蔚州、豐潤、玉田、冀州、南宮、新河、武邑、衡水、隆平、寧晉、深州、武強、定州、曲陽等七十四州縣廳乾隆二十六年水災額賦有差。

《高宗實録》卷 664，頁 429

乾隆二十七年（壬午）十月庚戌日

加賑順天直隸所屬霸州、保定、文安、大城、涿州、良鄉、固安、永清、東安、香河、宛平、大興、昌平、順義、三河、武清、寶坻、薊州、寧河、灤州、昌黎、樂亭、清苑、安肅、新城、望都、雄縣、安州、高陽、新安、河間、獻縣、阜城、肅寧、任邱、交河、景州、東光、天津、青縣、靜海、滄州、南皮、鹽山、慶雲、津軍、成安、廣平、大名、元城、宣化、萬全、懷安、張家口、豐潤、玉田、冀州、南宮、新河、武邑、衡水、隆平、寧晉等六十三州縣廳本年被水雹霜災饑民，分別蠲緩應徵額賦。

《高宗實録》卷 673，頁 524–525

乾隆二十八年（癸未）春正月庚申日

諭：「去歲直隸各屬雨水過多，其偏災地方已經加恩賑恤，並酌籌以工代賑，俾窮黎不致失所。但時屆春月，例賑將停，麥秋尚遠，正當青黃不接之際，農民口食未免拮据，深為軫念。著再加恩，將被災較重之霸州、保定、文安、大城、永清、東安、武清、寶坻、寧河、薊州、定州、新安、天津、青縣、靜海、滄州、寧晉等十七州縣之極次貧戶口，暨被災稍輕之大興、宛平、昌平、順義、固安、涿州、新城、雄縣、香河、豐潤、玉田、欒州、昌黎、樂亭、清苑、望都、高陽、河間、任邱、交河、景州、東光、南皮、鹽山、慶雲、冀州、武邑、衡水等二十八州縣之極貧戶口，均於停賑之後，概予展賑一個月，以資接濟。並於通倉所存乾隆二十四年以前稜米，撥運十二萬石，以充展賑之需。該督方觀承，其董率屬員，實力奉行，務令貧民均霑實惠，副朕愛養黎元至意。該部遵諭速行。」

《高宗實録》卷678，頁581

乾隆二十八年（癸未）五月戊午日

諭：「直隸各屬内上年秋霖歉收之地，米價未免較昂，兵丁艱於買食。著加恩，將保定、雄縣、寶坻、固安、霸州、東安、玉田、昌平、良鄉、順義，及大興之采育，各州縣所有駐防兵丁，本年夏秋兩季應領米折銀兩，一概給與本色，即於奉天採買米石内支放，以示體恤。該部遵諭速行。」

《高宗實録》卷686，頁675

乾隆二十八年（癸未）五月辛巳日

直隸總督方觀承奏：「直屬自大興、宛平，東至通州、三河、薊州、豐潤、玉田、撫寧一路，西至良鄉、房山、易州、涿州一路，西南至定興、安肅、清苑、滿城、完縣、望都一路，東南至新城、雄縣、任邱、高陽、河間、獻縣、交河、阜城一路，運河大道武清、天津、大城、靜海、青縣、吳橋一路，共三十二州縣，疊道應加夯硪，溝渠應添橋座者，以次修理。」得旨：「是溝渠即河道之脈絡也，應聯為一氣，方得宣洩之宜。」

《高宗實録》卷 687，頁 698–699

乾隆二十八年（癸未）六月丁酉日

直隸總督方觀承奏：「安州、靜海、青縣、獻縣、滄州、南皮、故城、東光、寧津，蝗蝻現已撲除。惟任邱縣屬七里莊與鄚州相連，生有蝻子畝餘。景州、慶雲與東省接壤地方，亦間有生發。布政使觀音保即赴各處督捕。雄縣報有蝗蝻，臣即親往查辦。」得旨：「汝直隸之事，往往不如山東、河南。慎之。」

《高宗實録》卷 688，頁 708–709

乾隆三十年（乙酉）九月壬寅日

是月，直隸總督方觀承奏：「保定等處駐防兵米，請照山海關例，豫買一年存貯。今年直屬豐收，照每石一兩定價，動司庫銀，發保屬十六州縣及雄縣、固安、寶坻三處，新糧入市，照數採買。」得旨：「嘉獎。」

《高宗實録》卷 745，頁 204

乾隆三十一年（丙戌）八月丙寅日

諭軍機大臣等：「據裘曰修等奏，大興、宛平二縣，八月糧價各有增長。詢之經紀，僉稱目下商販甚多，是以市價稍增。當此連歲豐收，糧食充牣，早晚長落不定，惟有聽其自然，價將不禁而自減。若官為示禁，則恐轉致居奇等語。京畿連歲豐稔，本年收成，又復有八九分，市集價值，不應轉貴於前。看來大、宛兩縣，向來所報糧價，率皆以多報少。即如夏月戶部奏豆價，其明驗也。此次或因裘曰修欲核實奏報，是以轉覺加增，則此時所報貴價，未必非即從前實價。抑或實有奸商射利，因新糧尚未登場，故爾居奇昂價；或因山東地方，歲收稍歉，販運者多，是以糧價稍長。雖不必官為示禁，致吏胥輩藉端滋擾，然亦不可不察其致貴之由，著傳諭舒赫德、方觀承，密行察訪，據實奏聞，並著裘曰修將前後糧價虛實情形，具摺覆奏。」尋方觀承奏：「雄縣白溝河、霸州蘇家橋等處，有河間、天津商民，因與德州臨清一水可通，多在水次收買粟米，轉販射利。然於鄰省歉地有益，未便概行禁阻。且此時新糧未盡登場，民間趕種秋麥，收攢秸稿，正在忙時。田多糧裕之家，又不似小戶急圖售價，故市集米糧，不免時多時少，價亦時貴時賤。報聞。」

《高宗實録》卷767，頁424

乾隆三十一年（丙戌）九月乙亥日

豁免直隸宛平、涿州、香河、灤州、昌黎、清苑、雄縣、高陽、交河、景州、東光、南皮、鹽山、豐潤、玉田、冀州、武邑等十七州縣乾隆二十三、四、五、六年分帶徵未完額賦。

乾隆三十二年（丁亥）三月乙丑日

軍機大臣等奏：「喜峰口等處駐防官兵，已令山海關副都統兼管。惟獨石口、古北口、錢家店、昌平州四處，仍由京出派大員管理，未經議改。請以古北口官兵，令熱河副都統兼管。獨石口、錢家店、昌平州三處，令張家口都統兼管。其由京特派大員之處，即行停止。至寶坻、固安、雄縣、霸州、彩峪、保定、良鄉、東安等八處，切近京師，駐防大員等，均與該處相隔寫遠，請仍照舊例，由京派員管理。」從之。

《高宗實録》卷 768，頁 429

乾隆三十三年（戊子）冬十月丁卯日

戶部議准：「直隸總督楊廷璋疏稱，直屬本年被水雹等災，請將最重之霸州、保定、安州、靜海四州縣，先給一月口糧，並摘賑文安、大城、永清、東安、正定、晉州、藁城、寧晉等八州縣極貧民。其武清、寶坻、寧河、清苑、安肅、新城、博野、望都、蠡縣、雄縣、束鹿、高陽、新安、獻縣、肅寧、任邱、天津、青縣、滄州、慶雲、南和、平鄉、任縣、成安、曲周、廣平、豐潤、玉田、冀州、武邑、衡水、隆平、深州、武強等三十四州縣，俟十一月起賑，貧士旗灶，俱一體辦理。至涸出地畝，貸給籽種。應徵錢糧米豆等項，並節年舊欠，分別緩帶。其河間、鹽山二縣被災地畝，俟勘明另題。」得旨：「依議速行。」

《高宗實録》卷 780，頁 579

《高宗實録》卷 820，頁 1136

乾隆三十四年（己丑）三月乙酉日

蠲免直隸霸州、保定、文安、大城、永清、東安、武清、寶坻、薊州、寧河、清苑、安肅、新城、博野、望都、蠡縣、雄縣、束鹿、安州、高陽、新安、河間、獻縣、肅寧、任邱、天津、青縣、靜海、滄州、鹽山、慶雲、正定、晉州、藁城、南和、平鄉、任縣、成安、曲周、廣平、豐潤、玉田、冀州、武邑、衡水、趙州、隆平、寧晉、深州、武強等五十州縣，並津軍、張家口二廳，乾隆三十三年分水災額賦。

《高宗實録》卷 830，頁 66

乾隆三十五年（庚寅）十月壬辰日

戶部議覆：「直隸總督楊廷璋疏稱各州縣被災應行賑卹事宜。一、勘明被水、被雹村莊成災之武清、寶坻、寧河、香河、霸州、保定、文安、大城、固安、永清、東安、宛平、大興、涿州、順義、懷柔、密雲、清苑、安肅、定興、新城、高陽、安州、望都、容城、蠡縣、雄縣、祁州、新安、天津、靜海、滄州、青縣、津軍廳、成安、曲周、廣平、大名、南樂、清豐、元城、萬全、龍門、定州、豐潤、玉田等四十六州縣廳，按成災分數，蠲免錢糧。並極次貧民，自十一月起，分別給賑口糧。米糧由鄰近災輕及並不被災州縣内協撥。倘鄰境無米可撥，每米一石，折銀一兩二錢。一、村莊離城窵遠，窮民領米維艱。飭各州縣將被災村莊，離城數十里以外者，於適中地設廠，委員監賑。其各州縣撥運倉糧，應給腳價。一、被災貧士，照次貧例賑給，每米一石，折銀一兩，令教官散給。一、屯居被災旗人灶戶，俱令辦災各委員及地方官，會同場員，查明戶口，分別一體賑卹。本管道、府、廳、州，總理稽查。一、查災監賑委員，除正印外，其佐雜教官試用等官並書役等，應給盤費飯食，及造冊紙張銀兩。一、被災各屬涸出地畝，借給麥種籽種穀石，並勘不成災村莊農民，缺乏口糧，請分別借給，均於來歲秋收後，免息追還。至明歲停賑後，青黃不接時，貧民糴食維艱，應照歉收例，酌動倉穀平糶。一、各屬錢糧，業經普蠲。其例不普蠲之屯糧，並房租新墾地畝，及勘不成災地畝應徵屯糧等項，並節年舊欠錢糧、民借米穀，分別停徵帶徵。一、入官存退餘絕等項地畝，及公產井田香燈地租，請照民地例緩徵。一、窮民廬舍被衝及淹浸坍塌者，請給葺苫蓋。每瓦房一間，給銀一兩，土草房五錢。一、霸州被災官圍營田，應解易州供應陵糈米石，應俟來年稻穀豐收通融補解，其佃民歸入該州一體給賑。均應如所請。」從之。

《高宗實録》卷871，頁678–679

乾隆三十六年（辛卯）秋七月壬子日

直隸總督楊廷璋奏：「大興等十七州縣與霸州等十二州縣被淹。臣確查分數，大興、宛平、良鄉、固安、永清、東安、霸州、武清等八州縣頗重；涿州、密雲、懷柔、通州、昌平、雄縣、安州、蠡縣、新城、文安、保定、香河、寶坻等十三州縣次重；三河、高陽、任邱、安肅、南樂、懷來、定州、元城等八州縣較輕，已批司委員確勘。先飛飭借給每戶義穀四斗。其坍塌房屋者，瓦房給銀一兩，土房五錢。仍俟勘得成災與否，分別辦理。又蔚州、延慶、西寧三屬，前據稟報有被雹村莊，亦經飭查，統歸秋災案內撫恤。」得旨：「另有旨諭。」又批：

「此皆外省俗例，足見非實心辦事也，不可。」諭軍機大臣等：「據楊廷璋奏查辦被水各州縣災務一摺。內有批司委員確勘之句，殊屬非是，已於摺內批示矣。災務關係民生，最為緊要，自應迅速查辦，俾災黎早得安全。今藩司楊景素，現在密雲督辦差務，晝夜不輟，豈復能兼顧及此？如此易知之事，楊廷璋亦不知乎？楊廷璋身任總督，通省文武，皆其所轄。派令查勘災務，誰敢不遵？豈必待藩司查稟，始能料理。且該督近在永定河干，派員甚為直捷，而又批交楊景素輾轉往還，稽延時日，亦非情理。若以為辦災係藩司專責，即暫令王顯緒代為行文，俟楊景素回任，再為補詳，亦何不可，而必為此紆回曲折之事乎？此等外省相沿俗例，極可憎鄙，朕屢經嚴飭矣。楊廷璋久任封疆，向來頗知認真辦事，不應拘牽陋習若此，豈復實心任事之道？至現在被災計二十九州縣，恐賑借等項，需用較多，已降旨令戶部撥庫銀五十萬兩，發交該督備用。該督其董飭屬員，實力妥辦，務使貧民均霑實惠。若辦理稍不盡心，致有侵扣冒濫諸弊，惟於該督是問。仍將被災情形，速飭確查，分別辦理，據實明白回奏。」尋奏：「被水之大興等二十九州縣外，又據續報天津、清苑、房山、新安、正定、薊州、大城、靜海、寧河、豐潤、玉田、藁城十二處被災，已飭令確勘，分別撫恤，所有恩撥庫銀五十萬兩收兌藩庫備用，將來應撫應賑，臣當遵旨悉心妥辦，務使災黎均霑實惠。」得旨：「覽。」

《高宗實録》卷 888，頁 905–906

乾隆三十六年（辛卯）八月丙子日

諭：「令歲秋雨過多，河水漲發，近畿一帶窪下地方，田禾不免淹浸。節經發帑五十萬兩，截漕五十萬石，並令該督楊廷璋，勘明成災州縣情形，分別照例辦理。其成災較重村莊，小民口食維艱，若統俟冬月給賑，待哺尚覺需時，朕心深為軫惻。所有宛平、良鄉、涿州、東安、永清、固安、霸州、文安、大城、通州、寶坻、香河、武清、新城、雄縣、天津、靜海、寧晉等十八州縣成災八分以上者，無論極次貧戶，俱著於八月內，先行給賑一月口糧，以資接濟。該督務董率屬吏，實力妥辦，俾閭閻均霑實惠，副朕廑念災黎至意。該部遵諭速行。」

《高宗實録》卷 890，頁 932

乾隆三十七年（壬辰）春正月戊戌日

諭：「直隸省去歲秋間雨水稍大，濱河窪地，偶被偏災。疊經降旨，發帑出粟，賑卹有加，貧黎諒不至有失所。第念賑期有定，而待哺殊殷，當此始和布令，畿輔近地，允宜再沛恩膏。所有上年被災較重之宛平、良鄉、涿州、東安、永清、固安、霸州、文安、大城、通州、寶坻、香河、武清、新城、雄縣、天津、靜海、寧晉，及被災次重之保定、三河、薊州、寧河、豐潤、玉田等二十四州縣，自六分極貧至七、八、九、十分極次貧，均著加恩，於本年三月，再行展賑一月，俾青黃不接之時，小民口食有資，得以安心力作。此外如有缺乏籽種之戶，及糧價稍貴之區，該督仍隨時體察，酌量糶借兼行，務使一夫不致失所，以副朕軫念民依至意。該部遵諭速行。」

《高宗實録》卷 900，頁 1

乾隆三十七年（壬辰）二月戊寅日

諭軍機大臣等：「十一日，順義、三河一帶得有微雨，次日天氣稍寒，密雪半日，然亦入土旋融，惟山上略有存積。今據周元理奏，通州一帶，十一日得雨三寸，十二日早復又飄雪，現在未止。看來此次雪澤甚溥，未知各該處得雪多寡若何，是否隨時融化，於出土麥苗有無妨礙，深為廑念。再昨日濃陰密布，勢甚寬廣，諒京南一帶，亦可遍及。但向南氣候較暖，落地即當成雨，未知各屬所得分寸若何。著傳諭周元理，即將現在情形，查明覆奏。」尋奏：「十一、十二等日，寶坻、良鄉、香河、武清、東安、永清、固安，並保定省城，俱得雪二三寸。河間、任邱、涿州、定興、新城、雄縣，得雪一二三寸不等。地土滋潤，麥苗青葱，春巡之日，甘澤應時，官民無不歡慶。」得旨：「此間近山乃大雪，於欣慰之中，終恐凝凍傷麥。將近日情形，速奏來。」尋又奏：「十五、六等日，武清、東安、香河、三河、永清、涿州、平谷，均雨雪交加，入土三四五寸不等。保定、河間、天津、正定、順德、廣平、大名，並深、定、趙三州屬，俱得雨四五寸。得雨處霑足，得雪處亦隨時融化，於麥有益，並無凝凍傷損。報聞。」

《高宗實録》卷902，頁45

乾隆三十七年（壬辰）二月己卯日

諭：「直隸省上年瀕河州縣間被偏災，當即降旨，發帑出粟，多方賑卹。今歲新正，復將宛平等二十四州縣，加恩展賑一月，俾災黎口食，有資接濟。今者省視近郊，目睹村墟寧謐，雖不至於失所，第念被災較重八分以上之各州縣，其中毗連地畝勘不成災者，格於成例，不得同霑愷澤。朕思災歉州縣，既在八分以上，其不成災村莊，雖屬有收，而左右前後閭里緩急相通，事所必有，若照例徵輸，情形未免拮据。現在開徵屆期，著再加恩，將宛平、良鄉、涿州、東安、永清、固安、霸州、文安、大城、通州、寶坻、香河、武清、新城、雄縣、天津、靜海、寧晉、保定、三河、薊州、寧河、豐潤、玉田等二十四州縣内勘不成災各戶，應納錢糧，亦予緩至本年秋成後徵收，以紓民力。該部即遵諭行。」

《高宗實録》卷902，頁46

乾隆三十七年（壬辰）三月

是月，直隸總督周元理奏：「直隸通京一帶衝衢疊道，因久未修，經上年河溢衝缺。又良鄉之茨尾、雅河、官莊河，新城、雄縣之盧僧河，均淤塞。新城清河民埝，雄縣東西南老隄，並清河兩岸民埝，任邱近淀民隄，獻縣臧家橋南北兩隄，水發均淹漫。請照以工代賑例，分別挑浚修培，並暫借司庫協耗及節年旗租銀興工，於永定、北運兩河節省項下撥還。」得旨：「好，應舉行者，但工歸實用可也。」

《高宗實録》卷906，頁103

乾隆三十七年（壬辰）四月乙酉日

步軍統領衙門奏：「雄縣民人劉盡忠控告該縣胡錫瑛扣價索錢，並盜賣倉穀各款，請交直督究審。」得旨：「此案著英廉前往，會同裘曰修查辦具奏。」

乾隆三十七年（壬辰）四月丙戌日

諭軍機大臣等："據步軍統領衙門奏，雄縣民人劉盡忠，控告該縣辦賑時，藉端扣價，按戶索錢，並該知縣自賣倉糧各情節，請交直隸總督究審一摺。已派英廉前往，會同裘曰修查辦矣。州縣辦理賑務，書役從中滋擾在所不免。今所控扣索各款，俱列有確數，更不得謂之無稽。朕加恩賑濟窮黎，期使均霑實惠，乃奸胥竟敢乘機剋蝕，其情甚為可惡。該知縣漫無覺察，已干重譴，若更私賣賑糧，尤為法所難宥。即該管各上司，亦難辭失察之咎，不可不徹底清查，以示懲儆。若交該督等查審，恐不免意存回護，裘曰修於此事無可瞻顧，自當一秉虛公。伊現在固安一帶，查勘河工，著於接奉此旨後，即速前赴雄縣，會同英廉，提集犯證，逐一研究，務得確情，據實具奏。將此傳諭知之。"

《高宗實録》卷 907，頁 133

乾隆三十七年（壬辰）四月甲午日

是月，直隸總督周元理奏："直隸各屬衝衢疊道，並隄埝河渠被水之處，經臣逐一勘修趕辦，惟查尚有雄縣南關瓦濟木橋一座，任邱縣趙北口太平等木橋七座，涿州北關永濟石橋一座，均係往來要路，坍塌損壞，若不亟為修葺，恐日久所費更鉅。又任邱縣疊道近淀低處，易有積水，必須加高培厚。清苑至高陽東南一帶，疊

《高宗實録》卷 907，頁 135

道最窪，並須添建木橋二座，以疏道溝瀝水，免致塌陷。又良鄉縣之茨尾、雅河二道，雖經挑浚，尚宜加長挑深，使洩入牤牛河，庶無旁溢。臣親督估計，飭令一律興修，勒限完竣。至應需米石，於各州縣賑剩通米內動用，銀於大工節省項下撥用，毋庸另行請項。」得旨：「如所請行。」

《高宗實録》卷907，頁147

乾隆三十七年（壬辰）五月丙午日

諭曰：「裘曰修、英廉奏審擬雄縣民人劉盡忠控告該縣知縣胡錫瑛一案。所有該縣盜賣倉穀及因公科斂等款，俱已審實，其貪婪不職，實為法所難逭。但裘曰修等僅就盜賣倉穀八百石一條，指為重款定罪，於放賑運米，科斂各村民錢八百千文作為入己，而以暫存東路、南路錢三百八十餘千文，作為未交，不行合併計贓科罪，實屬非是。科斂之與侵盜，情罪既有不同，而千兩以上與千兩以下分數又自各別，況當地方辦賑之時，該縣輒敢出票索錢至一千餘串之多，其心豈可復問？安得謂之因公？又安得以寄存未交，謂非入己之物？自應將本款入己一千兩以上，按律定擬治罪。裘曰修等惟引因公科斂枉法贓一百二十兩之條，擬以絞候，未免意存寬縱。所有此案罪名，著交刑部，另行核擬具奏。裘曰修、英廉均著交部議處。至直隸散賑一事，前據周元理、楊景素面奏，屢稱察核各屬，俱係實心辦理，民霑實惠。今核雄縣之案，地方官之辦理已可概見。則該督及該司之所稱賑務妥實者安在？此非尋常失察可比。周元理、楊景素並著交部嚴加議處。」

《高宗實録》卷908，頁159–160

乾隆三十七年（壬辰）五月丁未日

諭軍機大臣等：「裘曰修等奏查訊雄縣快頭劉興有自縊一事，究出賈自通等挾嫌起釁，假公洩忿，朋謀糾結一摺，已於摺內批示矣。賈兆麟，著革去武舉，一併審究。其賈自通等，並交步軍統領衙門，即速查拏解審矣。此事乃案外枝葉，今正案已經審結，其餘情節，無難查辦。但恐賈自通等結訟原案，查究略需時日。英廉承管事件甚多，並令其署理步軍統領印務。朕今啟鑾伊邇，英廉不便在外久延。著傳諭裘曰修並英廉，揣計此案。如日內可以速結，仍會同查辦定案，若非數日可了，即將審案交裘曰修辦理，英廉即起程回京，務於啟鑾前四五日趕到為是。將此諭令知之。」

《高宗實録》卷 909，頁 163

乾隆三十七年（壬辰）八月丁卯日

諭：「上年直隸秋雨過多，宛平等二十四州縣被災較重。節經降旨，分別蠲賑，並將蠲剩錢糧，分年帶徵。即此二十四州縣內之毗連災地，應徵錢糧亦格外加恩，緩至秋後徵收。今歲畿輔自春夏以來，雨暘時若，麥收既獲豐登，秋稼並臻大有，實為數年來所僅見。茲將屆開徵節年緩帶銀米，閭閻自皆踴躍輸將。但念昨歲災地貧民，元氣初復，宜益加培養，以冀盈寧。所有乾隆三十三、四、五等年帶徵錢糧，數尚有限，自可按例輸納。至三十六年緩徵錢糧，為數稍多，若令新舊同時並徵，恐民力尚未免拮据。朕心深為軫念，著再加恩，將宛平、良鄉、涿州、東安、永清、固安、霸州、文安、大城、通州、寶坻、香河、武清、新城、雄縣、天津、靜海、寧晉、保定、三河、薊州、寧河、豐潤、玉田等二十四州縣被災蠲剩及毗連災地處所，應行緩徵三十六年分銀兩穀豆，概緩至來年麥熟後再行啟徵，俾小民生計益臻寬裕，以副朕愛養優恤之至意。該部即遵諭行。」

《高宗實錄》卷914，頁246

乾隆三十八年（癸巳）三月戊戌日

諭：「前因永定、北運二河工程關係民生，特命重臣會勘，大發帑金，克期修築。經周元理奏請省視其成，以慰臣民望幸。因諏吉，恭奉皇太后安輿巡幸天津，順途周覽，仍復指示機宜，期使共資利賴。業於啟鑾日降旨，將經過地方及天津闔府屬，本年應徵錢糧蠲免十分之三，用敷闓澤。昨歲畿輔普慶豐登，閭閻藉以康阜。今蹕路所經，見小民扶老攜幼，夾道歡迎，足徵飽暖恬熙景象。惟是元氣初復之時，更宜培養，而各州縣尚有節年緩帶未完欠項，例應次第催徵，民力仍恐不能充裕，著再加恩，將沿途經由之宛平、大興、良鄉、房山、涿州、淶水、易州、定興、容城、新城、雄縣、任邱、霸州、保定、文安、大城、武清、東安、永清、固安等二十州縣，未完乾隆三十三、四、五、六等年緩帶民欠銀三萬五千五百二十七兩零，穀、豆三十四石四升；天津府屬州縣，共未完乾隆三十四、五、六等年緩帶地糧銀六萬八百九十二兩零，本色屯糧穀並米豆合穀一萬六千一百七十五石七斗五升零，普行豁免。俾郊甸海濱黎庶，永免追呼，益臻樂利，稱朕行慶覲民，加惠無已之至意。該部即遵諭行。」又諭：「此次辦差文武官員，任內所有降級、罰俸、住俸之案，俱著開復。其無此等案件者，各加一級。」

《高宗實録》卷928，頁482–483

乾隆四十年（乙未）冬十月己丑日

諭：「令歲畿南一帶，因七月間雨水稍多，低窪村莊，間被淹浸。現據該督查明，題報成災之保定、文安等四十七州縣廳，照例撫恤賑濟，並將此次被災較重之霸州、永清、新城、雄縣、安州、新安等六州縣，先於九、十兩月，摘出賑給，貧民已可不致失所。第念此等摘賑各戶，尤係災黎中窮乏之民。惟是大賑定期，須在十一月，今年孟冬，適當置閏，此等貧民，於摘賑完畢以後，距大賑尚需待哺一月，未免餬口無資，深為軫念。著加恩將災重之霸州等六州縣應得大賑，即於閏十月開放，俾得接濟無缺。該督務飭所屬，實心妥辦，以副朕加惠窮黎至意。該部遵諭速行。」

《高宗實録》卷993，頁259–260

乾隆四十一年（丙申）春正月甲戌日

又諭：「昨歲畿南一帶，因夏秋間雨水稍多，濱臨河淀州縣之低窪村莊，地畝被潦均不及一隅。業經該督勘明保定、文安等五十二州縣廳成災之處，照例撫恤賑濟，並降旨將較重之霸州等六州縣應行摘賑提前一月，俾與大賑接濟無缺，貧民已可不致失所。第念新春正二月正賑已畢，距麥收尚遠，茅檐口食，或恐不無拮据。茲當履端肇始，宜沛恩施，著加恩將被災較重之霸州、永清、新城、雄縣、安州、新安六處，及次重之文安、保定、武清、大城、清苑、天津、靜海、青縣八處，均各展賑一個月，俾窮黎益霑愷澤。該督其董率所屬，實心經理，以副朕加惠畿民至意。該部即遵諭行。」

《高宗實録》卷 1000，頁 378

乾隆四十一年（丙申）夏四月癸丑日

蠲免直隸霸州、保定、文安、大城、固安、永清、東安、武清、寶坻、薊州、寧河、香河、大興、宛平、順義、清苑、安肅、新城、博野、望都、容城、蠡縣、雄縣、祁州、安州、高陽、新安、河間、獻縣、任邱、天津、青縣、靜海、津軍廳、正定、晉州、無極、藁城、新樂、雞澤、大名、元城、玉田、武邑、衡水、趙州、隆平、寧晉、深州、武強、安平、定州等五十二州縣廳乾隆四十年水災額賦有差。

《高宗實録》卷 1006，頁 512

乾隆四十五年（庚子）春正月甲午日

諭軍機大臣等：「前據阿桂等奏，引河工程業經挑有四分，且現在係開凍土鬆，挑挖較易等語。計阿桂拜發此摺已及一旬，未據續有奏報。朕因南巡經過雄縣一帶，途次積雪未消，於行程雖覺和美，而天氣甚寒，東北風亦大。因念豫省距此不遠，氣候風色，或大略相同，該處是否不致冰凍，挑挖施工，尚不費力否？朕心深為廑念。堵築漫口，已閲一載有餘。此次引河工程，務於二月内告蕆，俾大溜歸漕，漫口合龍，方為妥協。

將此傳諭阿桂等，即將工次現在情形若何，工程現有幾分，約計何日可以完竣之處，迅速由驛馳奏。此旨著由六百里發往。」

《高宗實録》卷 1099，頁 722–723

乾隆四十五年（庚子）正月壬寅日

戶部議覆：「直隸總督袁守侗議奏密雲駐防兵米運放事宜一摺。查豫、東二省，每年停運薊州粟米五萬七千石，前準保定、雄縣二駐防兵米於此項撥給。今密雲事例相符，所需一半本色，應如所奏，即於山東、河南各水次應存停運米石内撥運。每年隨漕運通再此米運赴縣倉，收放責成該縣，自應專令該縣承辦領運。該督奏令駐防人員，同往通州收領之處，毋庸議。至所稱運米徑由陸路，查通州至密雲，有漕、白二河可以水運，較陸運為省。應令酌看情形，如遇旱乾及水大時，自應陸運。若河水平順，即應水運。至奏稱，本年豫、東漕船已行，所有本年夏、秋、冬，並四十六年春季應需米石，請於豫、東二省現運四十五年漕糧正供項下截撥之處。查本年豫漕普蠲，應於山東新運漕糧内暫行撥放，次年運補。」從之。

《高宗實録》卷 1099，頁 725–726

乾隆四十五年（庚子）十月壬戌日

蠲免直隸霸州、保定、文安、大城、涿州、房山、良鄉、固安、永清、東安、香河、宛平、大興、昌平、順義、懷柔、密雲、平谷、通州、三河、武清、寶坻、薊州、寧河、遷安、清苑、安肅、定興、新城、望都、蠡縣、雄縣、安州、高陽、新安、河間、獻縣、肅寧、任邱、交河、天津、青縣、靜海、滄州、津軍廳、南和、任縣、永年、邯鄲、成安、曲周、廣平、雞澤、磁州、延慶、保安、蔚州、懷來、獨石口廳、豐潤、玉田、易州、武強六十三州縣本年被水災田額賦。

《高宗實録》卷 1117，頁 922–923

乾隆四十六年（辛酉）春正月乙亥日

諭：「上年直隸地方，雨水稍多，低窪地畝，田禾被淹。業經降旨截漕三十萬石，並撥通倉米三十萬石，部庫銀三十萬兩，以備賑濟之用。茲當東作方興，例賑將畢，青黄不接之時，小民糊口維艱，殊堪軫念。著加恩將霸州、保定、文安、大城、固安、永清、東安、宛平、良鄉、涿州、武清、寶坻、寧河、天津、靜海、新城、雄縣、清苑、安州、新安等二十州縣，於今春正賑後，再加賑一個月，以資接濟。其無庸加賑各廳州縣，亦著該督察看情形，酌量借糶，俾民氣益紓。該督其董率屬員，妥協辦理，以副朕軫恤窮黎至意。該部即遵諭行。」

《高宗實録》卷 1122，頁 1

乾隆四十六年（辛丑）四月辛酉日

蠲免直隸霸州、保定、文安、大城、涿州、房山、良鄉、固安、永清、東安、香河、宛平、大興、昌平、順義、

懷柔、密雲、平谷、通州，三河、武清、寶坻、薊州、寧河、清苑、新城、雄縣、蠡縣、安州、高陽、新安、河間、獻縣、任邱、交河、天津、青縣、靜海、滄州、津軍廳、南和、任縣、永年、邯鄲、曲周、雞澤、磁州、蔚州、豐潤、玉田五十廳州縣，乾隆四十五年水災民地官地額銀十五萬六千二百一十七兩有奇，糧一千五百二十石有奇，並豁除積欠倉糧一十六萬五千七百二十七石有奇。

《高宗實録》卷 1129，頁 88

乾隆五十年（乙巳）八月癸未日

直隸總督劉峨奏：「直省河工同知、通判一十六缺，向例缺出，如河工無人，准於沿河之通州等五州，武清等十六縣內，揀員升署。惟各州縣均屬要區，非礙於處分，即格於年限，竟至一時並無合例之員。嗣後河工南岸等同知、通判缺出，請將兼河之灤州、清苑、河間、獻縣、任邱、正定、雄縣七州縣，一體揀員升補。如仍不得人，並於河員出身及曾任沿河之現任繁缺州縣，通融奏請升署。下部議行。」

《高宗實録》卷 1236，頁 617

乾隆五十四年（己酉）閏五月丁未日

旌表守正捐軀直隸雄縣民楊賓妻陳氏。

《高宗實録》卷 1331，頁 1020

乾隆五十四年（己酉）六月甲申日

直隸總督劉峨奏覆：「靈壽被災等户，其房屋木料未經衝失，高阜田禾亦無妨礙，低窪處間有受傷。其坍損房屋之千餘户，現給修費銀，乏食貧民，現在撫恤。淹斃男婦四名口，給棺殮埋。至蠡縣之孟嘗、劉佃二處，衝決之所，現已搶築合龍。田禾被傷者，酌借耔種，俾得補種。並動義倉米穀，借給口糧。再現因雨水稍多，以致近河之清苑、望都、安州、雄縣、高陽、任邱、河間、景州、獻縣、廣平、靜海、滄州、灤州、定州、趙州、隆平、寧晉、保定、東安、武清等二十州縣低窪地畝，間被浸淹，現在上緊疏消，並查勘災户，分別辦理。」得旨：「不可諱災，詳悉查辦。」

《高宗實録》卷 1334，頁 1062

乾隆五十四年（己酉）秋七月丁酉日

諭：「據劉峨奏，原報被水之安州，復於六月二十三、四等日，大雨如注，上游諸河並漲，以致該州隄埝漫溢，被水較重。請先行撫恤，酌量摘賑。又河間、保定府屬等八州縣，均有被水較重之處，請一體先行借給口糧，並予以摘賑等語。本年夏秋以來，近畿一帶，雨水較多，諸河並漲，民田廬舍，間被淹浸。該督既飭屬查勘，亟應妥為撫恤，所有安州被水之六十餘村莊，及河間府屬之河間、任邱、獻縣、阜城、景州，保定府屬之清苑、雄縣、新安等八州縣，無分極次貧民，俱著先行借給口糧，酌量摘賑，以資接濟。並著查明成災輕重，按月給賑。其大名、宣化二府屬，亦有被水地方，並著一併勘明，如有成災處所，即行分別辦理。該督務須督飭所屬，實心經理，俾小民均霑實惠，毋致一夫失所，以副朕軫念災黎至意。該部即遵諭行。」

《高宗實録》卷1334，頁1082

乾隆五十四年（己酉）八月甲戌日

諭曰：「馮光熊奏，勘得保定府屬之清苑、安州、新安、雄縣，河間府屬之任邱、河間、獻縣、肅寧、阜城、景州，天津府屬之天津、靜海、滄州、青縣、鹽山，順天府屬之大城、武清、東安、永清等處地畝，被淹成災，自五六七分至八九分不等。緣各災戶距麥收未遠，農民薄有儲蓄，復蒙恩賞口糧，先行撫恤，不至流離急迫。俟清查戶口，分別極次貧民，核實給賑摘賑。所有續報東光、新城等十五處，統歸秋災案內，分晰查辦等語。本年直隸各府大田，本可望豐收，乃因夏秋雨水過多，河淀並漲，被澇成災，地方較廣。雖據馮光熊周歷親查，並遵旨酌給口糧，目下民情，均各安帖。但現距明歲麥秋尚遠，恐貧黎糊口不繼，朕心深為廑注。著交與劉峨，督率藩司，確查妥辦，加意撫恤。向來各省辦賑，多有本折兼放者，此次均著給與本色，庶災黎不至覓食維艱，於生計更為有益。第恐直省常平社義各倉，不敷散給，著將北倉上年截存米十一萬九千餘石，概行賞給，倘尚不敷用，劉峨即行奏聞，再於通倉酌撥。該督宜董飭所屬，實心經理，仍設法疏消積水，俾及時趕種秋麥，以為明歲接濟，務使閭閻均霑實惠，元氣速紓，以副朕軫念畿輔黎庶，有加無已至意。倘該督不能妥協辦理，朕明春巡幸山東，經過直省各州縣，見該處災民尚有菜色，則惟該督是問。」

《高宗實録》卷 1337，頁 1125–1126

乾隆五十五年（庚戌）春正月乙酉日

諭：「上年直隸保定、河間、天津、順天等府屬各州縣，因夏秋雨水較多，河流漲發，田禾被淹成災。節經降旨，銀米兼撥，令該督實力撫恤，分別賑濟，小民自可不致失所。第念今春正賑已畢，青黄不接之時，民食恐不無拮据，著再加恩將順天府屬之霸州、文安、大城、武清、東安、永清，保定府屬之清苑、安州、雄縣、新安、高陽，河間府屬之河間、獻縣、阜城、肅寧、任邱、景州，天津府屬之天津、青縣、靜海、滄州、鹽山等二十二州縣，成災七八分之極貧，並九分災之極次貧民，俱展賑一個月，以資接濟。其成災八分以下各州縣，及勘不成災地方，仍著該督察看情形，或酌借口糧耔種，或減價平糶，分別籌辦。該督務督飭所屬，實心經理，俾災黎均霑愷澤，以副朕普錫春祺，有加無已至意。該部即遵諭行。」

《高宗實録》卷 1346，頁 6

乾隆五十五年（庚戌）二月辛未日

又諭：「上年順天及保定、河間、天津等府屬各州縣，因夏秋雨水較多，田禾被淹，秋收稍歉。節經諭令該督實力撫恤，銀米兼賑。春初正賑畢後，又加恩展賑一月。今朕巡幸山東，經行畿輔，見田畝均已播種，遍野青蔥，但距麥收為期尚早。災歉之餘，元氣未能驟復，自當再霈恩施，以期益臻康阜。著將現在經過及回鑾經過之雄縣、任邱、河間、獻縣、阜城、景州、滄州、天津、青縣、靜海、武清等十一州縣，照二月展賑之例，再加賑一個月。該督務督飭所屬，實心經理，俾閭閻均霑愷澤，以副朕行慶施惠，有加無已之至意。」

《高宗實録》卷 1349，頁 49

乾隆五十五年（庚戌）二月己卯日

吏部題覆：「前任直隸總督劉峨咨稱，前經奏准直隸河工同知通判缺出，並將兼河之灤州等七州縣一體揀選升調。查該州縣佐雜，均有應辦河工事務。除本係原定河缺外，應將灤州吏目，清苑、雄縣、正定、河間、獻縣、任邱典史，榛子鎮、張登司、北魏司巡檢，均以兼河字樣註冊，升調河工汛缺。所遺缺仍歸部選，應如所請。」從之。

《高宗實録》卷 1349，頁 62

乾隆五十五年（庚戌）三月乙巳日

蠲免直隸昌平、寶坻、雄縣、滄州、鹽山、豐潤、玉田等七州縣乾隆五十四年分水災旗地租銀。

《高宗實録》卷 1351，頁 91

乾隆五十五年（庚戌）六月丁巳日

蠲免直隸霸州、保定、文安、大城、永清、東安、武清、香河、寧河、樂亭、清苑、滿城、安肅、望都、蠡縣、雄縣、祁州、安州、高陽、新安、河間、獻縣、阜城、肅寧、任邱、景州、天津、青縣、靜海、滄州、南皮、鹽山、津軍廳、正定、靈壽、藁城、新樂、肥鄉、曲周、廣平、磁州、元城、大名、豐潤、冀州、衡水、趙州、隆平、寧晉、深州、武強、饒陽、安平、定州等五十四廳州縣，並各屬旗地乾隆五十四年分水災額賦。

《高宗實録》卷 1356，頁 170

乾隆五十六年（辛亥）春正月己卯日

諭：「上年直隸永平、天津、河間等府屬各州縣，夏秋雨水較多，河流漲發，田禾被淹，致成偏災。節經降旨，令該督實力撫恤，並於天津北倉，截留漕米，及通倉撥給米石，分別賑濟，毋使一夫失所。第念今春正賑已畢，青黃不接之時，小民生計維艱，口食恐不無拮据。著再加恩，將順天府屬之文安、寶坻、大城、武清、寧河、永清、東安、霸州、薊州、保定，永平府屬之樂亭、灤州、盧龍、昌黎，保定府屬之清苑、新城、雄縣、高陽，河間府屬之河間、獻縣、阜城、交河、東光、景州，天津府屬之天津、青縣、靜海、滄州，遵化州屬之玉田、豐潤等三十州縣，所有八分災極貧，九分災極次貧民，俱著加賑一個月，俾民食得資接濟。至被災較輕之六七分及八分災之次貧，並勘不成災地方，仍著該督察看情形，或酌藉口糧籽種，或減價平糶，分別酌辦。該督務須督飭所屬，實心經理，俾災黎均霑愷澤，以副朕普錫春祺、恩加無已至意。該部即遵諭行。」

《高宗實録》卷1370，頁377–378

乾隆五十六年（辛亥）六月甲辰日

蠲免直隸霸州、保定、文安、大城、固安、永清、東安、大興、通州、武清、寶坻、薊州、香河、寧河、灤州、盧龍、昌黎、樂亭、清苑、新城、蠡縣、博野、雄縣、祁州、安州、高陽、新安、河間、獻縣、阜城、肅寧、任邱、交河、景州、故城、東光、寧津、天津、青縣、靜海、滄州、南皮、鹽山、慶雲、津軍廳、南和、平鄉、廣宗、鉅鹿、任縣、永年、邯鄲、成安、肥鄉、曲周、廣平、雞澤、威縣、清河、磁州、元城、豐潤、玉田、冀州、南宮、新河、棗強、武邑、衡水等六十九廳州縣上年水災額賦有差。

《高宗實録》卷1380，頁514

乾隆五十七年（壬子）閏四月庚辰日

諭：「前因直隸順德、大名、廣平三府屬雨澤愆期，業經截留漕糧三十萬石，並將新舊錢糧概予緩徵。其保定以北各州縣，亦未得透雨，應否緩徵平糶之處，降旨詢問梁肯堂。兹據覆奏，該處各州縣久未得雨，或得雨未透，麥收未能豐稔等語。近畿一帶，上年秋成雖在八分以上，且現經該督飭屬，將倉儲穀石分別借糶，民食自不至缺乏。但麥收既屬歉薄，若照例將新舊錢糧倉穀同時並徵，民力究未免拮据。所有保定府屬之清苑、滿城、安肅、定興、新城、容城、安州、束鹿、雄縣，順天府屬之宛平、大興、霸州、東安、大城、保定、文安、涿州、良鄉、固安、永清、香河、昌平、順義、懷柔、密雲、平谷、通州、三河、武清、寶坻、薊州、寧河，河間府屬之獻縣、景州、故城、吳橋、交河，易州並所屬之淶水、廣昌等四十州縣，應徵本年節年倉穀錢糧，均著加恩緩至本年秋成後再行啟徵，俾民力益紓，以副朕軫念閭閻，有加無已至意。該部遵諭即行。」

《高宗實録》卷1402，頁839–840

乾隆五十七年（壬子）六月壬辰日

諭：「據梁肯堂奏，河間、保定、天津等屬，受旱較重，請分別賞借口糧等語。本年河間等屬，雨澤短缺，近雖得雨數次，為時已遲。所有被旱較重之處，無力貧民口食未免拮据。著加恩將河間府屬之景州、河間、獻縣、阜城、任邱、吳橋，保定府屬之雄縣、東鹿八州縣貧民，於七八兩月內，先行賞借兩月口糧。其河間府屬之肅寧、交河、東光，保定府屬之清苑、滿城、安肅、唐縣、博野、望都、完縣、蠡縣、容城、新安，天津府屬之青縣、南皮、滄州、鹽山、慶雲等十八州縣，酌借八月一月口糧，以資接濟。該督務須董飭所屬，實力稽查，妥為經理。毋任胥役人等揑冒滋弊，俾小民均霑實惠，以副朕軫恤窮簷，有加無已至意。」

《高宗實録》卷1407，頁914

乾隆五十七年（壬子）八月癸巳日

直隸總督梁肯堂奏：「畿輔往來驛路及道旁溝渠，均需挑挖深通，方資宣洩。請將定興、安肅、清苑、滿城、望都為一路，良鄉、涿州、新城、雄縣、任邱、河間、獻縣、交河、阜城、景州為一路，武清、天津、大城、靜海、青縣、吳橋為一路，於大道兩旁，挑深三尺，寬五尺。所取之土，即培築道上，兼於工賑有裨。」得旨：「允行。」

《高宗實録》卷 1411，頁 982

乾隆五十七年（壬子）九月丙辰日

諭軍機大臣曰：「梁肯堂奏請修駐防兵房一摺。內稱，雄縣駐防兵房一百間，教場房三間，建自康熙十二年，曾於乾隆二十六年動項興修，迄今三十餘年，因屢被雨水衝淋，坍塌糟朽，應急為修理等語。此項兵房，建自康熙十二年，至乾隆二十六年，計相隔八十九年之久，始行興修，自二十六年迄今僅三十一年，何以又需修葺？此必係從前承修之員，辦理不能堅固如式，以致易於坍塌，抑或康熙雍正年間，曾經修過，該督摺內未經聲明，礙難核辦。已用朱筆點出，梁肯堂尚屬曉事，何以於指出各情節，俱未詳悉聲敘，豈非自露罅隙？著傳諭該督，即將此項官房是否因二十六年分修葺未能堅固，及康熙十二年以後曾否修過之處，詳細查明，據實覆奏，勿再含混。」

《高宗實録》卷 1413，頁 1008

乾隆五十七年（壬子）冬十月丙寅日

諭：「前據梁肯堂奏請修雄縣駐防兵房一摺，恐係從前承修之員，未能堅固如式，當經降旨飭查。茲據該督覆奏，此項兵房的係於康熙十二年建蓋，乾隆二十六年續修，今已坍塌糟壞。其續修工程，自不及初建之堅固如式。前經防守尉阿爾景阿移會委員驗看屬實。所有估需銀一千八百兩零，請先在司庫動撥趕修。其二十六年動用之項，著落前任雄縣知縣李晟家屬名下，照數追賠等語。駐防兵丁，官為建蓋房屋，俾資棲止，免其自行租賃，已屬格外恩施。該兵丁等即當視同己業，加意愛護。或遇有水火之災，人力無從防護，如從前荊州滿營被衝，及本年熱河沙隄一帶猝被山水者，原不惜帑金為之另行建葺。若不過每歲風雨飄搖，稍有滲漏殘損，該兵丁自應隨時黏補，免致欹傾，豈得視為傳舍，任其年久塌壞？迨難以棲止，又請官為辦理。似此屢圮屢修，帑項虛糜，伊於何底。況即如京城滿兵，惟健銳火器二營，並八旗之新舊營房，及圓明園之八旗營房，俱係官為建蓋，此乃特恩。其餘八旗親軍、護軍、馬甲、步軍等，俱無官給房屋。伊等亦止藉錢糧，各行租賃，並未見其露處。是各省駐防，得有官房居住，較之八旗兵丁等已屬從優，何得不知愛護，致令塌壞，率請官修。除雄縣兵房，即照該督所請，著落前任知縣李晟家屬名下，如數賠修外，防守尉阿爾景阿平時不能留心查察，一任兵丁等將房屋殘損，且不報所管大臣，即行文地方官，甚屬乖張，著罰俸三年，以示懲儆。嗣後京中各營及各省駐防，如該營原有生息銀兩可以動用者，所居房屋實在年久欹傾，尚可準其各自動項修葺。若並無存公銀兩之營分，不得擅動官項，率請興修，以歸覈實。梁肯堂所辦差錯，著該部察議。」

《高宗實録》卷 1414，頁 1014–1015

乾隆五十七年（壬子）冬十月丁卯日

諭：「昨因梁肯堂奏稱雄縣駐防兵丁住房糟爛，該防守尉阿爾景阿咨行地方官，該地方官並未詳查，率據咨文估計，動項修理。業經另降諭旨，將該防守尉、知縣、分別辦理，以示懲儆矣。但防守尉之職，不過教管本城兵丁，遇有事件，理應詳報該管大臣辦理。今修理雄縣駐防兵丁住房，該防守尉阿爾景阿並未詳報該管護軍統領富銳，輒咨行地方，甚屬任意，看來非安分之人，不可仍留此任。阿爾景阿著即徹回。查伊原由何任陞遷者，著仍在原任上行走。該管護軍統領富銳，並未查出此事，亦有應得之咎。現在富銳前往稽查所屬各城駐防之官員兵丁。俟伊回京時，詢問明白，另行辦理。將此通諭各駐院將軍大臣等，嗣後嚴行約束所屬官員兵丁。如有旗民相關人命及盜案事件，仍照例會同地方官審訊辦理。除嚴行約束官員兵丁，毋任伊等與地方官民人交結往來外，其將軍大臣等，如非緊要事件，亦不可濫行干與地方事務，咨行文書。」

《高宗實録》卷 1414，頁 1015

乾隆五十九年（甲寅）三月戊戌日

諭：「前因直隸節年逓欠為數較多，業經降旨，因災帶緩未完銀兩，寬免十分之三。此次巡幸天津，已降旨將經過地方及天津闔府屬，本年應徵錢糧蠲免十分之三。茲朕巡方觀俗，小民望幸情殷，自應渥沛恩施，所有經過地方之大興、宛平、東安、保定、涿州、新城、容城、雄縣、任邱、霸州、文安、大城、武清等州縣，節年未完緩帶銀八萬三百六十九兩零，著再加恩蠲免十分之四，並將天津府屬節年積欠未完之緩帶徵地糧銀十三萬三千一百四十兩零，普行豁免，俾蹕路所經及海濱蔀屋，益慶盈寧，共安樂利，以示省耕施惠至意。該部即遵諭行。」

《高宗實録》卷 1448，頁 319–320

乾隆五十九年（甲寅）四月甲戌日

諭：「前因直隸去冬今春雨雪稀少，節經降旨，令該督查明，如有應行接濟之處，妥為辦理。茲據梁肯堂覆奏，保定等府各屬，雖得雨數次，究未霑足。除濱臨河淀等處地畝，麥收尚屬可望，其高阜處所，難望有收等語。著加恩將保定府屬之清苑、滿城、安肅、定興、新城、唐縣、博野、望都、容城、完縣、蠡縣、雄縣、祁州、束鹿、安州、高陽、新安，順天府屬之涿州、房山、固安、永清、東安、文安、大城、保定、霸州、通州、武清、薊州、香河、寧河、寶坻、昌平、順義，河間府屬之河間、獻縣、阜城、肅寧、任邱、交河、寧津、景州、吳橋、故城、東光，正定府屬之正定、獲鹿、井陘、阜平、欒城、行唐、靈壽、平山、元氏、贊皇、晉州、無極、藁城、新樂，順德府屬之邢台、沙河、南和、平鄉、廣宗、唐山、鉅鹿、內邱、任縣，廣平府屬之永年、曲周、肥鄉、雞澤、廣平、邯戰、成安、威縣、清河、磁州，大名府屬之元城、大名、南樂、清豐、東明、開州、長垣，易州並所屬之淶水、廣昌，定州並所屬之曲陽、深澤，深州並所屬之武強、饒陽、安平，趙州並所屬之柏鄉、隆平、高邑、臨城、寧晉，冀州並所屬之南宮、新河、棗強、武邑、衡水等一百七州縣應徵本年節年倉穀錢糧，均著緩至本年秋成後，再行徵收，俾民力寬紓，以副朕軫念閭閻，有加無已至意。該部即遵諭行。」

《高宗實録》卷 1451，頁 343–344

乾隆五十九年（甲寅）冬十月丁卯日

賑恤直隸霸州、保定、文安、大城、固安、永清、東安、宛平、良鄉、涿州、通州、武清、寶坻、薊州、寧河、香河、灤州、昌黎、樂亭、清苑、滿城、安肅、新城、博野、望都、容城、蠡縣、雄縣、祁州、束鹿、安州、高陽、新安、河間、獻縣、阜城、肅寧、任邱、交河、景州、故城、吳橋、東光、天津、青縣、靜海、滄州、津軍廳、正定、井陘、阜平、行唐、平山、晉州、無極、藁城、新樂、南和、平鄉、鉅鹿、任縣、永年、邯鄲、成安、肥鄉、曲周、廣平、雞澤、威縣、清河、磁州、大名、元城、南樂、豐潤、玉田、冀州、南宮、棗強、新河、武邑、衡水、趙州、隆平、寧晉、深州、武強、饒陽、安平、安州、曲陽、深澤九十二廳州縣本年水災貧民。

《高宗實録》卷 1462，頁 542

《大清仁宗睿皇帝實録》

（嘉慶三年至嘉慶二十四年　公元 1798–1819 年）

嘉慶三年（戊午）十一月己巳日

旌表守正捐軀直隸雄縣民魏大良妻粱氏。

嘉慶四年（己未）二月甲寅日

旌表守正捐軀直隸雄縣民劉均妻蕭氏，廣西陽朔縣民李發章女李氏。

《仁宗實録》卷36，頁397

《仁宗實録》卷39，頁464

嘉慶七年（壬戌）夏四月丁巳

分保定、滄州、霸州、寶坻、良鄉、雄縣、固安、東安、采育九處駐防官兵為左右翼，各設稽察大臣一員。

《仁宗實録》卷97，頁295

嘉慶十六年（辛未）夏四月丁卯日

命修築直隸任邱等州縣長隄，並雄縣疊道，以工代賑。

《仁宗實録》卷242，頁265

嘉慶十七年（壬申）十一月丁丑日

諭軍機大臣等：「據溫承惠奏，派員追拏滋事羊販，在雄縣、任邱地方先後拏獲辛志琴等三十一名，並獲槍刀、器械、馬匹等件。訊係河間、肅寧等處回民，現因南路截拏嚴緊，俱折回北路涿州、固安一帶逃逸，已分投截拏追捕，並將獲犯解省訊供等語。該羊販在保定縣逃逸之後，至雄縣地方。經官兵追拏，復敢持械拒捕，不法已極。直隸地方，密邇京畿，竟有此等駭人觀聽之大案，朕實抱愧。自總督至州縣，尚有何顏面忝不知恥，不思速辦，不自請罪，必待降旨革職拏問耶？現經拏獲三十一名，其餘均折回北路涿州、固安一帶。除已降旨天津鎮總兵祥啟，令其派兵截拏外，著溫承惠再傳知泰寧鎮總兵穆克登額，亦派委弁兵，攔截協拏，務將要犯全數捕獲，毋任漏網。所有現獲各犯，著溫承惠親提嚴訊。該回民趕羊牧販，因何帶有器械馬匹？其器械馬匹從何斂集？一面據實具奏，一面將各犯即速審訊，從重定擬具奏。至該羊販由河間、肅寧等處出外販羊，攜帶器械馬匹行走，人眾勢強，地方官何以不行查禁？並著該督查明嚴參，並沿途經過關隘並行查參。將此諭令知之。」

《仁宗實録》卷 263，頁 562–563

嘉慶二十二年（丁酉）秋七月己巳日

旌表守正被戕廣東歸善縣民李瑜芳妻毛氏；守正捐軀直隸高陽縣民張受仁女張氏，雄縣民耿加會女耿氏，安徽建平縣民嚴文漢妻岑氏。

《仁宗實録》卷 333，頁 389

嘉慶二十四年（己卯）十二月丁酉日

又諭：「御史張元模奏請飭禁州縣縱役截拏商旅舟車一摺。通衢州縣遇有緊要差務，官設車船不敷，不能不偶資民力。若私設廠店，勒索賣放，例有明禁。該御史所奏良鄉縣於賨店開設車票局，新安縣、雄縣、新城縣各設立船廠，縱令胥役需索錢文，是否實有其事，著直隸總督查明。如有前項情獘，即行嚴禁，以杜擾累而安行旅。」

《仁宗實録》卷 365，頁 823

《大清宣宗成皇帝實録》

（道光二年至道光二十九年　公元 1822–1849 年）

道光二年（壬午）十一月壬申日

諭軍機大臣等：「盧蔭溥等奏偷決官隄摺內，據稱前於九月間，有河間縣民張俊等，偷掘大城縣九里橫隄，並用鳥槍將看護守隄之民夫陳維城等七名打傷一案。復有河間民人張珍、王之昌、王三疤痖、張鳳、李大、趙興文、張二麻子等，執持鳥槍，偷挖官隄，打傷民夫張夢林等七名。旋於十月間，張珍、趙興文等，又撐駕船隻，率領多人，扒掘隄岸，並用鳥槍打傷民人王廷謨等十七名一案，俱經咨交直隸總督查辦。茲復據大城縣民人張大山呈訴，官隄盜掘後，大溜直注，大城、文安、霸州、保定四邑被淹，疾苦難堪。又據文安縣士民孫紱、馬樹棠等呈稱，文安縣西官隄，前有雄縣張世玉等挖毀，茲河間民人又將南隄扒開，水勢洶湧，由大城而文安全歸釜底。訊問該士民等，情詞均各慘切。謹據實奏聞，請旨飭查辦理等語。民人盜決官隄，大干例禁，至擅用火器傷人，尤屬目無法紀。惟近來地方官遇有此等案件，往往因循不辦，即或據案辦理，又多偏斷不公，以致該民人等心懷不服，即不免有挾嫌報復之事，似此積習相沿，必至釀成械斗巨案，成何事體。著顏檢即將順天府咨交各案犯，迅速查拏務獲，秉公審訊，按律定擬。務使輿情帖服，不可意存偏執，致啟釁端。其盜決隄口，並著派員查勘，及時堵築，無稍延緩。將此諭令知之。」

《宣宗實録》卷 44，頁 777-778

道光二年（壬午）十一月庚寅日

諭內閣：「御史程邦憲奏五城米價騰貴，請申嚴例禁以平市價一摺。京師五城地方，於本年七八月以後，各項糧價加增。或因近京各州縣被潦歉收，亦不應較前翔湧，幾至加倍。自因奸商囤積過多，高抬時價，各門疏於防範，即私行販運，牟利居奇，不可不嚴申例禁。該御史奏稱，崇文門外米市，即為奸商叢集之區，弊竇滋多。著步軍統領、順天府、五城嚴密查訪，如有私販出城，及囤積逾例者，立即拏獲，按律定擬。至直隸雄縣白溝河地方，由水道可達天津、山東德州一帶，時有奸民囤聚米石，與漕船旗丁等因緣為奸，尤干法紀。著直隸總督、山東巡撫查拏重懲，以除積蠹，而裕民食。」

《宣宗實録》卷45，頁796–797

道光三年（癸未）夏四月己酉日

旌表守正捐軀直隸雄縣民劉良貴妻於氏。

《宣宗實録》卷51，頁910

道光三年（癸未）六月壬寅日

修直隸雄縣瓦濟橋，從總督蔣攸銛請也。

《宣宗實録》卷53，頁945

道光九年（己丑）二月乙丑日

又諭：「屠之申奏疏失銀鞘，訪有額外外委形跡可疑，請將該管文武暫行撤任查辦一摺。直隸雄縣於道光七年九月，接遞安徽押解蕪湖關課銀，行至下站新城縣，遺失一鞘。經那彥成參奏飭緝，逾限未獲。現據該護督委員訪得存城額外外委白勤形跡可疑，訊無確切證據，難保非有心狡展，並恐該營縣意存回護，查辦未能得力。除都司李士剛先已撤換外，其雄縣知縣胡鈞、新城縣知縣周良卿，均暫行撤任，著屠之申嚴密訪查。如得有端倪，即親提人證，質訊明確，按律懲辦。」

《宣宗實録》卷151，頁313

道光九年（己酉）五月丙申日

又諭：「松筠奏查明疏失餉鞘及承緝各員限滿無獲，照例分别辦理一摺。前因安徽解餉委員候補同知郭命錫，由直隸雄縣行至新城地方，遺失餉銀一匣。降旨將該委員革職，僉差不慎之雄縣知縣胡鈞，革職留任，勒限一年緝拏。兹據該署督查明，現已逾限尚未弋獲，胡鈞著即革任。其前經暫行撤任之新城縣知縣周良卿，既訊無回護情事，撤任之案，准其查銷，飭令仍回本任。已革安徽候補同知郭命錫，疏失鞘銀，業經賠交，著飭令回籍。此案正犯仍著該署督飭屬一體訪拏，務獲究辦。」

《宣宗實録》卷156，頁391

道光十二年（壬辰）六月甲申日

裁直隸天津府海防同知、宣化府同知、廣平府通判、大名府通判、河間府泊河通判、新安縣知縣、管河縣丞、典史教諭訓導、霸州清河管河州判、晉州州判、武清縣要兒渡管河縣丞、雄縣管河縣丞、高陽縣管河縣丞、武清縣東陽村管河主簿、任邱縣管河主簿、正定縣兼河主簿、故城縣鄭家口巡檢、行唐縣兩嶺口巡檢、交河縣新橋巡檢、延慶州永寧巡檢、保安州訓導各缺，從總督琦善請也。

《宣宗實録》卷 213，頁 142

道光十二年（壬辰）十月丁卯日

旌表守正捐軀直隸雄縣民尹髮妻張氏，獻縣民陳五妻劉氏，貴州思南府民婦田吳氏。

《宣宗實録》卷 224，頁 348

道光十二年（壬辰）十一月辛丑日

旌表守正捐軀直隸雄縣民任明義妻趙氏。

《宣宗實録》卷 226，頁 380

道光十四年（甲午）十月乙卯日

修直隸良鄉縣水衝監獄衙署驛傳暨雄縣瓦濟橋，從總督琦善請也。

《宣宗實録》卷 259，頁 950

道光二十三年（癸卯）五月乙巳日

又諭：「有人奏，上年十月有文安縣回民張得成、張黑等，包放羊數千隻，在雄縣、霸州、大城、文安地方，緣村牧放，騎馬持械，將文安縣光周村之李建邦打傷成廢。經該縣差緝到案，衙役張太和等受贓賣放，該縣並不深究。迨臘月間，該匪等挾讎至該處放火，亦不上緊緝拏，以致日形猖獗等語。回匪結夥持械，傷民放火，必應上緊查拏，隨時懲辦。若任聽胥役等庇凶漁利，有犯不懲，尚復成何事體。著卓秉恬、訥爾經額、陳孚恩嚴密查拏，按律懲治。如有受賄賣放情弊，即著據實嚴參，毋稍徇縱。原摺鈔給閱看，將此各諭令知之。」尋奏：「訊明毆傷李建邦之犯，實係吳可常、劉貴生、張三黑三人，應照例發雲貴、兩廣極邊煙瘴充軍。張得成並未同場共毆，惟從前曾經放羊踐食麥功，亦應照不應重律杖八十。吳可常等並無放火，差役亦無賣放情事。現在嚴飭回民，嗣後牧羊不得過百隻。下部議。」從之。

《宣宗實録》卷 392，頁 1037–1038

道光二十九年（己酉）閏四月丙申日

旌表守正捐軀直隸雄縣民馮得興女馮氏。

《宣宗實録》卷 467，頁 889

《大清文宗顯皇帝實録》

咸豐三年（癸酉）十一月己未日

又諭：「本日據朱鳳標奏，京東現有重兵駐守，奸匪每由西北一帶進京，近畿州縣如大城、文安、霸州、雄縣、固安、涿州、良鄉、房山、昌平、順義、三河等處，應飭編查保甲，嚴密稽察等語。著桂良迅即嚴飭各屬，於衝要處所，認真盤緝，毋稍疏懈。凡寺廟、客寓、飯鋪等處，均宜一體嚴查。如有來歷不明，形跡可疑之人，迅即捕拏究辦，並將容留之鋪戶，一併嚴懲，以靖奸宄。將此諭令知之。」

《文宗實録》卷 112，頁 749

咸豐四年（甲寅）三月甲子日

又諭：「前諭載齡俟文瑞到固安後，應否移營，斟酌辦理，並經載齡奏，擬赴雄縣駐劄。茲據文瑞奏稱，痼疾益甚，懇請開缺。已降旨准其開缺調理矣。固安地屬扼要，載齡駐此，居中調度，各路官兵，聲勢可期聯絡。現文瑞既未能前往，該侍郎即毋庸移營他處。雄縣防堵事宜，亦關緊要。即著該侍郎派委得力員弁，帶兵前往駐劄。前所請添派精兵之處，已諭巡防王大臣照數調撥。此時阜城餘匪，尚未殄滅，臨清現又失守，逆焰鴟張，時思竄逸。京外東西各營，守禦萬分吃緊，載齡總統諸營，務宜熟籌緩急，嚴飭各路帶兵大員，實力防範，斷不可稍有疏虞。所有現審未結案件，仍著載齡迅速審辦，分別定擬具奏。將此由六百里加緊諭令知之。」

《文宗實録》卷 125，頁 197–198

咸豐四年（甲寅）六月癸未日

又諭：「珠勒亨，著馳驛前往連鎮軍營，聽候僧格林沁調遣。所有雄縣一帶防堵事宜，著載齡派員接管。」

《文宗實録》卷 133，頁 366

咸豐四年（甲寅）六月乙未日

又諭：「阿彦達，著馳驛前往雄縣，接辦防守事宜。載齡俟阿彦達到防後，即日回京。」

《文宗實録》卷 134，頁 380

咸豐四年（甲寅）閏七月庚午日

朱諭巡防王大臣等，現在連鎮逆匪，雖未殲除而直、順地方頗屬安靜，所有雄縣、霸州、天津，此三處防兵，酌量應留應撤，以節糜費，以定人心。再京師各門所添之兵為日已久，苦狀難堪，若不變通留撤，以後更不成事。此時所撤之京師防兵，俟直隸事竣日，再行題奏，酌量加恩。再團防處盡可裁撤。惟步軍統領、兩翼總兵責任最重，稽察緝捕固難，多立章程反成虛套，然終恐因時制宜，有未盡善之處，亦應妥籌。以上各條著詳議，三四日内具奏。」

《文宗實録》卷 138，頁 432

咸豐七年（丁巳）閏五月甲辰日

諭內閣：「譚廷襄奏請將捕蝗不力之知縣，摘去頂帶等語。直隸雄縣知縣淩松林、任邱縣知縣祥瑞，撲捕蝗蝻，未能迅速，著即摘去頂帶，勒限將各該境內蝗蝻，撲捕淨盡。儻再不知愧奮，即著嚴行參辦。至此外各府屬地方，遇有飛蝗入境，該地方官如敢怠玩從事，撲捕不力，致傷禾稼，著該署督查明參奏。」

《文宗實録》卷 228，頁 553

咸豐九年（己未）夏四月戊申日

諭內閣：「恒福奏請將短交剥船之州縣，分別摘頂議處一摺。現當剥運南糧緊要之時，武清等州縣應交船隻各有短少，香河、雄縣全數未交，實屬任意延玩。武清縣知縣石衡、香河縣知縣黄曾、雄縣知縣淩松林，均著摘去頂帶。滄州知州卞賓書，已因另案摘頂，著交部議處。以上各員，著該督勒限嚴催，儻再遲延，即行從嚴參辦。」

《文宗實録》卷 280，頁 110–111

咸豐十年（庚申）春正月乙亥日

諭內閣：「御史陳濬奏請飭地方官整頓捕務，以安行旅一摺。據稱山東沂州府及江蘇徐州府一帶，近有幅匪盤踞，出沒無常。自泰安府以北，至直隸雄縣、固安等處，又有騎馬賊，往來肆行剽奪。近聞福建貢差，有在宿遷縣龍泉溝被劫之案。此外商民恐被累者尚多等語。土匪擾害行旅，地方捕務，實屬廢弛。況本年恩榜特開，各省士子，踴躍觀光，儻令中途失事，不能及期入闈應試，未免向隅。著直隸、江蘇、山東各督撫，嚴飭各該府州縣，認真緝捕。儻敢仍前玩泄，致有疏失，即著從嚴參辦，以靖地方而安行旅。」

《文宗實録》卷 305，頁 462

《大清穆宗毅皇帝實録》

（同治元年至同治十二年　公元 1862–1873 年）

同治元年（壬戌）夏四月己未日

諭議政王軍機大臣等：「石贊清奏河患堪虞，亟宜豫為籌畫一摺。據稱，本年驚蟄後，永定河水漲，雄縣所屬之毛兒灣與保定縣交界之處，開口數丈。又雄縣所屬之西橋、新城縣屬之青嶺等處，先後開口三道。現經委員會勘，趕緊修築，設法疏消。惟淩汛、桃花汛，水源尚非大旺，轉瞬伏汛、秋汛盛漲之時，其患有不可勝言者。必須籌畫經費，使河兵足數，工料足敷，嚴飭各汛官去其險工，庶可使河流順軌。查盧溝橋以下至夏口百餘里，中洪兩旁河身，均成熟地，約有四五千頃之多。若議租，每年可得銀一二萬兩，以之津貼河工，可無須另籌經費等語。著文煜會同石贊清，嚴飭永定河道，督同沿河州縣，詳細勘明該處有若干頃畝，議定租項，每年可徵收銀若干兩，以一半挑挖中洪，一半從上游截彎取直，以省防險之工。務當破除情面，實力籌辦，以裕經費而除河患。原摺著鈔給文煜閲看，將此諭令知之。」

《穆宗實録》卷24，頁653–654

同治二年（癸亥）四月戊子日

諭議政王軍機大臣等：「有人奏縣令貪黷，劣跡昭著，請飭提省究辦一摺。據稱直隸雄縣知縣顧肇域，與劣紳武舉張淩閣弟兄為莫逆交。該縣民人王晉，遣抱京控張淩閣謀殺伊侄王長有一案，係奉旨發交本省提訊之案。張淩閣係此案正兇，顧肇域一味袒護，延不解省。張淩閣弟兄與棍徒李廷弼、宋雲詳聯為一氣，欺壓鄉愚。李廷弼平毁龐姓墳墓，並挾仇淹斃民人李老，句串張淩閣弟兄，勒派各村加攤護田費用。匪徒李添才等，搶劫溫、翟兩姓，被獲送官，經張淩閣向顧肇域屬託，反以溫、翟兩姓及村民為賊，嚴加看押，將李添才等即時釋放。上年因差額外苛派地丁錢糧，每兩按制錢四千徵收，並多徵額外。本年考試文童，將張姓笞責二百，請飭查辦等語。州縣為親民之官，似此貪黷乖謬，肆意妄為，如果屬實，大為閭閻之害。著劉長佑將顧肇域被參各款，密派妥員嚴切訪查。如實有端倪，即行撤調來省，按照所參各款，秉公查明，據實參奏，毋稍徇縱。原摺著鈔給閲看，將此諭令知之。」

《穆宗實録》卷 64，頁 258

同治五年（丙寅）十月癸卯日

諭軍機大臣等：「刑部奏請飭嚴拏要犯一摺。據稱，據逆犯陳大即陳金玉又名陳灝亭供稱，該犯曾隨宋景詩與官兵打仗，逃至京南禮賢鎮于姓家種地。本年五月，有曾同該犯在賊營之楊三給伊送信，稱說原籍冠縣城村居住之韓玉得起意謀反，令伊至鄭州鎮舉事，因人少未敢舉動。並供楊三、韓玉得均籍隸冠縣，楊三在本縣魚兒莊居住，現在直隸雄縣籠窩稻窩一帶地方，韓玉得現在冠縣成村居住各等語。案關謀叛重情，亟應嚴拏究辦。即著步軍統領衙門、劉長佑、閻敬銘，各按所供住址，迅速派委員弁兵役，嚴密查拏，解交刑部訊辦，毋任漏網。原摺著鈔給閱看，將此各諭令知之。」

《穆宗實録》卷 187，頁 351–352

同治六年（丁卯）六月壬辰日

諭軍機大臣等：「近聞直隸地方，夏間海嘯，遍地皆鹽。青、滄鹽匪，屢有爬鹽灑賣之事。現因緝梟馬勇外調，該匪竄出任邱、雄縣、容城一帶，復繞至霸州、東安等處，句結各處饑民，搶掠鹽店，並搶劫鋪戶，逼索村莊馬匹銀錢，形同馬賊。青滄鹽匪久為畿疆之患，茲復句結饑民，肆行搶劫，若不亟籌剿捕，貽害滋深。著萬青藜、胡肇智，嚴飭所屬各州縣實力巡緝。將各該地方饑民，隨時安撫，毋為該匪所煽惑，別滋事端。劉長佑亦當迅撥兵勇，分路搜拏，並飭派出之將弁，會同崇厚所練之兵勇，齊心剿擊，務絕根株。將此各諭令知之。」

《穆宗實録》卷 205，頁 650

同治六年（丁卯）八月戊戌日

諭軍機大臣等：「劉長佑奏官軍會剿獲勝，現籌分布情形；穆騰阿奏續探情形，追剿分布，並派隊彈壓文安、大城各摺片。該匪現已竄向西南任邱、高陽一帶，著劉長佑、穆騰阿，督飭保定、河間兩軍，並余承恩等跟蹤緊追，務將此股速行殄滅，以靖畿輔。如匪蹤已渡滹沱迤南，即責成劉長佑酌派兵勇，扼紮河干，一面飭沿河地方文武，聯絡鄉團，嚴密扼守，毋任賊騎往來偷渡；一面派隊分投追剿。該督所稱京兵宜於堵截，不宜南北奔走，跟蹤追逐，致褻威重等語，所籌不為無見。此股賊蹤如已遠竄，即著穆騰阿回駐近畿一帶，將所部京兵，於大城、文安、任邱、雄縣各屬，擇要分駐扼紮，詳細偵探。儻遇賊匪回竄，刻即迎擊，以恤兵力而養軍威。劉長佑惟當嚴督直省兵勇，專力追截，仍酌撥數營，隨同穆騰阿分布駐紮，以資周密。文安、大城既有匪徒句結梟匪情事，即著穆騰阿飭令派往之阿克敦、孝順就近彈壓，劉長佑飭令該地方官，嚴密查拏。靜海、滄州一帶，著崇厚撥隊分紮堵剿，毋稍疏忽。將此由五百里各諭令知之。」

《穆宗實録》卷 210，頁 724

同治六年（丁卯）八月壬寅日

諭軍機大臣等：「劉長佑奏剿捕梟匪獲勝情形一摺。官軍在蠡縣、晉州等處，剿捕梟匪，疊獲勝仗，並將匪首僧人左春佶擒獲，辦理尚屬認真。現在殘匪僅百餘人，向深澤、無極奔竄，著劉長佑飭令各軍乘勢追剿，俾其晝夜不能喘息，以期盡數殄除。滹沱河防，仍著該督遵奉前旨，嚴密扼守。游擊王永勝、知州陸邦煃剿賊奮勇，殊堪嘉尚，仍著劉長佑飭令，認真防剿。穆勝阿此時當已遵旨回防雄縣等處，如賊回竄東北，即著該都統督飭防兵，分路兜剿，毋許一名漏網。將此由五百里各諭令知之。」

《穆宗實録》卷 210，頁 728

同治六年（丁卯）九月辛亥日

諭軍機大臣等：「劉長佑奏餘匪被剿回竄，暨遵飭劉景芳專備北路各摺片。賊匪經各軍分路攔擊，乘間東竄，意欲句結青、滄匪徒，以圖復逞，被各軍截回，奔向西南。劉長佑現飭余承恩等跟蹤追剿。著即嚴飭實力截擊，毋任紛竄。此股匪徒，前經該督奏稱，僅餘百餘人，復據穆騰阿奏稱連次殲斃，所餘無幾。是現存匪類，不過漏網餘生，亟應趕緊兜截，迅速殄滅。此次賊竄何處，餘匪若干，並著劉長佑查明具奏。劉景芳一軍，既經劉長佑飭令駐文安、雄縣等處，專備北路，歸穆騰阿節制調遣。即著該都統，檄令該總兵會同京營各軍，嚴為戒備，遇有賊匪北竄，即著迎頭截擊。至賊匪潛匿處所，地方官往往諱飾，不肯認真查辦，深堪痛恨。劉長佑俟大股賊匪辦竣後，即嚴飭各州縣，遇有此股內餘匪潛藏，即行嚴密查拏，以絕延蔓。其查拏不力及防範不嚴之地方官，即行分別參辦，以儆頹靡。將此由四百里各諭令知之。」

《穆宗實録》卷 211，頁 737

同治六年（丁卯）十一月己未日

諭軍機大臣等：「穆騰阿奏賊匪南竄迎剿情形，請將薩淩阿留營，並請賞假各摺片。梟匪全股由雄縣南竄鄚州，經官兵截剿，該匪竄至任邱雙塔村等處焚掠。疊經官兵進擊，轟斃多名，復向高陽一帶奔竄。著穆騰阿飭令派出之官兵星夜窮追，設法邀截。並著官文於到任後，嚴飭直隸各軍實力會剿，務期四面兜擊，趕緊殄除，不得有名無實。穆騰阿因病暫時請假，現當追剿吃緊之時，仍著力疾從戎，不得稍涉懈弛。薩淩阿雖無別項劣跡，惟既不洽眾情，帶隊豈能得力？著即飭令回京，毋庸再行留營。新城鄉團齊隊迎剿，斃賊甚多，奮勇可嘉，著官文查明，出力紳勇奏獎。陣亡練勇四十一名，業經穆騰阿給銀撫恤，仍著官文查明請恤。將此由五百里各諭令知之。」

《穆宗實録》卷 215，頁 818–819

同治七年（戊辰）正月辛酉日

諭軍機大臣等：「神機營王大臣奏，遵撥馬隊赴直，並豫備馬步官兵，聽候調遣，及請飭各路統兵大臣懸賞擒斬逆首。官文奏，捻逆擾及定州，請飭嚴防北路。崇厚奏，北路空虛，請飭李鴻章等統兵北援。並續奏，派兵扼紮河間迎剿。李鶴年奏，張曜等軍剿賊獲勝，並請飭直隸等處勸辦堅壁清野。丁寶楨奏，出省布置，並豫籌北援各摺片。覽奏曷勝憤懣。此次捻逆由晉入豫，左宗棠、李鶴年既不能遏賊於前，追竄入直境，官文漫無布置。李鴻章等又未能遵旨調軍北援，致令捻蹤闌入定州，勢等燎原，實堪痛恨。現在定州既有賊蹤，勢必愈趨愈北，亟宜重兵扼紮。著神機營王大臣迅將所備馬步官兵，交玉亮統帶前進，視賊所向，扼要截剿。昨日調赴保定之黑龍江馬隊一千名，並著由涿州相機前進，暫在易州駐紮，毋庸前赴省南。並著官文派委府道大員前往照料，以便王榕吉交替回京。春壽、富和所帶馬隊，著一併調赴保定以北，官文不得截留。春壽等馳抵保定後，即著官文傳諭該副都統，覘賊所在，迎頭痛擊。陳國瑞如已會合春壽等隊，亦著一併北來。如易州情形較緩，所有神機營派出之黑龍江馬隊，統歸春壽管帶，以厚兵力。並著官文迅催余承恩等軍，繞前截擊，毋得稍延片刻，該將弁等如有稽延觀望情事，即行從嚴參辦。崇厚現調槍隊練軍二千名，並添調槍炮各隊三營，交陳濟清統領，赴河間迎剿，深合機宜。惟陳濟清向來剿賊，不能奮勇。著該侍郎嚴飭該總兵兼程前進，遇賊奮剿。張曜、宋慶兩軍，節節落後，著李鶴年催令繞出賊前，如再遲延玩誤，必當重治其罪。所有河北出力將弁，著李鶴年暫行存記，俟捻逆肅清後，再行保奬。丁寶楨擬親督莫組紳等軍，馳赴任邱、雄縣等處迎剿。洵屬勇往可嘉，即著克期起程，馳赴直境北路，繞出賊前，合力痛剿。左宗棠現在行抵何處？喜昌、劉松山、郭寶昌馬步各軍，即著催赴北路，毋得徒事尾追。該大臣亦即兼程赴直，督同剿辦，不得再涉遲延。昨令定安挑選密雲練軍備調，鄭魁上挑選古北口、遵化練軍二千名，馳赴畿南督剿。現在賊情愈急，定安著酌帶密雲駐防所練之軍，順道迅速來京，聽候調遣。鄭魁士仍遵前旨，督帶前赴保定以南，聽候官文調遣。西陵重地，最關緊要，著奕梁、裕恪、衍秀嚴密防範。惟該處存兵不多，並著責成官文派兵扼堵，儻有捻蹤竄近，惟官文等是問。前因王家璧奏請招撫脅從，曾令各路統兵大臣曉諭，並由軍機處繕給滿蒙漢字告示，諒已刊刻懸掛矣。著官文、李鴻章、左宗棠、崇厚、李鶴年、丁寶楨再行出示曉諭，如有擒斬逆首張總愚者，無論官員軍民，均照從前擒斬任柱之例，賞給銀兩，或酌予官職。其陷於賊中，能將該逆首斬縛自克來歸者，除免罪外，仍著優加賞賚，以孤賊勢。並著官文飭屬辦理，堅壁清野，毋使賊有所掠。其順天所屬各州縣，著官文、萬青藜、王榕吉會同辦理，斷不可有名無實，貽誤事機。英翰前調程文炳各軍，至今尚未見到，著即催令前進，並著官文迎提。如程文炳等有意遷延，即著官文嚴參懲處。賊至定州，距山西大同屬邑不遠，著趙長齡豫籌布置。將此諭知神機營、順天府，並由六百里加緊諭知官文、李鴻章、左宗棠、崇厚、丁寶楨、李鶴年、英翰、趙長齡、奕梁、裕恪、衍秀、定安，並傳諭鄭魁士知之。」

《穆宗實録》卷 222，頁 16–18

同治七年（戊辰）正月癸亥日

又諭：「丁寶楨奏督軍赴直援剿，並籌備東省邊境情形一摺。前因捻逆竄至定州境內，省城戒嚴，曾經諭令丁寶楨帶兵趕赴北路迎剿。該撫業已馳抵平原，擬親督王心安等軍，由德州馳赴景州、河間，向北前進，實屬奮勇可嘉。現在匪蹤已竄保定，需兵甚急。著該撫克日拔營，由任邱、雄縣一路，兼程北上，探賊所向，迎頭截擊，以固近畿門戶。崇厚現派天津洋槍練軍各隊前赴河間，著即飭令統領陳濟清與東軍聯絡聲勢，實力防剿，毋任賊蹤向東北竄擾，震及近畿。官文此時計可與賊接仗，逆騎剽疾異常，恐其横向東趨，繞道北竄，務當隨時偵探賊情，迅速馳奏。並著與丁寶楨互相聯絡，相機援應，以收夾擊之效。丁寶楨另片奏，吉林、黑龍江，丹丁馬匹，尚形疲弱，未能即時派出等語。著即飭令，該統將等趕緊餧養，俟馬匹膘壯可用，即行派赴直隸助剿，以資得力。山東臨、館一帶，仍著該撫飭令楊飛熊等軍嚴密堵禦，以防賊蹤東竄，毋稍玩忽。將此由六百里各諭令知之。」

《穆宗實録》卷222，頁21–22

同治七年（戊辰）正月甲子日

又諭：「前日據神機營王大臣奏派兵分路防剿情形，當經諭令將派出馬步各軍，馳赴涿州、雄縣等處防剿。昨因易州地關緊要，復諭令該王大臣添派隊伍，速赴該處助防。現在捻蹤竄近易州，情形更為吃緊。京城西北一帶，亦須派兵扼紮。著該王大臣，迅速揀派得力兵勇，妥為布置，並分路廣設偵探，毋稍疏漏延緩。將此諭令知之。」

《穆宗實録》卷222，頁23

同治七年（戊辰）正月丙寅日

又諭：「昨據奕梁等奏稱，賊蹤竄至滿城江城、大江店一帶，當經諭令官文，檄飭喜昌、陳國瑞會合劉松山等軍迎剿。現在賊蹤是否仍在滿城地方盤踞，抑或分股竄向他處，涇陽驛是否尚有賊匪，其竄踞滿城之賊，是否即涇陽驛全股，抑係另有分股？近日官軍曾否與賊接仗，剿辦情形如何？朝廷廑係殊深。官文於前日奏報情形後，現無續報到京。著該署督將現在情形迅速馳奏，並著隨時馳報，以慰懸係。賊情詭譎異常，恐其留住後股牽綴官軍，而另分前股暗竄他處，以圖肆擾；或由滿城以西山内暗圖繞越。官文當慎選精細可靠兵役，嚴定賞罰，勤加偵探，密為布置。並著督飭各軍痛加剿擊，迅挫賊氛，毋任日滋延蔓。陝豫東皖各軍，於直境地勢，不能熟悉，況滿城以西，山徑紛歧，非得土人嚮導，不能周知地利。著官文迅飭各州縣暨各軍將領，無論官軍行抵何處，即著該地方官選派誠實可靠土人，作為嚮導，以利攻剿。昨據崇厚奏，賊蹤竄至安肅，是否確實，著官文迅速查明馳奏。正在寄諭間，據丁寶楨馳奏，督軍行抵任邱，十六日可至雄縣。丁寶楨一軍，北上迅速，奮勇可嘉。現在賊股尚在滿城，著該撫即由雄縣橫向安肅、保定一帶會合進剿，並著崇厚飭令前派河間等處防軍，聯絡聲勢，探賊所向，迎頭截剿。總期偏由東北，逼向西南，以期遮罩京畿，是為至要。東軍由德州馳赴雄縣，僅裹五日行糧，現在缺乏可虞。著官文、崇厚趕緊籌款，派員撥解銀米，星赴該撫行營接濟。其喜昌、劉松山、郭寶昌、張曜、宋慶等軍，官文當仍遵前旨，一體接濟，毋任缺乏。丁寶楨另片奏，請入京陛見等語。該撫由東省馳赴直北，朝廷已深鑒其誠。惟現在軍情緊急，該撫當在營調度督剿，俟直隸軍務完竣後，再行來京。將此由六百里各諭令知之。」

《穆宗實録》卷222，頁27–28

同治七年（戊辰）二月壬午日

諭軍機大臣等：「丁寶楨奏，捻逆折竄西北，分路扼剿，挑派吉林等西丹馬隊赴直。崇厚奏，賊氛北逼，會兵力過，請飭撥兵嚴防東北，並接濟前敵米糧軍火等項各摺片。逆騎由深、祁、高陽，竄擾任邱、河間。非北向雄、固，即東撲天津。任邱、河間一帶，為扼要通衢。楊飛熊一軍，雖經趕到駐紮任邱，而陳濟清一軍，又將回顧津郡，該處兵力尚單，難資堵截。著官文於潘鼎新、程文炳兩軍內，速撥得力之軍，兼程馳赴雄縣、任邱、大城一帶，均勻分布，與丁寶楨所部東軍，聯絡聲勢嚴行扼截，毋任賊蹤竄向東北。潘鼎新、程文炳等軍到後，兵力較厚，設津郡緊急，陳濟清等各隊，亦可隨時兼顧。並著官文調派保定諸軍，由西路節節進剿，兼顧北面。賊匪肆行無忌，非痛加殲戮，不足以挫凶鋒而寒逆膽。官文當相機進擊，不可徒事株守。李鴻章派援各軍，其未抵直境者，著迅速迎提北上，或替程文炳、潘鼎新等軍扼紮保定，或即赴東北各路，遮罩近畿及津郡一帶，著官文酌核辦理。總期各該軍取道便捷，不至往返紆折為要。左宗棠當速催前敵各軍進剿，毋稍延緩。其應駐紮何處，以便呼應較靈，著隨時酌度辦理。天津地方富庶，逆匪垂涎已久。崇厚現於該處水陸設防，著即嚴密布置，並著設法聯絡鄉團，鼓舞人心，以資堵禦。左宗棠前敵各營，應用米糧軍火等項，崇厚當隨時撥解轉運。丁寶楨所挑之吉林、黑龍江丹丁一千五百名，著於行抵該撫行營時，認真察看。飭赴春壽行營，會合步隊，迅速進剿。一切口糧，仍由丁寶楨籌給，並著官文隨時接濟餉項軍火，以備缺乏。月餉著照所請全行發給。其各丹丁家屬養贍銀兩，仍著隨時另行籌解，以示體恤。其餘丹丁馬匹，仍著丁寶楨飭令，認真訓練調養，以備調派。將此由六百里各諭令知之。」

《穆宗實録》卷 224，頁 51–52

同治十二年（癸酉）十二月乙未日

予故直隸雄縣知縣凌松林、河南南陽府知府劉拱辰、確山縣知縣李德林、山東德州知州張應翔、山西潞安府知府葉桂芬，入祀名宦祠。從總督李鴻章、巡撫錢鼎銘、丁寶楨、鮑源深請也。

《穆宗實録》卷361，頁779

《大清德宗景皇帝實録》

（光緒元年至光緒三十年　公元1875–1904年）

光緒元年（乙亥）十一月壬戌日

又諭：「李鴻章奏，查明庸劣不職各員，據實甄劾一摺。直隸雄縣知縣黃安瀾縱容丁胥，詐索舞弊；欒城縣知縣張華亭性情貪鄙，不愜輿情，均著即行革職。藁城縣知縣曹壬泰才具平庸，操守難信，著開缺察看另補。廣昌縣知縣劉棨辦事竭蹶，難膺民社，著以縣丞歸部選用。務關同知劉松嶺年力衰頽，步履蹇滯；保安州知州韓印志氣昏惰，聽斷欠勤；東明縣知縣康炳麟，疲軟不力，事多廢弛，均著勒令休致。以示懲儆。」

《德宗實録》卷23，頁344

光緒五年（己卯）七月庚辰日

諭內閣：「李鴻章奏直境被水各屬，秋成失望，請賞撥漕糧賑撫一摺。本年夏秋之交，雨水過多，直隸之安州、雄縣等處，田禾淹沒，小民蕩析離居，實堪憫惻。加恩著照所請，所有本年江北漕糧，即由李鴻章就近截留六萬石，查明災分輕重，酌量勻撥，並嚴飭各該地方官，覈實分次散放。務令實惠及民，不准絲毫弊混。其隨漕輕賫等項銀米，並著飭令江南糧道照數扣出，一併解直，俾資運費。」

《德宗實録》卷 98，頁 456–457

光緒七年（辛巳）夏四月庚申日

諭內閣：「給事中樓譽普奏，直隸安州、雄縣、新城地方，近有匪徒勾結蠹役，私立卡局，抽收船戶錢文，名曰船頭，勒索行旅，大為地方之害，請飭嚴禁等語。該處為往來通衢，豈容匪徒私立船頭名目，擾害地方！著李鴻章飭屬查明，一律嚴禁，以恤商旅。」

《德宗實録》卷 129，頁 864

光緒八年（壬午）春正月庚戌日

直隸總督李鴻章奏，加修蠡縣、博野、任邱、雄縣一帶隄工。報聞。

《德宗實録》卷 142，頁 10

光緒十九年（癸巳）冬十月戊辰日

諭軍機大臣等：「有人奏，京南黃村地方，日來新城、雄縣等處飢民，扶老攜幼，菜色可憐，風雪天寒，無所棲止。該處被水較重，放賑一次，充食數日而罄。黃村粥廠，人多款絀，外來飢民，無所得食，紛紛到京。京城粥廠，驟增多口，亦慮不敷。請於各該處地方籌設粥廠煖廠一摺。」另片奏：「直省舉辦積穀孳息，原以備荒，乃被災各州縣，仍未將積穀救荒，請酌籌散放等語。本年水災既廣，飢民眾多。應如何於被災較重地方，添設粥廠煖廠，及散放積穀生息之處，著李鴻章酌量情形，妥速籌辦，以拯災黎。原摺片均著鈔給閱看。將此諭令知之。」

《德宗實録》卷 329，頁 224

光緒二十一年（乙未）九月己亥日

賞直隸雄縣被水駐防兵丁一月錢糧。

《德宗實録》卷 376，頁 911

光緒二十三年（丁酉）八月丙寅日

諭內閣：「前任順天學政徐會澧奏，酌保教職一摺。雄縣教諭于福澤、延慶州學正周兆麒、保升知縣懷來縣教諭王煜，既據徐會澧臚列該員等品行學問，覈實保奬，自應俯如所請，以示鼓勵。于福澤、周兆麒，均著以知縣在任候升，王煜著送部引見。」另片奏：「保舉品學兼優各員，大挑知縣王錫三、布政司經歷銜張碩均著賞加五品銜，至四品封典卿銜舉人史夢蘭，請賞換國子監祭酒銜。著毋庸議。」

《德宗實録》卷 408，頁 331

光緒三十年（甲辰）五月辛丑日

諭内閣：「袁世凱奏舉劾屬員一摺。直隸開州知州胡賓周、唐縣知縣陳友璋、定興縣知縣黄國瑄、威縣知縣岳齡、故城縣知縣林學瑊、廣宗縣知縣張繼善、雄縣知縣謝愷、新河縣知縣傅瀓源、署南和縣知縣候補直隸州知州毛隆光，既據該督聲稱政跡卓著，均著傳旨嘉奬。廣平縣知縣韓景儒，門丁用事，才具平庸；欒城縣知縣張源曾，信任家丁，性情闇弱；無極縣知縣李蔭桓，親屬招搖，頗滋物議；容城縣知縣陶承先，縱役滋擾，怨聲載道；博野縣知縣許湘甲，徇庇差役，罔恤民艱；任縣知縣吳慶祥，役吏弄權，優柔昏瞶；署曲陽縣事任邱縣知縣周斯億，捕務廢弛，徒工粉飾；署清豐縣事南和縣知縣黄文良，積壓詞訟，弊竇滋生；署懷安縣事藁城縣知縣陳沐，懶惰因循，難期振作；龍門縣知縣張兆齡，性耽安逸，不勤民事；署豐潤縣事試用知縣寧緗，執拗任性，辦事糊塗，均著即行革職。滄州知州王前彰人地不宜；深澤縣知縣續曾，緝捕不力；東光縣知縣王安定，報案含混；正定縣知縣戴作楫，年力就衰；均著開缺另補。」另片奏：「開州學正姜有範，目病已深，學務多曠；元城縣教諭張鴻辰，性喜攬事，致招物議；沙河縣教諭蕭文治，聲名平常，士有煩言；任縣教諭王潤，性近輕躁，不堪矜式；邢台縣訓導杜霖，年老昏眊，甚失士心，均著一併革職。」

《德宗實録》卷 531，頁 68–69

《大清宣統皇帝政紀》

（宣統三年 公元 1911 年）

宣統三年（辛亥）六月丙子日

諭內閣：「陳夔龍等奏，考察辦學各員優劣，分別舉劾一摺。所有辦學最優之直隸東光縣知縣張徵乾、任縣知縣謝昺麟、署祁州知州葛龍三、署威縣知縣邱廷榮、霸州知州劉傳祁、吳橋縣教諭兼縣視學馬錫蕃、吳橋縣勸學總董劉祖旂、豐潤縣勸學總董楊金第、霸州勸學總董張文田，均著傳旨嘉獎。雄縣知縣張允翰，才識庸闇，漠視學務；平鄉縣知縣程遐師，委靡性成，學務廢弛，均著即行革職。延慶州知州周文藻，情形隔膜，不知振興；衡水縣知縣金樹棠，敷衍因循，毫無振作，均著以縣丞降補。新東縣知縣麥汝良，年力就衰，難期振作，著原品休致。署棗強縣知縣阜平縣知縣普容，習於因循，延閣要政；正任保安州知州呂懋光，才力短絀，莫覩成績，均著開缺另補。」

《宣統政紀》卷 55，頁 992–993

霸州

《大清世祖章皇帝實録》

（順治元年至順治十七年　公元 1644—1660 年）

順治元年（甲申）五月乙酉日

平定山東。固山額真覺羅巴哈納、石廷柱等啟報霸州、滄州、德州、臨清先後俱下，各城無官者已酌量委署。

《世祖實録》卷 5，頁 65

順治二年（乙酉）正月壬辰日

直隸霸州道劉芳久隱匿逃人，命革職提訊。

《世祖實録》卷13，頁120

順治二年（乙酉）正月乙巳日

刑部審奏原任霸州道劉芳久隱匿逃人不實。請還原職，從之。

《世祖實録》卷13，頁121

順治二年（乙酉）二月丁丑日

順天巡撫宋權疏言：「近日換地之民離其田園，别其墳墓，甫種新授之田，廬舍無依，籽種未備。遽令按畝起課，民隱堪恤，請特恩蠲租一二年，與民休息。再查薊州地處荒殘，初以大軍經過，特沛洪恩，蠲租一半，但小民輸納猶艱，請照霸州之例，一體全蠲，以廣休養。」疏下部議。

《世祖實録》卷14，頁129

順治二年（乙酉）八月辛巳日

免直隸霸州、順義、香河、寶坻、新城、永清、東安、固安等縣本年水災額賦。

《世祖實録》卷 20，頁 175

順治三年（丙戌）二月甲申日

陞直隸永平府知府李日芃為山東按察使司副使，霸州兵備道。

《世祖實録》卷 24，頁 204

順治三年（丙戌）三月癸卯日

陞霸州兵備道副使李日芃為都察院左僉都御史。

《世祖實録》卷 25，頁 217

順治三年（丙戌）五月辛亥日

陞山東登州府知府王維新為本省按察使司副使，河間兵備道；直隸保定府知府張儒秀為山東按察使司副使，霸州兵備道。

《世祖實録》卷 26，頁 219

順治三年（丙戌）九月己亥日

上駐蹕辛家莊。霸州道張儒秀、固安知縣魏爾康朝見，各賜御膳並衣帽等物有差。

《世祖實録》卷 28，頁 239

順治四年（丁亥）正月辛亥日

戶部奏請：「去年八旗圈地止圈一面，內薄地甚多，以致秋成歉收。今年東來滿洲，又無地耕種，若以遠處府州縣屯衛、故明勳戚等地撥給，又恐收穫時，孤貧佃戶無力運送。應於近京府州縣內，不論有主無主地土，撥換去年所圈薄地，並給今年東來滿洲。其被圈之民，於滿洲未圈州縣內，查屯衛等地撥補，仍照遷移遠近豁免錢糧。四百里者准免二年，三百里者准免一年，以後無復再圈民地，庶滿、漢兩便。」疏入，從之。於是圈順義、懷柔、密雲、平谷四縣地六萬七百五晌，以延慶州、永寧縣、新保安、永寧衛、延慶衛、延慶左衛、右衛、懷來衛無主屯地撥補；圈雄縣、大城、新城三縣地四萬九千一百一十五晌，以束鹿、阜城二縣無主屯地撥補；圈容城、任邱二縣地三萬五千五十一晌，以武邑縣無主屯地撥補；圈河間府地二十萬一千五百三十九晌，以博野、安平、肅寧、饒陽四縣先圈薄地撥補；圈昌平、良鄉、房山、易州、四州縣地五萬九千八百六十晌，以定州、晉州、無極縣、舊保安、深井堡、桃花堡、遞鶚堡、雞鳴驛、龍門所無主屯地撥補；圈安肅、滿城二縣地三萬五千九百晌，以武強、藁城二縣無主屯地撥補；圈完縣、清苑二縣地四萬五千一百晌，以真定縣無主屯地撥補；圈通州、三河、薊州、遵化四州縣地十一萬二百二十八晌，以玉田、豐潤二縣圈剩無主屯地及遷安縣無主屯地撥補；圈霸州、新城、漷縣、武清、東安、高陽、慶都、固安、安州、永清、滄州十一州縣地十九萬二千五百一十九晌，以南皮、靜海、樂陵、慶雲、交河、蠡縣、靈壽、行唐、深州、深澤、曲陽、新樂、祁州、故城、德州各州縣無主屯地撥補；圈涿州、淶水、定興、保定、文安五州縣地十萬一千四百九十晌，以獻縣先圈薄地撥補；圈寶坻、香河、灤州、樂亭四州縣地十萬二千二百晌，以武城、昌黎、撫寧各縣無主屯地撥補。

《世祖實録》卷 30，頁 245–246

順治四年（丁亥）正月癸酉日

陞直隸霸州道副使張儒秀為都察院右僉都御史，巡撫山東。

《世祖實録》卷 30，頁 249

順治五年（戊子）正月己巳日

革山東巡撫張儒秀職，下刑部質訊；降霸州道劉有道一級調用，以票委招撫賊目馬世威，縱其劫掠，不行稽察故也。

《世祖實録》卷 36，頁 293

順治五年（戊子）正月丙子日

陞直隸永平府知府林起鳳為山東按察使司副使，分巡霸州道；江南鳳陽府知府史記功為河南按察使司副使，分巡大名道；江西九江府知府吳士奇為本省按察使司副使，分守湖東道；陝西延安府知府彭有義，為河東都轉運鹽使司運使。

《世祖實録》卷 36，頁 293

順治五年（戊子）正月丁丑日

命梅勒章京羅璧往剿霸州一路土寇。

《世祖實録》卷 36，頁 293

順治六年（己丑）三月壬戌日

以原任直隸大名道僉事于鑾龍為山東按察使司僉事，分巡霸州道；原任山東東兖道僉事陳一理為江南按察使司僉事，分巡揚州道。

《世祖實録》卷 42，頁 343

順治六年（己丑）七月戊辰日

命朱喇喀、石圖率兵援剿霸州土寇。

《世祖實録》卷45，頁359

順治七年（庚寅）八月己亥日

免直隸霸州、順義、懷柔、寶坻、平谷、武清、保定、文安、大城、東安等縣六年分水災額賦。

《世祖實録》卷50，頁400

順治九年（壬辰）十月癸丑日

免霸州、東安縣、文安縣逃亡丁糧。

《世祖實録》卷69，頁544

順治十年（癸巳）五月甲午日

免直隸霸州、保定、慶雲、東光等三十一州縣九年分水災額賦。

《世祖實録》卷76，頁596

順治十年（癸巳）十月乙酉日

免直隸通密、永平、易州、井陘、昌平、霸州所屬州縣衛所本年分水災額賦。

《世祖實録》卷78，頁619

順治十二年（乙未）八月乙酉日

霸州兵備道副使張錦，以遲報保定縣失盜，降一級調用。

《世祖實録》卷93，頁732

順治十三年（丙申）六月丁亥日

直隸霸州、保定、真定各屬蝗。

《世祖實録》卷102，頁787

順治十三年（丙申）六月乙未日

提督順天學政程芳朝疏報：「孝子獲鹿縣民李枝茂，遭賊橫劫，以火焚其父，枝茂以身覆之，父得免。及父殁，廬墓三年；節婦大興縣民陶鸞妻覺氏，截耳誓守；陶瓚妻李氏、陶守義妻王氏，貞操不渝，一門三節，俱歷五十餘年；行唐縣民李清亮妻王氏、永年縣民趙一鸞妻張氏、開州民蔡瑾妻張氏、内黄縣民杜維妻鄭氏、南和縣生員李自芬妻任氏、廣平縣民王懷直妻李氏、清苑縣民李世珍妻張氏、滑縣民豐爾功妻胡氏、霸州生員崔士瞻妻任氏，或撫孤貞守，或無嗣苦操，俱請照例旌表。」章下禮部。

《世祖實録》卷 102，頁 791

順治十三年（丙申）十月丙寅日

補原任直隸井陘道余應魁為山東按察使司副使，登萊道。升順德府知府朱國治為山東按察使司副使，霸州道；浙江提學道僉事張安茂為陝西布政使司參議，分守商雒道。

《世祖實録》卷 105，頁 814

順治十三年（丙申）十二月戊戌日

旌表孝子直隸獲鹿縣民李枝茂、節婦大興縣民陶鸞妻覺氏、陶瓚妻李氏、陶守義妻王氏、霸州生員崔士瞻妻任氏、清苑縣民李世珍妻張氏、唐縣民李清亮妻王氏、廣平縣生員陰萬化妻蔡氏、民王懷直妻李氏、永年縣民趙一鸞妻張氏、易州民趙應榜妻丁氏、滑縣生員豐爾功妻胡氏、元城縣民李齊芳妻閻氏、開州民蔡瑾妻張氏、內黃縣民杜維之妻鄭氏、長垣縣生員靳於朴妻李氏、滄州生員劉彥妻呂氏、天津衛生員馮鼎錫妻朱氏、邢台縣民王俸祿妻張氏，各給銀建坊如例。

《世祖實録》卷 105，頁 820–821

順治十五年（戊戌）十月己丑日

陞湖廣漢陽府知府邱俊孫為山西布政使司參政，分守冀寧道；兵部郎中張啟泰為江南按察使司僉事，潁州道。補原任浙江溫處道傅夢籲為山東按察使司副使，霸州兵備道；江西嶺北道陳彩為湖廣按察使司副使，驛傳道。

《世祖實録》卷 121，頁 937

順治十七年（庚子）正月己巳日

陞山東濟南道參政吳柱為江南按察使司按察使；江西湖東道參議胡升猷為福建按察使司副使，分巡興泉道；禮部郎中張純熙為四川按察使司僉事，分巡松龍兵備道。降補直隸霸州道副使范周為山西布政使司參議，分守冀南道。

《世祖實録》卷 131，頁 1012

順治十七年（庚子）三月己卯日

霸州道副使傅夢籲坐開注賢否冊徇庇，降一級調用。

《世祖實録》卷133，頁1032

《大清聖祖仁皇帝實録》

（康熙元年—康熙五十五年　公元1661—1716年）

康熙元年（壬寅）八月己未日

直隸總督苗澄疏請懷來道事務歸併口北道管理，易州道事務歸併霸州道管理，霸州道移駐蠡縣。從之。

《聖祖實録》卷7，頁120

康熙二年（癸卯）九月戊辰日

免直隸霸州本年分水災額賦十之三。

《聖祖實録》卷10，頁157

康熙三年（甲辰）八月癸未日

免直隸霸州、博野、保定、武清四州縣本年分水災額賦有差。

《聖祖實録》卷13，頁196

康熙四年（乙巳）十二月己卯日

免直隸霸州等三十七州縣衛本年分水災額賦有差。

《聖祖實録》卷17，頁255

康熙六年（丁未）十一月壬戌日

免直隸霸州等二十三州縣、江西寧州等三十一州縣本年分水災額賦有差。

《聖祖實録》卷24，頁339

康熙十年（辛亥）十月丙子日

免直隸霸州、文安等二十二州縣衛所本年分水災額賦有差。

《聖祖實録》卷37，頁499

康熙十一年（壬子）七月癸丑日

免順天府霸州本年分水災額賦十之三。

《聖祖實録》卷39，頁523

康熙十二年（癸丑）十一月乙酉日

免直隸霸州、寶坻等十二州縣、河間一衛本年分水災額賦有差。

《聖祖實録》卷44，頁581

康熙十五年（丙辰）正月甲子日

旌表直隸節婦冀州李氏、元氏縣張氏、黄縣李氏、霸州李氏、大城縣胡氏、保定縣趙氏、涿州張氏、三河縣劉氏、鉅鹿縣楊氏、新城縣任氏、宣府前衛田氏等，各給銀建坊如例。

《聖祖實録》卷59，頁771

康熙十五年（丙辰）三月丁酉日

免直隸永清、霸州等五州縣衛所康熙十四年分水災額賦有差。

《聖祖實録》卷60，頁780–781

康熙十六年（丁巳）四月辛酉日

上幸霸州行圍，是日啟行，駐蹕霸州城南。

《聖祖實録》卷66，頁853

康熙十九年（庚申）三月癸卯日

戶部議覆：「護理直隸巡撫事、守道董秉忠疏言，請發積穀，賑濟霸州等八十二州縣衛饑民。應如所請。」

得旨：「著遣爾部堂官一員，速往察明，即動支正項錢糧賑濟，務令饑民咸霑實惠。」

《聖祖實録》卷89，頁1123

康熙二十年（辛酉）八月戊午日

召霸州知州吳鑑、保定縣知縣李文英，問曰：「朕巡幸霸州，見地土為水淹沒，被災若何？民生若何？」吳鑑奏曰：「今年渾河水決，東北三十餘里，西南二十餘里，俱被水淹。」上曰：「決口在何處？被災幾分？爾將被災之處，申報巡撫幾次？」吳鑒奏曰：「決口在南孟地方，被災十分，九月曾報巡撫一次。」上曰：「隄若不修，民生必不得安。著速為修治。」問李文英曰：「爾縣內報過巡撫被災幾分？」李文英奏曰：「臣縣內南境，幸無水患。北境約有四分，已報巡撫。」上曰：「朕昨過縣南境，親見尚有積水，爾反云未曾被淹，何也？」李文英奏曰：「境南窪下，向有積水，今年並無被災之處。」上曰：「知州、知縣最為親民之官，必忠勤守法，愛惜百姓，方為稱職。若肆其貪殘，貽害地方，國家自有定法也。」

《聖祖實録》卷 97，頁 1226–1227

康熙二十年（辛酉）八月己巳日

諭戶部：「頃者朕巡行近畿，至霸州地方，見其田畝窪下，多遭水患，小民生計無資，何以供納正賦？其見在被淹田地，應徵本年錢糧，著察明酌量蠲免，以示朕勤恤民隱至意。」

《聖祖實録》卷 97，頁 1228

康熙二十年（辛酉）十月丙辰日

免直隸霸州本年分水災額賦十之三。

康熙二十二年（癸亥）三月甲辰日

《聖祖實録》卷98，頁1239

上駐蹕霸州信安鎮。

《聖祖實録》卷108，頁95

康熙二十三年（甲子）七月壬辰日

上駐蹕霸州苑家口。

《聖祖實録》卷117，頁218

康熙二十五年（丙寅）十月丁巳日

免順天府霸州、寶坻縣本年分水災額賦有差。

《聖祖實録》卷127，頁363

康熙三十年（辛未）十一月癸酉日

免直隸霸州等二十四州縣本年分旱災額賦有差。

《聖祖實錄》卷153，頁694

康熙三十一年（壬申）二月戊子日

祭大社、大稷，遣領侍衛內大臣索額圖行禮。上駐蹕霸州苑家口。

《聖祖實錄》卷154，頁703

康熙三十一年（壬申）三月丁丑日

先是，上諭直隸巡撫郭世隆：「渾河隄岸，久未修築，各處沖決，河道漸次北移。永清、霸州、固安、文安等處，時被水災，為民生之憂。可詳加察勘，估計工程，動正項錢糧修築。不但民生永遠有益，貧民藉此工值，亦足以贍養家口。」至是，郭世隆疏言：「固安、永清之北係渾河故道，向有舊隄長七十二里，今河雖移徙，而米各莊以北，每至沖決，固安、永清所屬田地常罹水患，此隄不可不修。但此處地勢，北高南下，若舊隄一修，北水無歸，則隄北居民，仍受其患。查永清東北，向有舊河一道，長五十四里，因年久淤塞，亟宜深濬，使其順流歸淀。至固安西北，及沙垡等處，今為渾河正流，綿亘四十餘里，濱河悉屬沙礫，即使成隄，難免衝潰，令地方官飭附近居民不時疏濬。」部覆如所請，從之。

《聖祖實録》卷155，頁707–708

康熙三十一年（壬申）十一月戊辰日

九卿等議覆：「河道總督靳輔疏言，於黃河兩岸栽柳、種草，設立涵洞，應如所請。其挑濬河溝，引水淤埝隄下積水之處，又引水淤埝邳州低窪之處，應令該督詳議具奏。」上曰：「引黃冰內灌，使淤平窪地，雖云有益，朕斷不肯輕信。黃河水勢危險，倏而彼處深此處淺，倏而船被阻淤，水勢變遷無定。不獨黃河為然，即如渾河之水，數十年前其流尚在南苑中，未幾漸徙而南，在縣村落間，猶去南苑未遠。今則分為二支，一支出新安，一支出霸州，其流愈遠矣。朕曾問土人，云元朝欲引運河之水通京師而未果，想亦有所難行耳。黃河水勢湍迅，欲引黃內灌，使淤平窪地，事屬危險，難保萬全，不准行。」

《聖祖實録》卷157，頁731

康熙三十二年（癸酉）二月丁酉日

遣官祭歷代帝王，上自十里鋪乘舟往苑家口，中途登河隄覽閱隄工，召直隸巡撫郭世隆諭曰：「朕觀霸州所屬苑家口迤西，舊隄傾圮處甚多，今渾河泛溢，西逼眾流，出水之處又復窄狹，其勢必致直衝南隄。倘有潰決，則大成、文安等處必受水災，殊為可虞。爾可詳加估計，動正項錢糧，加增固築，以防水患。」

《聖祖實録》卷158，頁741

康熙三十三年（甲戌）二月己巳朔日

諭大學士等：「據戶部查奏，霸州等十州縣存貯米五萬七千五百餘石、穀八百石，天津衛存貯米一萬石、穀四萬四千一百餘石。此米穀現在倉與否？足以賑給與否？若足用，則以餘米平價糶與百姓，可行與否？山東漕糧截留數萬石，平價糶賣則穀價不貴，於民生大有裨益。今輓至何州縣，平價以糶，應截留米若乾萬石，即遣戶部司官一員至巡撫郭世隆處，令其逐一迅速詳議，繕摺付伊齎奏。」

《聖祖實録》卷162，頁773

康熙三十三年（甲戌）二月癸酉日

直隸巡撫郭世隆等疏言：「臣遵旨會同戶部員外郎雍泰，查霸州、文安等州縣及天津衛，現在貯倉米穀共十萬餘石。將此米賑濟霸州等州縣飢民需用三萬石，所餘米穀，應減價糶賣。其景州等州縣，將山東漕米截留平糶。」得旨：「霸州等被水災地方，所有積穀，除散賑外，餘著減價發糶。其沿河一帶景州等各州縣衛所，著將山東漕米，每處截留二千石，亦發糶以平米價。爾部行文該撫，責成州縣，實心奉行，務俾小民均霑實惠。朕不時遣人稽察，如小民有不霑實惠，將該管官一並從重治罪，斷不寬宥。」

《聖祖實録》卷162，頁773

康熙三十三年（甲戌）二月甲申日

諭大學士等：「朕巡視所至，見運河及渾河決口，民田淹沒，甚為可憫。著直隸巡撫郭世隆、天津總兵官李鎮鼎，會同倉場侍郎常書，自通州至西沽兩邊隄岸，再自西沽至霸州決口宜修之處，閱視明白，速行修築。」

《聖祖實録》卷 162，頁 774

康熙三十三年（甲戌）三月丁卯日

諭大學士等：「山東巡撫桑額奏，所屬積貯米穀並無虧空，此前任撫臣佛倫奉行之善也。朕巡行霸州時，聞大城縣知縣祖延泰散穀賑濟，或有富戶冒稱飢民者，查出即將其家所積之穀，散給貧民，因此並無假冒貧民得霑實惠。是則奉行之善，存乎其人。從前總督張長庚、屈盡美，巡撫白色純、韓世琦等，居官不善，不數年間，子孫窮困。由此觀之，徒貽惡名，此輩所貪取者，今安在哉！且居官果善，其光榮自不待言。如江南將軍博霽調西安將軍，起程之日，兵民泣送。屈盡美居官不善，離任之時，地方百姓皆為切齒。居官善否，舉朝之人及地方百姓自有公論，豈能掩飾哉！」

《聖祖實録》卷 163，頁 778

康熙三十三年（甲戌）四月己卯日

工部議覆：「直隸巡撫郭世隆疏言，霸州等處田被水淹，皆由子牙等河隄岸沖決未修之故。查大城縣趙扶村之南隄及龍王廟隄，青縣楊村隄起，至東子牙村隄止，雄縣蒲淀、五官淀之東隄，俱單薄不堪，應行修築。

黑龍港河及大城縣王家口淤塞，俱應開濬，均應如所請。」從之。

《聖祖實録》卷 163，頁 780

康熙三十四年（乙亥）五月丙戌日

工部議覆：「直隸巡撫沈朝聘疏言，請開濬獻縣完固口及霸州栲栳圈舊河。應如所請。」從之。

《聖祖實録》卷 167，頁 814

康熙三十四年（乙亥）九月癸未日

諭戶部：「直隸順天、保定、河間、永平四府所屬地方，今歲水潦傷稼，三農歉收。朕巡幸所至，遍加諮訪。聞高阜之産，尚有秋成，而卑下之田，被潦者多，計所收穫，不能相敵。雖經勘災頒賑，不致仳離失所，而額辦錢糧，若仍行徵取，則民力匱乏，難以輸將。朕心深切不忍，著將四府康熙三十五年地丁銀米全與蠲免，用示寬恤。其霸州、雄縣、香河、寶坻四處，皆有水道，可以轉輸，每處著發米一萬石，各差司官一員齎往，照彼地時價，減值發糶，以資民食。著行文該撫，通行曉諭，俾均霑實惠，副朕軫念災黎至意。」

《聖祖實録》卷 168，頁 825

康熙三十五年（丙子）十一月辛亥日

又諭：「去歲霸州等處州縣，曾運通州之米與被災百姓，減價平糶，閭閻甚為得濟。今年水災更甚，應如去歲運米於各州縣平糶。可敕直隸巡撫沈朝聘，何州何縣當運米若干，與民懋遷之。其作速詳具摺奏聞，勿緩俟開印時也。」

《聖祖實録》卷 178，頁 917

康熙三十六年（丁丑）十一月癸亥日

免直隸霸州等十七州縣本年分旱災額賦。

《聖祖實録》卷 186，頁 988

康熙三十七年（戊寅）春正月庚午日

又諭大學士等：「遣戸部曾經保舉司官二員，於被水災沿河之保定、霸州、固安、文安、大城、永清、開州、新安等州縣截留山東、河南漕糧，每處運致一萬石積貯，俟米價騰貴時，平價糶賣。」

《聖祖實録》卷 187，頁 994

康熙三十七年（戊寅）春正月庚午日

又諭大學士等：「霸州、新安等處，此數年來水發時，渾河之水與保定府南之河水，常有泛漲。旗下及民人莊田，皆被渰沒。詳詢其故，蓋因保定府南之河水，與渾河之水，匯流一處，勢不能容，以致汎濫。渾河，著原任河道總督于成龍往察；保定府南河，著原任河道總督王新命往察。作何修治，令其水自分流，詳勘繪圖議奏。今值農事方興，不可用百姓之力。遣旗下丁壯，備器械，給以銀米，令其修築。伊等往時，部院衙門司官、筆帖式，酌量奏請帶往，於十日之內，即令啟行。」

《聖祖實録》卷 187，頁 994

康熙三十七年（戊寅）三月辛卯日

直隸巡撫于成龍，以渾河圖形呈覽，奏曰：「臣同西洋安多等，自霸州至郎城履舊河形，細加丈量。由永清、固安至張協有舊隄一道，約有七十里，尚可幫修，水溜亦在此處，可以挑濬。」上曰：「朕經行水災地方，見百姓以水藻為食，朕曾嘗之。百姓艱苦，朕時在念，是以命爾於雨水之前，速行濬河築隄，使田畝得耕，百姓生計得遂。不知六月內，可告成否？」于成龍奏曰：「臣董率分修各官，作速辦理，六月內可以完工。」

《聖祖實録》卷 187，頁 996

康熙三十七年（戊寅）七月癸巳日

直隸巡撫于成龍疏言：「霸州等處挑濬新河已竣，乞賜河名，並敕建河神廟。」得旨：「照該撫所請，賜名永定河，建廟立碑。」

《聖祖實録》卷189，頁1007

康熙三十八年（己卯）九月丙午日

戶部議覆：「直隸巡撫李光地疏言，直屬霸州、永清、宛平、良鄉、固安、高陽、獻縣等七州縣，因疏濬新河，挑挖推土，共佔去民地一百三十九頃六十二畝，請將康熙三十七年以後錢糧開除。應如所請。」從之。

《聖祖實録》卷195，頁1058

康熙三十八年（己卯）十月丙子日

上巡視霸州河隄，居民跪迎道左，上顧百姓曰：「朕不辭寒冷，來巡河隄，特欲拯救爾等耳。」居民叩頭謝恩，歡聲動地。

《聖祖實録》卷195，頁1061

康熙三十八年（己卯）九月乙酉日

免直隸霸州、保定等六州縣本年分水災額賦有差。

《聖祖實録》卷195，頁1063

康熙三十九年（庚辰）二月癸酉日

御舟泊霸州堂二鋪。

《聖祖實録》卷197，頁5

康熙三十九年（庚辰）二月己卯日

御舟泊霸州苑家口。

《聖祖實録》卷197，頁6

康熙三十九年（庚辰）四月辛巳日

上遍視永定河隄，諭原任河道總督王新命等曰：「觀新築大隄裏邊太陡，應使稍斜。」又至郭家務舊隄新開河口之處，用儀器測驗，諭曰：「此處地面，較舊河水面高六尺六寸，新開河底較舊河水面深六尺八寸，水之入新河也，易矣。三聖口至柳岔口地甚卑下，見今俱已乾燥，此天假機會，不可失也，宜乘此時，作速完工。

今若不修，以致稽誤，日後不得以難修為辭。」至柳岔口又諭曰：「舊隄大有關係，甚為緊要，稍有所失，則誤大事矣，此不得委之分司，著與來修河之督撫大臣，公同看守。」是日，上自霸州柳岔口登舟，泊新挑河口。

《聖祖實録》卷198，頁17–18

康熙四十年（辛巳）二月壬戌日

上自霸州苑家口登舟。是日，舟泊保定縣蘆屯。

《聖祖實録》卷203，頁71

康熙四十年（辛巳）二月壬申日

御舟泊霸州蘇家橋。

《聖祖實録》卷203，頁72

康熙四十年（辛巳）二月癸酉日

御舟泊霸州唐二堡，諭直隸巡撫李光地：「朕歷年省耕畿甸，咨訪民隱，屢行蠲賑，加惠黎元。近見霸州、大城、文安地居窪下，被水最甚，雖遇豐年，民猶艱食。其三州縣累年積逋及本年應徵地丁正項內，應蠲米穀錢糧，爾即察明豁免。所免數目，仍行題報，務使各處窮民咸霑實惠。如有勢豪土棍包攬侵冒，不肖有司聽胥吏作弊，指富作貧，假捏災傷，以致澤不下究，爾據實題參，期於民困獲蘇，以副朕愛養軫恤之意。」

《聖祖實録》卷203，頁72

康熙四十五年（丙戌）二月丁未日

遣官祭歷代帝王，御舟泊霸州崔家莊。

《聖祖實録》卷224，頁252

康熙四十六年（丁亥）十二月癸巳日

免直隸霸州、靜海、東安三州縣本年分水災額賦有差。

《聖祖實録》卷232，頁315

康熙四十七年（戊子）二月庚子日

上至霸州苑家口登舟。

《聖祖實録》卷232，頁320

康熙四十七年（戊子）三月辛亥日

御舟泊霸州苑家口地方。

《聖祖實録》卷232，頁321

康熙四十八年（己丑）二月壬子日

上至霸州苑家口登舟。是日，泊保定縣田歌莊。

《聖祖實録》卷236，頁363

康熙四十九年（庚寅）三月丁卯日

上登陸，駐蹕霸州王起營。

《聖祖實録》卷241，頁400

康熙四十九年（庚寅）十二月戊辰日

免直隸霸州、大城、天津等六州縣衛本年分旱災額賦有差。

康熙五十一年（壬辰）正月丙寅日

上自霸州苑家口登舟，泊張清口。

《聖祖實録》卷244，頁425

康熙五十五年（丙申）十二月壬子日

諭戶部：「朕御極以來，念切民生，時勤宵旰。凡巡歷所至，必以編氓疾苦，備悉詢問。蓋欲比戶之蓋藏恒裕，三時之水旱無虞，斯民氣和樂，聿成豐亨豫大之休也。頃者，朕巡幸口外，經過三河等州縣，暨永平府交界地方，見今歲秋成豐稔，米價稱平。惟是去年雨水過溢，田畝間被淹沒，朕深加軫恤，蠲賦平糶，轉漕分賑貧民，使不失所。今者雖復有秋，然僅足支一歲之用，恐來年之輸將，尚多難繼，是必再沛恩膏，始可大培民力。著將順天、永平兩府大興、宛平、通州、三河、密雲、薊州、遵化、順義、懷柔、昌平、寶坻、平谷、豐潤、玉田、良鄉、涿州、武清、永清、香河、霸州、大城、文安、固安、東安、房山、保定、延慶、梁城、盧龍、遷安、樂亭、灤州、撫寧、昌黎、山海等州縣衛所，康熙五十六年地丁銀二十六萬四千三百三十六兩零，米豆高粱二萬一千六百四十六石零，草九萬四千九百五十束零，俱通行蠲免。所有歷年積欠銀九萬三百九十六兩零，米豆高粱一萬六千二百七十五石零，草八萬四千四百七十束零，亦並與豁除。爾部行文該督，嚴飭所屬，實心奉行。

《聖祖實録》卷249，頁468

俾遐村窮谷，均霑德意。倘有不肖有司，借端朦混，私行徵收者，察出定行從重治罪。爾部即遵諭行。」

《聖祖實録》卷 270，頁 654-655

《大清世宗憲皇帝實録》

（雍正二年—雍正十二年　公元 1724—1734 年）

雍正二年（甲辰）十月癸巳日

戶部議覆：「直隸巡撫李維鈞疏奏直屬九郡豐收，惟霸州、東安、大城、武清、玉田、寶坻、梁城所七州縣所田禾，偶有淹損。本年錢糧，請緩至雍正三年帶徵。應如所請。」得旨：「霸州等七州縣所被水村莊，朕已諭巡撫李維鈞，將倉糧發賑。念此時小民，生計維艱，若將今歲錢糧歸於明歲帶徵，則新舊之賦，輸納於一年之內，勢難兼顧。爾部行文該撫，著將霸州等七州縣所被水村莊，今年應徵錢糧內，或應有蠲免之處，詳查議奏，以紓民力。」

《世宗實録》卷 25，頁 394-395

雍正三年（乙巳）四月壬辰日

免直隸霸州、東安等六州縣、梁城一所本年分水災額賦有差。

《世宗實録》卷31，頁481

雍正三年（乙巳）十月庚寅日

賑直隸霸州、保定等六十九州縣，天津、梁城、茂山三廳所水災饑民。

《世宗實録》卷37，頁552

雍正四年（丙午）正月丙申日

命再發通倉米十萬石，運至天津。加賑直隸霸州、保定等七十五州縣水災饑民。

《世宗實録》卷40，頁587

雍正四年（丙午）十月戊寅日

添設直隸河官：天津州州同一員，青縣子牙河主簿一員，屬天津道管轄；涿州、霸州州判各一員，吏目各一員，宛平、良鄉、固安、永清、東安、武清六縣縣丞各一員，主簿各一員，屬永定道管轄；北運河同知、通判各一員，耍兒渡縣丞一員，東楊村主簿一員，薊州、灤州州判各一員，玉田縣縣丞一員，豐潤縣主簿一員，屬通永道管轄；霸州清河吏目一員，屬清河道管轄。從直隸總督李紱請也。

《世宗實録》卷 49，頁 746

雍正五年（丁未）十月戊戌日

署直隸總督宜兆熊疏言：「霸州、雄縣等二十四州縣被水窮民，已蒙恩散賑，其各屬被水地畝錢糧，暫請緩徵。得旨：「朕念直隸濱河之地，易於被水，用沛特恩，遣官發帑，加意賑恤，此乃格外惠及窮民之意。至於被水之處，仍應勘明分數，題請照例蠲恤，不得因已經遣官發帑，遂不照定例遵行。並諭各省知之。」

《世宗實録》卷 62，頁 955

雍正六年（戊申）三月癸酉日

免直隸霸州雍正五年分水災額賦有差。

《世宗實録》卷 67，頁 1026

雍正七年（己酉）十二月戊申日

裁駐防昌平、順義、良鄉、寶坻、固安、采育、東安、霸州、雄縣九處筆帖式各一員。

《世宗實録》卷 89，頁 199

雍正九年（辛亥）三月戊寅日

免直隸霸州、文安等七州縣未完民欠糧米二萬一千六百石有奇。

《世宗實録》卷 104，頁 381

雍正九年（辛亥）六月癸卯日

署直隸總督唐執玉疏報：「霸州、大城等十四州縣，開墾雍正八年分田地一百七十頃有奇。下部知之。」

《世宗實録》卷 107，頁 414

雍正十年（壬子）五月壬申日

諭内閣：「附近京師小縣城内，所有駐防滿洲兵丁，俱係協領等官管束。因無總轄大員，故教訓兵丁、稽察官員之事，殊為疏忽，應交相近駐劄之大臣兼管。若近陵寢者，即令陵寢大臣管轄。近天津者，即令天津都統管轄。若附近無有大臣駐劄之處，著由京師特派大臣一員令其統轄。每年巡察一次，則官兵各加奮勉遵法，而地方可無妄行生事之人。著大學士鄂爾泰，詳酌議奏。」尋議：「喜峰口、冷口、羅文峪俱與陵寢相近，此三處駐防官兵，請交陵寢處大臣等稽察管轄。三河、玉田、順義縣、永平府，係直達山海關之大路，此四處交與山海關總管。滄州與天津相近，交與天津水師營都統。德州係山東所屬，交與青州將軍各就近稽察管轄。獨石口、古北口、張家口、錢家店、鄭家莊、昌平州六處係一路，寶坻縣、固安縣、雄縣、霸州、彩峪、保定府、良鄉縣、東安縣八處係一路，俱無可兼管之處，應由京城派副都統各一員，令其總理。每年秋季，前往稽察一次，分別勸懲，務令勤加操演，謹守本分。其官員優劣，亦令分別具奏。」從之。

《世宗實録》卷 118，頁 567

雍正十二年（甲寅）十月壬子日

賑濟直隸霸州、固安等十七州縣被水饑民。

《世宗實録》卷 148，頁 837

雍正十二年（甲寅）十二月丁未日

免直隸霸州、永清等十四州縣本年分水災額賦有差。

《世宗實録》卷 150，頁 857

《大清高宗純皇帝實録》

（乾隆元年—乾隆六十年　公元 1736—1795 年）

乾隆元年（丙辰）二月癸未日

工部左侍郎王鈞奏：「前於豐潤、霸州營成稻田一百頃有奇，請交直隸總督李衛招佃納糧。或為書院士子膏火之資，或充普濟堂、育嬰堂等用。」得旨：「著照王鈞所請，交與直隸總督李衛酌量辦理。王鈞著交部議敘具奏。」

《高宗實録》卷 13，頁 380

乾隆元年（丙辰）六月丙戌日

直隸總督李衛疏陳易州山陵駐防員役供應事宜：一、易州山陵歲約需員役白米一千石，次白米二百石，江米一百石，漕米九千石。行文倉場總督，於漕船抵津時，豫酌按數截留。該幫領運千總，於天津僱船運至白溝河水次，先將様米呈送陵部驗明，由坐糧廳及該管道委員監收後，按數給發，將給過支剩米數，歲底報部。一、截漕水運白溝一帶地方，每年將及起運時，遴委幹員，募夫挑濬淤淺。一、截撥漕糧，遇乾淺水大之時，仍由白溝河起載，陸路至易州。若北河水勢通暢，竟從北河起運。一、天津至白溝沿河地方，向有營汛，照舊催儹。其霸州、任邱、雄縣等添設汛房，每汛設兵五名，建房三間，催儹巡查，汛兵於附近各營抽撥。一、雄縣西關橋樑宜修葺，以便重運停泊。一、白溝河鎮西岸園地，建倉廒二十間，存貯。一、易州城有入官房五十五間，改作倉廒，並於隙地內，酌量添造。一、易州城、白溝河兩處，各設倉夫看守。一、撥運漕白米石，照薊州之例，每石給耗三升九合，其三色白米，亦照例減半，每石給耗一升九合，按年造冊奏報。一、山陵應需祭祀牛羊豆草，並各員役俸餉，俟禮部等衙門題定後，按期題撥，依價採買。一、易州運送米豆草束車價銀兩，照薊、遵、豐三州縣準給腳價之例支給。一、山陵應需柴炭槽面及冰塊，於司庫地糧存公銀內撥給。一、山陵祭祀牛羊，日支豆草，併供應包衣、禮部、兵部葦白、柴炭、冰塊等項，飭令附近州縣，照例豫備供應，於辦公銀內動支。均下部議行。

《高宗實録》卷 21，頁 508–509

乾隆元年（丙辰）六月辛卯日

直隸總督李衛遵旨詳議：「一切新舊營田交各該州縣管理，如本任事務匆忙，即委所屬佐雜協辦，並飭各該道府廳州稽察督理。其續報營田，借給工本，以及水田改旱應行事宜，俱由本屬府廳州申詳該道核轉，再令該道等勸導查察。如州縣實力督課，三年之內，著有成效出色者，各該道府廳州詳司核保照卓異例，不論俸滿即陞。倘因循作弊，即行揭報，濫舉徇庇，亦即查參。又營田州縣內，如豐潤、霸州、天津、永年、新安、玉田、文安、大城、磁州等九州縣，或營田數少，或治大事繁。嗣後缺出，於現任州縣內，揀選才具優長、熟悉水利之員題調。」下部議行。

《高宗實録》卷 21，頁 512

乾隆元年（丙辰）十一月甲辰日

工部議覆：「直隸總督李衛疏言，霸州游擊向無衙署，賃住民房。請將營田觀察使所遺衙署，改為游擊衙門。應如所請。」從之。

《高宗實録》卷 30，頁 621

乾隆元年（丙辰）十一月壬子日

總理事務王大臣議覆：「原任正黃旗漢軍都統、管理井田事務甘國璧疏陳屯莊事宜：一、井田每戶原給田一百二十五畝，十二畝五分為公田，十二畝五分為廬舍場圃，百畝為私田，公田盡收盡報。今既改屯莊，應令按畝完納屯糧。一、堡戶原止給地三十畝，令其耕種，不交公糧。今若令一體完課，未免拮据，請加恩增給地畝。一、三堡旗民雜處，難於稽查，請將各戶原領三堡房地，盡交該州縣，即於現今咨回井戶所遺房地內，照數撥給。一、八旗改屯人戶，嗣後身故有子者，自應頂補。倘遇無子寡婦，情願守節，並無親戚可依者，請留地四十畝，以資養贍。即令本屯之人，代種完糧。俟伊身後，仍將地畝交官召種。一、井田原撥霸州、固安、永清、新城四州縣地，今改屯莊，令防禦管轄。請將附近霸州者，令霸州防禦管轄；附近固安者，令固安防禦管轄。一、井田向設鄉長，請仍留供役，果能勤慎，遇有屯長缺出拔補。一、驍騎校應遵議徹回，但一時未有可補之缺，請俟補放之日，令其交地回京。均應如所請，惟堡戶一條，納糧既屬無力，增地又似多事，應仍令其照舊暫行耕種。」從之。

《高宗實録》卷31，頁624-625

乾隆二年（丁巳）七月壬辰日

以僉都御史銜、霸州營田觀察使陳時夏為內閣學士兼禮部侍郎。

《高宗實録》卷46，頁796

乾隆二年（丁巳）七月癸巳日

戶部議准：「副都統策楞等奏辦賑恤事宜、文安、霸州、涿州三處，每處應派官二員，照前各帶銀二千兩，前往查賞。盧溝橋北百里內外，亦應派官二員料理。」得旨：「著御前侍衛松福，乾清門侍衛馬爾拜、巴靈阿、索靈阿，內務府郎中穆爾德，吏部員外郎得寧，戶部員外郎清柱，兵部郎中馬習禮去，並賞給驛馬。」

《高宗實録》卷46，頁796–797

乾隆二年（丁巳）七月戊戌日

又諭：「前因文安、霸州等處，地勢低窪，被水居民，情可憫惻，特命松福、馬爾拜前往賑恤。今據總督李衛奏稱，文安、霸州原係水鄉，田地皆在圍埝以內，居民歲賴菱藕蒲魚之利，伏天發水，該處以為豐年等語。朕思此番水勢驟漲，該處正在下流，即圍埝以內亦恐有被災之處。著伊等詳悉查明，照盧溝橋一帶賑恤之數，減半發賑。若已經出示、已經給發者，不必退回。其固安、永清、東安三縣，原未在查賑之內，但係貼近渾河漫流衝溢之地，其中被災人民，松福等可查明一體賑恤，毋令失所。前所賫銀兩不足，即咨部領取。」

《高宗實録》卷46，頁801

乾隆二年（丁巳）七月壬寅日

戶部議覆：「直隸總督李衛疏報，宛平、霸州、保定、文安、大城、房山、永清、昌平、懷柔、延慶、通州、武清、寶坻、清苑、滿城、安肅、定興、唐縣、博野、慶都、容城、完縣、蠡縣、祁州、束鹿、安州、高陽、新安、玉田、河間、獻縣、阜城、肅寧、任邱、交河、景州、吳橋、東光、故城、天津、滄州、靜海、井陘、獲鹿、元氏、欒城、贊皇、晉州、廣宗、鉅鹿、內邱、磁州、邯鄲、成安、肥鄉、曲周、廣平、雞澤、威縣、清河、宣化、蔚州、萬全、懷安、西寧、蔚縣、懷來、冀州、新河、棗強、武邑、衡水、趙州、深州、武強、安平、曲陽、深澤、易州、淶水、廣昌等八十一州縣衛二麥歉收，動支存倉穀石，分別賑濟。」得旨：「依議速行。」

《高宗實録》卷47，頁806

乾隆二年（丁巳）七月壬子日

侍衛松福等奏：「遵旨查賑固安、永清、東安三縣。現在永清、東安二縣，馬爾拜已於文安事竣之日，奏請辦理。其固安縣衛淹村莊，前所帶庫銀二千兩，除霸州給賑外，存餘無幾，應行咨戶部，發銀遣員，齎至賑所。」得旨：「該部速行給發。」

《高宗實録》卷47，頁816

乾隆三年（戊午）三月癸酉日

戶部奏：「直隸總督李衛咨稱，霸州、固安、永清、新城等州縣，井田改為屯莊地畝，應徵屯糧，並無科則可以援照，請仍照井田各戶，每年所納公田糧石核算，每畝議徵屯糧一斗。應如所請。」從之。

《高宗實録》卷65，頁56

乾隆三年（戊午）五月己巳日

緩徵霸州、永清、新城井田屯戶領借穀石。

《高宗實録》卷69，頁106

乾隆三年（戊午）六月癸未日

工部議准：「直隸河道總督顧琮奏請，永定河道所屬淀河地方，添設垡船二百隻，專司疏刷淤淺。應於霸州所屬添設州同、州判各一員，各管船一百隻，每船五十隻，設把總一員，駐劄武清縣之王慶坨，專司巡查疏濬。」得旨：「永定河現興工作，設法疏濬，原為地方久遠之計。至於澱河，地甚廣闊，若僅以設船挖淺，用資補裨，似猶非本務。著朱藻、顧琮，會同李衛再詳悉酌議，如果設船挖淺，於河務實屬有益，即一面奏聞，一面照工部所議行。」

《高宗實録》卷70，頁123–124

乾隆三年（戊午）七月庚辰日

是月，直隸總督李衛奏：「唐縣、固安、雄縣、霸州、博野、肅寧、滿城、新城、完縣、滄州、青縣、薊州、唐山、任縣、南和、平鄉、河間、蠡縣、永平、保定、雞澤、高陽等二十二州縣，因近日綿雨連旬，窪地被澇，其續生蝻子之固安等州縣，現在設法消除，亦能減少分數。」得旨：「朕正為雨水過多，倍切憂慮。覽奏，情形俱悉，其被水處所，當加意賑恤。至蝗蝻何尚有如許之多，此皆地方有司，奉行不力與察查不周之所致耳。

卿其加意料理。至近日天氣漸次晴霽，朕心稍慰，但須多晴數日方佳也。」

《高宗實録》卷73，頁168

乾隆四年（己未）四月甲午日

工部議覆：「直隸河道總督顧琮疏稱，培築千里長隄，專抵淀池之水，為文安、大城、霸州、河間、獻縣等州縣保障。原議自茅兒灣以下淀河出口之處起，至陶官營止。查陶官營迤南至艾頭村五百餘丈，雖非頂衝迎溜，亦係經臨淀池。又艾頭村至王李屯三千八百餘丈，每遇淀河汛漲，水勢漫過蓮花流河等處營田圍埝，風浪直抵隄身，均應估擇險要，請帑興修。」從之。

《高宗實録》卷91，頁398

乾隆四年（己未）四月丙申日

工部議准：「直隸總督孫嘉淦疏稱，修葺墩台營房，除永清等二十三州縣地非衝要，向未設立，並霸州等十一州縣，土墩土草營房均完固外，至東西南北四大路並陵寢大道，五十州縣共土墩台四百七十一座，土草營房五千三百六十八間，俱應勘估，改建磚瓦。再新設承德州於熱河地方，進口程途二百餘里，應請設汛十九處，墩台十九座，營房一百九十間。」從之。

《高宗實録》卷 91，頁 399

乾隆四年（己未）四月癸卯日

又諭：「聞直隸青縣、靜海、霸州、武清等縣，蝻子萌生，甚可憂慮。著地方文武官弁加緊撲滅，毋使滋蔓。江南淮安等近水之處，去年被旱，今春雨澤不足，亦恐蝗蝻萌動，為害地苗。其他各省雨少之處，均當思患預防，毋得疏忽。從來捕蝗之事，原可以人力勝者，倘地方大員，董率不力，及州縣文武官弁奉行懈弛，經朕訪聞，必嚴加議處，不少寬貸。該部可即通行各省知之。」

《高宗實録》卷 91，頁 404

乾隆五年（庚申）五月癸卯日

戶部議准：「直隸總督孫嘉淦疏報，霸州等五十七州縣廳，上年雹災共地七萬六百四十六頃五十二畝有奇。按照畝數，應蠲免銀四萬三千一百十八兩有奇，米七百三石有奇，穀一千一百十八石有奇，豆一百三十六石有奇，糧二百四十六石有奇。其照數蠲免應完帶徵三年，舊欠糧照例緩至五年麥熟後徵收。應徵新糧，照例分別帶徵。」從之。

《高宗實録》卷 116，頁 702

乾隆五年（庚申）九月丁酉日

又奏：「本月十六日，開永定河南隄放水，復歸故道。隨即策馬沿流而南，處處相度，見河流循軌，二百餘里之內，逼近河岸村莊不過十數處，易於保護。兩岸地勢平衍，汛水一至，可以散漫平流，不能為害。至中亭河，清、渾合流之處，渾水入後清水不過漲高四寸，將來不致潰溢，又隨流而東，睹其清渾蕩刷，不過數里，水色已清，將來已不致淤淀。至河水新來，行人過渡艱難，已撥固安、霸州船隻，令其接濟行旅，不致阻滯。」得旨：「開河之後，朕日夜廑念，覽此奏，大慰朕懷矣。非卿一力擔承，斷不能成此事。然此時尚未可侈然自足也，必俟明年諸事妥協，伏秋無妨，然後可以慰眾望，而吾君臣此舉，方不為冒昧也。看來顧琮頗有游移之見，高斌陛見在即，其人公忠醇謹，且熟悉河務。朕已有旨，令彼會同卿等，將善後之策熟酌妥議。卿其與彼和衷辦理可也。」

《高宗實録》卷 127，頁 865

乾隆五年（庚申）十月辛亥日

大學士、九卿會議：「江南河道總督高斌等奏稱，臣高斌於九月下旬，接奉諭旨，令臣會勘永定河，即與孫嘉淦、顧琮將東西兩引河下口及分流處並金門閘放水處，一一勘畢。臣等公同酌議，永定河歷年既久，下口屢經淤壅，亟宜改移於固南霸北，順流東下，其挑河引水，歸淀入海。所有經由處所，應行濬築。及城郭村莊應行遷徙防護者，請分別先後辦理等語。查永定河之金門閘以上，前經開壩放水，順軌安流。今該督等會勘形勢，酌議善後事宜。應如所奏，於明年麥汛前，先引水由西引河入河，由河漸次入海。又於今冬明春，將東引河修理通順，其霸州城郭村莊，最為衝要，應令先行築隄，並粘補古埝。麥熟後，將東引河河頭開放，並高橋以南民埝一並開通。其西引河暫行堵閉，俾全河盡赴東趨，俟秋汛已過，再察情形辦理。又稱，金門閘放水之處，舊河已經斷流，不必堵塞。倘遇汛漲，仍令宣洩，是亦慎重河防之意。應令該督等，俟新河水勢如果平順，再將舊河截斷不用。至所稱保定縣迤西千里長隄，現在玉帶河河溜，逼近隄根，應加寬厚，並路疃迤東艾頭村等處，應加越隄一道，均准其加築。其玉帶河形勢既經勘明，西澱白溝諸水，至此收束太緊，急宜修理保護，應令該督等，務於玉帶河水匯之區，加意防範，勿致潰決。」從之。

《高宗實録》卷 129，頁 878

乾隆五年（庚申）十月丁卯日

是月，直隸總督孫嘉淦奏：「通省秋禾收成，合計俱有九分。惟霸州、文安、大城、東安、武清、寶坻、寧河、延慶、萬全、懷來等十州縣，因夏秋雨水稍多，間有淹損，現勘明被災情形，自五分至十分不等。照近奉賑恤偏災定例，動本處倉穀散給，其應徵新舊錢糧，並出借籽種等項，分別停緩。內有旗地、官地，亦按成災分數，咨部辦理。再天津、河間二府被水地方，查係四高中窪，比年淹浸，所謂一水一麥之地。酌議此等地畝，如二麥無收，秋又被水，則當一例賑濟；如麥已豐收，則秋水乃意中之事，不便連年加賑。今該二府，夏麥有收，秋間被水村莊業經涸出，除實在貧民，酌借籽種口糧，此外概無庸加賑。其本年錢糧，應照例徵收。」得旨：「所辦甚妥協，而所見更屬得中，甚欣慰焉。」

《高宗實録》卷129，頁888–889

乾隆五年（庚申）十一月丙申日

又遵旨議覆：「御史周祖榮奏，永定河改由故道，所有近河村落不無漫溢。請敕查水道所經，必應遷徙者若干村，先擇不受水患之地，酌給遷費等語。查自放河以來，嚴飭各官履勘。據報涿州、良鄉、永清、新城、雄縣、固安、霸州等州縣，其中近河村落，有無庸築埝防護者，有宜築一面者，有宜築兩面三面者，俱已勸諭居民，自行修築，並無必應遷移之處。緣此地歷年過水，民皆聚居高處，間有散居低處者，令止在本村那移，地方官量加資助，亦無庸給與遷費，別行安插也。又稱豫防淹沒地畝，查明存案，將來撥補或給價之處，尤屬難行。蓋渾水經由，若止漫流平過，則地皆淤肥，即可種獲。如改流頂衝之處，必須隨時防護，即有衝坍，亦必待事後查勘。所奏均無庸議。總之，民情難靜而易動。現在河流順軌，民情安靜，一切善後之圖，惟當周詳慎重，以安百姓之身家，不可張大其事，驟驚愚民之耳目。」得旨：「所謂民情難靜而易動，實為政之要。然思患豫防，不動聲色，而措泰山之安者，亦必先有以得其要，而後可無為而治也。況數十年未經行之故道，壯與幼未目睹之事，而可保其無少虞乎？故朕謂必明年伏秋無事，方可謂之成功者，此也。卿其加之意焉。」

《高宗實録》卷131，頁916–917

乾隆六年（辛酉）二月丙申日

諭：「昨因永定河放水，經理未善，以致固安、良鄉、涿州、新城、雄縣、霸州各境内村莊地畝，多有被淹之處，難以耕種，且居民遷移，不無困乏。朕與孫嘉淦不能辭其責也，用是痌瘝難安，深為軫念。著大學士鄂爾泰、尚書訥親，會同總督孫嘉淦，詳悉查明被水處所，應免錢糧若干，速行奏請豁免。先將此旨曉諭百姓知之。」

《高宗實録》卷 136，頁 956

乾隆六年（辛酉）四月甲辰日

蠲免直隸霸州、文安、大城、東安、武清、寶坻、寧河、延慶、萬全、懷來等十州縣乾隆五年被水災民額賦有差。

《高宗實録》卷 140，頁 1023

乾隆六年（辛酉）八月丙午日

吏部議准：「直隸河道總督顧琮奏稱，河間縣縣丞所管子牙河東岸隄工，應歸景和鎮巡檢兼理。杜林鎮以南老漳河、滹沱河、倒流河等河就近歸杜林鎮兼管。天津道統轄之祁河通判，改設於子牙河。將青縣、靜海及子牙河主簿，新舊隄工並文安、大城二縣縣丞、主簿所管工程，霸州州判所管蘇家橋以西隄工，均令該通判管理，並將疏淀垈船一百隻，州同一員，亦歸該通判管理。令其疏濬蘇家橋至楊芬港一帶淀河工程，至祁河通判原管工程，就近歸清河同知管理。」從之。

《高宗實録》卷148，頁1138

乾隆七年（壬戌）十一月乙酉日

吏部議准：「署直隸總督史貽直奏稱，保定府清河同知、涿州州同、獲鹿縣縣丞、霸州清河吏目、定興縣河陽司巡檢、獻縣韓村巡檢、正定府司獄各缺，或昔繁今簡，或本屬間冗均應裁。其保定府清河同知，原管一切河務，應歸保定府鹽捕同知兼管，另頒給保定府河鹽捕同知關防。缺出，揀選題補。正定府司獄既裁所有解審人犯，即歸正定縣監收禁，囚糧亦令該縣支給。至裁汰各員，均給咨赴部另補。其所裁之官俸役食等銀，即在各該州縣地糧存留項下，扣除解庫，造入春秋撥冊，候文撥用。各員養廉等銀，照數扣除，造入存公冊內，咨部查核。」從之。

《高宗實録》卷179，頁313–314

乾隆八年（癸亥）九月己酉日

直隸總督高斌奏：「遵化、寶坻、玉田、昌平、順義、東安、良鄉、霸州、固安、大興等處駐防，本年冬季及來歲春季，並保定、雄縣二處駐防來歲春季，共應需採買兵米一萬二千餘石。請照從前折中一兩之價，每石增銀三錢。」得旨：「准增給。」

《高宗實録》卷201，頁589

乾隆八年（癸亥）十月辛酉日

戶部議覆：「直隸總督高斌疏稱，霸州、豐潤二州縣營田被旱成災，本非官田地畝賦額有定者可比，不能援請蠲免。請將額解通米，在於不被災營田所收穀內，通融碾米完納，餘米變充公用。又豐邑營田內，有鹼荒無收，及高鹼改種雜糧地畝；霸州營田內，有低窪改種葦藕地畝，並無分收稻穀，亦令於其餘營田收穀內通融完納。其被災各佃借領耔本暫緩徵收。應如所請。」從之。

《高宗實録》卷 202，頁 608

乾隆九年（甲子）四月甲戌日

又奏：「請借各州縣貯備米石，為大城、寧津、故城、肅寧、衡水、深州、安平、饒陽、新城、雄縣、霸州、文安十二州縣災民口糧，共需三萬六千石。秋收後民力未紓，更請豁免。」得旨：「著照所請賜予，秋收後不必還倉。該部知道。」

《高宗實録》卷 215，頁 763

乾隆九年（甲子）五月乙酉日

山西道御史柴潮生奏：「古者東南未辟，王畿侯國皆在西北，王畿不過千里餘，遞減至五七十里，地可謂狹矣。一夫受田百畝，周制六尺為步，百步為畝，僅當今二十六畝有奇，田可謂少矣。而祭祀之粢盛，賓旅之既廩，君卿百官吏人之祿入，賑貸之委積，戰陣之芻糧，無不取給於此，費可謂廣矣。而且三年耕，有一年之食；九年耕，有三年之食。今之天下，即古之天下，何無備之甚也。則以田制既已盡廢，水利亦復不修，平日鹵莽而薄收，一有急則待賑恤為活計而已矣。查河間、天津二郡，經流之大河三：曰衛河，曰滹沱河，曰漳河。其餘河間府分水之支河十有二，瀦水之淀泊十有七，蓄水之渠三；天津府分水之支河十有三，瀦水之淀泊十有四，受水之沽六，是水道之至多，莫如此二處。故河間號為瀛海，山東之水於此而委輸；天津名曰直沽，畿輔之水於是而奔匯。若蓄洩有方，即逢旱歲，灌溉之功，可救一半。即不然而平日之蓄積，亦可撐支數月，以需大澤之至，何至拋田棄宅，挈子攜妻，流離道路哉？雖其事屬已然，言之無益，然水利之廢，即此可知。今甘霖一日不足，則賑費固不可已。臣竊以為徒費之於賑恤，不若大發帑金，遣大臣將畿輔水利，盡行經理，既可接濟賑民，又可潛消旱潦，而且轉貧乏之區為富饒，一舉兩得，轉敗為功。直隸為《禹貢》冀州之域，田稱中中，今日土壤，乃至瘠薄。東南農民家有五十畝，十口不飢。此間雖擁數頃之地，常慮不給，可怪之甚也。雖其土燥人怠，風氣異宜，亦不應懸殊至此。漢張堪為漁陽太守，於狐奴開稻田八千頃，民有兩歧之歌。狐奴，今之昌平也。北齊裴延俊為幽州刺史，修古督亢陂，溉田百萬餘畝，為利十倍。督亢，今之涿州也。宋何承矩為河北制置使，於雄、鄚、霸州一帶，興堰六百里灌田。初年無功，人咸病之，次年大熟，承矩輦稻米入都示朝臣，謗者乃息。邊民之食以充。明汪應蛟為天津巡撫，欲興水田，將吏皆不欲，應蛟乃捐俸自開二千畝，畝收四五石，惟旱稻以鹼立槁，於是軍民始信。今東西二淀，即承矩之溏濼。天津十字圍，即應蛟水田之遺址。又查國朝李光地為巡撫，請興河間水田，言涿州水佔之地，每畝售錢二百，尚無欲者。一開成水田，畝易銀十兩。上年直督高斌，請開永定河灌田亦云，查勘所至，眾情欣悅。又臣聞石景山有莊頭修姓，家道殷實，能自引渾河灌田，比常農畝收數倍，旱潦不致為災。又聞蠡縣亦有富民，自行鑿井灌田，愈逢旱歲，其利益饒。又聞現在霸州知州朱一蜚，於二三月間曾勸民開井二千餘口，今頗賴之，則水利之可興也決矣。今請特遣大臣一員，齎帑金數十萬兩，前往河間、天津二府，督同道府牧令，分委佐貳雜職，除運道所關及滹沱正流，水性暴急，慎勿輕動，其餘河渠淀泊，凡有故跡可尋者，皆重加疏濬。而又於河渠淀泊之旁，各開小河，小河之旁，各開大溝，皆務深廣，度水力不及則止，節次建立水門，遞相灌注。旱則引水入溝以溉田，潦則放閘歸河以洩水。其離水寥遠之處，每田一頃，掘井一口；十頃，掘大塘一口，亦足供用。其中有侵及民地，並古陂廢堰，為民業已久者，皆計畝均勻撥還，民情自無不踴躍樂從。即將現在之賑民與遞回之流民，停其賑給，按地分段，派令就工，逐日給與工值，酌濟二三人口糧，寧厚毋減。一人在役，停其家賑糧二口；二人在役，停其家賑糧四口，其餘口與一戶皆不能執役者，仍照例給賑。其疏濬之後，有可耕種者，即借予工本，分年徵還。更請另簡大臣一員，齎帑分巡直隸各府，一如河間、天津二府辦理。雖所費繁多，而實為畿輔興無窮之利，與議賑迴然不同。然而或曰北土高燥，不宜稻種也；土性沙鹼，水入即滲也；挖掘民地，易起怨聲也。且前明徐貞明行之而立敗，怡賢親王與大學士朱軾之經理，亦垂成而坐廢，可為明鑒。臣竊以為，九土之種異宜，未聞稻非冀州之產。現今玉田、豐潤粳稻油油，且今第為興水利耳，固不必強之為水田也。或疏或濬，則用官資，可稻可禾，聽從民便，此不疑者一也。土性沙鹼，不過數處耳，且即使沙鹼而多一行水之道，比聽其衝溢者，猶愈於已乎，不疑者二也。若以溝渠為損地，此尤非知農事者。凡力田務盡力而不貴多，今但使十畝之地，損一畝以蓄水，而九畝倍收，與十畝皆薄入孰利？況損地者又予撥還，不疑者三也。至於前人之屢行屢罷，此亦由徐貞明有幹濟之才，所言亦百世之利。其時御史王之棟參劾，出於奄人動戚之意，其疏載在省志，不過言滹沱不可開耳，未嘗言水利不可行也。但其募南人開墾，即以其地予之，又許占籍，是奪北人之田，而又塞其功名之路也，其致人言也必矣。至營田四局，則成績具在，公論難誣。但當日效力差員，不無奉行不善之處，所以賢王一沒，遂爾廢之，非深識長算者之所出也。凡始事難，成事易，賡續以終之則是，中道而棄之則非，不疑者四也。今日生齒日繁，民食漸絀，苟舍此不為經理，其餘皆為末節。臣愚以為盡興西北之水田，盡辟東南之禁地，則米價自然平減，閭右立致豐盈。但其事體至大，請先就直隸為端，俟行之有效，次第舉行。」得旨：「大學士會同九卿速議具奏。」

《高宗實録》卷216，頁777-780

乾隆九年（甲子）七月乙酉日

直隸總督高斌疏報：「據布政使沈起元詳稱，霸州、保定、固安、宛平、大興、文安、大城、涿州、房山、良鄉、永清、東安、香河、昌平、順義、懷柔、密雲、平谷、延慶衛、薊州、通州、三河、武清、寶坻、寧河、灤州、盧龍、遷安、撫寧、昌黎、樂亭、臨榆、雄縣、高陽、新安、清苑、滿城、安肅、新城、容城、定興、唐縣、博野、蠡縣、慶都、完縣、祁州、安州、束鹿、河間、獻縣、阜城、肅寧、任邱、交河、景州、故城、吳橋、東光、寧津、天津、津軍廳、青縣、靜海、滄州、南皮、鹽山、慶雲、靈壽、新樂、廣宗、鉅鹿、平鄉、南和、廣平、雞澤、曲周、磁州、成安、威縣、清河、廣平、開州、赤城、延慶、萬全，冀州並所屬之新河、南宮、武邑，深州並所屬之武強、饒陽、安平，定州並所屬之曲陽、深澤，易州並所屬之淶水，遵化州並所屬之豐潤、玉田、熱河、八溝、喀喇河屯等一百五州縣衛廳，今春雨澤愆期，間被冰雹，二麥歉收。再東安、遷安、撫寧、唐縣、定興、河間、靈壽、延慶、懷安、西寧、蔚州、懷來等州縣，四五六等月，被雹傷禾，業經借給耔種，俟秋收後，確勘分數，另行題明。」得旨：「該部速議具奏。」尋議：「應如該督所請辦理。秋獲後，將收成分數另題，並將借給耔種數目咨部。」得旨：「依議速行。」

《高宗實録》卷 220，頁 835–836

乾隆九年（甲子）七月甲辰日

又覆奏：「近日各屬得雨，固安迤北州縣較多。然時晴時雨，亦未至淋潦過甚，晚禾藉以滋長，膩蟲亦可消除。惟霸州迤南一帶，得雨尚未霑足。再永定河石景山，於七月初四日長水六尺餘，隨即消落，上下南北兩岸隄埽，俱屬平穩。」得旨：「覽奏稍慰朕懷。卿所奏乃前日之情形，茲復連陰二日，昨晚之雨頗大，不傷農否？然霸州迤南，必霑足矣。朕差努三前去看水，可詳悉告彼，令其帶摺回奏。」又奏：「固安自七月初一至初六日，連得雨澤，不嫌過多。霸州迤南，近日並已得雨，永定河工亦俱平穩。」得旨：「今天已開晴，朕懷稍慰矣。努三見莊河有下埽之處，今平穩耶。」

《高宗實録》卷 222，頁 854

乾隆九年（甲子）八月丙寅日

諭：「上年天津、河間等處被旱成災，朕於常格之外，加恩賑恤，不使窮民失所。今春雨澤，又復愆期，麥收歉薄，朕心更為憂慮。幸於五月半後，天賜甘霖，通省霑渥，禾稼豐稔倍常，朕為萬民額手稱慶。念從前天津、河間被災最重之二十六州縣，並續報偏災之霸州等五州縣，目下秋田雖復有收，恐元氣一時未復。著將所借麥種、牛力、牧費、制錢等項，悉行豁免，俾積歉之區，民力寬裕，示朕加恩休養之至意。該部遵諭速行。」

《高宗實録》卷223，頁877

乾隆十年（乙丑）七月丙戌日

戶部議准：「升任直隸總督高斌疏稱，直屬文安、河間、獻縣、阜城、肅寧、交河、吳橋、東光、滄州、慶雲、靜海、鹽山、青縣、西寧、赤城、宛平、大興、霸州、保定、大城、涿州、房山、良鄉、固安、永清、香河、密雲、通州、三河、武清、寶坻、薊州、寧河、灤州、盧龍、遷安、撫寧、臨榆、清苑、滿城、安肅、定興、新城、唐縣、博野、慶都、容城、完縣、蠡縣、雄縣、祁州、束鹿、安州、高陽、新安、任邱、寧津、故城、天津、南皮、正定、獲鹿、元氏、藁城、欒城、無極、贊皇、平鄉、廣宗、鉅鹿、唐山、內邱、任縣、磁州、邯鄲、成安、曲周、廣平、威縣、清河、東明、延慶、宣化、萬全、龍門、懷來，冀州並所屬之新河、武邑、衡水，趙州並所屬之柏鄉、隆平、臨城、寧晉、高邑，深州並所屬之武強、饒陽、安平，定州並所屬之曲陽、深澤，易州並所屬之淶水、廣昌，遵化州並所屬之豐潤、玉田，又延慶衛、熱河、喀喇河屯等一百一十二州縣衛廳，因春夏雨澤愆期，二麥被旱歉收，兼有被雹傷損者，俱經酌借籽種口糧，並令及時布種秋禾。其應否加賑蠲免，俟秋獲時勘明，分數辦理。」

得旨：「依議速行。」

《高宗實録》卷 245，頁 158–159

乾隆十年（乙丑）九月乙亥日

諭軍機大臣等：「據內務府奏，被災官莊坐落地方永清、新城、固安、霸州、淶水、易州、青縣、交河、東安、武清、天津、定興、懷柔、宛平、大興等州縣，俱有被旱被雹之處。以上各州縣，從前那蘇圖兩次奏報被災摺內未經奏及，或係地方官尚未詳報，或係另有籌辦之處，抑或出於莊頭等之揑報乎？可寄信詢問。向來內務府派員查勘，只屬具文。朕思查辦災荒，全在地方有司，其莊頭等所報實與不實，該州縣官果能確查與否？著那蘇圖留心稽察，據實奏聞。」尋奏：「直隸官莊地畝皆與民地毗連，如果官莊被災，例應報明地方官，確查分數詳報，由臣衙門移咨戶部，轉咨內務府委員會同地方官查辦。倘官莊所報不實，地方官必不敢為轉。詳今內務府奏報各州縣官莊被旱被雹之處，內除東安、懷柔二縣未經報旱外，其永清等十三州縣，夏麥被旱歉收，經前督臣題報在案。又永清、天津二縣，七月內有被雹村莊，亦據布政使詳明酌借耔種在案。至各處秋禾，並未被旱，是以臣兩次報災摺內亦未奏及。官莊所報，想係二麥而非秋禾。但東安、懷柔本年麥收約計六七分不等，並無民地官莊題報旱災之案。查官莊既由地方官勘報，自應詳加查核，不可稍有草率，臣嗣後益當留心稽察，以杜揑飾。」得旨：「此事內務府尚未派員往察，卿可於內務府司員察辦時，令有司體察有無情弊，據實奏聞可也。」

《高宗實録》卷 248，頁 199–200

乾隆十一年（丙寅）六月癸未日

諭：「直隸通省今年應徵地丁錢糧，已加恩全行蠲免。固安、霸州二防守尉所轄，應徵屯糧例不在蠲免之內。但朕念耕種井田之旗戶，按畝輸穀，在縣交納，與民田正賦納銀者相同。著將固安、霸州二防守尉本年應徵屯糧穀石，一體加恩蠲免。該部即行文該督知之。」

《高宗實録》卷 269，頁 493

乾隆十二年（丁卯）二月乙亥日

又諭：「刑部奏稱，南城兵馬司副指揮張光熊拏獲造賣賭具莫天祿一案。霸州知州馮章宿將人犯扣留，以自行訪獲通詳，復致私書請託，請交該督就近將先後拏獲之處查審，分別參處等語。此案内曲直乃議敘議處所關，而私書請託漸不可長。著該督秉公確審，不得因係屬員，稍為回護。」

《高宗實録》卷 285，頁 710

乾隆十二年（丁卯）二月庚寅日

是月，協辦大學士吏部尚書高斌奏：「臣自盧溝橋由永定河南岸查勘工程，今春淩汛安瀾，各減壩俱未過水，下尾出口，溜勢通暢。惟下口河尾溜勢北趨，其轉灣處隄工甚為險要，應取直挑引河一道。其范甕口一帶，伏秋汛內，向在水中之葛漁城一村，水已環繞。查該村去北埝僅二里許，應接築土埂疊道，中留三孔木橋，以通水道，俱交各工員興修。臣隨至北運河查橫淺共七十餘處，已交做柴草木壩，束溜刷沙蓄水濟運，現往北路由昌平至宣化一帶勘工。」得旨：「經由地方，似均望雨澤，民情光景如何，速奏以慰朕念。」尋奏：「臣經由良鄉、涿州、固安、霸州、永清、東安、武清、香河、通州、順義、懷柔、昌平、延慶、懷來十四州縣境，俱係上年豐收之處，民情安帖。目前雖未得雨，待澤尚未甚殷。」得旨：「覽奏俱悉，直隸春間望雨竟成故例矣。然豈可委之天而不責之己乎？」

《高宗實録》卷 285，頁 719

乾隆十二年（丁卯）六月庚申日

戶部議准：「直隸總督那蘇圖疏稱，八旗下屯種地人等應建房屋。現在通州、昌平、豐潤、三河、玉田、昌黎、樂亭、淶水、武清等州縣各報建竣二百五十戶。又任邱、文安、香河、大興、延慶衛、大城、霸州、延慶州、灤州、順義、清苑、望都、容城、密雲、寶坻、遷安、高陽、雄縣、蠡縣等州縣衛續報，共建竣三百六十九戶。又建竣耕種認買公產地畝共三十二戶，應查明已撥人戶，令其前往耕種。內有各屬已造旗分姓名，及現報完工、尚未造有旗分姓名者，均經分晰匯造總冊，應聽戶部移咨各旗，按戶查明，發銀給照，令其前往等語。查各州縣建竣房屋內，八旗共計六百十九戶，耕種公產者三十二戶，共六百五十一戶，應照原議，於公產地價項下，動撥銀六萬五千一百兩，令各該旗出具總領，赴部領回，會同查旗御史，按戶給發，每戶給牛具籽種銀各一百兩，並印照一紙，令其前往。又稱，各屬未經建竣六百四十三戶及耕種認買公產旗人一十九戶，現在督令速建等語。

應令該督嚴飭趕辦，隨竣隨報，俾得陸續下屯耕作。」從之。

《高宗實録》卷 292，頁 822–823

乾隆十二年（丁卯）七月癸卯日

諭軍機大臣等：「今歲畿輔地方，近京之處，立夏以來，雨澤調勻，田疇禾稼，大約與去年相同。但從前春夏之交，那蘇圖曾報大名一屬，得雨稍遲。近據稱滹沱、子牙河等處，河水陡漲，其沿河低窪之處，不無被淹。朕已批諭，令其查明妥辦。現今秋成在邇，著傳諭那蘇圖，將直隸通省情形，詳悉確查，通盤計算，較之去年收成分數若何，據實具奏。」尋奏：「直隸通省，高阜之地居多，惟天津、靜海、南皮、河間、任邱、獻縣、東鹿、冀州等處，因滹沱、子牙河水陡漲，低窪地土被淹，現已委員查辦。至薊州、玉田、豐潤、寶坻、正定、霸州、東光等處，多係一水一麥之地。今春二麥豐收，晚禾浸損，亦屬常有，例不成災。將來或應停緩舊欠，酌借耔種，或於冬季酌給口糧，俟查明分别辦理。餘俱豐收，計通省高地收成比上年較勝。」得旨：「欣慰覽之。」

《高宗實録》卷 294，頁 859

乾隆十二年（丁卯）七月丙午日

賑卹直隸固安、永清、香河、武清、涿州、霸州、大城、薊州、玉田、新城、容城、蠡縣、雄縣、祁州、東鹿、安州、高陽、新安、易州、淶水、河間、獻縣、阜城、肅寧、任邱、寧津、吴橋、故城、東光、天津、南皮、正定、井陘、藁城、冀州、南宮、新河、武邑、衡水、趙州、柏鄉、隆平、高邑、臨城、深州、武強、饒陽、安平、沙河、南和、平鄉、廣宗、鉅鹿、内邱、永年、曲周、雞澤、邯鄲、成安、威縣、清河、磁州、宣化、赤城、萬全、懷來、蔚州、蔚縣、西寧、懷安、喀喇河屯通判、獨石口同知、熱河、八溝同知、四旗通判等七十五州縣廳被水、被旱、被雹飢民。

《高宗實録》卷 295，頁 864

乾隆十二年（丁卯）八月甲子日

諭：「據那蘇圖奏稱，乾隆二年，霸州等十一州縣，領運通倉賑濟米石一案，屢經部駁，但分設四鄉，輾轉分盤，折耗在所不免，每石請銷耗米一升五合等語。著加恩照所請，准其報銷，後不為例。」

《高宗實録》卷 296，頁 876

乾隆十二年（丁卯）八月乙酉日

諭：「據直隸總督那蘇圖奏稱，直屬被水州縣，有成災較重之天津、靜海、文安、大城、霸州、永清、武清、津軍廳等八州縣廳，應請照例先行撫恤一月口糧。其成災較輕之河間、任邱、南皮、青縣、滄州、慶雲、寶坻七州縣，毋庸普賑。但其中極貧下戶，口食維艱，應請一例摘賑，撫恤一月口糧等語。朕思慶雲一縣，此次成災雖輕，但該處屢被荒歉，地瘠民貧，朕甚軫念。著照被災輕重之天津等處，一例普賑，餘著照該督所請，分別賑恤，俾民食得資接濟。至此十五州縣廳屬既被偏災，所有應徵錢糧，小民輸納必多拮据，著加恩將該處應徵新舊錢糧，暫行緩徵，以紓民力。該部遵諭速行。」

《高宗實録》卷 297，頁 890

乾隆十二年（丁卯）十月戊寅日

諭：「直隸總督那蘇圖奏稱，霸州、豐潤二處營田，該牧令未能專心經理，宜設專員，以收實效。查參革知府陸福宜、知州馮章宿，俱在直年久，辦事勇往，請留直委用，管理霸州、豐潤營田等語。古有田畯之官，巡行阡陌，勸稼課耕，宣布德化。該督所奏，專員經辦營田，尚得古人遺意，而該員等參案，亦非貪劣營私可比。著照所請，陸福宜管理豐潤營田，馮章宿管理霸州營田，令其親身督率，加意經理，如三年後，果能著有成效，該督奏聞，送部引見。」

《高宗實録》卷 301，頁 933–934

乾隆十二年（丁卯）十二月乙丑日

諭：「今歲直隸偏災，順天府屬之霸州、文安、大城、武清，天津府屬之天津、靜海為較重，被災民人，業已降旨加恩賑卹。其兵丁例不領賑，朕念伊等身列戎行，有差遣巡查之役，地方既遇歉收，食用未免拮据。著加恩將霸州等處駐劄各營兵丁，於司庫建曠銀內，借給一季餉銀，自戊辰年夏季起，分作四季扣還，以資目前用度。該部遵諭速行。」

《高宗實録》卷 304，頁 975–976

乾隆十三年（戊辰）二月甲子日

又諭：「上年直屬被水成災，天津等十五州縣廳，業已加恩賑濟，小民不致乏食。但念天津、靜海、文安、大城、霸州、永清、武清、慶雲、津軍廳等處被災較重，目下停賑將屆，麥秋尚遠，恐不足以資接濟。其河間、任邱、南皮、青縣、滄州、寶坻六州縣，因被災較輕，業已停賑，貧民未免拮据。今朕巡幸所及，慶惠宜施，著加恩將此十五州縣廳，再行加賑一月，俾得普霑惠澤。所需米石，令該督於北倉存貯漕糧內動撥。該部遵諭速行。」

《高宗實録》卷 308，頁 33

乾隆十三年（戊辰）三月壬辰日

諭：「上年直屬天津、靜海、文安、大城、霸州、永清、武清、河間、任邱、南皮、青縣、滄州、慶雲、寶坻、津軍等十五州縣廳，被水成災，業已加展賑期，多方撫恤。目下開徵已屆，恐貧民尚不免拮据，所有各該州縣廳，應輸本年錢糧，除未被水村莊，仍令照例輸納。其被災及現在加賑之處，俱著加恩，緩至麥熟後開徵，以紓民力。該部遵諭速行。」

《高宗實録》卷 310，頁 78–79

乾隆十三年（戊辰）五月乙酉日

蠲免直隸霸州、文安、大城、永清、東安、武清、寶坻、薊州、寧河、束鹿、河間、獻縣、任邱、天津、青縣、靜海、滄州、慶雲、南皮、津軍廳、清河、開州、東明、南樂、清豐、元城、宣化、萬全、赤城、西寧、豐潤、玉田等三十二州縣廳十二年分水災地畝額賦有差。

《高宗實録》卷 314，頁 149–150

乾隆十四年（己巳）六月丙午日

諭軍機大臣等：「前因霸州水圍久未舉行，水漸減少，曾傳諭那蘇圖，俟高斌回時商辦。嗣據那蘇圖奏稱，水大之年，將張青口越河堵閉，即可足用，如遇水小，則兼閉趙北口之木橋。以關攔淀水，須於白露後即行堵閉，方足備春月行圍之用。朕思今歲雨澤霑足，淀水自必充溢，未知那蘇圖如何辦理。其辦理之處，玉麟曾否知悉。可傳諭玉麟，令其將現在情形，詳悉查明奏聞，不必告知那蘇圖。」尋奏：「查霸州水圍處所，向在西淀一帶，乃畿南泉河彙聚之區，而趙北口為收束淀水之咽喉，張青口為宣洩淀水之尾閭，淀河水勢大小，視兩處通塞為定。督臣那蘇圖，因未奉明旨，尚未辦理。現在淀水雖較往年稍大，但晴霽日久，恐下口遄流，不能停蓄充裕，似應不論水勢大小，將張青、趙北兩口，兼為關攔，使淀水不致缺乏。並照高斌所奏，北運河束水草壩式樣，攔河堵截，俟白露後辦理。惟應暫閉十分之八，留二分以為船路，待入冬將次凍河之時，再行全閉。統俟稟知督臣，會同藩司悉心妥辦。」得旨：「是，汝等共商酌妥辦。」

《高宗實録》卷343，頁755–756

乾隆十四年（己巳）八月壬午日

諭軍機大臣等：「據陳大受所奏趙北口行圍經由道路一摺，通計水陸程途，若自天津登舟，由西沽大清河至趙北口，取道既遠，即由陸路亦復紆回，不若徑由海子，直達霸州，較為便捷。當伊回京後，另派嚮導前往。至辦理淀河蓄水事宜一摺，內稱東西兩淀，可取作圍場者有二十一處等語。水圍雖在淀泊，而水利為民田灌溉取資，非塞外圍場可比。既有二十一處，已盡足肆舟師。但今所定行圍處所，是否即係皇祖行圍之地，較聖祖時增減幾處，俱著查明具奏。其所蓄淀水，於附近民田畝澮，有無妨礙？古人有讓地瀦水以備蓄洩者，若專顧兩淀，遂將諸路之水概行堵截，則他處不無涸竭之虞，殊有未便。又稱沿淀淤淺之地，民間侵佔為田，漸成村落一節。小民貪得膏腴，罔知大計，侵佔愈多，淀泊愈狹，將使水無所容，盛漲必致漫溢，需水之時又不足以資灌溉，亦非長策。此等俱宜留意。但觀所奏情形，則小民田廬樂業已久，行圍當非所願。而上年經由該處，不見居民舟子異口同聲，皆有歡欣望幸之情，其故云何。陳大受親往履勘，自能備悉，著一並據實詳晰奏聞，不可專為巡幸行圍，或致於有妨耕作。著傳諭知之。朕既不往天津，著陳大受即密行傳諭麗柱，令其不必豫備。」尋奏：「查西淀中可行圍之二十一淀，即係聖祖仁皇帝行圍之處，並無增減。至於淀中雖有民間升科地畝，種植蘆葦麥禾，然皆在水淺淤墊之區及四圍邊際。現在所指圍場處所乃地勢窪下而瀦水較深者，原係空曠水面，與民居畝澮毫無關涉，不但無妨耕作，並未損及民間一蘆一葦。且鑾輅時巡，舟車輳輻，小民傭趁貿易，更可獲利資生。體察輿情，實深望幸。況淀河日漸淤墊，舉行水圍，地方官自必留心疏濬，不但可肄舟師，實於水利田疇，兼有裨益。」得旨：「諸凡甚妥，知道了。」

《高宗實録》卷 346，頁 782–783

乾隆十四年（己巳）八月庚子日

諭：「朕於明歲春巡畿輔，行舉水圍，其霸州一帶道路，著鄉導努三同内大臣特庫，由波羅河屯前往，會同署總督陳大受，詳悉查明具奏。」又諭：「鄉導努三等，查勘霸州一帶水圍經過道路，著工部尚書三和一同前往。」

《高宗實録》卷 347，頁 791

乾隆十四年（己巳）九月戊申日

諭軍機大臣等：「朕明春水圍已向特庫、努三等降旨，仍由霸州一路至趙北口，不必取道天津，多費曲折。其三和等前往查看四處行宫，祇應就舊時所有略加修葺，無令過於戲舊可耳，或者地勢尚可增數間者，稍增間數，僅容駐蹕。酌量今冬可以完工者，一面奏聞，一面辦理。如其限於地勢，不能展拓，則一概不必增添。非如從前三和會同那蘇圖等原勘圖式，三和不可誤會朕旨。若照原估辦理，則工程浩大，今冬必不能如期完竣。此四處因近在水次，不過隨時小憩耳。再令三和將呈覽過原樣，各置該處，俟朕明春親臨酌看，應否修理，再行指示。

至查勘可以修工之處，因恐地方官不知內廷辦工成式，著三和指定，再於內府人員內諳練工程者，兩處派一人，兼管幫辦，代為經理做法。其一切備料動工錢糧，俱交地方官辦理，伊等俱不必經手，並將此意傳知陳大受。再三和所奏工部鑰匙諸事，已有旨交海望暫管，一並諭令知之。」

《高宗實録》卷 348，頁 799–800

乾隆十四年（己巳）十二月辛卯日

又諭：「朕昨經降旨，開春水圍之便前赴五台。今思若先至霸州，俟水圍既畢方至五台，為日既多，且奉皇太后聖駕前往，宮眷隨行船隻需用，應較前加倍，一時僱覓維艱，而行宮窄狹，亦復難於駐蹕。朕意春間竟由都中直赴五台，其道路營盤業經指定，且向有章程，自易辦理，可不至急遽。其由五台至太原，由太原出固關進京一路是否可行，應令阿里兗、方觀承會同商定。如不可行，即不必豫備，仍由龍泉關一路回鑾。至保定時，皇太后宮眷由陸路回京，朕分途至霸州，其時尚可行圍，即豫備行圍，不過乘舟巡覽，順道閱視永定河隄工，如此則不費周章，易於辦理。霸州離京甚近，即此番不行水圍，或下年再往，或另定行期，俱無不可。速傳諭該督撫知之。」

《高宗實録》卷 355，頁 902

乾隆十五年（庚午）六月戊戌日

諭：「永定河月隄漫刷，現在搶築尚未合龍，田禾既已被淹，即使急為宣洩，而秋期已近，莜麥雜糧可蒔者，業令賞給耔種。其不能補種者，當急籌播種秋麥，以為明春之計。著該督方觀承，酌量分別按照麥地，給與麥種銀兩，俾得於涸出之後，乘時播種。至固邑被水各村莊，秋收失望，窮黎待哺，朕心深為軫惻。著於漫口堵築後，查明地畝成災分數，並極次貧民戶口，於十一月起，分別賑給口糧，庶災民日食有資，不致失所。其永清、霸州、新城、保定等州縣，與固邑毗連之處，被災情形有相類者，亦著一體查辦，以示撫卹。該部遵諭速行。」

《高宗實録》卷367，頁1054–1055

乾隆十五年（庚午）十月甲午日

蠲緩直隸固安、永清、霸州、保定、文安、大城、東安、武清、寶坻、薊州、寧河、宛平、涿州、樂亭、清苑、容城、唐縣、博野、新城、完縣、蠡縣、雄縣、祁州、安州、高陽、新安、安肅、河間、肅寧、任邱、天津、青縣、靜海、津軍廳、萬全、張家口同知、西寧、蔚縣、宣化、龍門、懷安、定州、曲陽、易州、豐潤、玉田等四十六廳州縣水災雹災地畝本年額賦。其固安、永清、霸州、保定、文安、武清、寶坻、新城、雄縣、安州、新安、天津、津軍廳、靜海、大城、肅寧、高陽、玉田等十八廳州縣飢民，貸予口糧。保定、文安、大城、東安、武清、寶坻、薊州、寧河、清苑、新城、完縣、蠡縣、雄縣、祁州、安州、高陽、新安、河間、肅寧、任邱、天津、青縣、靜海、津軍廳、西寧、豐潤、玉田、固安、永清、霸州、易州、唐縣、曲陽、定州、樂亭等三十五廳州縣飢民，並予賑卹有差。

乾隆十五年（庚午）十一月乙巳日

諭：「今歲直屬固安等處偶被偏災，收成稍薄。著將乾隆辛未年豫、東二省粟米，截留十萬石，以備來年賑糶之用。其保定、雄縣所有明年應辦兵米，即於此項內支撥，停其採買。至固安、霸州、寶坻、玉田、順義、東安、良鄉、大興等八州縣歉收之地，米價稍昂，其應需本年冬季及來歲春季兵米，著加恩準照舊例，每石增價三錢，以示軫恤兵民至意。該部遵諭速行。」

《高宗實録》卷 375，頁 1144

《高宗實録》卷 376，頁 1155

乾隆十六年（辛未）三月己酉日

工部議准：「直隸總督方觀承疏稱，永定河南北兩岸、石景山、三角淀、西淀等處，乾隆十五年秋冬二季及十六年春季兵餉，例於霸州、文安等州縣十五年地糧銀內派解。該州縣上年被水成災，錢糧蠲緩，所有應解兵餉，請於十四年地糧銀內改撥開徵抵還。」從之。

《高宗實録》卷 384，頁 50–51

乾隆十六年（辛未）三月丁卯日

是月，直隸總督方觀承奏：「直隸上年被水，東西兩淀，南北運河並白溝、唐、沙、薊運等河，先後泛漲。又天津海河倒漾，秋盡始退。各處隄埝多沖刷殘缺，須汛前修補。本年二月，親往履勘，工可緩者暫停，應題修者題修，應民修者民修。民值災後，此次酌借口糧，秋後免息還倉。惟霸州沿淀六工，雖係民埝，而漫水未涸。現飭河員指示次第令民分年帶修，無庸議借口糧。其上下六工之間聯成營田圍埝，四面坍缺，營田效力原任知州馮章宿，捐修東南二面，西北二面，動支營田生息、書院膏火餘存銀補築。其餘災地工程，難用民力，又不應另案動帑者，照興工代賑例辦理。」得旨：「著照所請行。」

《高宗實録》卷 385，頁 65–66

乾隆十六年（辛未）四月癸巳日

兵部尚書舒赫德等覆奏：「查冰窖草壩，在永定河南岸上七工之尾，舊下口之傍，地勢本低，今年淩汛續發，正河出口不暢，壩門過水勢猛，將以上河身吸刷寬深，全河趨下，即由壩口掣溜，七八等工正，河長五十餘里，半被泥淤，而下口尤甚。即復行挑濬出口之路，斷難一律暢達，且通河水勢偏南，未便強之使北也。至現在水由冰窖草壩外舊河尾，接南坦坡埝，東西長八十餘里，南北寬四五里至十五里不等，地面比舊河身低七八尺及丈餘，若由坦坡埝之尾東北導入葉淀，去路地寬，則停淤益薄，且省兩隄夾束五十里之修防，較挖正河下游，事半功倍，將此處作為下口，可無疑義。至隄外各村，分隸霸州、永清等州縣，除近南埝高阜之董家、韓家等八處外，應遷移者七村，築護埝者三村，不願築護埝者四村，其地皆具呈不願除糧，惟照河泊地則交租守業。請將冰窖草壩以東之隄身開寬，作為河口，令向東南出水，自坦坡埝至龍尾六十餘里，一律幫寬，作坦坡形。

其外臨澱水處，約長二十里，再加高一尺，再於王慶坨南開引河長二十里，導渾流入葉淀，由鳳河入大清河。再查舊河五十餘里，若將兩頭淤墊，開挑作為減河，亦屬有益，應於歲修項下，從緩辦理。又康熙年間所立隄岸，至現在六工而止。雍正四年，接建七工八工。今下口改歸舊處，自應將七八等工名色裁去，統入六工，合計里數，分為上中下三汛，以原設及議裁之縣丞、主簿六員，駐劄經理，均歸三角淀通判管轄。至兩岸原有之把總，既無專司，亦應與千總同聽調遣。再遷移各村，應給房價銀一萬四千五百餘兩，就近於舊河身內丈撥移蓋，俾汛前早獲安居。其民地各色錢糧，歲徵銀二千八百餘兩，酌照河灘淤地之例，作為租額，分季交納。至旗地內，如係當差地畝，應於各縣存退餘絕，並舊河身地內另籌撥補。如仍願守業，不願撥補者亦聽。其減糧徵除等章程，俱於乾隆十六年為始。」從之。

《高宗實録》卷 387，頁 87–88

乾隆十七年（壬申）四月庚申日

直隸總督方觀承奏：「永定河金門閘迤下引河一道，分減汛漲，南趨固安之畢家莊，分東西二股，並以霸州之中亭河為歸宿。今查引河上段漸淤，而旁通之道溝窪下，近接牤牛河，並與白溝河相連。將來伏秋汛內，金門閘減淺之水，恐其迤西就下，闌入牤牛。請於引河西連道溝之處，横築攔水壩一道，約長四十餘丈，高七八尺，以遏西趨之路，自引河頭起至畢家莊止，將河身一律挑深。其下東西二引河，祇須將東引河首尾，及中亭河淤淺處，挑挖深通，即可暢行。查引河經由宛平、良鄉、涿州、固安、霸州、新城六州縣，凡淤淺應挑濬者，例勸民力，仰懇於各州縣存倉米內，每人日借給米一升，秋成免息還倉。」得旨：「所挑淤土，即以築攔水壩乎？抑別有措置乎？具圖速奏來。此工若不可緩，一面辦理，不必待奏覆也。」

《高宗實録》卷 413，頁 408–409

乾隆十七年（壬申）五月戊寅日

直隸總督方觀承覆奏：「直屬先後詳報生蝻者四十三州縣。今已報撲淨者，通州、武清、香河、寶坻、固安、東安、安肅、新城、博野、望都、蠡縣、阜城、交河、寧津、景州、東光、靜海、南皮、慶雲、成安、衡水等二十一州縣。現將捕竣者，永清、祁州、獻縣、深州、清苑等五州縣。撲盡續生者，霸州、寧河、吳橋、天津、鹽埸、滄州、青縣、鹽山、定州、元城、大名、南樂、魏縣、清豐、東明、開州、長垣等十六州縣。甫經生發，現正撲捕者，雄縣一縣。至大名一府八州縣，俱報生蝻，撲後復萌，實因上年黃水漫及之故。該處地方遼闊，誠如諭旨，離京離省遙遠，查察難周，所委道府丞倅，恐有顧此失彼之慮，已於臣標並正定鎮標，多派員弁，分頭協辦。報聞。」

《高宗實録》卷 415，頁 432

乾隆十七年（壬申）五月庚辰日

諭軍機大臣等：「前據胡寶瑔奏稱，二十前後可以回京，今尚未見來京，想捕蝻事尚未竣。如果尚須加緊捕撲，不妨多留數日，俟完竣妥協，永無後患更佳。其現在情景若何？是否漸次稍減？或較前稍減？及別有萌生之處？速行據實馳奏。」尋奏：「蝗蝻生發，惟當極力驅除，鄉民無知，雖懸賞不肯即報。推求其故，恐派夫蹂躪，徒事煩擾，惟信劉猛將軍之神，祈禳可免，愚說實不足憑。前奏由武清回京，及抵永清而蝗頗熾，霸州、文安又復踵報，隨委員督辦永清，親赴霸州、文安查看，已將祛淨。再回永清，而霸昌道魯成龍，極力圍撲，並以錢買之。鄉民趨利，每買一次，即得三四斛，現已去其八九。其竄入高粱豆根者，照方觀承曉示，踐傷田穀，每畝給米一石。現順屬十一州縣，淨盡者六處。其寧河、霸州、文安、永清、固安亦將竣事。擬於一二日回京。」得旨：「所見甚正，然民情亦當順之。彼祀神固不害我之捕蝗也。若不盡力捕蝗，而惟恃祀神，則不可耳。」

《高宗實録》卷 415，頁 433–434

乾隆十七年（壬申）六月丁未日

諭軍機大臣等：「據侍郎管府尹事胡寶瑔奏稱，霸州堂二鋪地方，於本月初六日未時，永定河渾水漲發，從西北兩面漫埝進村，深三四尺，田禾盡淹，房屋浸塌，現於河西之王家場等處，搭蓋窩鋪等語。昨據永寧奏稱，南北兩岸隄堰閘壩，俱各穩固，則霸州堂二鋪之水，從何而來？或即金門閘各草壩所過之水？抑或係河身衝漫之水？永寧既經抵工，代該督防汛，凡有被水村莊，無分大小，俱應一一查明奏報，何以未經奏聞？著即傳旨詢問，令其即速回奏。」尋奏：「臣自六月初七日准督臣委赴永定河防汛，十一日到工，履勘南北兩岸隄壩俱屬穩固，當即奏聞。其初六日，堂二鋪等村被淹，未據詳報，是以未經具奏。伏查堂二鋪、大小佛城、疙疸、黃家、王家、大小韓家、大小崔家、董家、胡家各鋪，並郎城一十二村，往年水大時，村民移居高阜，水落仍入村居，總因圖淤獲利，不願遷移。現河水浸村，實係河灘漫衍之水，並非河隄衝漫，亦非金門閘暨各草壩過水為患。且所種俱係一水一麥，灘地每歲被淹，現據該州搭蓋窩鋪棲身，並查無力之家，借給口糧，民情安堵。」得旨：「覽奏稍慰，其應行撫恤者，妥查辦理，總屬民瘼攸關，何必分彼此職司耶！」

《高宗實録》卷 417，頁 460

乾隆十八年（癸酉）正月壬戌日

諭：「朕於二月內，恭謁泰陵，旋蹕順道詣金陵祭奠。由黄新莊奉侍皇太后，前往霸州水圍，候皇太后鑾輿回暢春園，朕即從霸州一帶，閲視永定河工，至南苑駐蹕。所有應行事宜，著各該衙門照例豫備。」

《高宗實録》卷 430，頁 620

乾隆十八年（癸酉）五月戊午日

直隸總督方觀承奏：「據各屬報雨情形，惟順天府屬並宣化、易州多已霑足，其餘均止一二寸不等。天、河、正、順四府暵較甚。再查蝻孽，天津、滄州報有四十餘處，靜海二十一處。現用以米易蝻之法，分路設立廠局，凡捕得蝻子一斗，給米五升，村民現俱踴躍搜捕。此外如鹽山、南皮、慶雲，順天府屬之寧河、霸州，遵化州屬之豐潤等處，雖間有生發，已隨時撲打。至易蝻米項，臣飭於本處倉貯暫行動撥，並天津貯有採買奉天米項亦可撥放，俟事竣奏請撥還。」得旨：「覽奏俱悉。京師雖已霑足，保陽尚亦望澤，不應因此處不祈，而外郡亦不祈也。仍竭誠祈雨，必霑足優渥，方釋懸望耳。有應行籌濟之事，亦即速辦。」

《高宗實録》卷438，頁706

乾隆十九年（甲戌）十一月庚辰日

賑貸順天、直隸所屬武清、薊州、霸州、保定、永清、東安、灤州、昌黎、樂亭、高陽、萬全、懷安、懷來、豐潤、玉田等十五州縣本年被水、被雹饑民及旗戶灶戶人等，其本年應徵錢糧及積年舊欠，分別蠲緩帶徵。

《高宗實録》卷476，頁1149

乾隆二十四年（己卯）閏六月庚寅日

諭軍機大臣等：「方觀承奏永定河南岸四工隄頂漫開數丈一摺，已差安泰、赫爾景額馳驛前往察看情形，令安泰先行馳奏，並留赫爾景額在彼協同該督，督率堵築矣。看來直屬當大雨時行之後，又兼山西上游一帶亦得透雨，山水漲發，以致急流直注。間有衝漫之處，量其體勢，雖非南河可比，但此過水村莊，既已望雨於前，復經被水於後，窮民殊堪軫念。該督應即遵旨詳悉查看，分別妥辦。至摺內所稱漫出之水，是否由牤牛河等處，仍歸津水窪入淀等語，該督尤宜迅速體勘於固安、永清各屬，相其端委，設法疏濬，毋使或有旁溢，為地方滋累。所有現在水勢情形，仍令該督一面先行查明具奏。」尋奏：「永定河南岸四工漫水，係由大孫郭村，順固安東界之道溝西十餘里流向永清縣城，繞壕而南，分流散漫，循黃家河舊河身，入霸州所屬之津水窪，歸勝定淀內之徑直河，計長七十餘里。水道經由之村莊，多在高阜，總未淹及房屋。田稼間有傷損，水退尚可補種莜麥。

旁漫易消，並無橫衝為患。」得旨：「知道了。究以速開引河堵漫口為是，不可以其歸淀而緩視之，入淀久則淤泥深，為害大矣。慎之。」

《高宗實録》卷590，頁561

乾隆二十四年（己卯）十月丙申日

賑恤順天、直隸所屬固安、永清、霸州、大名、元城、清豐、南安、清河、威縣、永年、邯鄲、曲周、雞澤、沙河、平鄉、南和、任縣、鉅鹿、冀州、南宮、新河、武邑、衡水、隆平、寧晉、深州、武強、滄州、南皮、武清、獻縣、任邱、交河、天津、青縣、鹽山、津軍、延慶、保安、蔚州、宣化、懷安、萬全、西寧、龍門、懷來、張家口等四十七州縣廳，本年水旱、霜雹、蟲螣偏災貧民，並蠲緩額賦有差。

《高宗實録》卷594，頁694

乾隆二十五年（庚辰）十二月庚子日

直隸總督方觀承奏：「張家口駐防兵豫支米，經軍機大臣議准，照京師甲米例四季關支。茲通查直省各駐防兵，惟保定、雄縣、古北口、千家店向係按四季關支，無庸復議。天津水師營，則係按月關支，熱河按三季關支，寶坻、玉田、三河、冷口、山海關、盧龍、喜峰口、羅文峪、滄州、昌平、順義、霸州、固安、東安、大興、良鄉、張家口、獨石口等十八處，係春秋兩季關支，辦理殊不畫一。請悉照京師甲米例，均作四季支放。」得旨：「如所議行。」

《高宗實録》卷627，頁1050

乾隆二十六年（辛巳）八月辛未日

諭軍機大臣等：「據方觀承奏，霸州南崔家房漫口一摺。今年秋霖較大，南淀地處窪下，易致積潦浸溢。現在淀河長隄，既經漫刷，一切堵築宣洩，及備料撫卹事宜，正當及時加緊督率妥辦。該督久任直隸，河防素所諳悉，非豫省黃河奪溜，必須特派大臣董理者可比。可即駐工所，相度經理，不必亟亟趕赴熱河，即回鑾時該處尚需料理，不及來迎。該督於工竣之後，十一月亦應進京，自可面陳一切。惟應速妥，不可稽遲草率。至撫卹一事，更應竭力妥為，將此傳諭知之。」

《高宗實録》卷642，頁173

乾隆二十六年（辛巳）八月丁亥日

又諭：「直隸漫水各處，該督方觀承現在工次董率料理。節據奏報情形，已俱於摺内批諭。但永定河雖已合龍，而崔家房等處，據奏尚在催辦，不知何時可以竣工。現在熱河又復連日陰雨，關内相去不遠，各該處是否亦有雨水，甚為軫念。著傳諭方觀承，令其確查速奏，以慰懸切。至今歲直隸地方，秋收分數，究竟若何？全省通計究有幾分？並著詳悉查明實在情形，一並具奏。」尋奏：「崔家房漫口，九月初旬内可以竣工。文安、霸州、固安十九日大雨，天津、涿州、保定，十八、十九日連雨，二十一日以後皆已晴朗。至秋收通計全省約在七分。」得旨：「覽奏稍慰。」

《高宗實録》卷 643，頁 192

乾隆二十七年（壬午）正月戊申日

加賑直隸文安、大城、天津、津軍、冀州、武邑、衡水、長垣八州縣廳，並固安、霸州、保定、安州、開州、東明、清河、新河、南宫、武強、隆平、寧晉、寶坻、武清、高陽、新安、肅寧、交河、東光、滄州、大名、元城、永年、成安、廣平、雞澤、威縣、深州二十八州縣水災村莊饑民。

《高宗實録》卷 652，頁 306

乾隆二十七年（壬午）三月乙卯日

諭直隸保定等處駐防兵丁：「本年夏秋冬三季兵米，例應給發折色，但念各該地方，上年俱有被水之處，米價未免稍昂，兵丁買食維艱。去歲截留東省漕糧五萬三千餘石，今除賑糶之外，尚存米一萬七千餘石。著加恩將保定、雄縣及東安、采育、霸州、良鄉、順義七處駐防兵丁，應領乾隆二十七年夏秋冬三季兵米一萬四千二百餘石，即於此項餘剩粟米内全數動撥。在兵丁可以不與閭閻爭糴，市集糧價亦可不致翔湧，於民食兵糈，均有裨益。該部遵諭速行。」

《高宗實録》卷 657，頁 351

乾隆二十七年（壬午）六月丁酉日

蠲免直隸固安、永清、東安、武清、霸州、保定、文安、大城、宛平、寶坻、薊州、寧河、灤州、清苑、新城、博野、望都、蠡縣、祁州、雄縣、安州、高陽、新安、河間、獻縣、肅寧、任邱、交河、景州、東光、天津、青縣、静海、滄州、南皮、鹽山、慶雲、津軍廳、平鄉、廣宗、鉅鹿、唐山、任縣、永年、邯鄲、成安、曲周、廣平、雞澤、威縣、清河、磁州、開州、大名、元城、南樂、清豐、東明、長垣、西寧、蔚州、豐潤、玉田、冀州、南宫、新河、武邑、衡水、隆平、寧晉、深州、武強、定州、曲陽等七十四州縣廳乾隆二十六年水災額賦有差。

《高宗實録》卷 664，頁 429

乾隆二十七年（壬午）八月壬子日

又諭：「今年直隸夏雨成滂，濱水窪地田禾不無淹損，所有積年錢糧帶徵緩徵，各屬内今年復被水災之文安、大城、武清、寶坻、薊州、天津及霸州、保定、永清、東安、安州、新安、青縣、静海、滄州、寧晉、津軍廳十七州縣廳，民力自屬拮据，其應徵銀八萬二千四百兩零，穀豆高粱五千四百石零，均予豁免，以示優卹。至與災重州縣毗連，本處復被水災之寧河、固安、鹽山、慶雲、衡水五縣，所有應徵銀二萬一千五百餘兩，穀豆高粱一百八十餘石，亦著一體蠲免。該督其嚴飭所屬，實力奉行，務使窮民均霑實惠，毋致吏胥中飽，副朕加惠黎元至意。該部遵諭速行。」

《高宗實録》卷669，頁476

乾隆二十七年（壬午）十月己酉日

諭軍機大臣等：「范時紀摺奏，京南霸州、文安等處，地勢低窪，易致淹浸，請設法疏通，添築隄埝改為水田一事。此不過偶以近來一二年間雨水稍多，竟似此等地畝，素成積潦之區，殊不知現在情形，乃北省所偶遇。設過冬春之交，晴霽日久，便成陸壤，蓋物土宜者，南北燥濕，不能不從其性。即如附近昆明湖一帶地方，試種稻田，水泉最為便利，而蓄洩旺減不時，灌溉已難遍及。倘將窪地盡令改作秧田，當雨水過多，即可藉以瀦用，而雨澤一歉，又將何以救旱。從前近京議修水利營田，未嘗不再三經畫，始終未收實濟，可見地利不能強同，亦其明驗。但范時紀既有此奏，著將原摺一條鈔寄方觀承閲看，或有可以隨宜酌採，於目下流消之法，裨補一二者。該督細心籌議具奏，將此傳諭方觀承知之。」尋奏：「直屬試種水田，瀦涸不常，非地利所宜，惟京南之文安、霸州，保定所屬之安州、新安等處，其低窪各村莊遇水瀦時，令暫種稻田，涸後仍聽隨宜播種。」得旨：「覽奏俱悉。」

《高宗實録》卷673，頁523

乾隆二十七年（壬午）十月庚戌日

加賑順天、直隸所屬霸州、保定、文安、大城、涿州、良鄉、固安、永清、東安、香河、宛平、大興、昌平、順義、三河、武清、寶坻、薊州、寧河、灤州、昌黎、樂亭、清苑、安肅、新城、望都、雄縣、安州、高陽、新安、河間、獻縣、阜城、肅寧、任邱、交河、景州、東光、天津、青縣、靜海、滄州、南皮、鹽山、慶雲、津軍、成安、廣平、大名、元城、宣化、萬全、懷安、張家口、豐潤、玉田、冀州、南宮、新河、武邑、衡水、隆平、寧晉等六十三州縣廳本年被水、雹、霜災飢民，分別蠲緩應徵額賦。

《高宗實録》卷673，頁524–525

乾隆二十七年（壬午）十月戊午日

又奏：「查直屬各處積水，附近大城全經涸出，惟低窪處所，尚有渟聚。霸州六郎隄等七十三村，已涸十分之九，所有千里長隄、營田、圍埝代賑各工，甫能得土，業已趕辦。文安古窪積水，由長隄西馬頭村穿渠入淀，擬淀水稍落，兼用戽斗，佐以人力，亦可無誤春耕。寶坻、寧河東北一帶，毗連天津、靜海，為眾水瀦蓄之鄉，驟難減退，須俟春間水落後，相度辦理。京南一帶高處，現在查勘興工。」得旨：「此際不上緊興工代賑，更待何時，且春融泥淖，又致誤工作矣。宜竭力速辦。」

《高宗實録》卷673，頁530–531

乾隆二十八年（癸未）正月庚申日

諭：「去歲直隸各屬雨水過多，其偏災地方，已經加恩賑卹，並酌籌以工代賑，俾窮黎不致失所。但時屆春月，例賑將停，麥秋尚遠，正當青黃不接之際，農民口食未免拮据，深為軫念。著再加恩，將被災較重之霸州、保定、文安、大城、永清、東安、武清、寶坻、寧河、薊州、定州、新安、天津、青縣、靜海、滄州、寧晉等十七州縣之極次貧戶口，暨被災稍輕之大興、宛平、昌平、順義、固安、涿州、新城、雄縣、香河、豐潤、玉田、灤州、昌黎、樂亭、清苑、望都、高陽、河間、任邱、交河、景州、東光、南皮、鹽山、慶雲、冀州、武邑、衡水等二十八州縣之極貧戶口，均於停賑之後，概予展賑一個月，以資接濟。並於通倉所存乾隆二十四年以前稜米撥運十二萬石，以充展賑之需。該督方觀承，其董率屬員，實力奉行，務令貧民均霑實惠，副朕愛養黎元至意。該部遵諭速行。」

《高宗實録》卷678，頁581

乾隆二十八年（癸未）正月乙亥日

諭軍機大臣等：「上年直隸各屬秋雨過多，所有被災地方，疊經降旨加恩賑濟，並籌議以工代賑，復將災重之霸州等十七州縣，暨稍輕之大興等二十八州縣極次貧戶口，均予展賑一月，俾資接濟。第此等皆附近畿輔以北州縣，至京南之廣平、大名等所屬，雖據該督將廣平、大名等數邑奏明，係因河水漫及，偏災本輕，已經照例賑卹，無庸再行加賑。近聞京南地方，去秋歲事亦歉，正定迤南，大不如保定以北光景，是該處距京師較遠，該督或因其被災稍輕，查察未能周悉，地方官勘辦，亦有未盡之處。且開州、長垣、大名等處，前歲因豫省河漲，亦經被澇，當此連歲歉收之後，閭閻口食不無拮据，深堪軫念。著傳諭方觀承，令將京南各屬上年如何分別辦理，並現今實在情形若何，逐一查明，即行據實覆奏。」尋奏：「正定以南登麥較早，未經潦傷，伏秋雨少，收成約八九分。惟漳水溢及之處村莊間有被淹，成安等縣已報偏災，分別給賑，不便復與霸、固等處再邀無已之澤。」得旨：「覽奏稍慰。」

《高宗實録》卷 679，頁 594

乾隆二十八年（癸未）二月甲寅日

又諭曰：「御史興柱、顧光旭奏，文安、大城疏𡋯積水情形一摺。看來此事，方觀承派員籌畫，未免稍遲，現在正當加緊董辦。昨兆惠奏報，海河大閘口至鹹水沽等處，添開溝道事宜，並稱一面往勘文安、大城一帶。想此時正可到彼，督率該御史等克期將事。但一切僱夫需費，最關緊要，若必俟移知方觀承會同經理，則恐緩不及事。前已有旨，分撥部庫銀二十萬兩，解交天津備用。該御史及鹽政所辦工程，各應需用若干，兆惠應即於庫銀內一面先行酌量分給，俾得及時豫備集事。其支領仍歸地方官核實報銷，以免稽遲。至海河新增洩水溝道，日來是否較前大暢，內地積水，現在涸退尺寸與布種分數多寡之處，仍即回勘明確，詳細奏聞，以慰懸切。將此傳諭兆惠，並令知會該御史及鹽政等知之。」尋兆惠奏：「查靜海、青縣，積水宣消，計日盡涸，霸州水已退，地畝無不種蒔。大城、文安水較大，村莊未涸出者甚多，下流現開口引放。布政使觀音保同御史興柱、顧光旭，堵築上游漫口，以絕河水倒漾，趕於二十九日合龍。惟河流久溢，堵塞已遲，臣現於艾頭村等處缺口，測量高下，相度應行開溝處，飭知府周元理在隄辦理，並令日報放退若干，由臣轉奏，各工酌給庫銀，並知會御史、鹽政，一律辦理。」得旨：「竟遲了。今惟有竭力速行疏導，以望多涸耳。」御史顧光旭奏：「臣同臣興柱，已將文安隄辦竣，隨分勘漫水之區，涸出種麥者十之六七。香河、寶坻、寧河水全消，豐潤、玉田開挖東西岔河，於黑龍河尾挖溝，水深處尚二尺。現辦水車戽徹，期於三月全消。臣俟查灤州、樂亭回，仍沿途驗水消尺寸奏聞。」得旨：「嘉奬。」

《高宗實録》卷 681，頁 627

乾隆二十八年（癸未）五月戊午日

諭：「直隸各屬内上年秋霖歉收之地，米價未免較昂，兵丁艱於買食。著加恩將保定、雄縣、寶坻、固安、霸州、東安、玉田、昌平、良鄉、順義及大興之采育各州縣所有駐防兵丁，本年夏秋兩季應領米折銀兩，一概給與本色，即於奉天採買米石内支放，以示體卹。該部遵諭速行。」

《高宗實録》卷 686，頁 675–676

乾隆二十八年（癸未）五月癸亥日

又諭曰：「尚書阿桂著馳驛前往霸州、文安等處，會同侍郎裘曰修、總督方觀承，查辦事務。其帶往刑部司員，著一並馳驛前往。所有工部尚書事務，著舒赫德暫行兼署。」

又諭：「現在霸州、文安等處有查辦事件，已有旨派尚書阿桂、侍郎裘曰修馳驛前往，會同該督辦理。直屬應辦之事甚多。本月十八日，朕啟鑾巡幸木蘭，該督方觀承不必前赴行在，況口外現有良卿總理其事。至口內沿途各務，如王檢承辦秋審未竣，即派觀音保隨營辦理，或觀音保應辦事務尚多，即於道員中酌派一員，亦無不可。著將此傳諭知之。」

《高宗實録》卷 686，頁 677–678

乾隆二十八年（癸未）七月乙亥日

諭軍機大臣等：「直屬六月二十八、九等日，據報得有透雨。自立秋以來，又將半月有餘，未審復得雨澤否。今歲禾稼，雖歷詢俱稱長發豐稔，但其中是否有因得雨澤少，未能一律暢茂之處。及現在有無望雨情形，並著傳諭方觀承據實查明速奏。」尋奏：「各屬六月二十九日普雨之後，七月初五、六等日，順天、保定、永平、河間、天津等府屬，遵、易、冀、趙、深、定等州屬，復得雨三四寸至七八寸不等。初九日，保定以南各府州屬，又報得雨二三寸，而順屬之昌平、通、薊、霸、保、房山一帶，更為優渥。此時禾稼成實，高粱穀黍，以次收穫，惟晚禾仍需雨澤。其後種之豆莜，向前更望雨勤，乃可一律豐收。至宣屬宣化附郭二三十里之內，並萬全北鄉，張家口外等山地，微覺乾燥，收成恐減分數。再文安、霸州、安州、新安積水窪地，所種稻田甚廣，俱倍常茂實，足資接濟。」得旨：「晚田竟致被旱，殊為可惜，民情光景如何，有須豫為綢繆處否？速奏來。」

《高宗實録》卷 691，頁 744–745

乾隆二十八年（癸未）八月甲午日

諭：「今年直隸各屬雨暘時若，秋收頗為豐稔。惟近京各州縣中，上年被水之區，間有蝗蝻生發，雖經欽差大臣及地方官督率撲捕，於禾稼不致過損，而較諸他邑，收成終恐稍減分數。所有應徵額賦，若照例徵收，民力究未免拮据。著加恩將道州、三河、固安、霸州、文安、大城、清苑、安肅、天津、靜海、滄州、青縣、交河等十三州縣本年應徵錢糧，俱緩至來年麥熟後徵收，俾農民蓋藏充裕，以資生計。該部遵諭速行。」

《高宗實録》卷 692，頁 761–762

乾隆二十八年（癸未）八月壬寅日

諭：「今歲直隸各屬，秋收頗為豐稔。前以近京各州縣積歉之後，元氣未能驟復，業經降旨，將本年應徵錢糧，緩至來年麥熟後徵收。復念本年借欠之籽種各項，則均應及時還官，而歷年借欠籽種各項又須完納，新舊並徵，於閭閻生計，仍未免拮据。著再加恩，將霸州等七十七州縣，自乾隆二十年至二十七年，應徵歷年借欠未完常社等倉，並米麥合穀七十五萬餘石，於本年十月起，分作三年帶徵，以紓民力。該部遵諭速行。」

《高宗實録》卷 693，頁 764–765

乾隆二十九年（甲申）正月丁巳日

諭：「去年直屬通州等十三州縣內，間有蝗蝻生發，當經降旨將上年應徵錢糧，俱緩至本年麥熟後徵收。第念該州縣等雖勘不成災，而秋收究屬歉薄，惟望麥秋以資接濟，遽令新舊並輸，民食仍恐未能充裕。著再加恩，將通州、三河、固安、霸州、文安、大城、清苑、安肅、天津、靜海、滄州、青縣、交河等十三州縣，所有二十八年分應徵錢糧，俱緩至本年秋成後徵收，以紓民力。該部遵諭速行。」

《高宗實録》卷702，頁846-847

乾隆二十九年（甲申）六月丁亥日

兵部議准：「直隸總督方觀承奏稱，熱河廳應添巡防官員，請以燕河路分防倴城汛把總移駐，除原轄馬兵四名，守兵十名外，應押撥霸州營存城馬兵六名，守兵十名，並令熱河同知督率，歸督標統轄。將樂亭營外委帶存城馬兵一名，守兵一名，劉家墩汛馬兵一名，守兵二名。抽撥開平汛守兵三名，黑洋河汛守兵二名，移駐倴城，隸天津鎮樂亭營都司管轄。其稻地一汛，即以澗河汛把總帶領兵就近巡察，改隸玉田營都司管轄。」從之。

《高宗實録》卷712，頁948

乾隆三十年（乙酉）十二月庚戌日

諭：「直隸二十六年以前被災積欠銀糧，疊經降旨加恩豁免，而霸州、固安、永清三州縣屯戶領糧及隨帶地畝應交未完租穀，未經與民地一並予豁。伊等所種地畝，即與民地相連，邇年雖屬豐收，而新舊並徵，屯民生計未免拮据。所有霸州、固安、永清三州縣屯戶，及為民屯戶未完二十四、二十六兩年租穀八百餘石，著一體加恩豁免。該部遵諭速行。」

《高宗實録》卷 750，頁 256

乾隆三十一年（丙戌）四月丁未日

諭軍機大臣等：「據高誠奏，明春臨幸天津，所有塢内現存各船，繕單請點並請照南巡之例豫備水手等語。單内所開船隻如安福艫、翔鳳艇及單内簽貼各船，俱著照例豫備應用。至此次巡閲子牙河等處工程為日無多，且所過皆平淀小河，非南巡經涉江淮長途可比，何必需用水手多人？自應倣照霸州水圍之數，酌量備用。其一切隨營應用船隻，並著總理行營大臣撙節酌核，妥協辦理。可將此傳諭高誠知之。」

《高宗實録》卷 758，頁 351

乾隆三十一年（丙戌）八月丙辰日

軍機大臣等議覆：「直隸總督方觀承奏稱，永定河南北兩岸河灘内村莊共十八處，俱於乾隆十八年二月，遵旨指給隄外村基，令其全數搬移，立碑兩岸。又河道經由之南埝内大小二十八村，亦經勸諭遷移，給領房價。内十一村全行遷去，十一村遷去六百三十二戶，其餘不願遷各戶，停止給價，亦不許其添建房屋。所有地畝蒙恩減賦，仍聽各戶守業。又將北埝至范甕口四村及鳳河十六村，一並查明立碑，豫為限制在案。今查南埝距河已遠，並相近北埝，水未經由各村地畝俱可耕種。從前遷去人戶，有回本處搭蓋草房居住。又節據東安、武清、霸州、永清、天津等州縣屬三十四村民人，以現今河道改由北埝、遙埝一帶，所有涸出地畝，曾經減糧守業，無知隔遠，不便墾種，懇請暫回原處耕業，房間停其拆毁，其未遷各戶屋旁，暫添草土房居住。所有從前減糧地畝，既可照舊耕種，其錢糧仍依舊額徵收，並減糧存退旗地，一並報部等語。均應如所請。惟查從前遷去各戶，俱經給領房價，今該村民等既請仍回原處耕種，完糧守業，則原領房價，自應按數繳納歸款。應令該督查明辦理，仍確核碑載戶口，實力稽查，不得任他處村民，濫行搭蓋窩鋪房間日漸增益，致妨原定限制。」從之。

《高宗實録》卷 767，頁 418–419

乾隆三十一年（丙戌）八月丙寅日

諭軍機大臣等：「據裘曰修等奏，大興、宛平二縣，八月糧價各有增長，詢之經紀，僉稱目下商販甚多，是以市價稍增。當此連歲豐收，糧食充牣，早晚長落不定，惟有聽其自然，價將不禁而自減，若官為示禁，則恐轉致居奇等語。京畿連歲豐稔，本年收成又復有八九分，市集價值，不應轉貴於前。看來大、宛兩縣，向來所報糧價，率皆以多報少，即如夏月戶部奏豆價，其明驗也。此次或因裘曰修欲核實奏報，是以轉覺加增，則此時所報貴價，未必非即從前實價；抑或實有奸商射利，因新糧尚未登場，故爾居奇昂價；或因山東地方，歲收稍歉，販運者多，是以糧價稍長。雖不必官為示禁，致吏胥輩藉端滋擾，然亦不可不察其致貴之由。著傳諭舒赫德、方觀承，密行察訪，據實奏聞。並著裘曰修，將前後糧價虚實情形，具摺覆奏。」尋方觀承奏：「雄縣白溝河、霸州蘇家橋等處，有河間、天津商民，因與德州、臨清一水可通，多在水次收買粟米，轉販射利，然於鄰省歉地有益，未便概行禁阻。且此時新糧未盡登場，民間趕種秋麥，收攢秸稿正在忙時，田多糧裕之家，又不似小戶急圖售價，故市集米糧，不免時多時少，價亦時貴時賤。報聞。」

《高宗實録》卷767，頁424

乾隆三十二年（丁亥）三月乙丑朔日

軍機大臣等奏：「喜峰口等處駐防官兵，已令山海關副都統兼管。惟獨石口、古北口、錢家店、昌平州四處，仍由京出派大員管理，未經議改。請以古北口官兵，令熱河副都統兼管，獨石口、錢家店、昌平州三處，令張家口都統兼管，其由京特派大員之處，即行停止。至寶坻、固安、雄縣、霸州、彩峪、保定、良鄉、東安等八處，切近京師，駐防大員等均與該處相隔窵遠，請仍照舊例，由京派員管理。」從之。

《高宗實録》卷780，頁579

乾隆三十二年（丁亥）三月己巳日

諭：「東西二淀為畿輔匯萃清流之所。邇年瀦蓄安恬，節宣有藉。近淀村莊田土，泛溢無虞，而菰蒲魚蟹之饒，利賴於民生者更大。茲者春巡郊甸，循覽河隄，鳳艇乘流，祥飆助順，尤足徵神貺之昭，宜建專祠，用答靈佑。著該督方觀承，卜地興工，特崇廟祀，以示妥神報功之典。」尋奏：「霸州泰堡莊，南臨玉帶河，西近于家村，形勢爽塏，建祠為宜。計應建正殿、前殿、東西配殿、佛閣，並東西廂房、大門，共三十四間。又御碑亭一座，左右鐘鼓二樓，石獅二座，估需銀兩，請於司庫地糧內動支，俟秋後擇吉興工。」得旨：「嘉獎。」

《高宗實録》卷780，頁582–583

乾隆三十三年（戊子）三月己亥日

直隸總督方觀承疏報：霸州、固安、永清、東安、涿州、良鄉、宛平、香河、灤州、盧龍、遷安、昌黎、樂亭、文安、大城、任邱、交河、故城、吳橋、東光、天津、青縣、靜海、滄州、南皮、鹽山、慶雲、清河、高陽、正定、元氏等三十一州縣，墾種淀泊河灘新淤地五百四十八頃九十七畝有奇。

《高宗實録》卷806，頁897

乾隆三十三年（戊子）十月丙辰日

又諭：「今歲山東、河南、兩江等省州縣間因得雨稍遲，收成不無歉薄，業經節次降旨，分別賑恤緩徵。其直隸省霸州等處，又因秋雨稍多，間被淹浸，亦諭令該督，即行勘查，加意撫綏，無致閭閻失所。各督撫等，自當遵旨實力妥辦。但恐被災稍重處所，明歲青黃不接之時，民力未免拮据。著傳諭各該督撫，將被災州縣明春是否尚須加賑，或借給耔種之處，詳悉查勘，據實奏聞，候朕酌量加恩。」

《高宗實録》卷820，頁1123–1124

乾隆三十三年（戊子）十月丁卯日

戶部議准：「直隸總督楊廷璋疏稱，直屬本年被水雹等災，請將最重之霸州、保定、安州、靜海四州縣，先給一月口糧，摘賑文安、大城、永清、東安、正定、晉州、藁城、寧晉等八州縣極貧民。其武清、寶坻、寧河、清苑、安肅、新城、博野、望都、蠡縣、雄縣、束鹿、高陽、新安、獻縣、肅寧、任邱、天津、青縣、滄州、慶雲、南和、平鄉、任縣、成安、曲周、廣平、豐潤、玉田、冀州、武邑、衡水、隆平、深州、武強等三十四州縣，俟十一月起賑。貧士旗竈，俱一體辦理。至涸出地畝，貸給籽種，應徵錢糧米豆等項，並節年舊欠，分別緩帶。其河間、鹽山二縣被災地畝，俟勘明另題。」得旨：「依議速行。」

《高宗實録》卷 820，頁 1136

乾隆三十三年（戊子）十月癸未日

諭：「直隸霸州等處，本年偶被偏災，所有將來應行加賑各項，著撥户部銀四十萬兩，解交直隸藩庫備用。」

《高宗實録》卷 821，頁 1153

乾隆三十四年（己丑）正月丙戌日

又諭：「直隸各屬上年間被水災，業經加恩分別賑恤。現在時屆東作，尚恐被災貧民際此青黄不接之候，生計不無拮据。著再加恩，將霸州、保定、安州、文安、永清、東安、寧晉等七州縣，被災六分之極貧及七八九十分之極次貧，均加賑一個月。其大城、静海二縣，雖有代賑工程，尚恐不敷接濟，又災分稍次之任邱、肅寧、慶雲三縣内成災九分村莊極次貧民，均著於停賑後各加賑一個月。該督其務董率屬員，實力查辦，無任胥吏中飽，俾小民均霑實惠，副朕加惠黎元至意。該部遵諭速行。」

《高宗實録》卷 826，頁 1–2

乾隆三十四年（己丑）正月壬辰日

諭：「上年直隸近水州縣窪地間被偏災，業經加恩分別賑恤。新正又新降旨，將霸州等十二州縣極次貧民，均予展賑，自可不致失所。但各該處需用米石頗多，而借種平糶，亦需米接濟。著再加恩撥運通倉米二十萬石，以為各該處加賑糶借之用。該督其董率屬員，實力辦理，務使小民均霑實惠。該部遵諭速行。」

《高宗實録》卷 826，頁 8

乾隆三十四年（己丑）三月乙酉日

蠲免直隸霸州、保定、文安、大城、永清、東安、武清、寶坻、薊州、寧河、清苑、安肅、新城、博野、望都、蠡縣、雄縣、束鹿、安州、高陽、新安、河間、獻縣、肅寧、任邱、天津、青縣、靜海、滄州、鹽山、慶雲、正定、晉州、藁城、南和、平鄉、任縣、成安、曲周、廣平、豐潤、玉田、冀州、武邑、衡水、趙州、隆平、寧晉、深州、武強等五十州縣，並津軍、張家口二廳，乾隆三十三年分水災額賦。

《高宗實録》卷 830，頁 66

乾隆三十四年（己丑）九月壬午日

諭軍機大臣等：「昨據蔣元益等奏報，京城八月分米糧價值數目，俱較上月加增。今歲畿輔一帶，俱屬豐稔，目下正值刈穫登場，雜糧入市必多，價值理宜平減，不比上年尚有霸州、文安等處被水薄收，何以市價轉增於前？此必有奸商倡議居奇，長價於登場之前，庶不致減價於登場之後，以售其壟斷之計，其情甚屬可惡。業已諭令英廉等，將在京情形，嚴行查辦，恐近畿地方，類此者亦復不少。著傳諭楊廷璋，一體實力察訪，如有奸徒齊行增價者，即重治一二，以儆其餘。務期市值平減，以裕民食。」

《高宗實録》卷 842，頁 248

乾隆三十四年（己丑）十月戊午日

諭：「據楊廷璋查奏，肅寧縣武生孔聖宗控告承種郭炌入官地畝減租奪佃一案。該旗委員和爾景阿，先赴原佃陳文彩家居住，得受饋送，串通減租，捏名認種，復經告病知縣王汝木家人受賄，代投認狀各情由，並查出霸州、河間、任邱三處郭炌入官地畝，均有短少租額情弊，亦係委員和爾景阿自往勘定，領催跟役俱得受錢文。該地方官並不會同查辦，率行造冊，並任書役人等婪贓舞弊，恐其中尚有別情。請將委員和爾景阿解任，同領催人等發直質訊。其霸州知州李汝琬、任邱縣知縣商衡、前任丁憂河間縣知縣盛鐏，均請革職審擬等語。和爾景阿查地定租時，既有受賄營私情弊，即著革職，並領催跟役人等，交與軍機大臣嚴審確情具奏。所有肅寧縣告病知縣王汝木，業經降旨革職，令山東巡撫解直質審。其李汝琬、商衡、盛鐏，俱著革職，並案內有名人犯，交與該督一並嚴審定擬具奏。」

《高宗實録》卷 844，頁 286

乾隆三十五年（庚寅）六月辛巳日

諭軍機大臣等：「據明山奏，查審偽造實收押借銀兩一案。提訊武舉劉永祚，堅稱實收來歷並不知情，現在分咨提督衙門。直隸總督將案内之李先理、董乃文、劉敬承等，解赴甘省，並請飭交四川總督，將守備張大猷解往並案質審等語。此案假揑實收，哄借銀兩，殊干法紀，自應徹底根究，按律治罪，但案犯隔屬數省，往返稽查，徒延時日。除董乃文、劉敬承二犯，現交提督衙門就近訪拏外，著傳諭明山，即將劉永祚派委妥員押解來京，交軍機大臣會同刑部審訊。至四川守備張大猷，並著阿爾泰，飭令解任，押赴京城，並案質對。其李先理，據稱現在霸州州判署中收管，著楊廷璋飭屬即行解京，一並質訊。將此傳諭各該督知之。」

《高宗實録》卷 862，頁 565–566

乾隆三十五年（庚寅）八月甲戌朔日

諭：「昨已降旨，將被水之順天府屬武清等六縣，於八月内普賑一月，以資接濟。其霸州、固安、薊州及天津府屬之天津、靜海等五州縣，今年被水亦重，窮民待哺，若待冬月給賑，為期尚遠。著加恩將此五州縣被災村莊，不分極貧次貧，亦均於八月内，先行普賑一月。至九、十兩月，摘賑極貧及銀米兼賑之處，並照武清等六縣一例辦理。該督務須董率屬員，實心妥協經理，毋使胥役從中滋弊，副朕軫卹災黎至意。該部遵諭速行。」

《高宗實録》卷866，頁620

乾隆三十五年（庚寅）八月壬午日

諭：「今歲直隸各屬被水州縣稍多，糧價未免昂貴。著加恩將東安、固安、霸州、寶坻、良鄉、采育營、順義、玉田、古北口、遵化、昌平十一處，秋冬二季駐防折色兵米，每石於定例外加價三錢，以裕兵食。該部遵諭速行。」

《高宗實録》卷866，頁626

乾隆三十五年（庚寅）十月壬辰日

戶部議覆：「直隸總督楊廷璋疏稱各州縣被災應行賑卹事宜。一、勘明被水、被雹村莊成災之武清、寶坻、寧河、香河、霸州、保定、文安、大城、固安、永清、東安、宛平、大興、涿州、順義、懷柔、密雲、清苑、安肅、定興、新城、高陽、安州、望都、容城、蠡縣、雄縣、祁州、新安、天津、靜海、滄州、青縣、津軍廳、成安、曲周、廣平、大名、南樂、清豐、元城、萬全、龍門、定州、豐潤、玉田等四十六州縣廳，按成災分數蠲免錢糧，並極次貧民，自十一月起，分別給賑口糧，米糧由鄰近災輕及並不被災州縣内協撥。倘鄰境無米可撥，每米一石，折銀一兩二錢。一、村莊離城寫遠，窮民領米維艱。飭各州縣將被災村莊，離城數十里以外者，於適中地設廠，委員監賑，其各州縣撥運倉糧，應給腳價。一、被災貧士，照次貧例賑給，每米一石，折銀一兩，令教官散給。一、屯居被災旗人灶戶，俱令辦災各委員及地方官，會同場員，查明戶口，分别一體賑恤，本管道府廳州總理稽查。一、查災監賑委員，除正印外，其佐雜教官試用等官並書役等，應給盤費飯食，及造冊紙張銀兩。一、被災各屬涸出地畝，借給麥種籽種穀石，並勘不成災村莊農民缺乏口糧，請分别借給，均於來歲秋收後，免息追還。至明歲停賑後，青黃不接時，貧民糴食維艱，應照歉收例，酌動倉穀平糶。一、各屬錢糧，業經普蠲。其例不普蠲之屯糧，並房租新墾地畝及勘不成災地畝，應徵屯糧等項，並節年舊欠錢糧，民借米穀，分别停徵帶徵。一、入官存退餘絕等項地畝，及公產井田香燈地租，請照民地例緩徵。一、窮民廬舍被衝及淹浸坍塌者，請給貲苫蓋，每瓦房一間，給銀一兩，土草房五錢。一、霸州被災官園營田，應解易州供應陵糯米石，應俟來年稻穀豐收，通融補解，其佃民歸入該州一體給賑。均應如所請。」從之。

《高宗實録》卷 871，頁 678–679

乾隆三十六年（辛卯）正月甲辰日

諭：「上年直隸地方因夏間雨水過多，各州縣被災較重，屢經降旨加恩，並先後動撥部庫銀八十萬兩，又撥通倉並截留漕米共六十萬石，令該督加意撫卹，銀米兼賑，俾無失所。第念新春東作方興，距麥秋尚遠，無力貧民口食尚未免拮据，著再加恩，將被災較重之武清、東安、寶坻、寧河、永清、香河、霸州、固安、薊州、天津、靜海等十一州縣，自六分災極貧，至七八九十分極次貧旗民，再行加賑一月。至大興、宛平、通州、青縣、滄州等五處，並著一體加賑，俾春初力作之時，得資接濟。該督其董率所屬，實心經理，務使窮簷均霑實惠。該部遵諭速行。」

《高宗實録》卷876，頁736

乾隆三十六年（辛卯）二月辛巳日

又諭：「朕恭奉安輿，巡幸山東，連日經行畿輔，童叟歡迎，足徵愛戴。因念去歲夏間天津等處雨水過多，被災較重，雖經疊降諭旨，蠲賑頻加，所見茅簷景象，頗為恬適，第災歉之餘元氣未能驟復，自宜再沛渥恩，期臻康阜。所有天津府屬乾隆三十三年以前地糧倉穀各民欠已於上年豁免，著再將滄州、青縣、靜海、鹽山、慶雲五州縣三十四年因災借欠穀三萬八千六百餘石，及天津縣三十四年常借未完穀三千六百九十餘石，概行蠲免。至經由之東安、交河、景州、東光四州縣所有未完二十二年至三十四年因災借欠穀三萬八千三百餘石，及災重加賑之寶坻、寧河、永清、霸州、薊州五州縣未完二十五年至三十四年因災借欠穀一萬八千七百餘石，亦著全行蠲免。其順天府屬之武清一縣，被災尤重，該縣向無積欠，未能一體霑恩。前已降旨將經過各州縣蠲免本年地丁十分之三，著加恩將武清一縣蠲免十分之五，用均愷澤，俾閭閻共資樂利，以副朕行慶宣恩之至意。該部即遵諭行。」

《高宗實録》卷878，頁758

乾隆三十六年（辛卯）五月己巳日

是月，直隸總督楊廷璋奏：「直隸駐防二十一處，所有月餉支本色者十處，支折色者十一處。惟古北口、喜峰口、羅文峪、千家店四處米價常平，仍照例動支折色。其霸州、昌平州、良鄉、東安、順義、玉田、采育七處市價稍昂，每石折銀一兩，兵丁不敷買食。請嗣後該七處，除防守尉、防禦、驍騎校仍支折色外，所有駐防披甲，例支折色銀兩，免其按季赴領，豫於秋收時發該地方官領回，代為採買備貯，按季支放。」得旨：「如所議行。」

《高宗實録》卷885，頁863

乾隆三十六年（辛卯）七月己酉日

諭軍機大臣等：「據楊廷璋奏，永定河漫口水勢情形，並濱水各州縣是否成災，現在確查辦理等語，已於摺内批示矣。永定河漫口，兩邊雖漸次消涸，但正當秋汛之時，堵築不容稍緩。今德成現已到工，該督務會同在工上緊趕修，克期竣事，速臻完固。至所稱上年發水在禾苗嫩小時，易被損傷。目下將次成熟，水過後，收成未免略減，而子粒仍自飽滿，實比去年為勝等語，此亦實在情形，覽之略為欣慰。但田禾經水漫溢，情景亦自不同，高地水易消退，黍粱原可無虞。若低窪沮洳之區，積潦不能驟涸，難保其竟不受傷。昨自圓明圖啟鑾，至石槽行宮，沿途所見莊稼，景象亦大略如此。該督不可因將屆秋成，輒以為水不害稼，過於寬心，務將所報秋水各州縣，據實確查。如有已經成災者，即速勘明，照例撫恤。或以一隅偏災，通計不及分數，亦當酌量分別辦理，斷不可稍存粉飾，使貧黎或致失所。如賑恤需用銀兩，即於藩庫動款借撥，或藩庫餘項不敷，亦不妨奏明，仍由部庫撥發，不得因前此暫停部撥之旨過於拘泥。總期閭閻早霑實惠，不至有一夫向隅，方為善體朕意。再昨日啟鑾後，仍復密雨半日，水勢又長，藺溝船橋，略有不能堅整之處。懷柔、密雲等處，橋俱未成，現在石槽停蹕，分派大臣上緊趕辦。此處雨水如此，未知永定河漫口情形若何，不致有礙搶修否，速即詳悉奏聞。並將北運河隄賑，作何修補，及查勘被水之處，是否成災，一並據實覆奏。」尋奏：「永定河漫口，水勢有落無長，已會同德成飭員趕修。前奏大興等十七州縣被水，玆又據霸州等十二州縣報水，容分別輕重具奏。北運河張家王甫漫隄，現已趕築，七八日可以完工。」得旨：「覽。」

《高宗實録》卷888，頁901–902

乾隆三十六年（辛卯）七月壬子日

直隸總督楊廷璋奏：「大興等十七州縣與霸州等十二州縣被淹。臣確查分數，大興、宛平、良鄉、固安、永清、東安、霸州、武清等八州縣頗重，涿州、密雲、懷柔、通州、昌平、雄縣、安州、蠡縣、新城、文安、保定、香河、寶坻等十三州縣次重，三河、高陽、任邱、安肅、南樂、懷來、定州、元城等八州縣較輕。已批司委員確勘，先飛飭借給每戶義穀四斗。其坍塌房屋者，瓦房給銀一兩，土房五錢，仍俟勘得成災與否，分別辦理。又蔚州、延慶、西寧三屬，前據稟報有被雹村莊，亦經飭查，統歸秋災案內撫卹。」得旨：「另有旨諭。」又批：「此皆外省俗例，足見非實心辦事也，不可。」諭軍機大臣等：「據楊廷璋奏，查辦被水各州縣災務一摺，內有批司委員確勘之句，殊屬非是，已於摺內批示矣。災務關係民生，最為緊要，自應迅速查辦，俾災黎早得安全。今藩司楊景素，現在密雲督辦差務，晝夜不輟，豈復能兼顧及此？如此易知之事，楊廷璋亦不知乎？楊廷璋身任總督，通省文武皆其所轄，派令查勘災務，誰敢不遵？豈必待藩司查稟，始能料理？且該督近在永定河干，派員甚為直捷，而又批交楊景素輾轉往還，稽延時日，亦非情理。若以為辦災係藩司專責，即暫令王顯緒代為行文，俟楊景素回任，再為補詳，亦何不可，而必為此紆回曲折之事乎？此等外省相沿俗例，極可憎鄙，朕屢經嚴飭矣。楊廷璋久任封疆，向來頗知認真辦事，不應拘牽陋習若此，豈復實心任事之道？至現在被災計二十九州縣，恐賑借等項需用較多，已降旨令戶部撥庫銀五十萬兩，發交該督備用。該督其董飭屬員，實力妥辦，務使貧民均霑實惠。若辦理稍不盡心，致有侵扣冒濫諸弊，惟於該督是問。仍將被災情形，速飭確查，分別辦理，據實明白回奏。」尋奏：「被水之大興等二十九州縣外，又據續報天津、清苑、房山、新安、正定、薊州、大城、靜海、寧河、豐潤、玉田、藁城十二處被災，已飭令確勘，分別撫恤。所有恩撥庫銀五十萬兩，收兌藩庫備用，將來應撫應賑，臣當遵旨悉心妥辦，務使災黎均霑實惠。」得旨：「覽。」

《高宗實録》卷888，頁905–906

乾隆三十六年（辛卯）八月丙子日

諭：「今歲秋雨過多，河水漲發，近畿一帶窪下地方，田禾不免淹浸。節經發帑五十萬兩，截漕五十萬石，並令該督楊廷璋，勘明成災州縣情形，分別照例辦理。其成災較重村莊，小民口食維艱，若統俟冬月給賑，待哺尚覺需時，朕心深為軫恻。所有宛平、良鄉、涿州、東安、永清、固安、霸州、文安、大城、通州、實坻、香河、武清、新城、雄縣、天津、靜海、寧晉等十八州縣，成災八分以上者，無論極次貧戶，俱著於八月內，先行給賑一月口糧，以資接濟。該督務董率屬吏，實力妥辦，俾閭閻均霑實惠，副朕廑念災黎至意。該部遵諭速行。」

乾隆三十六年（辛卯）九月庚申日

諭：「直隸今秋被水各屬，屢經降旨，據實查勘，分別賑卹。其低窪地畝被淹者，自應早令涸出，俾得趕種秋麥，以資口食。茲詢楊廷璋，據稱已報涸出者計四十五州縣，業經借給麥種，現在麥苗俱已出土青葱。惟宛平、文安、大城、保定、永清、東安、武清、霸州、通州、香河、寶坻、寧河、天津、任邱、豐潤十五州縣，地更低窪者，尚未全涸，已委員協同疏洩。其東安、香河、寶坻、豐潤四縣，亦續報漸次涸出，仍飭令上緊疏消等語。此等低窪地畝，去歲曾經遇水，今年又復被淹，若積潦不能速消，民業徒成曠棄。而瀕河之地，多係一水一麥，如能及時涸出，種麥可望倍豐，於貧民生計，甚為有益。但恐該地方官，不能實心經理，必致玩日妨農，朕心深為廑念。著派袁守侗、德成，分往各處，督率該州縣，即速設法疏消，務令及早涸出，無誤布種春麥。尚書裘曰修，於近京水利情形較為諳悉，且此被水之處，順天所屬者居多，著派其往來調度董查，總司其事。伊等於奉到諭旨後，不必赴行在請訓，即速起程前往，俟各處辦有就緒，再行回京覆奏。」

《高宗實録》卷 893，頁 988

乾隆三十七年（壬辰）正月戊戌日

諭：「直隸省去歲秋間雨水稍大，濱河窪地，偶被偏災。疊經降旨，發帑出粟，賑卹有加，貧黎諒不至有失所。第念賑期有定，而待哺殊殷，當此始和布令，畿輔近地，允宜再沛恩膏。所有上年被災較重之宛平、良鄉、涿州、東安、永清、固安、霸州、文安、大城、通州、寶坻、香河、武清、新城、雄縣、天津、靜海、寧晉、及被災次重之保定、三河、薊州、寧河、豐潤、玉田等二十四州縣，自六分極貧，至七、八、九、十分極次貧，均著加恩於本年三月，再行展賑一月，俾青黄不接之時，小民口食有資，得以安心力作。此外如有缺乏籽種之戶，及糧價稍貴之區，該督仍隨時體察，酌量糶借兼行，務使一夫不致失所，以副朕軫念民依至意。該部遵諭速行。」

《高宗實録》卷 900，頁 1

乾隆三十七年（壬辰）二月己卯日

諭：「直隸省上年瀕河州縣，間被偏災，當即降旨，發帑出粟，多方賑卹。今歲新正，復將宛平等二十四州縣，加恩展賑一月，俾災黎口食，有資接濟。今者省視近郊，目睹村墟寧謐，雖不至於失所，第念被災較重八分以上之各州縣，其中毗連地畝勘不成災者，格於成例，不得同霑愷澤。朕思災歉州縣，既在八分以上，其不成災村莊，雖屬有收，而左右前後，閭里緩急相通，事所必有，若照例徵輸，情形未免拮据，現在開徵屆期，著再加恩，將宛平、良鄉、涿州、東安、永清、固安、霸州、文安、大城、通州、寶坻、香河、武清、新城、雄縣、天津、靜海、寧晉、保定、三河、薊州、寧河、豐潤、玉田等二十四州縣內勘不成災各戶應納錢糧，亦予緩至本年秋成後徵收，以紓民力。該部即遵諭行。」

《高宗實録》卷 902，頁 46

乾隆三十七年（壬辰）三月戊戌日

又諭：「戶部奏駁周元理題乾隆三十六年，霸州等六十七州縣廳被災，應蠲額徵民地糧銀，除扣上年被災補蠲分數外，其災重各屬餘剩糧銀不敷核扣本年應蠲之數，請歸入下年補蠲，與例不符等語，自屬照例辦理。第念畿輔瀕河州縣，連年被水歉收，雖經賑恤頻施，俾無失所。其被災較重各屬應免銀糧內，不敷扣蠲之數，若照成例，不准遞年補蠲，民力仍不免拮据。著再加恩，將霸州等六十七州縣廳上年因災蠲免錢糧，核扣不敷補蠲之數，准其歸入本年應徵項下補蠲，此朕軫念畿氓，格外施恩之意。該督其轉飭所屬，悉心經理，務使閭閻均霑實惠。該部即遵諭行。」

《高宗實録》卷904，頁70

乾隆三十七年（壬辰）八月丁卯日

諭：「上年直隸秋雨過多，宛平等二十四州縣被災較重。節經降旨，分別蠲賑，並將蠲剩錢糧，分年帶徵。即此二十四州縣內之毗連災地應徵錢糧，亦格外加恩，緩至秋後徵收。今歲畿輔自春夏以來，雨暘時若，麥收既獲豐登，秋稼並臻大有，實為數年來所僅見。茲將屆開徵節年緩帶銀米，閭閻自皆踴躍輸將，但念昨歲災地貧民元氣初復，宜益加培養，以冀盈寧。所有乾隆三十三、四、五等年帶徵錢糧，數尚有限，自可按例輸納。至三十六年緩徵錢糧，為數稍多，若令新舊同時並徵，恐民力尚未免拮据，朕心深為軫念。著再加恩，將宛平、良鄉、涿州、東安、永清、固安、霸州、文安、大城、通州、寶坻、香河、武清、新城、雄縣、天津、靜海、寧晉、保定、三河、薊州、寧河、豐潤、玉田等二十四州縣，被災觸剩及毗連災地處所，應行緩徵三十六年分銀兩穀豆，概緩至來年麥熟後，再行啟徵，俾小民生計，益臻寬裕，以副朕愛養優卹之至意。該部遵諭速行。」

《高宗實録》卷 914，頁 246

乾隆三十七年（壬辰）十二月丁卯日

諭軍機大臣等：「永定河下口，自康熙年間築隄之始，原就南岸。雍正年間，因河身漸淤，改由北岸。近自乾隆癸酉間，又改從冰窖南出兩河之間，是以康熙間之北隄轉為南隄，雍正間之南隄轉為北隄，嗣後節次興工修治，地勢屢更，是冰窖南之故道，又已不免今昔異形。著傳諭周元理，將康熙年間初次築隄，沿至於今，中間改移地名次數，並議改緣由，詳細確查，列一簡明清單，於奏事之便，即行附奏。」尋奏：「永定河，自康熙三十七年開挖新河，築兩岸大隄，南岸自盧溝橋石隄起，至永清縣郭家務止，北岸亦自盧溝橋石隄起，至永清縣何麻子營止。三十九年，安瀾城河口淤塞，水由霸州之柳岔口歸淀入海，復於南岸接築西隄，自郭家務起，至柳岔口止，北岸接築東隄，自何麻子營起，至柳岔口迤東止。雍正三年，南北兩岸又接築大隄，南隄自冰窖東隄起，至王慶坨止，北隄自何麻子營起，至武清縣范甕口止。四年，柳岔口河淤，自郭家務起開挖引河。十年，接築重隄。乾隆三年，又接築南北兩埝。五年，又自葛漁城北埝起接築北埝，至東蕭家莊止。二十年，冰窖河口南北淤高，皇上親臨閱視，開隄改河，於賀堯營一帶，入淀歸海。二十一年，接築遙埝。二十八年，又添築越埝。」得旨：「擢留覽。」

《高宗實録》卷 922，頁 371

乾隆三十八年（癸巳）三月戊戌日

諭：「前因永定、北運二河工程，關係民生，特命重臣會勘，大發帑金，克期修築，經周元理奏請省視其成，以慰臣民望幸。因諏吉，恭奉皇太后安輿巡幸天津，順途周覽，仍復指示機宜，期使共資利賴。業於啟鑾日降旨，將經過地方，及天津闔府屬，本年應徵錢糧，蠲免十分之三，用敷闓澤。昨歲畿輔普慶豐登，閭閻藉以康阜，今蹕路所經，見小民扶老攜幼，夾道歡迎，足徵飽暖恬熙景象。惟是元氣初復之時，更宜培養，而各州縣尚有節年緩帶未完欠項，例應次第催徵，民力仍恐不能充裕，著再加恩，將沿途經由之宛平、大興、良鄉、房山、涿州、淶水、易州、定興、容城、新城、雄縣、任邱、霸州、保定、文安、大城、武清、東安、永清、固安等二十州縣，未完乾隆三十三、四、五、六等年，緩帶民欠銀三萬五千五百二十七兩零，穀、豆、三十四石四升；天津府屬州縣，共未完乾隆三十四、五、六等年緩帶地糧銀六萬八百九十二兩零，本色屯糧穀，並米豆合穀一萬六千一百七十五石七斗五升零，普行豁免。俾郊甸海濱黎庶，永免追呼，益臻樂利，稱朕行慶觀民，加惠無已之至意。該部遵諭速行。」又諭：「此次辦差文武官員，任內所有降級、罰俸、住俸之案俱著開復，其無此等案件者各加一級。」

《高宗實録》卷 928，頁 482–483

乾隆三十九年（甲午）十一月庚申日

賑卹直隸霸州、文安、大城、寧河、獻縣、交河、東光、天津、青縣、靜海、滄州、南皮、鹽山、慶雲、武邑、武強、河間、阜城、肅寧、景州等二十州縣本年被旱災民，並蠲緩額賦有差。

《高宗實録》卷970，頁1245

乾隆四十年（乙未）正月庚戌日

又諭：「直隸天津、河間等屬，上年偶被偏災，業經賞撥通倉米十萬石，以備賑濟之需，民食無虞缺乏。惟念被災各戶，計至昨冬，正賑已畢，今春青黄不接，二麥尚未登場，民間口食，未免拮据。著加恩將天津、青縣、靜海、滄州、南皮、鹽山、慶雲、獻縣、交河、東光、武邑、武強、霸州、文安、大城、寧河等十六州縣，無論極次貧民，應於正月起，均予加賑兩個月，俾資接濟。再景州以西地方，有與武邑災地毗連村莊，河間、肅寧與獻縣災地毗連各村，並阜城毗連交河災地各處，經該督覆勘，應入六七分災者，並著一體查明給賑，以示一視同仁至意。該部遵諭速行。」

《高宗實録》卷974，頁2

乾隆四十年（乙未）三月辛亥日

又諭：「上年順天、河間、天津等屬偶被偏災，其勘明成災之霸州、文安、大城、寧河、天津、青縣、靜海、滄州、南皮、鹽山、慶雲、獻縣、交河、東光、武強、武邑、十六州縣，及毗連災地之景州、河間、肅寧、阜城四州縣，所有乾隆三十九年分應徵錢糧，已照例緩至今年麥熟後開徵。今歲春雪優霑，二麥自可望豐稔，但昨秋歉收之地，雖有麥熟接濟，未必能俯仰裕如，即毗連災地之區，亦當使之稍有寬餘，以備貧家緩急。著加恩將此二十州縣，無論成災及毗連災地，應徵上年錢糧，概緩至本年秋成後徵收。俾得從容完納，閭閻生計益紓，以副朕惠愛畿民至意。該部遵諭速行。」

《高宗實録》卷978，頁57–58

乾隆四十年（乙未）五月庚戌日

蠲免直隸霸州、保定、文安、大成、寧河、河間、獻縣、阜城、肅寧、交河、景州、東光、天津、青縣、靜海、滄州、南皮、鹽山、慶雲、天津府同知、冀州、武邑、衡水、武強、安平等二十五州廳縣乾隆三十九年旱災額賦。

《高宗實録》卷982，頁107

乾隆四十年（乙未）八月丁丑日

諭軍機大臣等：「前因七月初旬以後，雨水稍多，恐於莊稼不無妨礙。又因永定河漫口，恐被水之處不免成災，屢經傳旨詢問該督。茲據覆奏，七月間各河泛漲，近淀之霸州等七處俱有低窪村莊，積水未消，成災較重，其餘宛、大等十九州縣，又續報之趙州等九州縣，又漳河漫入之大名、元城二縣，被水等處，現在委員確勘等語。此次被潦各屬，計有三十餘處，似較上年天津、河間二屬被災之處稍多。但上歲係旱災，到處皆同。此次被水，惟低窪當之，其高阜處仍可無恙，以此較彼未知成災分數，比上年孰輕孰重，賑卹所需孰少孰多，著周元理將實在情形，即速核明覆奏。其應行撫卹之處，並著董察所屬，實心妥協經理，毋致被潦村民稍有失所。將此諭令知之。」

《高宗實録》卷 988，頁 182

乾隆四十年（乙未）八月己卯日

又諭：「昨因周元理奏霸州等三十餘州縣被潦之處較多，已諭令確查，與上年河間等處旱災輕重若何，據實具奏。茲據奏稱，霸州等七處被災較重，約有八九分不等。其大興等十九州縣及續報之趙州等九州縣，又大名、玉田、元城三縣，已報成災者大約六七分居多，稍重者不過八分等語。看來此次被潦情形，似覺稍重，但未識與乾隆三十五、六兩年被災輕重若何。前此三十五、六兩年放賑，因直隸留備銀數不敷，曾撥部庫銀兩協濟，今歲應需賑卹銀兩，比前此兩年，約計多寡若何？藩庫現銀是否足用？著傳諭周元理一並查明，迅速據實覆奏。」尋奏：「本年被災州縣不及三十五、六兩年之重，將來賑濟所需，亦不比前此之多，藩庫現銀五十餘萬，可先撥用。」得旨：「覽。」

《高宗實録》卷 988，頁 185

乾隆四十年（乙未）十月己丑日

諭：「今歲畿南一帶，因七月間雨水稍多，低窪村莊間被淹浸。現據該督查明題報成災之保定、文安等四十七州縣廳，照例撫卹賑濟。並將此次被災較重之霸州、永清、新城、雄縣、安州、新安等六州縣，先於九十兩月，摘出賑給，貧民已可不致失所。第念此等摘賑各戶，尤係災黎中窮乏之民，惟是大賑定期，須在十一月。今年孟冬，適當置閏，此等貧民，於摘賑完畢以後，距大賑尚需待哺一月，未免糊口無資，深為軫念。著加恩將災重之霸州等六州縣應得大賑，即於閏十月開放，俾得接濟無缺。該督務飭所屬，實心妥辦，以副朕加惠窮黎至意。該部遵諭速行。」

諭軍機大臣等：「據戶部議覆，周元理題報霸州等五十二州縣廳被災賑恤一本，已依議速行，並另降旨，將應加摘賑六州縣大賑之期，改至閏十月開賑，俾極次災黎，均得早霑渥澤。至本內將喀喇河屯水衝沙壓地畝，一體列入，未免漫無區別。口外山田寬廣，所種莊稼大半皆在高坡。其瀕臨溪河之地，大率皆瘠薄，遇山水衝壓，為數亦屬無多，非口內被水村莊可比。本年應辦之處，何亦隨同畿輔九州縣一體具題耶？且如乾隆三十五六等年，熱河等處被水較重，朕即特發帑金，派令大臣前往賑卹，並不待地方官之查核。即此可見，口外各廳之不應入於常例題辦矣。著傳諭周元理，嗣後口外地方田畝，有被水衝沙壓者，只須照例妥辦，毋庸增入賑濟案內題達。將此諭令知之。」

《高宗實録》卷993，頁259–260

乾隆四十年（乙未）十月丁酉日

又諭：「本年各省收成豐稔者多，惟畿南一帶六七月間，偶因雨水稍多，致永定河水漲漫溢，瀕河近淀之保定、文安等五十二州縣廳均被潦成災，而霸州等六州縣較重。又甘省五月中旬後，雨水未能霑足，皋蘭、安定三十一廳州縣，夏禾偏被旱雹等災。又江蘇省夏秋雨澤愆期，句容等四十六州縣衛被旱，及蕭縣境內，間有被水偏災。又安徽省定遠等三十九州縣衛秋禾被旱，及宿州、靈璧二處臨河地畝被淹。均經各督撫陸續奏明題報，照例分別賑卹，窮黎自可不致失所。第念明春正賑已畢，尚屆青黃不接之時，民食恐不免拮据，著傳諭各該督撫，確切查明，據實覆奏，候朕新正酌量加恩，用敷春澤。至豫省沁河，兩次水漲，漫刷武陟縣民埝，將附近之張村等三十七村莊河灘地畝被淹。雖僅屬一隅偏災，但情形亦覺稍重，應否一體酌辦之處，並著該撫查明奏聞。將此由五百里傳諭，仍令由五百里馳奏。」

《高宗實録》卷993，頁270–271

乾隆四十一年（丙申）正月甲戌日

又諭：「昨歲畿南一帶，因夏秋間雨水稍多，濱臨河淀州縣之低窪村莊地畝被潦，均不及一隅。業經該督勘明保定、文安等五十二州縣廳成災之處，照例撫卹賑濟。並降旨將較重之霸州等六州縣，應行摘賑提前一月，俾與大賑接濟無缺，貧民已可不致失所。第念新春正二月正賑已畢，距麥收尚遠，茅簷口食，或恐不無拮据，茲當履端肇始，宜沛恩施。著加恩將被災較重之霸州、永清、新城、雄縣、安州、新安六處及次重之文安、保定、武清、大城、清苑、天津、靜海、青縣八處，均各展賑一個月，俾窮黎益霑愷澤。該督其董率所屬，實心經理，以副朕加惠畿民至意。該部遵諭速行。」

《高宗實録》卷1000，頁378

乾隆四十一年（丙申）二月庚午日

諭：「本年新正，曾將畿南一帶昨歲被潦州縣，分别予以展賑，用普春祺。茲當金川全境蕩平，巡幸山左，凡鑾輅所經之地，現已普被恩膏，其災區之不值蹕途者，亦堪軫念。著加恩將霸州、保定、文安、大城、永清、河間、獻縣、武邑、衡水、寧晉、武強、安平等十二州縣，未完乾隆三十九年因災緩帶地糧銀八萬六千七百四十五兩零，屯米二百四十八石零；又霸州、保定、文安、大城、永清、新安、安州、固安、蠡縣、河間、獻縣、任邱、晉州、玉田、武邑、衡水、隆平、寧晉、深州、安平等二十州縣，未完乾隆三十三、四、五、六、七、八、九等年，因災出借常平穀二萬八十九石零，米二萬八千七百七十二石零，麥五千八百七十四石零；又霸州、固安、河間三州縣，未完乾隆三十九年因災出借井田屯穀二百九十一石零，米一千四百五十七石零，概行蠲免，以示慶成施惠至意。該部即遵諭行。」

《高宗實録》卷1003，頁450–451

乾隆四十一年（丙申）四月癸丑日

蠲免直隸霸州、保定、文安、大城、固安、永清、東安、武清、寶坻、薊州、寧河、香河、大興、宛平、順義、清苑、安肅、新城、博野、望都、容城、蠡縣、雄縣、祁州、安州、高陽、新安、河間、獻縣、任邱、天津、青縣、靜海、津軍廳、正定、晉州、無極、藁城、新樂、雞澤、大名、元城、玉田、武邑、衡水、趙州、隆平、寧晉、深州、武強、安平、定州等五十二州縣廳乾隆四十年水災額賦有差。

《高宗實録》卷 1006，頁 512

乾隆四十五年（庚子）十月壬戌日

蠲免直隸霸州、保定、文安、大城、涿州、房山、良鄉、固安、永清、東安、香河、宛平、大興、昌平、順義、懷柔、密雲、平谷、通州、三河、武清、寶坻、薊州、寧河、遷安、清苑、安肅、定興、新城、望都、蠡縣、雄縣、安州、高陽、新安、河間、獻縣、肅寧、任邱、交河、天津、青縣、靜海、滄州、津軍廳、南和、任縣、永年、邯鄲、成安、曲周、廣平、雞澤、磁州、延慶、保安、蔚州、懷來、獨石口廳、豐潤、玉田、易州、武強六十三州縣本年被水災田額賦。

《高宗實録》卷 1117，頁 922–923

乾隆四十六年（辛丑）正月乙亥日

諭：「上年直隸地方，雨水稍多，低窪地畝，田禾被淹，業經降旨截漕三十萬石，並撥通倉米三十萬石，部庫銀三十萬兩以備賑濟之用。兹當東作方興，例賑將畢，青黄不接之時，小民糊口維艱，殊堪軫念。著加恩將霸州、保定、文安、大城、固安、永清、東安、宛平、良鄉、涿州、武清、寶坻、寧河、天津、靜海、新城、雄縣、清苑、安州、新安等二十州縣，於今春正賑後，再加賑一個月，以資接濟。其無庸加賑各廳州縣，亦著該督察看情形，酌量借糶，俾民氣益紓。該督其董率屬員妥協辦理，以副朕軫恤窮黎至意。該部即遵諭行。」

《高宗實録》卷1122，頁1

乾隆四十六年（辛丑）三月戊戌日

諭軍機大臣等：「上年直隸天津、文安、霸州等處被水地畝，前據袁守侗面奏，現在尚有未經涸出者。今又隔旬餘，此時曾否盡行涸出？是否尚能趕種麥田？至今年節氣尚早，此等地畝涸出，趕種大田不致有誤與否？著傳諭袁守侗即派誠實幹員，分往各該處查詢各屬情形，據實具奏。再日内天氣稍寒，於麥苗長發時有無妨礙，並著袁守侗一並查明覆奏。」尋奏：「文安、霸州、大城、寶坻等州縣未經涸出地畝，現設法疏消，均可無誤秋禾。即水勢無可消納之處，亦令酌種稻田，其已種麥苗，日徵暢茂，雖天時稍寒，俱無妨礙。」得旨：「覽奏稍慰。」

《高宗實録》卷1127，頁63

乾隆四十六年（辛丑）四月辛酉日

蠲免直隸霸州、保定、文安、大城、涿州、房山、良鄉、固安、永清、東安、香河、宛平、大興、昌平、順義、

懷柔、密雲、平谷、通州、三河、武清、寶坻、薊州、寧河、清苑、新城、雄縣、蠡縣、安州、高陽、新安、河間、獻縣、任邱、交河、天津、青縣、靜海、滄州、津軍廳、南和、任縣、永年、邯鄲、曲周、雞澤、磁州、蔚州、豐潤、玉田五十廳州縣，乾隆四十五年水災民地官地額銀十五萬六千二百一十七兩有奇，糧一千五百二十石有奇，並豁除積欠倉糧一十六萬五千七百二十七石有奇。」

《高宗實録》卷1129，頁88

乾隆四十六年（辛丑）五月癸未日

直隸總督袁守侗奏：「永定河北岸隄工，係宛平縣主簿經管，計長四十七里有奇。近年水趨北岸，在在險要，鞭長莫及。查有經管三角淀南隄九工武清縣縣丞，自下口改移後修防事易，請將該員移駐北岸頭工，自一號至二十二號止，劃分河隄二十二里。即以原銜管理，毋庸另給關防。其二十三號以下，至四十七號止，仍令宛平縣主簿經管。所有南隄九工，就近飭委霸州淀河通判兼管。」得旨：「如所議行」。

《高宗實録》卷1130，頁111

乾隆四十六年（辛丑）十月丁丑日

諭軍機大臣等：「本年各直省被有偏災地方，如直隸夏秋雨水稍多，天津、靜海等州縣地勢低窪，田畝被淹。江蘇之邳州、睢寧等州縣，因魏家莊河水漫溢，田禾被災。蘇松太倉屬之崇明等縣及鎮江、通州等屬，猝遇風潮，田廬禾稼，致受損傷。徐州豐沛等縣，湖水漲發，風暴衝激，城隄亦俱被水。安徽之鳳陽、泗州等屬，亦被淹浸。豫省因焦橋、曲家樓南北兩岸漫口，儀封、考城等處，及漫水經由之祥符等縣，均有被災之處。其下游之山東曹縣，金鄉等州縣，黃水漫注，亦被水災。又湖北之潛江等縣，田垸被水浸潰。陝西之朝邑縣，河水夜漲，村莊多被淹浸。甘肅之隴西、寧夏等縣，黃水漲溢，並金縣、靖遠等縣，旱雹黃疸，收成亦皆歉薄。俱屢經降旨，令該督撫等統率所屬，切實查勘，分別賑卹，及酌借口糧籽種。並因崇明縣被災較重，特降諭旨，截留漕糧十萬石，以資接濟，復加恩蠲免崇明闔縣應徵本年地丁錢糧。又將甘肅金縣等縣，本年額徵銀糧蠲免一半。又因山東金鄉縣漫水浸至城隄，加恩酌給口糧。又因江蘇徐州府屬之沛縣等縣被淹，撥藩庫銀五萬兩賑恤，如有不敷，諭令該督就近於鹽課酌量截留，以昭優卹，俾災黎毋致失所。但明春正賑已畢，尚屆青黃不接之時，民食不無拮据，是否尚需加賑？著傳諭該督撫等，即行查明覆奏，候朕於新正降旨。至直隸霸州等州縣，據該督奏報被災在五分以下，河南被水之淮寧、西華、商水、項城、沈邱、太康、扶溝等縣，據該撫奏報地畝被雨淋刷，不及趕種雜糧。湖北江夏、武昌等八縣及京山縣，亦據該督撫奏報秋收歉薄，此數處雖成災較輕，第恐民力不能驟紓，應否量予加恩分別辦理之處，亦著該督撫據實具奏。將此由三百里各傳諭知之。」

《高宗實録》卷 1142，頁 298–299

乾隆四十七年（壬寅）五月乙丑日

是月，直隸總督鄭大進奏：「保定省城五月二十五日甘霖大霈，得雨八寸。又據霸州、保定、東安及永平、正定、河間、大名、易州、深州各屬稟報，自十八、十九等日至二十四日止，連次得雨，自二三寸至四五寸不等，大田均已霑遍。」得旨：「覽奏略慰。此間雖有雨，尚未深透也。」

《高宗實録》卷1157，頁505

乾隆五十年（乙巳）三月乙亥日

豁免直隸霸州、保定、文安、大城、涿州、固安、東安、香河、宛平、大興、昌平、順義、懷柔、密雲、通州、三河、武清、寶坻、薊州、寧河、清苑、安肅、新城、蠡縣、安州、高陽、新安、獻縣、肅寧、任邱、交河、天津、青縣、靜海、滄州、慶雲、鹽山、藁城、永年、成安、廣平、東明、長垣、延慶、蔚州、豐潤、玉田、趙州、寧晉四十九州縣，自乾隆四十一年起至四十九年止，民欠因災出借未完穀米豆麥十三萬六千七百七十八石有奇。

《高宗實録》卷1227，頁451

乾隆五十五年（庚戌）正月乙酉日

諭：「上年直隸保定、河間、天津、順天等府屬各州縣，因夏秋雨水較多，河流漲發，田禾被淹成災。節經降旨，銀米兼撥，令該督實力撫恤，分別賑濟，小民自可不致失所。第念今春正賑已畢，青黃不接之時，民食恐不無拮据。著再加恩將順天府屬之霸州、文安、大城、武清、東安、永清，保定府屬之清苑、安州、雄縣、新安、高陽，河間府屬之河間、獻縣、阜城、肅寧、任邱、景州，天津府屬之天津、青縣、靜海、滄州、鹽山等二十二州縣，成災七八分之極貧，並九分災之極次貧民，俱展賑一個月，以資接濟。其成災八分以下各州縣，及勘不成災地方，仍著該督察看情形，或酌借口糧籽種，或減價平糶，分別籌辦。該督務督飭所屬，實心經理，俾災黎均霑愷澤，以副朕普錫春祺，有加無已至意。該部遵諭速行。」

《高宗實録》卷1346，頁6

乾隆五十五年（庚戌）六月丁巳日

蠲免直隸霸州、保定、文安、大城、永清、東安、武清、香河、寧河、樂亭、清苑、滿城、安肅、望都、蠡縣、雄縣、祁州、安州、高陽、新安、河間、獻縣、阜城、肅寧、任邱、景州、天津、青縣、靜海、滄州、南皮、鹽山、津軍廳、正定、靈壽、藁城、新樂、肥鄉、曲周、廣平、磁州、元城、大名、豐潤、冀州、衡水、趙州、隆平、寧晉、深州、武強、饒陽、安平、定州等五十四廳州縣并各屬旗地，乾隆五十四年分水災額賦。

《高宗實録》卷1356，頁170

乾隆五十六年（辛亥）正月己卯日

諭：「上年直隸永平、天津、河間等府屬各州縣，夏秋雨水較多，河流漲發，田禾被淹，致成偏災。節經降旨，令該督實力撫恤，並於天津北倉截留漕米，及通倉撥給米石，分別賑濟，毋使一夫失所。第念今春正賑已畢，青黃不接之時，小民生計維艱，口食恐不無拮据，著再加恩，將順天府屬之文安、寶坻、大城、武清、寧河、永清、東安、霸州、薊州、保定，永平府屬之樂亭、灤州、盧龍、昌黎，保定府屬之清苑、新城、雄縣、高陽，河間府屬之河間、獻縣、阜城、交河、東光、景州，天津府屬之天津、青縣、靜海、滄州，遵化州屬之玉田、豐潤等三十州縣，所有八分災極貧，九分災極次貧民，俱著加賑一個月，俾民食得資接濟。至被災較輕之六七分，及八分災之次貧，並勘不成災地方，仍著該督察看情形，或酌借口糧籽種，或減價平糶，分别酌辦。該督務須督飭所屬，實心經理，俾災黎均霑愷澤，以副朕普錫春祺，恩加無已至意。該部遵諭速行。」

《高宗實録》卷1370，頁377–378

乾隆五十六年（辛亥）六月甲辰朔日

蠲免直隸霸州、保定、文安、大城、固安、永清、東安、大興、通州、武清、寶坻、薊州、香河、寧河、灤州、盧龍、昌黎、樂亭、清苑、新城、蠡縣、博野、雄縣、祁州、安州、高陽、新安、河間、獻縣、阜城、肅寧、任邱、交河、景州、故城、東光、寧津、天津、青縣、靜海、滄州、南皮、鹽山、慶雲、津軍廳、南和、平鄉、廣宗、鉅鹿、任縣、永年、邯鄲、成安、肥鄉、曲周、廣平、雞澤、威縣、清河、磁州、元城、豐潤、玉田、冀州、南宫、新河、棗強、武邑、衡水等六十九廳州縣上年水災額賦有差。

《高宗實録》卷1380，頁514

乾隆五十七年（壬子）正月丁酉日

諭軍機大臣等：「據梁肯堂奏，查明直隸省積欠地糧已未完各數，分晰開單呈覽，内民欠未完銀二十七萬五千一百餘兩，帶徵未完銀七十四萬八千八百餘兩。現在派委道府，督同候補丞倅州縣各員分投清查等語。直省積欠銀兩，遞壓至一百餘萬，為數甚多，雖該省差務較多，並據稱附近山海之區田畝率多沙城，且五十四、五兩年霸州等各州縣先後被災，分年帶徵之項未能依限完納，以至遞有積壓。然斷不至如此之多，自係不肖官吏，影射帶徵名色，從中那前移後，以完作欠，必非盡實欠在民。今既經該督派委到直未久之丞倅州縣各員，調取收納紅簿，及完銀串票，逐一覈對，並派隔屬道府大員，督同查覈，自應如此辦理，此事總在該督實力妥為，不可存庇護屬員之見，僅以一奏了事。直隸係首善之區，為他省所效法，今積欠銀數至一百餘萬之多，若不認真上緊查辦，一任地方官吏，籍口水旱歉收，因災帶緩，任意侵那，遞年積壓，直隸一省如此，他省從而效尤，國家經費有常，似此正項錢糧懸宕無著，年復一年，伊於何底?著傳諭梁肯堂，務須確切嚴查，實心覈辦，並著予限一年責成該督將積欠之項，全數歸款，毋得再有拖延。倘該督意存袒護，代屬員隱飾朦混以致積欠久懸，不拘何時，密派大員前往抽查。一經查出弊竇，該督自問，能當此重戾耶！」

《高宗實録》卷 1395，頁 737–738

乾隆五十七年（壬子）閏四月庚辰日

諭：「前因直隸順德、大名、廣平三府屬，雨澤愆期，業經截留漕糧三十萬石，並將新舊錢糧概予緩徵。其保定以北各州縣，亦未得透雨，應否緩徵平糶之處，降旨詢問梁肯堂。茲據覆奏，該處各州縣久未得雨，或得雨未透，麥收未能豐稔等語。近畿一帶，上年秋成雖在八分以上，且現經該督飭屬，將倉儲穀石分別借糶，民食自不至缺乏。但麥收既屬歉薄，若照例將新舊錢糧倉穀同時並徵，民力究未免拮据。所有保定府屬之清苑、滿城、安肅、定興、新城、容城、安州、束鹿、雄縣，順天府屬之宛平、大興、霸州、東安、大城、保定、文安、涿州、良鄉、固安、永清、香河、昌平、順義、懷柔、密雲、平谷、通州、三河、武清、寶坻、薊州、寧河，河間府屬之獻縣、景州、故城、吳橋、交河，易州並所屬之淶水、廣昌等四十州縣，應徵本年節年倉穀錢糧，均著加恩緩至本年秋成後再行啟徵。俾民力益紓，以副朕軫念閭閻，有加無已至意。該部遵諭即行。」

《高宗實録》卷 1402，頁 839–840

乾隆五十九年（甲寅）三月戊戌日

諭：「前因直隸節年遞欠為數較多，業經降旨，因災帶緩未完銀兩，寬免十分之三。此次巡幸天津，已降旨將經過地方，及天津闔府屬本年應徵錢糧，蠲免十分之三。茲朕巡方觀俗，小民望幸情殷，自應渥沛恩施。所有經過地方之大興、宛平、東安、保定、涿州、新城、容城、雄縣、任邱、霸州、文安、大城、武清等州縣，節年未完緩帶銀八萬三百六十九兩零，著再加恩蠲免十分之四。並將天津府屬節年積欠未完之緩帶徵地糧銀十三萬三千一百四十兩零，普行豁免。俾蹕路所經及海濱蔀屋，益慶盈寧，共安樂利，以示省耕施惠至意。該部遵諭速行。」

《高宗實録》卷 1448，頁 319–320

乾隆五十九年（甲寅）四月甲戌日

諭：「前因直隸去冬今春雨雪稀少，節經降旨令該督查明，如有應行接濟之處，妥為辦理。茲據梁肯堂覆奏，保定等府各屬，雖得雨數次，究未霑足，除濱臨河淀等處地畝，麥收尚屬可望，其高阜處所，難望有收等語。著加恩將保定府屬之清苑、滿城、安肅、定興、新城、唐縣、博野、望都、容城、完縣、蠡縣、雄縣、祁州、束鹿、安州、高陽、新安，順天府屬之涿州、房山、固安、永清、東安、文安、大城、保定、霸州、通州、武清、薊州、香河、寧河、寶坻、昌平、順義，河間府屬之河間、獻縣、阜城、肅寧、任邱、交河、寧津、景州、吳橋、故城、東光，正定府屬之正定、獲鹿、井陘、阜平、欒城、行唐、靈壽、平山、元氏、贊皇、晉州、無極、藁城、新樂，順德府屬之邢台、沙河、南和、平鄉、廣宗、唐山、鉅鹿、內邱、任縣，廣平府屬之永年、曲周、肥鄉、雞澤、廣平、邯鄲、成安、威縣、清河、磁州，大名府屬之元城、大名、南樂、清豐、東明、開州、長垣，易州並所屬之淶水、廣昌，定州並所屬之曲陽、深澤，深州並所屬之武強、饒陽、安平，趙州並所屬之柏鄉、隆平、高邑、臨城、寧晉，冀州並所屬之南宮、新河、棗強、武邑、衡水等一百七州縣，應徵本年節年倉穀錢糧，均著緩至本年秋成後再行徵收。俾民力寬紓，以副朕軫念閭閻，有加無已至意。該部遵諭速行。」

《高宗實録》卷1451，頁343–344

乾隆五十九年（甲寅）十月丁卯日

賑卹直隸霸州、保定、文安、大城、固安、永清、東安、宛平、良鄉、涿州、通州、武清、寶坻、薊州、寧河、香河、灤州、昌黎、樂亭、清苑、滿城、安肅、新城、博野、望都、容城、蠡縣、雄縣、祁州、束鹿、安州、高陽、新安、河間、獻縣、阜城、肅寧、任邱、交河、景州、故城、吳橋、東光、天津、青縣、靜海、滄州、津軍廳、正定、井陘、阜平、行唐、平山、晉州、無極、藁城、新樂、南和、平鄉、鉅鹿、任縣、永年、邯鄲、成安、肥鄉、曲周、廣平、雞澤、威縣、清河、磁州、大名、元城、南樂、豐潤、玉田、冀州、南宮、棗強、新河、武邑、衡水、趙州、隆平、寧晉、深州、武強、饒陽、安平、安州、曲陽、深澤九十二廳州縣本年水災貧民。

《高宗實録》卷 1462，頁 542

乾隆六十年（乙卯）正月乙酉日

又諭：「上年直隸春間被旱，夏秋之間，近畿通州、涿州一帶及保定、正定、河間、天津、廣平、大名、遵化等府州屬，因雨水較多，河流漲發，地畝被淹，業經節次降旨，各加兩倍賞恤，並豁免秋糧及該年漕糧，蠲賑兼施，俾無失所。第念該州縣自撫卹以來，戶口雖俱完聚，而現屆始和方布，宿麥初萌，正在青黃不接之時，恐民力未能接濟。所有被災最重之天津、景州、河間、獻縣、任邱、武清、寶坻、薊州、正定、藁城、清苑、清河十二州縣八分災極貧，展賑兩個月，八分災次貧及七分災極貧，展賑一個月。被災次重之通州、涿州、良鄉、寧河、豐潤、玉田、大名、元城八州縣八分災極貧，並霸州、文安、武邑、衡水之八分災極貧，亦俱展賑一個月，以資補助。該督其矢誠飭屬，宣惠有孚，毋任官侵吏蝕，俾窮簷胥霑實惠，以示三輔班春、敷錫新祺至意。該部遵諭速行。」

《高宗實録》卷 1468，頁 603

嘉慶六年（辛酉）六月壬申日

又諭：「前因京師雨水甚大，永定河決口，漫溢下注，附近京城西南各州縣地方，自必被水。其東北一帶積水，未能即時消涸，民舍田禾，必多淹浸之處，朕心深為廑念。誠恐地方官查報不實，特派台費蔭等八員分往四路，悉心查勘。嗣又思被災民人，嗷嗷待哺，刻不能緩。若俟該員等查奏到時，再行撫恤，未免稽遲，復經降旨傳諭台費蔭等查看被水地方，有急須散賑之處，即督同地方官立時賑濟，一面奏聞，一面動帑開倉，原欲使被難窮黎早得賑濟，藉以存活。伊等自當仰體朕如傷在抱之意，妥速查辦。乃各路卿員內，惟派往南路之台費蔭、陳霞蔚，所辦實為妥協。伊二人本在霸州、文安分路給賑，聞保定縣被災較重，即馳赴該處，督飭該縣銀米兼放，急為撫恤，俾災黎等得以立時果腹。其查勘西路之窩星額、廣興，僅查至涿州，即行回京，不過開寫戶口清單具奏，並未將如何賑濟之處，悉心經理。至派往東路查勘之阿隆阿、張端城，既目擊武清、寧河、寶坻被災最重，而寧河村莊，俱被水圍浸，又曾接到續降之旨，並不督同地方官立時開倉賑濟。經朕面詢，轉稱民間藉有新麥，暫資糊口，此時不必賑濟，大屬非是。即如京師大、宛兩縣，本年麥收非不豐稔，早經降旨給賑，且各村莊猝被水災，廬舍俱遭淹浸，即有收藏麥石，寧不被水漂失？而阿隆阿、張端城，在朕前尚以為該處百姓有新麥足資接濟，是何言耶？且朕念天津地處下游，永定河漫水匯流灌注，殊深懸廑，於十七日降旨，令伊二人東路查勘事竣，即前赴天津察看水勢。乃本日伊等面奏，在河西務地方，業經接奉此旨，並不就近速往天津，轉至京城復命請訓，其意不過欲藉此回家看視耳。朕軫念民依，特遣卿員分路查勘，以期速拯災黎。今各路辦理既有不同，自當覈其功過，明示勸懲。台費蔭、陳霞蔚著交部議敘；甯星額、廣興著交部議處；阿隆阿、張端城著交部嚴加議處。仍令伊二人即赴天津查勘該處被水情形，不准歸家，亦不准馳驛前往。至查勘北路之恩普、范鏊，因各該處地勢較高，居民等未經被水，無需開倉給賑，是以來京複命。若果有應賑災區，亦必能遵旨辦理。伊二人無咎無譽。現在五城設廠煮賑，都察院堂官，本有稽查之責，但念西城馮光熊俱已年老，照料恐有未周，俱著在本衙門辦事，不必前赴飯廠。所有監放五城煮賑事宜，著派恩普、范鏊會同舒聘及前次派出之甯星額、廣興，輪流查察，務俾窮民得霑實惠。」尋吏部分別議奏。得旨：「台費蔭、陳霞蔚著照部議各加一級。甯星額著准其銷去加一級紀録八次，抵降三級，免其降調。廣興任內有革職留任之案，無級可降，著加恩免其革任，仍註冊。阿隆阿、張端城，經朕簡派查災大員，草率從事，殊負委任。本應照部議革職，姑從寬將阿隆阿降為頭等侍衛，著在大門上行走，仍兼管鴻臚寺事務。張端城著降為六部郎中，遇缺補用，俾玩視民瘼者，知所儆戒。復嗣復因台費蔭等奏報文安縣被水及大城縣被水較重各情形，命吏部存記。甯星額、廣興、阿隆阿、張端城，三年內停止升轉。」

《仁宗實録》卷 84，頁 107–109

嘉慶六年（辛酉）八月乙丑日

諭軍機大臣等：「朕恭閱皇考《高宗純皇帝實録》。乾隆十二年，因東省被災，流民出古北口覓食。巡撫阿里衮奏請攜銀招徠資送，欽奉諭旨，以流民出外覓食，總因鄉里糊口無資，果能一一遵旨辦理，安輯於本州縣，使無輕去其鄉，上也。離鄉未遠，招徠於本省境內者，次也。及其已至古北口一帶，往返數百里，遠者千里，其中或有父兄親族向在口外，有所依倚，亦不妨任其前往。若一一資送回籍，不惟糜費不貲，且恐已誤耕作，而還鄉更無可倚賴，於災黎更屬無益。聖訓諄諄，仰見我皇考軫恤窮民，無使一夫失所至意。本年直隸被災較廣，窮民大半失業，且距古北口甚近，其出口覓食者，自所不免。如果地方官認真經理，計口授食，災民等豈肯輕去其鄉。若本籍既不能妥為賑恤，致令流移出口，離家已遠，豈有概行攔截，及資送回籍之理。計十月初間即屆開放大賑之期，著傳諭陳大文，督率藩司道府州縣等，按照極次貧民戶口大小分別給發，務令實惠及民，各有生計，自不致有出口覓食之事。再本日查辦南路之卿員台費蔭等，到京覆命。據稱霸州所用米石，保定、東安所用銀兩，俱無倉庫可動。至文安、大城二縣倉庫銀米俱無。詢之該州縣等，均稱曾經報明上司等語，殊堪駭異。文安、大城如此，其餘各州縣倉庫虧缺情形，已可概見。陳大文現署直隸總督，於賑事完畢後，務將通省各州縣倉庫，妥為經理，俾儲備有資，緩急足恃，方為不負委任。」

《仁宗實録》卷86，頁138–139

嘉慶七年（壬戌）夏四月丁巳日

分保定、滄州、霸州、寶坻、良鄉、雄縣、固安、東安、采育九處駐防官兵為左右翼，各設稽察大臣一員。

《仁宗實録》卷97，頁295

嘉慶八年（癸亥）三月丁巳日

改直隸涿州管河吏目為北岸三工巡檢，霸州管河吏目為北岸六工巡檢，滄州減河吏目為滄州風化店減河巡檢，專管河務。從總督顏檢請也。

《仁宗實録》卷110，頁471

嘉慶八年（癸亥）八月庚寅日

諭内閣：「前因戶部具奏，直隸督臣顏檢將大城等七州縣旗租例應蠲免五分者，於奉到部覆後，仍咨請查覈更正，全行豁免。曾降旨申飭，仍照部議行。旋經顏檢於差次面奏，此項旗租業已頒發謄黄，與民糧一體全行豁免。且被災較輕之大興等州縣旗租，業已蠲免五分，當即令軍機大臣查奏。兹據查明，上年顏檢摺内，以大城等七州縣被水較重，請將應徵錢糧及各項旗租，照宛平、文安之例，一體豁免。其時宛平、文安錢糧，雖經全免，並未免及旗租，何例可照？是該督奏請本覺含混，戶部前議詳覈定例，止准免旗租五分，原無不合，惟於被水較輕之大興等七州縣，因諭旨内將前項銀糧准豁免十分之五，遂咨覆該督將旗租蠲免五分，亦欠分晰。惟是大城等處旗租，該督等已誤行蠲免十分，而大興等七州縣被災較輕之處，旗租亦已免至五分，自未便復令補徵，此係加惠黎元之事，朕覃敷愷澤，寧濫無遺。所有大城、河間、新河、寧晉、隆平、新安、安州七州縣，及宛平、文安二縣，應徵七年各項旗租，竟著加恩全行蠲免。其大興、霸州、保定、涿州、房山、良鄉、任邱七州縣，應徵七年分旗租，亦著加恩准免十分之五，此後不得援以為例。至該督於奏請時，如欲將旗租與民糧一律請豁，則當聲明旗租從無全免之例，懇求破格施恩，方為正辦，何得含糊聲敘，以致辦理歧誤，咎實難辭。著將顏檢同藩司瞻柱，一並交部議處。」

《仁宗實録》卷 119，頁 596–597

嘉慶十二年（丁卯）七月庚申日

署直隸總督溫承惠奏：「永定河南岸七汛，原設州同、州判、縣丞七缺，北岸八汛，僅有縣丞一缺，餘皆巡檢、主簿。嘉慶六年以後，北岸情形與南岸無異，汛官階級懸殊，應酌量就河缺更換，以昭慎重。」下吏部議。尋議：「改武清、宛平、良鄉、固安、永清五縣主簿為縣丞，涿、霸二州巡檢為州判，分置北岸各汛。其玉田、元城、正定管河縣丞，分防南岸之東安、武清，縣丞均改為主簿。薊州管河州判、霸州淀河州判俱改為巡檢。」從之。

《仁宗實録》卷 183，頁 417

嘉慶十四年（己巳）十二月戊申日

又諭：「溫承惠奏，直隸三次清查案內抵款銀兩，設法查辦一摺。直隸三次清查案內未完各款，自應趕緊催追完解。若屆限滿時，率行奏請予展年復一年，伊於何底。是名為清查帑項終歸無著，仍非覈實辦公之道。除此次該省留抵什物項下，應變銀九萬七千四百餘兩，著加恩姑照所請，數在五百兩至一千兩以上者，勒限一年；二千兩以上者，勒限二年；五千兩以上者，勒限三年，一律變竣。其交代案內留抵什物估變不敷，及墊支墊解無著，共銀二十六萬五千一百餘兩，亦照所請。將數在三千兩之霸州等六十三州縣，共銀八萬一千一十三兩零，勒限二年歸補；三千兩以上之容城等三十一州縣，共銀一十四萬四千七十七兩零，勒限四年歸補；一萬兩以上之寶坻等三縣，共銀四萬五十三兩零，勒限六年歸補。均責成該管道府，按限實力催追，提解司庫歸款，毋任稍有短絀外，嗣後不得再行奏請展限。如限内仍有未能按數完繳者，即著落各該管上司，如數攤賠，以清庫款。該督此後毋許復留清查名目。儻仍有奏及清查者，除將該地方官查明究治外，必將該督一並懲處。」

《仁宗實録》卷 223，頁 1005

嘉慶十六年（辛未）十一月戊戌日

旌表守正捐軀直隸霸州民酆明助女酆氏、山東濟寧州民張會妻魏氏。

《仁宗實録》卷 250，頁 385

嘉慶十七年（壬申）十一月癸未日

諭軍機大臣等：「温承惠覆奏辦理販羊滋事回民一摺。回民領票販羊，進口牧放售賣，藉以營生，本屬例所不禁。此次在保定滋事羊販，係因踐食麥苗，啟釁爭鬭。經地方文武官彈壓查拏，膽敢拒捕毆官，情勢兇悍，所以必應嚴辦者，其罪在此。摺内據現犯所供，其拒捕之人，係馬三騾子一起，並稱係馬文魁等六人動手，將把總楊起發揪扭下馬，奪去鳥槍。所供是否的實，該督嚴訊明確，即將現獲之犯，並在逃各犯，嚴飭迅獲，從嚴定擬，以示懲創。其並非拒捕案内各羊販，審明即予省釋，不可株連。至回民販羊進口，途間買馬乘載，並身佩小刀，均無不合，即隨帶梃杖防夜，亦屬無干例禁。惟繩鞭槍桿，究係兵器，不應任其執持。該督即出示明白曉諭，嚴行禁止。並諭知販羊回民，以爾等商賈謀生，農民以田苗為業，皆應各安生理，若縱放羊隻，踐食麥苗，必致彼此爭鬥，甚至經官捕逐，受罪拘係，並將資本虧折。嗣後務各安靜貿易，毋得滋生事端。至此次保定縣羊販拒捕一案，該縣傅德臨，於回民牧放羊隻，鄉民集眾驅逐之時，並不妥為彈壓，迨至拒捕之後，猶不迅速稟報，以致案犯遠逃，實屬疏忽。把總楊起發帶兵往拏，未獲一犯，轉至被揪下馬，亦屬庸懦無能。傅德臨、楊起發，均著革職，其隨往兵丁，均著革伍。該管南路同知李成集、霸州營游擊明祿於稟報後，並不就近督拏，又遲延不行轉報，均著交部嚴加議處。該督溫承惠，平日不能督率屬員，稽查彈壓，亦有應得之咎，著交部議處。將此諭令知之。」

《仁宗實録》卷 263，頁 567–568

嘉慶二十二年（丁丑）四月己亥日

旌表守正捐軀直隸霸州民楊成妻馬氏。

《仁宗實録》卷 329，頁 340

嘉慶二十五年（庚辰）八月甲午日

移直隸南隄九工霸州淀河巡檢駐六工下汛，南岸六工霸州州判駐六工上汛，改鑄關防印信。從總督方受疇請也。

《仁宗實録》卷2，頁99

《大清宣宗成皇帝實録》

（道光二年—道光二十八年　公元1822—1848年）

道光二年（壬午）十一月壬申日

諭軍機大臣等：「卢蔭溥等奏偷决官隄摺內，據稱前於九月間，有河間縣民張俊等，偷掘大城縣九里横隄，並用鳥槍將看護守隄之民夫陳維城等七名打傷一案。復有河間民人張珍、王之昌、王三疤痃、張鳳、李大、趙興文、張二麻子等執持鳥槍，偷挖官隄，打傷民夫張夢林等七名。旋於十月間，張珍、趙興文等，又撑駕船隻率領多人，扒掘隄岸，並用鳥槍打傷民人王廷謨等十七名一案，俱經咨交直隸總督查辦。兹復據大城縣民人張大山呈訴，官隄盗掘後，大溜直注，大城、文安、霸州、保定四邑被淹，疾苦難堪。又據文安縣士民孫紱、馬樹棠等呈稱，文安縣西官隄前有雄縣張世玉等挖毁，兹河間民人又將南隄扒開，水勢洶湧，由大城而文安，全歸釜底。訊問該士民等，情詞均各慘切，謹據實奏聞，請旨飭查辦理等語。民人盗决官隄，大干例禁，至擅用火器傷人，尤屬目無法紀。惟近來地方官遇有此等案件，往往因循不辦，即或據案辦理，又多偏斷不公，以致該民人等心懷不服，即不免有挾嫌報復之事。似此積習相沿，必至釀成械鬥巨案，成何事體。著顏檢，即將順天府咨交各案犯，迅速查拏務獲，秉公審訊，按律定擬，務使輿情帖服，不可意存偏執，致啟釁端。其盜決隄口，並著派員查勘，及時堵築，無稍延緩。將此諭令知之。」

《宣宗實録》卷44，頁777–778

道光三年（癸未）五月辛未日

展徵直隸霸州等三十六州縣上年被災貧士口糧有差。

《宣宗實録》卷52，頁925

道光五年（乙酉）六月癸亥日

諭內閣：「蔣攸銛奏降調知州請留直隸補用等語。直隸前任霸州降調知州胡寅，前署玉田縣任內，失察邪教降調，因緝獲逆匪捐復，留順天差委，補霸州知州。茲又失察蠹役復充，降三級調用。該員兩次失察降調，不應仍留本省。胡寅著照所降之級，歸部銓選。該督請以該員留直隸補用之處，著不准行。」

《宣宗實録》卷83，頁339–340

道光五年（乙酉）十一月丙戌日

諭軍機大臣等：「據蔣攸銛奏，霸州、文安等州縣，各訪獲習教匪犯李可學、張賓等，並起獲經卷等語。習教傳徒，大干法紀，況近在畿輔，煽惑良民，尤應嚴辦示懲，不可養癰貽患。該犯李可學等，傳習紅陽教，夥黨必多，所供顯有狡飾，並恐尚有未起違悖經卷及實有謀為不軌情事。著那彥成到任後，迅飭臬司王庭華，督同委員，嚴切刑訊，務期水落石出。並分委妥員馳赴各犯原籍，將夥黨密速掩捕，解省歸案審辦。並通飭各屬，一體嚴緝務獲，勿留餘孽，以絕根株。將此諭令知之。」

《宣宗實録》卷 91，頁 463

道光七年（丁亥）三月庚子日

諭內閣：「那彥成奏遴委廢員接辦營田一摺。直隸霸州、豐潤二處營田，應行委員接辦。據該督查明已革吳橋縣知縣包敬堂，降調固安縣知縣沈潮，均熟諳農田水利，願赴營田效力。著照所請，包敬堂准其接管霸州營田事務，俟三年期滿，能否著有成效，再行分別辦理；沈潮准其接管豐潤營田事務，如三年期滿，果能認真經理，著照所降之官，奏請留於直隸補用。」

《宣宗實録》卷 115，頁 938

道光九年（己丑）八月丁亥日

又諭：「朕本日經臨盧龍縣境內，灤河、青龍河二處橋座，工段甚長，支搭穩妥，所有承辦各員，尚屬能事，允宜量予恩施。永平府知府李鶤、盧龍縣知縣汪兆鵬、霸州州同康誥、遵化州州判冀洪、永平府經歷魏彥儀、盧龍縣典史朱效、候補未入流鄭思适，俱著各賞加一級。直隸總督那彥成，督率有方，著加恩賞給黃辮珊瑚豆大荷包一對，小荷包四個，以示獎勵。」

《宣宗實録》卷159，頁460

道光十一年（辛卯）五月甲子日

諭内閣：「琦善奏遴員接管營田一摺。此次豐潤營田一缺，著照所請，以大挑知縣周震青接管。該員係試用知縣，若三年之內，輪應補缺到班，仍准酌量請補，所遺營田，另行選委。如經管三年期滿，亦准一體奏明鼓勵。至直隸營田，據該督奏，成規早定與創始之時，難易不同，與其每屆三年遴員奏委，莫若仍歸霸州、豐潤兩州縣自行經管。著察看情形，悉心酌議具奏。」

《宣宗實録》卷188，頁984

道光十一年（辛卯）七月辛酉日

諭内閣：「琦善奏查明豐潤等處營田改歸地方官經理一摺。直隸豐潤、霸州兩處營田，據該督查明，改歸地方官經理，稽查管束，呼應較靈，公餘督率，亦屬妥便，著照所請。即自道光十二年為始，將該二處營田，仍行改歸該州縣自行經管，一切章程，俱照舊規辦理。地仍按佃分穀，隄仍民修免差。原設書役莊頭，應給飯食紙張等項，霸州向在交商生息項下支領，豐潤向係委員捐給，著仍舊分別動支捐辦。其原派委員於本年秋收後，飭令交代清楚，即行撤回。除現管豐潤營田之大挑知縣周震青接管未久毋庸議外，霸州營田委員周蓮，經管將及兩年，尚無貽誤，著加恩仍以縣丞歸部儘先選用。」

《宣宗實録》卷192，頁1038

道光十二年（壬辰）六月甲申日

裁直隸天津府海防同知、宣化府同知、廣平府通判、大名府通判、河間府泊河通判、新安縣知縣、管河縣丞、典史教諭訓導、霸州清河管河州判、晉州州判、武清縣要兒渡管河縣丞、雄縣管河縣丞、高陽縣管河縣丞、武清縣東陽村管河主簿、任邱縣管河主簿、正定縣兼河主簿、故城縣鄭家口巡檢、行唐縣兩嶺口巡檢、交河縣新橋巡檢、延慶州永寧巡檢、保安州訓導各缺。從總督琦善請也。

《宣宗實録》卷213，頁142

道光十三年（癸巳）三月甲申日

諭軍機大臣等：「琦善奏體察災區情形分別設法調劑一摺。據稱直隸災歉地方，薊州等十州縣捐貯義穀，已於上年全數借給口糧。通州等十二州縣，亦已全動煮賑。惟霸州等四十三州縣，除酌動外，計存穀八萬餘石，每處自數十石至數千石不等。大名、順德、廣平等府所屬州縣，上年秋成中稔，除磁州等州縣義穀，於地震案內動用外，共計存穀二十四萬餘石。應需動穀之處所存無幾，而無須動穀之處存賸轉多。義穀係民捐之項，與常平倉穀不同，自未便以此境之有餘，勒令濟鄰境之不足。該督現在普勸捐輸，清苑縣自去冬捐資煮粥收養貧民，至今未撤。灤州等三十七州縣，勸捐糧食，自數百石至數千石不等；勸捐銀錢，自三四千串至萬餘串不等。天津一縣，計捐銀至五萬兩有奇。所捐之項或散給口糧，或設廠煮粥。無業貧民，藉資餬口，洵為以民養民之善舉。惟向來吏胥惡習，每遇災賑等事，多方剋扣，百弊叢生。此項既係民捐，若輩貪黠性成，未免以動用並非官帑，更恣侵吞，罔知顧忌。該督務當嚴飭該管道府，明查暗訪，有犯必懲，庶捐項不至漏卮，小民咸霑實惠。至玉田等三十三州縣，業經動支義穀，分別煮賑，及借給耔種口糧。其餘各州縣，並已倡勸捐輸，如有不敷，再將義穀及常平倉穀添撥湊用。其上年秋收中稔各州縣，或須官為平糶，或應酌借耔種，現亦酌量籌辦，俱著照所奏辦理。直隸災區甚廣，全省積貯自應稍留餘地，惟當實力勸捐該紳民等踴躍輸捐，其急公慕義之忱，深堪加尚，亦應量予獎勵。著擇其捐輸最多者，據實具奏，此後如有動用義穀之處，仍著刊刻謄黄，遍行曉諭，俾共見共聞，毋令吏胥舞弊。所動穀石，准其循照向例造入奏冊報部。將此諭令知之。」

《宣宗實録》卷 233，頁 495–496

道光十三年（癸巳）四月戊辰日

旌表守正捐軀直隸霸州民王大水妻孔氏。

《宣宗實録》卷 236，頁 536

道光十四年（甲午）四月己酉日

諭內閣：「前因步軍統領衙門拏獲囤運米石人犯高清吉等一案，當降旨交順天府，將武清、霸州一帶有無囤積回漕情事，查明具奏。茲據何淩漢等奏稱，派委候補知縣歐陽學等，分赴各該州縣嚴密記查，並會同該牧令親履沿河一帶村鎮，逐細確勘，尚無囤積回漕情事。現在漕船陸續抵通，此等弊竇，究難保其必無。著該府尹嚴飭該沿河地方官，隨時密查，有犯必懲，勿令稍有鬆懈。並著倉場侍郎飭坐糧廳，不時親往查察，務使積弊肅清。自此次嚴查之後，儻仍有前項弊端，或被人參奏，或因案發覺，不獨將該地方官等從嚴懲辦，並將該侍郎府尹等一並懲處不貸。所有在逃之何姓，仍著緝拏務獲，歸案審辦。」

《宣宗實録》卷 251，頁 796–797

道光十四年（甲午）九月乙酉日

加賑直隸霸州被水災民，蠲緩霸、大城、涿、新城、雄、獻、天津、寧晉、保定、良鄉、房山、清苑、安肅、唐、博野、容城、蠡、祁、安、高陽、河間、肅寧、任邱、景、故城、青、滄、靜海、南皮、鹽山、正定、藁城、南和、平鄉、鉅鹿、任、永年、雞澤、大名、赤城、冀、南宮、新河、武邑、衡水、趙、隆平、深、饒陽、安平、定、深澤五十二州縣被水村莊新舊額賦，給赤城縣災民房屋修費。

《宣宗實録》卷 257，頁 924

道光二十年（庚子）十二月己巳日

築直隸大沽、北塘、海口炮台土壩，並建蓋兵房，添鑄炮位。裁提標及宣化、正定、大名鎮標兵共四百二十五名，如額募駐大沽等處。移霸州營游擊為葛沽營游擊，葛沽營都司為蘆台營都司，永寧營守備駐霸州，滴水崖千總駐永寧。撥天津鎮把總、經制外委各一員駐北塘口，宣化鎮經制外委一員駐滴水崖。從署總督訥爾經額請也。

《宣宗實録》卷 342，頁 213

道光二十三年（癸卯）四月壬辰日

旌表守正捐軀直隸霸州民胡振保妻李氏。

《宣宗實録》卷 391，頁 1031

道光二十三年（癸卯）五月乙巳日

又諭：「有人奏，上年十月有文安縣回民張得成、張黑等，包放羊數千隻，在雄縣、霸州、大城、文安地方，緣村牧放，騎馬持械，將文安縣光周村之李建邦，打傷成廢。經該縣差緝到案，衙役張太和等受贓賣放，該縣並不深究。迨臘月間，該匪等挾讎至該處放火，亦不上緊緝拏，以致日形猖獗等語。回匪結夥持械，傷民放火，必應上緊查拏，隨時懲辦。若任聽胥役等庇凶漁利，有犯不懲，尚復成何事體。著卓秉恬、訥爾經額、陳孚恩，嚴密查拏，按律懲治。如有受賄賣放情弊，即著據實嚴參，毋稍徇縱。原摺鈔給閲看，將此各諭令知之。」尋奏：「訊明毆傷李建邦之犯，實係吳可常、劉貴生、張三黑三人，應照例發雲貴、兩廣極邊煙瘴充軍。張得成並未同場共毆，惟從前曾經放羊踐食麥功，亦應照不應重律杖八十。吳可常等並無放火，差役亦無賣放情事。現在嚴飭回民，嗣後牧羊不得過百隻。下部議。」從之。

《宣宗實録》卷 392，頁 1037–1038

道光二十三年（癸卯）閏七月戊寅日

諭内閣：「訥爾經額奏，永定河水漫溢馳往勘辦一摺。永定河北六工汛北遥隄十一號，因大清河水勢過大，頂托渾水，有長無消。初三初四兩日，隄身蟄塌二十餘丈，漫淹二十餘里。民房人口，尚無衝壞傷損。請將廳汛道員分别懲處等語。北岸同知寳喬林、北六工汛霸州州判嚴士鈞、協防把總富泰，著一並革職，暫留工次效力。永定河道恒春，著革職留任，責令督同接署廳汛各員，趕緊籌辦。直隸總督訥爾經額，未能先事豫防，亦著交部議處。該督即馳往查勘，趕做裹頭盤護，毋任續有汕刷，並查明被淹村莊，妥為撫恤，無任一夫失所。」

《宣宗實録》卷 395，頁 1083–1084

道光二十三年（癸卯）十二月丙辰日

鑄給直隸移駐天津鎮標大沽協副將、左營中軍都司、祁口營都司、葛沽營游擊、霸州營守備、通永鎮標、山海路游擊、中軍守備、提標三屯營游擊、中軍守備、喜峰路都司、宣化鎮右營都司、大名鎮磁州營守備各關防條記。從總督訥爾經額請也。

《宣宗實録》卷400，頁1160

道光二十四年（甲辰）六月己酉日

諭軍機大臣等：「訥爾經額奏，查勘永定河南七工漫口，現已裹頭盤護，應俟水落料齊堵築一摺。覽奏均悉。永定河南七工五號隄身，漫水蟄陷，據該督詳細籌勘漫口之水，雖循行舊河，可以因勢利導，惟南北兩隄之內，村莊不少，居民遷徙維艱，自應堵築漫口，引歸故道。現在存料無多，且新河坎刷深，正河淤高，下口鳳河間段停淤，尤虞高仰。須俟水落後，挑挖深通，堵築方可得手，自係實在情形。著照所議，即飭該道督同員弁趕緊備料，俟秋汛後妥速辦理。至下口鳳河展寬挑深之處，引河放水時應否再加挑挖，一並勘估具奏，無稍遲誤。所有永清、霸州被水村莊應否撫恤，著確查漫淹輕重，核實辦理。將此諭令知之。」

《宣宗實録》卷406，頁85

道光二十七年（丁未）九月甲申日

又諭：「御史張廷瑞奏，鹽梟肆擾，請飭查拏懲辦等語。據稱直隸河間、冀州及順天之霸州、文安一帶，鹽梟結夥，百數十人或二三百人不等，用驢馱載私鹽，執持槍炮器械，強行售賣。經地方官差拏，輒敢拒捕，施放槍炮。似此恃眾藐法，若不及早嚴拏，將來愈形滋蔓，貽患匪細。此等匪徒，大半籍隸滄州，以驢馱為記，以槍炮為號，一開槍炮之聲，則各處梟匪，聞聲往助，恐擾害地方，有不止如該御史所指數處者。著卓秉恬、汪本銓、訥爾經額，分別密飭所屬文武，設法嚴行查訪，務期盡數擒拏，從重懲治，毋得區分畛域，意存推諉。儻委員等畏葸不前，揑詞粉飾，日後養癰貽患，咎有攸歸，懍之。將此各諭令知之。」

《宣宗實録》卷 447，頁 603–604

道光二十八年（戊申）九月庚子日

旌表守正捐軀直隸霸州民張鳳亭妻高氏。

《宣宗實録》卷 459，頁 801

《大清文宗顯皇帝實録》

咸豐三年—咸豐四年　公元 1853—1854 年

咸豐三年（癸丑）十一月己未日

又諭，「給事中賈世行奏，捕役句結土匪，肆行搶劫一摺。據稱本月十三日夜，有土匪百餘人在夏店、煙郊等處，連劫數家，搶奪銀物。由通州東門外土壩過河，適遇練勇跟追，拏獲多名。經練局訊明，內有通州捕頭、散役及三河寶坻官人等語。捕役句結土匪，在近畿搶劫，實屬瞀不畏法。著順天府迅即嚴飭通永道，親提該犯等，嚴行審訊。如果屬實，即將該犯等，不分首從，概行正法。並將逸犯勒限嚴拏，盡數弋獲，毋許一名漏網。又據朱鳳標奏，京東有重兵駐守，其大城、文安、霸州、固安、涿州、良鄉、房山、昌平、順義、三河等處，均係進京要路。至內城保甲，亦未編查，所有各州縣寺廟客寓，及京城內外庵、觀、飯堂、車廠及雜院居戶，難保無窩奸之處。並著順天府，迅飭各該管官，一體認真嚴查，以杜奸宄而靖閭閻。賈世行摺，並朱鳳標片，均著鈔給閱看。將此諭令知之。」

《文宗實録》卷 112，頁 749

咸豐三年（癸丑）十一月己未日

又諭：「本日據朱鳳標奏，京東現有重兵駐守，奸匪每由西北一帶進京。近畿州縣如大城、文安、霸州、雄縣、固安、涿州、良鄉、房山、昌平、順義、三河等處，應飭編查保甲，嚴密稽察等語。著桂良迅即嚴飭各屬，於衝要處所認真盤緝，毋稍疏懈。凡寺廟、客寓、飯鋪等處均宜一體嚴查，如有來歷不明、形跡可疑之人，迅即捕拏究辦，並將容留之鋪戶，一並嚴懲，以靖奸宄。將此諭令知之。」

《文宗實録》卷112，頁749

咸豐四年（甲寅）正月壬子日

諭軍機大臣等：「據奉命大將軍惠親王並恭親王奕訢，將勝保、德勒克色楞、瑞麟信函二件呈覽，知靜海獨流逆匪，全股西竄。僧格林沁已馳抵大城，與賊接仗。勝保疾趨霸州，遏其北竄。該大臣等奉旨剿賊，日久無功，致令乘虛奔突，即將該大臣等以軍法從事，亦不足惜。惟畿輔近地，事機緊急，該大臣等果稍有天良，必當趁該逆奔竄未定之時，盡力堵禦，迅速剿除，以贖罪戾。現已諭知僧格林沁，即由文安、大城一帶，督兵截擊，不得令該逆更向西南紛擾，尤不可任令北竄。勝保意在由北而南，迎頭截剿，徑赴霸州。但自大城而西北，尚隔保定、任邱等縣，及東西淀、會同河。若令過河而西，將更不可收拾。本日已命大將軍等，將東路三營，即日移劄東安、固安、涿州為黃村前敵。著德勒克色楞於奉到諭旨，即行揀帶精鋭官兵一千名，兼程馳往固安駐劄防守。所有黃村、東安、固安、涿州、通州、盧溝橋等處官兵，統歸德勒克色楞節制。其餘該貝子所帶各兵，統交瑞麟管帶，隨同勝保，前往迎剿。該大臣可以無須兼顧北路，即刻督兵向南扼賊竄路，極力截殺，與僧格林沁隨時知照，為夾擊之計，萬不許令該逆再有佔踞地方，或竟敢窺伺保定省垣。該處為京師遮罩，財物充阜，尤不可稍有疏虞。勝保當探明賊蹤，迅督各路官軍，層層布置，迎擊兜剿，不得更以積冰積水為詞，稍事迂緩，仍與僧格林沁、德勒克色楞、西淩阿、善祿、桂良，時相知照，密籌防禦。該大臣等負罪已深，此次暫勿加譴，若再不將該逆悉數埽除，但有一處蔓延，必將該大臣等就地正法，勿謂寬典可冀幸邀也。仍將進兵機宜，及賊情如何，星速由驛馳奏。軍情緊急，一切奏報，不必拘泥繕寫楷書，總以據實迅奏為要。將此由六百里加緊諭知勝保、德勒克色楞，並諭西淩阿善祿瑞麟知之。」

又諭：「前因僧格林沁曾否已至王家口，未據奏報，特降諭旨，令其折回王慶坨，以防西北要隘。本日據奉命大將軍惠親王等奏，接到勝保等來函並探報情形。僧格林沁已在大城地方與賊接仗，殲斃逆匪數百名，是該大臣已追賊南下。事機緊要，若仍拘泥諭旨，遽行折回，恐逆匪竟奔西南，保定一帶又被滋擾。著僧格林沁即行追趕，不可使該逆稍留喘息之地。勝保因恐驅賊北上，已帶兵馳赴霸州，為迎頭邀截之計。本日亦諭令迅速由北而南，迎頭截擊。其北面各路，已於涿州、固安、東安三處及後路之黃村，節節布置，已有兵五六千名。並令德勒克色楞暫回固安，調度北路諸軍，該大臣等可無後顧之憂，總以盡力追殺為要，無恤其他。勝保不能嚴密防範，僧格林沁屢次遲回不進，以致逆匪紛竄。若按軍律治罪，該大臣等均無可辭。儻再不痛加剿洗，稍贖前愆，自問數月以來，老師糜餉，更有何面目對朕耶？直隸保定省城，為京師遮罩，防守甚關緊要。昨據桂良奏，唐官屯、苑家口等處，皆止官兵百餘名。勝保所奏，續派明慶、瑞昌、瑞麟、慶祺等分堵之兵，未知到否？即使趕到，已落賊後。儻保定稍有疏失，朕惟僧格林沁、勝保是問。連日接仗，如何情形，即著迅速具奏。軍情緊急，一切奏報，毋庸拘泥繕寫楷書，總以迅速具奏為要，毋稍遲延貽誤。將此由六百里加緊諭令知之。」

《文宗實録》卷 118，頁 22–23

咸豐四年（甲寅）七月甲子日

諭軍機大臣等：「阿彥達奏，請嚴飭地方查拏私鑄一摺。據稱當百等大錢，現在行使尚未流通，半係奸商阻撓，亦由私鑄過多之故。近日副都統都爾通阿，在霸州盤獲販賣大錢人犯二起，所帶當百大錢，至七八十吊之多，該副都統阿彥達營內，盤獲形跡可疑人犯劉得仁，攜帶大錢三十餘吊，供認販賣，並供出私鑄四處，均屬新城縣地方。即經劄飭該縣拏辦，尚未報獲一犯，請飭認真查拏等語。私鑄當百以下大錢人犯罪名，業經刑部從重定擬，並諭令步軍統領等衙門，嚴行拏辦。至近畿一帶，於新定罪名，或未深悉，愚民無知，難免仍前盜鑄。著賈楨、李鈞、桂良，飭令所屬地方官，將新定私鑄大錢罪名，於城鄉等處，迅速遍行出示曉諭，並認真設法嚴密查拏，務期有犯必懲，毋任一名漏網，以重錢法而裕民用。至新城縣地方私鑄四處，經阿彥達劄縣查拏，何以犯無一獲？著桂良嚴飭該縣，速行按照犯供地方，嚴拏究辦。儻該縣有意消弭，或任令吏胥包庇賄縱，即著從嚴參奏，毋稍徇隱。將此諭令知之。」

《文宗實録》卷 137，頁 422–423

咸豐四年（甲寅）閏七月庚午日

詣壽康宮問皇貴太妃安。硃諭巡防王大臣等：「現在連鎮逆匪雖未殲除，而直、順地方頗屬安靜。所有雄縣、霸州、天津此三處防兵，酌量應留應撤，以節糜費，以定人心。再京師各門所添之兵為日已久，苦狀難堪，若不變通留撤，以後更不成事。此時所撤之京師防兵，俟直隸事竣日再行題奏，酌量加恩。再團防處盡可裁撤，惟步軍統領，兩翼總兵責任最重，稽察緝捕固難，多立章程反成虛套。然終恐因時制宜，有未盡善之處亦應妥籌。以上各條著詳議三四日內具奏。」

《文宗實録》卷 138，頁 432

《大清穆宗毅皇帝實録》

（同治六年—同治十三年　公元 1867—1874 年）

同治六年（丁卯）六月壬辰日

諭軍機大臣等：「近聞直隸地方，夏間海嘯，遍地皆鹽，青、滄鹽匪，屢有爬鹽灑賣之事。現因緝梟馬勇外調，該匪竄出任邱、雄縣、容城一帶，復繞至霸州、東安等處，句結各處飢民，搶掠鹽店，並搶劫鋪戶，逼索村莊馬匹銀錢，形同馬賊。青、滄鹽匪，久為畿疆之患，茲復句結飢民，肆行搶劫。若不亟籌勦捕，貽害滋深。著萬青藜、胡肇智，嚴飭所屬各州縣實力巡緝，將各該地方飢民隨時安撫，毋為該匪所煽惑，別滋事端。劉長佑亦當迅撥兵勇，分路搜拏，並飭派出之將弁，會同崇厚所練之兵勇，齊心勦擊，務絕根株。將此各諭令知之。」

《穆宗實録》卷 205，頁 650

同治六年（丁卯）六月戊戌日

三口通商大臣兵部左侍郎崇厚奏：「遵查霸州等處時有梟匪搶掠，已飭守備鄭明保管帶團勇馳往勦捕。報聞。」

《穆宗實録》卷206，頁658

同治六年（丁卯）十月己酉日

諭軍機大臣等：「穆騰阿奏，梟匪搶過滹沱，剽疾北竄。衍秀奏，易州鄰境已有馬賊，請飭督臣追剿各一摺。梟匪於十月二十四日竄至保定迤西，旋由容城西北，折而東北，穆騰阿督率各軍由北河驛跟剿。即著嚴檄劉景芬，及河間練軍合力搜捕，務將此股醜類就地殄除。昨據劉長佑奏，該匪供稱欲出口外逃生，該督當懍遵前旨，與穆騰阿克期兜擊，毋得縱令逸出邊外，致剿辦更難著手。匪蹤極為剽疾，難保不由東固等處，旁竄青、滄一帶，再由舊路肆擾。著崇厚檄飭官軍嚴密防剿，遇賊即擊，以遏狂氛。該匪竄至滿城、安肅一帶，係與易州接壤，陵寢重地，關係尤為緊要。衍秀已酌派兵勇相機防堵，即著不動聲色妥為布置。遵、薊一帶係出口之路，且與古北口相近，亦不可不妥籌扼截。著鄭魁士派撥所練兵勇，視賊所向，會籌堵蕩。薊州與馬蘭鎮相距非遥，著寶珣先事防維，毋令匪蹤擾及附近處所。劉長佑親督各軍剿匪，遷延日久，賊勢愈張，現在該匪馬賊增至七八百人，步賊增至三四百人，儻再粉飾養癰，任令遍擾畿疆，或震驚陵寢地面，劉長佑自問當得何罪。本日據神機營奏，遵撥抬槍隊四百名，交參將德元帶往霸州防守；排槍隊四百名，交護軍參領英廉帶往任邱，更替內火器營防守，聽候穆騰阿調遣等語。即著飭令迅速起程，以資厚集，惟直隸兵力，尚屬不敷兜剿，應如何再行添調官兵，於近畿一帶分路扼堵之處，著神機營酌度辦理。將此諭知神機營，並由五百里諭知劉長佑、穆騰阿、崇厚、寶珣、衍秀，傳諭鄭魁士知之。」

《穆宗實録》卷214，頁801-802

同治六年（丁卯）十一月癸丑日

諭内閣：「前因直隸梟匪滋事，直隸總督劉長佑未能迅速剿捕，致令日肆蔓延。疊經降旨，將劉長佑革職留任，並摘去頂帶，以示薄懲。乃近據穆騰阿奏報，梟匪日漸北趨，由涿州竄抵永清、霸州等處，雖經官軍及各州縣團練小有斬擒，而以數百烏合之衆，縱橫奔突，且匪黨漸增至千餘，實屬不成事體。劉長佑身膺疆寄，有負委任，著即行革職，交官文差遣委用，責令帶隊自效，以贖前愆」。

諭軍機大臣等：「本日已明降諭旨，將劉長佑革職，命官文署理直隸總督。官文未到任以前，所有近省防務及地方一切事宜，著鐘秀妥籌辦理，不可稍涉疏虞。穆騰阿在霸州一帶剿匪獲捷，正可乘勝進攻，以絕根株。聞該匪已竄過渾河，該都統何以不跟蹤追擊。著穆騰阿迅速進兵，兼程躡剿，毋令該逆喘息。崇厚務當懍遵疊次寄諭，酌度機宜，迅籌埽蕩。劉長佑部下各營及所帶親兵，仍著妥為駕馭，協同剿洗，會籌滅賊之方。該前督受恩深重，不准因奉有革職諭旨，稍形諉卸，致誤事機，儻所部因管帶失宜，滋生事端，必惟劉長佑是問。正在寄諭間，據劉長佑奏，梟匪折向東南，督兵會剿，並籌備黄防。丁寶楨奏，捻趨江境，現赴下游查勘黄防各摺片。梟匪現由霸州回竄永清，有趨過渾河擾及東安之信。黄仁遺等均已跟蹤過河，分道追截。著穆騰阿督率各隊，會同直隸兵勇，協力圍剿，毋稍鬆勁。穆騰阿、崇厚當隨時飭令劉景芳、劉祺等，聯絡聲援，以資得力。黄防固屬緊要，而梟匪飄忽靡常，尤不可不迅速殄滅，以靖畿輔。著崇厚斟酌情形，應否添撥兵勇之處，妥籌布置。丁寶楨所陳捻逆南竄情形，與李鴻章前奏相同，劉銘傳昨已追至贛榆，復獲大捷，將任逆殲斃，恐該匪回竄東境，丁寶楨仍嚴飭王正起等相機堵剿。該撫現已行抵齊河，查視黄防，即著妥為布置，與直隸張秋以上防軍，勇力合作，各專責成。將此由六百里諭知穆騰阿、丁寶楨、崇厚，並傳諭鐘秀、劉長佑知之。」

《穆宗實録》卷 215，頁 810-811

同治六年（丁卯）十一月丁巳日

諭軍機大臣等：「穆騰阿奏連日剿擊梟匪情形一摺。梟匪竄過渾河，擾及武清。穆騰阿派翼長富升等馳渡渾河，由東北兜擊，該匪竄過西岸，向西南一帶逃逸。即著穆騰阿嚴飭馬步各軍，盡力追剿，並著咨會劉長佑派兵合力截擊，飭令南路各府州募勇助剿，務期迅殄逆氛。另片奏，請將在事人員酌保等語。此次賊由滹沱北竄，該將弁等未能迎頭扼截，致令竄過渾河，騷擾近畿一帶，雖小有斬擒，功過尚不足相抵，除在霸州接仗出力各員，仍准該都統擇尤存記，俟獲有大勝，匯案請獎毋許冒濫外，各營中如有畏葸退縮之員，仍遵前旨查明參奏。本日又據崇厚奏，請令富和總統各起馬隊，並籌備餉銀，撥給洋槍隊協剿一摺。富和前已飭令帶領新到吉林隊七百餘名，赴穆騰阿軍營隨同剿賊，其餘吉林及黑龍江馬隊，俟全數到齊後，再行斟酌調遣。崇厚擬備餉需四萬兩，即著照數備齊，聽候撥動。洋槍隊一營，即著撥給富和以厚兵力。直隸余承恩等軍，著崇厚咨行劉長佑飭令實力會剿，不准仍前玩泄。穆騰阿亦當分撥兵旅，防剿兼施，不得任賊蔓延。將此各諭令知之。」

《穆宗實録》卷 215，頁 816-817

同治六年（丁卯）十一月丙寅日

又諭：「穆騰阿奏分布步隊合軍進剿，並賊匪竄越情形一摺。賊匪現由定州東竄獻縣、交河一帶，偷渡運河。穆騰阿已將所部步隊分布霸州等處，並飭洋槍步隊由獻縣過河扼截，飭富和等整隊前進，該都統亦親督各營馬隊，合力進剿。著官文迅即派隊會擊，並著崇厚於運河迤北，撥隊嚴密扼截，務將此股就地殲除，毋任再行旁竄。前據劉長佑奏，該匪有出口逃生之説，官文等務當分布諸軍，迎頭截擊，嚴扼北竄，不得任令逸出邊外，更成不了之局。本日據神機營奏稱，穆騰阿所部及直隸馬隊，不下五六千人，旗緑各營步隊，亦有三四千人，該匪疊被追剿，所賸不過五六百人等語。官文等如果能實力督剿，則現有兵力，盡足敷用。黑龍江馬隊甫行進關，尚未到京，馬匹軍械，均未整理。穆騰阿前請調撥黑龍江馬隊之處，著毋庸議。該都統惟當督率所部，認真剿截，毋稍延宕，並著官文、穆騰阿、崇厚，嚴督帶兵各員，盡力剿辦。儻有遷延觀望者，即著立時嚴參，按律懲辦，不准稍事姑容，致懈軍心。穆騰阿另片奏，劉景芬稟詞與富和互異，請飭交神機營查辦等語。劉景芬觀望取巧，坐誤事機，情形顯而易見，該都統奉旨查辦此案，何得任聽該員飾詞，向神機營推諉。著仍懍遵前諭，與官文嚴速查明，據實參奏，不得代為徇隱，自干咎戾。將此由六百里各諭令知之。」

《穆宗實録》卷216，頁833–834

同治六年（丁卯）十一月庚午日

諭内閣：「萬青藜等奏請將順屬賑務變通辦理一摺。著照所請，所有南路廳屬之霸州、保定、固安、永清、東安，西路廳屬之宛平、房山，東路廳屬之武清、香河、三河等十州縣，即著廣設粥廠，妥為散放。其通州、寶坻、寧河等處，著即查清戶口，分別散放銀米，責成該州縣督同紳士認真經理，務使窮黎均霑實惠。餘著照所議辦理。」

同治七年（戊辰）正月壬戌日

諭軍機大臣等：「本日據官文馳奏，逆匪竄至清苑，催軍繞截，並喜昌等軍繞至賊前，及隆平剿賊各摺片。逆匪於初十日夜間，由定州直撲清苑，省城戒嚴。喜昌、劉松山、郭寶昌各軍，於十一日已經趕到。該將士等星夜兼程，馳赴近畿應援，深慰朝廷期望，實屬奮勇可嘉。陳國瑞亦於是日帶隊趕至保定，並催宋慶、張曜兩軍於次日到省，均屬奮勇。春壽、余承恩等軍，由高陽繞路前赴保定，此時當亦可到。官文計已督軍出城，迎頭會剿，總期由北面進壓，逼向南趨，節節痛剿，是為至要。本日據神機營王大臣奏，派兵分路防剿情形，所有派出馬步軍二千七百餘員名，著即馳赴涿州一帶，酌量情形防剿。其餘二千一百餘員名，著即前赴雄縣、霸州一帶防剿。其備調之黑龍江馬隊四百名，即著趕緊補齊馬匹，相機調撥。逆騎剽疾異常，難保不由保定橫向東趨，繞赴北路涿、雄等處。兵力未厚，官文當慎為留意，隨時相機，飭令保定諸軍力固西北，毋稍疏忽，致誤全局。崇厚前派之天津洋槍練軍共二千名，並著速飭馳赴河間等處，與神機營所派防軍聯絡聲勢，以固京南一路。鄭魁士一軍，著由附京東北趨向西南，迎頭截剿。丁寶楨昨擬帶莫組紳等軍北援，如兵勢尚單，著即添派得力之隊，星夜趕赴北路，迎頭堵剿，並著速飭吉林、黑龍江丹丁一並北來，以厚兵力。山東臨德東昌河防，仍著嚴密堵遏，毋令賊騎竄渡。山西界連直隸各山口要隘，趙長齡當懔遵前諭，派撥兵勇堵截，毋任賊蹤竄越晉疆。易州重地，關係非輕，著官文懔遵昨日諭旨，密籌布置。如有一賊竄向西北，惟官文是問。近畿情形如此緊急，李鴻章當懔遵疊次諭旨，督率所部迅速入直，並飛催劉銘傳、善慶、溫德勒克西等軍北來會剿，淨埽賊氛。河

《穆宗實録》卷 217，頁 838

北一帶，李鶴年亦當速籌兵勇，嚴密堵禦，以防賊蹤回竄。牛師韓一軍，著英翰嚴催入直。程文炳如遷延不行北上，著官文、英翰速行嚴參治罪。左宗棠現在行抵何處，何以數日並無報來？該大臣縱賊入直，若再不趕緊繞出賊前，自問當得何罪耶？將此諭知神機營，並由六百里加緊諭知官文、李鴻章、左宗棠、英翰、丁寶楨、李鶴年、趙長齡、崇厚，並傳諭鄭魁士知之。」

《穆宗實録》卷 222，頁 19–20

同治十三年（甲戌）五月壬寅朔日

以神靈顯應，頒直隸霸州龍王廟御書扁額曰「功在生民」。

《穆宗實録》卷 366，頁 841

《大清德宗景皇帝實録》

（光緒元年—光緒三十二年　1875—1906 年）

光緒元年（乙亥）八月己丑日

以疏濬文安、霸州、保定河道，予直隸知府史克寬，俟得缺後以道員用，餘升敘加銜有差。

《德宗實録》卷16，頁273

光緒二年（丙子）十二月癸卯日

諭内閣：「載鋼、榮頤奏請飭交陵糈營田一摺。據稱，順天、霸州舊有陵糈營田五十七頃九十餘畝，久被水衝沙壓，現在已無水患，甘以耕種，請飭該知州如數交出等語。著李鴻章、萬青藜、張澐卿詳細查勘，奏明辦理。」

《德宗實録》卷45，頁628

光緒三年（丁丑）六月丙午日

諭内閣：「前據載鋼等奏，霸州舊有陵糈營田，請飭交出，當諭令李鴻章等查勘具奏。茲據奏稱，該州營田本係民地，先由總督派員經理，嗣於道光十一年，奉旨歸該州自行經管，所收之米，按額運解易州，以備西陵官員俸糈之用等語。此項地畝，既據查明向歸地方官經管，即著仍照舊章辦理，並著督飭該知州認真整頓。儻有藉詞延欠虧挪情事，即行據實奏參。」

《德宗實録》卷52，頁731–732

光緒四年（戊寅）八月己卯日

諭內閣：「李鴻章奏永定河北六工漫口在工各員分別參辦，並自請議處一摺。據稱，本年夏雨時行，河水迭長，經該河道等實力防搶，伏汛尚稱平穩。自七月二十、二十一、二十二等日，晝夜大雨，上游諸水匯漲，洶湧異常。二十二日戌刻，雨勢如注，水又陡長，北六工十四號漫過隄頂二尺，大溜迅猛，人力難施，遂致漫口等語。永定河工漫口，雖由夜雨溜猛所致，在工各員究未能小心防護，咎無可辭。北六工霸州州判鄒源，著即行革職，北岸通判江塏，著革職留任；永定河道李朝儀，統轄全河，疏於防範，著革職留任，以示懲儆。李鴻章督率無方，著交部議處。即著該督嚴飭在事員弁，迅將決口趕緊堵築，毋稍延緩。其上游各廳汛，並著加意防護。被淹地方，即由該督量為撫恤，毋令失所。」

《德宗實録》卷77，頁179

光緒七年（辛巳）十月壬戌日

旌表割臂療姑直隸霸州王九如妻孔氏；夫亡殉節文安縣薛仲源妻崔氏，山西靈石縣嚴官箴繼妻王氏；矢志守節河南裕州王綸卿妻賈氏。

《德宗實録》卷138，頁975

光緒十年（甲申）四月丙寅日

又諭：「前據太常寺卿徐樹銘奏，永定沿河被水村民，請暫停河工，酌用民力章程一摺。當諭令李鴻章妥為籌辦。茲復據該京卿奏稱，村民交土，流弊已極。節經涿州、良鄉、固安、永清等處之丁各莊等四十五村、梨村等十九村、孝城等二十六村、王居村等二十二村村民呈訴，並聞良鄉之長辛店、永清之信安鎮、霸州之策城、東安之褚河港等處，有折價交土情弊。請飭以河工自有之款，作為僱夫挑土之費等語。永定河一帶被水災民，異常困苦，豈容稍有勒派？所有河工令民交土章程，著即行停止。所稱購土經費，仍取之河工自有之款一節，著李鴻章妥籌辦理。」

《德宗實録》卷 182，頁 544

光緒十一年（乙酉）七月辛酉日

又諭：「沈秉成奏分別舉劾屬吏一摺。直隸通永道薛福辰，辦事精細，實心愛民；署霸州知州、候補知縣陳鴻保，熟習刑名，聽斷明允，均著交軍機處存記。南路同知陶彥壽，久病未愈，著即開缺；寧河縣知縣丁符九，才庸年老，萎靡不振，諸事廢弛，著勒令休致。另片奏，廣東候補知府彭翰孫，歷署要缺，頗著政聲，請旨録用等語。彭翰孫，著江蘇巡撫給咨來京，交吏部帶領引見。」

《德宗實録》卷 212，頁 993

光緒十二年（丙戌）九月乙卯日

諭內閣：「薛福辰奏嚴劾正佐教職各員一摺。順天順義縣知縣賴永恭，氣質粗淺，現值籌辦冬撫，難期得力，著開缺另補。前署門頭溝縣丞、宛平縣典史姚廷爵，擅受民詞，操守不潔；密雲縣教諭張慶壬，控案累累，難膺司鐸；霸州吏目于桐，操守平常，人言藉藉；永清縣典史鄭福德，擅理民事，跡近招搖；固安縣典史何樹森，任意妄為，不知檢束，均著革職，以肅官方。」

《德宗實録》卷 232，頁 139

光緒十八年（壬辰）閏六月庚申日

諭內閣：「李鴻章奏永定河隄工漫口，分別參辦，並自請議處一摺。本年六月以後，永定河水勢驟漲，險工疊出，此三工北二上汛，先後漫溢，現成旱口。六月二十四日，南上汛灰壩漫口四十餘丈。該管各員疏於防範，實屬咎無可辭。署南岸同知夏人傑，霸州州同周蓉第，均著革職留任；石景山同知竇延馨，署北岸同知周起濤，良鄉縣縣丞韓傳琦，涿州州判唐照，均著摘去頂戴；永定河道萬培因，著革職留任。李鴻章著交部議處。該督務當督飭在工員弁，將溜口趕緊盤築裹頭，以防續塌，並迅籌款項，及早堵合。其上游各汛，並著嚴飭認真防護，毋得再有疏虞。」

《德宗實録》卷 313，頁 64

光緒十九年（癸巳）六月癸酉日

諭內閣：「前因京師雨水過多，民居禾稼受傷，當經諭令順天府府尹等，查明各屬被水情形，迅速具奏。茲據孫家鼐等奏稱，近畿東南一帶，被災較重。疊據順義、寶坻、武清、涿州、霸州、香河、房山等州縣，查報所屬地方，山水陡發，各河同時並漲，田廬淹沒，傷斃人口。業經分派委員賑撫，請撥銀米等語。近畿猝遭水患，小民蕩析離居，殊深憫惻。著照所請，先在六門外添設粥廠，於孫河、定福莊、馬駒橋、黄村、龐各莊、盧溝橋六處一律添設，加恩賞給京倉米一萬石，即行分領煮散，以資急賑。著派溥顧、徐承煜、岑春煊、劉恩溥、載蕚、田我霖，分往孫河等六處，稽查彈壓，妥為監放。各鎮開廠所需經費銀二千兩，著戶部照數撥給。其尚未稟報之東安、永清兩縣，即著孫家鼐、孫楫飭令該縣等趕緊詳查，毋稍漠視。」

《德宗實録》卷 325，頁 189–190

光緒十九年（癸巳）六月乙亥日

又諭：「李鴻章奏永定河隄工漫口，分別參辦並自請議處一摺。本年入伏後大雨連綿，永定河水勢盛漲，險工疊出。六月十三日雨疾風狂，山水暴發，所有南上汛之三四號，十四五號，北上汛之五七號，北中汛之九十號，北下汛之頭號至五號，並接連迤上之北中汛末號，同時漫溢。該管各員疏於防範，實屬咎無可辭。南上汛霸州州同周蓉第，著革職留工效力；署南岸同知、正任北岸通判蔣廷皋，著革職留任；署北上汛武清縣縣丞、候補主簿薩多訥，北中汛武清縣縣丞翟鼎升，署北下汛宛平縣縣丞王恩圻，均著革職留任。石景山同知張恩霨，著摘去頂戴，永定河道萬培因，著革職留任，李鴻章著交部議處。該督務當督飭在工員弁，將南北汛各口門迅籌堵築，不得再有疏虞。所有被淹村莊，即著該督迅速查明，妥籌撫恤，毋令失所。」尋議：「李鴻章應得降一級留任公罪。」得旨：「準其抵銷。」

《德宗實録》卷 325，頁 191

光緒十九年（癸巳）十二月丙寅日

又諭：「有人奏京尹大員聲名惡劣，據實參劾一摺。據稱順天府府尹孫楫懶見僚屬，玩視民瘼，所用屬員，專視應酬之周否以為調動。如本任霸州知州沈宗謨、昌平州知州張兆珏，皆係紈袴子弟，該府尹屢次調署別缺，請飭查辦等語。著麟書、薛允升確切查明，據實覆奏。原摺著鈔給閱看。將此諭令知之。」

《德宗實録》卷 331，頁 252

光緒二十年（甲午）八月乙丑日

諭軍機大臣等：「御史陳其璋奏本年六七月間，雨水過多，順天府屬之香河、寶坻、文安、霸州、武清、寧河等州縣，盡成澤國，災民蕩析離居，已有來京乞食者。擬請倣照成案，分設粥廠。又片稱，聞順屬被災不止十數州縣，府尹陳彝各處求賑，因軍需孔亟，未敢請帑，擬請一並飭查等語。順天所屬被災地方究有若干處，情形輕重若何，著孫家鼐、陳彝迅速查明，並應如何賑濟之處，奏明辦理。原片一件，均著鈔給部看。將此各諭令知之。」

《德宗實録》卷347，頁451

光緒二十二年（丙申）七月丁酉日

諭內閣：「王文韶奏永定河隄工漫口，分別參辦，並自請議處一摺。本年六月後，大雨時行，永定河水勢漲發，險工疊宜出。二十三日，北六工之八號，隄頂漫溢。二十四日，北中汛七號，又復漫水，掣奪全河大溜，口門寬至百餘丈。該管各員疏於防範，實屬咎無可辭。調署北中汛武清縣縣丞支兆熊，著革職留工效力。石景山同知張恩霨，著革職留任。廳員下北岸通判蔣廷皋、汛員北六工霸州州判陳麗生，均著摘去頂戴。永定河道陳慶滋、河防局道員竇延馨，均著革職留任。會辦河防局道員張蓮芬，著摘去頂戴。王文韶著交部議處。該督務當督飭在工員弁，將漫口迅籌堵築，並將南岸各汛，嚴飭極力防護，不得再有疏虞。所有被淹村莊，即著該督迅速查明，妥籌撫恤，毋令失所。」尋吏部議：「王文韶應得降一級留任公罪。」得旨：「准其抵銷。」

《德宗實録》卷393，頁118–119

光緒三十年（甲辰）十二月乙卯日

旌表順直孝子霸州崔資誠、孝女平谷縣孫賢姑、貞女南宮縣楊氏、節烈婦永清縣張劉氏等四百零六名口。

《德宗實録》卷539，頁172

光緒三十二年（丙午）二月甲子日

以捐助學費，予直隸霸州監生王楷同知職銜。天津縣職商安文忠，建坊。

《德宗實録》卷556，頁374

《大清宣統皇帝政紀》

（宣統二年—宣統三年　1910—1911年）

宣統二年（庚戌）九月丁卯日

諭軍機大臣等：「有人奏州官庇匪縱盜玩視民命一摺。著陸潤庠、丁乃揚按照所參各節，確切查明，據實具奏，毋稍徇隱。原摺著鈔給閲看。」尋奏：「原參刑斃棄屍等情，係出傳聞之誤。郭振扎傷韓振連身死一案，覈與原參情節不符。惟劉善亭及王建章各案，事隔經年，均未被獲，應請將霸州知州劉傳祁，摘除頂戴，勒限嚴緝。」從之。

《宣統政紀》卷42，頁765–766

宣統三年（辛亥）六月丙子日

諭內閣：「陳夔龍等奏，考察辦學各員優劣，分別舉劾一摺。所有辦學最優之直隸東光縣知縣張徵乾、任縣知縣謝昺麟、署祁州知州葛龍三、署威縣知縣邱廷榮、霸州知州劉傳祁、吳橋縣教諭兼縣視學馬錫蕃、吳橋縣勸學總董劉祖旃、豐潤縣勸學總董楊金第、霸州勸學總董張文田，均著傳旨嘉獎。雄縣知縣張允翰，才識庸闇，漠視學務；平鄉縣知縣程遐師，萎靡性成，學務廢弛，均著即行革職。延慶州知州周文藻，情形隔膜，不知振興；衡水縣知縣金樹棠，敷衍因循，毫無振作，均著以縣丞降補。新東縣知縣麥汝良，年力就衰，難期振作，著原品休致。署棗強縣知縣、阜平縣知縣普容，習於因循，延閣要政；正任保安州知州呂懋光，才力短絀，莫覩成績，均著開缺另補。」

《宣統政紀》卷 55，頁 992–993

宣統三年（辛亥）八月辛丑日

諭內閣：「順天府奏擬裁大、宛兩縣，並酌裁霸州、密雲二州縣，並歸四路廳直轄一摺。著內閣議奏。」

《宣統政紀》卷 60，頁 1070

大城

《大清世祖章皇帝實録》

（順治四年至順治十四年 公元 1647–1657 年）

順治四年（丁亥）春正月辛亥日

戶部奏請：「去年八旗圈地，止圈一面，內薄地甚多，以致秋成歉收。今年東來滿洲，又無地耕種。若以遠處府州縣屯衛、故明勳戚等地撥給，又恐收穫時，孤貧佃戶無力運送。應於近京府州縣內，不論有主無主地土，撥換去年所圈薄地，並給今年東來滿洲。其被圈之民，於滿洲未圈州縣內，查屯衛等地撥補。仍照遷移遠近豁免錢糧，四百里者准免二年，三百里者准免一年。以後無復再圈民地，庶滿漢兩便。」疏入，從之。於是圈順義、懷柔、密雲、平谷四縣地六萬七百五晌，以延慶州、永寧縣、新保安、永寧衛、延慶衛、延慶左衛右衛、懷來衛無主屯地撥補。圈雄縣、大城、新城三縣地四萬九千一百一十五晌，以束鹿、阜城二縣無主屯地撥補。圈容城、任邱二縣地三萬五千五十一晌，以武邑縣無主屯地撥補。圈河間府地二十萬一千五百三十九晌，以博野、安平、肅寧、饒陽四縣先圈薄地撥補。圈昌平、良鄉、房山、易州四州縣地五萬九千八百六十晌，以定州、晉州、無極縣、舊保安、深井堡、桃花堡、遞鴉堡、雞鳴驛、龍門所無主屯地撥補。圈安肅、滿城二縣地三萬五千九百晌，以武強、藁城二縣無主屯地撥補。圈完縣、清苑二縣地四萬五千一百晌，以真定縣無主屯地撥補。圈通州、三河、薊州、遵化四州縣地十一萬二百二十八晌，以玉田、豐潤二縣圈剩無主屯地及遷安縣無主屯地撥補。圈霸州、新城、漷縣、武清、東安、高陽、慶都、固安、安州、永清、滄州十一州縣地十九萬二千五百一十九晌，以南皮、靜海、樂陵、慶雲、交河、蠡縣、靈壽、行唐、深州、深澤、曲陽、新樂、祁州、故城、德州各州縣無主屯地撥補。圈涿州、淶水、定興、保定、文安五州縣地十萬一千四百九十晌，以獻縣先圈薄地撥補。圈寶坻、香河、灤州、樂亭四州縣地十萬二千二百晌，以武城、昌黎、撫寧各縣無主屯地撥補。

《世祖實録》卷 30，頁 245–246

順治七年（庚寅）八月己亥日

免直隸霸州、順義、懷柔、寶坻、平谷、武清、保定、文安、大城、東安等縣六年分水災額賦。

《世祖實録》卷 50，頁 400

順治十一年（甲午）二月丁丑日

裁直隸大城營遊擊、千把總各一員，兵二百名；東安營游擊、千把總各一員；白石營守備把總各一員，兵五十名；寶坻營遊擊一員，兵三百名。改薊州守備為都司，增千把總各一員，兵一百名。裁白石營守備把總各一員，設操守一員。增漕河營、三河營兵各五十名，潮河川兵三十名。

《世祖實録》卷81，頁636-637

順治十二年（乙未）二月癸亥日

免直隸成安、東明、長垣、懷柔、大城、文安等縣十一年分水災額賦。

《世祖實録》卷89，頁702

順治十四年（丁酉）十一月戊午日

免直隸霸、薊、安、冀、晉、趙、定七州，寶坻、蠡、新安、新城、雄、保定、文安、大城、固安、永清、東安、玉田、豐潤、行唐、寧晉、平山、新樂、柏鄉、贊皇、任邱、阜城二十一縣，保安、左右神武三衛及梁城所本年分雹災額賦。

《世祖實録》卷113，頁883

《大清聖祖仁皇帝實録》

（康熙三年至康熙六十一年　公元 1663–1722 年）

康熙三年（甲辰）八月甲寅日

免直隸樂亭、大城、獻縣、文安四縣本年分水災額賦。

《聖祖實録》卷 13，頁 197

康熙五年（丙午）春正月己未日

戶部議覆：「八旗圈換地土一事，以兩議請旨。一議：鑲黃旗近圈順義、密雲、懷柔、平谷四縣之地毋庸撥換外，其在右翼之涿州、雄縣、大城、新安、河間、任邱、肅寧、容城等處地，應照舊例從頭挨次撥換。將正白旗通州、三河迤東大路北邊至豐潤縣地、永平府周圍留剩地，撥給鑲黃旗。如不敷，將遵化至永平路北夾空民地圈給。其正白旗所撤通州迤東之地，亦應於永平周圍地內撥補。不敷，將路北夾空民地，灤州、樂亭縣民地圈給。至二旗包衣佐領下壯丁應否遷移，伏候上裁。再六旗地畝內，除一半可耕一半不堪者，不准撥換外，其過半不堪與全不堪者，應將各旗圈內空地，或退回地畝，酌量撥換。俱俟秋成後，差員丈量分撥。一議：鑲黄旗既有順義等四縣地，應將所移涿州壯丁，即於順義等處民地圈給。其河間等七縣所移壯丁，應將正白旗薊州、遵化州地撥給，不敷，將夾空民地圈給。其通州、三河、玉田、豐潤等處地，仍留正白旗。餘照前議。」奏入，輔臣等稱旨，鑲黄旗涿州壯丁，移於順義等縣，依後議。其前議將正白旗通州迤東大路北邊給與鑲黄旗，南邊留與正白旗之處，俟秋收後，差員將正白旗滿洲地，投充人地，皇莊地丈量明白，取具實數，酌議分撥。餘俱俟鑲黄旗遷移事竣，具題請旨。」

《聖祖實録》卷 18，頁 266

康熙十三年（甲寅）春正月癸酉日

諭兵部：「近聞京城小民驚恐，欲於城外西山處所，遷移逃避，殊非朕撫安百姓之意。前令緝獲假稱朱三之楊起隆，與良民毫無干預，並無驅逐居民移居城外之事。即昨暫閉城門，因有人舉首楊起隆潛藏大城之内，故行嚴緝，非有他故。爾百姓勿妄聽訛言，致生疑畏，宜各安生業如平時。爾部即轉行五城御史、順天府、宛大二縣作速刊示，通行曉諭。」

《聖祖實録》卷 45，頁 592

康熙十五年（丙辰）春正月甲子日

旌表直隸節婦：冀州李氏、元氏縣張氏、黄縣李氏、霸州李氏、大城縣胡氏、保定縣趙氏、涿州張氏、三河縣劉氏、鉅鹿縣楊氏、新城縣任氏、宣府前衛田氏等，各給銀建坊如例。

《聖祖實録》卷 59，頁 771

康熙十九年（庚申）九月庚午日

戶部議覆：「先經直隸巡撫于成龍以武清等十四州縣衛被災分數題報，奉旨差戶部郎中額爾赫圖查勘。今據回奏，交河、阜城二縣被災分數，應如原報；唐山等八縣衛，應比原報減二分；大城等四縣，應不准災。請照所定分數蠲免。」得旨：「各縣地方，自去年被災，民生困苦，俱著照原報分數蠲免。」

《聖祖實録》卷 92，頁 1163

康熙三十三年（甲戌）三月丁卯日

諭大學士等：「山東巡撫桑額奏，所屬積貯米穀並無虧空，此前任撫臣佛倫奉行之善也。朕巡行霸州時，聞大城縣知縣祖延泰散穀賑濟，或有富戶冒稱飢民者，查出即將其家所積之穀，散給貧民，因此並無假冒貧民得沾實惠。是則奉行之善，存乎其人。從前總督張長庚、屈盡美，巡撫白色純、韓世琦等，居官不善，不數年間，子孫窮困。由此觀之，徒貽惡名，此輩所貪取者，今安在哉！且居官果善，其光榮自不待言。如江南將軍博霽調西安將軍，起程之日，兵民泣送。屈盡美居官不善，離任之時，地方百姓皆為切齒。居官善否，舉朝之人及地方百姓自有公論，豈能掩飾哉！」

《聖祖實録》卷163，頁778

康熙三十三年（甲戌）夏四月己卯日

工部議覆：「直隸巡撫郭世隆疏言：霸州等處田被水淹，皆由子牙等河隄岸衝決未修之故。查大城縣趙扶村之南隄及龍王廟隄，青縣楊村隄起至東子牙村隄止，雄縣蒲淀、五官淀之東隄，俱單薄不堪，應行修築。黑龍港河及大城縣王家口淤塞，俱應開濬。均應如所請。」從之。

《聖祖實録》卷163，頁780

康熙三十七年（戊寅）春正月庚午日

又諭大學士等：遣戶部曾經保舉司官二員，於被水災沿河之保定、霸州、固安、文安、大城、永清、開州、新安等州縣截留山東、河南漕糧，每處運致一萬石積貯。俟米價騰貴時，平價糶賣。

《聖祖實録》卷187，頁994

康熙三十七年（戊寅）春正月丁丑日

直隸巡撫于成龍、原任河道總督王新命，奉使查勘渾河、清河，恭請訓旨。上諭之曰：「清河發源太行山脈，會漳河、子牙河、滹沱河、易水諸流，其勢雖盛，但堅築隄岸以遏之，即歲潦亦可無虞。又漳河支流經大城縣，入子牙河，其勢湍悍，數年以來，文安、大城諸處屢遭水患，皆此河之故也，爾等宜詳悉查勘。至渾河發自馬邑，其源甚微。每遇大水之年，則横流汎濫，致潦民田。詳審其故，蓋由渾河淤沙既多，或遇春時水乏，保安以下居民又引河水灌田，沙礫壅塾，河身積高，霪雨水發，則避高就卑，水勢瀰漫，遂致田土衝沒。爾等惟挑濬淤沙河之兩岸，掘五六尺深闊令水得暢流，當不至於漲溢矣。爾等須詳視具奏，築隄濬河，工竣設立河夫，委官監視，及時預為挑濬，遇旱歲力去淤沙，庶無水患矣。」

《聖祖實録》卷187，頁995

康熙三十八年（己卯）夏四月戊辰日

直隸巡撫李光地等疏言：「臣等遵旨查看漳河，見在分而為三：一支自廣平縣，經魏縣、元城縣至山東館陶縣入衛水歸運；一支俗名老漳河，自山東邱縣東北，經南宮等縣與完固口合流，至鮑家嘴而歸運；一支俗名小漳河，自邱縣西北，經廣宗、鉅鹿二縣合於滏河，又經束鹿縣、冀州合於滹沱河。由衛水至獻縣完固口，復分為兩支，其小支與老漳河合流至鮑家嘴，其大支復經河間、大城、靜海三縣總入子牙河而歸淀。查此三支，兩支入運，其一支又復分流入運。則入運之水已多，子牙河之水自減，可無礙漕之慮。但歸衛之河與老漳河皆有散漫淺平之處，應酌量挑濬。其完固口小支河應築雞嘴壩及攔河壩，逼水入河。至於靜海縣田地淹没，因向年開廣福樓及閻、留二莊口之故。若竟堵諸口，又有礙西隄。請俟水退之後，暫行堵塞。至來春水涸於閻、留二莊出水處，挑成河道，兩岸築隄，束水歸淀。則靜海縣地方不致淹漫，而大城等州縣隄岸均無妨礙矣。」得旨：

「著照該撫所題速行。」

《聖祖實録》卷193，頁1044

康熙三十九年（庚辰）三月壬午日

上至王家口，登小舟往視子牙河，諭直隸巡撫李光地曰：「此一帶隄岸修築最好，朕甚嘉悅。其流水閘暫停修築，於閘之左右濬口洩水。視今歲何如，明年再定奪。回舟，泊大城縣王家口。」

《聖祖實録》卷198，頁18

康熙四十年（辛巳）春正月癸酉日

諭直隸巡撫李光地：「朕歷年省耕畿甸，咨訪民隱，屢行蠲賑，加惠黎元。近見霸州、大城、文安地居窪下，被水最甚。雖遇豐年，民猶艱食。其三州縣累年積逋，及本年應徵地丁正項內，應蠲米穀錢糧，爾即察明豁免。所免數目，仍行題報，務使各處窮民咸沾實惠。如有勢豪土棍包攬侵冒，不肖有司聽胥吏作弊指富作貧，假捏災傷，以致澤不下究，爾據實題參，期於民困獲蘇，以副朕愛養軫恤之意。」

《聖祖實録》卷203，頁72

康熙四十年（辛巳）夏四月壬子日

直隸巡撫李光地疏言：「承修永定河，自郭家務至柳岔口開河築隄，釘樁下埽七十餘里，大城縣西隄樁埽工七十餘里，又子牙河、廣福樓新河至賈口等處，兩岸隄工五十餘里，雄縣水佔民隄未完工程二十餘里，今俱已完工。又接修永定河石隄之下樁工一百餘丈，及大城南隄，並河間、獻縣之工，俱可告竣。」下部知之。

《聖祖實録》卷 204，頁 84

康熙四十一年（壬午）春正月丁丑日

上巡視子牙河。是日，御舟泊大城縣蘇家橋。

《聖祖實録》卷 207，頁 108

康熙四十三年（甲申）八月己巳日

諭大學士等：「曩日要兒渡等處隄岸常被衝決，是以朕親臨遍視，見楊村原有一引河去海尚近，即欲疏此引河，建滚水壩，水長開閘使河水入海。因需餉浩繁，又恐無益，故不輕舉。朕今遣李光地等往估，欲仍開此引河。大都、天津海潮至時，一股向王慶坨，一股向楊村逆流。故河水漲時，即相觸旁流，以致隄岸衝決。今將楊村舊引河挑濬建壩，自必有益。再子牙河、廣福樓亦有引河。昔開引河時，文安、大城百姓謂開河於彼有益，而青縣等處百姓則稱開河於彼不便，互相爭論，皆集河干，各控其情。及朕諭以挑此引河，不獨便於文安、大城，而青縣亦自無虞，民始各退，後果兩處皆便。」

《聖祖實録》卷 217，頁 197

康熙四十九年（庚寅）冬十二月戊辰日

免直隸霸州、大城、天津等六州縣衛本年分旱災額賦有差。

《聖祖實録》卷 244，頁 425

康熙五十年（辛卯）春正月戊辰日

諭大學士等曰：「河務甚難，朕昔因挖子牙河，親身往視，有大城、武清縣民跪於兩岸，互相爭訴。朕慰之曰：『爾等勿得爭競，朕自有處置之法。』因一一指授監修官員而回。後河工告成，於兩處百姓俱有裨益。前張鵬翮任總河時來陛見，朕訓之曰：『爾於河工不可任意從事，但守成規遵奉朕訓而行。』及修御壩之時，朕親身指授釘樁。張鵬翮遵朕指授修建。自此壩告成，清黄二水始會流入海矣。黄河水性，善於更移。朕幸寧夏時，由黄河行二十一日至湖灘河朔。因邊外無修治之人，故黄河處處更移，視水性每向南流，北岸尚可，南岸多被衝決。古時黄水由天津碣石而流，此言載在《書經·禹貢》，後又移流在德州，自後漸移於南方矣。治河固宜順水性，亦在隨宜調度。今使諸水入大海者，豈盡隨水性哉。」

《聖祖實録》卷 245，頁 431–432

康熙五十五年（丙申）十二月壬子日

諭戶部：「朕御極以來，念切民生，時勤宵旰，凡巡歷所至，必以編氓疾苦，備悉詢問。蓋欲比戶之蓋藏恒裕，三時之水旱無虞，斯民氣和樂聿，成豐亨豫大之休也。頃者，朕巡幸口外，經過三河等州縣，暨永平府交界地方，見今歲秋成豐稔，米價稱平。惟是去年雨水過溢，田畝間被淹沒，朕深加軫恤，蠲賦平糶，轉漕分賑貧民，使不失所。今者雖復有秋，然僅足支一歲之用，恐來年之輸將尚多難繼。是必再沛恩膏，始可大培民力。著將順天、永平兩府大興、宛平、通州、三河、密雲、薊州、遵化、順義、懷柔、昌平、寶坻、平谷、豐潤、玉田、良鄉、涿州、武清、永清、香河、霸州、大城、文安、固安、東安、房山、保定、延慶、梁城、盧龍、遷安、樂亭、灤州、撫寧、昌黎、山海等州縣衛所，康熙五十六年地丁銀二十六萬四千三百三十六兩零，米豆高粱二萬一千六百四十六石零，草九萬四千九百五十束零，俱通行蠲免。所有歷年積欠銀九萬三百九十六兩零，米豆高粱一萬六千二百七十五石零，草八萬四千四百七十束零，亦並與豁除。爾部行文該督，嚴飭所屬，實心奉行。俾遐村窮谷均沾德意。倘有不肖有司，借端朦混，私行徵收者，察出定行從重治罪。爾部即遵諭行。」

《聖祖實録》卷 270，頁 654–655

《大清世宗憲皇帝實録》

（雍正二年至雍正十二年　公元 1724–1734 年）

雍正二年（甲辰）冬十月癸巳日

戶部議覆：「直隸巡撫李維鈞疏奏，直屬九郡豐收，惟霸州、東安、大城、武清、玉田、寶坻、梁城所七州縣所田禾偶有淹損。本年錢糧，請緩至雍正三年帶徵。應如所請。」得旨：「霸州等七州縣所被水村莊，朕已諭巡撫李維鈞，將倉糧發賑。念此時小民生計維艱，若將今歲錢糧歸於明歲帶徵，則新舊之賦，輸納於一年之內，勢難兼顧。爾部行文該撫，著將霸州等七州縣所被水村莊，今年應徵錢糧內，或應有蠲免之處，詳查議奏，以紓民力。」

《世宗實録》卷 25，頁 394–395

雍正三年（乙巳）六月辛巳日

兵部議覆：「直隸總督李維鈞奏言，大城營守備員缺，請將藍翎侍衛張大烈補授。應如所請。」得旨：「各省所發藍翎侍衛，皆係藍翎侍衛中之平常者，故命於外省補用。此等應於不緊要之缺題補。至分與各省年滿千總，皆選騎射嫻熟者命往，令其題補，並非命往令其學習也。若果騎射較前生疏，該督理應題參。李維鈞從前並未將年滿千總許印等參奏，今遇缺出，始稱此二人騎射尚未嫻熟，反將藍翎侍衛張大烈題，此內必有情由。」

《世宗實録》卷 33，頁 504–505

雍正五年（丁未）八月己丑日

署直隸總督宜兆熊等疏參：「大城縣知縣李先枝，貪婪成性，罔念民瘼，將地畝人丁於額徵之外，加派私收，苦累小民，請革職究審。」得旨：「李紱任直隸總督時，將李先枝題陞天津州知州，朕調來引見，看其人甚屬庸常，故令仍回知縣原任。今以私派被參，劣款現有明據。常見科甲出身人員多有夤緣黨庇之惡習，而貪贓枉法者，尚不多見。今李先枝目無國法，公然私派科斂，苦累小民，實為科目中之匪類。而李紱乃敢在朕前特薦，題補天津要缺，是李紱不但有心袒護，且必有暗受李先枝請託之處。著將李先枝革職拏問，其私派情由及本內有名人犯，該督等一併嚴審定擬。再將如何請託李紱之處，務須究出具奏。李紱受朕深恩，不思報效，敢於營私欺罔，甚屬可惡，著將李紱革職。其工部侍郎員缺，著申大成補授，仍兼管順天府府尹事。前因廣西、貴州查勘疆界及擒拏羅文剛二案，將李紱發往廣西，彼時降旨若不能拏獲羅文剛，即將李紱在廣西正法。今羅文剛已經緝獲，是李紱在廣西無可辦理之事。著行文令李紱來京。現在應行質問之案件甚多，且李紱曾在朕前奏稱蔡珽為人，粗疏鹵莽則有之，若貪婪不法之事，臣可以保其必無。今蔡珽諸事敗露，在四川任內，受賄貪贓，劣跡昭著。李紱敢於庇護私黨，在朕前妄奏，此處亦應審問。」

《世宗實録》卷 60，頁 913–914

雍正九年（辛亥）二月壬寅日

免直隸天津、大城等三十四州縣雍正八年分水災額賦有差。

《世宗實録》卷 103，頁 361

雍正九年（辛亥）六月癸卯日

署直隸總督唐執玉疏報：「霸州、大城等十四州縣，開墾雍正八年分田地一百七十頃有奇。」下部知之。

《世宗實録》卷 107，頁 414

雍正十二年（甲寅）二月壬戌日

大學士等議覆：「營田觀察使陳時夏奏言，文安、大城兩縣界內，修築橫隄一千五百餘丈。本年營田四十八頃，俱獲豐收，但恐水涸，即成旱田。請於大隄東南尚家村，開建石閘，隄內挖河，引子牙河之水，以資灌溉。仍於北岸多開涵洞，或添建小閘，以資宣洩。應如所請。」從之。

《世宗實録》卷 140，頁 771

《大清高宗純皇帝實録》

（乾隆元年至乾隆五十九年　公元 1736–1794 年）

乾隆元年（丙辰）六月辛卯日

直隸總督李衛遵旨詳議："一切新舊營田，交各該州縣管理。如本任事務匆忙，即委所屬佐雜協辦，並飭各該道府廳州稽察督理。其續報營田，借給工本，以及水田改旱應行事宜，俱由本屬府廳州申詳，該道核轉，再令該道等勸導查察。如州縣實力督課，三年之內著有成效出色者，各該道府廳州詳司核保，照卓異例，不論俸滿即陞。倘因循作弊，即行揭報，濫舉徇庇，亦即查參。又營田州縣内，如豐潤、霸州、天津、永年、新安、玉田、文安、大城、磁州等九州縣，或營田數少，或治大事繁。嗣後缺出，於現任州縣内，揀選才具優長、熟悉水利之員題調。"下部議行。

《高宗實録》卷 21，頁 512

乾隆二年（丁巳）秋七月壬寅日

戶部議覆："直隸總督李衛疏報，宛平、霸州、保定、文安、大城、房山、永清、昌平、懷柔、延慶、通州、武清、寶坻、清苑、滿城、安肅、定興、唐縣、博野、慶都、容城、完縣、蠡縣、祁州、束鹿、安州、高陽、新安、玉田、河間、獻縣、阜城、肅寧、任邱、交河、景州、吳橋、東光、故城、天津、滄州、靜海、井陘、獲鹿、元氏、欒城、贊皇、晉州、廣宗、鉅鹿、内邱、磁州、邯鄲、成安、肥鄉、曲周、廣平、雞澤、威縣、清河、宣化、蔚州、萬全、懷安、西寧、蔚縣、懷來、冀州、新河、棗强、武邑、衡水、趙州、深州、武强、安平、曲陽、深澤、易州、淶水、廣昌等八十一州縣衛，二麥歉收，動支存倉穀石，分別賑濟。」得旨：「依議速行。」

《高宗實録》卷 47，頁 806

乾隆四年（己未）二月丙午日

又奏：「天津、滄州、青縣、河間、任邱、文安、大城、武清、高陽、慶都、新安十一州縣内各村莊，積水未消。直隸播種，多在小滿以前，屆期當酌議安插之法。」得旨：「所奏俱悉。但目下情形既已如此，所云屆期酌議安插之法，亦不過補偏救弊而已，豈長策哉！」又奏：「直屬積水之地，現據陸續詳報：滄州、慶都、新安等處積水全消，已種春麥。青縣、任邱、大城、武清、高陽等處水消過半，無誤夏禾。天津、文安、河間三縣村莊，雖經疏濬，而隄内地窪，須三月終旬，可望全消。」得旨：「天津等三縣，看來不能佈種矣。即其餘諸處，亦不過隨時補救而已，非長策也。卿其熟籌之。」

《高宗實録》卷 87，頁 359

乾隆四年（己未）三月丙子日

諭：「朕聞得天津、河間、文安一帶，積水未消，民間難以佈種。屢諭總督孫嘉淦，設法疏濬，並將小民如何資生之處，確行訪察奏聞。今據孫嘉淦奏稱，天津等處村莊，除已經涸出，現種麥禾暢茂者不開外，查天津地方，目下雖未涸出，將來可涸不誤晚禾者四十七處，其深窪積水難望消涸者四十二處。河間地方，目下雖未涸出，將來可涸不誤晚禾者五處，其深窪積水難望消涸者三十七處。文安地方，目下雖未涸出，將來可涸不誤晚禾者二十一處，其深窪積水難望消涸者五十三處。又靜海縣之賈口、義渡等十七村，大城縣之王凡、固獻等十六村，雄縣之孟家、齊官等八村，積水尚未全消。凡此六縣積水之區，其可望涸出者，止可種植稚禾晚稻。其不能涸出者，將來雖有魚葦菱蒲之利，亦必待至五六月間，方可有望，目前資生無策等語。朕覽孫嘉淦所奏，甚為明晰。地方積潦未消，其為害更甚於被旱，若不施恩於常格之外，則停賑之後，小民仍不免於飢餒，朕深憫焉。著將此六縣內，現雖未涸將來可涸之一百一十四村莊，再行加賑一個月。其深窪積水難望消涸之一百三十二村莊，應再加賑兩個月。孫嘉淦可督率有司，遵朕諭旨確速辦理，毋得稽遲。」該部迅速行文前去。

《高宗實録》卷 89，頁 381–382

乾隆四年（己未）四月甲午日

工部議覆：「直隸河道總督顧琮疏稱，培築千里長隄，專抵淀池之水，為文安、大城、霸州、河間、獻縣等州縣保障。原議自茅兒灣以下，淀河出口之處起，至陶官營止。查陶官營迤南至艾頭村五百餘丈，雖非項衝迎溜，亦係經臨淀池。又艾頭村至王李屯三千八百餘丈，每遇淀河汛漲，水勢漫過蓮花流河等處營田圍埝，風浪直抵隄身，均應估擇險要，請帑興修。」從之。

《高宗實録》卷91，頁398

乾隆四年（己未）六月辛丑日

工部議准：「直隸河道總督顧琮疏稱，大城、文安二邑長隄殘缺，應次第興修。查艾頭村以下，營田圍埝，業經詳請修築。長隄勢不甚險，俟秋汛後估修。惟陶官營至艾頭村，長隄五百八十五丈，形勢險要，應照泥濘水方估計，共銀三千七百四十七兩零，動帑興修。」從之。

《高宗實録》卷95，頁453

乾隆五年（庚申）三月癸丑日

工部議准：「直隸河道總督顧琮等奏稱，南運河青縣之鮑家嘴，為西南各府州縣宣洩積水之咽喉，一遇漲發，勢難容納。請於鮑家嘴西岸灣坡，裁直暢流，於出口淤淺處，挑挖深通，以免淤塞。堵築東岸廠口，並築挑水遙月等隄埝，以資捍禦。又青縣之張洪橋以南，民隄失修，以致獻縣等處之水，由黑龍港而來，河淺不能容納。下游之子牙新河淤阻，水無去路，經年不涸。請將張洪橋等處一帶民隄，加高培厚。復於李鮑家莊等處，開設涵洞，將田間積水放入河中，可免水患。又子牙新河之東，運河之西，有鳳台等窪，每遇漲滿，旋轉倒漾。查苟家營迤北，有高阜土埂一道，就勢接成坦坡土埝，捍禦漾水。再於新河東隄羅家營等處開溝，將隄內各窪瀝水，洩入新河。再查子牙新河，原以洩子牙河之水，於焦家口分流，經廣福樓流入新河。而上游現有河間等縣積水，由黑龍港支河匯入，清濁相混，以至新河淤淺，積水難消。請將廣福樓舊有横埝基址，補築坦坡横埝，並將新河通身，挑挖深通，以受黑龍港支河之清水，使暢流歸淀。至焦家口既已堵塞，復築廣福樓横隄，渾水不能東流，子牙全河之水，僅由王家口歸淀，不免泛溢淤淀之虞。應於楊家莊河唇舊口處，順勢開挖引河，經閆、留二莊，由朱家窪等處，於獨流大坑，歸入淀河，使子牙渾水由西南斜向東北，水滿聽其平漫各窪，水落歸槽，濁泥澄地，清水入淀。一帶被水窪地，漸得受淤，俱變膏腴，可收一水一麥之利。將來各窪淤平，就勢築隄，使水經獨流大坑。由楊柳青以達西沽，可無淤淀之患。其已挑之官家河、牛欄河，河身淺窄，應再一律挑挖，方可容納往來通衢，設船濟渡。又王家口，為子牙舊河入淀之尾閭，河身淺窄，應將自莊頭村起，至臺頭歸清河止，河身取直，開寬挖深，可暢流無阻。此次疏通淀河，水中取土，應派垡船衩夫挑挖。又子牙河西隄，均已堅固，惟大城縣之因獻、任莊、八方、南趙扶一帶，隄身單薄。蓋因附近小民，貪圖河唇之地，播種秋禾，於緊靠河身，另築土埝，不復修隄，河水漲發，窪地反成一片汪洋。應將因獻、任莊、八方、南趙扶一帶子牙西岸大隄，動帑興築，加幫高厚，灣曲者稍為取直，夯硪堅實。築成後，靠河之土埝挖平，永禁再築，使河平漫，泥澄於窪，水歸於河。隄岸鞏固，河唇地畝，仍得受淤種麥，至積水案內，奏明由王凡口開設涵洞，緣隄開溝，以洩河水。今因就築隄所挖土坑，即作水溝洩水，無庸另議開挖。」從之。

《高宗實録》卷112，頁653–654

乾隆五年（庚申）秋七月甲戌日

直隸總督孫嘉淦疏報：「香河、寶坻、文安、大城、遵化、安州、易州、承德、盧龍、静海、井陘、西寧、保安、延慶等十四州縣衛，乾隆四年分開墾水旱荒地一百一十頃三十一畝有奇。」

《高宗實録》卷 122，頁 792

乾隆五年（庚申）十月丁卯日

是月，直隸總督孫嘉淦奏：「通省秋禾收成，合計俱有九分。惟霸州、文安、大城、東安、武清、寶坻、寧河、延慶、萬全、懷來等十州縣，因夏秋雨水稍多，間有淹損。現勘明被災情形，自五分至十分不等。照近奉賑恤偏災定例，動本處倉穀散給。其應徵新舊錢糧，並出借籽種等項，分别停緩。内有旗地、官地亦按成災分數，咨部辦理。再天津、河間二府被水地方，查係四高中窪，比年淹浸，所謂一水一麥之地，酌議此等地畝，如二麥無收，秋又被水，則當一例賑濟；如麥已豐收，則秋水乃意中之事，不便連年加賑。今該二府夏麥有收，秋間被水村莊，業經涸出。除實在貧民，酌借籽種口糧，此外概無庸加賑，其本年錢糧應照例徵收。」得旨：「所辦甚妥協，而所見更屬得中，甚欣慰焉。」

《高宗實録》卷 129，頁 888–889

乾隆六年（辛酉）夏四月甲辰日

蠲免直隸霸州、文安、大城、東安、武清、寶坻、寧河、延慶、萬全、懷來等十州縣，乾隆五年被水災民額賦有差。

乾隆六年（辛酉）八月丙午日

吏部議准：「直隸河道總督顧琮奏稱，河間縣縣丞所管子牙河東岸隄工，應歸景和鎮巡檢兼理。杜林鎮以南老漳河、滹沱河、倒流河等河，就近歸杜林鎮兼管。天津道統轄之祁河通判，改設於子牙河，將青縣、靜海及子牙河主簿、新舊隄工並文安、大城二縣縣丞、主簿所管工程，霸州州判所管蘇家橋以西隄工，均令該通判管理。並將疏淀垡船一百隻、州同一員，亦歸該通判管理。令其疏濬蘇家橋至楊芬港一帶淀河工程。至祁河通判原管工程，就近歸清河同知管理。」從之。

《高宗實録》卷 140，頁 1023

乾隆八年（癸亥）九月己酉日

又奏：「天津、河間、深、冀等屬，俱於八月內，戶口查完之日開賑，先普賑一月，銀米各半。其極貧內之孤寡老疾尤困苦者，計至十一月大賑前，俱按日續賑，全活甚多。從前外出流民，聞賑紛紛回籍，沿途資送。通計原題二十五州縣，續報之天津、大城二縣，查明應賑極貧、次貧口數，共約大小口一百八十九萬餘口，約共折大口一百五十八萬餘口。合普賑加賑月分，銀米兼賑約共需米五十七萬五千餘石，銀八十六萬餘兩。除恩賞通倉米五十萬石，俱已領運分派各州縣外，又添撥各該處倉穀約十五萬石，已足敷用。」得旨：「所奏俱悉。」

《高宗實録》卷 148，頁 1138

《高宗實録》卷 201，頁 589

乾隆九年（甲子）春正月丁亥日

諭大學士等：「上年直隸天津、河間等處，收成歉薄，冬月雨雪又少，今當東作方興之時，麥秋未卜，深廑朕懷。是以前經降旨，令高斌詳察本地情形，若於從前定議賑恤之外，有應加賑月分者，據實陳奏，朕當格外加恩。今據高斌覆奏，天津府屬之天津縣；河間府屬之肅寧、故城、寧津；順天府屬之大城；保定府屬之束鹿、深州並所屬之饒陽、安平；冀州屬之衡水，又續報保定府屬之新城，共十一州縣，原屬偏災，業按分數給賑，民情大勢寧謐。但與災重之十六州縣地界毘連，青黃不接之際，生計仍屬艱難。應請遵照恩旨，按前賑戶口，再加賑一月，以資接濟，於地方實大有裨益等語。著即照高斌所奏，將此十一州縣，按冊再加賑一月。該部即遵諭速行。」

《高宗實録》卷 208，頁 681–682

乾隆九年（甲子）二月甲子日

直隸總督高斌奏：「面奉諭旨，天津、河間等處地方，若城垣有應行修築之處，興工代賑。今查大城、阜城二縣，本應修築，但磚城工大費繁。惟照景州、滄州土城之例，修築土工，小民得以力作糊口，為合以工代賑之意。」得旨：「好，知道了。」

《高宗實録》卷 211，頁 718–719

乾隆九年（甲子）四月庚午日

諭軍機大臣等：「御史陸秩奏摺，可抄録寄與高斌看。朕想陸秩所奏未免太過，即以工代賑，亦屬現辦之事，但不知直隸地方情形實在如何，現在如何辦理。陸秩所奏有無可採之處，著高斌一一妥商定議，速行具奏。」尋奏：「河間以南至景州，係上年被災較重之區，春夏乏雨，加賑至五月。此時麥雖失望，尚冀得雨，播種晚穀雜糧，民情尚屬安帖，所奏實屬太過。至平治進京大道一條，臣查雍正八年，平治江南、山東、直隸一帶進京道路，其時臣任江蘇布政使，猶記江南三縣地方，共用銀不過七千餘兩。則三省地方所用錢糧，數目無多，可以概見，以此寓賑，殊屬有名無實。現在河間、阜城、景州、滄州、大城修城代賑，需用帑項十數萬兩，區區治道工程，不過數千百金耳，所濟幾何。又請開濬濟寧至通州運河一條。查運河工程，有每歲挑濬者，有間歲挑濬者，因地制宜，全在臨時酌量情形，分別辦理，並無一勞永逸之策。其勢使然，原非為省費起見，若不論河道水勢，概議大挑，虛糜帑項，轉與興工代賑之意不符。所奏均無庸議。」得旨：「覽奏俱悉。」

《高宗實録》卷 215，頁 760

乾隆九年（甲子）四月甲戌日

直隸總督高斌奏：「順天府屬之霸州、大城，保定府屬之新城、雄縣、束鹿、高陽等縣，河間府屬之河間、獻縣、阜城、肅寧、任邱、交河、景州、故城、吴橋、東光、寧津等州縣，天津府屬之天津、青縣、靜海、滄州、南皮、鹽山、慶雲等州縣並津軍廳，正定府屬之欒城縣，廣平府屬之威縣、清河，冀州屬之武邑、衡水、饒陽、安平等州縣，遵化州屬之豐潤縣，共三十三州廳縣，上年既歉收，今歲又未得雨，民間錢糧無力完納。又順天府屬之文安、保定府屬之新安二縣，上年雖未成災，但與災地毗連，今春均未得雨，請將該州縣廳無論上年被災與未被災，應納乾隆九年分新糧，及未成災應完八年分新舊錢糧，並已未成災，應於九年麥熟後完納之八年分錢糧，及各年舊欠，均予緩至本年秋後徵收。」得旨：「近亦有旨矣。」又奏：「應徵錢糧既緩，其歲需佐雜俸銀及胥役工食，無項留支，現遵五年十一月内諭旨，於司庫存公銀内撥補。至驛遞工料，乃夫馬計日必需，自應按季支給。除河間等處春季應支工料，已於司庫銀内撥給，今被災各屬銀糧既緩，則未經開徵以前，夏季以後，均請通融撥給。」得旨：「又撥公項八十萬，即為此一切也。所奏俱悉。」

又奏：「請借各州縣貯備米石為大城、寧津、故城、肅寧、衡水、深州、安平、饒陽、新城、雄縣、霸州、文安十二州縣災民口糧，共需三萬六千石。秋收後民力未紓，更請豁免。」得旨：「著照所請賜予，秋收後不必還倉。該部知道。」

《高宗實録》卷 215，頁 762–763

乾隆九年（甲子）秋七月丙子朔日

諭：「從前直隸河間、天津等屬被災之地，一應新舊錢糧，經總督高斌奏請，停其徵比，緩至本年秋成後，催徵完納，朕已降旨俞允。今幸甘霖疊沛，秋成可望，所有應完錢糧，例應於秋收後徵收。但朕思二府被災既重，又當歉收之後，元氣一時難復，當格外加恩，以滋培養。著高斌確查災重之十六州縣，將本地應徵新舊錢糧，緩至明年。看彼地收成光景奏聞，再行開徵。其被災稍輕之州縣，各處情形不一，或有應行緩徵者，並著高斌詳查奏聞請旨，務俾民力得以寬紓，不至輸將竭蹶。又據高斌奏稱，天津府屬之慶雲縣，地僻民貧，商販罕至，米糧缺乏，民食艱難，請於河南大名等處買到雜糧內，酌撥二千石，確查窮民，酌量散給，以資接濟等語。著照高斌所請，印行散給，並即照大城等州縣出借口糧之例，免其秋收還倉。該部即遵諭速行。」

《高宗實録》卷 220，頁 829–830

乾隆九年（甲子）秋七月乙酉日

直隸總督高斌疏報：「據布政使沈起元詳稱，霸州、保定、固安、宛平、大興、文安、大城、涿州、房山、良鄉、永清、東安、香河、昌平、順義、懷柔、密雲、平谷、延慶衛、薊州、通州、三河、武清、寶坻、寧河、灤州、盧龍、遷安、撫寧、昌黎、樂亭、臨榆、雄縣、高陽、新安、清苑、滿城、安肅、新城、容城、定興、唐縣、博野、蠡縣、慶都、完縣、祁州、安州、束鹿、河間、獻縣、阜城、肅寧、任邱、交河、景州、故城、吳橋、東光、寧津、天津、津軍廳、青縣、靜海、滄州、南皮、鹽山、慶雲、靈壽、新樂、廣宗、鉅鹿、平鄉、南和、廣平、雞澤、曲周、磁州、成安、威縣、清河、廣平、開州、赤城、延慶、萬全，冀州並所屬之新河、南宮、武邑，深州並所屬之武強、饒陽、安平，定州並所屬之曲陽、深澤，易州並所屬之淶水，遵化州並所屬之豐潤、玉田、熱河、八溝、喀喇河屯等一百五州縣衛廳，今春雨澤愆期，間被冰雹，二麥歉收。再東安、遷安、撫寧、唐縣、定興、河間、靈壽、延慶、懷安、西寧、蔚州、懷來等州縣，四五六等月，被雹傷禾，業經借給籽種，俟秋收後，確勘分數，另行題明。」得旨：「該部速議具奏。」尋議：「應如該督所請辦理。秋獲後，將收成分數另題，並將借給耔種數目咨部。得旨：「依議速行。」

《高宗實録》卷220，頁835–836

乾隆九年（甲子）十月壬申日

賑貸直隸保定、大城、通州、蠡縣、慶都、定興、雄縣、龍門、廣昌、新城、萬全、西寧、薊州、灤州、天津、慶雲、靜海、延慶等十八州縣水旱蟲雹等災民，並分别停緩新舊額徵。

《高宗實録》卷227，頁937

乾隆九年（甲子）十二月乙丑日

蠲免直隸保定、大城、薊州、新城、天津、靜海、津軍、灤州、延慶、萬全、西寧等十一州縣廳水旱雹蟲等災地畝本年額賦有差。

《高宗實録》卷231，頁980

乾隆十年（乙丑）七月丙戌日

戶部議准：「陞任直隸總督高斌疏稱，直屬文安、河間、獻縣、阜城、肅寧、交河、吳橋、東光、滄州、慶雲、靜海、鹽山、青縣、西寧、赤城、宛平、大興、霸州、保定、大城、涿州、房山、良鄉、固安、永清、香河、密雲、通州、三河、武清、寶坻、薊州、寧河、灤州、盧龍、遷安、撫寧、臨榆、清苑、滿城、安肅、定興、新城、唐縣、博野、慶都、容城、完縣、蠡縣、雄縣、祁州、束鹿、安州、高陽、新安、任邱、寧津、故城、天津、南皮、正定、獲鹿、元氏、藁城、欒城、無極、贊皇、平鄉、廣宗、鉅鹿、唐山、內邱、任縣、磁州、邯鄲、成安、曲周、廣平、威縣、清河、東明、延慶、宣化、萬全、龍門、懷來，冀州並所屬之新河、武邑、衡水，趙州併所屬之柏鄉、隆平、臨城、寧晉、高邑，深州並所屬之武強、饒陽、安平，定州並所屬之曲陽、深澤，易州並所屬之淶水、廣昌，遵化州並所屬之豐潤、玉田，又延慶衛、熱河、喀喇河屯等一百一十二州縣衛廳，因春夏雨澤愆期，二麥被旱歉收，兼有被雹傷損者，俱經酌借籽種口糧，並令及時佈種秋禾。其應否加賑蠲免，俟秋獲時勘明分數辦理。」得旨：「依議速行。」

《高宗實録》卷 245，頁 158–159

乾隆十一年（丙寅）五月戊申日

吏部議准：「署直隸河道總督劉於義奏稱，天津道屬子牙河通判駐劄大城縣，距所轄新築子牙河格淀長隄七十餘里，一經大汛，巡查防護，鞭長莫及。請將該通判衙門，移駐適中之王家口地方。」從之。

《高宗實録》卷 266，頁 457

乾隆十二年（丁卯）六月庚申朔日

戶部議准：「直隸總督那蘇圖疏稱，八旗下屯種地人等應建房屋。現在通州、昌平、豐潤、三河、玉田、昌黎、樂亭、淶水、武清等州縣，各報建竣二百五十戶。又任邱、文安、香河、大興、延慶衛、大城、霸州、延慶州、灤州、順義、清苑、望都、容城、密雲、寶坻、遷安、高陽、雄縣、蠡縣等州縣衛，續報共建竣三百六十九戶，又建竣耕種認買公產地畝共三十二戶。應查明已撥人戶，令其前往耕種。內有各屬已造旗分姓名，及現報完工尚未造有旗分姓名者，均經分晰彙造總冊。應聽戶部移咨各旗，按戶查明，發銀給照，令其前往等語。查各州縣建竣房屋內，八旗共計六百十九戶，耕種公產者三十二戶，共六百五十一戶。應照原議，於公產地價項下，動撥銀六萬五千一百兩，令各該旗出具總領，赴部領回，會同查旗御史，按戶給發。每戶給牛具耔種銀各一百兩，並印照一紙，令其前往。又稱各屬未經建竣六百四十三戶，及耕種認買公產旗人一十九戶，現在督令速建等語。應令該督嚴飭趕辦，隨竣隨報，俾得陸續下屯耕作。」從之。

《高宗實録》卷 292，頁 822-823

乾隆十二年（丁卯）七月丙午日

賑恤直隸固安、永清、香河、武清、涿州、霸州、大城、薊州、玉田、新城、容城、蠡縣、雄縣、祁州、束鹿、安州、高陽、新安、易州、淶水、河間、獻縣、阜城、肅寧、任邱、寧津、吳橋、故城、東光、天津、南皮、正定、井陘、藁城、冀州、南宮、新河、武邑、衡水、趙州、柏鄉、隆平、高邑、臨城、深州、武強、饒陽、安平、沙河、南和、平鄉、廣宗、鉅鹿、内邱、永年、曲周、雞澤、邯鄲、成安、威縣、清河、磁州、宣化、赤城、萬全、懷來、蔚州、蔚縣、西寧、懷安、喀喇河屯通判、獨石口同知、熱河、八溝同知、四旗通判等七十五州縣廳被水、被旱、被雹飢民。

《高宗實録》卷 259，頁 864

乾隆十二年（丁卯）八月乙酉日

諭：「據直隸總督那蘇圖奏稱，直屬被水州縣，有成災較重之天津、靜海、文安、大城、霸州、永清、武清、津軍廳等八州縣廳，應請照例先行撫恤一月口糧。其成災較輕之河間、任邱、南皮、青縣、滄州、慶雲、寶坻七州縣，毋庸普賑。但其中極貧下戶，口食維艱，應請一例摘賑，撫恤一月口糧等語。朕思慶雲一縣，此次成災雖輕，但該處屢被荒歉，地瘠民貧，朕甚軫念。著照被災輕重之天津等處，一例普賑。餘著照該督所請，分別賑恤，俾民食得資接濟。至此十五州縣廳屬，既被偏災，所有應徵錢糧，小民輸納，必多拮据。著加恩將該處應徵新舊錢糧，暫行緩徵，以紓民力。該部遵諭速行。」

《高宗實録》卷 297，頁 890

乾隆十二年（丁卯）十二月乙丑日

諭：「今歲直隸偏災，順天府屬之霸州、文安、大城、武清，天津府屬之天津、靜海為較重。被災民人，業已降旨加恩賑恤，其兵丁例不領賑。朕念伊等身列戎行，有差遣巡查之役，地方既遇歉收，食用未免拮据。著加恩將霸州等處駐劄各營兵丁，於司庫建曠銀內，借給一季餉銀。自戊辰年夏季起，分作四季扣還，以資目前用度。該部即遵諭行。」

《高宗實録》卷 304，頁 975–976

乾隆十三年（戊辰）二月甲子日

又諭：「上年直屬被水成災，天津等十五州縣廳，業已加恩賑濟，小民不致乏食。但念天津、靜海、文安、大城、霸州、永清、武清、慶雲、津軍廳等處，被災較重，目下停賑將屆，麥秋尚遠，恐不足以資接濟。其河間、任邱、南皮、青縣、滄州、寶坻六州縣，因被災較輕，業已停賑，貧民未免拮据。今朕巡幸所及，慶惠宜施，著加恩將此十五州縣廳，再行加賑一月，俾得普霑惠澤。所需米石，令該督於北倉存貯漕糧內動撥。該部即遵諭行。」

《高宗實録》卷 308，頁 33

乾隆十三年（戊辰）三月壬辰日

諭：「上年直屬天津、靜海、文安、大城、霸州、永清、武清、河間、任邱、南皮、青縣、滄州、慶雲、寶坻、津軍等十五州縣廳，被水成災，業已加展賑期，多方撫恤。目下開徵已屆，恐貧民尚不免拮据，所有各該州縣廳，應輸本年錢糧，除未被水村莊，仍令照例輸納。其被災及現在加賑之處，俱著加恩，緩至麥熟後開徵，以紓民力。

該部即遵諭行。」

《高宗實録》卷310，頁78–79

乾隆十三年（戊辰）五月乙酉日

蠲免直隸霸州、文安、大城、永清、東安、武清、寶坻、薊州、寧河、束鹿、河間、獻縣、任邱、天津、青縣、靜海、滄州、慶雲、南皮、津軍廳、清河、開州、東明、南樂、清豐、元城、宣化、萬全、赤城、西寧、豐潤、玉田等三十二州縣廳，十二年分水災地畝額賦有差。

《高宗實録》卷314，頁149–150

乾隆十三年（戊辰）七月辛丑日

賑恤直隸青縣、交河、東光、寧津、天津、滄州、南皮、慶雲、鹽山、靜海、寧河、香河、保定、大城、延慶、沙河、廣宗、邯鄲、肥鄉、廣平、蔚州、蔚縣、武邑、臨城、高邑、深州、武强、饒陽、安平等二十九州縣旱災貧民。

《高宗實録》卷319，頁244

乾隆十五年（庚午）十月甲午日

蠲緩直隸固安、永清、霸州、保定、文安、大城、東安、武清、寶坻、薊州、寧河、宛平、涿州、樂亭、清苑、容城、唐縣、博野、新城、完縣、蠡縣、雄縣、祁州、安州、高陽、新安、安肅、河間、肅寧、任邱、天津、青縣、靜海、津軍廳、萬全、張家口同知、西寧、蔚縣、宣化、龍門、懷安、定州、曲陽、易州、豐潤、玉田等四十六廳州縣水災雹災地畝本年額賦。其固安、永清、霸州、保定、文安、武清、寶坻、新城、雄縣、安州、新安、天津、津軍廳、靜海、大城、肅寧、高陽、玉田等十八廳州縣飢民貸予口糧。保定、文安、大城、東安、武清、寶坻、薊州、寧河、清苑、新城、完縣、蠡縣、雄縣、祁州、安州、高陽、新安、河間、肅寧、任邱、天津、青縣、靜海、津軍廳、西寧、豐潤、玉田、固安、永清、霸州、易州、唐縣、曲陽、定州、樂亭等三十五廳州縣飢民，並予賑恤有差。

《高宗實録》卷375，頁1144

乾隆十六年（辛未）十月己未日

賑貸直隸武清、寶坻、薊州、寧河、昌平、大城、東安、永清、宛平、豐潤、玉田、灤州、昌黎、樂亭、東光、天津、青縣、靜海、滄州、南皮、鹽山、慶雲、任縣、長垣、東明、開州等二十六州縣本年水雹成災飢民並旗戶灶戶。

《高宗實録》卷401，頁280

乾隆十七年（壬申）秋七月癸亥日

諭軍機大臣等：「前據胡寶瑔奏稱，捕蝗之事將次完竣。現往大城、霸州一帶覆勘，俟立秋以後，蝗不復生，一無遺患，再行奏明回京等語。今交秋已經數日，尚未見到，想覆勘事猶未竣，抑或別有萌生之處，深廑朕懷。再盛暑炎蒸，旬餘未得雨澤，田禾光景若何，急於望雨否？一併傳諭詢問，著即速據實奏聞。」尋奏：「臣由大城、文安等處覆勘，間有蝻子續生，立為撲除。現往宛平縣之盧溝橋東南等處搜捕遺孽，一二日內即可竣事回京。至臣沿途經過州縣，田禾皆已穎栗，若再得雨，固加潤澤，即稍遲亦可無妨。」得旨：「知道了。」又批：「目下望雨甚迫，朕憂心如焚，何為此寬解之言耶！」

《高宗實録》卷 418，頁 475

乾隆十八年（癸酉）三月乙酉日

是月，直隸總督方觀承奏：「子牙河係滹、滏下游，由獻縣、河間入大城縣境，經楊家莊、王家口、莊兒頭等處，循格淀隄，滙入天津之三岔河，為長蘆鹽引、通運畿南要道。前以大城境內，河身窄狹，西隄逼臨河岸，每憂夏漲。議於楊家口開挑支河，下穿閆兒莊東隄，導由陳家泊，仍歸正河。嗣因支河分溜過多，正河淤墊，阻滯商船，議請挑挖。但支河水深溜湧，施工不易。正河淺窄，究必淤填。現在相度地勢，請即以楊家口至閆兒莊東隄之支河，作為正河。再於閆兒莊河尾，北通蔡家窪沿留兒莊東隄，抽挑河槽一道，下接黑龍港舊河，展挖深通。俾楊家口以下全河，俱於子牙橋北，歸入正河。」得旨：「朕記得原訓及此，汝尚以為未可，今如何？

然出於遷就遵旨，則不可也。」又稱：「自楊家口至子牙橋北之正河，毋庸挑挖，亦不必攔截，留作越河，分殺水勢。惟將子牙橋北，至莊兒頭之正河三十里，隨河底高下，一律挑深七尺，至閆兒莊現在河流穿越東隄之處，應建攔河草壩，使循軌之水，悉歸正河。另於壩北東隄之上，修建滾水石壩一座，俾夏月盛漲，由此分減，即以隄外舊河作為引河。」得旨：「如所議行。」

《高宗實録》卷435，頁683

乾隆十八年（癸酉）十一月辛酉日

緩徵直隸大城、涿州、青縣、靜海、滄州、延慶、保安、宣化、懷安、懷來、張家口、遵化等十二州縣廳本年水、雹災民額賦。

《高宗實録》卷450，頁865

乾隆十九年（甲戌）三月癸亥日

蠲直隸大城、涿州、青縣、靜海、延慶、宣化、懷安、懷來、張家口理事廳、遵化等十廳州縣乾隆十八年水、雹、旱災應徵額賦有差。

《高宗實録》卷458，頁959

乾隆二十年（乙亥）五月癸巳日

吏部等部會議：「直隸總督方觀承疏請改設運河汛員，並修防事宜。一、南北運減河，宜添改汛員。查靜、青二縣子牙河主簿二員，所管均非要工，請裁。即以靜海縣子牙河主簿，改為滄州減河吏目，移駐南運捷地減河適中之風化店，管理三官廟橋東一帶隄工，至南運興濟減河，分隸青、滄境內，險工多在上游。查滄州李村巡檢，距興濟甚近，向專司地方，請改為青滄減河巡檢，汛臨時移駐險工適中之青縣大杜家莊防護，汛後仍回李村。又裁汰之青縣子牙河主簿，請改為天津縣減河主簿，移駐縣屬大張家莊適中地方，管理北運筐兒港減河南隄。並將筐兒港千總汛内，分撥額外外委一名，河兵二十名，資其派用。其一切疏濬啟閉各事宜，由楊村通判覈轉。一、子牙河東隄，應歸專員經理。查子牙河東隄，界連靜、青、大三縣，閻光莊一帶，係大城縣縣丞經管。接界之東隄，向屬靜、青二邑子牙河主簿管理，辦理掣肘。今二邑主簿議裁，請將東隄統歸大城縣縣丞管轄，並請移駐子牙村適中之地。所有靜海縣子牙河主簿衙門，原派淺夫二十名，即撥歸該縣丞管轄。一、改設各汛員，應兼巡檢銜。查永定河十八汛員，俱兼巡檢銜。請援例將改設之滄州減河吏目、天津縣減河主簿、大城縣縣丞，均令兼巡檢銜。青滄減河巡檢兼李村銜，仍責該道廳稽查，不得干與地方事。一、頒給關防。查河員與州縣同城者，例不給關防。今議移駐，應鑄給大城縣縣丞兼子牙鎮巡檢、滄州減河吏目兼風化店巡檢、青滄減河兼李村巡檢、天津縣減河主簿兼筐兒港巡檢各關防。一、添設閘板。查減河原以蓄洩運河之水，啟閉有時，方為有濟。今議於捷地、興濟、兩減河石閘，添設閘板。一、設立渠長。查南運兩減河，未設河兵淺夫，應倣祁、滏等河例，令該汛員於民夫中揀其老成曉事者，每十里立渠長二人。一、河隄應編字號。查工程有平險，修防有難易，日久牽混，勢所不免，應將工段分編字號。一、河隄向宜栽柳。查兩運減河及子牙東隄，應責令汛員，督率種植。均應如所請。」從之。

《高宗實録》卷489，頁138–139

乾隆二十三年（戊寅）夏四月戊辰日

免直隸霸州、保定、文安、大城、涿州、固安、永清、東安、昌平、武清、寶坻、寧河、清苑、新城、任邱、景州、故城、吳橋、東光、天津、靜海、滄州、南皮、鹽山、慶雲、宣化、萬全、西寧、龍門、懷來、懷安、豐潤、張家口理事廳等三十三州縣廳，乾隆十年起至二十年未完民欠銀米。

《高宗實録》卷560，頁104

乾隆二十三年（戊寅）冬十月戊辰日

賑貸直隸大城、青縣、滄州、蔚州、萬全、懷安、懷來、赤城、龍門等九州縣本年水雹霜災貧士、飢民、旗戶、竈戶，並緩徵新舊錢糧。

《高宗實録》卷572，頁277

乾隆二十六年（辛巳）八月壬申日

諭：「今歲直隸各屬，麥收豐稔，秋禾暢茂。緣七月間雨水過多，濱河及低窪地畝，遂被淹浸。已降旨將固安、永清、東安、武清四縣，照例撫恤，並酌借麥穀。俾涸出之地，得以及時佈種。其文安、大城、霸州、保定等屬，因漫口被淹各村莊，並著照前旨，一體查辦。至同時被潦之寧河、寶坻、薊州等屬，雖所損不過十之一二，但現在天晴水涸，正可乘時補種晚稼。及明年春麥，並著該督方觀承，查明有地無力之戶，酌量借給倉穀，俾貧民力作有資，以裨生計。該部遵諭速行。」

《高宗實録》卷 642，頁 174

乾隆二十六年（辛巳）十一月丙申日

加賑直隸固安、永清、東安、武清、文安、大城、霸州、保定、冀州、衡水、武邑、開州、長垣、東明、景州、清河、蠡縣、東光、滄州、南宮、新河、隆平、寧晉、深州、武強、天津、寶坻、薊州、寧河、清苑、新城、博野、望都、祁州、雄縣、安州、高陽、新安、河間、獻縣、肅寧、任邱、交河、青縣、靜海、南皮、鹽山、慶雲、平鄉、廣宗、鉅鹿、唐山、任縣、永年、邯鄲、成安、曲周、廣平、雞澤、威縣、磁州、元城、大名、南樂、清豐、蔚州、豐潤、玉田、定州等六十九州縣被災貧民屯灶，並緩各屬已未成災本年應徵錢糧，及節年舊欠。

《高宗實録》卷 648，頁 249

乾隆二十七年（壬午）春正月戊申日

加賑直隸文安、大城、天津、津軍、冀州、武邑、衡水、長垣八州縣廳，並固安、霸州、保定、安州、開州、東明、清河、新河、南宮、武強、隆平、寧晉、寶坻、武清、高陽、新安、肅寧、交河、東光、滄州、大名、元城、永年、成安、廣平、雞澤、威縣、深州二十八州縣水災村莊飢民。

《高宗實録》卷 652，頁 306

乾隆二十七年（壬午）三月乙卯日

直隸總督方觀承奏：「直屬濬築各工，如文安、大城等縣之千里長隄，霸州之六郎隄，天津西沽等處之疊道南運隄埝，並牤牛、中亭、豬龍、宣惠、滹、滏、會、流、清、羊各河，工程較大，災地難以勸用民力。請照興工代賑例，每土一方，給米一升，鹽菜錢八文，令貧氓於停賑後赴工就食。查續撥通倉漕米二十萬石，賑糶外尚有贏餘，應飭司照約估土方數目分撥。」得旨：「如所議行。」

《高宗實録》卷 657，頁 351

乾隆二十七年（壬午）春正月戊申日

以吏部左侍郎董邦達，為左都御史；內閣學士程巖，為吏部左侍郎。起原任禮部侍郎莊存與，為內閣學士兼禮部侍郎。加賑直隸文安、大城、天津、津軍、冀州、武邑、衡水、長垣八州縣廳，並固安、霸州、保定、安州、開州、東明、清河、新河、南宮、武強、隆平、寧晉、寶坻、武清、高陽、新安、肅寧、交河、東光、滄州、大名、元城、永年、成安、廣平、雞澤、威縣、深州二十八州縣，水災村莊饑民。

《高宗實録》卷652，頁306

乾隆二十七年（壬午）六月丁酉日

蠲免直隸固安、永清、東安、武清、霸州、保定、文安、大城、宛平、寶坻、薊州、寧河、灤州、清苑、新城、博野、望都、蠡縣、祁州、雄縣、安州、高陽、新安、河間、獻縣、肅寧、任邱、交河、景州、東光、天津、青縣、靜海、滄州、南皮、鹽山、慶雲、津軍廳、平鄉、廣宗、鉅鹿、唐山、任縣、永年、邯鄲、成安、曲周、廣平、雞澤、威縣、清河、磁州、開州、大名、元城、南樂、清豐、東明、長垣、西寧、蔚州、豐潤、玉田、冀州、南宮、新河、武邑、衡水、隆平、寧晉、深州、武强、定州、曲陽等七十四州縣廳，乾隆二十六年水災額賦有差。

《高宗實録》卷664，頁429

乾隆二十七年（壬午）八月壬子日

又諭：「今年直隸夏雨成澇，濱水窪地，田禾不無淹損，所有積年錢糧，帶徵緩徵，各屬内今年復被水災之文安、大城、武清、寶坻、薊州、天津及霸州、保定、永清、東安、安州、新安、青縣、靜海、滄州、寧晉、津軍廳十七州縣廳，民力自屬拮据，其應徵銀八萬二千四百兩零，穀豆高粱五千四百石零，均予豁免，以示優恤。至與災重州縣毗連，本處復被水災之寧河、固安、鹽山、慶雲、衡水五縣，所有應徵銀二萬一千五百餘兩，穀豆高粱一百八十餘石，亦著一體蠲免。該督其嚴飭所屬，實力奉行，務使窮民均沾實惠，毋致吏胥中飽，副朕加惠黎元至意。該部遵諭速行。」

《高宗實録》卷 669，頁 476

乾隆二十七年（壬午）十月庚戌日

加賑順天、直隸所屬霸州、保定、文安、大城、涿州、良鄉、固安、永清、東安、香河、宛平、大興、昌平、順義、三河、武清、寶坻、薊州、寧河、灤州、昌黎、樂亭、清苑、安肅、新城、望都、雄縣、安州、高陽、新安、河間、獻縣、阜城、肅寧、任邱、交河、景州、東光、天津、青縣、靜海、滄州、南皮、鹽山、慶雲、津軍、成安、廣平、大名、元城、宣化、萬全、懷安、張家口、豐潤、玉田、冀州、南宮、新河、武邑、衡水、隆平、寧晉等六十三州縣廳本年被水雹霜災飢民，分别蠲緩應徵額賦。

《高宗實録》卷 673，頁 524–525

乾隆二十七年（壬午）十月戊午日

又奏：「查直屬各處積水附近，大城全經涸出，惟低窪處所，尚有渟聚。霸州六郎隄等七十三村，已涸十分之九。所有千里長隄、營田圍埝代賑各工，甫能得土，業已趕辦。文安古窪積水，由長隄西馬頭村穿渠入淀，擬淀水稍落，兼用戽斗，佐以人力，亦可無誤春耕。寶坻、寧河東北一帶，毗連天津、靜海，為衆水瀦蓄之鄉，驟難減退，須俟春間水落後，相度辦理。京南一帶高處，現在查勘興工。」得旨：「此際不上緊興工代賑，更待何時！且春融泥滓，又致誤工作矣。宜竭力速辦。」

《高宗實錄》卷673，頁530–531

乾隆二十八年（癸未）春正月庚申日

諭：「去歲直隸各屬雨水過多，其偏災地方，已經加恩賑恤，並酌籌以工代賑，俾窮黎不致失所。但時屆春月，例賑將停，麥秋尚遠，正當青黃不接之際，農民口食未免拮据，深為軫念。著再加恩，將被災較重之霸州、保定、文安、大城、永清、東安、武清、寶坻、寧河、薊州、安州、新安、天津、青縣、靜海、滄州、寧晉等十七州縣之極次貧戶口，暨被災稍輕之大興、宛平、昌平、順義、固安、涿州、新城、雄縣、香河、豐潤、玉田、灤州、昌黎、樂亭、清苑、望都、高陽、河間、任邱、交河、景州、東光、南皮、鹽山、慶雲、冀州、武邑、衡水等二十八州縣之極貧戶口，均於停賑之後，概予展賑一個月，以資接濟。並於通倉所存乾隆二十四年以前稄米，撥運十二萬石，以充展賑之需。該督方觀承，其董率屬員，實力奉行，務令貧民均霑實惠，副朕愛養黎元至意。該部遵諭速行。」

《高宗實錄》卷678，頁581

乾隆二十八年（癸未）正月戊寅日

又奏：「現在疏消積水為先務。幸淀水大落，文安、大城積水歸淀甚速，涸出處已種麥。其水深二三尺，約四五月始消者，亦不誤種秋禾。民間稻種不足，應請借給。或其時不能盡涸，即用戽斗助以人力。天津東南與寶坻、寧河視海水為長落，按時開閘排放。河間、獻縣、任邱、大城水有阻於官隄者，有阻於鄰縣曲防者，權其輕重，破其畛域，或暫為開隄，或入於溝渠，案内勘定章程，長遠除害。上年開溝疊道未竟工，良、涿一路正月畢，新、雄、河、景一路二月畢。田間溝洫，次第經理，不妨農，不誤公。」報聞。

《高宗實録》卷 679，頁 596

乾隆二十八年（癸未）二月戊戌日

諭曰：「方觀承奏疏消窪地積水一摺。現在時屆春和，農民力作伊始，非竭力亟為濬涸，何以使舉趾者無誤春畬。該督正在赴豫會辦漳河，直屬有司辦理，尤資督率。前永安顧光旭曾經條奏近京水利賑務，若令其前往查勘一切，自當盡心。但所屬地方散處，尚恐難以兼顧。並著都察院堂官，揀派現無別項差使之曉事科、道二員，即於明日帶領引見，同永安等星速馳驛前往，分路董司妥辦。所有文安、大城等處散賑諸務，地方官是否實力奉行，並著一併悉心體察，副朕軫念閭閻至意。」

《高宗實録》卷 680，頁 613

乾隆二十八年（癸未）二月甲寅日

又諭曰：「御史興柱、顧光旭奏，文安、大城疏浚積水情形一摺。看來此事方觀承派員籌劃，未免稍遲，現在正當加緊董辦。昨兆惠奏報，海河大閘口至鹹水沽等處，添開溝道事宜，並稱一面往勘文安、大城一帶。想此時正可到彼，督率該御史等剋期將事。但一切僱夫需費最關緊要，若必俟移知方觀承會同經理，則恐緩不及事。前已有旨，分撥部庫銀二十萬兩，解交天津備用。該御史及鹽政所辦工程，各應需用若干，兆惠應即於庫銀內一面先行酌量分給，俾得及時豫備集事。其支領仍歸地方官覈實報銷，以免稽遲。至海何新增洩水溝道，日來是否較前大暢，內地積水，現在涸退尺寸與布種分數多寡之處，仍即回勘明確，詳細奏聞，以慰懸切。將此傳諭兆惠，並令知會該御史及鹽政等知之。」尋兆惠奏：「查靜海、青縣積水宣消，計日盡涸，霸州水已退，地畝無不種蒔。大城、文安水較大，村莊未涸出者甚多，下流現開口引放。布政使觀音保同御史興柱、顧光旭，堵築上游漫口，以絕河水倒漾，趕於二十九日合龍。惟河流久溢，堵塞已遲。臣現於艾頭村等處缺口，測量高下，相度應行開溝處，飭知府周元理在隄辦理，並令日報放退若干，由臣轉奏。各工酌給庫銀，並知會御史、鹽政，一律辦理。」得旨：「竟遲了。今惟有竭力速行疏導，以望多涸耳。」御史顧光旭奏：「臣同臣興柱，已將文安隄辦竣，隨分勘漫水之區，涸出種麥者十之六七。香河、寶坻、寧河水全消。豐潤、玉田開挖東西岔河，於黑龍河尾挖溝，水深處尚二尺，現辦水車戽徹，期於三月全消。臣俟查灤州、樂亭回，仍沿途驗水消尺寸奏聞。」得旨：「嘉獎。」

《高宗實録》卷681，頁627

乾隆二十八年（癸未）三月庚申日

諭：「上年近京低窪之地，如天津、文安、大城等屬，因被秋霖，積水未涸，已屢諭該督方觀承，飭屬設法疏消，毋任因循，致稽東作。在方觀承督理賑務，於水利事宜，或不能一時兼顧，亦當及早相度議奏。朕何難派員專董其役，以利農功。昨因海河五閘宣洩未暢，時命兆惠前往督率經理各邑積水，即按日以次消減。前此地方官，設能如此迅速從事，何至遲延若此？非按例示懲，曷以重封疆，勤民莫耶？方觀承著交部察議。」

《高宗實録》卷682，頁632-633

乾隆二十八年（癸未）三月壬戌日

諭：「去秋直屬濱水窪下之區，因秋霖積潦，猝難消涸，恐誤閭閻東作。屢諭方觀承，令其乘時設法疏導，以重農功。該督初奏，一俟春融，再行相度經理。繼復以海不受水為詞，俱於摺內批諭毋得稍事因循，致誤地方受累。然猶以方觀承身任總督，情形自所熟諳，且當兩年秋雨過多，沮洳之壤，未易一蹴施工，兼以辦賑殷繁，亦且難以分身兼顧。是以御史永安、顧光旭等，先後具摺條奏，朕尚意伊等身居局外，坐言易而起行難，設令伊等與方觀承易地而處，亦未必能刻期集事，轉不無曲諒該督，俾肩其責者無掣肘之慮，此朕本意也。嗣據該督具奏，文安、大城等處疏濬事宜，築隄車戽，從事既苦拮据，奏功殊難迅速。即令永安、顧光旭，並派御史二員，前往勘辦。既至詢問接駕諸臣，以天津海口不應專恃五閘宣導，以致渟淤不暢，而鹽政達色，亦僅圓融其辭，以多增數口，想係有益無損為對。朕知此事，非特遣大員，不足以收實效。因命兆惠馳往相度，將各處溝閘開放寬通，不過數日之間，閘口水落數寸，而內地已涸出二十餘里，靜海等窪地亦涸出十分之六。是豈海之受水，適當兆惠到彼時耶！可見事在人為。前此該督辦理遲誤之愆，更無由置喙矣。在直屬兩年被潦，成災較重，為大吏者經營補苴，倍當竭蹷。朕委任封疆，雖細事必加體恤，從不肯以歲時水旱之偏，諉過督撫。則為督撫者，何所顧慮，而不為民請命耶？方觀承如果不存護短之見，悉心早為籌議具奏，朕或指示規畫，或派員佽助，何所不可？顧乃一切模稜，不惜曠時玩事若此，朕安用此督撫為耶！昨有旨，已將方觀承交部察議。今細覈現在積水消涸情形，非按例察議所能示儆。所有督理之方觀承及布政使觀音保，並天津等各屬，俱著交部議處，以為玩視民瘼者戒。至天津道那親阿、霸昌道額爾登布、天津府知府額爾登額，俱專駐該處之方面大員，率屬親民，尤為功近。一切及早將疏洩事宜，據實稟請督臣籌辦。如言之不聽，不但可以直揭部科，即用摺據實密奏，朕必深為獎予。況朕於道府召對，期望造就，初不以有司之職待之，中外誰不共曉。那親阿等以滿洲世僕，在部院中尚能曉事，是以擢用外任，俾知實心報效，乃漸染外吏惡習，一味仰承風旨，於地方重務，視同膜外。若不重治其罪，何以示各省道府之戒。那親阿、額爾登布、額爾登額俱著革職，發往巴里坤，自備資斧，效力贖罪。夫以直隸近在畿輔，而道府之承順總督，畏首畏尾，情狀若此，又何論於各省乎？嗣後直省監司郡守等員，不知儆省，有仍蹈此轍者，朕必按此例嚴處。直屬水利，俟裘曰修到日，會同通行勘辦外，現在天津、文安、大城等屬積水減退情形，並各處隄閘工程，仍著兆惠同方觀承，即速馳往審度經理，副朕軫念元元至意。」

《高宗實録》卷682，頁633–635

乾隆二十八年（癸未）四月癸丑日

諭曰：「御史吉夢熊奏劾方觀承玩視民瘼，徇縱天津道那親阿啟閘遲延，不能早籌宣洩一摺。此奏方觀承實無從置喙。但前命兆惠等赴勘督辦時，已有旨將該督交部議處革職，特因其在直年久，是以從寬留任。則其貽誤之愆，不獨該督難以自文，即朕亦安肯稍為廻護。該御史甫經補缺，即行陳奏，不得謂之無益空言，亦不得謂之事後取巧。至在京科道等員，身膺言責，於封疆大吏，不克早拯民艱。況天津近在畿輔，道路之口，豈竟毫無知覺？乃自去冬以至今春，並不聞有糾彈之舉，而必俟朕巡省疇咨始得刻期濬導耶！是因吉夢熊之奏，而寒蟬之誚，益不能為凡任言官者解矣。方觀承已經議處，無可再議。摺內所奏那親阿借書吏名色，用輕價承買捐田一節。八旗官員近京置產，原所不禁，但既任本地監司，而圖踞所部之業，則於官方大有關繫，那親阿現在尚未起程，著交軍機大臣嚴訊具奏。至所稱訪聞文安、大城等縣，因培築長隄，該處胥役鄉老，有至四五十里之外逼令平民赴工，承辦挑培之事。著裘曰修會同方觀承，即行據實嚴查奏聞，請旨治罪。」

《高宗實録》卷 686，頁 673

乾隆二十八年（癸未）五月辛巳日

直隸總督方觀承奏：「直屬自大興、宛平東至通州、三河、薊州、豐潤、玉田、撫寧一路，西至良鄉、房山、易州、涿州一路，西南至定興、安肅、清苑、滿城、完縣、望都一路，東南至新城、雄縣、任邱、高陽、河間、獻縣、交河、阜城一路，運河大道武清、天津、大城、靜海、青縣、吳橋一路，共三十二州縣，疊道應加夯硪，溝渠應添橋座者，以次修理。」得旨：「是。溝渠即河道之脈絡也，應聯為一氣，方得宣洩之宜。」

《高宗實録》卷 687，頁 698–699

乾隆二十八年（癸未）秋七月己巳日

諭軍機大臣等：「據觀音保奏，滄州飛蝗甚盛，禾稼多有損傷。查係大城飛來，現在撲捕等語。頃聞安肅縣地方，亦生蝗孽，間有食及穀穗者。看來今歲直屬蝗蝻，生發頗多。時屆秋令，田禾正當秀實之際，恐不無被傷。現在滄州、靜海飛蝗俱稱自大城而來，其從前係何人赴該處查辦，究竟起自何處？著傳諭方觀承、阿桂、裘曰修及府尹等，速即據實查明具奏。一面上緊撲捕，凡係水濱葦蕩，易於藏匿長發處所，務期搜滅淨盡，毋得稍留遺孽，貽害田禾。」

又諭：「今日觀音保奏，滄州、靜海等處飛蝗頗盛，查係大城飛來。已有旨令方觀承及府尹等，上緊搜捕。茲據錢汝誠等奏稱，大城縣屬與文安接壤地方，已經撲淨，未免與觀音保所奏互異。著再傳諭錢汝誠等，查明該處有無遺蝗實在情形，務使搜除淨盡，不得因有此奏稍存迴護之見。」

《高宗實録》卷 691，頁 737

乾隆二十八年（癸未）秋七月庚午日

欽差尚書阿桂、侍郎裘曰修，會同直隸總督方觀承等奏：「直屬生發蝗蝻處所，臣等分道督捕，因青縣續生之處最多，又界於滄州、靜海之間，恐其彼此推諉。臣等親身董辦淨盡，始赴靜海。靜海生蝻本盛，分投撲打，已掃除全竣。但連日內，又有外來飛蝗停落。據靜海縣稟報，來自大城。臣方觀承親往查勘，並無蝗蝻生發，間有零星蝻子，搜捕易盡。又據滄州近海一帶，亦報有飛蝗來自東北。臣等查明天津一路，西則在兩淀葦草叢密之中，東則在沿海沮洳人跡罕到之地。蓋葦根泥蕩，皆有上年魚蝦遺子。水大仍成魚蝦，水小涸露，則蒸變為蝻。訪問捕捉之法，凡淀中海邊之飛至者，於其停落，盡力捕捉，立得淨盡。至州縣每見其來自某方，即指為起自某方之鄰境，互相推諉。臣等通飭各屬，見有飛至停落者，即行捕捉。現在各處搜查防範周密，且田禾漸已結實，不致受傷。其間有損傷者，皆已補種，仍可有收。」得旨：「大潦之後，蝗蝻固所必有，然不可不盡人力也。」覽奏：「固□地方官推諉之弊，然以朕視之，即爾等亦未免委之無可奈何之意矣。昨已有旨詢問，尚應竭力督捕。勉之，慎之。」

《高宗實録》卷691，頁738

乾隆二十八年（癸未）七月己卯日

諭軍機大臣等：「前據觀音保奏，滄州、靜海飛蝗，俱自大城生發，是以降旨令欽差及該督等上緊撲捕，並詢問錢汝誠，令其據實查奏。今據錢汝誠覆奏：靜海一帶飛蝗，多來自淀中葦蕩之地，並非起自大城。前阿桂等所奏，亦大略相同。是觀音保前此並未詳細確查，不過得之道路傳聞，率爾入告，所奏殊屬不實。觀音保著傳旨申飭。」

又諭：「今日錢汝誠覆奏，靜海一帶飛蝗，並非起於大城，多來自淀中，及濱河葦草之地等語，與阿桂等所奏相同。昨經降旨，令其將飛蝗停落之葦蕩，籌酌辦理。看來淀泊叢葦，實為蝗蝻滋長之藪。但遽將葦草燒棄，又恐近淀貧民，藉刈割為生計者，未免有礙。蝗蝻遺子，大概附土而生，天氣愈寒，入土愈深，莫若俟刈割後，將根株用火燒焚，既可以淨遺種，而明年之葦荻，益加長發，仍於民利有裨。阿桂等可會同該督酌量實在情形，熟商妥辦，再將此傳諭知之。」

《高宗實録》卷 691，頁 747–748

乾隆二十八年（癸未）八月甲午日

諭：「今年直隸各屬，雨暘時若，秋收頗為豐稔。惟近京各州縣中上年被水之區，間有蝗蝻生發。雖經欽差大臣及地方官督率撲捕，於禾稼不致過損，而較諸他邑，收成終恐稍減分數。所有應徵額賦，若照例徵收，民力究未免拮据。著加恩將道州、三河、固安、霸州、文安、大城、清苑、安肅、天津、靜海、滄州、青縣、交河等十三州縣本年應徵錢糧，俱緩至來年麥熟後徵收。俾農民蓋藏充裕，以資生計。該部遵諭速行。」

《高宗實録》卷 692，頁 761–762

乾隆二十九年（甲申）春正月丁巳日

諭：「去年直屬通州等十三州縣內，間有蝗蝻生發。當經降旨，將上年應徵錢糧，俱緩至本年麥熟後徵收。第念該州縣等雖勘不成災，而秋收究屬歉薄，惟望麥秋以資接濟，遽令新舊並輸，民食仍恐未能充裕。著再加恩，將通州、三河、固安、霸州、文安、大城、清苑、安肅、天津、靜海、滄州、青縣、交河等十三州縣，所有二十八年分應徵錢糧，俱緩至本年秋成後徵收，以紓民力。該部遵諭速行。」

《高宗實録》卷702，頁846–847

乾隆二十九年（甲申）正月壬午日

是月，直隸總督方觀承奏：「子牙河自大城縣屬之張家莊以下，分為正支二河。正河行水四分，支河行水六分。臣與阿桂、裘曰修上年查勘，議請深開正河。復面奉聖訓，以子牙支河既甚深通，即可改為正河。查支河之尾，歸入正河處所，形勢不順，每易停淤。若從子牙河郵南穿隄而出，斜向東北挑河二十餘里，引入正河。即以挑河之土，於東岸築成隄埝，使水無旁溢，形勢益順。」得旨：「如所議行。」

《高宗實録》卷703，頁859

乾隆二十九年（甲申）夏四月丁亥日

諭曰：「方觀承參奏大城縣知縣羅學旦，經辦子牙河工程，弊混剋扣，並勒取婪索各款，請革職審擬一摺。河工關係水利民生，最為緊要，羅學旦以承辦之員，既不在工料理，任聽縣丞短發價值，以至民夫逃逸。甚且縱令居民占種，按畝索錢，置民瘼利害於不問，情罪重大，與辦賑侵漁肥橐者何異？此等非尋常劣員婪索可比，非立予重懲，不足示儆。羅學旦著革職拏問，嚴審定擬治罪。」

《高宗實録》卷708，頁910

乾隆三十二年（丁亥）三月乙丑朔日

諭：「朕此次巡幸天津，閱視淀河隄閘，按圖披覽，內有千里長隄之三灘里起至格淀隄莊兒頭止，中間並無隄岸，詢之該督，稱向來未經辦理。每遇淀水長發，地畝民居，不無淹浸，殊堪軫念。本日朕閱看子牙河，特命阿里袞分道往勘。據稱，無隄處所東西約長十餘里，其中間有民修隄埝，被水衝缺數處。每當雨水過多之年，村民一二千戶，地畝千餘頃，常被水患。村民見有欽差前往踏勘築隄，無不歡欣踴躍，僉云從此子子孫孫，皆可永遠霑恩。且隄內之地，亦可盡成膏腴，實於居民有益等語。從前修築格淀隄，原為捍衛村民。今三灘里至莊兒頭十餘里，獨無隄岸以資保禦，村民未免向隅。著交與方觀承，再行詳悉相度，接築長隄，即覈實估計，妥議具奏。」尋奏：「接築隄自文安縣屬之三灘里千里長隄起，至大城縣屬之莊兒頭格淀隄止，共長二千七百七十二丈，頂寬一丈六尺，底寬五丈，酌就地勢，高五六尺不等，需用土方估銀六千九百五兩零。現飭大城、文安二縣，分段興築，務於汛前完竣。仍飭該管之子牙廳並天津道，往來督察。報聞。」

《高宗實録》卷 780，頁 574–575

乾隆三十三年（戊子）三月己亥日

直隸總督方觀承疏報：「霸州、固安、永清、東安、涿州、良鄉、宛平、香河、灤州、盧龍、遷安、昌黎、樂亭、文安、大城、任邱、交河、故城、吳橋、東光、天津、青縣、靜海、滄州、南皮、鹽山、慶雲、清河、高陽、正定、元氏等三十一州縣，墾種淀泊河灘新淤地，五百四十八頃九十七畝有奇。」

乾隆三十三年（戊子）冬十月丁卯日

戶部議准：「直隸總督楊廷璋疏稱，直屬本年被水雹等災，請將最重之霸州、保定、安州、靜海四州縣先給一月口糧，並摘賑文安、大城、永清、東安、正定、晉州、藁城、寧晉等八州縣極貧民。其武清、寶坻、寧河、清苑、安肅、新城、博野、望都、蠡縣、雄縣、束鹿、高陽、新安、獻縣、肅寧、任邱、天津、青縣、滄州、慶雲、南和、平鄉、任縣、成安、曲周、廣平、豐潤、玉田、冀州、武邑、衡水、隆平、深州、武強等三十四州縣，俟十一月起賑，貧士旗竈，俱一體辦理。至涸出地畝，貸給耔種，應徵錢糧米豆等項，並節年舊欠，分別緩帶。其河間、鹽山二縣被災地畝，俟勘明另題。」得旨：「依議速行。」

《高宗實録》卷 820，頁 1136

乾隆三十三年（戊子）十月甲申日

又奏：「文安大窪東面，係大城縣地方舊有隄埝，接連千里長隄，向未帑修，隄身單薄，亟應培高，以禦子牙河水泛漲。又格淀大隄分屬大城、靜海、天津三縣，本年子牙淀河並漲，被衝殘缺，均應加培。」得旨：「如所議行。」

《高宗實録》卷 821，頁 1154

乾隆三十四年（己丑）春正月丙戌日

又諭：「直隸各屬上年間被水災，業經加恩分別賑恤。現在時屆東作，尚恐被災貧民，際此青黃不接之候，生計不無拮据。著再加恩，將霸州、保定、安州、文安、永清、東安、寧晉等七州縣被災六分之極貧，及七八九十分之極次貧，均加賑一個月。其大城、靜海二縣，雖有代賑工程，尚恐不敷接濟。又災分稍次之任邱、肅寧、慶雲三縣內成災九分村莊極次貧民，均著於停賑後，各加賑一個月。該督其務董率屬員，實力查辦，無任胥吏中飽，俾小民均霑實惠，副朕加惠黎元至意。該部遵諭速行。」

《高宗實録》卷 826，頁 1–2

乾隆三十四年（己丑）三月乙酉日

蠲免直隸霸州、保定、文安、大城、永清、東安、武清、寶坻、薊州、寧河、清苑、安肅、新城、博野、望都、蠡縣、雄縣、束鹿、安州、高陽、新安、河間、獻縣、肅寧、任邱、天津、青縣、靜海、滄州、鹽山、慶雲、正定、晉州、藁城、南和、平鄉、任縣、成安、曲周、廣平、豐潤、玉田、冀州、武邑、衡水、趙州、隆平、寧晉、深州、武强等五十州縣，並津軍、張家口二廳，乾隆三十三年分水災額賦。

《高宗實録》卷 830，頁 66

乾隆三十五年（庚寅）閏五月辛未日

諭軍機大臣等：「據竇光鼐奏，查察蝗蝻一摺，總無一清楚語，已於摺內批飭矣。此事前經裘曰修摺奏，竇光鼐先往查勘蹤跡時，已知其不能查辦明白，且摺內種種取巧，豫為地方官開脱地步，於竇光鼐又何足深責。昨裘曰修摺到，果以各處並無蹤跡為詞，而本日竇光鼐所奏，連篇累牘，更無一字明晰，又安望伊等之實力根求參處耶！看來就竇光鼐摺內所奏各地名，大約飛蝗起落，總在文安、大城、武清、東安一帶，則自萌動滋長，以至長翅飛揚，其潛伏處所，當不離此數縣地面。果能確切體勘，其事本不難辦，何以始終支離緣飾，希冀顢頇了事耶！至楊廷璋身為總督，蝗蝻蹤跡皆在直隸本境，雖撲捕之事不以筋力為能，而遴員訪查實在蝗起處所，此自當加緊督飭，務令水落石出，參處示儆，毋得稍存徇隱瞻顧之見。將此詳悉傳諭。仍將現在各處曾否撲滅淨盡，及飛蝗究竟起自何處情形，即速奏聞。」

《高宗實録》卷861，頁552–553

乾隆三十五年（庚寅）六月丁酉日

諭：「據楊廷璋奏，北運河張家王甫隄漫工，甫經合龍。因十四、五、六等日大雨，河水盛漲，以致復有漫溢汕刷等語。近日直隸地方，雨水稍覺過稠，熱河、古北口等處，俱有被山水衝刷民居鋪面之事。現已派令英廉、伍訥璽馳驛分往查勘，動用內庫銀兩，加意撫恤。今北運河漫口，復有汕刷之處，所有水過地方，田廬間有損傷，自應照例查辦。至大城、文安一帶，本屬窪下之區，旁近地畝，恐不無被淹之處。朕心深為軫念，著傳諭楊廷璋，即速另委大員，悉心體勘，如有被災戶民，即行妥協撫綏。其涸出之地，可以補種荍麥者，亦應酌借資本，諭令及時趕種，以資民食。該督不得以身駐永定河，惟以在工言工。此外稍有疏漏，仍將各屬有無被水情形，據實速奏。」尋奏：「大城、文安二縣外，順天、保定、天津三府屬，計被水十五州縣，貧民酌藉口糧，坍房給予修費，仍設法疏消早涸高地，借籽補種莜麥等雜糧，秋成時再將應否賑恤題報。」得旨：「知道了。看來水災頗重，總不可諱飾，妥協撫恤可也。高田竟可望有收，以通省論之，可得幾分年成，查明速奏。」

《高宗實録》卷 863，頁 581

乾隆三十五年（庚寅）十月壬辰日

戶部議覆：「直隸總督楊廷璋疏稱，各州縣被災應行賑恤事宜：一、勘明被水、被雹村莊成災之武清、寶坻、寧河、香河、霸州、保定、文安、大城、固安、永清、東安、宛平、大興、涿州、順義、懷柔、密雲、清苑、安肅、定興、新城、高陽、安州、望都、容城、蠡縣、雄縣、祁州、新安、天津、靜海、滄州、青縣、津軍廳、成安、曲周、廣平、大名、南樂、清豐、元城、萬全、龍門、定州、豐潤、玉田等四十六州縣廳，按成災分數蠲免錢糧，並極次貧民，自十一月起，分別給賑口糧。米糧由鄰近災輕，及並不被災州縣内協撥。倘鄰境無米可撥，每米一石，折銀一兩二錢。一、村莊離城窵遠，窮民領米維艱。飭各州縣將被災村莊，離城數十里以外者，於適中地設廠，委員監賑。其各州縣撥運倉糧，應給腳價。一、被災貧士，照次貧例賑給，每米一石，折銀一兩，令教官散給。一、屯居被災旗人竈戶，俱令辦災各委員及地方官，會同場員，查明戶口，分別一體賑恤，本管道府廳州總理稽查。一、查災監賑委員，除正印外，其佐雜教官試用等官並書役等，應給盤費飯食，及造冊紙張銀兩。一、被災各屬涸出地畝，借給麥種籽種穀石，並勘不成災村莊農民，缺乏口糧，請分別借給，均於來歲秋收後，免息追還。至明歲停賑後，青黃不接時，貧民糴食維艱，應照歉收例，酌動倉穀平糶。一、各屬錢糧，業經普蠲。其例不普蠲之屯糧，並房租新墾地畝，及勘不成災地畝，應徵屯糧等項，並節年舊欠錢糧，民借米穀，分別停徵帶徵。一、入官存退餘絕等項地畝，及公產井田香燈地租，請照民地例緩徵。一、窮民廬舍被衝及淹浸坍塌者，請給苫蓋，每瓦房一間，給銀一兩，土草房五錢。一、霸州被災官圍營田，應解易州供應陵糈米石，應俟來年稻穀豐收，通融補解，其佃民歸入該州一體給賑。均應如所請。」從之。

《高宗實録》卷871，頁678–679

乾隆三十六年（辛卯）秋七月辛亥日

直隸總督楊廷璋奏：「據務關同知稟稱，北運河西岸甘露寺漫口二十餘丈，東岸狼兒莊亦有漫溢。又據楊村通判稟稱，張家王甫迤北之小蒙村亦經泛溢。查甘露寺等處，俱距正河尚遠，且漫水即瀉入鳳河，不致淹及民田，已飭令急行堵築。又文安縣協修隄內，有鹿疃村一處，坍損二十餘丈。大城縣協修隄內亦有坍損，俱例係民修之埝。但民力拮据，即照以工代賑之例，飭各員督辦。又南運河小園莊亦漫口二十丈，秋禾間有被淹，已令借給義穀，加意撫恤。」得旨：「覽奏俱悉。」

《高宗實録》卷888，頁905

乾隆三十六年（辛卯）秋七月壬子日

直隸總督楊廷璋奏：「大興等十七州縣與霸州等十二州縣被淹。臣確查分數：大興、宛平、良鄉、固安、永清、東安、霸州、武清等八州縣頗重；涿州、密雲、懷柔、通州、昌平、雄縣、安州、蠡縣、新城、文安、保定、香河、寶坻等十三州縣次重；三河、高陽、任邱、安肅、南樂、懷來、定州、元城等八州縣較輕。已批司委員確勘，先飛飭借給每戶義穀四斗。其坍塌房屋者，瓦房給銀一兩，土房五錢。仍俟勘得成災與否，分別辦理。又蔚州、延慶、西寧三屬，前據稟報有被雹村莊，亦經飭查，統歸秋災案內撫恤。」得旨：「另有旨諭。」又批：「此皆外省俗例，足見非實心辦事也。不可。」諭軍機大臣等：「據楊廷璋奏，查辦被水各州縣災務一摺。內有批司委員確勘之句，殊屬非是，已於摺內批示矣。災務關係民生，最為緊要，自應迅速查辦，俾災黎早得安全。今藩司楊景素，現在密雲督辦差務，晝夜不輟，豈復能兼顧及此。如此易知之事，楊廷璋亦不知乎？楊廷璋身任總督，通省文武，皆其所轄，派令查勘災務，誰敢不遵？豈必待藩司查稟，始能料理？且該督近在永定河干，派員甚為直捷。而又批交楊景素，輾轉往還，稽延時日，亦非情理。若以為辦災係藩司專責，即暫令王顯緒代為行文。俟楊景素回任，再為補詳，亦何不可？而必為此紆回曲折之事乎？此等外省相沿俗例，極可憎鄙，朕屢經嚴飭矣。楊廷璋久任封疆，向來頗知認真辦事，不應拘牽陋習若此，豈復實心任事之道。至現在被災計二十九州縣，恐賑借等項，需用較多，已降旨令戶部撥庫銀五十萬兩，發交該督備用。該督其董飭屬員，實力妥辦，務使貧民均霑實惠。若辦理稍不盡心，致有侵扣冒濫諸弊，惟於該督是問。仍將被災情形，速飭確查，分別辦理，據實明白回奏。」尋奏：「被水之大興等二十九州縣外，又據續報天津、清苑、房山、新安、正定、薊州、大城、靜海、寧河、豐潤、玉田、藁城十二處被災，已飭令確勘，分別撫恤。所有恩撥庫銀五十萬兩，收兑藩庫備用，將來應撫應賑。臣當遵旨悉心妥辦，務使災黎均霑實惠。」得旨：「覽。」

《高宗實錄》卷888，頁905–906

乾隆三十六年（辛卯）八月丙子日

諭：「今歲秋雨過多，河水漲發，近畿一帶窪下地方，田禾不免淹浸，節經發帑五十萬兩，截漕五十萬石，並令該督楊廷璋，勘明成災州縣情形，分別照例辦理。其成災較重村莊，小民口食維艱，若統俟冬月給賑，待哺尚覺需時，朕心深為軫惻。所有宛平、良鄉、涿州、東安、永清、固安、霸州、文安、大城、通州、寶坻、香河、武清、新城、雄縣、天津、靜海、寧晉等十八州縣，成災八分以上者，無論極次貧戶，俱著於八月內，先行給賑一月口糧，以資接濟。該督務董率屬吏，實力妥辦，俾閭閻均霑實惠，副朕廑念災黎至意。該部遵諭速行。」

《高宗實録》卷 890，頁 932

乾隆三十六年（辛卯）九月庚申日

諭：「直隸今秋被水各屬，屢經降旨，據實查勘，分別賑恤。其低窪地畝被淹者，自應早令涸出，俾得趕種秋麥以資口食。茲詢楊廷璋，據稱已報涸出者，計四十五州縣，業經借給麥種，現在麥苗俱已出土青葱。惟宛平、文安、大城、保定、永清、東安、武清、霸州、通州、香河、寶坻、寧河、天津、任邱、豐潤十五州縣地更低窪者，尚未全涸，已委員協同疏洩。其東安、香河、寶坻、豐潤四縣，亦續報漸次涸出，仍飭令上緊疏消等語。此等低窪地畝，去歲曾經遇水，今年又復被淹。若積潦不能速消，民業徒成曠棄。而瀕河之地，多係一水一麥，如能及時涸出，種麥可望倍豐，於貧民生計甚為有益。但恐該地方官不能實心經理，必致玩日妨農，朕心深為廑念。

著派袁守侗、德成分往各處，督率該州縣，即速設法疏消，務令及早涸出，無誤布種春麥。尚書裘曰修於近京水利情形，較為諳悉，且此被水之處，順天所屬者居多。著派其往來調度董查，總司其事。伊等於奉到諭旨後，不必赴行在請訓，即速起程前往，俟各處辦有就緒，再行回京覆奏。」

《高宗實録》卷893，頁988

乾隆三十七年（壬辰）春正月戊戌日

諭：「直隸省去歲秋間雨水稍大，濱河窪地，偶被偏災。疊經降旨，發帑出粟，賑恤有加，貧黎諒不至有失所。第念賑期有定，而待哺殊殷，當此始和布令，畿輔近地，允宜再沛恩膏。所有上年被災較重之宛平、良鄉、涿州、東安、永清、固安、霸州、文安、大城、通州、寶坻、香河、武清、新城、雄縣、天津、靜海、寧晉及被災次重之保定、三河、薊州、寧河、豐潤、玉田等二十四州縣，自六分極貧至七、八、九、十分極次貧，均著加恩，於本年三月，再行展賑一月。俾青黃不接之時，小民口食有資，得以安心力作。此外如有缺乏籽種之戶，及糧價稍貴之區，該督仍隨時體察，酌量糶借兼行，務使一夫不致失所，以副朕軫念民依至意。」該部遵諭速行。

《高宗實録》卷900，頁1

乾隆三十七年（壬辰）二月己卯日

諭：「直隸省上年瀕河州縣間被偏災，當即降旨，發帑出粟，多方賑恤。今歲新正，復將宛平等二十四州縣，加恩展賑一月，俾災黎口食，有資接濟。今者省視近郊，目睹村墟寧謐，雖不至於失所，第念被災較重八分以上之各州縣，其中毗連地畝勘不成災者，格於成例，不得同沾愷澤。朕思災歉州縣，既在八分以上，其不成災村莊，雖屬有收，而左右前後，閭里緩急相通，事所必有。若照例徵輸，情形未免拮据。現在開徵屆期，著再加恩，將宛平、良鄉、涿州、東安、永清、固安、霸州、文安、大城、通州、寶坻、香河、武清、新城、雄縣、天津、靜海、寧晉、保定、三河、薊州、寧河、豐潤、玉田等二十四州縣內勘不成災各戶應納錢糧，亦予緩至本年秋成後徵收，以紓民力。該部即遵諭行。」

《高宗實録》卷 902，頁 46

乾隆三十七年（壬辰）八月丁卯日

諭：「上年直隸秋雨過多，宛平等二十四州縣被災較重，節經降旨，分別蠲賑，並將蠲剩錢糧分年帶徵。即此二十四州縣內之毗連災地，應徵錢糧，亦格外加恩，緩至秋後徵收。今歲畿輔自春夏以來，雨暘時若，麥收既獲豐登，秋稼並臻大有，實為數年來所僅見。茲將屆開徵節年緩帶銀米，閭閻自皆踴躍輸將。但念昨歲災地貧民，元氣初復，宜益加培養，以冀盈寧。所有乾隆三十三、四、五等年帶徵錢糧，數尚有限，自可按例輸納。至三十六年緩徵錢糧，為數稍多，若令新舊同時並徵，恐民力尚未免拮据，朕心深為軫念。著再加恩，將宛平、良鄉、涿州、東安、永清、固安、霸州、文安、大城、通州、寶坻、香河、武清、新城、雄縣、天津、靜海、寧晉、保定、三河、薊州、寧河、豐潤、玉田等二十四州縣被災蠲剩，及毗連災地處所，應行緩徵三十六年分銀兩穀豆，概緩至來年麥熟後，再行啟徵。俾小民生計，益臻寬裕，以副朕愛養優恤之至意。該部即遵諭行。」

《高宗實録》卷914，頁246

乾隆三十八年（癸巳）三月戊戌日

諭：「前因永定、北運二河工程，關係民生，特命重臣會勘，大發帑金，克期修築。經周元理奏請省視其成，以慰臣民望幸。因諏吉恭奉皇太后安輿巡幸天津，順途周覽，仍復指示機宜，期使共資利賴。業於啟鑾日降旨將經過地方及天津闔府屬，本年應徵錢糧，蠲免十分之三，用敷闓澤。昨歲畿輔普慶豐登，閭閻藉以康阜。今蹕路所經，見小民扶老攜幼，夾道歡迎，足徵飽暖恬熙景象。惟是元氣初復之時，更宜培養。而各州縣，尚有節年緩帶未完欠項，例應次第催徵，民力仍恐不能充裕。著再加恩，將沿途經由之宛平、大興、良鄉、房山、涿州、淶水、易州、定興、容城、新城、雄縣、任邱、霸州、保定、文安、大城、武清、東安、永清、固安等二十州縣未完乾隆三十三、四、五、六等年，緩帶民欠銀三萬五千五百二十七兩零，穀、豆三十四石四升；天津府屬州縣，共未完乾隆三十四、五、六等年，緩帶地糧銀六萬八百九十二兩零，本色屯糧穀並米、豆合穀一萬六千一百七十五石七斗五升零，普行豁免。俾郊甸海濱黎庶，永免追呼，益臻樂利，稱朕行慶觀民、加惠無已之至意。該部即遵諭行。」又諭：「此次辦差文武官員，任內所有降級、罰俸、住俸之案，俱著開復，其無此等案件者各加一級。」

《高宗實録》卷928，頁482–483

乾隆三十九年（甲午）十一月庚申日

賑恤直隸霸州、文安、大城、寧河、獻縣、交河、東光、天津、青縣、靜海、滄州、南皮、鹽山、慶雲、武邑、武強、河間、阜城、肅寧、景州等二十州縣本年被旱災民，並蠲緩額賦有差。

《高宗實録》卷970，頁1245

乾隆四十年（乙未）春正月庚戌日

又諭：「直隸天津、河間等屬，上年偶被偏災，業經賞撥通倉米十萬石，以備賑濟之需，民食無虞缺乏。惟念被災各戶，計至昨冬，正賑已畢，今春青黃不接，二麥尚未登場，民間口食，未免拮据。著加恩將天津、青縣、靜海、滄州、南皮、鹽山、慶雲、獻縣、交河、東光、武邑、武强、霸州、文安、大城、寧河等十六州縣，無論極次貧民，應於正月起，均予加賑兩個月，俾資接濟。再景州以西地方，有與武邑災地毗連村莊，河間、肅寧、與獻縣災地毗連各村，並阜城毗連交河災地各處，經該督覆勘，應入六七分災者，並著一體查明給賑，以示一視同仁至意。該部即遵諭行。」

《高宗實録》卷974，頁2

乾隆四十年（乙未）三月辛亥日

又諭：「上年順天、河間、天津等屬，偶被偏災。其勘明成災之霸州、文安、大城、寧河、天津、青縣、靜海、滄州、南皮、鹽山、慶雲、獻縣、交河、東光、武強、武邑十六州縣，及毗連災地之景州、河間、肅寧、阜城四州縣，所有乾隆三十九年分應徵錢糧，已照例緩至今年麥熟後開徵。今歲春雪優霑，二麥自可望豐稔，但昨秋歉收之地，雖有麥熟接濟，未必能俯仰裕如。即毗連災地之區，亦當使之稍有寬餘，以備貧家緩急。著加恩將此二十州縣，無論成災及毗連災地，應徵上年錢糧，概緩至本年秋成後徵收。俾得從容完納，閭閻生計益紓，以副朕惠愛畿民至意。該部即遵諭行。」

《高宗實録》卷 978，頁 57–58

乾隆四十一年（丙申）春正月甲戌日

又諭：「昨歲畿南一帶，因夏秋間雨水稍多，濱臨河淀州縣之低窪村莊地畝被潦，均不及一隅。業經該督勘明保定、文安等五十二州縣廳成災之處，照例撫恤賑濟。並降旨將較重之霸州等六州縣，應行摘賑提前一月。俾與大賑接濟無缺，貧民已可不致失所。第念新春正二月正賑已畢，距麥收尚遠，茅檐口食，或恐不無拮据，茲當履端肇始，宜沛恩施。著加恩將被災較重之霸州、永清、新城、雄縣、安州、新安六處，及次重之文安、保定、武清、大城、清苑、天津、靜海、青縣八處，均各展賑一個月，俾窮黎益沾愷澤。該督其董率所屬，實心經理，以副朕加惠畿民至意。該部即遵諭行。」

《高宗實録》卷 1000，頁 378

乾隆四十一年（丙申）二月庚午日

諭：「本年新正，曾將畿南一帶昨歲被潦州縣，分別予以展賑，用普春祺。茲當金川全境蕩平，巡幸山左，凡鑾輅所經之地，現已普被恩膏。其災區之不值蹕途者，亦堪軫念。著加恩將霸州、保定、文安、大城、永清、河間、獻縣、武邑、衡水、寧晉、武強、安平等十二州縣，未完乾隆三十九年因災緩帶地糧銀，八萬六千七百四十五兩零，屯米二百四十八石零；又霸州、保定、文安、大城、永清、新安、安州、固安、蠡縣、河間、獻縣、任邱、晉州、玉田、武邑、衡水、隆平、寧晉、深州、安平等二十州縣，未完乾隆三十三、四、五、六、七、八、九等年，因災出借常平穀二萬八十九石零，米二萬八千七百七十二石零，麥五千八百七十四石零；又霸州、固安、河間三州縣，未完乾隆三十九年因災出借井田屯穀二百九十一石零，米一千四百五十七石零，概行蠲免，以示慶成施惠至意。該部即遵諭行。」

《高宗實録》卷 1003，頁 450–451

乾隆四十一年（丙申）夏四月癸丑日

蠲免直隸霸州、保定、文安、大城、固安、永清、東安、武清、寶坻、薊州、寧河、香河、大興、宛平、順義、清苑、安肅、新城、博野、望都、容城、蠡縣、雄縣、祁州、安州、高陽、新安、河間、獻縣、任邱、天津、青縣、靜海、津軍廳、正定、晉州、無極、藁城、新樂、雞澤、大名、元城、玉田、武邑、衡水、趙州、隆平、寧晉、深州、武強、安平、定州等五十二州縣廳，乾隆四十年水災額賦有差。

《高宗實録》卷 1006，頁 512

乾隆四十四年（己亥）十月丙寅日

諭軍機大臣等：「本年各直省雨暘時若，秋成俱屬豐稔。惟豫省儀封、考城等各州縣，因堵築漫口，尚未蕆工，瀕水田禾，不能耕獲。安徽之亳州、蒙城等處，為黄水下注之區，地畝亦未涸出，貧民口食維艱。屢經降旨，加恩賑恤。又甘肅本屬積歉之區，本年皋蘭等四十一廳州縣，所種夏禾，亦間有被雹被水，及黄疸蟲傷者，雖經降旨該督，統率各屬，切實查勘，妥協賑恤，災黎不致失所。但恐明春正賑已畢，尚屆青黄不接之時，民食不無拮据，是否尚需加賑，以資接濟，著傳諭該督撫等，即行妥酌覆奏，候朕於新正降旨。至湖北省於六月中旬，荆江水漲，沿江之鍾祥、京山等九州縣，隄垸漫潰，田禾被淹，及直隸大城、武清等九縣，江蘇之阜寧、清河等九州縣衛，低窪地畝，亦間有被水者。雖成災不過一隅，業據該督撫題報，分別賑恤。明春是否尚須量予加恩，或酌藉口糧牛具之處，亦著該督撫，查明覆奏，候朕酌量降旨。此旨，甘肅由五百里發往，湖北、江蘇、安徽、河南、直隸由三百里發往，仍各按原發里數，由驛覆奏。」

《高宗實録》卷 1093，頁 668–669

乾隆四十四年（己亥）十月己巳日

諭軍機大臣等：「本日，楊景素有三百里馳奏之摺。朕意其或有地方緊要事件，及披閲，係覆奏詢問該省被水各州縣，明春有無應行加恩之事，未免拘泥。如果被災較重之大城、武清各縣貧民，急需查辦加賑，以資口食，自應遵旨由驛具奏，候朕酌量降旨。茲既查明被水各州縣，但係一隅偏災，已照例題請，分別賑借蠲緩，足資安頓。現在別無可辦理之處，直隸距京不遠，即付便差人齎遞足矣，何必急付郵傳耶？將此遇便諭令知之。」

《高宗實録》卷 1093，頁 670

乾隆四十五年（庚子）十月壬戌日

蠲免直隸霸州、保定、文安、大城、涿州、房山、良鄉、固安、永清、東安、香河、宛平、大興、昌平、順義、懷柔、密雲、平谷、通州、三河、武清、寶坻、薊州、寧河、遷安、清苑、安肅、定興、新城、望都、蠡縣、雄縣、安州、高陽、新安、河間、獻縣、肅寧、任邱、交河、天津、青縣、靜海、滄州、津軍廳、南和、任縣、永年、邯鄲、成安、曲周、廣平、雞澤、磁州、延慶、保安、蔚州、懷來、獨石口廳、豐潤、玉田、易州、武強六十三州縣本年被水災田額賦。

《高宗實録》卷 1117，頁 922–923

乾隆四十六年（辛丑）春正月乙亥日

諭：「上年直隸地方雨水稍多，低窪地畝田禾被淹。業經降旨截漕三十萬石，並撥通倉米三十萬石，部庫銀三十萬兩，以備賑濟之用。茲當東作方興，例賑將畢，青黃不接之時，小民糊口維艱，殊堪軫念。著加恩將霸州、保定、文安、大城、固安、永清、東安、宛平、良鄉、涿州、武清、寶坻、寧河、天津、靜海、新城、雄縣、清苑、安州、新安等二十州縣，於今春正賑後，再加賑一個月，以資接濟。其無庸加賑各廳州縣，亦著該督察看情形，酌量借糶，俾民氣益紓。該督其董率屬員妥協辦理，以副朕軫恤窮黎至意。該部即遵諭行。」

《高宗實録》卷 1122，頁 1

乾隆四十六年（辛丑）三月戊戌日

諭軍機大臣等：「上年直隸天津、文安、霸州等處，被水地畝。前據袁守侗面奏，現在尚有未經涸出者，今又隔旬餘，此時曾否盡行涸出？是否尚能趕種麥田？至今年節氣尚早，此等地畝涸出，趕種大田不致有誤與否？著傳諭袁守侗即派誠實干員，分往各該處查詢各屬情形，據實具奏。再日内天氣稍寒，於麥苗長發時，有無妨礙？並著袁守侗一併查明覆奏。尋奏：「文安、霸州、大城、寶坻等州縣，未經涸出地畝，現設法疏消，均可無誤秋禾即水勢無可消納之處，亦令酌種稻田。其已種麥苗，日徵暢茂，雖天時稍寒，俱無妨礙。」得旨：「覽奏，稍慰。」

《高宗實録》卷 1127，頁 63

乾隆四十六年（辛丑）四月己未日

蠲免直隸霸州、保定、文安、大城、涿州、房山、良鄉、固安、永清、東安、香河、宛平、大興、昌平、順義、

懷柔、密雲、平谷、通州。三河、武清、寶坻、薊州、寧河、清苑、新城、雄縣、蠡縣、安州、高陽、新安、河間、獻縣、任邱、交河、天津、青縣、靜海、滄州、津軍廳、南和、任縣、永年、邯鄲、曲周、雞澤、磁州、蔚州、豐潤、玉田五十廳州縣，乾隆四十五年水災民地官地額銀十五萬六千二百一十七兩有奇，糧一千五百二十石有奇，並豁除積欠倉糧一十六萬五千七百二十七石有奇。」

直隸總督袁守侗奏：「上年直省被水各屬內，武清、天津二縣，雖尚有未涸村莊，但或係地處上游，或係附近海河，消退尚易；文安、霸州、大城、寶坻四州縣，半月以來，天氣晴霽，漸次可涸者，又有十之六七；寧河、靜海、保定、新安、安州五州縣，未消積水，自十餘村至三四十村不等。現飭上緊設法疏消，隨宜布種。」得旨：「是。實力勉為之。」

《高宗實録》卷 1129，頁 88

乾隆五十年（乙巳）三月乙亥日

豁免直隸霸州、保定、文安、大城、涿州、固安、東安、香河、宛平、大興、昌平、順義、懷柔、密雲、通州、三河、武清、寶坻、薊州、寧河、清苑、安肅、新城、蠡縣、安州、高陽、新安、獻縣、肅寧、任邱、交河、天津、青縣、靜海、滄州、慶雲、鹽山、藁城、永年、成安、廣平、東明、長垣、延慶、蔚州、豐潤、玉田、趙州、寧晉四十九州縣，自乾隆四十一年起至四十九年止，民欠因災出借未完穀、米、豆、麥十三萬六千七百七十八石有奇。

《高宗實録》卷1227，頁451

乾隆五十三年（戊申）四月癸丑日

諭：「據劉峨奏，順天等府屬四十九州縣，本年春夏以來，雨澤短缺，麥收歉薄，大田亦多未佈種，小民生計，不無竭蹶等語。本年順天等府屬，春膏稍缺，入夏後雨澤又未能一律普霑，二麥難望有收，大田亦多未種。若將新舊錢糧，同時並徵，民力未免拮据。所有順天府屬之大城、文安、保定、武清、寶坻、薊州，保定府屬之清苑、唐縣、博野、望都、完縣、祁州、束鹿，河間府屬之河間、任邱、獻縣、交河、阜城、景州、東光、吴橋、寧津、肅寧、故城，天津府屬之靜海、青縣、南皮、滄州、鹽山、慶雲，正定府屬之正定、井陘、新樂、行唐、晉州、無極、藁城，冀州並所屬之南宮、新河、棗強，趙州並所屬之隆平、寧晉，深州並所屬之武強、饒陽，定州並所屬之曲陽等四十九州縣，並宣化府屬之延慶、赤城、龍門三州縣，應徵節年新舊錢糧，倉穀旗租，及萬全等州縣上年因災賞借之口糧，俱著加恩，一體緩至秋成後，再行徵收。如並無節欠糧租者，准其將本年新糧一體緩徵，俾民間生計益資寬裕，以副朕軫念民依，有加無已至意。該督即遵諭行。」

《高宗實録》卷1303，頁536–537

乾隆五十四年（己酉）八月甲戌日

諭曰：「馮光熊奏，勘得保定府屬之清苑、安州、新安、雄縣，河間府屬之任邱、河間、獻縣、肅寧、阜城、景州，天津府屬之天津、靜海、滄州、青縣、鹽山，順天府屬之大城、武清、東安、永清等處地畝，被淹成災，自五六七分至八九分不等。緣各災戶距麥收未遠，農民薄有儲蓄，復蒙恩賞口糧，先行撫恤，不至流離急迫。俟清查戶口，分別極、次貧民，核實給賑摘賑。所有續報東光、新城等十五處，統歸秋災案內分晰查辦等語。本年直隸各府大田，本可望豐收，乃因夏秋雨水過多，河淀並漲，被澇成災，地方較廣。雖據馮光熊周歷親查，並遵旨酌給口糧，目下民情，均各安怗。但現距明歲麥秋尚遠，恐貧黎糊口不繼，朕心深為廑注。著交與劉峨督率藩司，確查妥辦，加意撫恤。向來各省辦賑，多有本折兼放者，此次均著給與本色，庶災黎不至覓食維艱，於生計更為有益。第恐直省常平社義各倉，不敷散給。著將北倉上年截存米十一萬九千餘石，概行賞給。倘尚不敷用，劉峨即行奏聞，再於通倉酌撥。該督宜董飭所屬，實心經理。仍設法疏消積水，俾及時趕種秋麥，以為明歲接濟，務使閭閻均霑實惠，元氣速紓，以副朕軫念畿輔黎庶，有加無已至意。倘該督不能妥協辦理，朕明春巡幸山東，經過直省各州縣，見該處災民尚有菜色，則惟該督是問。」

《高宗實録》卷 1337，頁 1125–1126

乾隆五十五年（庚戌）春正月乙酉日

諭：「上年直隸保定、河間、天津、順天等府屬各州縣，因夏秋雨水較多，河流漲發，田禾被淹成災。節經降旨，銀米兼撥，令該督實力撫恤，分別賑濟，小民自可不致失所。第念今春正賑已畢，青黃不接之時，民食恐不無拮据。著再加恩，將順天府屬之霸州、文安、大城、武清、東安、永清，保定府屬之清苑、安州、雄縣、新安、高陽，河間府屬之河間、獻縣、阜城、肅寧、任邱、景州，天津府屬之天津、青縣、靜海、滄州、鹽山等二十二州縣，成災七八分之極貧，並九分災之極次貧民，俱展賑一個月，以資接濟。其成災八分以下各州縣，及勘不成災地方，仍著該督察看情形，或酌藉口糧耔種，或減價平糶，分別籌辦。該督務督飭所屬，實心經理，俾災黎均霑愷澤，以副朕普錫春祺，有加無已至意。該部即遵諭行。」

《高宗實録》卷1346，頁6

乾隆五十五年（庚戌）六月丁巳日

蠲免直隸霸州、保定、文安、大城、永清、東安、武清、香河、寧河、欒亭、清苑、滿城、安肅、望都、蠡縣、雄縣、祁州、安州、高陽、新安、河間、獻縣、阜城、肅寧、任邱、景州、天津、青縣、靜海、滄州、南皮、鹽山、津軍廳、正定、靈壽、藁城、新樂、肥鄉、曲周、廣平、磁州、元城、大名、豐潤、冀州、衡水、趙州、隆平、寧晉、深州、武強、饒陽、安平、定州等五十四廳州縣並各屬旗地乾隆五十四年分水災額賦。

《高宗實録》卷1356，頁170

乾隆五十六年（辛亥）春正月己卯日

諭：「上年直隸永平、天津、河間等府屬各州縣，夏秋雨水較多，河流漲發，田禾被淹，致成偏災。節經降旨，令該督實力撫恤，並於天津北倉，截留漕米及通倉撥給米石，分別賑濟，毋使一夫失所。第念今春正賑已畢，青黄不接之時，小民生計維艱，口食恐不無拮据。著再加恩，將順天府屬之文安、寶坻、大城、武清、寧河、永清、東安、霸州、薊州、保定，永平府屬之樂亭、灤州、盧龍、昌黎，保定府屬之清苑、新城、雄縣、高陽，河間府屬之河間、獻縣、阜城、交河、東光、景州，天津府屬之天津、青縣、靜海、滄州，遵化州屬之玉田、豐潤等三十州縣，所有八分災極貧，九分災極次貧民，俱著加賑一個月，俾民食得資接濟。至被災較輕之六七分，及八分災之次貧，並勘不成災地方，仍著該督察看情形，或酌藉口糧籽種，或減價平糶，分別酌辦。該督務須督飭所屬，實心經理，俾災黎均霑愷澤，以副朕普錫春祺，恩加無已至意。該部即遵諭行。」

《高宗實録》卷 1370，頁 377–378

乾隆五十六年（辛亥）六月甲辰朔日

蠲免直隸霸州、保定、文安、大城、固安、永清、東安、大興、通州、武清、寶坻、薊州、香河、寧河、灤州、盧龍、昌黎、樂亭、清苑、新城、蠡縣、博野、雄縣、祁州、安州、高陽、新安、河間、獻縣、阜城、肅寧、任邱、交河、景州、故城、東光、寧津、天津、青縣、靜海、滄州、南皮、鹽山、慶雲、津軍廳、南和、平鄉、廣宗、鉅鹿、任縣、永年、邯鄲、成安、肥鄉、曲周、廣平、雞澤、威縣、清河、磁州、元城、豐潤、玉田、冀州、南宮、新河、棗強、武邑、衡水等六十九廳州縣上年水災額賦有差。

《高宗實録》卷 1380，頁 514

乾隆五十七年（壬子）閏四月庚辰日

諭：「前因直隸順德、大名、廣平三府屬，雨澤愆期，業經截留漕糧三十萬名，並將新舊錢糧概予緩徵。其保定以北各州縣，亦未得透雨，應否緩徵平糶之處，降旨詢問梁肯堂。茲據覆奏，該處各州縣久未得雨，或得雨未透，麥收未能豐稔等語。近畿一帶，上年秋成，雖在八分以上，且現經該督飭屬，將倉儲穀石，分別借糶，民食自不至缺乏。但麥收既屬歉薄，若照例將新舊錢糧倉穀，同時並徵，民力究未免拮据。所有保定府屬之清苑、滿城、安肅、定興、新城、容城、安州、束鹿、雄縣，順天府屬之宛平、大興、霸州、東安、大城、保定、文安、涿州、良鄉、固安、永清、香河、昌平、順義、懷柔、密雲、平谷、通州、三河、武清、寶坻、薊州、寧河，河間府屬之獻縣、景州、故城、吳橋、交河、易州並所屬之淶水、廣昌等四十州縣，應徵本年節年倉穀錢糧，均著加恩緩至本年秋成後，再行啟徵，俾民力益紓，以副朕軫念閭閻，有加無已至意。該部遵諭即行。」

《高宗實録》卷 1402，頁 839–840

乾隆五十七年（壬子）八月癸巳日

直隸總督梁肯堂奏：「畿輔往來驛路及道旁溝渠，均需挑挖深通，方資宣洩。請將定興、安肅、清苑、滿城、望都為一路，良鄉、涿州、新城、雄縣、任邱、河間、獻縣、交河、阜城、景州為一路，武清、天津、大城、靜海、青縣、吳橋為一路，於大道兩旁，挑深三尺，寬五尺，所取之土，即培築道上，兼於工賑有裨。」得旨：「允行。」

《高宗實録》卷 1411，頁 982

乾隆五十八年（癸丑）春正月己亥日

諭：「上年直隸順德、廣平、大名三府，並保定、河間、天津等府屬，因夏秋雨澤缺少，被旱成災。節經降旨，令該督實力撫恤，並截留漕糧，動撥銀米，分別賑濟，俾災黎糊口有資，毋使一夫失所。第念今春正賑已畢，青黃不接之時，小民生計維艱，口食恐不無拮据。著再加恩，將順天府屬之保定、文安、大城、武清、寶坻、寧河，河間府屬之河間、任邱、景州、獻縣、交河、阜城，天津府屬之青縣、慶雲、鹽山，保定府屬之清苑、束鹿、滿城、望都、容城，趙州屬之寧晉共二十一州縣，成災七八分之極貧，概行加賑兩個月，以資接濟。至被災較輕各州縣，仍著該督察看情形，分別借糶，妥為籌辦。該督務須董飭所屬，實心經理，俾災黎均沾渥澤，以副朕軫念窮簷，普錫春祺，有加無已至意。該部即遵諭行。」

《高宗實録》卷 1420，頁 2

乾隆五十八年（癸丑）二月辛未日

諭軍機大臣等：「昨吉慶奏上年被旱歉收之德州、平原等二十七州縣衛，於麥熟後先徵舊欠。其應徵五十八年地丁錢糧，緩至九月啟徵，已即批令准行矣。本日據梁肯堂奏保定省城，於二月初五日，得雨深透等語。京城初五日得雨三寸，而保定同日渥被春膏。並據永玢奏易州亦於初五日得雨六寸。看來此次雨勢寬廣，直隸地方諒可普沾，麥收有望，朕心深為欣慰。但京南順德、廣平、大名三府，上年因旱歉收，而河間、景州、天津為尤重，雖已蠲賑並施，新正復加恩降旨展賑，但究恐民力不無拮据。著將硃批吉慶摺，鈔寄梁肯堂閱看，並令該督將被旱各州縣，有無應照吉慶所請，酌量緩徵之處，體察情形，據實具奏，以副朕軫念災區，有加無已至意。」尋奏：「保定、文安、大城、武清、寶坻、寧河、河間、任邱、景州、獻縣、交河、阜城、青縣、慶雲、鹽山、清苑、滿城、束鹿、望都、容城等二十州縣，被災較重，請照山東例，麥熟後先徵舊欠。本年地丁錢糧及各項旗租，緩至九月啟徵。」從之。

《高宗實録》卷 1422，頁 30

乾隆五十九年（甲寅）三月戊戌日

諭：「前因直隸節年遞欠，為數較多，業經降旨，因災帶緩未完銀兩，寬免十分之三。此次巡幸天津，已降旨將經過地方，及天津闔府屬本年應徵錢糧，蠲免十分之三。茲朕巡方觀俗，小民望幸情殷，自應渥沛恩施。所有經過地方之大興、宛平、東安、保定、涿州、新城、容城、雄縣、任邱、霸州、文安、大城、武清等州縣，節年未完緩帶銀八萬三百六十九兩零，著再加恩，蠲免十分之四。並將天津府屬節年積欠未完之緩帶徵地糧銀十三萬三千一百四十兩零，普行豁免。俾蹕路所經，及海濱蔀屋，益慶盈寧，共安樂利，以示省耕施惠至意。該部即遵諭行。」

《高宗實録》卷 1448，頁 319–320

乾隆五十九年（甲寅）四月甲戌日

諭：「前因直隸去冬今春雨雪稀少，節經降旨令該督查明，如有應行接濟之處，妥為辦理。茲據梁肯堂覆奏，保定等府各屬，雖得雨數次，究未霑足，除濱臨河淀等處地畝，麥收尚屬可望。其高阜處所，難望有收等語。著加恩將保定府屬之清苑、滿城、安肅、定興、新城、唐縣、博野、望都、容城、完縣、蠡縣、雄縣、祁州、束鹿、安州、高陽、新安，順天府屬之涿州、房山、固安、永清、東安、文安、大城、保定、霸州、通州、武清、薊州、香河、寧河、寶坻、昌平、順義，河間府屬之河間、獻縣、阜城、肅寧、任邱、交河、寧津、景州、吳橋、故城、東光，正定府屬之正定、獲鹿、井陘、阜平、欒城、行唐、靈壽、平山、元氏、贊皇、晉州、無極、藁城、新樂，順德府屬之邢臺、沙河、南和、平鄉、廣宗、唐山、鉅鹿、內邱、任縣，廣平府屬之永年、曲周、肥鄉、雞澤、廣平、邯鄲、成安、威縣、清河、磁州，大名府屬之元城、大名、南樂、清豐、東明、開州、長垣，易州並所屬之淶水、廣昌，定州並所屬之曲陽、深澤，深州並所屬之武強、饒陽、安平，趙州並所屬之柏鄉、隆平、高邑、臨城、寧晉，冀州並所屬之南宮、新河、棗強、武邑、衡水等一百七州縣，應徵本年節年倉穀錢糧，均著緩至本年秋成後，再行徵收。俾民力寬紓，以副朕軫念閭閻，有加無已至意。該部即遵諭行。」

《高宗實録》卷 1451，頁 343-344

乾隆五十九年（甲寅）冬十月丁卯日

賑恤直隸霸州、保定、文安、大城、固安、永清、東安、宛平、良鄉、涿州、通州、武清、寶坻、薊州、寧河、香河、灤州、昌黎、樂亭、清苑、滿城、安肅、新城、博野、望都、容城、蠡縣、雄縣、祁州、束鹿、安州、高陽、新安、河間、獻縣、阜城、肅寧、任邱、交河、景州、故城、吳橋、東光、天津、青縣、靜海、滄州、津軍廳、正定、井陘、阜平、行唐、平山、晉州、無極、藁城、新樂、南和、平鄉、鉅鹿、任縣、永年、邯鄲、成安、肥鄉、曲周、廣平、雞澤、威縣、清河、磁州、大名、元城、南樂、豐潤、玉田、冀州、南宮、棗強、新河、武邑、衡水、趙州、隆平、寧晉、深州、武強、饒陽、安平、安州、曲陽、深澤九十二廳州縣本年水災貧民。

《高宗實録》卷 1462，頁 542

《大清仁宗睿皇帝實録》

（嘉慶二年至嘉慶二十五年　公元 1797–1820 年）

嘉慶二年（丁巳）九月乙亥日

免直隸良鄉、宛平、通、寶坻、武清、霸、文安、固安八州縣水災本年額賦十分之一，並緩徵新舊額賦。緩徵涿、香河、薊、三河、東安、永清、保定、清苑、新城、雄、高陽、蠡、安、冀、衡水、武邑、寧晉、隆平、獻、肅寧、安平、大城二十二州縣本年額賦。

《仁宗實録》卷 22，頁 278–279

嘉慶四年（己未）二月戊午日

又諭：「胡季堂奏，查明抄案糧食，請賞借文安、大城二縣被水村民一摺。文安、大城二縣，年前被水淹浸，現在低窪處所，積水未消，自應量為接濟。著照所請，將查抄和珅家人呼什圖米、麥、穀、豆雜糧一萬一千六十五石零，以八成撥給文安縣，以二成撥給大城縣，賞給被水村民，作為口糧。其已涸之地，無力購種者，即於此内借給籽種，均俟豐收年分，再行免息交倉，俾東作之際，早資耕種，民力得就寬舒。」

《仁宗實録》卷40，頁468

嘉慶五年（庚申）春正月辛酉日

加賑直隸霸、河間、任邱、隆平、寧晉、定六州縣水災蟲災飢民，並貸文安、清苑、蠡、雄、安、新安六州縣災民籽種口糧。免大城、文安二縣無地貧民應還官穀有差。

《仁宗實録》卷57，頁748

嘉慶五年（庚申）冬十月戊辰日

賑直隸文安、大城、武清、高陽、新安、河間、靜海、隆平、寧晉、霸、雄、安、景、青十四州縣被水災民。

《仁宗實録》卷75，頁1011

嘉慶六年辛（酉春）正月己卯日

加賑直隸霸、文安、大城、安、新安、河間、景、寧晉、隆平九州縣被水被雹災民，並貸雄、高陽二縣災民籽種口糧。

《仁宗實録》卷 78，頁 1

嘉慶六年（辛酉）六月己巳日

免直隸被災較重之香河、霸、文安、清苑、滿城、安肅、定興、新城、博野、望都、容城、完、蠡、雄、祁、安、高陽、新安、河間、獻、肅寧、任邱、故城、交河、平山、冀、清河、衡水、武邑、趙、隆平、寧晉、深、饒陽、安平、大城、永清、東安三十八州縣本年額賦，被災稍輕之密雲、正定、井陘、阜平、行唐、藁城、晉、無極、新樂、靈壽、任、阜城、南宮、定、曲陽、深澤、易、廣昌、淶水十九州縣本年額賦十分之五。

《仁宗實録》卷 84，頁 105–106

嘉慶六年（辛酉）六月壬申日

又諭：「前因京師雨水甚大，永定河決口，漫溢下注。附近京城西南各州縣地方，自必被水。其東北一帶積水未能即時消涸，民舍田禾，必多淹浸之處。朕心深為廑念，誠恐地方官查報不實，特派台費蔭等八員分往四路，悉心查勘。嗣又思被災民人，嗷嗷待哺，刻不能緩，若俟該員等查奏到時，再行撫恤，未免稽遲。復經降旨傳諭台費蔭等查看被水地方，有急須散賑之處，即督同地方官立時賑濟，一面奏聞，一面動帑開倉。原欲使被難窮黎早得賑濟，藉以存活。伊等自當仰體朕如傷在抱之意，妥速查辦。乃各路卿員內，惟派往南路之台費蔭、陳霞蔚所辦實為妥協。伊二人本在霸州、文安分路給賑，聞保定縣被災較重，即馳赴該處，督飭該縣銀米兼放，急為撫恤，俾災黎等得以立時果腹。其查勘西路之窩星額、廣興僅查至涿州，即行回京，不過開寫戶口清單具奏，並未將如何賑濟之處，悉心經理。至派往東路查勘之阿隆阿、張端城，既目擊武清、寧河、寶坻被災最重，而寧河村莊俱被水圍浸，又曾接到續降之旨，並不督同地方官立時開倉賑濟。經朕面詢，轉稱民間藉有新麥，暫資糊口，此時不必賑濟，大屬非是。即如京師大、宛兩縣，本年麥收非不豐稔，早經降旨給賑，且各村莊猝被水災，廬舍俱遭淹浸，即有收藏麥石，寧不被水漂失。而阿隆阿、張端城，在朕前尚以為該處百姓有新麥足資接濟，是何言耶！且朕念天津地處下游，永定河漫水匯流灌注，殊深懸廑，於十七日降旨，令伊二人東路查勘事竣，即前赴天津察看水勢。乃本日伊等面奏，在河西務地方，業經接奉此旨，並不就近速往天津，轉至京城復命請訓，其意不過欲藉此回家看視耳。朕軫念民依，特遣卿員分路查勘，以期速拯災黎。今各路辦理既有不同，自當核其功過，明示勸懲。台費蔭、陳霞蔚，著交部議敘。窩星額、廣興，著交部議處。阿隆阿、張端城，著交部嚴加議處，仍令伊二人即赴天津，查勘該處被水情形，不准歸家，亦不准馳驛前往。至查勘北路之恩普、范鏊，因各該處地勢較高，居民等未經被水，無需開倉給賑，是以來京復命。若果有應賑災區，亦必能遵旨辦理，伊二人無咎無譽。現在五城設廠煮賑，都察院堂官本有稽查之責，但念西城馮光熊俱已年老，照料恐有未周，俱著在本衙門辦事，不必前赴飯廠。所有監放五城煮賑事宜，著派恩普、范鏊，會同舒聘及前次派出之窩星額、廣興，輪流查察，務俾窮民得沾實惠。尋吏部分別議奏。」得旨：「台費蔭、陳霞蔚，著照部議各加一級。窩星額，著准其銷去加一級，紀録八次，抵降三級，免其降調。廣興任内有革職留任之案，無級可降，著加恩免其革任，仍註冊。阿隆阿、張端城，經朕簡派查災大員，草率從事，殊負委任，本應照部議革職，姑從寬將阿隆阿降為頭等侍衛，著在大門上行走，仍兼管鴻臚寺事務。張端城著降為六部郎中，遇缺補用，俾玩視民瘼者，知所儆戒。嗣復因台費蔭等奏報文安縣被水及大城縣被水較重各情形，命吏部存記。窩星額、廣興、阿隆阿、張端城，三年内停止升轉。」

《仁宗實録》卷 84 頁 107–109

嘉慶六年（辛酉）秋八月乙丑日

諭軍機大臣等：「朕恭閲皇考《高宗純皇帝實録》。乾隆十二年，因東省被災，流民出古北口覓食。巡撫阿里袞奏請攜銀招徠資送，欽奉諭旨，以流民出外覓食，總因鄉里糊口無資，果能一一遵旨辦理，安輯於本州縣，使無輕去其鄉，上也。離鄉未遠，招徠於本省境内者，次也。及其已至古北口一帶，往返數百里，遠者千里。其中或有父兄親族向在口外，有所依倚，亦不妨任其前往。若一一資送回籍，不惟糜費不貲，且恐已誤耕作。而還鄉更無可倚賴，於災黎更屬無益。聖訓諄諄，仰見我皇考軫恤窮民，無使一夫失所至意。本年直隸被災較廣，窮民大半失業，且距古北口甚近，其出口覓食者，自所不免。如果地方官認真經理，計口授食，災民等豈肯輕去其鄉。若本籍既不能妥為賑恤，致令流移出口，離家已遠，豈有概行攔截，及資送回籍之理。計十月初間即屆開放大賑之期，著傳諭陳大文，督率藩司道府州縣等，按照極、次貧民，戶口大小分別給發，務令實惠及民，各有生計，自不致有出口覓食之事。再本日查辦南路之卿員台費蔭等，到京覆命。據稱：霸州所用米石，保定、東安所用銀兩，俱無倉庫可動。至文安、大城二縣倉庫，銀米俱無，詢之該州縣等，均稱曾經報明上司等語。殊堪駭異。文安、大城如此，其餘各州縣倉庫虧缺情形，已可概見。陳大文現署直隸總督，於賑事完畢後，務將通省各州縣倉庫，妥為經理，俾儲備有資，緩急足恃，方為不負委任。」

《仁宗實録》卷 86，頁 138–139

嘉慶六年（辛酉）八月庚午日

諭軍機大臣等：「熊枚奏查勘文安一縣被水成災較重之區，並繪圖貼說進呈。朕詳加披閱，該處地形窪下，積水已越三年。今夏子牙、清河諸水，四面漫溢，竟深至二丈有餘不等。住居民人共計三百六十餘村，俱浮沉水中，嗷嗷待哺，朕心實增憐軫。該縣自建置縣治以來，必有舊定章程，為疏通水道，保障居民經久之計。是否近日廢弛不辦，並現在應如何設法疏消，百姓不致久困積潦之處，亟應講求妥辦。著陳大文悉心體訪，詳議具奏。」尋奏：「查文安地處極窪，至受水之後，地與河平，實已無從宣洩。自建治以來，別無疏濬章程。查大城河之廣安橫隄長九里，為文邑保障。迤南有河間所屬千里長隄，可資外衛。兩隄之中，又有同興上年查勘控告刨工案內奏明新建閘座，以洩河間漫水，仍於地段稍下之龍潭灣等處，開溝疏濬。如此救獘補偏，則文邑災黎，或不致久淹為患。再查天津府屬之慶雲縣，地瘠民貧，乾隆十一年欽奉上諭：『慶雲縣每年額徵地丁銀兩，蠲免十分之三，永著為例。』今文安全境積歉情形，與慶雲無異，可否將該縣三百六十村額賦，分別減免。」得旨：「文安縣全境積歉，既與慶雲縣無異，自應量為酌減，用紓民力，俟明歲新正，再降恩旨。再上游大城、河間兩隄決口堵閉，並修復閘座，以資宣洩，亦只可如此辦理，務當飭令所屬，上緊妥辦。」

《仁宗實録》卷 86，頁 140–141

嘉慶六年（辛酉）十一月乙酉日

又諭：「外省辦理諸務，每多疲玩，而直省積習懈弛尤甚。本年直屬被災州縣較多，賑務綦重。經朕節降諭旨，令該督嚴飭所屬認真經理，並特派左都御史熊枚，周曆被災各州縣，確切稽查。地方官自當共知謹凜，悉心妥辦，俾得實惠及民。乃本日陳大文參奏藁城縣知縣路元錫，於十月十八日始行開賑，距應行開賑日期，遲至半月有餘。且於撥給漕米並不運齊，每日止放米一百石，民間嘖有怨言。又大城縣知縣錢桂於清查戶口，延宕至十一月初四日，始行開報，貧民守候需時，未能得賑，均屬延玩已極。路元錫、錢桂俱著革職交該督查明，該參員等如有別項情弊，即嚴行審訊，據實續參。此外辦賑各州縣，並著陳大文一體傳知，設有似此玩誤之員，即立時參辦。庶該州縣等共知儆惕，於應辦賑務，實心經理，期於窮黎均有裨益。」

《仁宗實録》卷 90，頁 199

嘉慶六年（辛酉）十二月丙午日

加賑直隸大興、宛平、通、武清、寶坻、香河、寧河、霸、保定、文安、大城、固安、永清、東安、涿、房山、良鄉、順義、清苑、安肅、新城、博野、雄、蠡、容城、束鹿、安、新安、河間、獻、肅寧、任邱、交河、景、

東光、天津、青、静海、正定、藁城、無極、阜平、新樂、平山、豐潤、玉田、冀、武邑、衡水、新河、趙、柏鄉、隆平、寧晉、深、武強、饒陽、安平、定、深澤六十州縣被水災民。

《仁宗實録》卷 92，頁 216

嘉慶七年（壬戌）三月己亥日

緩徵直隸昌平、定興、望都、高陽、滿城、故城、武清、寧河、順義、東安、寶坻、永清、苑、安肅、雄、容城、新安、安、新城、肅寧、景、獻、天津、青、静海、正定、新樂、藁城、趙、柏鄉、定、大興、涿、房山、良鄉、霸、保定、大城、河間、任邱、新河、寧晉、隆平四十三州縣上年水災新舊額賦及各項旗租。

《仁宗實録》卷 97，頁 286

嘉慶八年（癸亥）春正月庚午日

免直隸宛平、文安二縣六年水災應徵旗租，文安、大城、新安、安四州縣節年應還口糧籽種穀米並折色銀。

《仁宗實録》卷 107，頁 433

嘉慶八年（癸亥）八月戊辰日

諭內閣：「戶部奏直隸大城等七州縣，並宛平、文安二縣，七年旗租，應否仍照該部前議准免五分，抑或如顔檢所請，全數蠲免，請旨遵行一摺。旗租一項，與民糧不同，向來蠲免例內，本無全免之條。即如嘉慶四年，恩免大興、通州各州縣錢糧，旗租即係照定例辦理。乃此次該督於大城等各州縣應行蠲免旗租，輒咨請全行寬免，嗣經接到部覆，照例酌免十分之五。該督復以該部繕寫錯誤，仍請查覈更正，概行豁免，殊屬非是。該督即不知旗租定例，寧於該省四年辦過成案，亦不知查覈耶？顔檢著傳旨申飭，仍著照部議行。」

《仁宗實録》卷 118，頁 575-576

嘉慶八年（癸亥）八月庚寅日

諭內閣：「前因戶部具奏，直隸督臣顔檢，將大城等七州縣旗租，例應蠲免五分者，於奉到部覆後，仍咨請查覈更正，全行豁免。曾降旨申飭，仍照部議行。旋經顔檢於差次面奏，此項旗租業已頒發謄黄，與民糧一體全行豁免。且被災較輕之大興等州縣旗租，業已蠲免五分，當即令軍機大臣查奏。茲據查明上年顔檢摺內，以大城等七州縣被水較重，請將應徵錢糧及各項旗租，照宛平文安之例，一體豁免。其時宛平、文安錢糧，雖經全免，並未免及旗租，何例可照？是該督奏請本覺含混。戶部前議詳覈定例，止准免旗租五分，原無不合。惟於被水較輕之大興等七州縣，因諭旨內將前項銀糧准豁免十分之五，遂咨覆該督將旗租蠲免五分，亦欠分晰。惟是大城等處旗租，該督等已誤行蠲免十分。而大興等七州縣被災較輕之處，旗租亦已免至五分，自未便復令補徵。此係加惠黎元之事，朕覃敷愷澤，寧濫無遺。所有大城、河間、新河、寧晉、隆平、新安、安州七州縣及宛平、文安二縣應徵七年各項旗租，竟著加恩全行蠲免。其大興、霸州、保定、涿州、房山、良鄉、任邱七州縣，應徵七年分旗租，亦著加恩准免十分之五，此後不得援以為例。至該督於奏請時，如欲將旗租與民糧一律請豁，則當聲明旗租從無全免之例，懇求破格施恩，方為正辦，何得含糊聲敘，以致辦理歧誤，咎實難辭。著將顔檢同藩司瞻柱，一併交部議處。」

《仁宗實録》卷119，頁596–597

嘉慶八年（癸亥）九月戊戌日

緩徵直隸文安、大城、雄、安、新安、河間、青、靜海、寧晉、隆平、新河十一州縣被水村莊新舊額賦。

《仁宗實録》卷120，頁604

嘉慶十一年（丙寅）九月壬申日

賑直隸安、新安、雄、博野、任邱五州縣被水災民，並免新舊額賦。貸霸、保定、大城、清苑、蠡、高陽、獻、肅寧、天津、青、靜海、滄、鹽山、龍門、冀、新河、衡水、隆平、寧晉十九州縣被水災民耔種口糧，並緩徵新舊額賦。

《仁宗實録》卷167，頁182

嘉慶十二年（丁卯）秋七月己未日

免直隸安、新安、隆平、寧晉、新河、河間、南宮、霸、大城、東安、獻、寧津、青、靜海、鹽山、威、定十七州縣積欠額賦。

《仁宗實録》卷183，頁417

嘉慶十二年（丁卯）九月戊辰日

賑直隸高陽、任邱二縣被水災民，並免本年額賦。緩徵大名、南樂、清豐、冀、衡水、寧晉、安、新安、霸、大城、肅寧、滄、青、鹽山十四州縣水災旱災新舊額賦，並借給耔種口糧有差。

《仁宗實録》卷186，頁447–448

嘉慶十三年（戊辰）春正月己亥日

貸直隸霸、大城、安、新安、肅寧、青、滄、大名、南樂、清豐、冀、衡水、寧晉、鹽山、高陽、任邱十六州縣被水被旱災民倉穀。

《仁宗實録》卷191，頁521

嘉慶十三年（戊辰）閏五月辛巳日

又諭：「德瑛等奏勘明直隸隄河、橋道、閘壩各工一摺，並開繕清單繪圖貼說進呈。朕詳加披閱，此次估修千里長隄各工，經德瑛等逐一收驗，核與原估冊報大率相符。溫承惠飭屬承修，均能如式，所辦尚好。自此次修築之後，不惟保護民田，兼以興復水利，實於閭閻有裨。惟隄工地段綿長，每遇大汛盛漲之時，不能無汕刷殘缺，若不隨時修補，必致日久傾圮，既恐貽害田廬，兼且重糜帑項，殊非經久之計。朕本年春間臨幸淀津，諭令將沿途行宮座落派人看守，籌款粘補，原以其修理本已完善。若復勤加葺補，則所費無多，而工程益臻鞏固。況隄工關係民生，較之行宮座落更為緊要，豈可稍任廢弛。在地方官之意，未必不以清蹕經臨，鑾輅駐止處所，倍須敬謹修葺。殊不知朕省方時巡，即為閱視河隄，求莫求寧起見，地方官正不得稍有疏懈也。著溫承惠將此項工程應如何，責成地方官定期呈報，隨時修補。及防護鞏固者，如何量加獎勸？因循廢弛者，如何酌予懲處？務須悉心籌議章程，俾不致玩視要工，庶隄身永臻穩實，民田廬舍均資利益。即須酌籌歲修經費，諒亦為數無多，辦理自易為力。至格淀隄工，原係攔截子牙河、渾水，不使灌入淀河。從前不惜帑金，庀工建築，自有深意。若此時不加修補，任其殘廢，則子牙、渾水灌入淀河，必致受淤為患。著溫承惠飭令地方官再行詳查，設法修補。即使無庸修葺，亦當將實在緣由，詳悉奏聞，以憑酌核。所有文安、大城、天津等縣各工丈尺與原估不符之處，著工部查覈具奏。」

《仁宗實録》卷 196，頁 593–594

嘉慶十三年（戊辰）八月壬子日

諭內閣：「據昭槤等奏，考試三場，搜出江南江寧縣監生梅渥、直隸大城縣生員王允理、安徽桐城縣監生葉宗本，俱懷挾策文，應行革懲等語。前因近年辦理科場，均未能實力督查，以致士子入闈，不免有懷挾舞弊等情，於掄才大典殊有關係。當經降旨，責成知貢舉監臨及派出搜檢各大臣，凡遇試期，務當嚴行稽查場務，不得意存怠玩。此次二場、三場，該士子果有違例懷挾之事，該搜檢大臣等，尚屬留心，是一經認真搜查，其弊立見。除將該監生梅渥、王允理、葉宗本三人俱即斥革、照例懲治外，並著查明由何門搜出。所有該管之搜檢大臣，著交部議敘。至德瑛等前於大興縣附生范士琪懷挾之處，未能搜出，曾經交部議處。此次懷挾士子，如查係德瑛等所管西南門搜出，著即加恩免其議處，毋庸給予議敘。其搜獲策文之該役等，均著酌量賞給銀兩。」

《仁宗實録》卷 200，頁 658

嘉慶十六年（辛未）春正月甲寅日

展賑直隸霸、保定、文安、大城、固安、永清、東安、宛平、涿、良鄉、雄、安、新安、任邱十四州縣上年被水災民。

《仁宗實録》卷 238，頁 211

嘉慶十九年（甲戌）五月丁未日

緩徵直隸大城、永清、涿、滿城、安肅、博野、望都、容城、蠡、雄、祁、高陽、新安、獻、阜城、景、南皮、正定、井陘、行唐、靈壽、平山、元氏、無極、贊皇、晉、藁城、新樂、武邑、深、武強、饒陽、定、深澤三十四州縣旱災新舊額賦，並旗租倉穀折色口糧銀。

《仁宗實録》卷 291，頁 976

嘉慶二十年（乙亥）春正月丁亥日

緩徵直隸豐潤、寶坻、龍門、定、東安、青、靜海、滄、鹽山、新河、冀、肥鄉、束鹿、文安、景、清苑、滿城、安肅、唐、博野、望都、完、祁、南皮、正定、新樂、易、大城、新安二十九州縣上年水災旱災、本年額賦旗租。

《仁宗實録》卷 302，頁 1

嘉慶二十年（乙亥）六月癸未日

緩徵直隸通、武清、文安、大城、永清、東安、良鄉、涿、清苑、滿城、安肅、定興、新城、博野、望都、容城、蠡、雄、祁、安、新安、河間、獻、阜城、肅寧、任邱、交河、景、正定、獲鹿、元氏、贊皇、晉、無極、藁城、新樂、武邑、衡水、深、武強四十州縣，二麥歉收新舊額賦、旗租，並借欠倉穀口糧。

《仁宗實録》卷 308，頁 86

嘉慶二十三年（戊寅）夏四月庚寅日

以雨澤愆期，免順天良鄉、固安、永清、東安、通、三河、武清、寶坻、寧河、昌平、順義、密雲、懷柔、涿、房山、霸、文安、大城、保定、薊、平谷、遵化、玉田、豐潤二十四州縣本年旗租，並緩徵節年地糧旗租。

《仁宗實録》卷 341，頁 512

嘉慶二十四年（己卯）十一月壬戌日

蠲緩直隸通、武清、大興、宛平、霸、保定、大城、雄、安、高陽、新安、長垣、東明、開、安肅、青、靜海、灤平、趙、寧晉、薊、寧河、文安、灤、清苑、容城、博野、蠡、河間、獻、交河、天津、滄、鹽山、元城、大名、清豐、南樂、鉅鹿、冀、新河、衡水、隆平四十三州縣，暨津軍同知所屬水災本年額賦，及舊欠糧租倉穀。並賑通、武清、霸、保定、大城、固安、永清、東安、雄、安、高陽、新安、長垣、東明、開十五州縣旗民。

《仁宗實録》卷 364，頁 807

嘉慶二十五年（庚辰）夏四月癸卯日

緩徵直隸大興、宛平、固安、永清、東安、新安、開、東明、長垣、武清、霸、保定、大城、安、高陽、雄、青、靜海、寧晉、元城、大名、南樂、清豐、南皮、滄、隆平二十六州縣水災本年額賦，並吳橋、東光二縣新舊額賦。

《仁宗實録》卷 369，頁 876

《清實録》中的雄安史料 下

魏國棟　劉玉梅　編校

北京燕山出版社

目録

《大清文宗顯皇帝實録》……四七七

《大清穆宗毅皇帝實録》……四八五

《大清德宗景皇帝實録》……四九四

《大清宣宗成皇帝實録》……五五〇

《大清文宗顯皇帝實録》……五六二

《大清穆宗毅皇帝實録》……五七〇

《大清德宗景皇帝實録》……五八三

任邱

《大清世祖章皇帝實録》

《大清世宗憲皇帝實録》……六〇九

《大清宣宗成皇帝實録》……六七二

《大清穆宗毅皇帝實録》……六九八

《大清德宗景皇帝實録》……七〇五

《大清宣統皇帝政紀》

文安

《大清世祖章皇帝實録》

《大清聖祖仁皇帝實録》……七三〇

《大清世宗憲皇帝實録》……七三七

《大清高宗純皇帝實録》……七四〇

《大清宣宗成皇帝實録》……八二三

《大清文宗顯皇帝實録》……八三七

《大清穆宗毅皇帝實録》……八四四

《大清宣宗成皇帝實録》

（道光二年至道光二十八年　公元 1822–1848 年）

道光二年（壬午）秋七月甲午日

賑直隸霸、文安、大城、保定、清苑、安、新安、博野、雄、獻、冀、衡水、新河、趙、大名、元城、任、南樂、高邑、任邱、阜平二十一州縣被水災民。

《宣宗實録》卷 38，頁 687

道光二年（壬午）八月丁巳日

給直隸霸、保定、文安、大城、永清、安肅、新城、博野、望都、祁、安、高陽、新安、無極、藁城、趙、隆平、寧晉、深、武強、饒陽、安平二十二州縣被水災民一月口糧，並坍塌房屋修費。

《宣宗實録》卷 40，頁 711

道光二年（壬午）十一月壬申日

諭軍機大臣等：「盧蔭溥等奏偷決官隄摺內，據稱前於九月間，有河間縣民張俊等，偷掘大城縣九里橫隄，並用鳥槍將看護守隄之民夫陳維城等七名打傷一案；復有河間民人張珍、王之昌、王三疤、張鳳、李大、趙興文、張二麻子等執持鳥槍，偷挖官隄，打傷民夫張夢林等七名；旋於十月間，張珍、趙興文等又撐駕船隻，率領多人，扒掘隄岸，並用鳥槍打傷民人王廷謨等十七名一案，俱經咨交直隸總督查辦。茲復據大城縣民人張大山呈訴，官隄盜掘後，大溜直注大城，文安、霸州、保定四邑被淹，疾苦難堪。又據文安縣士民孫紱、馬樹棠等呈稱，文安縣西官隄，前有雄縣張世玉等挖毀。茲河間民人又將南隄扒開，水勢洶湧，由大城而文安，全歸釜底。訊問該士民等，情詞均各慘切，謹據實奏聞，請旨飭查辦理等語。民人盜決官隄，大干例禁，至擅用火器傷人，尤屬目無法紀。惟近來地方官遇有此等案件，往往因循不辦，即或據案辦理，又多偏斷不公，以致該民人等心懷不服，即不免有挾嫌報復之事。似此積習相沿，必至釀成械鬥巨案，成何事體。著顏檢即將順天府咨交各案犯，迅速查拏務獲，秉公審訊，按律定擬，務使輿情帖服，不可意存偏執，致啟釁端。其盜決隄口，並著派員查勘，及時堵築，無稍延緩。將此諭令知之。」

《宣宗實録》卷 44，頁 777–778

道光三年（癸未）春正月丙子日

展賑直隸霸、保安、文安、大城、永清、雄、安、新安、任邱、清苑、安肅、新城、博野、祁、高陽、河間、肅寧、無極、藁城、新樂、冀、南宫、新河、武邑、衡水、趙、隆平、寧晉、深、武强、饒陽、安平、定、深澤、望都、獻三十六州縣上年被水災民，並緩徵開、元城、大名、南樂、清豐、東明、長垣、武清、薊、固安、寧河、東安、交河、天津、青、静海、正定、阜平、鉅鹿、任、雞澤、曲陽、通、三河、寶坻、香河、大興、宛平、房山、順義、滿城、定興、容城、束鹿、蠡、景、東光、吴橋、寧津、滄、南皮、鹽山、欒城、南和、平鄉、廣宗、永年、邯鄲、曲周、廣平、豐潤、玉田、棗强、柏鄉、高邑五十五州縣歉收村莊本年額賦。

《宣宗實録》卷48，頁852

道光三年（癸未）二月戊辰日

諭軍機大臣等：「盧蔭溥等奏，查明被災州縣分别酌議一摺。上年順天所屬被水州縣内，文安、大城較重。茲據盧蔭溥等查明大城水淹地畝，涸復過半。惟文安積水尚深，請將文安縣被災七、八、九、十分旗民，不分極次貧民，統於展賑後再加賞一月口糧，折色散放。文安、大城二縣米價昂貴，倉無餘儲，請各撥豫東解津粟米二千石，減價平糶。至永清、霸、固安、寶坻、保定、東安、武清、香河、三河、薊十州縣，上年均有成災歉收村莊，當此青黄不接之時，糧價增長，請均設廠減糶。内保定、東安、武清、香河四縣，俱有倉貯米穀。固安、寶坻二縣，前經動支倉穀，借給耔種，將該二縣改為平糶。其永清存倉漕米，不敷展賑之用，酌撥豫東解津粟米二千石。霸州倉存粟穀，僅碾米四百餘石，賑餘稜米，亦屬有限，酌撥豫東解津粟米一千石。薊州、三河倉内均無存貯米石，撥給薊州二千石，三河一千石，均令設廠平糶。以上共撥米一萬石，請於督臣顔檢截留豫東解津米石内，照數撥給等語。著文孚、蔣攸銛於察看文安、大城一帶地方情形之便，詳加體察。文安縣是否應須於展賑後，加賞一月口糧。其永清等各州縣是否應須平糶，抑或另有調劑之處，一面辦理，一面據實奏聞。盧蔭溥等摺著發給閱看，將此諭令知之。」

《宣宗實録》卷 49，頁 882–883

道光三年（癸未）三月癸酉日

諭軍機大臣等：「文孚等奏遵旨察看文安、大城一帶地方情形。據稱，大城縣涸出村莊過半，可資耕作。其缺口處所取土尚易，俟堵築完竣，地畝不難涸復。惟文安被淹，尚居十分之八，情形最重等語。文安、大城二縣，漫缺隄工。前據順天府奏稱，亟宜勘估修築，當經諭令顏檢派員確實履勘。嗣復特派文孚、蔣攸銛馳往察看。茲據奏，勘明該處情形，朕覽奏稍紓廑念。著照文孚等所請，將文安境內陳家窯進水漫口，及崔家房漫口，並已涸口門，趕緊堵合，以免河水內溢。其餘出水各口，暫緩修築，俾積水稍得外洩，即可將涸出之地，隨時耕種。著顏檢迅速遴委妥員，切實估計奏明，由藩庫先行借撥銀兩，分段購料興工，再由該部籌撥還款。其業經估報之大城縣九里橫隄，著一併墊發趕辦，統限伏汛以前，一律修築完竣。至該處隄外河身，因下游不暢，以致下壅上潰，該督仍遵前旨，通籌全局，委員分投查勘，妥議具奏辦理。將此諭令知之。」

《宣宗實録》卷 50，頁 887–888

道光三年（癸未）三月辛巳日

諭軍機大臣等：「顔檢奏遵旨辦理漫缺隄埝，及委員查勘河道情形一摺。大城縣横隄決口四處，可期漸次涸出者三處，惟小廣安口一處，積水甚深，必須由水淺之處，用土填築，共估土方銀五千七百餘兩，著該督即行照估覈辦。其文安境内，除陳家窯、崔家房等處，先由司庫借撥銀兩，趕緊購料堵合外，西隄漫口二道，北隄缺口十九道，隄身里外浸泡，兼無筐土可取，著俟春融，水勢稍落，涸出隄根，再行確估。至該處上游河間、獻縣之水，下游大清河海口之水，通籌全局，俱應疏暢。該督現已委員分投查勘，著俟各委員勘估稟送到日，即行覆覈妥議，據實具奏辦理。將此諭令知之。」

《宣宗實録》卷 50，頁 894

道光三年（癸未）九月丁亥日

賑直隷通、武清、寶坻、香河、寧河、霸、保定、文安、大城、固安、永清、東安、宛平、涿、清苑、雄、安、高陽、新安、河間、獻、任邱、交河、天津、青、靜海、無極、藁城、新樂、冀、南宫、新河、武邑、衡水、隆平、武強、饒陽、安平、清河、威四十州縣被水災民，並免通、武清、寶坻、香河、霸、保定、文安、大城、固安、永清、東安、宛平、雄、高陽、安、新安、河間、任邱、天津、青、靜海、大興、寧河、清苑、新城、望都、獻二十七州縣應徵本年額賦。緩徵良鄉、房山、昌平、順義、懷柔、盧龍、滿城、唐、完、束鹿、吴橋、鹽山、獲鹿、欒城、靈壽、平山、晉、邢台、沙河、唐山、廣宗、永年、邯鄲、曲周、開、遵化、棗強、柏鄉、高邑、深三十州縣新舊糧租。蠲緩三河、薊、涿、昌黎、欒亭、安肅、定興、博野、容城、蠡、祁、阜城、肅寧、交河、景、故城、東光、滄、阜平、行唐、無極、藁城、新樂、南和、平鄉、鉅鹿、任、雞澤、威、清河、大名、元城、南樂、清豐、豐潤、玉田、冀、南宮、新河、武邑、衡水、趙、隆平、寧晉、武強、饒陽、安平、定、曲陽、深澤、欒、南皮、正定五十三州縣本年及節年應徵糧租銀穀有差。

《宣宗實録》卷59，頁1035

道光三年（癸未）九月乙未日

諭軍機大臣等：「本日盧蔭溥等奏，署大城縣知縣陳晉，被民人呂源臚款具控。已明降諭旨，交蔣攸銛等審訊矣。此案據呂源呈控，署知縣陳晉攜帶長隨五六十人，恃才敖縱，任情威福，政以賄成。五月放二月之賑，小斗散放，餘米五六百石，隨價平糶，以入私囊。六七月大水方到，各村匪徒向富戶強借糧石，致滋訟端。該知縣置村匪不問，轉向各富戶監生劉姓梁姓等，罰錢一百吊至二三百吊不等。至於撫恤口糧，河南被災各村均未撫恤，又查饑民戶口，傳各鄉保百般勒索，又與其弟分莊查賑，壯丁、婦女不給，每戶只准給一口或口半，倒塌房屋，不許呈報，煮賑並未散放等情。案關該署縣侵蝕賑款，不恤災黎，如果屬實，大干法紀。蔣攸銛等係特派之員，即與欽差無異，務須秉公審訊，毋稍瞻徇。儻有回護情事，一經發覺，惟該督等是問。將此諭令知之。」

《宣宗實録》卷59，頁1041

道光四年（甲申）春正月丙寅日

展賑直隸通、三河、武清、寶坻、薊、香河、寧河、霸、保定、文安、大城、固安、永清、東安、大興、宛平、清苑、安肅、定興、新城、望都、雄、高陽、安、新安、河間、獻、任邱、天津、青、靜海、無極、藁城、新樂、趙、隆平、寧晉、定三十八州縣上年被雹災民一月，緩徵本年額賦；並緩涿、昌黎、樂亭、博野、容城、蠡、祁、阜城、肅寧、交河、景、故城、東光、滄、阜平、行唐、南和、平鄉、鉅鹿、任、雞澤、威、清河、大名、元城、南樂、清豐、豐潤、玉田、冀、南宫、新河、武邑、衡水、武強、饒陽、安平、曲陽、深澤、灤、南皮、正定、良鄉、房山、昌平、順義、懷柔、盧龍、滿城、唐、完、束鹿、吳橋、鹽山、獲鹿、欒城、靈壽、平山、晉、邢台、沙河、唐山、廣宗、永年、邯鄲、曲周、開、遵化、棗強、柏鄉、高邑、深七十二州縣暨清軍廳應徵本年額賦有差。

《宣宗實録》卷 64，頁 1

道光四年（甲申）九月甲寅日

緩徵直隸隆平、寧晉、寶坻、鹽山、青、靜海、鉅鹿、文安、大城九縣被水被旱村莊新舊糧租倉穀。

《宣宗實録》卷 73，頁 179

道光十一年（辛卯）春正月戊午日

貸給直隸磁、邯鄲、成安、雄、安、高陽、滄、無極、延慶九州縣上年地震被水災民耔種口糧，並平糶倉穀。緩徵磁、邯鄲、文安、大城、成安五州縣本年額賦。

《宣宗實録》卷 183，頁 886

道光十二年（壬辰）閏九月丙戌日

緩徵直隸三河、薊、寧河、東安、鹽山、靈壽、蔚、宣化、龍門、懷來、淶水、遵化、玉田、定、大興、宛平、武清、昌平、順義、良鄉、房山、寶坻、香河、定興、豐潤、盧龍、唐、容城、完、南皮、慶雲、延慶、赤城、易、南宫、新河、安、河間、獻、任邱、大名、趙、隆平、寧晉、高陽、滄、鉅鹿四十七州縣被水、被旱、被霜村莊新舊額賦。賑阜平、行唐、保安、霸、大城、永清、雄、天津、青、静海十州縣災民。

《宣宗實録》卷 221，頁 304

道光十三年（癸巳）春正月甲戌日

緩徵直隸霸、保安、吴橋、行唐、大城、永清、東光、天津、静海、阜平、青、雄、三河、薊、寧河、東安、鹽山、靈壽、宣化、蔚、龍門、懷來、遵化、玉田、淶水、定、通、安、滄、易、趙、隆平、寧晉、武清、寶坻、香河、固安、大興、宛平、房山、良鄉、昌平、順義、懷柔、密雲、平谷、盧龍、定興、安肅、新城、唐、完、容城、高陽、河間、獻、任邱、南皮、慶雲、大名、延慶、赤城、豐潤、南宫、新河六十五州縣上年被旱、被水、被霜、被雹村莊額賦。展賑霸、大城、永清、雄、青、吴橋、東光、天津、静海、阜平、行唐、保安十二州縣災民一月。

《宣宗實録》卷 229，頁 423

道光十五年（乙未）春正月丙寅日

緩徵直隸大興、宛平、固安、東安、永清、武清、霸、大城、涿、新城、雄、獻、天津、寧晉、保定、良鄉、房山、清苑、安肅、唐、博野、容城、蠡、祁、安、高陽、河間、肅寧、任邱、景、故城、青、滄、靜海、南皮、鹽山、正定、藁城、南和、平鄉、鉅鹿、任、永年、雞澤、大名、赤城、冀、南宮、新河、武邑、衡水、趙、隆平、深、饒陽、安平、定、深澤五十八州縣上年被水村莊新舊額賦。

《宣宗實録》卷 262，頁 2–3

道光二十一年（辛丑）冬十月己丑日

緩徵直隸武清、寶坻、大城、雄、安、河間、天津、青、靜海、滄、南皮、雞澤、大名、南樂、阜城、井陘、新河十七州縣被水被雹村莊新舊正雜額賦。

《宣宗實録》卷 359，頁 488

道光二十三年（癸卯）二月丁丑日

諭內閣：「前據御史德勒克呢瑪奏，直隸大城縣知縣淩志召，邀請紳士，勒派車輛，威嚇罰錢，侵肥入己各情，當交訥爾經額確切查明參奏。茲據該督奏稱，該縣於兵差過境，需用車輛，邀請衿戶等捐錢出車供差，係照舊章辦理。其捐收錢文，尚非藉公科斂，亦非侵肥入己。惟於監生命天一等求免派車，不即稟明上司覈辦，率將該監生責罰，實屬不合。前任大城縣知縣撤任另補知縣淩志召，著交部嚴加議處。」

《宣宗實録》卷 389，頁 982

道光二十三年（癸卯）五月乙巳日

又諭：「有人奏，上年十月，有文安縣回民張得成、張黑等，包放羊數千隻，在雄縣、霸州、大城、文安地方，緣村牧放，騎馬持械，將文安縣光周村之李建邦打傷成廢，經該縣差緝到案，衙役張太和等受贓賣放，該縣並不深究。迨臘月間，該匪等挾讎至該處放火，亦不上緊緝拏，以致日形猖獗等語。回匪結夥持械，傷民放火，必應上緊查拏，隨時懲辦。若任聽胥役等庇凶漁利，有犯不懲，尚復成何事體。著卓秉恬、訥爾經額、陳孚恩，嚴密查拏，按律懲治。如有受賄賣放情弊，即著據實嚴參，毋稍徇縱。原摺鈔給閱看，將此各諭令知之。尋奏：「訊明毆傷李建邦之犯，實係吳可常、劉貴生、張三黑三人，應照例發雲貴、兩廣極邊煙瘴充軍。張得成並未同場共毆，惟從前曾經放羊踐食麥功，亦應照不應重律杖八十。吳可常等並無放火，差役亦無賣放情事。現在嚴飭回民，嗣後牧羊不得過百隻，下部議。」從之。

《宣宗實録》卷 392，頁 1037–1038

道光二十三年（癸卯）九月戊戌日

蠲緩直隸景、安、三河、武清、薊、大城、永清、東安、高陽、河間、阜城、任邱、故城、天津、青、靜海、滄、南皮、鹽山、藁城、元城、大名、南樂、清豐、新河、寧晉、東光二十七州縣被水被雹村莊正雜額賦有差。

《宣宗實録》卷 398，頁 1122

道光二十五年（乙巳）春正月戊辰日

給直隸霸、永清二州縣上年被水災民一月口糧，並緩徵本年新賦。展緩武清、寶坻、薊、寧河、文安、大城、東安、高陽、安、獻、阜城、任邱、景、天津、青、靜海、滄、南皮、鹽山、南和、平鄉、鉅鹿、磁、雞澤、大名、南樂、清豐、玉田、寧晉、隆平、南宮三十一州縣及津軍廳舊賦。

《宣宗實録》卷 413，頁 183–184

道光二十八年（戊申）冬十月辛丑朔日

賑直隸通、武清、寶坻、香河、寧河、天津、靜海七州縣災民。蠲緩通、武清、寶坻、香河、寧河、天津、靜海、博野、固安、臨榆、定興、故城、曲周、景、灤、阜城、元城、吳橋、寧晉、永年、三河、薊、青、豐潤、慶雲、玉田、鹽山、霸、文安、大城、東安、順義、懷柔、密雲、樂亭、安、雄、河間、獻、任邱、滄、南皮、雞澤、大名、南樂、清豐、新河、邯鄲、成安、肥鄉、廣平、磁五十二州縣被水被雹村莊新舊額賦有差。

《宣宗實録》卷460，頁802–803

道光二十八年（戊申）十二月丙午日

加賑直隸通、武清、寶坻、香河、寧河、天津、靜海、三河、薊、青、鹽山、慶雲、豐潤、玉田十四州縣災民，並緩徵道光二十九年額賦。展緩霸、文安、大城、東安、順義、懷柔、密雲、樂亭、安、雄、河間、獻、任邱、滄、南皮、雞澤、大名、南樂、清豐、新河、永年、邯鄲、成安、肥鄉、廣平、磁二十六州縣歷年帶徵正雜額賦。

《宣宗實録》卷462，頁830

道光三十年（庚戌）春正月戊戌日

緩徵直隸青、靜海、武清、薊、文安、大城、灤、盧龍、遷安、樂亭、蠡、雄、安、高陽、河間、任邱、滄、南皮、鹽山、慶雲、藁城、永年、邯鄲、成安、肥鄉、廣平、雞澤、磁、元城、大名、清豐、宣化、懷來、玉田、曲周三十五州縣上年被水村莊新舊額賦。

《宣宗實録》卷476，頁989

道光三十年（庚戌）十二月乙酉日

緩徵直隸永清、東安、安肅、安、高陽、慶雲六州縣被災村莊次年新賦，並展緩三河、武清、薊、霸、保定、大城、蠡、雄、河間、獻、任邱、天津、靜海、滄、南皮、鹽山、雞澤、大名、龍門、玉田、淶水、隆平、成安、廣平、永年、邯鄲二十六州縣舊欠額賦。

《文宗實録》卷 24，頁 355

《大清文宗顯皇帝實録》

（咸豐元年至咸豐十一年　公元 1851–1861 年）

咸豐元年（辛亥）九月辛巳日

蠲緩直隸高陽、安、武清、大城、永清、天津、滄、南皮、鹽山、慶雲、晉、平鄉、永年、邯鄲、雞澤、清豐、懷來、霸、雄、河間、靜海、藁城、元城、保安、定、清河二十七州縣被水被雹村莊新舊額賦。

《文宗實録》卷 45，頁 614

咸豐二年（壬子）春正月癸丑日

緩徵直隸任邱、固安、高陽、武清、薊、大城、永清、天津、滄、南皮、鹽山、慶雲、晉、平鄉、永年、邯鄲、雞澤、大名、清豐、懷來、霸、雄、河間、靜海、藁城、開、元城、保安、定二十九州縣上年被水被雹村莊新舊額賦，並給任邱、固安、高陽三縣被水災民口糧有差。

《文宗實録》卷51，頁683

咸豐三年（癸丑）春正月丁未日

賑直隸保定、景二州縣被水災民一月口糧。展緩薊、安、保定、景、高陽、阜城、東光、天津、青、靜海、鹽山、慶雲、武清、寧河、霸、大城、灤、獻、任邱、吳橋、滄、南皮、晉、唐山、任、永年、邯鄲、雞澤、磁、元城、大名、南樂、清豐、衡水、雄、束鹿、隆平、武邑、深、武強、平鄉四十一州縣被水村莊新舊額賦，並津軍廳葦漁等課。

《文宗實録》卷81，頁1

咸豐三年（癸丑）冬十月戊寅日

諭軍機大臣等：「勝保奏，連日催兵未到，西北未能合圍一摺。覽奏，曷勝焦急。據稱，連日布置，堵截該逆回竄之路，並派總兵經文岱，帶兵由王家口繞赴天津，調取炮船圍剿，並飛調多爾濟那木凱，馳赴楊芬港張莊一帶，聽候調撥。達洪阿赴天津，隨同合剿，並調慶祺，馳赴王家口駐劄，以扼其西竄文安、大城之路。多爾濟、那木凱、達洪阿，迄今並無資訊等語。現在賊踞靜海縣城，亟須四面圍攻，以為一鼓殲除之計。昨有旨，諭令僧格林沁催多爾濟、那木凱、達洪阿，帶兵前赴天津，聽候勝保調遣。該員等帶兵行走，何以如此遲緩？當此事機萬分吃緊之時，豈無天良若是。著僧格林沁傳旨飛催，毋得再有遲延，致干重咎，並將該員等何日抵津，迅速奏報。又據順天府奏，武清縣詳報，盤獲逆匪胡群等，供出逆夥王得等，均往西南逃走等語。該大臣即嚴飭軍營地方文武員弁，一體嚴拏，毋稍疏縱。勝保摺並順天府摺，均著鈔給閱看。將此由六百里加緊諭令知之。」

《文宗實録》卷108，頁664

咸豐三年（癸丑）十一月己未日

又諭：「給事中賈世行奏，捕役句結土匪，肆行搶劫一摺。據稱，本月十三日夜，有土匪百餘人，在夏店、煙郊等處，連劫數家，搶奪銀物。由通州東門外土壩過河，適遇練勇跟追，拏獲多名。經練局訊明，内有通州捕頭、散役及三河、寶坻官人等語。捕役勾結土匪，在近畿搶劫，實屬瞀不畏法。著順天府迅即嚴飭通永道，親提該犯等，嚴行審訊。如果屬實，即將該犯等不分首從，概行正法，並將逸犯勒限嚴拏，盡數弋獲，毋許一名漏網。又據朱鳳標奏，京東有重兵駐守，其大城、文安、霸州、固安、涿州、良鄉、房山、昌平、順義、三河等處，均係進京要路。至内城保甲，亦未編查。所有各州縣寺廟客寓，及京城内外庵、觀、飯堂、車廠，及雜院居戶，難保無窩奸之處。並著順天府迅飭各該管官，一體認真嚴查，以杜奸宄而靖閭閻。賈世行摺並朱鳳標片，均著鈔給閱看。將此諭令知之。」

《文宗實録》卷 112，頁 749

咸豐三年（癸丑）十一月己未日

又諭：「本日據朱鳳標奏，京東現有重兵駐守，奸匪每由西北一帶進京。近畿州縣如大城、文安、霸州、雄縣、固安、涿州、良鄉、房山、昌平、順義、三河等處，應飭編查保甲，嚴密稽察等語。著桂良迅即嚴飭各屬，於衝要處所，認真盤緝，毋稍疏懈。凡寺廟、客寓、飯鋪等處，均宜一體嚴查，如有來歷不明，形跡可疑之人，迅即捕拏究辦，並將容留之鋪戶，一併嚴懲，以靖奸宄。將此諭令知之。」

《文宗實録》卷 112，頁 749

咸豐四年（甲寅）正月庚戌日

又諭：「前因靜海逆匪，竄撲東河頭等處地方，諭令僧格林沁，帶兵徑赴王家口、霸台一帶攻剿。昨據勝保奏，該大臣於初六日至王家口，而僧格林沁並未奏報。本日據勝保等奏，督兵攻克獨流，逆匪向西南潰竄。又稱，賊踞東河頭，直通子牙鎮，該處西通大城，南通青縣。勝保於初六日已令瑞昌馳往堵剿，初九日接僧格林沁咨，令瑞昌劄營王家口以南，不必往子牙鎮各等語。官兵克復獨流，逆匪紛竄西南一帶，尚無定向。子牙鎮為糧米所聚，若竄踞該處，又成負嵎之勢，剿辦更難得手。勝保既令瑞昌帶兵前往堵剿，何以僧格林沁竟行截留，遲至三日始行咨明勝保？實屬不知緩急。該大臣與勝保共辦一事，當此軍情萬分吃緊，自應合力同心，統籌全局，豈可堅執意見，致令掣肘。就目下賊情而論，王慶坨仍係西北要隘，布彥泰病尚未痊，一時尚難前往。著僧格林沁，即行折回王慶坨，探賊所向，實力堵剿。所有瑞昌、那敷德、史榮椿及僧格林沁，帶赴王家口各官兵，均著交勝保調遣，以備攻剿。如僧格林沁此時尚未赴王家口，亦即將前此奏明帶往之兵一千餘名，迅交勝保調撥，毋許擅留，再有貽誤。至培成、伊勒東阿所帶官兵，仍歸僧格林沁統帶。逆匪潰竄，志在狂奔，務當偵探明確，相機截剿。兵貴神速，最忌牽制，該大臣屢奉諭旨，遲回不決，已失事機，若再有延誤，恐不能當此重罪也。將此由六百里加緊諭令知之。」

《文宗實録》卷118，頁17–18

咸豐四年（甲寅）正月壬子日

諭軍機大臣等：「據奉命大將軍惠親王並恭親王奕訢，將勝保、德勒克色楞、瑞麟信函二件呈覽，知靜海獨流逆匪，全股西竄。僧格林沁已馳抵大城與賊接仗，勝保疾趨霸州遏其北竄。該大臣等奉旨剿賊，日久無功，致令乘虛奔突，即將該大臣等以軍法從事，亦不足惜。惟畿輔近地，事機緊急，該大臣等果稍有天良，必當趁該逆奔竄未定之時，盡力堵禦，迅速剿除，以贖罪戾。現已諭知僧格林沁，即由文安、大城一帶，督兵截擊，不得令該逆更向西南紛擾，尤不可任令北竄。勝保意在由北而南，迎頭截剿，徑赴霸州。但自大城而西北，尚隔保定、任邱等縣及東西淀、會同河，若令過河而西，將更不可收拾。本日已命大將軍等，將東路三營，即日移劄東安、固安、涿州為黃村前敵。著德勒克色楞於奉到諭旨，即行揀帶精鋭官兵一千名，兼程馳往固安，駐劄防守。所有黃村、東安、固安、涿州、通州、盧溝橋等處官兵，統歸德勒克色楞節制。其餘該貝子所帶各兵，統交瑞麟管帶，隨同勝保，前往迎剿。該大臣可以無須兼顧北路，即刻督兵向南扼賊竄路，極力截殺，與僧格林沁隨時知照，為夾擊之計。萬不許令該逆再有佔踞地方，或竟敢窺伺保定省垣。該處為京師遮罩，財物充阜，尤不可稍有疏虞。勝保當探明賊蹤，迅督各路官軍層層布置，迎擊兜剿，不得更以積冰積水為詞，稍事迂緩。仍與僧格林沁、德勒克色楞、西淩阿、善祿、桂良，時相知照，密籌防禦。該大臣等負罪已深，此次暫勿加譴，若再不將該逆悉數埽除，但有一處蔓延，必將該大臣等就地正法，勿謂寬典可冀幸邀也。仍將進兵機宜，及賊情如何，星速由驛馳奏。軍情緊急，一切奏報，不必拘泥繕寫楷書，總以據實迅奏為要。將此由六百里加緊諭知勝保、德勒克色楞並諭西淩阿、善祿、瑞麟知之。」

《文宗實録》卷 118，頁 22–23

咸豐四年（甲寅）閏七月丁丑日

蠲緩直隸河間、阜城、獻、交河、大城、天津、東鹿、邢台、南和、唐山、無極十一縣被擾村莊新舊額賦。賑獻、交河、天津、河間、阜城五縣災民。

《文宗實録》卷 139，頁 442

咸豐五年（乙卯）十二月丙申日

蠲緩直隸開、東明、長垣、保定、吳橋、東光、寶坻、寧河、新城、雄、安、高陽、天津、靜海、豐潤、玉田、武清、薊、霸、文安、大城、永清、東安、安肅、蠡、束鹿、河間、獻、任邱、景、青、滄、南皮、鹽山、慶雲、晉、南和、平鄉、廣宗、鉅鹿、任、永年、邯鄲、曲周、廣平、雞澤、磁、元城、大名、南樂、清豐、南宮、武邑、衡水、隆平、寧晉、深、武強五十八州縣被水、被雹村莊新舊額賦，並各項旗租有差。

《文宗實録》卷185，頁1071

咸豐六年（丙辰）十月己酉日

蠲緩直隸通、武清、寶坻、寧河、順義、雄、安、高陽、東光、天津、廣平、磁、玉田、三河、薊、香河、霸、文安、大城、灤、安肅、定興、蠡、束鹿、獻、肅寧、任邱、景、吳橋、青、靜海、滄、南皮、鹽山、慶雲、正定、晉、南和、平鄉、廣宗、永年、邯鄲、成安、肥鄉、曲周、雞澤、元城、大名、南樂、清豐、豐潤、南宮、武邑、衡水、深、武強、定五十七州縣被水、被旱、被蝗村莊本年額賦，暨河淤海防經費攤徵有差，並減免差徭。

《文宗實録》卷210，頁321

咸豐七年（丁巳）春正月丁巳日

緩徵直隸宛平、保定、固安、永清、東安、開、東明、長垣、通、武清、寶坻、寧河、順義、新城、雄、安、高陽、東光、天津、廣平、磁、玉田、三河、薊、香河、霸、文安、大城、灤、安肅、定興、蠡、束鹿、獻、肅寧、任邱、景、吳橋、青、靜海、滄、南皮、鹽山、慶雲、正定、晉、南和、平鄉、廣宗、永年、邯鄲、成安、肥鄉、曲周、雞澤、元城、大名、南樂、清豐、豐潤、南宮、武邑、衡水、深、武強、定六十六州縣被水、被旱歉收村莊新舊額賦。給宛平、固安、永清、東明、長垣、保定、東安、開八州縣旗民口糧有差。

《文宗實録》卷 217，頁 398

咸豐九年（己未）六月甲辰日

諭内閣：「張祥河等奏，請將節次扣留兵車過站之知縣撤任查訊一摺。順天府屬大城縣知縣高驤雲於吉林官兵過境時，扣留上站靜海縣大車七十餘輛，經該督記過後，並不知悔改。現據直隸委員查明，該員四次扣留過站，計共車二百數十輛之多，以致後起官兵，無車難進，實屬取巧玩誤。並訪有該員家丁趙姓、任姓通同舞弊，賣放兵車情事。高驤雲著即撤任，交恒福飭令天津府知府，提同該員家丁等，嚴行審訊，並將通同舞弊情事訊明，從嚴懲辦，以儆效尤。」

《文宗實録》卷 285，頁 175–176

咸豐十年（庚申）五月甲辰日

又諭：「有人奏，順天府屬大城縣知縣陳鸞，賦性貪鄙，舉動乖張，前署良鄉縣任内，聲名已屬平常，及補大城縣缺，更復不修簠簋。到任之始，即請地方商民富戶至署飲酒，索借錢財。本年閏三月間，為其妾作壽，復向鹽當商人，派令出銀若干兩，以為壽禮。於詞訟案件，並不細心推鞫，惟恣意濫刑，欲藉立威，意存需索。如遇稍為殷實之戶有詞到官，即罰令出錢，託名充公，實飽私囊，稍不如意，押責隨加，生監衿耆亦難倖免，以致民怨沸騰，輿情不洽，請飭查辦等語。知縣為親民之官，豈容貪鄙劣員，肥己營私，肆行無忌。著張祥河等，按照原奏據實確查，嚴參懲辦，以儆貪劣而肅官方，毋得稍有徇隱，原摺著鈔給閱看。將此諭令知之。」

《文宗實録》卷 319，頁 694

《大清穆宗毅皇帝實録》

（同治元年至同治十二年　公元 1862–1873 年）

同治元年（壬戌）五月戊子日

諭內閣：「文煜奏京控案內要證，請飭部員速具親供，並交出人證，歸案質訊一摺。直隸大城縣民人李雲碌等，京控署知縣楊昌江，藉差苛派，縱容門役，濫刑監禁一案。經文煜派員提訊，王平即王一清，供稱同族王鑾坡有堂叔刑部主事王樹玉與兵部郎中鄧天福，在籍辦團。上年秋間，奉派差務，王樹玉與鄧天福之兄鄧天一，懇該署縣減免未允，王鑾坡煽惑東鄉村眾，聯名赴京呈控，皆由王樹玉等暗中主使。王鑾坡等屢次催提未到，以致案懸莫結。紳士居鄉，依勢抗差，主使京控，如果屬實，情殊可惡。惟該縣令有無苛派濫刑各節，亦必須質訊明確，方足以昭平允。著刑部迅飭主事王樹玉備具親供，咨送該督覈辦。並著兵部飭令郎中鄧天福，將伊兄鄧天一作速交出，遞送直隸省城，交文煜歸案質訊。並著文煜迅飭該署縣楊昌江赴省，將被控各情逐一查詢，有無辦理未協，不准僅聽一面之詞，意存回護。並嚴提王鑾坡等務獲解省，歸案質訊，以昭覈實而免宕延。」

《穆宗實録》卷27，頁735-736

同治元年（壬戌）五月己酉日

又諭：「前因文煜奏直隸大城縣民人李雲祿等，京控署知縣楊昌江濫刑苛派，訊係刑部候補主事王樹玉等在籍辦團，懇求該署縣減免差務未允，王樹玉主使京控等情，當降旨令刑部取具王樹玉親供，並令兵部飭郎中鄧天福將伊兄鄧天一交出，遞送文煜。即著文煜將楊昌江被控各情，逐一查詢。茲據御史佛爾國春奏，外省凡遇交審之件，均派員審辦，恐意存回護，請將此案交刑部審擬等語。案關地方州縣濫刑苛派，牽涉京員倚勢抗差。主使京控，情節較重。儻派審委員意存瞻徇，袒護同官，殊不足以昭平允，何以杜刁健而儆官邪？此案著改交刑部提集卷宗，並案內應審要證，秉公研審確情，按律定擬具奏，務期毋枉毋縱，以成信讞。」尋奏：「楊昌江訊無濫刑苛派等事，惟於保長派差增價，毫無覺察。王樹玉訊無倚勢抗差，主使京控各情，惟辦理鄉團，擅以免差為詞，致釀訟端，均請交部議處。鄧天一居中調處，訊無唆訟情事，應毋庸議。」從之。

《穆宗實録》卷29，頁791

同治二年（癸亥）五月丙午朔日

又據御史富稼奏，風聞直隸大城縣有總保長名目，包辦合邑差徭，從中侵肥欺索，請飭詳查懲辦等語。著劉長佑逐一查察，如各州縣實有前項情弊，速行裁汰，並將該地方官嚴參懲辦。原摺著鈔給劉長佑閲看。將此由六百里各諭令知之。」

《穆宗實録》卷66，頁314

同治二年（癸亥）九月壬戌日

又諭：「有人奏請嚴緝匪徒，以靖地方一摺。據稱河間以北，屢有騎馬盜賊搶劫之案，不可枚舉。任邱、大城、河間三縣，著名棍匪孫幅等，句通各該縣班役，傷害良民，各踞巢穴，蔓延三縣，請飭嚴拏等語。畿南重地，該匪等膽敢糾眾釀亂，串通蠹役，擾害地方，無怪近畿各處搶劫之案，層見疊出。該地方官平日隱忍徇庇，漫不關心，蔓延日久，必至釀成巨患。著劉長佑迅派明干妥員，按照摺內所指首夥匪犯姓名，會同各該地方官設法購綫，嚴密查拏，務期悉數弋獲，盡治懲治，毋任一名漏網，以清奸宄而靖地方。原摺著鈔給閲看。將此諭令知之。」

《穆宗實録》卷79，頁622

同治二年（癸亥）十一月丙辰日

諭議政王軍機大臣等：「有人奏土匪窩藏賊盜，請旨飭拏一摺。據稱，風聞順天府大城縣土匪李玉峰，與弟李五，素稱無賴。咸豐三年，賊竄大城白楊橋一帶，李玉峰同弟李五乘機句結棍徒，四鄉搶掠，被官兵砍去左耳。近復招集亡命，嘯聚多人，結黨橫行，與騎馬賊交結往來，坐地分贓，並有蠹棍吳慶雲代為夤緣。該縣捕役得贓，為之包庇等語。土匪窩藏賊盜，通同蠹役，大為民害，亟應捕除，以靖地方。著萬青藜、卞寶第、劉長佑，按照摺內所指盜賊衙役各姓名，派員密捕務獲，按律懲辦，毋任遠揚，以清盜源而重捕務。原摺均著鈔給閱看。將此各諭令知之。」

《穆宗實録》卷85，頁768

同治六年（丁卯）八月戊戌日

諭軍機大臣等：「劉長佑奏，官軍會剿獲勝，現籌分布情形。穆騰阿奏續探情形，追剿分布，並派隊彈壓文安、大城各摺片。該匪現已竄向西南任邱、高陽一帶，著劉長佑、穆騰阿督飭保定、河間兩軍並佘承恩等跟蹤緊追，務將此股速行殄滅，以靖畿輔。如匪蹤已渡滹沱迤南，即責成劉長佑酌派兵勇，扼紮河干，一面飭沿河地方文武，聯絡鄉團，嚴密扼守，毋任賊騎往來偷渡；一面派隊分投追剿。該督所稱京兵宜於堵截，不宜南北奔走，跟蹤追逐，致褻威重等語。所籌不為無見，此股賊蹤如已遠竄，即著穆騰阿回駐近畿一帶，將所部京兵於大城、文安、任邱、雄縣各屬，擇要分駐扼紮，詳細偵探。儻遇賊匪回竄，刻即迎擊，以恤兵力而養軍威。劉長佑惟當嚴督直省兵勇，專力追截，仍酌撥數營，隨同穆騰阿分布駐紮，以資周密。文安、大城既有匪徒勾結梟匪情事，即著穆騰阿飭令派往之阿克敦、孝順就近彈壓，劉長佑飭令該地方官嚴密查拏。靜海、滄州一帶，著崇厚撥隊分紮堵剿，毋稍疏忽。將此由五百里各諭令知之。」

《穆宗實録》卷210，頁724

同治六年（丁卯）八月戊申日

諭軍機大臣等：「崇厚奏，賊匪北竄大城，派員會剿獲勝一摺。梟匪由晉州竄至任邱、大城一帶，經崇厚派令都司鄭明保等帶兵會剿，追至馮二莊地方。鄭明保督隊施放槍炮，傷斃賊匪數十名，又轟斃賊目一名，餘賊向南狂奔，剿辦尚屬得手。著即檄飭鄭明保等乘此聲威，會同各該地方官，並知會各處鄉團，協力剿賊，毋任蔓延。此股賊匪，前據劉長佑奏稱，僅賸百餘名，此次復傷斃數十名，賊數已屬無多，何難迅行翦滅？直省軍務是劉長佑專責，該督務當振刷精神，嚴飭劉景芳、余承恩各軍及各州縣兵勇，認真兜擊，悉數殲除，不得率聽屬員掩飾，致逆氛紛擾畿疆，頻煩兵力。穆騰阿現紮任邱，與大城、文安等處相距不遠。著懍遵疊次諭旨，督率所部，擇要分紮，以遏賊蹤。仍隨時知照劉長佑、崇厚妥籌辦理。將此由四百里各諭令知之。」

《穆宗實録》卷210，頁733–734

同治六年（丁卯）十二月乙酉日

蠲緩直隸通、三河、武清、寶坻、香河、寧河、霸、保定、固安、永清、宛平、房山、天津、青、靜海、滄、豐潤、薊、順義、清苑、新城、玉田、東安、雄、文安、大城、隆平、良鄉、涿、灤、盧龍、昌黎、安肅、完、定興、容城、束鹿、安、南皮、鹽山、慶雲、廣宗、永年、雞澤、元城、大名、懷來、淶水、深、定、衡水、昌平、蠡、高陽、阜城、南樂、清豐、宣化、深澤、磁、晉六十一州縣被旱地方新舊額賦雜課，並民借倉穀有差。

《穆宗實録》卷 218，頁 860

同治六年（丁卯）十二月壬辰日

諭内閣：「崇厚奏請飭順天直隸各屬舉行團練等語。團練一事，實仿堅壁清野之法，聯絡民心，以補兵力之不逮。乃梟匪倡亂以來，如大城、南皮兩縣之能辦團協剿者，甚屬寥寥，可見各州縣平日於團練要務，漠不關心，以致賊騎縱横，生民荼毒，殊堪痛恨。所有辦團著有成效之大城縣知縣彭瑞麟、南皮縣知縣武士選，均著交部議敘。其餘各州縣及該管營汛，經梟匪竄擾，不能率團禦賊、綏靖閭閻者，即著官文嚴查懲辦。嗣後各該地方文武紳民，有能始終不懈保衛地方者，准與直隸總督等隨時分别獎勵。如各州縣營汛員弁，仍前玩泄，致令安靜地方，突有匪徒滋事，及窩藏逸匪者，即著各該管上司據實糾參，將該州縣營汛各官從嚴懲辦，該管上司亦不准扶同掩飾，以副朝廷除莠安良之意。」

《穆宗實録》卷 219，頁 870

同治七年（戊辰）二月癸未日

又諭：「左宗棠奏，總統各軍，籌剿捻逆一摺。所陳三路進兵，並令各軍互相知會，聯絡聲勢，為步步進逼之計，布置頗合機宜。惟賊勢現由祁、定、高陽，分擾任邱、河間，意在東撲天津。昨已諭令官文於潘鼎新、程文炳兩軍内，揀派得力之軍，馳赴雄縣、任邱、大城等處分紮扼截東北矣。丁寶楨現駐河間，楊飛熊、陳濟清等分紮鄚州、任邱。其河間以南阜城、景、德等處，尚覺空虛，賊騎避兵繞竄，蹈隙乘虛，是其慣技。左宗棠現駐正定，距前敵較遠，應行移紮何處，並如何調撥各軍扼截，或分路進兜，以剿為防，杜賊竄津並紛竄東北之處，均著該大臣懔遵昨日諭旨，相度機宜，酌量辦理。將此由六百里諭令知之。」

《穆宗實録》卷 224，頁 54–55

同治七年（戊辰）夏四月甲申日

諭軍機大臣等：「恭親王等奏，捻趨南皮，東路防務吃重，擬將京兵酌量調撥。崇厚奏，津防吃緊，調軍會合防剿，並續奏賊撲靜海，迎剿獲勝，津郡情形萬急各一摺。捻逆大股，由南皮竄至靜海，雖經陳濟清擊退，而該逆繞赴東北，距津十二里之稍直口，已見邊馬，津防情形，萬分吃緊。況刻下漕船連檣北上，正在驗收轉運之際，天庾正供，尤關緊要。著崇厚就現有兵力，分路防剿，並知會英國、法國炮船，將濠牆協同守禦，以固津防。且恐該逆繞赴北路，窺伺京畿，李鴻章務當懔遵前旨，迅赴北路扼要駐紮，相機調度。郭松林、楊鼎勳、潘鼎新等軍，早抵德州，距南皮甚近，何以此時尚未繞出賊前，會同剿洗，實屬意存觀望。著李鴻章嚴飭星馳前進，一面將該將領等遲延之處，據實參奏，斷不准稍涉徇隱。左宗棠即由西南一路，督軍馳赴東北，以衛畿疆。王正起、王心安、莫組紳等軍，著丁寶楨飭令迅赴河間等處，嚴密防堵扼賊紛竄之路。皖軍程文炳、牛師韓、方長華等，豫軍張曜、宋慶等，並善慶、温德勒克西暨春壽等馬隊，此時均行抵何處？何以未見繞入直境，迎頭截擊？著李鴻章嚴檄催提，合力兜剿，免致賊勢紛馳，益難收拾。北路空虛，亟應添兵扼守，著恩承酌量情形，覘賊所向，擇地扼紮，以固京師門戶。其所派防守任邱之兩翼驍騎營馬隊，應否移紮文安，與駐守大城之兵聯絡聲援之處，並著該侍郎酌度辦理。玉亮等軍及河西務等處，均著照恭親王等所擬，妥籌布置。香河、寶坻、寧河等處，亦形空虛，尤應統籌兼顧。著官文酌撥兵勇，實力防維，並著萬青藜、王榕吉督飭各該縣民團，協同守禦，保衛地方，毋令匪蹤蔓及。劉祺所部，官文即飭令趕緊移赴河間、任邱以北，會合恩承等軍，嚴防直境，毋稍疏懈，將此諭知順天府，並由六百里加緊各諭令知之。」

《穆宗實録》卷 228，頁 143–144

同治八年（己巳）十一月辛未日

蠲緩直隸開、東明、長垣、安平、武清、廣平、元城、豐潤、霸、文安、大城、固安、永清、東安、昌平、清苑、滿城、完、雄、束鹿、安、河間、獻、阜城、任邱、天津、青、靜海、滄、南皮、鹽山、慶雲、贊皇、邢台、平鄉、廣宗、鉅鹿、永年、邯鄲、成安、肥鄉、曲周、雞澤、磁、大名、延慶、蔚、柏鄉、隆平、高邑、臨城、寧晉、深、饒陽、博野、肅寧、無極、趙五十八州縣被水地方新舊額賦，暨各項租課民借倉穀有差。

《穆宗實録》卷 270，頁 744

同治九年（庚午）十月己卯日

蠲緩直隸霸、高陽、天津、滄、青、靜海、元城、大名、通、武清、寶坻、薊、香河、保定、文安、大城、新城、蠡、雄、安、河間、獻、東光、景、任邱、平鄉、鉅鹿、永年、曲周、雞澤、威、隆平、寧晉、深、錫陽、安平、三河、博野、任、肥鄉四十州縣被水、被旱、被雹、被蟲地方新舊額賦租課暨民借倉穀有差。

《穆宗實録》卷 293，頁 1055

同治十年（辛未）十一月丁亥朔日

蠲緩直隸開、東明、長垣、通、武清、香河、清苑、安肅、蠡、元城、大名、灤、玉田、完、景、成安、曲陽、三河、樂亭、定興、博野、容城、祁、束鹿、阜城、肅寧、正定、晉、無極、藁城、沙河、南和、平鄉、廣宗、鉅鹿、任、永年、邯鄲、廣平、雞澤、清河、磁、趙、隆平、寧晉、深、武強、饒陽、深澤、武邑、新樂、寶坻、寧河、霸、保定、文安、大城、固安、永清、東安、大興、宛平、良鄉、房山、涿、新城、雄、安、高陽、河間、獻、任邱、交河、吳橋、東光、天津、青、靜海、滄、南皮、鹽山、唐山、豐潤、安平八十四州縣被水地方新舊額賦有差，並減免差徭。

《穆宗實録》卷 323，頁 268

同治十二年（癸酉）冬十月庚寅日

蠲緩直隸宛平、良鄉、涿、灤、清苑、安肅、新城、蠡、吳橋、鹽山、元城、大名、豐潤、玉田、安平、房山、樂亭、博野、祁、阜城、肅寧、故城、南皮、無極、藁城、雞澤、清河、南樂、清豐、武強、饒陽、深澤、容城、通、三河、武清、薊、香河、寧河、霸、保定、文安、大城、固安、永清、東安、順義、懷柔、雄、高陽、安、河間、獻、任邱、交河、景、東光、天津、青、靜海、滄、定、開、長垣、東明六十五州縣被水、被雹地方新舊額賦暨倉穀雜課有差。

《穆宗實録》卷 358，頁 738

《大清德宗景皇帝實録》

（光緒元年至光緒三十二年 公元 1875–1906 年）

光緒元年（乙亥）春正月庚子日

緩徵直隸雄、高陽、任邱、定、寶坻、薊、霸、安、河間、開、東明、長垣、大名、元城、豐潤、安平、通、三河、武清、香河、保定、文安、大城、固安、永清、灤、欒亭、清苑、安肅、新城、蠡、獻、肅寧、天津、青、靜海、滄、南皮、鹽山、慶雲、無極、藁城、沙河、雞澤、清河、玉田、饒陽、深澤四十八州縣歉收村莊糧賦地租，并原貸倉穀。

《德宗實録》卷 3，頁 105

光緒二年（丙子）春正月癸巳朔日

緩徵直隸霸、文安、大城、良鄉、新城、雄、安、高陽、任邱、天津、靜海、開、元城、大名、東明、長垣、豐潤、安平、通、武清、香河、保定、清苑、安肅、蠡、河間、獻、肅寧、東光、青、滄、南皮、鹽山、無極、沙河、南和、任、雞澤、遵化、武邑、武強、饒陽、深澤四十三州縣被災歉收村莊本年春徵新賦正雜糧租，並展緩原貸倉穀有差。

《德宗實録》卷25，頁371

光緒二年（丙子）冬十月庚戌日

蠲緩直隸博野、蠡、雄、祁、安、高陽、河間、任邱、東光、南皮、慶雲、定、深澤、通、寶坻、薊、吳橋、景、天津、青、靜海、滄、鹽山、元城、大名、遵化、豐潤、安平、武清、寧河、霸、文安、大成、灤、清苑、安肅、阜城、肅寧、交河、無極、藁城、南河、平鄉、任、永年、邯鄲、曲周、廣平、雞澤、清河、磁、南樂、懷安、玉田、武邑、武強、饒陽、香河五十八州縣被旱、被水、被雹、被潮、被霜、被風地方新舊糧租，並減免差徭有差。

《德宗實録》卷41，頁591

光緒三年（丁丑）春正月戊午日

緩徵直隸通、寶坻、薊、博野、蠡、雄、祁、安、高陽、河間、任邱、景、吳橋、東光、天津、青、靜海、滄、南皮、鹽山、慶雲、開、元城、大名、東明、長垣、遵化、豐潤、安平、定、深澤三十一州縣被災地方春徵新賦正雜糧租。武清、香河、寧河、霸、文安、大城、灤、遷安、清苑、安肅、獻、阜城、肅寧、交河、無極、藁城、南和、平鄉、任、永年、邯鄲、曲周、廣平、雞澤、清河、磁、南樂、懷安、玉田、武邑、武強、饒陽三十二州縣歉收村莊上年糧賦租課，並民借倉穀暨津軍廳葦漁課有差。

《德宗實録》卷 46，頁 639-640

光緒三年（丁丑）十一月丙辰日

蠲緩直隸清苑、完、雄、交河、阜城、肅寧、景、東光、獻、唐、元城、大名、棗強、武邑、定、曲陽、滿城、望都、吳橋、青、靜海、滄、南皮、鹽山、慶雲、新樂、武強、安平、武清、薊、大城、文安、灤、安肅、安、高陽、河間、任邱、故城、寧津、天津、藁城、邢台、沙河、南和、唐山、平鄉、廣宗、鉅鹿、任、永年、邯鄲、廣平、雞澤、磁、南樂、清豐、遵化、豐潤、衡水、寧晉、饒陽、蠡、成安、曲周、新河、開、東明、長垣六十九州縣歉收村莊糧賦，並減免差徭。

《德宗實録》卷 61，頁 845

光緒四年（戊寅）春正月壬子日

緩徵直隸滿城、唐、望都、完、雄、獻、阜城、肅寧、交河、景、吳橋、東光、青、静海、滄、南皮、鹽山、慶雲、行唐、新樂、元城、大名、棗強、武邑、武強、安平、定、曲陽、開、東明、長垣三十一州縣被災歉收村莊本年新賦正雜糧租，暨武清、薊、大城、文安、灤、清苑、安肅、蠡、安、高陽、河間、任邱、故城、寧津、天津、藁城、邢台、沙河、南和、唐山、平鄉、廣宗、鉅鹿、任、永年、邯鄲、成安、曲周、廣平、雞澤、磁、南樂、清豐、遵化、豐潤、新河、衡水、寧晉、饒陽三十九州縣被災歉收村莊舊欠糧租雜課、原貸倉穀等項有差。現月。

《德宗實録》卷 65，頁 1–2

光緒四年（戊寅）三月庚戌日

緩徵直隸唐、完、交河、阜城、景、東光、獻、肅寧、行唐、開、大名、元城、東明、長垣、棗強、武邑、定、曲陽、雄、滿城、望都、新樂、吳橋、青、静海、滄、南皮、鹽山、慶雲、武強、安平、武清、薊、大城、文安、灤、清苑、安肅、蠡、安、高陽、河間、任邱、故城、寧津、天津、藁城、邢台、沙河、南和、唐山、平鄉、廣宗、鉅鹿、任、永年、邯鄲、成安、曲周、廣平、雞澤、磁、南樂、清豐、遵化、豐潤、新河、衡水、寧晉、饒陽等七十州縣上年正雜糧租灶課。

《德宗實録》卷 69，頁 64–65

光緒四年（戊寅）秋七月壬子日

蠲緩直隸阜城、景、交河、河間、獻、東光、寧津、任邱、肅寧、吳橋、故城、唐、完、行唐、武強、棗強、武邑、定、曲陽、清苑、博野、天津、靜海、南皮、鹽山、滄、青、慶雲、平山、靈壽、新樂、鉅鹿、成安、磁、肥鄉、清河、大名、元城、南樂、清豐、東明、長垣、冀、衡水、南宮、新河、臨城、寧晉、東安、寶坻、武清、薊、寧河、文安、大城、滿城、望都、安肅、安、高陽、藁城、欒城、晉、邢台、沙河、南和、唐山、平鄉、廣宗、任、永年、邯鄲、曲周、雞澤、廣平、安平、內邱、井陘七十八州縣被旱地方上忙錢糧，暨順天、保定、正定、河間、天津、順德、廣平、大名、易、趙、深、冀、定十三府州舊賦有差。

《德宗實録》卷 76，頁 166

光緒四年（戊寅）十月丁酉日

蠲緩直隸永清、蠡、雄、高陽、安、武清、東安、河間、獻、天津、南皮、滄、元城、大名、豐潤、安平、寧河、寶坻、大城、灤、清苑、任邱、肅寧、靜海、青、鹽山、沙河、南和、永年、雞澤、南樂、饒陽、深澤、唐山、邯鄲、定三十六州縣本年額賦旗租屯米、穀、豆、灶課、河淤海防、經費、軍餉、地租、出借倉穀等項有差。

《德宗實録》卷 80，頁 225

光緒五年（己卯）春正月丙午日

綏徵直隸永清、東安、武清、蠡、雄、安、高陽、河間、獻、天津、南皮、滄、開、元城、大名、東明、長垣、豐潤、安平、寧河、寶坻、文安、大城、灤、清苑、任邱、肅寧、靜海、青、鹽山、沙河、南和、唐山、任、永年、邯鄲、雞澤、南樂、饒陽、定、深澤、望都四十二州縣災歉村莊本年春徵新賦正雜糧租有差。

《德宗實録》卷 85，頁 294

光緒五年（己卯）十月丙辰日

蠲緩直隸寶坻、薊、香河、霸、保定、文安、大城、涿、雄、高陽、安、任邱、天津、安平、深澤、通、三河、武清、寧河、永清、東安、灤、清苑、新城、河間、獻、肅寧、青、靜海、鹽山、慶雲、新樂、豐潤、玉田、饒陽、定、固安、樂亭、滿城、安肅、博野、望都、容城、蠡、祁、阜城、交河、景、故城、滄、無極、藁城、平鄉、鉅鹿、任、廣平、磁、大名、元城、冀、新河、武邑、衡水、隆平、深六十五州縣被災村莊糧租，暨開、東明、長垣三州縣被水歉收村莊本年額賦雜課有差。

《德宗實録》卷 102，頁 519

光緒六年（庚辰）春正月庚午日

綏徵直隸通、三河、武清、寶坻、薊、香河、寧河、霸、保定、文安、大城、永清、東安、涿、灤、清苑、新城、雄、安、高陽、河間、獻、肅寧、任邱、天津、青、靜海、鹽山、慶雲、新樂、開、東明、長垣、豐潤、玉田、饒陽、安平、定、深澤、固安、樂亭、滿城、安肅、博野、望都、容城、蠡、祁、阜城、交河、景、故城、滄、無極、藁城、平鄉、鉅鹿、任、廣平、磁、大名、元城、冀、新河、武邑、衡水、隆平、深六十八州縣被災地方新舊錢糧租課有差。

《德宗實録》卷 107，頁 575

光緒六年（庚辰）十月癸丑日

蠲緩直隸實坻、霸、保定、文安、東安、新城、雄、任邱、安平、通、武清、大城、高陽、河間、獻、肅寧、天津、鹽山、無極、饒陽、寧河、涿、清苑、滿城、蠡、安、阜城、交河、景、東光、青、南皮、滄、邢台、沙河、南和、唐山、平鄉、廣宗、鉅鹿、内邱、任、永年、邯鄲、成安、肥鄉、廣平、雞澤、磁、元城、大名、南樂、遵化、豐潤、冀、衡水、隆平、深、深澤、靜海六十州縣暨津軍廳被水、被旱、被風雹各村莊額賦，並地租雜課有差。

《德宗實録》卷 122，頁 760

光緒九年（癸未）春正月甲申日

蠲緩直隸通、薊、寧河、文安、大城、灤、新城、雄、安、高陽、獻、任邱、青、靜海、鹽山、無極、開、元城、大名、東明、長垣、豐潤、深、饒陽、安平、曲陽、深澤、張家口、獨石口、武清、霸、保定、固安、永清、清苑、安肅、行唐、望都、蠡、河間、滄、南皮、慶雲、欒城、任、永平、廣平、遵化、棗強、定等五十廳州縣成災村莊應納本年春賦正雜錢糧有差。

《德宗實録》卷158，頁217–218

光緒九年（癸未）冬十月壬戌日

豁免順天直隸通、三河、武清、寶坻、薊、香河、寧河、霸、保定、文安、大城、永清、大興、宛平、涿、順義、懷柔、遷安、盧龍、新城、博野、容城、蠡、雄、安、高陽、河間、獻、阜城、肅寧、任邱、吳橋、東光、天津、青、靜海、南皮、鹽山、新樂、清河、玉田、高邑、深、武強、饒陽、安平、定、深澤四十八州縣被水、被風、被雹、被蟲災重各村莊本年下忙額賦，並地租雜課有差。其災歉較輕之固安、東安、良鄉、房山、灤、欒亭、清苑、定興、交河、滄、無極、沙河、廣宗、元城、大名、南樂、清豐、豐潤、冀、武邑、密雲、昌黎、安肅、望都、完、祁、景、故城、慶雲、正定、井陘、欒城、贊皇、晉、藁城、元氏、邢台、南和、唐山、平鄉、鉅鹿、內邱、任、永年、邯鄲、肥鄉、曲周、廣平、雞澤、威、磁、新河、衡水、趙、柏鄉、隆平、棗強、臨城、曲陽、滿城、寧晉六十一州縣，暨開、東明、長垣三州縣濱河村莊錢糧，均分別蠲緩有差。

《德宗實録》卷172，頁398

光緒九年（癸未）十二月癸丑日

蠲緩直隸通、三河、武清、香河、青、靜海、滄、南皮、薊、文安、大城、遷安、博野、蠡、河間、獻、阜城、肅寧、任邱、無極、新樂、武邑、深、饒陽、安平、定、深澤、望都、祁、景、故城、正定、晉、藁城、唐山、任、隆平三十七州縣被災歉收地方錢糧，並分別免徵帶徵有差。

《德宗實録》卷175，頁441

光緒十年（甲申）春正月庚子日

緩徵直隸薊、文安、大城、遷安、博野、蠡、河間、獻、阜城、肅寧、任邱、青、靜海、無極、新樂、武邑、深、饒陽、安平、定、深澤、望都、祁、景、故城、正定、晉、藁城、唐山、任、隆平三十一州縣災歉地方應徵新舊糧銀有差。

《德宗實録》卷177頁473

光緒十年（甲申）十一月戊申日

蠲緩順天直隸通、武清、寶坻、薊、保定、寧河、文安、大城、東安、雄、安、高陽、河間、獻、天津、青、靜海、鹽山、新樂、懷來、豐潤、饒陽、安平、深澤、任邱、南皮、安肅、玉田、元城、大名、滄、保安、宣化、深三十四州縣，暨津軍廳坐落地畝被水、被雹、被蟲、被旱地方應徵錢糧租課。

光緒十一年（乙酉）春正月壬寅日

蠲緩直隸通、武清、寶坻、薊、寧河、霸、保定、文安、大城、東安、雄、安、高陽、河間、獻、天津、青、靜海、鹽山、新樂、開、東明、長垣、懷來、豐潤、饒陽、安平、深澤、安肅、任邱、滄、南皮、元城、大名、保安、宣化、玉田、深三十八州縣上年被災地方新舊租課暨民借倉穀有差。

《德宗實録》卷 197，頁 803

光緒十三年（丁亥）春正月庚寅日

蠲緩直隸通、三河、武清、寶坻、薊、香河、寧河、霸、保定、文安、大城、東安、大興、宛平、順義、懷柔、密雲、平谷、灤、盧龍、遷安、昌黎、樂亭、清苑、新城、容城、蠡、雄、安、高陽、河間、獻、肅寧、任邱、吳橋、天津、青、靜海、滄、鹽山、無極、開、東明、長垣、豐潤、玉田、饒陽、安平、深澤、固安、永清、涿、安肅、博野、望都、南皮、晉、永年、元城、大名、深、定六十二州縣被災地方錢糧，並春賦旗租有差。

《德宗實録》卷 238，頁 197

光緒十三年（丁亥）冬十月壬寅日

蠲豁順直秋禾被水災重之通、三河、武清、寶坻、薊、香河、寧河、霸、保定、文安、大城、永清、東安、順義、灤、盧龍、遷安、撫寧、昌黎、樂亭、蠡、雄、高陽、河間、獻、任邱、天津、青、靜海、豐潤、玉田、安平、深澤三十三州縣各地方糧租。其災歉較輕之新城、景、鹽山、元城、大名、饒陽、固安、涿、懷柔、密雲、清苑、安肅、完、吳橋、滄、南皮、無極、邢台、深、武強二十州縣，暨濱臨黃河之開、東明、長垣三州縣糧租，並分別蠲緩。

《德宗實録》卷 248，頁 342

光緒十五年（己丑）冬十月庚寅日

蠲緩直隸開、武清、薊、保定、文安、大城、獻、景、吳橋、東光、天津、青、靜海、鹽山、任、玉田、寧河、霸、安肅、河間、任邱、滄、南皮、慶雲、沙河、南和、唐山、平鄉、鉅鹿、永年、邯鄲、雞澤、元城、大名、南樂、豐潤、隆平三十七州縣災歉村莊，暨開、東明、長垣三州縣低窪地方錢糧租稅有差。

《德宗實録》卷 275，頁 675–676

光緒十六年（庚寅）春正月癸卯日

蠲緩直隸武清、薊、保定、文安、大城、安、獻、景、吳橋、東光、天津、青、靜海、鹽山、任、玉田、開、東明、長垣、寧河、霸、安肅、河間、任邱、滄、南皮、慶雲、沙河、南和、唐山、平鄉、鉅鹿、永平、邯鄲、雞澤、元城、大名、南樂、豐潤、隆平四十州縣被災地方錢糧有差。

《德宗實録》卷280，頁731–732

光緒十六年（庚寅）冬十月辛亥日

蠲緩直隸通、三河、武清、寶坻、薊、香河、寧河、霸、保定、文安、大城、固安、永清、東安、大興、宛平、良鄉、房山、涿、順義、懷柔、密雲、灤、盧龍、遷安、昌黎、樂亭、清苑、安肅、新城、唐、博野、容城、蠡、雄、安、高陽、河間、獻、任邱、交河、吳橋、東光、天津、青、靜海、滄、南皮、鹽山、慶雲、清河、豐潤、玉田、武強、定、開、東明、長垣、平谷、定興、望都、景、故城、無極、南樂、寧晉、深、饒陽、安平、曲陽、深澤、滿城、完、祁、肅寧、藁城、新樂、邢台、沙河、南和、唐山、平鄉、鉅鹿、任、永年、邯鄲、廣平、雞澤、威、元城、大名、清豐、易、淶水、棗強、武邑、衡水、隆平九十八州縣被水村莊丁糧租課有差。

《德宗實録》卷290，頁865

光緒十七年（辛卯）春正月丁卯日

緩徵直隸通、三河、武清、寶坻、薊、香河、寧河、霸、保定、文安、大城、固安、永清、東安、大興、宛平、良鄉、房山、涿、順義、懷柔、密雲、平谷、灤、盧龍、遷安、昌黎、樂亭、清苑、安肅、定興、新城、唐、博野、望都、容城、蠡、雄、安、高陽、河間、獻、任邱、交河、景、故城、吳橋、東光、天津、青、靜海、滄、南皮、鹽山、慶雲、無極、清河、開、南樂、長垣、豐潤、玉田、寧晉、深、武強、饒陽、安平、定、曲陽、深澤、滿城、完、祁、肅寧、藁城、新樂、邢台、沙河、南和、唐山、平鄉、鉅鹿、任、永年、邯鄲、廣平、雞澤、威、元城、大名、清豐、東明、易、淶水、棗強、武邑、衡水、隆平九十八州縣被災村莊新舊額賦雜課有差，並展緩原貸倉穀籽種。

《德宗實録》卷 293，頁 898

光緒十八年（壬辰）六月壬寅日

蠲免順直兩屬通、三河、武清、寶坻、薊、香河、寧河、霸、保定、文安、大城、固安、永清、東安、大興、宛平、良鄉、房山、涿、昌平、順義、懷柔、密雲、平谷、灤、盧龍、遷安、撫寧、樂亭、臨榆、清苑、滿城、安肅、新城、唐、博野、望都、完、蠡、雄、祁、束鹿、安、高陽、河間、獻、阜城、肅寧、任邱、交河、景、故城、吳橋、東光、寧津、天津、青、靜海、滄、南皮、鹽山、慶雲、靈壽、贊皇、晉、無極、藁城、新樂、邢台、沙河、南和、唐山、平鄉、廣宗、鉅鹿、內邱、任、永年、邯鄲、成安、肥鄉、廣平、雞澤、清河、磁、開、元城、大名、南樂、清豐、東明、長垣、延慶、保安、蔚、宣化、萬全、懷安、西寧、懷來、豐潤、玉田、淶水、冀、新河、棗強、武邑、衡水、趙、隆平、高邑、深、武強、饒陽、安平、定、曲陽、深澤、張家口一百十九廳州縣民欠及緩徵帶徵錢糧。

《德宗實録》卷 312，頁 60

光緒十九年（癸巳）九月辛巳日

諭軍機大臣等：「本日據孫家鼐、孫楫奏，文安、大城兩縣士民，因安州匪徒扒隄被淹，來京呈控一摺。並據鴻臚寺卿劉恩溥陳奏，該二縣民人呈訴情形，大略相同。匪徒聚衆挖隄情殊可惡，著李鴻章派委大員馳往該處，查勘確情，嚴拏匪犯，照例懲辦。並籌辦法，詳定章程，不准以鄰為壑，貽害民生。至災民恃衆構訟，儻查有逼勒同行等事，即將為首之人，嚴拏懲辦，以儆刁風。原摺片著分別鈔給閱看。將此各諭令知之。」

《德宗實録》卷 328，頁 209–210

光緒二十年（甲午）十一月丙子日

蠲豁順天、直隸通、三河、武清、寶坻、薊、香河、寧河、霸、保定、文安、大城、永清、東安、大興、宛平、良鄉、懷柔、密雲、平谷、灤、盧龍、遷安、樂亭、昌黎、安肅、博野、蠡、雄、安、高陽、河間、獻、阜城、景、故城、吳橋、天津、靜海、滄、鹽山、清河、清豐、豐潤、玉田、冀、新河、衡水、深、武強、饒陽五十州縣被水災重村莊丁糧租賦。其災歉較輕之涿、撫寧、清苑、新城、唐、任邱、東光、青、南和、平鄉、永年、肥鄉、武邑、寧晉、安平、固安、房山、順義、滿城、定興、望都、容城、完、祁、肅寧、交河、南皮、慶雲、無極、邢台、沙河、唐山、鉅鹿、任、邯鄲、曲周、廣平、雞澤、威、磁、元城、大名、南樂、遵化、棗強、柏鄉、隆平、高邑、深澤四十九州縣正雜各賦，及濱臨黃河之開、東明、長垣三州縣本年錢糧暨出借倉穀，並分別蠲緩。

《德宗實録》卷 353，頁 579

光緒二十一年（乙未）八月辛未日

諭軍機大臣等：「翰林院奏，修撰黃思永呈稱畿輔地方，屢遭水患。本年雨暘時若，而文安、大城、寶坻、玉田等處，積潦之區，仍復不少。推原其故，實由於水害不除，水利不見，請飭廣籌經費，杜絕弊端，為一勞永逸之計等語。畿輔水利，疊經諭令王文韶等設法籌辦，該修撰所稱各節，有無可採，著王文韶、孫家鼐、陳彝酌度情形妥籌辦理，以消水患，而利民生。原摺均著鈔給閱看，將此各諭令知之。」

《德宗實録》卷 374，頁 890–891

光緒二十二年（丙申）春正月丁酉日

蠲緩順直武清、寶坻、寧河、霸、保定、文安、大城、遷安、清苑、雄、安、高陽、河間、獻、阜城、任邱、景、故城、吳橋、天津、青、靜海、滄、鹽山、永年、清河、開、南樂、清豐、東明、長垣、豐潤、玉田、寧晉、深、饒陽、房山、滿城、安肅、博野、東光、南皮、無極、南和、唐山、平鄉、鉅鹿、任、曲周、廣平、雞澤、元城、大名、隆平五十四州縣被水被潮地方糧賦旗租雜課。

《德宗實録》卷 383，頁 2

光緒二十三年（丁酉）春正月壬辰日

緩徵直隸通、武清、寶坻、寧河、霸、保定、文安、大城、永清、東安、大興、宛平、清苑、雄、安、高陽、河間、獻、阜城、東光、天津、青、靜海、滄、南皮、開、東明、長垣、玉田、深、武強、饒陽、香河、安肅、任邱、交河、景、吳橋、鹽山、慶雲、無極、唐山、內邱、任、大名、豐潤、武邑、安平四十八州縣被水地方地丁錢糧，暨各項雜課有差。

《德宗實録》卷400，頁224–225

光緒二十四年（戊戌）十月辛丑日

蠲緩直隸武清、薊、霸、保定、大城、東安、宛平、安、高陽、獻、天津、靜海、豐潤、玉田、饒陽、寧河、文安、永清、清苑、雄、永年、青、武強、寶坻、灤、樂亭、安肅、定興、新城、蠡、河間、任邱、滄、南皮、鹽山、無極、南和、唐山、平鄉、任、邯鄲、肥鄉、曲周、廣平、雞澤、元城、大名、南樂、深四十九州縣被水村莊錢糧旗租糧賦，其開、東明、長垣濱河三州縣糧賦並蠲緩。

《德宗實録》卷432，頁675

光緒二十五年（己亥）春正月庚戌日

展緩順天、直隸武清、薊、寧河、霸、保定、文安、大城、永清、東安、宛平、清苑、雄、安、高陽、獻、天津、青、靜海、永年、開、東明、長垣、豐潤、玉田、武強、饒陽二十六州縣被災各村莊本年春賦，並節年民欠錢糧。

《德宗實録》卷437，頁747

光緒二十七年（辛丑）十二月丁酉日

豁緩直隸通、三河、武清、寶坻、薊、香河、寧河、霸、保定、文安、大城、固安、永清、東安、大興、宛平、良鄉、房山、涿、昌平、順義、懷柔、密雲、盧龍、臨榆、清苑、滿城、安肅、定興、新城、唐、容城、蠡、雄、祁、安、河間、肅寧、任邱、交河、景、東光、青、靜海、南皮、鹽山、井陘、靈壽、平山、晉、藁城、新樂、邢台、沙河、南和、平鄉、廣宗、鉅鹿、成安、肥鄉、曲周、廣平、延慶、蔚、宣化、懷來、西寧、遵化、豐潤、淶水、棗強、衡水、隆平、深、寧晉、武強、饒陽、安平、定、曲陽、深澤、張家口八十二廳州縣被災歉收村莊糧賦地租。

《德宗實録》卷491，頁491–492

光緒二十九年（癸卯）冬十月己卯日

蠲緩直隸通、三河、武清、薊、寧河、霸、保定、文安、大城、東安、清苑、安肅、安、高陽、河間、獻、阜城、任邱、東光、天津、青、靜海、滄、南皮、慶雲、邯鄲、元城、大名、豐潤、深、武強、饒陽、安平三十三州縣被水、被旱、被蟲、被霜歉收村莊糧租，其濱臨黃河被水之開、東明、長垣三州縣糧賦並蠲緩。

《德宗實録》卷522，頁911

光緒三十年（甲辰）冬十月壬戌日

蠲緩順直通、武清、霸、保定、文安、大城、固安、永清、東安、宛平、良鄉、房山、涿、懷柔、清苑、滿城、安肅、定興、新城、容城、完、蠡、雄、安、高陽、河間、獻、任邱、天津、青、靜海、滄、南皮、鹽山、平山、無極、邢台、南和、隆平、深、棗強、饒陽、安平、獨石口四十四廳州縣被水、被雹、被蟲、被旱、被霧、被風地方本年應徵糧租，其開、東明、長垣三州縣濱臨黃河被水地方應徵糧賦並分別蠲緩。

《德宗實録》卷536，頁136–137

光緒三十二年（丙午）五月丙辰日

諭內閣：「張百熙等奏，分別舉劾屬員一摺。順天大城縣知縣畢承緗、署武清縣知縣、候補直隸州知州周登皞，均著傳旨嘉獎。署東安縣知縣、文安縣知縣徐體善，貪詐無恥，劣跡昭彰，著革職永不敘用，派員押解回籍，交地方官嚴加管束。准補西路同知鄭襄，才具甚庸，難資表率。薊州知州古銘猷，精神萎靡，聽斷無才，均著開缺，以簡缺通判歸部選用。」

《德宗實録》卷560，頁420–421

高陽

《大清聖祖仁皇帝實録》

（康熙三十二年至康熙四十五年　公元 1693–1706 年）

康熙三十二年（癸酉）十一月丁丑日

旌表直隸節婦高陽縣劉爾極妻李氏、静海縣高爾承妻鉉氏、烈婦東安縣任義春妻孟氏，各給銀建坊如例。

《聖祖實録》卷 161，頁 766

康熙三十八年（己卯）九月丙午日

戶部議覆：「直隸巡撫李光地疏言，直屬霸州、永清、宛平、良鄉、固安、高陽、獻縣等七州縣，因疏浚新河，挑挖推土，共佔去民地一百三十九頃六十二畝。請將康熙三十七年以後錢糧開除。應如所請。」從之。

《聖祖實録》卷 195，頁 1058

康熙四十五年（丙戌）秋七月乙巳日

旌表直隸烈婦高陽縣王方來妻胡氏，拒奸自盡，給銀建坊如例。

《聖祖實録》卷 226，頁 269

《大清世宗憲皇帝實録》

（雍正三年至雍正十二年　公元 1725–1734 年）

雍正三年（乙巳）三月壬寅日

增直隸省各學取進文童額數：文安、通州、寶坻、豐潤、蠡縣、高陽、河間、任邱、景州、冀州、定州、南宮、東强、清豐、滑縣、東明、開州、長垣十八州縣，向係大學，照府學額，各取進二十三名；薊州、盧龍、遷安、昌黎、樂亭、博野、祁州、安州、新安、獻縣、阜城、靜海、寧津、天津衛、萬全、蔚縣、衡水、安平、雞澤、成安、清河、魏縣、南樂、內黃二十四州縣衛，向係中學，升為大學，各取進十八名；香河、順義、深澤、青縣、西寧、靈壽、行唐、贊皇、新河、高邑、無極、新樂、曲陽、廣宗、唐山、內邱十六縣，向係小學，升為中學，各取進十五名。

《世宗實録》卷30，頁447

雍正三年（乙巳）十二月辛卯日

戶部等衙門遵旨議覆直隸河防水利事宜：「據和碩怡親王等疏言，直隸之衛河、淀河、子牙河、永定河，皆匯於天津州大直沽入海，此直隸水道之大略也。衛河與汶河合流東下，德、棣、滄、景以下，春多淺阻，一遇伏秋暴漲，不免潰溢。請將滄州南之磚河、青縣南之興濟河故道疏浚，於舊時建閘之處，築減水壩，以洩衛河之漲。靜海縣權家口，亦築壩減水。白塘口入海之處，並開直河一道，使磚河興濟河之委，同歸白塘出口。修理海口舊閘，以時啟閉，則滄、瀛以北水利興而水患除矣。東西二淀，跨雄、霸等十餘州縣，均應疏浚深廣，並多開引河，使諸淀脈絡相通。其已淤為田畝者，四面開渠，中穿溝洫，庶圩田旱澇有備。其趙北、苑家二口，為東西二淀咽喉。趙北口隄長七里，板石橋共八座，俱應升高加闊。苑家口北之中亭河，上流之玉帶河對岸為十望河，均應開通，庶東西二淀，無衝決之患矣。子牙河為滹、漳下流，清、濁二漳發源山西，經廣平、正定，而滹沱、滏陽、大陸之水會焉。其下流有清河、夾河、月河，皆分子牙之流，同趨於淀，宜開決分注，以緩子牙河奔放之勢。永定河俗名渾河，水濁泥多，故道遂湮。應自柳义口引之稍北，繞王慶坨之東北入淀。兩河淀內之隄，至三角淀而止，為眾淀之歸宿，應照舊開通，逐年疏浚，兩河之濁流，自不能為患矣。至各處隄防衝潰甚多，如高陽河之柴淀口、新河南界之古隄、新安之雹河，均應疏浚修築。再請於京東之灤、薊、天津，京南之文、霸、任邱、新、雄等處，各設營田專官，經畫疆理，召募老農，課導耕種。民力不辦者，動支正項錢糧，代為經理，田熟歲收十分之一以補庫帑，足額而止。營田一頃以上者，分別獎賞。有能出貲代營者，民則優旌，官則議敘。至各屬官田，約數萬頃，請遣官首先舉行，為農倡率。民間田廬，有礙水道者，計畝撥抵，視其畝數加十之二三。河淀淤地必須挖掘者，將附近官地照數撥補，則營田水利，人皆趨事樂從矣。均應如所請。」從之。

《世宗實録》卷 39，頁 582–583

雍正六年（戊申）二月庚寅日

免直隸薊州、高陽等九州縣雍正五年分災額賦有差。

《世宗實録》卷 66，頁 1007

雍正十一年（癸丑）冬十月庚午日

改直隸易水營原轄之蠡縣、高陽二汛，歸保定營管轄。保定營原轄之完縣、唐縣二汛，歸易水營管轄。從原署直隸總督顧琮請也。

《世宗實録》卷137，頁745

雍正十二年（甲寅）九月戊寅日

兵部議覆：「直隸總督李衛疏奏裁改官弁兵丁事宜：一、張家口協標。請裁左營游擊一員，左右營守備二員，千總五員，把總九員，改右營都司為左營中軍守備。一、改張家口路標參將為游擊，添設千總二員，把總三員，裁柴溝營參將一員，改柴溝營守備為都司。一、改龍門路游擊為都司。所轄趙川堡守備為千總，添撥龍門路屬長安嶺把總一員，改長安嶺都司歸宣化鎮管轄。一、改石匣營副將為提標前營游擊。裁守備一員，千總一員，把總三員。一、裁順義營游擊一員，撤原撥居庸路把總一員歸本營，改懷來路參將為都司，懷來路中軍守備為懷來城守備。一、添設岔道汛守備一員，永寧路千總一員，東馬營外委把總一員。一、移石匣營守備一員，駐天津鎮。添撥寧河縣把總一員，韓村外委把總一員。一、改順德廣平兩營都司俱為游擊，各添撥千總一員，外委把總一員，杜勝營添撥千總一員，外委把總一員。一、移開州千總一員，駐臨洺關，添撥開州城守備一員，把總一員，高家鋪等集外委把總，磁州彭城鎮外委把總各一員。一、移易州馬水口外委把總一員，駐黃莊司。紫荊關外委把總一員，駐奇峰口。原設官莊嶺汛兵駐孔哥莊，添設馬水口把總一員，淶水縣把總一員。一、改河協城操營守備為景州營守備。移城操營外委把總一員，駐大龍灣。南皮縣外委把總一員，駐馮家口。馮家口把總一員，駐南皮縣。一、添撥馬水口營固城店把總一員，撤原撥高陽、新安二縣之河協外委把總二員回本營，添撥高陽、新安外委把總各一員。一、添設張家口外太平莊把總一員，黑河川千總一員。一、宣化府屬之沙城，延慶州屬之永寧城，並古北口城內，各添設巡檢一員。一、古北宣化沿邊等處，新募兵五千四百名，應分別裁汰者二千三百零六名。此内人材不堪，准令歸農者三百三十六名，撥補舊額老弱兵二百二十五名。再於蔚州、獨石、龍門等營，添派四百七十名。於拱極、通州、畿南各府等營，添派五百七十八名，餘六百九十七名，俱歸督標，以補新營召募之數。均應如所請。」從之。

《世宗實録》卷147，頁824–825

《大清高宗純皇帝實録》

（乾隆元年至乾隆五十九年　公元1736–1794年）

乾隆二年（丁巳）七月壬寅日

戶部議覆：「直隸總督李衛疏報，宛平、霸州、保定、文安、大城、房山、永清、昌平、懷柔、延慶、通州、武清、寶坻、清苑、滿城、安肅、定興、唐縣、博野、慶都、容城、完縣、蠡縣、祁州、束鹿、安州、高陽、新安、玉田、河間、獻縣、阜城、肅寧、任邱、交河、景州、吳橋、東光、故城、天津、滄州、靜海、井陘、獲鹿、元氏、欒城、贊皇、晉州、廣宗、鉅鹿、内邱、磁州、邯鄲、成安、肥鄉、曲周、廣平、雞澤、威縣、清河、宣化、蔚州、萬全、懷安、西寧、蔚縣、懷來、冀州、新河、棗強、武邑、衡水、趙州、深州、武強、安平、曲陽、深澤、易州、淶水、廣昌等八十一州縣衛二麥歉收，動支存倉穀石，分別賑濟。」得旨：「依議速行。」

《高宗實録》卷 47，頁 806

乾隆三年（戊午）七月庚辰日

是月，直隸總督李衛奏：「唐縣、固安、雄縣、霸州、博野、肅寧、滿城、新城、完縣、滄州、青縣、薊州、唐山、任縣、南和、平鄉、河間、蠡縣、永平、保定、雞澤、高陽等二十二州縣，因近日綿雨連旬，窪地被澇，其續生蝻子之固安等州縣，現在設法消除，亦能減少分數。」得旨：「朕正為雨水過多，倍切憂慮，覽奏，情形俱悉。其被水處所，當加意賑恤。至蝗蝻何尚有如許之多，此皆地方有司奉行不力，與察查不周之所致耳，卿其加意料理。至近日天氣漸次晴霽，朕心稍慰，但須多晴數日方佳也。」

《高宗實録》卷 73，頁 168

乾隆四年（己未）二月丙午日

又奏：「天津、滄州、青縣、河間、任邱、文安、大城、武清、高陽、慶都、新安十一州縣內各村莊，積水未消，直隸播種，多在小滿以前，屆期當酌議安插之法。」得旨：「所奏俱悉。但目下情形既已如此，所云屆期酌議安插之法，亦不過補偏救弊而已，豈長策哉！」

《高宗實録》卷 87，頁 359

乾隆四年（己未）二月丙午日

又奏：「直屬積水之地，現據陸續詳報：滄州、慶都、新安等處，積水全消，已種春麥；青縣、任邱、大城、武清、高陽等處，水消過半，無誤夏禾；天津、文安、河間三縣村莊，雖經疏浚，而隄内地窪，須三月終旬，可望全消。」得旨：「天津等三縣，看來不能佈種矣。即其餘諸處，亦不過隨時補救而已，非長策也，卿其熟籌之。」

《高宗實録》卷 87，頁 359

乾隆九年（甲子）四月甲戌日

直隸總督高斌奏：「順天府屬之霸州、大城，保定府屬之新城、雄縣、束鹿、高陽等縣，河間府屬之河間、獻縣、阜城、肅寧、任邱、交河、景州、故城、吳橋、東光、寧津等州縣，天津府屬之天津、青縣、靜海、滄州、南皮、鹽山、慶雲等州縣，並津軍廳，正定府屬之欒城縣，廣平府屬之威縣、清河，冀州屬之武邑、衡水、饒陽、安平等州縣，遵化州屬之豐潤縣共三十三州廳縣，上年既歉收，今歲又未得雨，民間錢糧，無力完納。又順天府屬之文安、保定府屬之新安二縣，上年雖未成災但與災地毗連，今春均未得雨，請將該州縣廳無論上年被災與未被災，應納乾隆九年分新糧，及未成災，應完八年分新舊錢糧，並已未成災，應於九年麥熟後完納之八年分錢糧，及各年舊欠，均予緩至本年秋後徵收。」得旨：「近亦有旨矣。」又奏：「應徵錢糧既緩，其歲需佐雜俸銀及胥役工食，無項留支。現遵五年十一月内諭旨，於司庫存公銀内撥補。至驛遞工料，乃夫馬計日必需，自應按季支給。除河間等處春季應支工料，已於司庫銀内撥給，今被災各屬銀糧既緩，則未經開徵以前，夏季以後，均請通融撥給。」得旨：「又撥公項八十萬，即為此一切也，所奏俱悉。」

《高宗實録》卷215，頁762–763

乾隆九年（甲子）秋七月乙酉日

直隸總督高斌疏報：「據布政使沈起元詳稱，霸州、保定、固安、宛平、大興、文安、大城、涿州、房山、良鄉、永清、東安、香河、昌平、順義、懷柔、密雲、平谷、延慶衛、薊州、通州、三河、武清、寶坻、寧河、灤州、盧龍、遷安、撫寧、昌黎、樂亭、臨榆、雄縣、高陽、新安、清苑、滿城、安肅、新城、容城、定興、唐縣、博野、蠡縣、慶都、完縣、祁州、安州、束鹿、河間、獻縣、阜城、肅寧、任邱、交河、景州、故城、吳橋、東光、寧津、天津、津軍廳、青縣、靜海、滄州、南皮、鹽山、慶雲、靈壽、新樂、廣宗、鉅鹿、平鄉、南和、廣平、雞澤、曲周、磁州、成安、威縣、清河、廣平、開州、赤城、延慶、萬全，冀州並所屬之新河、南宮、武邑，深州並所屬之武強、饒陽、安平，定州並所屬之曲陽、深澤，易州並所屬之淶水，遵化州並所屬之豐潤、玉田、熱河、八溝、喀喇河屯等一百五州縣衛廳，今春雨澤愆期，間被冰雹，二麥歉收。再東安、遷安、撫寧、唐縣、定興、河間、靈壽、延慶、懷安、西寧、蔚州、懷來等州縣，四五六等月，被雹傷禾，業經借給耔種，俟秋收後，確勘分數，另行題明。」得旨：「該部速議具奏。」尋議：「應如該督所請辦理，秋獲後，將收成分數另題，並將借給耔種數目咨部。」得旨：「依議速行。」

《高宗實録》卷220，頁835–836

乾隆十年（乙丑）六月丙辰日

直隸總督高斌疏報：「順天、永平、保定、天津、正定、宣化等府屬，雍正十二年開墾旱荒成熟地畝、實在升科地九十五頃二十七畝有奇。又天津府屬之天津縣，乾隆九年報墾過水荒地三十五畝。又保定府屬之高陽縣，雍正十三年開墾旱地一頃八十五畝有奇。」

《高宗實録》卷 242，頁 131

乾隆十年（乙丑）七月丙戌日

戶部議准：「升任直隸總督高斌疏稱，直屬文安、河間、獻縣、阜城、肅寧、交河、吳橋、東光、滄州、慶雲、靜海、鹽山、青縣、西寧、赤城、宛平、大興、霸州、保定、大城、涿州、房山、良鄉、固安、永清、香河、密雲、通州、三河、武清、寶坻、薊州、寧河、灤州、盧龍、遷安、撫寧、臨榆、清苑、滿城、安肅、定興、新城、唐縣、博野、慶都、容城、完縣、蠡縣、雄縣、祁州、束鹿、安州、高陽、新安、任邱、寧津、故城、天津、南皮、正定、獲鹿、元氏、藁城、欒城、無極、贊皇、平鄉、廣宗、鉅鹿、唐山、內邱、任縣、磁州、邯鄲、成安、曲周、廣平、威縣、清河、東明、延慶、宣化、萬全、龍門、懷來，冀州並所屬之新河、武邑、衡水，趙州並所屬之柏鄉、隆平、臨城、寧晉、高邑，深州並所屬之武強、饒陽、安平，定州並所屬之曲陽、深澤，易州並所屬之淶水、廣昌，遵化州並所屬之豐潤、玉田，又延慶衛、熱河、喀喇河屯等一百一十二州縣衛廳，因春夏雨澤愆期，二麥被旱歉收，兼有被雹傷損者，俱經酌借籽種口糧，並令及時布種秋禾。其應否加賑蠲免，俟秋獲時勘明分數辦理。」

得旨：「依議速行。」

《高宗實録》卷 245，頁 158–159

乾隆十二年（丁卯）六月庚申日

戶部議准：「直隸總督那蘇圖疏稱，八旗下屯種地人等應建房屋。現在通州、昌平、豐潤、三河、玉田、昌黎、樂亭、淶水、武清等州縣，各報建竣二百五十戶。又任邱、文安、香河、大興、延慶衛、大城、霸州、延慶州、灤州、順義、清苑、望都、容城、密雲、寶坻、遷安、高陽、雄縣、蠡縣等州縣衛，續報共建竣三百六十九戶。又建竣耕種認買公產地畝共三十二戶。應查明已撥人戶，令其前往耕種，內有各屬已造旗分姓名，及現報完工、尚未造有旗分姓名者，均經分晰匯造總冊。應聽戶部移咨各旗，按戶查明，發銀給照，令其前往等語。查各州縣建竣房屋內，八旗共計六百十九戶，耕種公產者三十二戶，共六百五十一戶。應照原議，於公產地價項下，動撥銀六萬五千一百兩，令各該旗出具總領，赴部領回，會同查旗御史，按戶給發。每戶給牛具、籽種銀各一百兩，並印照一紙，令其前往。又稱，各屬未經建竣六百四十三戶，及耕種認買公產旗人一十九戶，現在督令速建等語。應令該督嚴飭趕辦，隨竣隨報，俾得陸續下屯耕作。」從之。

《高宗實録》卷 292，頁 822–823

乾隆十二年（丁卯）七月丙午日

賑恤直隸固安、永清、香河、武清、涿州、霸州、大城、薊州、玉田、新城、容城、蠡縣、雄縣、祁州、束鹿、安州、高陽、新安、易州、淶水、河間、獻縣、阜城、肅寧、任邱、寧津、吳橋、故城、東光、天津、南皮、正定、井陘、藁城、冀州、南宮、新河、武邑、衡水、趙州、柏鄉、隆平、高邑、臨城、深州、武強、饒陽、安平、沙河、南和、平鄉、廣宗、鉅鹿、內邱、永年、曲周、雞澤、邯鄲、成安、威縣、清河、磁州、宣化、赤城、萬全、懷來、蔚州、蔚縣、西寧、懷安、喀喇河屯通判、獨石口同知、熱河、八溝同知、四旗通判等七十五州縣廳被水、被旱、被雹飢民。

《高宗實録》卷295，頁864

乾隆十五年（庚午）十月甲午日

蠲緩直隸固安、永清、霸州、保定、文安、大城、東安、武清、寶坻、薊州、寧河、宛平、涿州、樂亭、清苑、容城、唐縣、博野、新城、完縣、蠡縣、雄縣、祁州、安州、高陽、新安、安肅、河間、肅寧、任邱、天津、青縣、靜海、津軍廳、萬全、張家口同知、西寧、蔚縣、宣化、龍門、懷安、定州、曲陽、易州、豐潤、玉田等四十六廳州縣水災雹災地畝本年額賦。其固安、永清、霸州、保定、文安、武清、寶坻、新城、雄縣、安州、新安、天津、津軍廳、靜海、大城、肅寧、高陽、玉田等十八廳州縣飢民貸予口糧。保定、文安、大城、東安、武清、寶坻、薊州、寧河、清苑、新城、完縣、蠡縣、雄縣、祁州、安州、高陽、新安、河間、肅寧、任邱、天津、青縣、靜海、津軍廳、西寧、豐潤、玉田、固安、永清、霸州、易州、唐縣、曲陽、定州、樂亭等三十五廳州縣飢民，並予賑卹有差。

《高宗實録》卷375，頁1144

乾隆十七年（壬申）六月癸卯日

直隸總督方觀承奏：「據近日所報，唐山、趙州、寧晉、隆平、新河、武邑、棗強等處，蝗蝻撲除將盡。查趙、冀二屬，南連順德，北入正定，境壤交錯，互有飛越，恐致滋延。臣現駐趙州，分員四出搜捕。其正定屬之平山、獲鹿、井陘、靈壽、正定、元氏、行唐、新樂等處，或撲除已盡，或既撲復萌，並飭加緊巡查，速就殄滅。再保定屬之清苑、安肅、安州、容城、新安、高陽、完縣、蠡縣、唐縣等處，亦據報將次告竣。細察近日情形，大率皆係草上蝻蚱。雖有翅能飛，然亦不過於數里中，乍起乍落，非若飛蝗之漫空遠揚。是以一經趕撲，就地立盡，田禾幸皆無損。」得旨：「今年蝗蝻，雖幸不為害，若非朕督責，將不知何底止矣。此時雖云撲除，然向前正宜謹防，慎之。」

《高宗實録》卷416，頁453–454

乾隆十九年（甲戌）十一月庚辰日

賑貸順天、直隸所屬武清、薊州、霸州、保定、永清、東安、灤州、昌黎、樂亭、高陽、萬全、懷安、懷來、豐潤、玉田等十五州縣本年被水被雹飢民，及旗戶灶戶人等，其本年應徵錢糧及積年舊欠，分別蠲緩帶徵。

《高宗實録》卷476，頁1149

乾隆二十四年（己卯）七月丁酉日

是月，直隸總督方觀承奏：「直屬自七月初旬，得雨霑透，禾稼可望豐收。近因蚜蚌發生，如順天、永平各屬，及保定府屬之清苑、定興、新城、安肅、高陽，河間府屬之任邱等處，晚穀多被損傷。」得旨：「可惜多稼，不免有美中不足之歎。」

《高宗實録》卷593，頁607

乾隆二十六年（辛巳）十一月丙申日

加賑直隸固安、永清、東安、武清、文安、大城、霸州、保定、冀州、衡水、武邑、開州、長垣、東明、景州、清河、蠡縣、東光、滄州、南宮、新河、隆平、寧晉、深州、武強、天津、寶坻、薊州、寧河、清苑、新城、博野、望都、祁州、雄縣、安州、高陽、新安、河間、獻縣、肅寧、任邱、交河、青縣、靜海、南皮、鹽山、慶雲、平鄉、廣宗、鉅鹿、唐山、任縣、永年、邯鄲、成安、曲周、廣平、雞澤、威縣、磁州、元城、大名、南樂、清豐、蔚州、豐潤、玉田、定州等六十九州縣被災貧民屯灶，並緩各屬已未成災本年應徵錢糧及節年舊欠。

《高宗實録》卷648，頁249

乾隆二十七年（壬午）春正月戊申日

加賑直隸文安、大城、天津、津軍、冀州、武邑、衡水、長垣八州縣廳，並固安、霸州、保定、安州、開州、東明、清河、新河、南宮、武強、隆平、寧晉、寶坻、武清、高陽、新安、肅寧、交河、東光、滄州、大名、元城、永年、成安、廣平、雞澤、威縣、深州二十八州縣水災村莊饑民。

《高宗實錄》卷 652，頁 306

乾隆二十七年（壬午）六月丁酉日

蠲免直隸固安、永清、東安、武清、霸州、保定、文安、大城、宛平、寶坻、薊州、寧河、灤州、清苑、新城、博野、望都、蠡縣、祁州、雄縣、安州、高陽、新安、河間、獻縣、肅寧、任邱、交河、景州、東光、天津、青縣、靜海、滄州、南皮、鹽山、慶雲、津軍廳、平鄉、廣宗、鉅鹿、唐山、任縣、永年、邯鄲、成安、曲周、廣平、雞澤、威縣、清河、磁州、開州、大名、元城、南樂、清豐、東明、長垣、西寧、蔚州、豐潤、玉田、冀州、南宮、新河、武邑、衡水、隆平、寧晉、深州、武強、定州、曲陽等七十四州縣廳乾隆二十六年水災額賦有差。

《高宗實錄》卷 664，頁 429

乾隆二十七年（壬午）十月庚戌日

加賑順天、直隸所屬霸州、保定、文安、大城、涿州、良鄉、固安、永清、東安、香河、宛平、大興、昌平、順義、三河、武清、寶坻、薊州、寧河、灤州、昌黎、樂亭、清苑、安肅、新城、望都、雄縣、安州、高陽、新安、河間、獻縣、阜城、肅寧、任邱、交河、景州、東光、天津、青縣、靜海、滄州、南皮、鹽山、慶雲、津軍、成安、廣平、大名、元城、宣化、萬全、懷安、張家口、豐潤、玉田、冀州、南宮、新河、武邑、衡水、隆平、寧晉等六十三州縣廳本年被水雹霜災飢民，分別蠲緩應徵額賦。

《高宗實録》卷673，頁524–525

乾隆二十八年（癸未）春正月庚申日

諭：「去歲直隸各屬雨水過多，其偏災地方，已經加恩賑恤，並酌籌以工代賑，俾窮黎不致失所。但時屆春月，例賑將停，麥秋尚遠。正當青黃不接之際，農民口食未免拮据，深為軫念。著再加恩，將被災較重之霸州、保定、文安、大城、永清、東安、武清、寶坻、寧河、薊州、定州、新安、天津、青縣、靜海、滄州、寧晉等十七州縣之極次貧戶口，暨被災稍輕之大興、宛平、昌平、順義、固安、涿州、新城、雄縣、香河、豐潤、玉田、欒州、昌黎、樂亭、清苑、望都、高陽、河間、任邱、交河、景州、東光、南皮、鹽山、慶雲、冀州、武邑、衡水等二十八州縣之極貧戶口，均於停賑之後概予展賑一個月，以資接濟。並於通倉所存乾隆二十四年以前稜米，撥運十二萬石，以充展賑之需。該督方觀承，其董率屬員，實力奉行，務令貧民均霑實惠，副朕愛養黎元至意。該部遵諭速行。」

《高宗實録》卷678，頁581

乾隆二十八年（癸未）五月辛巳日

直隸總督方觀承奏：「直屬自大興、宛平東至通州、三河、薊州、豐潤、玉田、撫寧一路，西至良鄉、房山、易州、涿州一路，西南至定興、安肅、清苑、滿城、完縣、望都一路，東南至新城、雄縣、任邱、高陽、河間、獻縣、交河、阜城一路，運河大道武清、天津、大城、靜海、青縣、吳橋一路，共三十二州縣，疊道應加夯硪，溝渠應添橋座者，以次修理。」得旨：「是。溝渠即河道之脈絡也，應聯為一氣，方得宣洩之宜。」

《高宗實録》卷687，頁698–699

乾隆三十一年（丙戌）九月乙亥日

豁免直隸宛平、涿州、香河、灤州、昌黎、清苑、雄縣、高陽、交河、景州、東光、南皮、鹽山、豐潤、玉田、冀州、武邑等十七州縣乾隆二十三、四、五、六年分帶徵未完額賦。

《高宗實録》卷768，頁429

乾隆三十三年（戊子）三月己亥日

直隸總督方觀承疏報：「霸州、固安、永清、東安、涿州、良鄉、宛平、香河、灤州、盧龍、遷安、昌黎、樂亭、文安、大城、任邱、交河、故城、吳橋、東光、天津、青縣、靜海、滄州、南皮、鹽山、慶雲、清河、高陽、正定、元氏等三十一州縣，墾種淀泊河灘新淤地五百四十八頃九十七畝有奇。」

《高宗實録》卷 806，頁 897

乾隆三十三年（戊子）冬十月丁卯日

戶部議准：「直隸總督楊廷璋疏稱，直屬本年被水雹等災，請將最重之霸州、保定、安州、靜海四州縣，先給一月口糧，並摘賑文安、大城、永清、東安、正定、晉州、藁城、寧晉等八州縣極貧民。其武清、寶坻、寧河、清苑、安肅、新城、博野、望都、蠡縣、雄縣、束鹿、高陽、新安、獻縣、肅寧、任邱、天津、青縣、滄州、慶雲、南和、平鄉、任縣、成安、曲周、廣平、豐潤、玉田、冀州、武邑、衡水、隆平、深州、武強等三十四州縣，俟十一月起賑，貧士旗灶，俱一體辦理。至涸出地畝，貸給耔種，應徵錢糧米豆等項，並節年舊欠，分別緩帶。其河間、鹽山二縣被災地畝，俟勘明另題。」得旨：「依議速行。」

《高宗實録》卷 820，頁 1136

乾隆三十四年（己丑）三月乙酉日

蠲免直隸霸州、保定、文安、大城、永清、東安、武清、寶坻、薊州、寧河、清苑、安肅、新城、博野、望都、蠡縣、雄縣、束鹿、安州、高陽、新安、河間、獻縣、肅寧、任邱、天津、青縣、靜海、滄州、鹽山、慶雲、正定、晉州、藁城、南和、平鄉、任縣、成安、曲周、廣平、豐潤、玉田、冀州、武邑、衡水、趙州、隆平、寧晉、深州、武強等五十州縣，並津軍、張家口二廳乾隆三十三年分水災額賦。

《高宗實録》卷830，頁66

乾隆三十五年（庚寅）十月壬辰日

户部議覆：「直隸總督楊廷璋疏稱，各州縣被災應行賑卹事宜。一、勘明被水、被雹村莊成災之武清、寶坻、寧河、香河、霸州、保定、文安、大城、固安、永清、東安、宛平、大興、涿州、順義、懷柔、密雲、清苑、安肅、定興、新城、高陽、安州、望都、容城、蠡縣、雄縣、祁州、新安、天津、靜海、滄州、青縣、津軍廳、成安、曲周、廣平、大名、南樂、清豐、元城、萬全、龍門、定州、豐潤、玉田等四十六州縣廳，按成災分數，蠲免錢糧。並極次貧民，自十一月起，分别給賑口糧，米糧由鄰近災輕及並不被災州縣内協撥。倘鄰境無米可撥，每米一石，折銀一兩二錢。一、村莊離城窵遠，窮民領米維艱。飭各州縣將被災村莊，離城數十里以外者，於適中地設廠，委員監賑。其各州縣撥運倉糧，應給脚價。一、被災貧士，照次貧例賑給，每米一石，折銀一兩，令教官散給。一、屯居被災旗人灶户，俱令辦災各委員及地方官，會同場員，查明户口，分别一體賑恤。本管道、府、廳、州、總理稽查。一、查災監賑委員，除正印外，其佐雜教官試用等官並書役等，應給盤費飯食，及造冊紙張銀兩。一、被災各屬涸出地畝，借給麥種耔種穀石，並勘不成災村莊農民，缺乏口糧，請分别借給，均於來歲秋收後，免息追還。至明歲停賑後，青黄不接時，貧民糴食維艱，應照歉收例，酌動倉穀平糶。一、各屬錢糧，業經普蠲。其例不普蠲之屯糧，並房租新墾地畝，及勘不成災地畝，應徵屯糧等項，並節年舊欠錢糧，民借米穀，分别停徵帶徵。一、入官存退餘絕等項地畝，及公產井田香燈地租，請照民地例緩徵。一、窮民廬舍被沖，及淹浸坍塌者，請給背苫蓋，每瓦房一間，給銀一兩，土草房五錢。一、霸州被災官圍營田，應解易州供應陵糈米石。應俟來年稻穀豐收，通融補解，其佃民歸入該州一體給賑。均應如所請。」從之。

《高宗實録》卷 871，頁 678–679

乾隆三十六年（辛卯）秋七月丙午日

直隸總督楊廷璋奏：「據永定河道滿保稟稱，七月初二日，盧溝橋水發，南岸二工漫口七十餘丈，北岸二工漫口一百餘丈外，尚有水漫斷隄一十五處。臣即飛往確勘，至北運河水勢，據楊村通判具報，河水止長三寸，各隄鞏固。」得旨：「已有旨了。」又批：「不然，今亦有衝漫之處，汝特未知耳。」諭軍機大臣等：「楊廷璋覆奏永定、北運等河水勢情形一摺，所奏甚不滿意，已於摺内批示。永定河正當伏秋大汛之時，關係最為緊要。水勢消長信息，理應時刻相通。今各工漫口，係七月初二日之事，縱因道廳稟報遲延。該督值此雨水較大之時，即應早為查探，上緊護防。乃經屢次傳諭切詢，尚不星速差員查勘，據實覆奏，仍待河道滿保呈報，始據以入告。何竟不以為事，漠不關心若此？現派侍郎德成，前往漫口，會同該督堵築。該督可即督趲工料人夫，克期修築完固。其該處漫口情形，較去歲大小若何，隄外漫溢之地，田廬有無受傷，成災與否，並著迅速切實查明。有應撫卹者，照例妥協經理。該督仍遵前旨，即赴該處，不必來此接駕，俟河工妥辦蔵事，再行奏聞，前赴行在。又北運河每遇夏秋盛漲，易於泛溢。昨因雨勢過大，曾傳旨詢問西寧達翎阿。今據奏稱，初三日夜，王家莊西岸水長漫溢，刷開隄工一段，約寬數十丈。河西務甘露寺亦刷開隄工一段，寬數十丈。馬頭以北至張家灣，兩岸河水漫散，低地俱有積水等語。而該督尚據通判所稟，謂北運河隄壩各工俱極鞏固，全非實在情形。該督前此既未能周知，及經接奉詢問之旨，亦應迅速委員勘實奏覆，何率憑通判一稟，遂信以為實乎？所有衝漫隄工，應即專派大員，上緊分段堵築，速令完固。至兩岸沮洳之區，連年初潦，武清等縣，積歉之餘，尤深廑念。應即速查明是否成災，照例分別妥辦，務使貧民均沾實惠。又今歲巡幸時，指示興濟、捷地兩處工程，改閘為壩，聞近來減水甚暢，南運河隄岸，皆得無恙，其效驗已屬顯見。因思北運河，向來漲發最盛，而宣洩之路較少。其筐兒港減水，前歲雖曾修葺，而出水之口，尚未甚寬，似尚可量為展放。至王家務減水，久未修治，未審現在形勢若何。及此外或有可酌添壩座，分消漲水之處，俾得宣通無阻，實屬釜底抽薪善策。著傳諭楊廷璋，留心體訪。俟秋冬潦退時，朕差裘曰修前往，會同楊廷璋親往相度，詳細繪圖貼說呈覽，候朕另降諭旨。仍先將各河漫口，現在作何搶修事宜，及民田被淹是否成災各情形，迅速覆奏，毋得稍有含糊粉飾，自於咎戾。」尋奏：「永定河漫口，漸次消涸，中溜不過二十三十丈，止淹及玉皇廟村與附近之四小村，水勢直趨淀河。其沿途有無旁溢，容查奏。張家王甫隄工，已稟漫溢。河西務甘露寺被水，尚未報到。馬頭張灣，間有積水。涿州、良鄉、大興、宛平、固安以及續報之昌平、密雲、懷柔、三河、永清、蠡縣、安州、新城、南樂、文安、高陽等各州縣，俱稱雨後積水。暨武清等沮洳之區，俱已委員確勘，是否成災，據實具奏。報聞。」

《高宗實録》卷 888，頁 897–898

乾隆三十六年（辛卯）秋七月壬子日

直隸總督楊廷璋奏：「大興等十七州縣與霸州等十二州縣被淹。臣確查分數，大興、宛平、良鄉、固安、永清、東安、霸州、武清等八州縣頗重，涿州、密雲、懷柔、通州、昌平、雄縣、安州、蠡縣、新城、文安、保定、香河、寶坻等十三州縣次重，三河、高陽、任邱、安肅、南樂、懷來、定州、元城等八州縣較輕，已批司委員確勘。先飛飭借給每戶義穀四斗。其坍塌房屋者，瓦房給銀一兩，土房五錢。仍俟勘得成災與否，分別辦理。又蔚州、延慶、西寧三屬，前據稟報有被雹村莊，亦經飭查，統歸秋災案內撫卹。」得旨：「另有旨諭。」又批：「此皆外省俗例，足見非實心辦事也。不可。」諭軍機大臣等：「據楊廷璋奏查辦被水各州縣災務一摺，內有批司委員確勘之句，殊屬非是，已於摺內批示矣。災務關係民生，最為緊要，自應迅速查辦，俾災黎早得安全。今藩司楊景素，現在密雲督辦差務，晝夜不輟。豈復能兼顧及此？如此易知之事，楊廷璋亦不知乎？楊廷璋身任總督，通省文武，皆其所轄。派令查勘災務，誰敢不遵？豈必待藩司查稟，始能料理？且該督近在永定河干，派員甚為直捷，而又批交楊景素輾轉往還，稽延時日，亦非情理。若以為辦災係藩司專責，即暫令王顯緒代為行文。俟楊景素回任，再為補詳，亦何不可？而必為此紆回曲折之事乎？此等外省相沿俗例，極可憎鄙，朕屢經嚴飭矣。楊廷璋久任封疆，向來頗知認真辦事，不應拘牽陋習若此。豈復實心任事之道？至現在被災計二十九州縣，恐賑借等項，需用較多，已降旨令戶部撥庫銀五十萬兩，發交該督備用。該督其董飭屬員，實力妥辦，務使貧民均霑實惠。若辦理稍不盡心，致有侵扣冒濫諸弊，惟於該督是問。仍將被災情形，速飭確查，分別辦理，據實明白回奏。」尋奏：「被水之大興等二十九州縣外，又據續報天津、清苑、房山、新安、正定、薊州、大城、靜海、寧河、豐潤、玉田、藁城十二處被災，已飭令確勘，分別撫卹。所有恩撥庫銀五十萬兩，收兌藩庫備用。將來應撫應賑，臣當遵旨悉心妥辦，務使災黎均沾實惠。」得旨：「覽。」

《高宗實録》卷 888，頁 905–906

乾隆三十七年（壬辰）四月甲午日

是月，直隸總督周元理奏：「直隸各屬，衝衢疊道並隄埝河渠被水之處，經臣逐一勘修趕辦。惟查尚有雄縣南關瓦濟木橋一座，任邱縣趙北口太平等木橋七座，涿州北關永濟石橋一座，均係往來要路，坍塌損壞，若不亟為修葺，恐日久所費更鉅。又任邱縣疊道近淀低處，易有積水，必須加高培厚。清苑至高陽東南一帶，疊道最窪，並須添建木橋二座，以疏道溝瀝水，免致塌陷。又良鄉縣之茨尾、雅河二道，雖經挑浚，尚宜加長挑深，使洩入牤牛河，庶無旁溢。臣親督估計，飭令一律興修，勒限完竣。至應需米石，於各州縣賑剩通米內動用，銀於大工節省項下撥用，毋庸另行請項。」得旨：「如所請行。」

《高宗實録》卷 907，頁 147

乾隆四十一年（丙申）四月癸丑日

蠲免直隸霸州、保定、文安、大城、固安、永清、東安、武清、寶坻、薊州、寧河、香河、大興、宛平、順義、清苑、安肅、新城、博野、望都、容城、蠡縣、雄縣、祁州、安州、高陽、新安、河間、獻縣、任邱、天津、青縣、靜海、津軍廳、正定、晉州、無極、藁城、新樂、雞澤、大名、元城、玉田、武邑、衡水、趙州、隆平、寧晉、深州、武強、安平、定州等五十二州縣廳乾隆四十年水災額賦有差。

《高宗實録》卷 1006，頁 512

乾隆四十五年（庚子）十月壬戌日

蠲免直隸霸州、保定、文安、大城、涿州、房山、良鄉、固安、永清、東安、香河、宛平、大興、昌平、順義、懷柔、密雲、平谷、通州、三河、武清、寶坻、薊州、寧河、遷安、清苑、安肅、定興、新城、望都、蠡縣、雄縣、安州、高陽、新安、河間、獻縣、肅寧、任邱、交河、天津、青縣、靜海、滄州、津軍廳、南和、任縣、永年、邯鄲、成安、曲周、廣平、雞澤、磁州、延慶、保安、蔚州、懷來、獨石口廳、豐潤、玉田、易州、武強六十三州縣本年被水災田額賦。

《高宗實録》卷 1117，頁 922–923

乾隆四十六年（辛丑）四月辛酉日

蠲免直隸霸州、保定、文安、大城、涿州、房山、良鄉、固安、永清、東安、香河、宛平、大興、昌平、順義、懷柔、密雲、平谷、通州、三河、武清、寶坻、薊州、寧河、清苑、新城、雄縣、蠡縣、安州、高陽、新安、河間、獻縣、任邱、交河、天津、青縣、靜海、滄州、津軍廳、南和、任縣、永年、邯鄲、曲周、雞澤、磁州、蔚州、豐潤、玉田五十廳州縣乾隆四十五年水災民地官地額銀十五萬六千二百一十七兩有奇，糧一千五百二十石有奇，並豁除積欠倉糧一十六萬五千七百二十七石有奇。

《高宗實録》卷 1129，頁 88

乾隆四十九年（甲辰）六月戊戌日

旌表守正捐軀直隸高陽縣民李庭妻韓氏、河南鄢陵縣民于得育妻張氏。

《高宗實録》卷1208，頁197

乾隆五十年（乙巳）三月乙亥日

豁免直隸霸州、保定、文安、大城、涿州、固安、東安、香河、宛平、大興、昌平、順義、懷柔、密雲、通州、三河、武清、寶坻、薊州、寧河、清苑、安肅、新城、蠡縣、安州、高陽、新安、獻縣、肅寧、任邱、交河、天津、青縣、靜海、滄州、慶雲、鹽山、藁城、永年、成安、廣平、東明、長垣、延慶、蔚州、豐潤、玉田、趙州、寧晉四十九州縣，自乾隆四十一年起至四十九年止，民欠因災出借未完穀米豆麥十三萬六千七百七十八石有奇。

《高宗實録》卷1227，頁451

乾隆五十一年（丙午）正月壬子日

諭：「上年直隸大名、順德等府屬，雨澤愆期，被旱成災。又正定、冀州等州縣，因滹沱等河上游盛漲，田禾間有被淹之處。業經降旨，令該督分別蠲緩賑借，實力撫卹，俾無失所。第念春耕肇始，布種翻犁，民力不無拮据，著再加恩，將被旱成災之大名、元城、開州、清豐、南樂、東明、長垣、平鄉、廣宗，並被水之冀州、藁城、衡水、新河、趙州、隆平、寧晉等十六州縣内之有地無力貧民，著該督按戶計畝，借給籽種，並著查明，借給一月口糧，俾資耕作。其勘不成災之正定、晉州、清苑、安州、望都、蠡縣、高陽等七州縣，以及成災五分以下各村莊，有需酌借籽種口糧者，一併察看情形，分別辦理。至成災州縣内之無地無力乏食貧民，於停賑後，三月間再行摘賑一個月，以資生計。所有本年應徵新舊錢糧倉穀，俱緩至秋後開徵，以紓民力。該督其董率所屬，實力妥辦，務使災黎均霑渥澤，用普春祺。該部即遵諭行。」

《高宗實録》卷 1246，頁 746–747

乾隆五十一年（丙午）七月辛未日

是月，直隸總督劉峨奏：「直屬滹沱、滏河、沙河、唐河、瀦龍、九龍等河均發源山西。七月中，上游山水陡發，宣洩不及，民捻間有漫溢。據趙州、寧晉、隆平、曲周、望都、蠡縣、安州、高陽、肅寧、清苑等十州縣報，近河田畝被淹。又宣化府屬萬全縣四角屯等十一村雨雹，秋禾被傷。現飭員查勘，設法疏消，分別辦理。其餘各屬雨澤調勻，可冀豐稔。」得旨：「覽奏稍慰。有成偏災者，亦加意撫卹。」

《高宗實録》卷 1259，頁 936–937

乾隆五十一年（丙午）十月丁巳日

戶部議覆：「直隸總督劉峨疏稱，安州、高陽、肅寧、任邱四州縣，秋禾成災五分，應照例蠲額賦十之一。

餘各州縣村莊應查明被災之處，照例緩徵。舊欠舊借，統待明年麥秋後徵解。被災者準借耔種口糧。」得旨：「依議速行。」

《高宗實録》卷 1267，頁 1083

乾隆五十四年（己酉）六月甲申日

直隸總督劉峨奏覆：「靈壽被災等戶，其房屋木料，未經衝失，高阜田禾，亦無妨礙。低窪處間有受傷，其坍損房屋之千餘戶，現給修費銀。乏食貧民，現在撫卹。淹斃男婦四名口，給棺殮埋。至蠡縣之孟嘗、劉佃二處衝決之所，現已搶築合龍。田禾被傷者，酌借耔種，俾得補種，並動義倉米穀，借給口糧。再現因雨水稍多，以致近河之清苑、望都、安州、雄縣、高陽、任邱、河間、景州、獻縣、廣平、靜海、滄州、灤州、定州、趙州、隆平、寧晉、保定、東安、武清等二十州縣低窪地畝，間被浸淹，現在上緊疏消，並查勘災戶，分別辦理。」得旨：「不可諱災，詳悉查辦。」

《高宗實録》卷 1334，頁 1062

乾隆五十五年（庚戌）正月乙酉日

諭：「上年直隸保定、河間、天津、順天等府屬各州縣，因夏秋雨水較多，河流漲發，田禾被淹成災。節經降旨，銀米兼撥，令該督實力撫卹，分別賑濟，小民自可不致失所。第念今春正賑已畢，青黃不接之時，民食恐不無拮据。

著再加恩，將順天府屬之霸州、文安、大城、武清、東安、永清，保定府屬之清苑、安州、雄縣、新安、高陽，河間府屬之河間、獻縣、阜城、肅寧、任邱、景州，天津府屬之天津、青縣、靜海、滄州、鹽山等二十二州縣，成災七八分之極貧，並九分災之極次貧民，俱展賑一個月，以資接濟。其成災八分以下各州縣，及勘不成災地方，仍著該督察看情形，或酌藉口糧耔種，或減價平糶，分別籌辦。該督務督飭所屬，實心經理，俾災黎均霑愷澤，以副朕普錫春祺、有加無已至意。該部遵諭速行。」

《高宗實録》卷 1346，頁 6

乾隆五十五年（庚戌）六月丁巳日

蠲免直隸霸州、保定、文安、大城、永清、東安、武清、香河、寧河、樂亭、清苑、滿城、安肅、望都、蠡縣、雄縣、祁州、安州、高陽、新安、河間、獻縣、阜城、肅寧、任邱、景州、天津、青縣、靜海、滄州、南皮、鹽山、津軍廳、正定、靈壽、藁城、新樂、肥鄉、曲周、廣平、磁州、元城、大名、豐潤、冀州、衡水、趙州、隆平、寧晉、深州、武強、饒陽、安平、定州等五十四廳州縣，並各屬旗地乾隆五十四年分水災額賦。

《高宗實録》卷 1356，頁 170

乾隆五十五年（庚戌）八月辛未日

諭軍機大臣等：「據梁肯堂奏，查勘東路天津等處被水情形一摺。內稱寶坻、天津被淹村莊地畝，計有八九分，其武清、寧河不過六七分。確查輕重等差，照例給賑。其鹽山、慶雲、高陽、保定、阜城、清河等州縣，或因河流泛溢，或因減水匯歸，田禾不無損傷，再當分路覆查，確定被淹分數等語。東路天津等被水地方，業經該督查明極次貧民，分路賑卹。其續報之鹽山、慶雲等州縣，因七月間陰雨連綿，田禾或致淹浸，小民生計恐不免拮据。該督等現在分路覆勘，務須實力確查，如有成災處所，即酌量輕重情形，奏請賑卹。朕軫念民艱無時或釋，該督等總須仰體朕意，寧濫毋遺，不可稍存諱飾，以致閭閻或有向隅。至固安縣，因雨水過多，兼以冰雹，田禾間有被損，並著該督飭令所屬，查明實在情形，妥為辦理。今年秋禾統計究有幾成，速奏來。銀米有不敷，不妨奏請。將此諭令知之。」

《高宗實録》卷1361，頁249

乾隆五十六年（辛亥）正月己卯日

諭：「上年直隸永平、天津、河間等府屬各州縣，夏秋雨水較多，河流漲發，田禾被淹，致成偏災。節經降旨，令該督實力撫卹，並於天津北倉，截留漕米，及通倉撥給米石，分別賑濟，毋使一夫失所。第念今春正賑已畢，青黄不接之時，小民生計維艱，口食恐不無拮据。著再加恩，將順天府屬之文安、寶坻、大城、武清、寧河、永清、東安、霸州、薊州、保定，永平府屬之樂亭、灤州、盧龍、昌黎，保定府屬之清苑、新城、雄縣、高陽，河間府屬之河間、獻縣、阜城、交河、東光、景州，天津府屬之天津、青縣、靜海、滄州，遵化州屬之玉田、豐潤等三十州縣，所有八分災極貧，九分災極次貧民，俱著加賑一個月，俾民食得資接濟。至被災較輕之六七分，及八分災之次貧，並勘不成災地方，仍著該督察看情形，或酌藉口糧籽種，或減價平糶，分別酌辦。該督務須督飭所屬，實心經理，俾災黎均霑愷澤，以副朕普錫春祺，恩加無已至意。該部遵諭速行。」

《高宗實録》卷1370，頁377

乾隆五十六年（辛亥）六月甲辰日

蠲免直隸霸州、保定、文安、大城、固安、永清、東安、大興、通州、武清、寶坻、薊州、香河、寧河、灤州、盧龍、昌黎、樂亭、清苑、新城、蠡縣、博野、雄縣、祁州、安州、高陽、新安、河間、獻縣、阜城、肅寧、任邱、交河、景州、故城、東光、寧津、天津、青縣、靜海、滄州、南皮、鹽山、慶雲、津軍廳、南和、平鄉、廣宗、鉅鹿、任縣、永年、邯鄲、成安、肥鄉、曲周、廣平、雞澤、威縣、清河、磁州、元城、豐潤、玉田、冀州、南宮、新河、棗強、武邑、衡水等六十九廳州縣上年水災額賦有差。

《高宗實録》卷1380，頁514

乾隆五十九年（甲寅）四月甲戌日

諭：「前因直隸去冬今春雨雪稀少，節經降旨令該督查明，如有應行接濟之處，妥為辦理。茲據梁肯堂覆奏，保定等府各屬，雖得雨數次，究未霑足，除濱臨河淀等處地畝，麥收尚屬可望，其高阜處所，難望有收等語。著加恩將保定府屬之清苑、滿城、安肅、定興、新城、唐縣、博野、望都、容城、完縣、蠡縣、雄縣、祁州、束鹿、安州、高陽、新安，順天府屬之涿州、房山、固安、永清、東安、文安、大城、保定、霸州、通州、武清、薊州、香河、寧河、寶坻、昌平、順義，河間府屬之河間、獻縣、阜城、肅寧、任邱、交河、寧津、景州、吳橋、故城、東光，正定府屬之正定、獲鹿、井陘、阜平、欒城、行唐、靈壽、平山、元氏、贊皇、晉州、無極、藁城、新樂，順德府屬之邢台、沙河、南和、平鄉、廣宗、唐山、鉅鹿、內邱、任縣，廣平府屬之永年、曲周、肥鄉、雞澤、廣平、邯鄲、成安、威縣、清河、磁州，大名府屬之元城、大名、南樂、清豐、東明、開州、長垣，易州並所屬之淶水、廣昌，定州並所屬之曲陽、深澤，深州並所屬之武強、饒陽、安平，趙州並所屬之柏鄉、隆平、高邑、臨城、寧晉，冀州並所屬之南宮、新河、棗強、武邑、衡水等一百七州縣，應徵本年節年倉穀錢糧，均著緩至本年秋成後再行徵收。俾民力寬紓，以副朕軫念閭閻，有加無已至意。該部遵諭速行。」

《高宗實録》卷1451，頁343–344

乾隆五十九年（甲寅）十月丁卯日

賑卹直隸霸州、保定、文安、大城、固安、永清、東安、宛平、良鄉、涿州、通州、武清、寶坻、薊州、寧河、香河、灤州、昌黎、樂亭、清苑、滿城、安肅、新城、博野、望都、容城、蠡縣、雄縣、祁州、束鹿、安州、高陽、新安、河間、獻縣、阜城、肅寧、任邱、交河、景州、故城、吳橋、東光、天津、青縣、靜海、滄州、津軍廳、正定、井陘、阜平、行唐、平山、晉州、無極、藁城、新樂、南和、平鄉、鉅鹿、任縣、永年、邯鄲、成安、肥鄉、曲周、廣平、雞澤、威縣、清河、磁州、大名、元城、南樂、豐潤、玉田、冀州、南宮、棗強、新河、武邑、衡水、趙州、隆平、寧晉、深州、武強、饒陽、安平、安州、曲陽、深澤九十二廳州縣本年水災貧民。

《高宗實録》卷1462，頁542

《大清仁宗睿皇帝實録》

（嘉慶二年至嘉慶二十五年　公元1797–1820年）

嘉慶二年（丁巳）九月乙亥日

免直隸良鄉、宛平、通、寶坻、武清、霸、文安、固安八州縣水災本年額賦十分之一，並緩徵新舊額賦。緩徵涿、香河、薊、三河、東安、永清、保定、清苑、新城、雄、高陽、蠡、安、冀、衡水、武邑、寧晉、隆平、獻、肅寧、安平、大城二十二州縣本年額賦。

《仁宗實録》卷22，頁278–279

嘉慶四年（己未）七月戊寅日

撫卹直隸涿、定興、安肅、清苑、滿城、定、新樂、正定、阜平、雄、安、新城、高陽、蠡、博野、祁、安平、寧晉、隆平十九州縣被水災民。

《仁宗實録》卷49，頁607

嘉慶五年（庚申）四月丁酉日

挑濬直隸牤牛河、黄家河、北村引河，及新安、安、雄、任邱、霸、高陽、正定、新樂等八州縣河道，並修築堤塍。從總督胡季堂請也。

《仁宗實録》卷64，頁850

嘉慶五年（庚申）閏四月辛酉日

緩徵直隸霸、文安、清苑、蠡、雄、安、新安、河間、任邱、寧晉、隆平、定十二州縣旱災新舊額賦。復緩徵滿城、新城、祁、高陽、阜平、望都、博野、正定、新樂、易、冀、饒陽、安平、涿、寶坻、唐、獻、曲陽、豐潤、通、三河、遵化、玉田二十三州縣旱災新舊額賦。免大興、宛平、良鄉、涿、通、三河、薊、遵化八州縣本年額賦，並緩徵旗租銀糧。

《仁宗實録》卷65，頁874

嘉慶五年（庚申）十月戊辰日

賑直隸文安、大城、武清、高陽、新安、河間、靜海、隆平、寧晉、霸、雄、安、景、青十四州縣被水災民。

《仁宗實録》卷75，頁1011

嘉慶十一年（丙寅）九月壬申日

賑直隸安、新安、雄、博野、任邱五州縣被水災民，並免新舊額賦。貸霸、保定、大城、清苑、蠡、高陽、獻、肅寧、天津、青、靜海、滄、鹽山、龍門、冀、新河、衡水、隆平、寧晉十九州縣被水災民籽種口糧，並緩徵新舊額賦。

《仁宗實録》卷167，頁182

嘉慶十三年（戊辰）正月己亥日

貸直隸霸、大城、安、新安、肅寧、青、滄、大名、南樂、清豐、冀、衡水、寧晉、鹽山、高陽、任邱十六州縣被水被旱災民倉穀。

《仁宗實録》卷191，頁521

嘉慶十五年（庚午）四月癸丑日

緩徵直隸清苑、滿城、蠡、雄、高陽、新安、安、安肅、定興、新城、唐、博野、望都、容城、完、祁、束鹿、正定、獲鹿、阜平、靈壽、平山、晉、新樂、易、淶水、廣昌、冀、棗強、南宮、武邑、衡水、新河、深、武強、饒陽、安平、定、曲陽、深澤四十州縣麥收歉薄新舊額賦。

《仁宗實録》卷228，頁69

嘉慶二十年（乙亥）九月丙午日

賑直隸永清、霸、東安、武清、雄、安、高陽七州縣被水災民。

《仁宗實録》卷310，頁123

嘉慶二十一年（丙子）正月甲申日

緩徵直隸武清、寶坻、薊、霸、保定、文安、永清、東安、清苑、新城、蠡、雄、安、高陽、新安、天津、青、靜海、滄、元城、大名、南樂、清豐、豐潤、冀、新河、寧晉二十七州縣，及津軍同知所屬上年水災新舊額賦，並給武清、霸、永清、東安、雄、安、高陽、保定、新城九州縣貧民口糧有差。

《仁宗實録》卷315，頁180

嘉慶二十一年（丙子）十一月丁未日

賑直隸安、新安、雄、高陽四州縣被水、被雹災民，並蠲緩雄、高陽、任邱、薊、霸、保定、文安、永清、清苑、安肅、新城、蠡、獻、天津、青、靜海、滄、鹽山、南和、任、元城、大名、南樂、清豐、龍門、冀、新河、隆平、寧晉、博野、完、祁、河間、阜城三十四州縣及津軍同知所屬新舊額賦有差。

《仁宗實録》卷 324，頁 274

嘉慶二十二年（丁丑）正月丙午日

給直隸安、新安、雄、高陽四州縣上年被水、被雹災民一月口糧。貸任邱縣被水災民耔種。

《仁宗實録》卷 326，頁 295

嘉慶二十二年（丁丑）六月己丑日

緩徵直隸大興、宛平、通、青、靜海、元氏、無極、藁城、淶水、正定、易、深、東光、雄、高陽、唐、薊、保定、文安、永清、清苑、安肅、新城、蠡、完、祁二十六州縣歉收新舊額賦有差。

《仁宗實録》卷 331，頁 370

嘉慶二十二年（丁丑）九月丙辰日

賑直隸大興、宛平、涿、良鄉、清苑、滿城、安肅、唐、博野、望都、容城、完、雄、祁、束鹿、安、高陽、定興、獲鹿、井陘、行唐、靈壽、元氏、贊皇、新樂、武強、定、曲陽、深澤二十九州縣被旱、被霜、被雹災民，並蠲緩新舊糧租借欠倉穀，及文安、固安、東安、霸、永清、保定、新城、正定、晉、藁城、平山、深、饒陽、安平、通、薊、三河、蠡、欒城、無極二十州縣新舊糧租倉穀有差。

《仁宗實録》卷 334，頁 407

嘉慶二十三年（戊寅）四月丁亥日

蠲緩直隸清苑、滿城、安肅、定興、唐、博野、望都、容城、完、雄、祁、安、高陽、新城、獲鹿、井陘、行唐、靈壽、元氏、贊皇、新樂、定、曲陽、武強、束鹿、蠡、深澤、正定、晉、藁城、平山、阜平、欒城、無極、河間、肅寧、任邱、獻、阜城、故城、東光、交河、景、吳橋、寧津、滄、南皮、青、靜海、鹽山、慶雲、深、饒陽、安平、冀、新河、武邑、衡水、棗強、南宮、易、淶水六十二州縣旱災風災新舊地糧旗租。

《仁宗實録》卷 341，頁 511

嘉慶二十三年（戊寅）九月丙午日

旌表守正捐軀直隸高陽縣民唐來柱妻魏氏。

《仁宗實録》卷 346，頁 581

嘉慶二十四年（己卯）十一月壬戌日

蠲緩直隸通、武清、大興、宛平、霸、保定、大城、雄、安、高陽、新安、長垣、東明、開、安肅、青、靜海、灤平、趙、寧晉、薊、寧河、文安、灤、清苑、容城、博野、蠡、河間、獻、交河、天津、滄、鹽山、元城、大名、清豐、南樂、鉅鹿、冀、新河、衡水、隆平四十三州縣，暨津軍同知所屬水災本年額賦，及舊欠糧租倉穀。並賑通、武清、霸、保定、大城、固安、永清、東安、雄、安、高陽、新安、長垣、東明、開十五州縣旗民。

《仁宗實録》卷 364，頁 807

嘉慶二十五年（庚辰）夏四月癸卯日

緩徵直隸大興、宛平、固安、永清、東安、新安、開、東明、長垣、武清、霸、保定、大城、安、高陽、雄、青、靜海、寧晉、元城、大名、南樂、清豐、南皮、滄、隆平二十六州縣水災本年額賦，並吳橋、東光二縣新舊額賦。

《仁宗實録》卷 369，頁 876

嘉慶二十五年（庚辰）十一月辛酉日

蠲緩直隸宣化、寧晉、寧河、寶坻、文安、東安、涿、高陽、安、青、靜海、滄、鹽山、大名、南樂、長垣、保安、萬全、懷安、西寧、懷來、新河、豐潤二十三州縣，並張家口廳被水、被旱、被雹各村莊新舊額賦，及出借倉穀。

《宣宗實録》卷 8，頁 178

《大清宣宗成皇帝實録》

（道光元年至道光三十年　公元 1821–1850 年）

道光元年（辛巳）春正月戊午日

緩徵直隸宣化、寧晉、寶坻、寧河、文安、東安、涿、高陽、安、青、靜海、滄、鹽山、大名、南樂、長垣、保安、萬全、懷安、西寧、懷來、豐潤、新河二十三州縣及張家口廳上年災歉村莊本年額賦，並展緩節年錢糧旗租改折等項。

《宣宗實録》卷 12，頁 228

道光元年（辛巳）冬十月乙酉日

蠲緩直隸安肅、新城、東安、涿、靜海、寧晉、定、永清、容城、雄、安、高陽、天津、青、滄、南皮、鹽山、慶雲、大名、南樂、宣化、保安、懷來、赤城、龍門、新河二十六州縣被水、被雹村莊新舊額賦。賑安肅、新城、東安、涿、靜海、寧晉、定七州縣災民。

《宣宗實録》卷 24，頁 433

道光二年（壬午）五月辛丑日

直隸總督顏檢奏報省城及清苑、安肅、定興、高陽、完縣被雹情形。得旨：「明白查勘，據實具奏，不許稍有飾揜。」

《宣宗實録》卷 36，頁 645

道光二年（壬午）八月丁巳日

給直隸霸、保定、文安、大城、永清、安肅、新城、博野、望都、祁、安、高陽、新安、無極、藁城、趙、隆平、寧晉、深、武強、饒陽、安平二十二州縣被水災民一月口糧，並坍塌房屋修費。

《宣宗實録》卷 40，頁 711

道光三年（癸未）春正月丙子日

展賑直隸霸、保安、文安、大城、永清、雄、安、新安、任邱、清苑、安肅、新城、博野、祁、高陽、河間、肅寧、無極、藁城、新樂、冀、南宮、新河、武邑、衡水、趙、隆平、寧晉、深、武強、饒陽、安平、定、深澤、望都、獻三十六州縣上年被水災民，並緩徵開、元城、大名、南樂、清豐、東明、長垣、武清、薊、固安、寧河、東安、交河、天津、青、靜海、正定、阜平、鉅鹿、任、雞澤、曲陽、通、三河、寶坻、香河、大興、宛平、房山、順義、滿城、定興、容城、束鹿、蠡、景、東光、吳橋、寧津、滄、南皮、鹽山、欒城、南和、平鄉、廣宗、永年、邯鄲、曲周、廣平、豐潤、玉田、棗強、柏鄉、高邑五十五州縣歉收村莊本年額賦。

《宣宗實録》卷 48，頁 852

道光三年（癸未）秋七月甲午日

諭內閣：「蔣攸銛奏被災最重各州縣，酌量煮賑，並請將大賑提早一月一摺。直隸省被災各州縣，據該督原報續報，統計被水之區，已有一百零八府廳州縣。內通、武清、寶坻、香河、霸、保定、文安、大城、固安、永清、東安、宛平、雄、高陽、安、新安、河間、任邱、天津、青、靜海二十一州縣情形最重，均係上年災歉之區，亟應籌議撫卹。前經降旨，准截留漕米四十萬石，此時尚未卸貯北倉。茲該督議放折色，以期糊口有資。加恩著照所請，於撫恤後大賑前，各就地方情形，分別煮賑摘賑，妥為辦理。俟漕糧截卸後，即飭酌量分撥，速運趕辦。如運米往返需時處所，仍撥給銀兩，摘賑一月口糧，散放折色。其有米已運回，設廠煮賑，於散放大賑日，暫行停止。至大賑，著提早一月，於十月內一併散放。所有米折銀兩，按照成案，每石一兩四錢，俾災黎早霑實惠，毋令一夫失所。再據奏，各州縣領運米石，例銷腳價不敷，准其在撥給經費銀兩內借撥，核明給領，俟指捐之項扣有成數，再行歸還原款。該部知道。」

《宣宗實録》卷55，頁987–988

道光三年（癸未）九月丁亥日

賑直隸通、武清、寶坻、香河、寧河、霸、保定、文安、大城、固安、永清、東安、宛平、涿、清苑、雄、安、高陽、新安、河間、獻、任邱、交河、天津、青、靜海、無極、藁城、新樂、冀、南宮、新河、武邑、衡水、隆平、武強、饒陽、安平、清河、威四十州縣被水災民。並免通、武清、寶坻、香河、霸、保定、文安、大城、固安、永清、東安、宛平、雄、高陽、安、新安、河間、任邱、天津、青、靜海、大興、寧河、清苑、新城、望都、獻二十七州縣應徵本年額賦。緩徵良鄉、房山、昌平、順義、懷柔、盧龍、滿城、唐、完、束鹿、吳橋、鹽山、獲鹿、欒城、靈壽、平山、晉、邢台、沙河、唐山、廣宗、永年、邯鄲、曲周、開、遵化、棗強、柏鄉、高邑、深三十州縣新舊糧租。蠲緩三河、薊、涿、昌黎、樂亭、安肅、定興、博野、容城、蠡、祁、阜城、肅寧、交河、景、故城、東光、滄、阜平、行唐、無極、藁城、新樂、南和、平鄉、鉅鹿、任、雞澤、威、清河、大名、元城、南樂、清豐、豐潤、玉田、冀、南宮、新河、武邑、衡水、趙、隆平、寧晉、武強、饒陽、安平、定、曲陽、深澤、灤、南皮、正定五十三州縣本年及節年應徵糧租銀穀有差。

《宣宗實録》卷 59，頁 1035

道光四年（甲申）春正月丙寅日

展賑直隸通、三河、武清、寶坻、薊、香河、寧河、霸、保定、文安、大城、固安、永清、東安、大興、宛平、清苑、安肅、定興、新城、望都、雄、高陽、安、新安、河間、獻、任邱、天津、青、靜海、無極、藁城、新樂、趙、隆平、寧晉、定三十八州縣上年被雹災民一月。緩徵本年額賦，並緩涿、昌黎、樂亭、博野、容城、蠡、祁、阜城、肅寧、交河、景、故城、東光、滄、阜平、行唐、南和、平鄉、鉅鹿、任、雞澤、威、清河、大名、元城、南樂、清豐、豐潤、玉田、冀、南宮、新河、武邑、衡水、武強、饒陽、安平、曲陽、深澤、灤、南皮、正定、良鄉、房山、昌平、順義、懷柔、盧龍、滿城、唐、完、束鹿、吳橋、鹽山、獲鹿、欒城、靈壽、平山、晉、邢台、沙河、唐山、廣宗、永年、邯鄲、曲周、開、遵化、棗強、柏鄉、高邑、深七十二州縣暨清軍廳應徵本年額賦有差。

《宣宗實録》卷 64，頁 1

道光四年（甲申）夏四月丁酉日

修直隸南北運河隄壩，並清苑、蠡、祁、安、博野、高陽、河間、任邱、獻、冀、新河、武邑、衡水、定、曲陽、深澤、寶坻、香河、天津、滄、薊、涿二十二州縣橋、道、隄、埝各工。從總督蔣攸銛請也。

《宣宗實録》卷 67，頁 57

道光四年（甲申）九月甲午日

諭內閣：「程含章等奏估修千里長隄一摺。直隸千里長隄，自高陽縣之劉家溝起，至天津縣之西沽炮台止，年久殘缺，一遇水潦，田廬被淹，係屬緊要工程，自應先行辦理。據該侍郎等估修隄工，及栽種葦柳，防護椿埽，土方工料銀共三十四萬七千一百兩零。著照所請，動項修築，並分作十段，派熟諳工程之河間府知府徐寅第等十五員承辦，務照估定寬高丈尺修築。內文安等處，應俟明春水小再行補築，仍分段責成現派各員，一手經理。工竣後，即著程含章親往驗收，如有草率、偷減、遲誤及剋扣等弊，即行據實嚴參。此次築隄挑河，如佔用旗民地畝，分別免租撥補，其無地可撥者，酌給地價豁糧。如本係官地被民間佔種升科者，豁除錢糧，毋庸撥補給價，工竣咨部覈辦。其任邱縣境內新工，係知縣淡廷棻於上年領項承修，因大汛沖刷卑薄，應行賠修。該員業經丁憂，著於司庫先行動墊修築，應賠銀兩，仍於該員名下追繳完款。其文安縣境內新工，係同知李國屏於上年領項承修，因大汛停工，未能補築，著仍責令該員照估補足。該二縣此次照原估加高一尺，所加土方，俱著歸入大工案內報銷。該部知道。」

《宣宗實録》卷 93，頁 166–167

道光八年（戊子）三月丁巳日

緩徵直隸高陽、青、靜海、滄、鹽山、正定、靈壽、邢台、玉田、隆玉、寧晉十一州縣被水、被旱新舊額賦。

《宣宗實録》卷 134，頁 51

道光十年（庚寅）夏四月乙丑日

修建直隸大城、安、新安、青、井陘、沙河、曲周、雞澤、邯鄲、大名、保安、懷來、廣昌、安平十四州縣監獄，撫寧、容城、高陽、獻、阜平、贊皇、懷來、懷安、廣平、開、大名、易、遵化十三州縣常平倉廒，並文安縣典史衙署。從總督那彥成請也。

《宣宗實録》卷 167，頁 584

道光十一年（辛卯）春正月戊午日

貸給直隸磁、邯鄲、成安、雄、安、高陽、滄、無極、延慶九州縣上年地震、被水災民耔種口糧，並平糶倉穀。緩徵磁、邯鄲、文安、大城、成安五州縣本年額賦。

《宣宗實録》卷 183，頁 886

道光十二年（壬辰）六月甲申日

裁直隸天津府海防同知、宣化府同知、廣平府通判、大名府通判、河間府泊河通判、新安縣知縣、管河縣丞、典史、教諭、訓導，霸州清河管河州判、晉州州判、武清縣要兒渡管河縣丞、雄縣管河縣丞、高陽縣管河縣丞、武清縣東陽村管河主簿、任邱縣管河主簿、正定縣兼河主簿、故城縣鄭家口巡檢、行唐縣兩嶺口巡檢、交河縣新橋巡檢、延慶州永寧巡檢、保安州訓導各缺。從總督琦善請也。

《宣宗實録》卷1213，頁142

道光十二年（壬辰）秋七月丁巳日

展緩直隸大城、阜城、東光、滄、南皮、成安、保安、龍門、冀、南宫、新河、武邑、衡水、寧晉、武強、邯鄲、磁、文安、高陽、任邱、棗強、交河、寶坻、香河、霸、東安、良鄉、房山、涿、懷柔、密雲、灤、遷安、撫寧、昌黎、樂亭、臨榆、清苑、安肅、定興、新城、博野、望都、容城、蠡、雄、祁、安、新安、河間、獻、肅寧、景、故城、寧津、天津、青、靜海、鹽山、慶雲、正定、獲鹿、晉、無極、藁城、邢台、任、雞澤、延慶、蔚、宣化、懷安、西寧、懷來、豐潤、易、淶水、隆平、定、曲陽、深澤、獨石口八十二廳州縣被旱村莊舊欠額賦。

《宣宗實録》卷215，頁200–201

道光十二年（壬辰）閏九月丙戌日

緩徵直隸三河、薊、寧河、東安、鹽山、靈壽、蔚、宣化、龍門、懷來、淶水、遵化、玉田、定、大興、宛平、武清、昌平、順義、良鄉、房山、寶坻、香河、定興、豐潤、盧龍、唐、容城、完、南皮、慶雲、延慶、赤城、易、南宫、新河、安、河間、獻、任邱、大名、趙、隆平、寧晉、高陽、滄、鉅鹿四十七州縣被水、被旱、被霜村莊新舊額賦。賑阜平、行唐、保安、霸、大城、永清、雄、天津、青、靜海十州縣災民。

道光十三年（癸巳）春正月甲戌日

緩徵直隸霸、保安、吳橋、行唐、大城、永清、東光、天津、靜海、阜平、青、雄、三河、薊、寧河、東安、鹽山、靈壽、宣化、蔚、龍門、懷來、遵化、玉田、淶水、定、通、安、滄、易、趙、隆平、寧晉、武清、寶坻、香河、固安、大興、宛平、房山、良鄉、昌平、順義、懷柔、密雲、平谷、盧龍、定興、安肅、新城、唐、完、容城、高陽、河間、獻、任邱、南皮、慶雲、大名、延慶、赤城、豐潤、南宮、新河六十五州縣上年被旱被水、被霜、被雹村莊額賦。展賑霸、大城、永清、雄、青、吳橋、東光、天津、靜海、阜平、行唐、保安十二州縣災民一月。

《宣宗實録》卷 221，頁 304

道光十五年（乙未）春正月丙寅日

緩徵直隸大興、宛平、固安、東安、永清、武清、霸、大城、涿、新城、雄、獻、天津、寧晉、保定、良鄉、房山、清苑、安肅、唐、博野、容城、蠡、祁、安、高陽、河間、肅寧、任邱、景、故城、青、滄、靜海、南皮、鹽山、正定、藁城、南和、平鄉、鉅鹿、任、永年、雞澤、大名、赤城、冀、南宮、新河、武邑、衡水、趙、隆平、深、饒陽、安平、定、深澤五十八州縣上年被水村莊新舊額賦。

《宣宗實録》卷 229，頁 423

《宣宗實録》卷 262，頁 2–3

道光十九年（己亥）六月乙酉日

諭軍機大臣等：「有人奏，直隸薊永鹽運分司宓維欽，年近八旬，兩耳重聽，步履甚艱；高陽縣知縣周爾熞，身常患病，吏治廢弛等語。分司有鹽務之責，知縣有地方之任，如果該二員年力衰邁，吏治廢弛，自應隨時甄覈，以肅官方。著琦善即行確切查明，據實參奏，毋得稍有瞻徇回護。將此諭令知之。」

《宣宗實録》卷 323，頁 1074

道光十九年（己亥）秋七月己酉日

又諭：「前據御史高枚奏，直隸薊永鹽運分司宓維欽，年近八旬，兩耳重聽，步履甚艱；高陽縣知縣周爾熞，身常患病，吏治廢弛，當降旨著琦善查明參奏。茲據奏稱，周爾熞吏治尚無廢弛，亦無患病情形，惟曾經因病吸食鴉片煙，雖現已戒除，究屬有干功令，周爾熞著即革職。宓維欽現年已七十八歲，精力就衰，著即勒令休致。該部知道。」

《宣宗實録》卷 324，頁 1090

道光二十年（庚子）春正月癸巳日

展緩直隸滄、安、西寧、保安、博野、容城、蠡、雄、高陽、獻、任邱、青、靜海、南皮、鹽山、慶雲、藁城、雞澤、大名、南樂、平鄉、宣化、懷來、新河、武邑、武強、饒陽、阜城、寧晉二十九州縣上年歉收村莊舊欠額賦。

《宣宗實録》卷 330，頁 1

道光二十年（庚子）冬十月癸亥日

蠲緩直隸青、靜海、滄、薊、寧河、大城、鹽山、三河、寶坻、霸、永清、東安、灤、樂亭、博野、雄安、高陽、河間、獻、任邱、東光、南皮、慶雲、鉅鹿、雞澤、大名、南樂、豐潤、玉田、新河、隆平、阜城三十三州縣被水、被雹村莊新舊正雜額賦有差。賑青、靜海、滄三州縣災民。

《宣宗實録》卷 340，頁 168

道光二十一年（辛丑）春正月癸巳日

緩徵直隸天津、青、靜海、滄、薊、寧河、大城、鹽山、三河、寶坻、霸、永清、東安、灤、樂亭、博野、雄、安、高陽、河間、獻、任邱、東光、南皮、慶雲、鉅鹿、雞澤、大名、南樂、豐潤、玉田、新河、隆平、阜城三十四州縣上年被水村莊新舊額賦。加給天津、青、靜海、滄四州縣災民一月口糧。

《宣宗實録》卷 344，頁 238

道光二十四年（甲辰）春正月甲戌日

緩徵直隸景、東光二州縣上年被水村莊額賦。展緩三河、武清、薊、大城、永清、東安、安、高陽、河間、阜城、任邱、故城、天津、青、靜海、滄、南皮、鹽山、藁城、元城、大名、南樂、清豐、新河、寧晉二十五州縣應徵節年積欠漕糧。給東光縣災民一月口糧。

《宣宗實録》卷 401，頁 2–3

道光二十四年（甲辰）冬十月乙未日

蠲緩直隸霸、永清、武清、寶坻、薊、寧河、文安、大城、東安、高陽、安、獻、阜城、任邱、景、天津、青、靜海、滄、南皮、鹽山、南和、平鄉、鉅鹿、大名、南樂、雞澤、清豐、玉田、寧晉、隆平、南宮、磁三十三州縣被水、被雹村莊新舊額賦有差，並賑霸、永清二州縣旗民。

《宣宗實録》卷 410，頁 141

道光二十五年（乙巳）春正月戊辰日

給直隸霸、永清二州縣上年被水災民一月口糧，並緩徵本年新賦。展緩武清、寶坻、薊、寧河、文安、大城、東安、高陽、安、獻、阜城、任邱、景、天津、青、靜海、滄、南皮、鹽山、南和、平鄉、鉅鹿、磁、雞澤、大名、南樂、清豐、玉田、寧晉、隆平、南宫三十一州縣及津軍廳舊賦。

《宣宗實録》卷413，頁183–184

道光二十五年（乙巳）六月丙辰日

緩徵直隸大興、宛平、安、容城、高陽、懷來、赤城、靜海、豐潤、易、淶水、廣昌、武強、南和、平鄉、鉅鹿、雞澤、新河十八州縣舊欠額賦。

《宣宗實録》卷418，頁248

道光三十年（庚戌）春正月戊戌日

緩徵直隸青、靜海、武清、薊、文安、大城、灤、盧龍、遷安、樂亭、蠡、雄、安、高陽、河間、任邱、滄、南皮、鹽山、慶雲、藁城、永年、邯鄲、成安、肥鄉、廣平、雞澤、磁、元城、大名、清豐、宣化、懷來、玉田、曲周三十五州縣上年被水村莊新舊額賦。

《宣宗實録》卷476，頁989

《大清文宗顯皇帝實録》

咸豐元年（辛亥）九月庚辰日

蠲緩直隸高陽、安、武清、大城、永清、天津、滄、南皮、鹽山、慶雲、晉、平鄉、永年、邯鄲、雞澤、清豐、懷來、霸、雄、河間、靜海、藁城、元城、保安、定、清河二十七州縣被水、被雹村莊新舊額賦。

《文宗實録》卷 44，頁 614

咸豐二年（壬子）春正月癸丑日

緩徵直隸任邱、固安、高陽、武清、薊、大城、永清、天津、滄、南皮、鹽山、慶雲、晉、平鄉、永年、邯鄲、雞澤、大名、清豐、懷來、霸、雄、河間、靜海、藁城、開、元城、保安、定二十九州縣上年被水、被雹村莊新舊額賦，並給任邱、固安、高陽三縣被水災民口糧有差。

《文宗實録》卷 51，頁 683

咸豐二年（壬子）九月丙子日

蠲緩直隸保定、景、薊、高陽、安、阜城、東光、天津、青、靜海、鹽山、慶雲、武清、寧河、大城、霸、灤、獻、任邱、吳橋、滄、南皮、晉、唐山、任、永年、邯鄲、雞澤、磁、元城、大名、南樂、清豐、衡水、雄、東鹿、隆平、武邑、深、武強、平鄉、長垣四十二州縣被水、被風、被雹村莊額賦並給口糧有差。

《文宗實録》卷72，頁945

咸豐三年（癸丑）春正月丁未日

賑直隸保定、景二州縣被水災民一月口糧。展緩薊、安、保定、景、高陽、阜城、東光、天津、青、靜海、鹽山、慶雲、武清、寧河、霸、大城、灤、獻、任邱、吳橋、滄、南皮、晉、唐山、任、永年、邯鄲、雞澤、磁、元城、大名、南樂、清豐、衡水、雄、東鹿、隆平、武邑、深、武強、平鄉四十一州縣被水村莊新舊額賦，並津軍廳葦漁等課。

《文宗實録》卷81，頁1

咸豐三年（癸丑）九月癸丑日

又諭：「勝保奏續獲勝仗、扼要堵剿一摺。藁城賊匪逃向晉州，該大臣已派西淩阿、經文岱等，跟蹤緊追。該大臣由定州至保定督兵進剿。惟河間、天津一帶，甚屬空虛。本日已諭令僧格林沁，派令培成、多爾濟那木凱、達洪阿等，將所帶之京兵及察哈爾官兵，迅催前進，由高陽、深澤一路迎擊。惟培成等甫經出京，道途紆折，恐一時未能趕到。且諸將中，惟達洪阿曾經出兵，其餘俱未經行陣。仍著勝保，迅派得力將弁，帶兵前往，扼要堵截，勿稍延待。慶祺帶領盛京官兵，應於何處截擊，遏賊東竄天津之路。並著該大臣，酌量調度。僧格林沁所帶官兵四千餘名，約在涿州一帶布置，兼顧保定、易州等處。其河間、天津等處，何路緊要，即著撥兵迅速進剿，並隨時知照僧格林沁等酌度緩急，相機夾擊。訥爾經額原帶之兵，前已有旨，飭令歸西淩阿管帶。著勝保，迅即飛調來營，以資攻剿，毋任逗遛遲誤。將此由六百里加緊諭知勝保，並諭慶祺知之。」

《文宗實録》卷 106，頁 600

咸豐三年（癸丑）十月甲申日

蠲緩直隸保定、文安、固安、天津、寧河、永清、新城、雄、安、高陽、獻、交河、吳橋、東光、青、靜海、藁城、豐潤、玉田、大城、霸、薊、新城、武清、寶坻、灤、清苑、蠡、束鹿、河間、阜城、滄、南皮、鹽山、慶雲、正定、無極、南和、雞澤、元城、大名、南樂、清豐、武邑、深、深澤、博野、景、南宮、新河、寧晉、武強、容城五十三州縣被水、被風村莊新舊額賦。並賑保定、文安、固安、天津四縣被水災民。

《文宗實録》卷 109，頁 680

咸豐四年（甲寅）春正月壬寅日

緩徵直隸保定、文安、固安、天津、薊、寧河、霸、大城、永清、新城、雄、安、高陽、吳橋、東光、青、豐潤、玉田、武清、寶坻、東安、灤、清苑、安肅、博野、蠡、祁、束鹿、河間、阜城、任邱、南皮、鹽山、慶雲、正定、無極、南和、唐山、平鄉、廣宗、永年、邯鄲、雞澤、磁、元城、大名、南樂、清豐、武邑、衡水、深澤、完、景、平山、鉅鹿、南宮、新河、寧晉、武強五十九州縣被水村莊新舊額賦及津軍廳葦漁課。加賑保定、文安、固安、天津四縣貧民一月口糧。

《文宗實録》卷 117，頁 4

咸豐五年（乙卯）春正月丙寅日

緩徵直隸保定、東光、寶坻、安、景、天津、磁、武清、薊、寧河、霸、大城、東安、蠡、雄、束鹿、高陽、故城、青、南皮、鹽山、慶雲、永年、雞澤、元城、大名、南樂、清豐、蔚、玉田、淶水、武邑、衡水、武強、平鄉、邯鄲、南宮、任邱、獻、阜城、靜海、滄、晉、任、隆平、深、文安、吴橋、河間四十九州縣災歉村莊新舊額賦有差。加賞保定、東光民旗一月口糧。

《文宗實録》卷 156，頁 695

咸豐五年（乙卯）十二月丙申日

蠲緩直隸開、東明、長垣、保定、吴橋、東光、寶坻、寧河、新城、雄、安、高陽、天津、靜海、豐潤、玉田、武清、薊、霸、文安、大城、永清、東安、安肅、蠡、束鹿、河間、獻、任邱、景、青、滄、南皮、鹽山、慶雲、晉、南和、平鄉、廣宗、鉅鹿、任、永年、邯鄲、曲周、廣平、雞澤、磁、元城、大名、南樂、清豐、南宮、武邑、衡水、隆平、寧晉、深、武強五十八州縣被水、被雹村莊新舊額賦，並各項旗租有差。

《文宗實録》卷 185，頁 1071

咸豐六年（丙辰）十月戊申日

蠲緩直隸通、武清、寶坻、寧河、順義、雄、安、高陽、東光、天津、廣平、磁、玉田、三河、薊、香河、霸、文安、大城、灤、安肅、定興、蠡、束鹿、獻、肅寧、任邱、景、吳橋、青、靜海、滄、南皮、鹽山、慶雲、正定、晉、南和、平鄉、廣宗、永年、邯鄲、成安、肥鄉、曲周、雞澤、元城、大名、南樂、清豐、豐潤、南宮、武邑、衡水、深、武強、定五十七州縣被水、被旱、被蝗村莊本年額賦，暨河淤海防經費攤徵有差，並減免差徭。

《文宗實録》卷 210，頁 321

咸豐七年（丁巳）春正月丁巳日

緩徵直隸宛平、保定、固安、永清、東安、開、東明、長垣、通、武清、寶坻、寧河、順義、新城、雄、安、高陽、東光、天津、廣平、磁、玉田、三河、薊、香河、霸、文安、大城、灤、安肅、定興、蠡、束鹿、獻、肅寧、任邱、景、吳橋、青、靜海、滄、南皮、鹽山、慶雲、正定、晉、南和、平鄉、廣宗、永年、邯鄲、成安、肥鄉、曲周、雞澤、元城、大名、南樂、清豐、豐潤、南宮、武邑、衡水、深、武強、定六十六州縣被水、被旱歉收村莊新舊額賦。給宛平、固安、永清、東明、長垣、保定、東安、開八州縣旗民口糧有差。

《文宗實録》卷217，頁398

咸豐七年（丁巳）八月丙子日

諭内閣：「載容等奏請飭催直隸撥解銀兩一摺。本年直隸省應補解廣恩庫銀兩，前經降旨令譚廷襄即飭該藩司趕緊籌撥，迄今三月有餘，僅據易州解交一款為數無多，其藩司暨安州、安肅、河間、高陽、任邱等州縣，應解各款，經載容等移咨該督飭催，仍未解交，疲玩已極。著譚廷襄即飭該藩司，將本年應行補解銀五千六百九十三兩零，迅速撥解，並嚴飭各該州縣，趕緊將舊欠租銀一併解交，以資支放。此係守護陵寢兵餉要需，該員等如再遲延，即著該督嚴參懲處。」

《文宗實録》卷234，頁644-645

咸豐七年（丁巳）冬十月癸丑日

蠲緩直隸開、磁、安、深、晉、薊、景、滄、固安、東安、東明、長垣、永清、寧河、高陽、永年、成安、廣平、新河、武清、博野、蠡、雄、束鹿、河間、獻、東光、天津、青、靜海、南皮、鹽山、贊皇、無極、邢台、唐山、平鄉、廣宗、鉅鹿、内邱、任、邯鄲、肥鄉、曲周、雞澤、元城、大名、南樂、清豐、豐潤、玉田、南宮、棗強、武邑、衡水、柏鄉、隆平、高邑、臨城、寧晉、武強、饒陽、深澤六十三州縣被水、被雹歉收地畝額賦，並給賑有差。

《文宗實録》卷 237，頁 684

咸豐八年（戊午）正月壬寅日

又諭：「載容奏請飭催地租銀兩等語。西陵廣恩庫地租銀兩，易州等州縣共欠交陳租五千二百五十餘兩。前經奏催，易州等州縣，不但陳租未完，新租仍復拖欠。其安州陳欠並上年應交新租，仍不交完，實屬延玩。著直隸總督，即行嚴飭易州、安州、任邱、高陽、河間、安肅等六州縣，將欠交廣恩庫陳新租銀，趕緊完交，以重庫款，毋再遲延。」

《文宗實録》卷 244，頁 774–775

咸豐八年（戊午）十一月乙亥日

蠲緩直隸開、東明、長垣、武清、寧河、蠡、束鹿、安、天津、青、靜海、滄、南皮、鹽山、無極、大名、南樂、清豐、永年、邯鄲、肥鄉、廣平、雞澤、豐潤、新河、武邑、衡水、隆平、寧晉、饒陽、高陽、成安、曲周、南宮、深澤三十五州縣被水、被旱、被風、被雹災區新舊額賦有差，並分別賑給貧民口糧。

《文宗實録》卷 269，頁 1163

咸豐九年（己未）正月丙申日

諭內閣：「載茯等奏請飭催直隸各州縣應解庫款等語。直隸各州縣欠交廣恩庫陳新各租銀，共九千七百餘兩。前經降旨飭催。茲據奏稱，僅據易州、安州、任邱、河間、高陽、安肅、保定等州縣，解到陳租銀五百七十七兩零。又據易州、安州、任邱、河間、高陽等州縣，解到新租銀二千一百十六兩零。其安肅、保定等縣，上年新租毫未解交，實屬延玩。著慶祺勒限嚴飭各該州縣，將欠交陳新租銀，掃數完納。並轉飭該藩司，將上年應解銀兩趕緊籌撥，以重庫款，不准稍涉遲延。該督曾任泰寧鎮總兵，自應備悉彼處情形，毋許視為泛常，一催了事。」

《文宗實録》卷 274，頁 20–21

《大清穆宗毅皇帝實録》

（同治四年至同治十三年　公元 1865–1874 年）

同治四年（乙丑）十一月壬戌日

又諭：「劉長佑奏，甄劾知縣教佐各員，請旨分別懲辦一摺。直隸撫寧縣知縣孫康壽、高陽縣知縣王塏、懷來縣知縣翟文光，於各本任地方，俱不甚相宜，著即撤任，留於該省，遇有相當缺出，另行酌補。永定河北岸同知唐鬱身弱多病，正定府訓導劉硯田精力就衰，均著勒令休致。保定府訓導崔顧行任性浮躁，定州學正王煜酗酒謾罵，行止不端；香河縣教諭範鳴珂人品卑污，干預公事；唐山縣教諭顧學純性情貪鄙，不洽士論；霸州北六工州判金嘉琴不諳河務，遇事張惶；宣化府經歷童鶴齡性情狡猾，善於營私；武清縣河西務主簿袁振綱干預地方公事，修防亦不得力；青縣杜林鎮巡檢史恩壽任性妄為，遇事粗率；曲周縣典史蕭榮藉端生事，意圖索詐，均著即行革職，以肅官方。」

《穆宗實録》卷 159，頁 694–695

同治六年（丁卯）六月甲申日

旌表守正捐軀直隸高陽縣民張群妻李氏。

《穆宗實録》卷 205，頁 644

同治六年（丁卯）六月己亥日

諭軍機大臣等：「總理各國事務衙門奏，據章京張其浚稟稱接到家信，內稱六月初九日，突有土匪鹽匪二千餘人，將蠡縣境內北五福村辛橋鎮等處三十餘村莊搶掠焚殺。現竄任邱、高陽一帶，馬隊有八百餘騎，大車有二百餘輛，裹脅至二千餘人等語。前據劉長佑奏稱，順天、保定、天津、河間各屬均有鹽匪訛索搶奪，業經派兵剿捕。茲據該衙門所奏情形，現竄任邱等處匪黨，馬隊人數已如此之多。劉長佑事前既漫無防範，以致匪徒突起，結黨橫行。若再不趕緊撲滅，致令嘯聚日眾，蔓延畿疆，該督其能當此重咎耶？著即添派得力兵勇，先將此股匪黨迅速追剿，務將著名首惡悉數擒獲，盡法懲辦。其被脅飢民仍分別妥為安撫。此外各府所屬滋事匪徒並著分派兵勇，一律拏辦，毋稍延緩。現在捻匪竄擾山東，北路河防正當吃緊，近因天時亢旱，人心不無浮動。畿輔重地關係緊要，豈可任令匪蹤出沒，為害地方？神機營兵丁訓練已久，原以備緩急之用。應如何酌量派撥就近協剿之處，著文祥等迅籌辦理。將此各諭令知之。」

《穆宗實録》卷 206，頁 658

同治六年（丁卯）八月辛卯日

諭軍機大臣等：「崇厚奏，賊匪回竄文安，現籌防剿一摺。賊匪由蠡縣、高陽竄至文安縣屬之狼虎廟，距津郡僅百餘里。該郡練軍多調赴外出，本地兵力空虛。崇厚現派由奉省撤回之洋槍隊，並各營存兵憑守濠牆，尚恐不敷分途迎剿。著劉長佑、穆騰阿督飭各軍實力追剿，與崇厚所派各軍夾擊，迅埽賊氛。劉長佑、穆騰阿所部兵力不為不厚，乃任令賊騎竄逸，毫無攔截。若再不盡力剿洗，聽其東奔西突，縱橫自如，將來伊於何底。此股賊騎為數尚不甚多，崇厚亦當督軍出擊，不得但守濠牆，致令居民驚疑遷徙。將此由五百里各諭令知之。」

《穆宗實録》卷 209，頁 714–715

同治六年（丁卯）八月戊戌日

諭軍機大臣等：「劉長佑奏官軍會剿獲勝，現籌分布情形。穆騰阿奏續探情形，追剿分布，並派隊彈壓文安、大城各摺片。該匪現已竄向西南任邱、高陽一帶。著劉長佑、穆騰阿督飭保定、河間兩軍並余承恩等跟蹤緊追，務將此股速行殄滅，以靖畿輔。如匪蹤已渡滹沱迤南，即責成劉長佑酌派兵勇，扼紮河干。一面飭沿河地方文武，聯絡鄉團，嚴密扼守，毋任賊騎往來偷渡；一面派隊分投追勦。該督所稱京兵宜於堵截，不宜南北奔走，跟蹤追逐，致褻威重等語，所籌不為無見。此股賊蹤如已遠竄，即著穆騰阿回駐近畿一帶，將所部京兵於大城、文安、任邱、雄縣各屬擇要分駐扼紮，詳細偵探。儻遇賊匪回竄，刻即迎擊，以恤兵力而養軍威。劉長佑惟當嚴督直省兵勇，專力追截，仍酌撥數營隨同穆騰阿分布駐紮，以資周密。文安、大城既有匪徒句結梟匪情事，即著穆騰阿飭令派往之阿克敦、孝順就近彈壓，劉長佑飭令該地方官嚴密查拏。靜海、滄州一帶，著崇厚撥隊分紮堵勦，毋稍疏忽。將此由五百里各諭令知之。」

《穆宗實録》卷 210，頁 724

同治六年（丁卯）十一月己未日

諭軍機大臣等：「穆騰阿奏賊匪南竄迎勦情形，請將薩淩阿留營，並請賞假各摺片。梟匪全股由雄縣南竄鄚州，經官兵截勦，該匪竄至任邱雙塔村等處焚掠。疊經官兵進擊，轟斃多名，復向高陽一帶奔竄。著穆騰阿飭令派出之官兵星夜窮追，設法邀截。並著官文於到任後，嚴飭直隸各軍實力會勦，務期四面兜擊，趕緊殄除，不得有名無實。穆騰阿因病暫時請假，現當追勦吃緊之時，仍著力疾從戎，不得稍涉懈弛。薩淩阿雖無別項劣跡，惟既不洽眾情，帶隊豈能得力？著即飭令回京，毋庸再行留營。新城鄉團齊隊迎勦，斃賊甚多，奮勇可嘉。著官文查明出力紳勇奏獎。陣亡練勇四十一名，業經穆騰阿給銀撫卹，仍著官文查明請卹。將此由五百里各諭令知之。」

《穆宗實録》卷215，頁818–819

同治六年（丁卯）十一月壬戌日

諭軍機大臣等：「劉長佑奏追擊梟匪獲勝，賊蹤南竄，並陳濟清追賊情形各摺片。梟匪竄擾固安，經鄉團官軍合力兜勦，該匪竄至高陽，復為官軍截擊，現已由蠡、博一帶竄至定州。著官文即飭令劉長佑督率所部，實力窮追，並嚴檄各隊會合追截，不得仍前玩泄。其南路各府州地方文武，亦著官文嚴檄該員督率勇團，擇要堵禦，毋任該匪肆行旁竄。穆騰阿亦當督飭所部，分路扼截，以杜北竄。總兵陳濟清於富和與賊接仗時，並未擊賊，竟敢捏稱與劉景芬兩路包抄。日前神機營奏：據各路探報及富和所稟，與劉景芬約會應援，並未出隊接應，確鑿可據。陳濟清既與劉景芬同追此賊，是其遷延觀望，與劉景芬相等，耳目切近之地，尚敢如此掩飾，尤屬可惡。著官文、穆騰阿嚴切查明，確實參奏，毋稍徇隱。劉長佑原片均著鈔給閲看。本日據神機營奏陳管見一摺，所請令馬隊專力追賊，步隊分紮要隘截擊，並輪番會合馬軍，遞相更替援應各節。著官文、穆騰阿會籌辦理，並著申明紀律，如有畏葸不前，貽誤事機者，即著嚴參，照軍法從嚴治罪。直隸勇隊如再有擾害地方者，即著嚴拏正法。劉長佑所部楚勇，仍著嚴加管束。地方舉辦團練，官文當飭各牧令斟酌機宜，務須操縱得當，毋滋流弊。又據御史周恒祺條陳勦匪機宜各摺片，與神機營所奏大略相同。並所請重懸賞格，豫籌糧儲，稽查奸匪，接濟賊馬，並精選將領各條，均著官文、穆騰阿籌畫辦理。神機營原摺一件，並周恒祺原摺片二件，均著鈔給官文等閲看。正在寄諭間，據穆騰阿奏，匪由高陽向西南一帶竄逸，並請撥黑龍江馬隊官兵暨請將帶兵官革職各等語。現在賊已竄至定州一帶，著穆騰阿飭令馬隊各軍，視賊所向星馳追剿，以期痛殲醜類，不得駐紮固安、涿州等處，徒事株守。步軍各隊，著進紮西南各要隘。儻遇賊匪回竄，務當分投截擊，不容懈弛。至直隸練軍各營仍歸官文節制調遣，合力夾擊以期呼應較靈。富和所部馬隊官兵，馬匹間有疲瘠，著穆騰阿飭令該副都統趕緊整理前進，不得藉詞耽延。黑龍江馬隊俟到齊時，即著神機營酌撥該都統軍營，與吉林馬隊合軍進剿。遵化練軍管帶官溫積桂剿匪不力，著即行革職，仍責令帶隊剿賊，以觀後效。將此諭知神機營，並由五百里諭令官文、穆騰阿知之。」

《穆宗實録》卷216，頁824-825

同治六年（丁卯）十二月乙酉日

蠲緩直隸通、三河、武清、寶坻、香河、寧河、霸、保定、固安、永清、宛平、房山、天津、青、靜海、滄、豐潤、薊、順義、清苑、新城、玉田、東安、雄、文安、大城、隆平、良鄉、涿、灤、盧龍、昌黎、安肅、完、定興、容城、束鹿、安、南皮、鹽山、慶雲、廣宗、永年、雞澤、元城、大名、懷來、淶水、深、定、衡水、昌平、蠡、高陽、阜城、南樂、清豐、宣化、深澤、磁、晉六十一州縣被旱地方新舊額賦雜課，並民借倉穀有差。

《穆宗實録》卷218，頁860

同治七年（戊辰）春正月辛亥日

緩徵直隸宛平、通、三河、武清、寶坻、薊、香河、寧河、霸、保定、固安、永清、東安、房山、順義、清苑、新城、雄、天津、青、靜海、滄、開、東明、長垣、豐潤、玉田、文安、大城、良鄉、涿、昌平、灤、盧龍、昌黎、安肅、完、定興、容城、蠡、束鹿、安、高陽、阜城、南皮、鹽山、慶雲、廣宗、永年、雞澤、元城、大名、南樂、清豐、宣化、懷來、淶水、衡水、深、定、深澤、晉六十二州縣被水、被旱、被雹、被風、被擾地方新舊額賦租課，暨民借倉穀有差。

《穆宗實録》卷221，頁2

同治七年（戊辰）二月庚辰日

諭軍機大臣等：「李鴻章奏官軍先後赴直情形，並擬逼賊入豫兜剿各摺片。潘鼎新等軍，昨據官文奏稱，距張登鎮不遠，諭令在北路扼紮，以資休息。李鴻章所稱該藩司等徑趨饒陽，自係在官文奏報以前之事。該司等跋涉遠來，誠不宜輕於浪戰，著仍遵前諭，暫在北路堵扼，以杜捻蹤北竄。李鴻章現由東阿渡黃，即著相機前進。周盛波各軍，並著催提北上，以厚兵力。李鴻章抵直後，即可在東南一面擇要扼紮。如兵力有餘，並著分撥數軍，馳赴東北，會合丁寶楨、崇厚各軍，向西南壓擊。現在丁寶楨駐紮任邱一帶，即著和衷商酌，妥為布置，當此事機孔亟，宵旰焦勞。該督撫等俱朝廷所委任，當思師克在和之義，協力同心，迅籌滅賊。儻因意見參商，致誤事機，其何顏以對軍民耶？李鴻章因直隸地勢平衍，擬蹙之於懷、衛，設法圈制，固屬因地制宜。惟現聞該逆由祁州竄至安州，復至高陽肆擾，勢仍北趨，似未知畏威南竄，若不痛加擊剿，恐裹脅日多，必至盤踞近畿。劉松山等軍，著官文仍遵前旨，飭令由北面壓剿而南，若得一二勝仗，則軍威大振，足懾逆膽。儻日久遷延，師老餉缺，愈形棘手。其郭松林、楊鼎勳等軍應否飭令徑趨東昌、大名一帶，著李鴻章相機調派。所有淮軍糧草，著官文嚴飭各屬，妥為備辦，毋使缺乏。左宗棠行抵何處？著即相機前進，妥為調度。並著與李鴻章隨時籌商方略，共奏膚公。天津為富庶之區，地廣人眾，逆匪垂涎，實在意中。著崇厚懔遵前諭，妥為防剿。並著與丁寶楨各軍聯絡聲勢，隨時扼截，毋使闌入，是為至要。神機營奏，陳國瑞募勇成隊，酌給餉銀三萬兩，以供支放。著官文傳諭該侍衛祇領後，撙節動用，此係格外體恤。該侍衛當奮勉剿賊，以圖報稱，不得徒託空言。神機營餉項，豈能時時撥給？嗣後如有缺乏，著官文隨時支發，毋稍貽誤。本日據侍郎畢道遠奏，陳國瑞剿賊奮勇，堪派左宗棠翼長等語。陳國瑞本係交左宗棠差遣，其可否派充翼長，著左宗棠察看。儻因該侍衛性情與充當翼長不堪相宜，或另派妥員，或不必派員之處，均著該大臣酌覈辦理。將此由六百里各諭令知之。」

《穆宗實録》卷 224，頁 48–50

同治七年（戊辰）二月辛巳日

諭軍機大臣等：「張之萬奏派兵入直助剿一摺。張之萬以直省軍務緊要，擬挑選步勇三四千名，馬勇兩營，派令姚廣武、張從龍、王文行、王得勝，督帶赴直協剿。覽奏具見悃忱。前有旨諭令英翰督率皖軍，嚴扼黃河南北兩岸，與李鶴年聯絡聲勢，互相截剿。此次張之萬所派馬步各軍，即著飭令前赴豫省，歸英翰節制調遣。該軍到豫後，應如何擇要扼紮之處，並著英翰與李鶴年妥籌布置。豫省既添此軍防剿，兵力較厚，如賊蹤竄近西南，著左宗棠會商李鶴年、英翰，相機調度。賊匪現仍北趨祁、定、高陽一帶，朝廷甚深廑係，左宗棠當懔遵疊次諭旨，星馳前進，迅埽逆氛，以副委任。王可升所部四營，即著張之萬檄飭駐紮清淮一帶，以資彈壓。

《穆宗實録》卷 224，頁 51

將此由六百里諭令知之。」

同治七年（戊辰）二月壬午日

諭軍機大臣等：「丁寶楨奏，捻逆折竄西北，分路扼剿，挑派吉林等西丹馬隊赴直。崇厚奏，賊氛北逼，會兵力過，請飭撥兵嚴防東北，並接濟前敵米糧軍火等項各摺片。逆騎由深、祁、高陽，竄擾任邱、河間，非北向雄、固，即東撲天津。任邱、河間一帶，為扼要通衢。楊飛熊一軍，雖經趕到駐紮任邱，而陳濟清一軍，又將回顧津郡。該處兵力尚單，難資堵截。著官文於潘鼎新、程文炳兩軍內，速撥得力之軍，兼程馳赴雄縣、任邱、大城一帶，均匀分布，與丁寶楨所部東軍，聯絡聲勢，嚴行扼截，毋任賊蹤竄向東北。潘鼎新、程文炳等軍到後，兵力較厚，設津郡緊急，陳濟清等各隊，亦可隨時兼顧。並著官文調派保定諸軍，由西路節節進剿，兼顧北面，賊匪肆行無忌，非痛加殲戮，不足以挫凶鋒而寒逆膽。官文當相機進擊，不可徒事株守。李鴻章派援各軍，其未抵直境者，著迅速迎提北上，或替程文炳、潘鼎新等軍扼紮保定，或即赴東北各路，遮罩近畿及津郡一帶，著官文酌覈辦理。總期各該軍取道便捷，不至往返紆折為要。左宗棠當速催前敵各軍進剿，毋稍延緩，其應駐紮何處，以便呼應較靈，著隨時酌度辦理。天津地方富庶，逆匪垂涎已久，崇厚現於該處水陸設防，著即嚴密布置，並著設法聯絡鄉團，鼓舞人心，以資堵禦。左宗棠前敵各營，應用米糧軍火等項，崇厚當隨時撥解轉運。丁寶楨所挑之吉林、黑龍江丹丁一千五百名，著於行抵該撫行營時，認真察看。飭赴春壽行營，會合步隊，迅速進剿，一切口糧，仍由丁寶楨籌給。並著官文隨時接濟餉項軍火，以備缺乏，月餉著照所請全行發給，其各丹丁家屬養贍銀兩，仍著隨時另行籌解，以示體恤。其餘丹丁馬匹，仍著丁寶楨飭令認真訓練調養，以備調派。將此由六百里各諭令知之。」

《穆宗實録》卷 224，頁 51–52

同治七年（戊辰）二月癸未日

又諭：「左宗棠奏總統各軍，籌剿撚逆一摺。所陳三路進兵，並令各軍互相知會，聯絡聲勢，為步步進逼之計，布置頗合機宜。惟賊勢現由祁、定、高陽，分擾任邱、河間，意在東撲天津。昨已諭令官文於潘鼎新、程文炳兩軍內，揀派得力之軍，馳赴雄縣、任邱、大城等處分紮，扼截東北矣。丁寶楨現駐河間，楊飛熊、陳濟清等分紮鄭州、任邱，其河間以南阜城、景、德等處，尚覺空虛。賊騎避兵繞竄，蹈隙乘虛，是其慣技。左宗棠現駐正定，距前敵較遠，應行移紮何處，並如何調撥各軍扼截，或分路進兜，以剿為防，杜賊竄津並紛竄東北之處，均著該大臣懍遵昨日諭旨，相度機宜，酌量辦理。將此由六百里諭令知之。」

《穆宗實録》卷 224，頁 54–55

同治七年（戊辰）十月辛未日

蠲緩直隸文安、永清、清豐、安平、霸、保定、宛平、固安、高陽、安、元城、豐潤、寶坻、大城、良鄉、新城、蠡、雄、河間、獻、阜城、任邱、青、靜海、晉、無極、平鄉、永年、雞澤、清河、磁、大名、南樂、懷安、玉田、寧晉、隆平、深、饒陽、深澤、薊、容城、肅寧、任、邯鄲四十五州縣被水、被雹地方新舊額賦。

《穆宗實録》卷 245，頁 412

同治八年（己巳）九月乙未日

旌表守正捐軀直隸高陽縣民婦孟王氏。

《穆宗實録》卷 267，頁 711

同治八年（己巳）十一月癸酉日

旌表守正捐軀直隸高陽縣民單印川妻侯氏。

《穆宗實録》卷 270，頁 748

同治九年（庚午）十月己卯日

蠲緩直隸霸、高陽、天津、滄、青、靜海、元城、大名、通、武清、寶坻、薊、香河、保定、文安、大城、新城、蠡、雄、安、河間、獻、東光、景、任邱、平鄉、鉅鹿、永年、曲周、雞澤、威、隆平、寧晉、深、饒陽、安平、三河、博野、任、肥鄉四十州縣被水、被旱、被雹、被蟲地方新舊額賦租課，暨民借倉穀有差。

同治十年（辛未）春正月壬辰日

綏徵直隸霸、永清、高陽、天津、青、靜海、滄、吳橋、南皮、開、元城、大名、清豐、東明、長垣、豐潤、柏鄉、高邑十八州縣被水、被旱、被雹、被蟲地方本年上忙額賦。並展緩通、三河、武清、寶坻、薊、香河、保定、文安、大城、新城、博野、蠡、雄、安、河間、獻景、故城、東光、任邱、鹽山、慶雲、平鄉、鉅鹿、任、永年、肥鄉、雞澤、威、曲周、清河、南欒、隆平、寧晉、深、饒陽、安平三十七州縣歉收地方節年糧租暨民借倉穀。

《穆宗實録》卷 302，頁 2

同治十一年（壬申）春正月丁亥日

綏徵直隸通、武清、寶坻、香河、霸、寧河、保定、文安、大城、固安、永清、東安、大興、宛平、良鄉、房山、涿、灤、清苑、安肅、新城、蠡、雄、安、高陽、河間、獻、任邱、交河、吳橋、東光、天津、青、靜海、南皮、鹽山、唐山、開、元城、大名、東明、長垣、豐潤、玉田、安平、三河、欒亭、定興、博野、容城、完、祁、束鹿、慶雲、阜城、肅寧、景、正定、晉、無極、藁城、新欒、沙河、南和、平鄉、廣宗、鉅鹿、任、永年、邯鄲、成安、肥鄉、曲周、廣平、雞澤、清河、磁、武邑、趙、隆平、寧晉、深、武強、饒陽、定、深澤八十七州縣被水地方新舊額賦租課暨民借倉穀有差。

《穆宗實録》卷 293，頁 1055

同治十二年（癸酉）冬十月庚寅日

蠲緩直隸宛平、良鄉、涿、灤、清苑、安肅、新城、蠡、吳橋、鹽山、元城、大名、豐潤、玉田、安平、房山、欒亭、博野、祁、阜城、肅寧、故城、南皮、無極、藁城、雞澤、清河、南欒、清豐、武強、饒陽、深澤、容城、通、三河、武清、薊、香河、寧河、霸、保定、文安、大城、固安、永清、東安、順義、懷柔、雄、高陽、安、河間、獻、任邱、交河、景、東光、天津、青、靜海、滄、定、開、長垣、東明六十五州縣被水、被雹地方新舊額賦暨倉穀雜課有差。

《穆宗實録》卷 327，頁 325

同治十三年（甲戌）春正月丙午日

展緩直隸通、三河、武清、寶坻、薊、香河、寧河、霸、保定、文安、大城、固安、永清、東安、宛平、良鄉、涿、順義、懷柔、灤、清苑、安肅、新城、蠡、雄、高陽、安、河間、獻、任邱、交河、景、吳橋、東光、天津、青、靜海、滄、鹽山、開、元城、大名、東明、長垣、豐潤、玉田、安平、定四十八州縣被水地方春徵額賦。並展房山、欒亭、博野、容城、祁、阜城、肅寧、故城、南皮、無極、藁城、任、雞澤、清河、南欒、清豐、宣化、武強、饒陽、深澤二十州縣節年民欠糧租。

《穆宗實録》卷 358，頁 738

《穆宗實録》卷 362，頁 789–790

同治十三年（甲戌）冬十月戊子日

蠲緩直隸雄、高陽、任邱、定、寶坻、薊、霸、安、河間、元城、大名、豐潤、安平、通、三河、武清、香河、保定、文安、大城、永清、灤、樂亭、清苑、安肅、新城、蠡、獻、肅寧、天津、靜海、滄、南皮、鹽山、慶雲、無極、藁城、清河、玉田、饒陽、深澤、固安、青、沙河、雞澤四十五州縣被水、被旱、被雹地方本年額賦租課暨民借倉穀有差。

《穆宗實録》卷 372，頁 926

《大清德宗景皇帝實録》

（光緒元年至光緒三十二年　公元 1875–1906 年）

光緒元年（乙亥）春正月庚子日

緩徵直隸雄、高陽、任邱、定、寶坻、薊、霸、安、河間、開、東明、長垣、大名、元城、豐潤、安平、通、三河、武清、香河、保定、文安、大城、固安、永清、灤、樂亭、清苑、安肅、新城、蠡、獻、肅寧、天津、青、靜海、滄、南皮、鹽山、慶雲、無極、藁城、沙河、雞澤、清河、玉田、饒陽、深澤四十八州縣歉收村莊糧賦地租，并原貸倉穀。

《德宗實録》卷 3，頁 105

光緒元年（乙亥）冬十月丁丑日

蠲緩直隸良鄉、新城、雄、高陽、安、靜海、霸、豐潤、安平、通、武清、保定、清苑、肅寧、青、涿、南皮、鹽山、無極、沙河、雞澤、武邑、南和、饒陽、深澤、安肅、蠡、東光、香河、任、武強、任邱、平鄉三十三州縣被水被旱村莊新舊糧租有差。

《德宗實録》卷 19，頁 309

光緒二年（丙子）春正月癸巳朔日

緩徵直隸霸、文安、大城、良鄉、新城、雄、安、高陽、任邱、天津、靜海、開、元城、大名、東明、長垣、豐潤、安平、通、武清、香河、保定、清苑、安肅、蠡、河間、獻、肅寧、東光、青、滄、南皮、鹽山、無極、沙河、南和、任、雞澤、遵化、武邑、武強、饒陽、深澤四十三州縣被災歉收村莊本年春徵新賦正雜糧租，並展緩原貸倉穀有差。

《德宗實録》卷25，頁371

光緒二年（丙子）冬十月庚戌日

蠲緩直隸博野、蠡、雄、祁、安、高陽、河間、任邱、東光、南皮、慶雲、定、深澤、通、寶坻、薊、吳橋、景、天津、青、靜海、滄、鹽山、元城、大名、遵化、豐潤、安平、武清、寧河、霸、文安、大成、灤、清苑、安肅、阜城、肅寧、交河、無極、藁城、南河、平鄉、任、永年、邯鄲、曲周、廣平、雞澤、清河、磁、南樂、懷安、玉田、武邑、武強、饒陽、香河五十八州縣被旱、被水、被雹、被潮、被霜、被風地方新舊糧租，並減免差徭有差。

《德宗實録》卷41，頁591

光緒三年（丁丑）春正月戊午日

緩徵直隸通、寶坻、薊、博野、蠡、雄、祁、安、高陽、河間、任邱、景、吳橋、東光、天津、青、靜海、滄、南皮、鹽山、慶雲、開、元城、大名、東明、長垣、遵化、豐潤、安平、定、深澤三十一州縣被災地方春徵新賦正雜糧租；武清、香河、寧河、霸、文安、大城、灤、遷安、清苑、安肅、獻、阜城、肅寧、交河、無極、藁城、南和、平鄉、任、永年、邯鄲、曲周、廣平、雞澤、清河、磁、南樂、懷安、玉田、武邑、武強、饒陽三十二州縣歉收村莊上年糧賦租課，並民借倉穀暨津軍廳葦漁課有差。

《德宗實録》卷46，頁639–640

光緒三年（丁丑）十一月丙辰日

蠲緩直隸清苑、完、雄、交河、阜城、肅寧、景、東光、獻、唐、元城、大名、棗強、武邑、定、曲陽、滿城、望都、吳橋、青、靜海、滄、南皮、鹽山、慶雲、新樂、武強、安平、武清、薊、大城、文安、灤、安肅、安、高陽、河間、任邱、故城、寧河、天津、藁城、邢台、沙河、南和、唐山、平鄉、廣宗、鉅鹿、任、永年、邯鄲、廣平、雞澤、磁、南樂、清豐、遵化、豐潤、衡水、寧晉、饒陽、蠡、成安、曲周、新河、開、東明、長垣六十九州縣歉收村莊糧賦，並減免差徭。

《德宗實録》卷61，頁845

光緒四年（戊寅）春正月壬子日

緩徵直隸滿城、唐、望都、完、雄、獻、阜城、肅寧、交河、景、吳橋、東光、青、靜海、滄、南皮、鹽山、慶雲、行唐、新樂、元城、大名、棗強、武邑、武強、安平、定、曲陽、開、東明、長垣三十一州縣被災歉收村莊本年新賦正雜糧租，暨武清、薊、大城、文安、灤、清苑、安肅、蠡、安、高陽、河間、任邱、故城、寧津、天津、藁城、邢台、沙河、南和、唐山、平鄉、廣宗、鉅鹿、任、永年、邯鄲、成安、曲周、廣平、雞澤、磁、南樂、清豐、遵化、豐潤、新河、衡水、寧晉、饒陽三十九州縣被災歉收村莊舊欠糧租、雜課、原貸倉穀等項有差。

《德宗實録》卷65，頁1-2

光緒四年（戊寅）三月庚戌日

緩徵直隸唐、完、交河、阜城、景、東光、獻、肅寧、行唐、開、大名、元城、東明、長垣、棗強、武邑、定、曲陽、雄、滿城、望都、新樂、吳橋、青、靜海、滄、南皮、鹽山、慶雲、武強、安平、武清、薊、大城、文安、灤、清苑、安肅、蠡、安、高陽、河間、任邱、故城、寧津、天津、藁城、邢台、沙河、南和、唐山、平鄉、廣宗、鉅鹿、任、永年、邯鄲、成安、曲周、廣平、雞澤、磁、南樂、清豐、遵化、豐潤、新河、衡水、寧晉、饒陽等七十州縣上年正雜糧租灶課。

《德宗實録》卷69，頁64–65

光緒四年（戊寅）七月壬子日

蠲緩直隸阜城、景、交河、河間、獻、東光、寧津、任邱、肅寧、吳橋、故城、唐、完、行唐、武強、棗強、武邑、定、曲陽、清苑、博野、天津、靜海、南皮、鹽山、滄、青、慶雲、平山、靈壽、新樂、鉅鹿、成安、磁、肥鄉、清河、大名、元城、南樂、清豐、東明、長垣、冀、衡水、南宮、新河、臨城、寧晉、東安、寶坻、武清、薊、寧河、文安、大城、滿城、望都、安肅、安、高陽、藁城、欒城、晉、邢台、沙河、南和、唐山、平鄉、廣宗、任、永年、邯鄲、曲周、雞澤、廣平、安平、內邱、井陘七十八州縣被旱地方上忙錢糧，暨順天、保定、正定、河間、天津、順德、廣平、大名、易、趙、深、冀、定十三府州舊賦有差。

《德宗實録》卷76，頁166

光緒四年（戊寅）十月丁酉日

蠲緩直隸永清、蠡、雄、高陽、安、武清、東安、河間、獻、天津、南皮、滄、元城、大名、豐潤、安平、寧河、寶坻、大城、灤、清苑、任邱、肅寧、靜海、青、鹽山、沙河、南和、永年、雞澤、南樂、饒陽、深澤、唐山、邯鄲、定三十六州縣本年額賦旗租、屯米、穀豆、灶課、河淤海防經費、軍餉、地租、出借倉穀等項有差。

《德宗實録》卷 80，頁 225

光緒五年（己卯）春正月丙午日

緩徵直隸永清、東安、武清、蠡、雄、安、高陽、河間、獻、天津、南皮、滄、開、元城、大名、東明、長垣、豐潤、安平、寧河、寶坻、文安、大城、灤、清苑、任邱、肅寧、靜海、青、鹽山、沙河、南和、唐山、任、永年、邯鄲、雞澤、南樂、饒陽、定、深澤、望都四十二州縣災歉村莊本年春徵新賦正雜糧租有差。

《德宗實録》卷 85，頁 294

光緒五年（己卯）夏四月己卯日

蠲緩直隸文安、霸、寶坻、安、高陽、河間、任邱、獻、安平、景十州縣本年上忙暨舊欠正雜錢糧有差。

《德宗實録》卷 93，頁 395

光緒五年（己卯）十月己未日

蠲緩直隸寶坻、薊、香河、霸、保定、文安、大城、涿、雄、高陽、安、任邱、天津、安平、深澤、通、三河、武清、寧河、永清、東安、灤、清苑、新城、河間、獻、肅寧、青、靜海、鹽山、慶雲、新樂、豐潤、玉田、饒陽、定、固安、欒亭、滿城、安肅、博野、望都、容城、蠡、祁、阜城、交河、景、故城、滄、無極、藁城、平鄉、鉅鹿、任、廣平、磁、大名、元城、冀、新河、武邑、衡水、隆平、深六十五州縣被災村莊糧租，暨開、東明、長垣三州縣被水歉收村莊本年額賦雜課有差。

《德宗實録》卷 102，頁 519

光緒六年（庚辰）春正月庚午日

緩徵直隸通、三河、武清、寶坻、薊、香河、寧河、霸、保定、文安、大城、永清、東安、涿、灤、清苑、新城、雄、安、高陽、河間、獻、肅寧、任邱、天津、青、靜海、鹽山、慶雲、新樂、開、東明、長垣、豐潤、玉田、饒陽、安平、定、深澤、固安、欒亭、滿城、安肅、博野、望都、容城、蠡、祁、阜城、交河、景、故城、滄、無極、藁城、平鄉、鉅鹿、任、廣平、磁、大名、元城、冀、新河、武邑、衡水、隆平、深六十八州縣被災地方新舊錢糧租課有差。

《德宗實録》卷 107，頁 575

光緒八年（壬午）冬十月辛未日

蠲緩順直文安、雄、獻、任邱、高陽、安平、深澤、大城、通、薊、寧河、灤、新城、安、青、靜海、鹽山、無極、元城、大名、豐潤、深、饒陽、曲陽、張家口、獨石口、武清、保定、霸、固安、永清、清苑、安肅、唐、望都、蠡、河間、滄、南皮、慶雲、欒城、任、永年、廣平、遵化、棗強、定四十七廳州縣歉收地方糧租有差。

《德宗實録》卷 153，頁 162

光緒九年（癸未）冬十月壬戌日

豁免順天直隸通、三河、武清、寶坻、薊、香河、寧河、霸、保定、文安、大城、永清、大興、宛平、涿、順義、懷柔、遷安、盧龍、新城、博野、容城、蠡、雄、安、高陽、河間、獻、阜城、肅寧、任邱、吳橋、東光、天津、青、靜海、南皮、鹽山、新樂、清河、玉田、高邑、深、武強、饒陽、安平、定、深澤四十八州縣被水、被風、被雹、被蟲災重各村莊本年下忙額賦，並地租雜課有差。其災歉較輕之固安、東安、良鄉、房山、灤、樂亭、清苑、定興、交河、滄、無極、沙河、廣宗、元城、大名、南樂、清豐、豐潤、冀、武邑、密雲、昌黎、安肅、望都、完、祁、景、故城、慶雲、正定、井陘、欒城、贊皇、晉、藁城、元氏、邢台、南和、唐山、平鄉、鉅鹿、內邱、任、永年、邯鄲、肥鄉、曲周、廣平、雞澤、威、磁、新河、衡水、趙、柏鄉、隆平、棗強、臨城、曲陽、滿城、寧晉六十一州縣，暨開、東明、長垣三州縣濱河村莊錢糧，均分別蠲緩有差。

《德宗實録》卷 172，頁 398

光緒十年（甲申）春正月戊寅日

展緩直隸通、三河、武清、寶坻、薊、香河、寧河、霸、保定、文安、大城、固安、永清、東安、大興、宛平、良鄉、房山、涿、順義、懷柔、灤、盧龍、遷安、樂平、清苑、定興、新城、博野、容城、蠡、雄、安、高陽、河間、獻、阜城、肅寧、任邱、交河、吳橋、東光、天津、青、靜海、滄、南皮、鹽山、無極、新樂、沙河、廣宗、清河、開、元城、大名、南樂、清豐、東明、長垣、豐潤、玉田、冀、武邑、高邑、寧晉、深、武強、饒陽、安平、定、深澤七十二州縣成災地方本年租賦，及密雲、昌黎、滿城、安肅、望都、完、祁、景、故城、慶雲、正定、井陘、欒城、元氏、贊皇、晉、藁城、邢台、南和、唐山、平鄉、鉅鹿、內邱、任、永年、邯鄲、肥鄉、曲周、廣平、雞澤、威、磁、新河、棗強、衡水、趙、柏鄉、隆平、臨城、曲陽四十州縣歉收地方民欠糧租雜課有差。

《德宗實録》卷177，頁463-464

光緒十一年（乙酉）十月戊子日

蠲緩順直武清、寶坻、薊、寧河、保定、文安、大城、雄、高陽、安、河間、獻、阜城、肅寧、任邱、交河、景、吳橋、東光、天津、青、靜海、滄、南皮、鹽山、慶雲、沙河、南和、唐山、平鄉、任、永年、肥鄉、清河、豐潤、玉田、冀、新河、安平、衡水、深、武強、饒陽、深澤、三河、安肅、蠡、故城、寧津、邢台、鉅鹿、成安、曲周、雞澤、威、磁、元城、大名、南樂、清豐、懷安、棗強、武邑、柏鄉、隆平、寧晉、津軍六十七廳州縣被災地方錢糧、米穀、租項、雜課，出借倉穀籽種等項有差，並分別減免差徭。

《德宗實録》卷218，頁1061

光緒十二年（丙戌）春正月丙申日

緩徵直隸武清、寶坻、薊、寧河、霸、保定、文安、大城、雄、高陽、安、河間、獻、阜城、肅寧、任邱、交河、吳橋、東光、景、天津、青、靜海、滄、南皮、鹽山、慶雲、沙河、南和、唐山、平鄉、廣宗、任、永年、肥鄉、青河、開、東明、長垣、豐潤、玉田、冀、新河、衡水、深、武強、饒陽、安平、定、深澤、三河、安肅、蠡、故城、寧津、邢台、鉅鹿、邯鄲、成安、曲周、廣平、雞澤、威、磁、元城、大名、南樂、清豐、懷安、棗強、武邑、柏鄉、隆平、寧晉等七十四州縣及津軍廳，上年被災地方新舊額賦並地租雜課有差。

《德宗實録》卷223，頁2

光緒十二年（丙戌）八月戊辰日

諭內閣：「前因順、直所屬被水成災，諭令截留漕米六萬餘石備賑。昨據畢道遠等奏，順屬水災尤重，允准再撥漕米五萬石，並欽奉慈禧端佑康頤昭豫莊誠皇太后懿旨，賞銀二萬兩，專備順屬賑撫之用。茲據李鴻章奏，本年七月間連日大雨，河流陡長，宣洩不及，北運河等處，先後漫口。香河、武清、通州、三河、寶坻、寧河、蠡縣、高陽、安州暨天津各地方，被淹甚廣。並永平府屬，河水猝發，盧龍等縣，亦被淹灌。覽奏殊堪憫惻，著照所請，由藩庫先行提銀十萬兩。李鴻章即督飭印委各員，迅速分投查勘，設法拯救，散放急賑。其各處漫決口門，嚴飭派出各員，趕籌堵築，以工代賑。欽奉慈禧端佑康頤昭豫莊誠皇太后懿旨：「直隸各屬被水災民，嗷嗷待哺。著户部再將此次中秋節應進宮内款項，撥銀二萬兩，由李鴻章派員承領，以資賑濟，欽此。」該督務當仰體聖慈，軫念災區，有加無已之至意，督飭各屬，查明被災輕重，分别妥速散給，務使實惠均霑，毋任稍有弊混。

《德宗實録》卷 231，頁 115–116

光緒十三年（丁亥）春正月庚寅日

蠲緩直隸通、三河、武清、寶坻、薊、香河、寧河、霸、保定、文安、大城、東安、大興、宛平、順義、懷柔、密雲、平谷、灤、盧龍、遷安、昌黎、樂亭、清苑、新城、容城、蠡、雄、安、高陽、河間、獻、肅寧、任邱、吳橋、天津、青、靜海、滄、鹽山、無極、開、東明、長垣、豐潤、玉田、饒陽、安平、深澤、固安、永清、涿、安肅、博野、望都、南皮、晉、永年、元城、大名、深、定六十二州縣被災地方錢糧，並春賦旗租有差。

《德宗實録》卷 238，頁 197

光緒十五年（己丑）春正月戊申日

蠲緩直隸宛平、房山、武清、霸、保定、文安、大城、固安、良鄉、涿、安、天津、鹽山、慶雲、開、東明、長垣、深澤、通、寧河、永清、東安、安肅、新城、蠡、雄、高陽、河間、獻、青、靜海、滄、南皮、邢台、成安、廣平、隆平、安平、玉田、豐潤四十州縣被災歉收村莊新舊糧賦暨雜課有差。

《德宗實録》卷264，頁538

光緒十七年（辛卯）春正月丁卯日

緩徵直隷通、三河、武清、寶坻、薊、香河、寧河、霸、保定、文安、大城、固安、永清、東安、大興、宛平、良鄉、房山、涿、順義、懷柔、密雲、平谷、灤、盧龍、遷安、昌黎、樂亭、清苑、安肅、定興、新城、唐、博野、望都、容城、蠡、雄、安、高陽、河間、獻、任邱、交河、景、故城、吳橋、東光、天津、青、靜海、滄、南皮、鹽山、慶雲、無極、清河、開、南樂、長垣、豐潤、玉田、寧晉、深、武強、饒陽、安平、定、曲陽、深澤、滿城、完、祁、肅寧、藁城、新樂、邢台、沙河、南和、唐山、平鄉、鉅鹿、任、永年、邯鄲、廣平、雞澤、威、元城、大名、清豐、東明、易、淶水、棗強、武邑、衡水、隆平九十八州縣被災村莊新舊額賦雜課有差，並展緩原貸倉穀籽種。

《德宗實録》卷293，頁898

光緒十八年（壬辰）六月壬寅日

蠲免順直兩屬通、三河、武清、寶坻、薊、香河、寧河、霸、保定、文安、大城、固安、永清、東安、大興、宛平、良鄉、房山、涿、昌平、順義、懷柔、密雲、平谷、灤、盧龍、遷安、撫寧、樂亭、臨榆、清苑、滿城、安肅、新城、唐、博野、望都、完、蠡、雄、祁、束鹿、安、高陽、河間、獻、阜城、肅寧、任邱、交河、景、故城、吳橋、東光、寧津、天津、青、靜海、滄、南皮、鹽山、慶雲、靈壽、贊皇、晉、無極、藁城、新樂、邢台、沙河、南和、唐山、平鄉、廣宗、鉅鹿、內邱、任、永年、邯鄲、成安、肥鄉、廣平、雞澤、清河、磁、開、元城、大名、南樂、清豐、東明、長垣、延慶、保安、蔚、宣化、萬全、懷安、西寧、懷來、豐潤、玉田、淶水、冀、新河、棗強、武邑、衡水、趙、隆平、高邑、深、武強、饒陽、安平、定、曲陽、深澤、張家口一百十九廳州縣民欠，及緩徵帶徵錢糧。

《德宗實録》卷 312，頁 60

光緒十九年（癸巳）冬十月己酉朔日

蠲免直隸通、三河、武清、寶坻、薊、香河、寧河、霸、保定、大城、固安、永清、東安、大興、宛平、良鄉、房山、涿、順義、懷柔、密雲、灤、盧龍、安肅、安興、新城、博野、蠡、雄、高陽、獻、任邱、天津、青、靜海、鹽山、豐潤、玉田、饒陽三十九州縣災重地方糧賦。其樂亭、清苑、容城、河間、肅寧、吳橋、隆平、武強、安平、昌平、望都、完、滄、南皮、無極、邯鄲、雞澤、開、東明、長垣二十州縣被水村莊丁糧課租並緩徵。

《德宗實録》卷 329，頁 224

光緒二十二年（丙申）三月壬寅日

諭軍機大臣等：「有人奏蠹吏句結惡豪，殘害百姓，請飭查辦一摺。據稱，上年直隸高陽縣瀦龍河決口，實由富豪宗義安偷掘所致。村民欲將決口堵塞，該縣知縣姚恩綬謂為官堤，不准民人私動，以致任邱各州縣均受其害。該縣請領鉅款，自飽私橐，並縱令宗義安等勒索詐贓。迨紳士控府，該員復賄通問官王守堃，威逼原告，具結完案。現在人情洶洶，恐將激變等語。著王文韶確切查明，據實具奏，毋稍徇隱，原摺著鈔給閲看。將此諭令知之。」尋奏：「姚恩綬被參各款，查無實據，惟於差役苛索陋規，未能約束於先，又不能覺察於後，以致民怨沸騰，實屬咎有應得。已另案參革，請免再議。監生宗義安，出入衙署，物議滋多，業已咨革，驅回原籍。報聞。」

《德宗實録》卷387，頁47–48

光緒二十三年（丁酉）冬十月壬午日

蠲緩直隸武清、寶坻、薊、霸、文安、大城、東安、大興、宛平、昌黎、安、高陽、獻、天津、靜海、饒陽、樂亭、清苑、永平、深、通、三河、香河、寧河、保定、順義、灤、安肅、雄、任邱、青、滄、南皮、鹽山、雞澤、大名、蔚、龍門、玉田、武強四十州縣被水災歉地方糧租雜賦。其開、東明、長垣濱河三州縣被水村莊糧賦並蠲緩。

《德宗實録》卷411，頁372

光緒二十五年（己亥）春正月庚戌日

展緩順天、直隸武清、薊、寧河、霸、保定、文安、大城、永清、東安、宛平、清苑、雄、安、高陽、獻、天津、青、靜海、永年、開、東明、長垣、豐潤、玉田、武強、饒陽二十六州縣被災各村莊本年春賦，並節年民欠錢糧。現月。

《德宗實録》卷437，頁747

光緒二十七年（辛丑）夏四月辛丑日

蠲緩直隸開、東明、長垣、獻、曲周、高陽、沙河、平鄉、廣宗、永年、肥鄉、廣平、磁、元城、大名、隆平、寧晉、饒陽、安、青、靜海、滄、南皮、邢台、南和、鉅鹿、任、邯鄲、成安、雞澤、威、新河、深三十三州縣被水、被雹、被蟲村莊糧租。

《德宗實録》卷482，頁361

光緒二十七年（辛丑）冬十月乙卯日

蠲緩順直通、三河、武清、寶坻、薊、寧河、霸、保定、文安、固安、永清、東安、大興、宛平、良鄉、涿、順義、灤、盧龍、遷安、樂亭、清苑、安肅、新城、博野、蠡、雄、束鹿、安、高陽、獻、阜城、肅寧、任邱、景、青、靜海、滄、南皮、鹽山、晉、無極、藁城、沙河、開、東明、長垣、遵化、玉田、武強、饒陽、安平、易五十三州縣被水、被雹、被蟲災歉村莊糧賦。

《德宗實録》卷488，頁459

光緒二十八年（壬寅）冬十月乙卯日

蠲緩直隸通、武清、寶坻、霸、東安、清苑、安肅、雄、安、高陽、獻、青、靜海、滄、南皮、鹽山、平鄉、大名、蔚、深、武強、饒陽、安平、張家口二十四廳州縣被災地方糧租雜課。

《德宗實録》卷507，頁692

光緒三十一年（乙巳）十一月癸酉日

蠲緩直隸武清、文安、大城、東安、滿城、安肅、定興、容城、高陽、河間、獻、交河、天津、青、靜海、滄、鹽山、元氏、永年、邯鄲、雞澤、元城、西寧、易、武強二十五州縣被災地方糧租。其開、東明、長垣濱河三州縣歉收村莊錢糧，暨原貸倉穀，並展緩。

《德宗實録》卷551，頁314

光緒三十二年（丙午）十一月己酉日

諭内閣：「袁世凱奏，舉劾屬員一摺。直隸南宮縣知縣呂調元、長垣縣知縣趙惟慶、大名縣知縣楊鴻儀、署定興縣知縣、候補知縣朱貞保，均著傳旨嘉奬。沙河縣知縣吳鴻祺，習氣頗深，馭下寬縱；南樂縣知縣李琢，性情顢頇，聽斷糊塗；平山縣知縣呂慶坡，居心狡滑，釀成巨案；邯鄲縣知縣胡錫綸，粗鄙任性，操守平常；曲周縣知縣周正範，任意敷衍，緝捕不力；高邑縣知縣周嘉德，丁役用事，物議沸騰；署豐潤縣知縣、試用知縣高輝，始勤終怠，庶務廢弛；署高陽縣知縣、候補知縣陳培蘭，信任差役，不洽輿情；署寧晉縣知縣、候補知縣劉本清，縱役勒索，擾累良民，均著即行革職。盧龍縣知縣曹琳，才具下常，不勝繁劇；藁城縣知縣王春藻，性情萎靡，人地不宜；完縣知縣吳兆毅，才欠歷練，不求實際；新城縣知縣鄭輔，性情柔懦，治欠嚴明；曲陽縣知縣溫亮珠，才欠開展，聽斷糊塗，均著開缺另補。另片奏，前帶練軍步隊副左營補用副將王吉林，信任劣弁，馭下寡恩；前帶淮軍後路馬隊補用游擊毛得成，縱容兵弁，不知約束，均著即行革職。」

《德宗實録》卷567，頁500

任邱

《大清世祖章皇帝實録》

（順治三年至順治十四年　公元 1646–1657 年）

順治三年（丙戌）十一月癸丑日

免直隸河間縣、任邱縣、山西大同縣本年冰雹、水災額賦。

《世祖實録》卷 29，頁 241

順治四年（丁亥）春正月辛亥日

戶部奏請：「去年八旗圈地，止圈一面，内薄地甚多，以致秋成歉收。今年東來滿洲，又無地耕種。若以遠處府州縣屯衛故明勳戚等地撥給，又恐收穫時孤貧佃戶無力運送，應於近京府州縣內，不論有主無主地土撥換去年所圈薄地，並給今年東來滿洲。其被圈之民，於滿洲未圈州縣內，查屯衛等地撥補，仍照遷移遠近豁免錢糧。四百里者准免二年，三百里者准免一年，以後無復再圈民地，庶滿、漢兩便。」疏入，從之。於是圈順義、懷柔、密雲、平谷四縣地六萬七百五晌，以延慶州、永寧縣、新保安、永寧衛、延慶衛、延慶左衛右衛、懷來衛無主屯地撥補；圈雄縣、大城、新城三縣地四萬九千一百一十五晌，以束鹿、阜城二縣無主屯地撥補；圈容城、任邱二縣地三萬五千五十一晌，以武邑縣無主屯地撥補；圈河間府地二十萬一千五百三十九晌，以博野、安平、肅寧、饒陽四縣先圈薄地撥補；圈昌平、良鄉、房山、易州四州縣地五萬九千八百六十晌；以定州、晉州、無極縣、舊保安、深井堡、桃花堡、遞鶚堡、雞鳴驛、龍門所無主屯地撥補；圈安肅、滿城二縣地三萬五千九百晌，以武強、藁城二縣無主屯地撥補；圈完縣、清苑二縣地四萬五千一百晌，以真定縣無主屯地撥補；圈通州、三河、薊州、遵化四州縣地十一萬二百二十八晌，以玉田、豐潤二縣圈剩無主屯地及遷安縣無主屯地撥補；圈霸州、新城、漷縣、武清、東安、高陽、慶都、固安、安州、永清、滄州十一州縣地十九萬二千五百一十九晌，以南皮、靜海、樂陵、慶雲、交河、蠡縣、靈壽、行唐、深州、深澤、曲陽、新樂、祁州、故城、德州各州縣無主屯地撥補；圈涿州、淶水、定興、保定、文安五州縣地十萬一千四百九十晌，以獻縣先圈薄地撥補；圈寶坻、香河、灤州、樂亭四州縣地十萬二千二百晌，以武城、昌黎、撫寧各縣無主屯地撥補。

《世祖實録》卷 30，頁 245–246

順治十二年（乙未）十二月癸酉日

免直隸涿、冀、灤三州，慶雲、衡水、武邑、欒城、藁城、真定、新樂、隆平、行唐、靈壽、寶坻、元城、大名、玉田、任邱、故城、獻、魏、永清、保定、香河、新河、武強、撫寧、遷安、盧龍、鉅鹿、平鄉、滑、任三十縣，永平、山海、真定三衛本年分雹、蝗、水、旱災額賦。

《世祖實録》卷96，頁753

順治十四年（丁酉）十一月戊午日

免直隸霸、薊、安、冀、晉、趙、定七州，寶坻、蠡、新安、新城、雄、保定、文安、大城、固安、永清、東安、玉田、豐潤、行唐、寧晉、平山、新樂、柏鄉、贊皇、任邱、阜城二十一縣，保安、左右神武三衛及梁城所本年分雹災額賦。

《世祖實録》卷113，頁883

《大清聖祖仁皇帝實録》

（康熙五年至康熙四十九年　公元1665–1710年）

康熙五年（丙午）春正月己未日

戶部議覆：「八旗圈換地土一事，以兩議請旨。一議：鑲黃旗近圈順義、密雲、懷柔、平谷四縣之地毋庸撥換外，其在右翼之涿州、雄縣、大城、新安、河間、任邱、肅寧、容城等處地，應照舊例從頭挨次撥換。將正白旗通州、三河迤東大路北邊至豐潤縣地，永平府周圍留剩地撥給鑲黃旗。如不敷，將遵化至永平路北夾空民地圈給。其正白旗所撤通州迤東之地，亦應於永平周圍地內撥補。不敷，將路北夾空民地，灤州、樂亭縣民地圈給。至二旗包衣佐領下壯丁，應否遷移，伏候上裁。再六旗地畝內除一半可耕、一半不堪者，不准撥換外，其過半不堪與全不堪者，應將各旗圈內空地或退回地畝，酌量撥換，俱俟秋成後差員丈量分撥。一議：鑲黃旗既有順義等四縣地，應將所移涿州壯丁，即於順義等處民地圈給。其河間等七縣所移壯丁，應將正白旗薊州、遵化州地撥給。不敷，將夾空民地圈給。其通州、三河、玉田、豐潤等處地仍留正白旗。餘照前議。」奏入，輔臣等稱旨：「鑲黃旗涿州壯丁移於順義等縣，依後議。其前議將正白旗通州迤東大路北邊給與鑲黃旗，南邊留與正白旗之處，俟秋收後差員將正白旗滿洲地、投充人地、皇莊地丈量明白，取具實數，酌議分撥，餘俱俟鑲黃旗遷移事竣，具題請旨。」

《聖祖實録》卷18，頁266

康熙五年（丙午）五月甲辰日

直隸巡撫王登聯疏報：「河間、任邱、獻縣災祲之後，又值青黃不接之時，民食艱難，已將存貯倉糧給發賑濟。

下部知之。」

《聖祖實録》卷19，頁271

康熙六年（丁未）九月丙子日

免直隸任邱等三縣本年分水災額賦有差。

《聖祖實録》卷24，頁341

康熙二十年（辛酉）八月庚申日

上駐蹕任邱縣大務里北。

《聖祖實録》卷97，頁1227

康熙二十年（辛酉）冬十月辛酉日

上諭大學士明珠曰：「朕頃駐固安、任邱，聞戶部官員將各州縣均派草豆，甚為擾民。工部向民間私借柴炭，亦多擾累。又聞部院各官借稱預備差遣，傳集窮民，跟隨苦累，俱宜嚴禁。每次巡幸，騷擾百姓者，多係部院各官，可傳諭嚴飭，以後毋得再蹈前轍。」

康熙二十二年（癸亥）春正月壬寅日

上駐蹕任邱縣趙北口。

《聖祖實録》卷 98，頁 1239

康熙二十三年（甲子）冬十月癸巳日

上駐蹕任邱縣李花村。

《聖祖實録》卷 107，頁 94

康熙三十九年（庚辰）春正月乙亥日

上諭大學士等曰：「朕往閱永定河，見河上諸員深屬不堪，彼等並無知曉。每引朕至淺處，舟淤難行。問之土民，亦不明奏，後發嚴旨以懼之，始引前行。及至閱看，工程甚易，並無難處。因朕指示周詳，河工諸臣方悟而大悅。朕御小艇入郎城等淀淤淺之處遍視之，則河之當移於柳岔也，益無疑矣。郎城之河全被沙淤而埝高，至來年可耕為田，而欲於此處出水，直強之耳。水口所關重大，若非親臨目擊，可輕斷乎？治河大臣畏縮不前，反再三陳奏以為不可行者，今復何辭？」又諭曰：「郎城之遙隄甚有用，清水、渾水俱以此當之。新河開畢，著即完工。南北兩岸遙隄完工之後，交地方官各自分守，稍有損壞處，用民夫補修。」著傳諭直隸巡撫李光地：「朕將於四月來臨，且不時遣人察視，爾等敬慎毋忽。」上又閱郭家務以下被淤卑矮隄工，諭曰：「水長則新開之河可虞，爾等會同王新命，作何酌量，再行加幫增高，著公閱議奏。」是日，御舟泊任邱縣藥王廟前水次。

《聖祖實録》卷 197，頁 5–6

康熙三十九年（庚辰）春正月戊寅日

御舟泊任邱縣趙北口。

《聖祖實録》卷 197，頁 6

康熙四十年（辛巳）春正月癸亥日

御舟泊任邱縣趙北口。

《聖祖實録》卷 203，頁 71

康熙四十年（辛巳）春正月己巳日

御舟泊任邱縣圈頭村。

《聖祖實録》卷203，頁72

康熙四十一年（壬午）春正月甲戌日

御舟泊任邱縣圈頭村。

《聖祖實録》卷207，頁108

康熙四十一年（壬午）春正月丙子日

御舟泊任邱縣。

《聖祖實録》卷207，頁108

康熙四十二年（癸未）春正月乙丑日

上駐蹕任邱縣波羅店。

《聖祖實録》卷211，頁139

康熙四十二年（癸未）十一月戊辰日

免直隸南皮、任邱縣本年分水災額賦有差。

《聖祖實録》卷 214，頁 173

康熙四十五年（丙戌）春正月戊戌日

御舟泊任邱縣趙北口。

《聖祖實録》卷 224，頁 252

康熙四十七年（戊子）春正月壬寅日

御舟泊任邱縣趙北口。

《聖祖實録》卷 232，頁 321

康熙四十八年（己丑）春正月癸丑日

御舟泊任邱縣趙北口。

康熙四十八年（己丑）春正月辛酉日

御舟泊任邱縣泉頭。

《聖祖實録》卷236，頁363

《聖祖實録》卷236，頁364

康熙四十九年（庚寅）春正月乙丑日

御舟泊任邱縣趙北口。

《聖祖實録》卷241，頁400

《大清世宗憲皇帝實録》

（雍正三年至雍正五年　公元1725–1727年）

雍正三年（乙巳）三月壬寅日

增直隸省各學取進文童額數：文安、通州、寶坻、豐潤、蠡縣、高陽、河間、任邱、景州、冀州、定州、南宮、棗強、清豐、滑縣、東明、開州、長垣十八州縣向係大學，照府學額，各取進二十三名；薊州、盧龍、遷安、昌黎、樂亭、博野、祁州、安州、新安、獻縣、阜城、靜海、寧津、天津衛、萬全、蔚縣、衡水、安平、雞澤、成安、清河、魏縣、南樂、內黃二十四州縣衛向係中學，升為大學，各取進十八名；香河、順義、深澤、青縣、西寧、靈壽、行唐、贊皇、新河、高邑、無極、新樂、曲陽、廣宗、唐山、內邱十六縣向係小學，升為中學，各取進十五名。

《世宗實録》卷30，頁447

雍正三年（乙巳）三月乙巳日

裁直隸延慶衛守備一員、梁城所千總一員、保定左所教授、訓導、千總各一員。改天津衛為州，設立知州一員。改衛經歷為吏目，教授為學正。其保定左所學生員併入保定府學，每試額取童生十八名，分入清苑等六州縣酌量加增。原附左所考試之任邱衛軍籍生員，歸入河間府學，延慶衛生員，分入昌平、延慶二州學。每試額取童生，亦分撥各府州學考取。從直隸總督李維鈞請也。

《世宗實録》卷30，頁450

雍正三年（乙巳）十二月辛卯日

戶部等衙門遵旨議覆直隸河防水利事宜：「據和碩怡親王等疏言，直隸之衛河、淀河、子牙河、永定河皆匯於天津州大直沽入海，此直隸水道之大畧也。衛河與汶河合流東下，德、棣、滄、景以下，春多淺阻，一遇伏秋暴漲，不免潰溢。請將滄州南之磚河、青縣南之興濟河故道疏浚，於舊時建閘之處，築減水壩，以洩衛河之漲。靜海縣權家口亦築壩減水。白塘口入海之處並開直河一道，使磚河、興濟河之委同歸白塘出口。修理海口舊閘，以時啟閉，則滄、瀛以北水利興而水患除矣。東西二淀跨雄、霸等十餘州縣，均應疏浚深廣，並多開引河，使諸淀脈絡相通。其已淤為田畝者，四面開渠，中穿溝洫，庶圩田旱澇有備。其趙北、苑家二口為東西二淀咽喉。趙北口隄長七里，板石橋共八座，俱應升高加闊。苑家口北之中亭河上流之玉帶河對岸為十望河，均應開通，庶東西二淀，無衝決之患矣。子牙河為滹、漳下流，清、濁二漳發源山西，經廣平、正定，而滹沱、滏陽、大陸之水會焉。其下流有清河、夾河、月河，皆分子牙之流，同趨於淀，宜開決分注，以緩子牙河奔放之勢。永定河俗名渾河，水濁泥多，故道遂湮，應自柳乂口引之稍北，繞王慶坨之東北入淀。兩河淀內之隄，至三角淀而止，為眾淀之歸宿，應照舊開通，逐年疏浚，兩河之濁流自不能為患矣。至各處隄防衝潰甚多，如高陽河之柴淀口、新河南界之古隄、新安之雹河，均應疏浚修築。再請於京東之灤、薊、天津，京南之文、霸、任邱、新、雄等處，各設營田專官，經畫疆理。召募老農，課導耕種。民力不辦者，動支正項錢糧，代為經理，田熟歲收十分之一，以補庫帑，足額而止。營田一頃以上者，分別獎賞。有能出貲代營者，民則優旌，官則議敘。至各屬官田約數萬頃，請遣官首先舉行，為農倡率。民間田廬有礙水道者，計畝撥抵，視其畝數加十之二三。河淀淤地必須挖掘者，將附近官地照數撥補，則營田水利，人皆趨事樂從矣。均應如所請。」從之。

《世宗實録》卷 39，頁 582–583

雍正五年（丁未）八月己酉日

總理水利營田事怡親王等疏報：「現值秋成，所營京東灤州、豐潤、薊州、平谷、寶坻、玉田等六州縣稻田三百三十五頃；京西慶都、唐縣、新安、淶水、房山、涿州、安州、安肅等八州縣稻田七百六十頃七十二畝；天津、靜海、武清等三州縣稻田六百二十三頃八十七畝；京南正定、平山、定州、邢台、沙河、南和、平鄉、任縣、永年、磁州等十州縣稻田一千五百六十七頃七十八畝。其民間自營己田，如文安一縣三千餘頃，安州、新安、任邱等三州縣二千餘頃。據各處呈報新營水田，俱禾稻茂密，高可四五尺，每畝可收穀五六七石不等。至正定府之平山縣及直隸天津州，呈送新開水田所產瑞稻或一莖三穗，或一莖雙穗，謹呈御覽。下部知之。」

《世宗實録》卷 60，頁 923

《大清高宗純皇帝實録》

（乾隆元年至乾隆六十年　公元 1736–1795 年）

乾隆元年（丙辰）六月丙戌日

直隸總督李衛疏陳易州山陵駐防員役供應事宜：一、易州山陵歲約需員役白米一千石，次白米二百石，江米一百石，漕米九千石。行文倉場總督於漕船抵津時，豫酌按數截留，該幫領運千總，於天津僱船運至白溝河水次，先將樣米呈送陵部驗明，由坐糧廳及該管道委員監收後，按數給發。將給過支剩米數，歲底報部。一、截漕水運白溝一帶地方。每年將及起運時，遴委幹員，募夫挑浚淤淺。一、截撥漕糧。遇乾淺水大之時，仍由白溝河起載，陸路至易州。若北河水勢通暢，竟從北河起運。一、天津至白溝沿河地方，向有營汛，照舊催儹。其霸州、任邱、雄縣等添設汛房，每汛設兵五名，建房三間，催儹巡查，汛兵於附近各營抽撥。一、雄縣西關橋樑宜修葺，以便重運停泊。一、白溝河鎮西岸園地建倉廒二十間存貯。一、易州城有入官房五十五間改作倉廒，並於隙地內酌量添造。一、易州城、白溝河兩處各設倉夫看守。一、撥運漕白米石。照薊州之例，每石給耗三升九合。其三色白米，亦照例減半，每石給耗一升九合，按年造冊奏報。一、山陵應需祭祀牛、羊、豆、草並各員役俸餉，俟禮部等衙門題定後，按期題撥，依價採買。一、易州運送米、豆、草束、車價銀兩，照薊、遵、豐三州縣准給脚價之例支給。一、山陵應需柴炭槽面及冰塊，於司庫地糧存公銀內撥給。一、山陵祭祀牛、羊，日支豆、草並供應包衣、禮部、兵部、葦、白柴、炭、冰塊等項，飭令附近州縣照例豫備供應，於辦公銀內動支。均下部議行。

《高宗實録》卷 21，頁 508–509

乾隆二年（丁巳）七月壬寅日

戶部議覆：「直隸總督李衛疏報，宛平、霸州、保定、文安、大城、房山、永清、昌平、懷柔、延慶、通州、武清、寶坻、清苑、滿城、安肅、定興、唐縣、博野、慶都、容城、完縣、蠡縣、祁州、束鹿、安州、高陽、新安、玉田、河間、獻縣、阜城、肅寧、任邱、交河、景州、吳橋、東光、故城、天津、滄州、靜海、井陘、獲鹿、元氏、欒城、贊皇、晉州、廣宗、鉅鹿、內邱、磁州、邯鄲、成安、肥鄉、曲周、廣平、雞澤、威縣、清河、宣化、蔚州、萬全、懷安、西寧、蔚縣、懷來、冀州、新河、棗強、武邑、衡水、趙州、深州、武強、安平、曲陽、深澤、易州、淶水、廣昌等八十一州縣衛，二麥歉收，動支存倉穀石分別賑濟。」得旨：「依議速行。」

《高宗實録》卷47，頁806

乾隆二年（丁巳）九月丁酉日

戶部議覆：「直隸總督李衛疏稱，河間府屬任邱等六州縣，額設墩夫四百四十名，應付過往差使，其餘府州縣並未設立。請將任邱等六州縣額設墩夫裁去一百七十名，以一百五十四名改撥順天府屬之良鄉、涿州，保定府屬之新城、雄縣，尚餘十六名。查交河縣所轄驛路，計程八十里，原額止二十名，應添入交河縣屬之富莊驛，以資接濟。均應如所請。」從之。

《高宗實録》卷50，頁858–859

乾隆四年（己未）二月丙午日

又奏：「天津、滄州、青縣、河間、任邱、文安、大城、武清、高陽、慶都、新安十一州縣內各村莊，積水未消。

直隸播種多在小滿以前，屆期當酌議安插之法。」得旨：「所奏俱悉。但目下情形既已如此，所云屆期酌議安插之法，亦不過補偏救弊而已，豈長策哉！」

《高宗實録》卷 87，頁 359

乾隆四年（己未）二月丙午日

又奏：「直屬積水之地，現據陸續詳報：滄州、慶都、新安等處積水全消，已種春麥。青縣、任邱、大城、武清、高陽等處水消過半，無誤夏禾。天津、文安、河間三縣村莊雖經疏浚，而隄內地窪，須三月終旬，可望全消。」得旨：「天津等三縣看來不能佈種矣。即其餘諸處亦不過隨時補救而已，非長策也。卿其熟籌之。」

《高宗實録》卷 87，頁 359

乾隆九年（甲子）二月庚申日

旌表守正捐軀之直隸任邱縣民趙昌印養女郭氏。

《高宗實録》卷 210，頁 704

乾隆九年（甲子）二月戊寅日

是月，尚書公訥親奏報：「查勘災重之天津府屬靜海、青縣、滄州、南皮、鹽山、慶雲，河間府屬東光、吳橋、交河、景州並景州以北之阜城、獻縣、河間、任邱，又冀、深二州屬之武邑、武強等十六州縣，領賑貧民，咸無飢色，白叟黃童無不感戴深仁。」得旨：「覽奏俱悉。卿去後又復兩旬矣，尚未得雨。朕憂想已知之。」

《高宗實録》卷 211，頁 718

乾隆九年（甲子）四月甲戌日

直隸總督高斌奏：「順天府屬之霸州、大城，保定府屬之新城、雄縣、束鹿、高陽等縣，河間府屬之河間、獻縣、阜城、肅寧、任邱、交河、景州、故城、吳橋、東光、寧津等州縣，天津府屬之天津、青縣、靜海、滄州、南皮、鹽山、慶雲等州縣並津軍廳，正定府屬之欒城縣，廣平府屬之威縣、清河，冀州屬之武邑、衡水、饒陽、安平等州縣，遵化州屬之豐潤縣共三十三州廳縣，上年既歉收，今歲又未得雨，民間錢糧，無力完納。又順天府屬之文安、保定府屬之新安二縣，上年雖未成災，但與災地毗連，今春均未得雨，請將該州縣廳無論上年被災與未被災，應納乾隆九年分新糧，及未成災應完八年分新舊錢糧，並已未成災應於九年麥熟後完納之八年分錢糧及各年舊欠，均予緩至本年秋後徵收。」得旨：「近亦有旨矣。」又奏：「應徵錢糧既緩，其歲需佐雜俸銀，及胥役工食無項留支，現遵五年十一月內諭旨，於司庫存公銀內撥補。至驛遞工料，乃夫馬計日必需，自應按季支給。除河間等處春季應支工料已於司庫銀內撥給，今被災各屬銀糧既緩，則未經開徵以前，夏季以後，均請通融撥給。」得旨：「又撥公項八十萬，即為此一切也。所奏俱悉。」

乾隆九年（甲子）秋七月乙酉日

直隸總督高斌疏報：「據布政使沈起元詳稱，霸州、保定、固安、宛平、大興、文安、大城、涿州、房山、良鄉、永清、東安、香河、昌平、順義、懷柔、密雲、平谷、延慶衛、薊州、通州、三河、武清、寶坻、寧河、灤州、盧龍、遷安、撫寧、昌黎、樂亭、臨榆、雄縣、高陽、新安、清苑、滿城、安肅、新城、容城、定興、唐縣、博野、蠡縣、慶都、完縣、祁州、安州、束鹿、河間、獻縣、阜城、肅寧、任邱、交河、景州、故城、吳橋、東光、寧津、天津、津軍廳、青縣、靜海、滄州、南皮、鹽山、慶雲、靈壽、新樂、廣宗、鉅鹿、平鄉、南和、廣平、雞澤、曲周、磁州、成安、威縣、清河、廣平、開州、赤城、延慶、萬全，冀州並所屬之新河、南宮、武邑、深州並所屬之武強、饒陽、安平，定州並所屬之曲陽、深澤，易州並所屬之淶水，遵化州並所屬之豐潤、玉田、熱河、八溝、喀喇河屯等一百五州縣衛廳，今春雨澤愆期，間被冰雹，二麥歉收。再東安、遷安、撫寧、唐縣、定興、河間、靈壽、延慶、懷安、西寧、蔚州、懷來等州縣，四五六等月被雹傷禾，業經借給耔種，俟秋收後，確勘分數，另行題明。」得旨：「該部速議具奏。」尋議：「應如該督所請辦理。秋獲後，將收成分數另題，並將借給耔種數目咨部。」得旨：「依議速行。」

《高宗實録》卷 215，頁 762-763

《高宗實録》卷 220，頁 835-836

乾隆九年（甲子）九月癸卯日

直隸總督高斌奏：「估修直屬各城，以工代賑。查冀州城垣頹缺，武強前歲被災，均請列為要工。其深州、任邱、肅寧三處，請列為緩工。又天津府屬之慶雲縣，現以偏災查賑，亦請列為要工。」得旨：「好。知道了。雖云以工代賑，亦不可聽不肖屬員冒銷侵蝕，則工不固而民亦鮮得實惠，將兩無功矣。」

《高宗實録》卷 225，頁 913–914

乾隆十年（乙丑）二月甲子日

諭：「直隸河間、天津等屬前歲荒歉，朕格外加恩，多方賑恤。曾降諭旨，將被災最重之十六州縣並故城、新城二縣乾隆九年以前新舊錢糧，俱緩至本年秋收後，令該督看彼地收成光景奏聞再行開徵。今思災重各州縣舊欠錢糧雖俱停緩，而本年應納錢糧已屆開徵之期。該處當積歉之後，元氣未復，若照例催輸，民力未免拮据。朕心軫念。著將河間府屬之河間、獻縣、阜城、任邱、交河、景州、吴橋、東光，天津府屬之青縣、靜海、滄州、南皮、鹽山、慶雲，深州屬之武強，冀州屬之武邑等十六州縣並故城、新城二縣，所有本年應徵錢糧，俱緩至秋收後照例開徵，以紓民力。目今東作方興，俾得盡力南畝，以示朕加惠元元之意。該部即遵諭速行。」

《高宗實録》卷 235，頁 30–31

乾隆十年（乙丑）七月丙戌日

戶部議准：「升任直隸總督高斌疏稱，直屬文安、河間、獻縣、阜城、肅寧、交河、吳橋、東光、滄州、慶雲、靜海、鹽山、青縣、西寧、赤城、宛平、大興、霸州、保定、大城、涿州、房山、良鄉、固安、永清、香河、密雲、通州、三河、武清、寶坻、薊州、寧河、灤州、盧龍、遷安、撫寧、臨榆、清苑、滿城、安肅、定興、新城、唐縣、博野、慶都、容城、完縣、蠡縣、雄縣、祁州、束鹿、安州、高陽、新安、任邱、寧津、故城、天津、南皮、正定、獲鹿、元氏、藁城、欒城、無極、贊皇、平鄉、廣宗、鉅鹿、唐山、內邱、任縣、磁州、邯鄲、成安、曲周、廣平、威縣、清河、東明、延慶、宣化、萬全、龍門、懷來，冀州並所屬之新河、武邑、衡水，趙州並所屬之柏鄉、隆平、臨城、寧晉、高邑，深州並所屬之武強、饒陽、安平，定州並所屬之曲陽、深澤，易州並所屬之淶水、廣昌，遵化州並所屬之豐潤、玉田，又延慶衛、熱河、喀喇河屯等一百一十二州縣衛廳，因春夏雨澤愆期，二麥被旱歉收，兼有被雹傷損者，俱經酌借籽種口糧，並令及時布種秋禾。其應否加賑蠲免，俟秋獲時勘明分數辦理。」得旨：「依議速行。」

《高宗實録》卷 245，頁 158–159

乾隆十一年（丙寅）秋七月丁未日

貸直隸武清、吳橋、寧津、天津、青縣、滄州、南皮、慶雲、鹽山、固安、永清、昌平、通州、三河、薊州、寧河、河間、獻縣、阜城、肅寧、任邱、故城、東光、獲鹿、平鄉、廣宗、鉅鹿、內邱、威縣、清河、磁州、蔚州、西寧、蔚縣、冀州、南宮、新河、武邑、衡水、柏鄉、臨城、高邑、寧晉、深州、武強、饒陽、安平、易州、淶水、延慶衛、喀喇河屯等五十一州縣衛屯被旱災民，寶坻、薊州、寧河、灤州、東光、西寧、萬全、玉田、豐潤、八溝同知等十州縣廳被水災民，井陘、平山、贊皇、藁城、獻縣、唐山、保安、蔚州、宣化、萬全、懷來、西寧、蔚縣、赤城、武強、饒陽、易州、廣昌、曲陽等十九州縣被雹災民。

《高宗實録》卷270，頁525

乾隆十一年（丙寅）九月丙午日

直隸總督那蘇圖奏：「直隸秋收豐稔，所有節年、本年民藉口糧籽種等項，應令及時交還。但查各屬情形，或係積歉之後元氣未復，或係被災之後地方出借數多，一時新舊並追，民力未免拮据。今各屬借項，自萬石至六萬石不等。內鹽山、慶雲二縣，民欠最多，請將所借米穀，分作三年帶徵。其河間、故城、寧津、獻縣、景州、任邱、吳橋、滄州、南皮、靜海、雄縣、新城等十二州縣，請將新舊借項，分作二年帶徵。交河、阜城、青縣、威縣、清河、深州等六州縣，請將本年借項全還，其節年舊欠，分作二年帶徵。又宣化府屬十一州縣上年被災，本年亦多被雹，請無論所欠多寡，統分作二年帶徵。」得旨：「著照所請行。該部知道。」

《高宗實録》卷274，頁587–588

乾隆十二年（丁卯）六月庚申日

戶部議准：「直隸總督那蘇圖疏稱，八旗下屯種地人等應建房屋。現在通州、昌平、豐潤、三河、玉田、昌黎、樂亭、淶水、武清等州縣各報建竣二百五十戶。又任邱、文安、香河、大興、延慶衛、大城、霸州、延慶州、灤州、順義、清苑、望都、容城、密雲、寶坻、遷安、高陽、雄縣、蠡縣等州縣衛，續報共建竣三百六十九戶。又建竣耕種認買公產地畝共三十二戶。應查明已撥人戶，令其前往耕種。內有各屬已造旗分姓名，及現報完工、尚未造有旗分姓名者，均經分晰匯造總冊。應聽戶部移咨各旗，按戶查明，發銀給照，令其前往等語。查各州縣建竣房屋內八旗共計六百十九戶，耕種公產者三十二戶，共六百五十一戶。應照原議，於公產地價項下，動撥銀六萬五千一百兩，令各該旗出具總領，赴部領回，會同查旗御史按戶給發，每戶給牛具、耔種銀各一百兩，並印照一紙，令其前往。」又稱：「各屬未經建竣六百四十三戶及耕種認買公產旗人一十九戶，現在督令速建等語。應令該督嚴飭趕辦，隨竣隨報，俾得陸續下屯耕作。」從之。

《高宗實録》卷 292，頁 822–823

乾隆十二年（丁卯）秋七月辛卯日

諭軍機大臣等：「據那蘇圖奏報，天津河水漫溢之處，次第消涸，沿河低窪處所，設法疏洩，高粱早稻，均無妨礙。晚禾被淹，尚可補種莜麥等語。其漫溢幾處，成災與否，尚未明晰。朕已經批示。但聞天津因伏雨積水有至二三尺者，與那蘇圖所奏不同。天津地勢，素號低窪，如果積水至二三尺，必於田禾有礙。可傳諭那蘇圖，令其將現在情形及如何辦理之處，即據實詳悉奏聞。」尋奏：「天津窪地，稍為伏雨漫淹。已委員確查，嗣於六月二十六日又降雨四寸，各村積水，自六七寸至二三尺不等，現在設法疏消。居民廬舍，並無妨礙。至靜海、青縣、滄州、南皮等州縣，情形與天津相同。津地雖號低窪，距海甚近，數日晴霽，即可漸涸。其中或有偏災，俟該道府查明後，即行酌辦。再現據薊州、玉田、豐潤、寶坻、正定、冀州、衡水、河間、任邱、霸州、文安等州縣，續報河水陡漲，近河低窪處被淹。已委員確勘，是否成災，照例查辦。」得旨：「速行查明妥辦，以慰朕念。」

《高宗實録》卷294，頁849

乾隆十二年（丁卯）秋七月癸卯日

諭軍機大臣等：「今歲畿輔地方，近京之處，立夏以來，雨澤調勻，田疇禾稼，大約與去年相同。但從前春夏之交，那蘇圖曾報大名一屬，得雨稍遲。近據稱滹沱、子牙河等處，河水陡漲，其沿河低窪之處，不無被淹。朕已批諭，令其查明妥辦。現今秋成在邇，著傳諭那蘇圖將直隸通省情形，詳悉確查，通盤計算，較之去年收成分數若何，據實具奏。」尋奏：「直隸通省，高阜之地居多。惟天津、靜海、南皮、河間、任邱、獻縣、束鹿、冀州等處，因滹沱、子牙河水陡漲，低窪地土被淹，現已委員查辦。至薊州、玉田、豐潤、寶坻、正定、霸州、東光等處，多係一水一麥之地，今春二麥豐收，晚禾浸損，亦屬常有，例不成災。將來或應停緩舊欠，酌借耔種，或於冬季酌給口糧，俟查明分別辦理。餘俱豐收，計通省高地收成，比上年較勝。」得旨：「欣慰覽之。」

《高宗實録》卷294，頁859

乾隆十二年（丁卯）七月丙午日

賑恤直隸固安、永清、香河、武清、涿州、霸州、大城、薊州、玉田、新城、容城、蠡縣、雄縣、祁州、束鹿、安州、高陽、新安、易州、淶水、河間、獻縣、阜城、肅寧、任邱、寧津、吳橋、故城、東光、天津、南皮、正定、井陘、藁城、冀州、南宮、新河、武邑、衡水、趙州、柏鄉、隆平、高邑、臨城、深州、武強、饒陽、安平、沙河、南和、平鄉、廣宗、鉅鹿、内邱、永年、曲周、雞澤、邯鄲、成安、威縣、清河、磁州、宣化、赤城、萬全、懷來、蔚州、蔚縣、西寧、懷安、喀喇河屯通判、獨石口同知、熱河、八溝同知、四旗通判等七十五州縣廳被水、被旱、被雹饑民。

《高宗實録》卷295，頁864

乾隆十二年（丁卯）八月乙酉日

諭：「據直隸總督那蘇圖奏稱，直屬被水州縣，有成災較重之天津、靜海、文安、大城、霸州、永清、武清、津軍廳等八州縣廳，應請照例先行撫恤一月口糧。其成災較輕之河間、任邱、南皮、青縣、滄州、慶雲、寶坻七州縣毋庸普賑，但其中極貧下户口食維艱，應請一例摘賑，撫恤一月口糧等語。朕思慶雲一縣此次成災雖輕，但該處屢被荒歉，地瘠民貧，朕甚軫念。著照被災較重之天津等處一例普賑，餘著照該督所請，分別賑恤，俾民食得資接濟。至此十五州縣廳屬既被偏災，所有應徵錢糧，小民輸納，必多拮据。著加恩將該處應徵新舊錢糧，暫行緩徵，以紓民力。該部遵諭速行。」

《高宗實録》卷297，頁890

乾隆十三年（戊辰）二月癸亥日

是日，駐蹕任邱縣五里鋪。

《高宗實録》卷 308，頁 33

乾隆十三年（戊辰）二月甲子日

又諭：「上年直屬被水成災，天津等十五州縣廳業已加恩賑濟，小民不致乏食。但念天津、靜海、文安、大城、霸州、永清、武清、慶雲、津軍廳等處被災較重，目下停賑將屆，麥秋尚遠，恐不足以資接濟。其河間、任邱、南皮、青縣、滄州、寶坻六州縣因被災較輕，業已停賑，貧民未免拮据。今朕巡幸所及，慶惠宜施。著加恩將此十五州縣廳，再行加賑一月，俾得普霑惠澤。所需米石，令該督於北倉存貯漕糧內動撥。該部即遵諭行。」

《高宗實録》卷 308，頁 33

乾隆十三年（戊辰）三月壬辰日

諭：「上年直屬天津、靜海、文安、大城、霸州、永清、武清、河間、任邱、南皮、青縣、滄州、慶雲、寶坻、津軍等十五州縣廳被水成災，業已加展賑期，多方撫恤。目下開徵已屆，恐貧民尚不免拮据，所有各該州縣廳應輸本年錢糧，除未被水村莊，仍令照例輸納，其被災及現在加賑之處，俱著加恩，緩至麥熟後開徵，以紓民力。

該部即遵諭行。」

《高宗實録》卷310，頁78–79

乾隆十三年（戊辰）五月乙酉日

蠲免直隸霸州、文安、大城、永清、東安、武清、寶坻、薊州、寧河、東鹿、河間、獻縣、任邱、天津、青縣、靜海、滄州、慶雲、南皮、津軍廳、清河、開州、東明、南樂、清豐、元城、宣化、萬全、赤城、西寧、豐潤、玉田等三十二州縣廳十二年份水災地畝額賦有差。

《高宗實録》卷314，頁149–150

乾隆十五年（庚午）十月甲午日

蠲緩直隸固安、永清、霸州、保定、文安、大城、東安、武清、寶坻、薊州、寧河、宛平、涿州、欒亭、清苑、容城、唐縣、博野、新城、完縣、蠡縣、雄縣、祁州、安州、高陽、新安、安肅、河間、肅寧、任邱、天津、青縣、靜海、津軍廳、萬全、張家口同知、西寧、蔚縣、宣化、龍門、懷安、定州、曲陽、易州、豐潤、玉田等四十六廳州縣水災雹災地畝本年額賦。其固安、永清、霸州、保定、文安、武清、寶坻、新城、雄縣、安州、新安、天津、津軍廳、靜海、大城、肅寧、高陽、玉田等十八廳州縣飢民貸予口糧。保定、文安、大城、東安、武清、寶坻、薊州、寧河、清苑、新城、完縣、蠡縣、雄縣、祁州、安州、高陽、新安、河間、肅寧、任邱、天津、青縣、靜海、津軍廳、西寧、豐潤、玉田、固安、永清、霸州、易州、唐縣、曲陽、定州、樂亭等三十五廳州縣飢民，並予賑恤有差。

《高宗實録》卷375，頁1144

乾隆十六年（辛未）五月庚戌日

諭：「據直隸總督方觀承奏稱，霸州等處上年勘不成災及歉收各村莊，所有借給籽種口糧，例應按期催追還倉。但現在各處麥收，雖屬可期，而米穀無出，民力不無拮据等語。著照所請，將霸州、涿州、寶坻、薊州、豐潤、清苑、雄縣、完縣、祁州、容城、河間、肅寧、任邱、天津、青縣、靜海、定州、曲陽、宣化、懷安、萬全、蔚縣等二十二州縣內，從前借給各村莊米穀，無論加息免息，俱緩至本年秋成後，照數完交，以紓民力。該部遵諭速行。」

《高宗實録》卷388，頁99

乾隆十七年（壬申）六月壬辰日

又諭：「前侍郎胡寶瑔奏稱，天津一帶有蝗處所，業經撲除略盡，可以無虞。今日吉慶奏稱，欽差過後，忽有飛蝗四起，往來靡定，苟不急為撲滅，將來為害滋甚等語。津屬既稱撲除略盡，何以又有飛蝗四起，果何所從來耶？胡寶瑔現往河間，於津屬已鞭長莫及。著將河屬有蝗州縣，督率撲捕，務令竭力查搜以盡根株，勿留餘孽。如河間一帶撲捕完竣，仍由天津一路詳細查勘，必使淨盡，再行回京。」尋奏：「臣赴青縣，捕蝗將竣。又見蝗集滄州，正在往來督捕。而河屬之河間、交河、任邱、景州一時俱報飛蝗入境，因令知府熊繹祖辦理滄州，臣赴交河一帶督捕。伏查直、東二省沿海州汊葦蕩，莫可窮究，實不解蝗自何來，惟於飛集時乘其未傷禾稼，實力搜捕，不畏難、不推諉，自不至前功盡棄，致損秋成。現俟河間事竣，覆查天津、順天各屬，務必盡除。」得旨：「好。竭力為之。」

《高宗實録》卷416，頁445–446

乾隆十七年（壬申）六月戊戌日

諭軍機大臣等：「據侍郎胡寶瑔奏稱，河間、任邱、景州等處一時俱報有飛蝗入境，臣即至交河一帶督辦等語。此所報州縣，俱密邇東境，若於蝻子萌生時早為撲滅，何至盤空飛揚？前經傳諭鄂容安，令其親行督率查辦，不知近日辦理情形若何，何以尚未奏覆？蝗既成群，豈有飛而不食之理？自必有損禾稼。愚民憚於撲捕蹂躪，或以為螞蚱非蝗，或以為遠飛他境，不至成災，皆無足信，惟有竭力撲除，務歸淨盡，毋得遺種。並即速據實奏聞，否則今歲天和時若，何以仰副耶？」尋奏：「河間所屬州縣多與東省濟、東二屬接壤。現陵、德、恩、武等處蟲孽已於五月內撲淨，仍飭道府周流防範。臣身任封疆，無論本境捕蝗是所專責，即鄰省亦不敢歧視。凡飛越入境者，既飭屬撲捕，復必親往周查，並令各州縣於本境內逐日搜查，五日一報。所撥人夫，即告竣毋許即散，屬員頗議為過嚴，民情亦以為勞苦，然不敢暫博虛譽致貽後患。現克日淨盡，大勢可保豐收。」得旨：「所見是，勉力為之。」又批：「此皆必有之事，而必不可顧忌姑息者。」

《高宗實録》卷 416，頁 449

乾隆二十三年（戊寅）夏四月戊辰日

免直隸霸州、保定、文安、大城、涿州、固安、永清、東安、昌平、武清、寶坻、寧河、清苑、新城、任邱、景州、故城、吳橋、東光、天津、靜海、滄州、南皮、鹽山、慶雲、宣化、萬全、西寧、龍門、懷來、懷安、豐潤、張家口理事廳等三十三州縣廳乾隆十年起至二十年未完民欠銀米。

《高宗實録》卷 560，頁 104

乾隆二十四年（己卯）七月丁丑日

是月，直隸總督方觀承奏：「直屬自七月初旬得雨霑透，禾稼可望豐收。近因蚜蚌發生，如順天、永平各屬，及保定府屬之清苑、定興、新城、安肅、高陽，河間府屬之任邱等處，晚穀多被損傷。」得旨：「可惜多稼，不免有美中不足之歎。」

《高宗實録》卷 593，頁 607

乾隆二十四年（己卯）十月丙申日

賑恤順天、直隸所屬固安、永清、霸州、大名、元城、清豐、南安、清河、威縣、永年、邯鄲、曲周、雞澤、沙河、平鄉、南和、任縣、鉅鹿、冀州、南宮、新河、武邑、衡水、隆平、寧晉、深州、武強、滄州、南皮、武清、獻縣、任邱、交河、天津、青縣、鹽山、津軍、延慶、保安、蔚州、宣化、懷安、萬全、西寧、龍門、懷來、張家口等四十七州縣廳本年水旱霜雹蟲螣偏災貧民，並蠲緩額賦有差。

《高宗實録》卷 599，頁 694

乾隆二十六年（辛巳）十一月丙申日

加賑直隸固安、永清、東安、武清、文安、大城、霸州、保定、冀州、衡水、武邑、開州、長垣、東明、景州、清河、蠡縣、東光、滄州、南宮、新河、隆平、寧晉、深州、武強、天津、寶坻、薊州、寧河、清苑、新城、博野、望都、祁州、雄縣、安州、高陽、新安、河間、獻縣、肅寧、任邱、交河、青縣、靜海、南皮、鹽山、慶雲、平鄉、廣宗、鉅鹿、唐山、任縣、永年、邯鄲、成安、曲周、廣平、雞澤、威縣、磁州、元城、大名、南樂、清豐、蔚州、豐潤、玉田、定州等六十九州縣被災貧民屯灶，並緩各屬已未成災本年應徵錢糧及節年舊欠。

《高宗實録》卷 648，頁 249

乾隆二十七年（壬午）閏五月辛卯日

是月，直隸總督方觀承奏：「本月十九日雨止，已獲連晴。二十三、四等日，又復連夜傾注，景州、河間水道疏消有路，尚不至存蓄，惟任邱、雄縣、新城一帶濱河大道，未能減落，而千里長隄，無處起土，只可暫行停修，再相機辦理。」得旨：「覽奏俱悉。甫晴兩日，今復陰雨，朕甚憂之。」

《高宗實録》卷 663，頁 422–423

乾隆二十七年（壬午）六月丁酉日

蠲免直隸固安、永清、東安、武清、霸州、保定、文安、大城、宛平、寶坻、薊州、寧河、灤州、清苑、新城、博野、望都、蠡縣、祁州、雄縣、安州、高陽、新安、河間、獻縣、肅寧、任邱、交河、景州、東光、天津、青縣、靜海、滄州、南皮、鹽山、慶雲、津軍廳、平鄉、廣宗、鉅鹿、唐山、任縣、永年、邯鄲、成安、曲周、廣平、雞澤、威縣、清河、磁州、開州、大名、元城、南樂、清豐、東明、長垣、西寧、蔚州、豐潤、玉田、冀州、南宮、新河、武邑、衡水、隆平、寧晉、深州、武強、定州、曲陽等七十四州縣廳乾隆二十六年水災額賦有差。

《高宗實録》卷 664，頁 429

乾隆二十七年（壬午）九月癸酉日

旌表守正被戕之奉天海城縣民袁鳳瑞妻王氏、直隸任邱縣民籍喜然女籍氏。

《高宗實録》卷 670，頁 494

乾隆二十七年（壬午）十月庚戌日

加賑順天、直隸所屬霸州、保定、文安、大城、涿州、良鄉、固安、永清、東安、香河、宛平、大興、昌平、順義、三河、武清、寶坻、薊州、寧河、灤州、昌黎、樂亭、清苑、安肅、新城、望都、雄縣、安州、高陽、新安、河間、獻縣、阜城、肅寧、任邱、交河、景州、東光、天津、青縣、靜海、滄州、南皮、鹽山、慶雲、津軍、成安、廣平、大名、元城、宣化、萬全、懷安、張家口、豐潤、玉田、冀州、南宮、新河、武邑、衡水、隆平、寧晉等六十三州縣廳本年被水、雹、霜災飢民，分別蠲緩應徵額賦。

《高宗實録》卷 673，頁 524–525

乾隆二十八年（癸未）春正月庚申日

諭：「去歲，直隸各屬雨水過多，其偏災地方已經加恩賑恤，並酌籌以工代賑，俾窮黎不致失所。但時屆春月，例賑將停，麥秋尚遠，正當青黄不接之際，農民口食未免拮据，深為軫念。著再加恩，將被災較重之霸州、保定、文安、大城、永清、東安、武清、寶坻、寧河、薊州、定州、新安、天津、青縣、靜海、滄州、寧晉等十七州縣之極次貧戶口，暨被災稍輕之大興、宛平、昌平、順義、固安、涿州、新城、雄縣、香河、豐潤、玉田、灤州、昌黎、樂亭、清苑、望都、高陽、河間、任邱、交河、景州、東光、南皮、鹽山、慶雲、冀州、武邑、衡水等二十八州縣之極貧戶口，均於停賑之後，概予展賑一個月，以資接濟。並於通倉所存乾隆二十四年以前稜米，撥運十二萬石以充展賑之需。該督方觀承，其董率屬員實力奉行，務令貧民均沾實惠，副朕愛養黎元至意。

該部遵諭速行。」

《高宗實録》卷678，頁581

乾隆二十八年（癸未）正月戊寅日

又奏：「現在疏消積水為先務。幸淀水大落，文安、大城積水歸淀甚速，涸出處已種麥。其水深二三尺、約四五月始消者，亦不誤種秋禾。民間稻種不足，應請借給，或其時不能盡涸，即用戽斗助以人力。天津東南與寶坻、寧河視海水為長落，按時開閘排放。河間、獻縣、任邱、大城，水有阻於官隄者，有阻於鄰縣曲防者，權其輕重，破其畛域，或暫為開隄，或入於溝渠，案內勘定章程，長遠除害。上年開溝疊道未竟工，良涿一路正月畢，新雄河景一路二月畢，田間溝洫次第經理，不妨農，不誤公。報聞。」

《高宗實録》卷679，頁596

乾隆二十八年（癸未）五月辛巳日

直隸總督方觀承奏：「直屬自大興、宛平，東至通州、三河、薊州、豐潤、玉田、撫寧一路，西至良鄉、房山、易州、涿州一路，西南至定興、安肅、清苑、滿城、完縣、望都一路，東南至新城、雄縣、任邱、高陽、河間、獻縣、交河、阜城一路，運河大道武清、天津、大城、靜海、青縣、吳橋一路，共三十二州縣，疊道應加夯硪，溝渠應添橋座者，以次修理。」得旨：「是。溝渠即河道之脈絡也，應聯為一氣，方得宣洩之宜。」

《高宗實録》卷687，頁698–699

乾隆二十八年（癸未）六月庚寅日

諭軍機大臣等：「據舒赫德奏，近畿一帶，麥收豐稔。且山東、河南麥石亦絡繹而至，麥價可日就平減。第恐不肖市儈拘泥近日官價，轉無裨益等語。官價平糶，原屬一時權宜之計。今麥收既屬豐裕，將來民食自不致缺乏。且設廠以來，已及半載有餘。不特麥石無需平糶，即米廠亦應議徹。舒赫德摺內並稱，陳桂等現欲議請停止，何以未見奏到？著傳諭阿桂，即速確核五城各廠現在無需平糶情形，一面辦理，一面奏聞。再阿桂、裘曰修派辦直屬河道溝渠，自應不時往來督察，且聞方觀承，亦候彼兩人會同查勘，應即起程前往。再直隸毗連山東之景州、吳橋、東光、南皮、獻縣，及鄭州、任邱、滄州、青縣、靜海等處，俱有蝗蝻蠕長。現令該督等分路督率搜捕。並著阿桂、裘曰修於所至之處，協同董辦，務期淨盡，不留遺孽。今歲直屬幸獲豐收，若不力為保護，仰承上蒼嘉貺，殊屬可惜。但地方官習氣，往往心存畛域，互相推諉。經欽差在彼督率，自可杜其掩飾觀望之弊。阿桂等俱朕親信大臣，既奉命在外，凡一切地方緊要之事，皆當留心經畫，不獨水利捕蝗為目前應急之務。諒阿桂等自能仰體朕懷，無事諄諄誡諭也。可將此傳諭知之。」

《高宗實録》卷688，頁703

乾隆二十八年（癸未）六月庚寅日

又諭：「直屬安州、任邱等處俱有蝻孽蠕長。鄭州一帶，亦間有萌生之處。昨已降旨，令該督將曾否撲除淨盡，詳細查奏。茲據達色奏，山東歷城、長清等縣境內間有飛蝗。現經該督撫率司道等親赴各該處，上緊撲滅。其經過直隸之吳橋、東光、南皮、滄州、青縣、靜海境內村莊，亦均有飛蝗數處等語。看來直隸、山東毗連一帶間段俱有蝗蝻，若不及早搜捕，誠恐漸滋貽害。東省業經阿爾泰等親率督捕。而直屬有蝗各處，該督方觀承、布政使觀音保亦曾親赴督率搜查否？抑係止據各該屬稟報，僅安之州縣等官辦理？向來外吏習氣，每於壤地相接交錯之區，即不無意存畛域，彼此推諉。著傳諭方觀承，速即督同觀音保分道搜捕，不使稍留遺孽，並將飛蚷現在是否撲除淨盡，據實詳查奏聞。」

《高宗實録》卷 688，頁 703–704

乾隆二十八年（癸未）六月丁酉日

直隸總督方觀承奏：「安州、靜海、青縣、獻縣、滄州、南皮、故城、東光、寧津蝗蝻現已撲除。惟任邱縣屬七里莊與鄭州相連，生有蝻子畝餘。景州、慶雲與東省接壤地方亦間有生發。布政使觀音保即赴各處督捕。雄縣報有蝗蝻，臣即親往查辦。」得旨：「汝直隸之事，往往不如山東、河南。慎之。」

《高宗實録》卷 688，頁 708–709

乾隆三十年（乙酉）三月己丑日

諭：「行在禮部查奏，遲誤泰山祭文，請將該地方官交部察議一摺。此事固由地方官遞送遲誤，而禮部此次辦理諸事，總屬錯謬。即如思賢村距東省尚遠，何不待該撫崔應階迎鑾時，禮部將祭文面交該撫，甚屬易事。而必於途次，由鋪交發，以致地方接遞，輾轉遲延，彼此俱難辭咎。行在禮部堂官及遞送遲誤之地方官均著交部照例察議。至此項祭文，禮部於正月二十日交任邱縣遞送，何以直至二十六日始遞到德州？其因何遲誤緣由，著交方觀承查奏。再同時發去致祭孔子、周公祭文二道，曾否如期齎到？抑或亦有稽誤。而派往致祭之人未經奏聞，並著該撫崔應階，查明具奏。」尋直隸總督方觀承奏：「查自任邱縣至山東德州遞送程途，惟故城縣無稽延，餘俱遲誤。當將各該州縣職名，送部照例察議，沿途鋪兵責革。報聞。」山東巡撫崔應階奏：「致祭孔子、周公祭文二道，係同祭泰山文裝置一封，於正月三十日遞至臣署，包封轉寄。至二月初三日，臣於永安莊地方始行接到，已逾致祭日期。」得旨：「覽。」

《高宗實録》卷 732，頁 63–64

乾隆三十三年（戊子）三月己亥日

直隸總督方觀承疏報：「霸州、固安、永清、東安、涿州、良鄉、宛平、香河、灤州、盧龍、遷安、昌黎、樂亭、文安、大城、任邱、交河、故城、吳橋、東光、天津、青縣、靜海、滄州、南皮、鹽山、慶雲、清河、高陽、正定、元氏等三十一州縣，墾種淀泊河灘新淤地五百四十八頃九十七畝有奇。」

《高宗實録》卷 806，頁 897

乾隆三十三年（戊子）冬十月丁卯日

戶部議准：「直隸總督楊廷璋疏稱，直屬本年被水雹等災，請將最重之霸州、保定、安州、靜海四州縣先給一月口糧，並摘賑文安、大城、永清、東安、正定、晉州、藁城、寧晉等八州縣極貧民。其武清、寶坻、寧河、清苑、安肅、新城、博野、望都、蠡縣、雄縣、束鹿、高陽、新安、獻縣、肅寧、任邱、天津、青縣、滄州、慶雲、南和、平鄉、任縣、成安、曲周、廣平、豐潤、玉田、冀州、武邑、衡水、隆平、深州、武強等三十四州縣，俟十一月起賑。貧士旗灶，俱一體辦理。至涸出地畝，貸給耔種，應徵錢糧米豆等項，並節年舊欠，分別緩帶。其河間、鹽山二縣被災地畝，俟勘明另題。」得旨：「依議速行。」

《高宗實録》卷 820，頁 1136

乾隆三十四年（己丑）春正月丙戌日

又諭：「直隸各屬上年間被水災，業經加恩分別賑恤。現在時屆東作，尚恐被災貧民，際此青黄不接之候，生計不無拮据。著再加恩，將霸州、保定、安州、文安、永清、東安、寧晉等七州縣被災六分之極貧，及七、八、九、十分之極次貧，均加賑一個月。其大城、靜海二縣，雖有代賑工程，尚恐不敷接濟。又災分稍次之任邱、肅寧、慶雲三縣内成災九分村莊極次貧民，均著於停賑後，各加賑一個月。該督其務董率屬員，實力查辦，無任胥吏中飽，俾小民均沾實惠，副朕加惠黎元至意。該部遵速行。」

《高宗實録》卷 826，頁 1–2

乾隆三十四年（己丑）三月乙酉日

蠲免直隸霸州、保定、文安、大城、永清、東安、武清、寶坻、薊州、寧河、清苑、安肅、新城、博野、望都、蠡縣、雄縣、束鹿、安州、高陽、新安、河間、獻縣、肅寧、任邱、天津、青縣、靜海、滄州、鹽山、慶雲、正定、晉州、藁城、南和、平鄉、任縣、成安、曲周、廣平、豐潤、玉田、冀州、武邑、衡水、趙州、隆平、寧晉、深州、武強等五十州縣，並津軍、張家口二廳乾隆三十三年分水災額賦。

《高宗實録》卷 830，頁 66

乾隆三十四年（己丑）冬十月戊午日

諭：「據楊廷璋查奏，肅寧縣武生孔聖宗控告承種郭炫入官地畝，減租奪佃一案。該旗委員和爾景阿先赴原佃陳文彩家居住，得受饋送，串通減租，揑名認種。復經告病知縣王汝木家人受賄，代投認狀各情由。並查出霸州、河間、任邱三處郭炫入官地畝，均有短少租額情弊，亦係委員和爾景阿自往勘定，領催跟役俱得受錢文。該地方官並不會同查辦，率行造冊，並任書役人等婪贓舞弊，恐其中尚有別情。請將委員和爾景阿解任，同領催人等發直質訊。其霸州知州李汝琬、任邱縣知縣商衡、前任丁憂河間縣知縣盛鐏，均請革職審擬等語。和爾景阿查地定租時，既有受賄營私情弊，即著革職。並領催跟役人等交與軍機大臣嚴審確情，具奏所有。肅寧縣告病知縣王汝木業經降旨革職，令山東巡撫解直質審。其李汝琬、商衡、盛鐏俱著革職，並案內有名人犯，交與該督一併嚴審，定擬具奏。」

《高宗實録》卷 844，頁 286

乾隆三十六年（辛卯）五月乙卯日

諭軍機大臣等：「楊廷璋奏，查明竊賊劉升供出偷過涿州、新城、任邱三處行宮內雨搭簾幔等物一案。請將書辦兵丁分別責革，地方官交部議處等語。涿州等處地方官建設座落，以備行幸時憩頓。與湯山、石槽專建行宮者不同，該處既有被竊之物，兵丁失於防範，書辦匿不報官，自應治以應得之罪。但止須在外發落，示以懲儆，不必咨部完結。其失察之地方文武各官，均毋庸交部，並不必存記檔案及寫行宮字樣。將此諭令楊廷璋知。」

《高宗實録》卷 884，頁 850

乾隆三十六年（辛卯）秋七月壬子日

直隸總督楊廷璋奏：「大興等十七州縣與霸州等十二州縣被淹。臣確查分數，大興、宛平、良鄉、固安、永清、東安、霸州、武清等八州縣頗重，涿州、密雲、懷柔、通州、昌平、雄縣、安州、蠡縣、新城、文安、保定、香河、寶坻等十三州縣次重，三河、高陽、任邱、安肅、南樂、懷來、定州、元城等八州縣較輕。已批司委員確勘。先飛飭借給每戶義穀四斗。其坍塌房屋者，瓦房給銀一兩，土房五錢，仍俟勘得成災與否，分別辦理。又蔚州、延慶、西寧三屬，前據稟報有被雹村莊，亦經飭查，統歸秋災案內撫恤。」得旨：「另有旨諭。」又批：「此皆外省俗例，足見非實心辦事也。不可。」諭軍機大臣等：「據楊廷璋奏，查辦被水各州縣災務一摺。

内有批司委員確勘之句，殊屬非是，已於摺内批示矣。災務關係民生，最為緊要。自應迅速查辦，俾災黎早得安全。今藩司楊景素現在密雲督辦差務，晝夜不輟，豈復能兼顧及此？如此易知之事，楊廷璋亦不知乎？楊廷璋身任總督，通省文武，皆其所轄，派令查勘災務，誰敢不遵？豈必待藩司查稟，始能料理？且該督近在永定河干，派員甚為直捷，而又批交楊景素輾轉往還，稽延時日，亦非情理。若以為辦災係藩司專責，即暫令王顯緒代為行文，俟楊景素回任，再為補詳，亦何不可，而必為此紆回曲折之事乎？此等外省相沿俗例，極可憎鄙，朕屢經嚴飭矣。楊廷璋久任封疆，向來頗知認真辦事，不應拘牽陋習若此，豈復實心任事之道。至現在被災計二十九州縣。恐賑借等項，需用較多，已降旨令戶部撥庫銀五十萬兩，發交該督備用。該督其董飭屬員，實力妥辦，務使貧民均沾實惠。若辦理稍不盡心，致有侵扣冒濫諸弊，惟於該督是問。仍將被災情形，速飭確查，分別辦理，據實明白回奏。」尋奏：「被水之大興等二十九州縣外，又據續報天津、清苑、房山、新安、正定、薊州、大城、靜海、寧河、豐潤、玉田、藁城十二處被災，已飭令確勘，分別撫恤。所有恩撥庫銀五十萬兩，收兑藩庫備用，將來應撫應賑，臣當遵旨悉心妥辦，務使災黎均沾實惠。」得旨：「覽。」

《高宗實録》卷888，頁905–906

乾隆三十六年（辛卯）九月庚申日

諭：「直隸今秋被水各屬，屢經降旨，據實查勘，分别賑恤。其低窪地畝被淹者，自應早令涸出，俾得趕種秋麥，以資口食。茲詢楊廷璋，據稱已報涸出者，計四十五州縣，業經借給麥種，現在麥苗俱已出土青葱。惟宛平、文安、大城、保定、永清、東安、武清、霸州、通州、香河、寶坻、寧河、天津、任邱、豐潤十五州縣地更低窪者，尚未全涸，已委員協同疏洩。其東安、香河、寶坻、豐潤四縣，亦續報漸次涸出，仍飭令上緊疏消等語。此等低窪地畝，去歲曾經遇水，今年又復被淹。若積潦不能速消，民業徒成曠棄。而瀕河之地多係一水一麥，如能及時涸出，種麥可望倍豐。於貧民生計，甚為有益。但恐該地方官不能實心經理，必致玩日妨農。朕心深為廑念。著派袁守侗、德成分往各處，督率該州縣即速設法疏消，務令及早涸出，無誤布種春麥。尚書裘曰修於近京水利情形，較為諳悉，且此被水之處，順天所屬者居多，著派其往來調度董查，總司其事。伊等於奉到諭旨後，不必赴行在請訓，即速起程前往，俟各處辦有就緒，再行回京覆奏。」

《高宗實録》卷 893，頁 988

乾隆三十七年（壬辰）二月戊寅日

諭軍機大臣等：「十一日順義、三河一帶，得有微雨。次日天氣稍寒，密雪半日，然亦入土旋融。惟山上略有存積。今據周元理奏，通州一帶十一日得雨三寸，十二日早復又飄雪，現在未止。看來此次雪澤甚溥，未知各該處得雪多寡若何，是否隨時融化？於出土麥苗，有無妨礙？深為廑念。再昨日濃陰密布，勢甚寬廣，諒京南一帶，亦可遍及。但向南氣候較暖，落地即當成雨，未知各屬所得分寸若何。著傳諭周元理，即將現在情形，查明覆奏。」尋奏：「十一、十二等日寶坻、良鄉、香河、武清、東安、永清、固安並保定省城俱得雪二三寸，河間、任邱、涿州、定興、新城、雄縣得雪一、二、三寸不等。地土滋潤，麥苗青蔥，春巡之日，甘澤應時，官民無不歡慶。」得旨：「此間近山乃大雪，於欣慰之中，終恐凝凍傷麥，將近日情形速奏來。」尋又奏：「十五、六等日，武清、東安、香河、三河、永清、涿州、平谷均雨雪交加，入土三四五寸不等。保定、河間、天津、正定、順德、廣平、大名並深、定、趙三州屬俱得雨四五寸。得雨處霑足，得雪處亦隨時融化，於麥有益，並無凝凍傷損。」報聞。

《高宗實録》卷902，頁45

乾隆三十七年（壬辰）四月甲午日

是月，直隸總督周元理奏：「直隸各屬，衝衢疊道，並隄埝河渠被水之處，經臣逐一勘修趕辦，惟查尚有雄縣南關瓦濟木橋一座、任邱縣趙北口太平等木橋七座、涿州北關永濟石橋一座，均係往來要路，坍塌損壞，若不亟為修葺，恐日久所費更鉅。又任邱縣疊道近淀低處，易有積水，必須加高培厚。清苑至高陽東南一帶疊道最窪，並須添建木橋二座，以疏道溝瀝水，免致塌陷。又良鄉縣之茨尾、雅河二道雖經挑浚，尚宜加長挑深，使洩入牤牛河，庶無旁溢。臣親督估計，飭令一律興修，勒限完竣。至應需米石，於各州縣賑剩通米内動用，銀於大工節省項下撥用，毋庸另行請項。」得旨：「如所請行。」

《高宗實録》卷907，頁147

乾隆三十八年（癸巳）三月戊戌日

諭：「前因永定、北運二河工程，關係民生，特命重臣會勘。大發帑金，克期修築。經周元理奏請省視其成，以慰臣民望幸。因諏吉，恭奉皇太后安輿巡幸天津，順途周覽，仍復指示機宜，期使共資利賴。業於啟鑾日降旨，將經過地方及天津屬府屬本年應徵錢糧，蠲免十分之三，用敷闓澤。昨歲畿輔普慶豐登，閭閻藉以康阜。今蹕路所經，見小民扶老攜幼，夾道歡迎，足徵飽暖恬熙景象。惟是元氣初復之時，更宜培養，而各州縣尚有節年緩帶未完欠項，例應次第催徵，民力仍恐不能充裕。著再加恩，將沿途經由之宛平、大興、良鄉、房山、涿州、淶水、易州、定興、容城、新城、雄縣、任邱、霸州、保定、文安、大城、武清、東安、永清、固安等二十州縣未完乾隆三十三、四、五、六等年緩帶民欠銀三萬五千五百二十七兩零，穀、豆三十四石四升；天津府屬州縣共未完乾隆三十四、五、六等年，緩帶地糧銀六萬八百九十二兩零，本色屯糧穀、並米、豆、合穀一萬六千一百七十五石七鬥五升零，普行豁免。俾郊甸海濱黎庶，永免追呼，益臻樂利，稱朕行慶觀民，加惠無已之至意。該部即遵諭行。」又諭：「此次辦差文武官員，任內所有降級、罰俸、住俸之案，俱著開復，其無此等案件者，各加一級。」

《高宗實録》卷928，頁482–483

乾隆四十一年（丙申）二月庚午日

諭：「本年新正，曾將畿南一帶昨歲被潦州縣分別予以展賑，用普春祺。茲當金川全境蕩平，巡幸山左。凡鑾輅所經之地，現已普被恩膏。其災區之不值蹕途者，亦堪軫念。著加恩將霸州、保定、文安、大城、永清、河間、獻縣、武邑、衡水、寧晉、武強、安平等十二州縣未完乾隆三十九年因災緩帶地糧銀八萬六千七百四十五兩零，屯米二百四十八石零；又霸州、保定、文安、大城、永清、新安、安州、固安、蠡縣、河間、獻縣、任邱、晉州、玉田、武邑、衡水、陸平、寧晉、深州、安平等二十州縣未完乾隆

三十三、四、五、六、七、八、九等年因災出借常平穀二萬八十九石零，米二萬八千七百七十二石零，麥五千八百七十四石零；又霸州、固安、河間三州縣未完乾隆三十九年因災出借井田屯穀二百九十一石零，米一千四百五十七石零，概行蠲免，以示慶成施惠至意。該部即遵諭行。」

《高宗實録》卷 1003，頁 450–451

乾隆四十一年（丙申）夏四月癸丑日

蠲免直隸霸州、保定、文安、大城、固安、永清、東安、武清、寶坻、薊州、寧河、香河、大興、宛平、順義、清苑、安肅、新城、博野、望都、容城、蠡縣、雄縣、祁州、安州、高陽、新安、河間、獻縣、任邱、天津、青縣、靜海、津軍廳、正定、晉州、無極、藁城、新樂、雞澤、大名、元城、玉田、武邑、衡水、趙州、隆平、寧晉、深州、武強、安平、定州等五十二州縣廳乾隆四十年水災額賦有差。

《高宗實録》卷 1006，頁 512

乾隆四十五年（庚子）十月壬戌日

蠲免直隸霸州、保定、文安、大城、涿州、房山、良鄉、固安、永清、東安、香河、宛平、大興、昌平、順義、懷柔、密雲、平谷、通州、三河、武清、寶坻、薊州、寧河、遷安、清苑、安肅、定興、新城、望都、蠡縣、雄縣、安州、高陽、新安、河間、獻縣、肅寧、任邱、交河、天津、青縣、靜海、滄州、津軍廳、南和、任縣、永年、邯鄲、成安、曲周、廣平、雞澤、磁州、延慶、保安、蔚州、懷來、獨石口廳、豐潤、玉田、易州、武強六十三州縣本年被水災田額賦。

《高宗實録》卷 1117，頁 922–923

乾隆四十六年（辛丑）四月辛酉日

蠲免直隸霸州、保定、文安、大城、涿州、房山、良鄉、固安、永清、東安、香河、宛平、大興、昌平、順義、懷柔、密雲、平谷、通州、三河、武清、寶坻、薊州、寧河、清苑、新城、雄縣、蠡縣、安州、高陽、新安、河間、獻縣、任邱、交河、天津、青縣、靜海、滄州、津軍廳、南和、任縣、永年、邯鄲、曲周、雞澤、磁州、蔚州、豐潤、玉田五十廳州縣，乾隆四十五年水災民地官地額銀十五萬六千二百一十七兩有奇，糧一千五百二十石有奇，並豁除積欠倉糧一十六萬五千七百二十七石有奇。」

《高宗實録》卷 1129，頁 88

乾隆四十七年（壬寅）五月辛亥日

直隸總督鄭大進奏：「保定省城南有九龍河一道，發源於望都縣之九龍泉，由清苑之張登鎮、安州之依城河、新安之長流河，至任邱之十一橋入淀。該州縣等旱潦藉以蓄洩，商販由此往來，比年來日漸淤淺，亟宜挑挖。至河身高低不一，全賴閘座以司啟閉。九龍河自望都縣東門外響閘以下，僅設殷家營、高嶺村二閘，自殷家營至清苑縣境綿長六十餘里，河水迅駛，必須添建閘座。清苑境內，於冉村、鄧村、營頭村添建三座。又該縣自陽城村至張登鎮原有石橋十座，俱毋損應修。至安州、新安、任邱河身間有沙淤，均應一律疏浚。」得旨：「如所議行。」

《高宗實録》卷 1156，頁 496–497

乾隆四十九年（甲辰）四月壬寅日

諭軍機大臣等：「本日駐蹕直隸任邱縣，地方得雨五寸，雲勢甚廣，自必普遍優霑。因思河南、山東及江南徐州一帶待澤頗殷，朕心甚為廑念。著傳諭薩載、閔鶚元、何裕城、明興，即將各該處於本日曾否一同得有透雨，現在農田情形若何，迅速查明，據實具奏。」

《高宗實録》卷 1205，頁 117

乾隆五十年（乙巳）三月乙亥日

豁免直隸霸州、保定、文安、大城、涿州、固安、東安、香河、宛平、大興、昌平、順義、懷柔、密雲、通州、三河、武清、寶坻、薊州、寧河、清苑、安肅、新城、蠡縣、安州、高陽、新安、獻縣、肅寧、任邱、交河、天津、青縣、靜海、滄州、慶雲、鹽山、藁城、永年、成安、廣平、東明、長垣、延慶、蔚州、豐潤、玉田、趙州、寧晉四十九州縣自乾隆四十一年起，至四十九年止民欠因災出借未完穀、米、豆、麥十三萬六千七百七十八石有奇。

《高宗實録》卷 1227，頁 451

乾隆五十年（乙巳）夏四月甲午日

諭：「直隸河間府屬之景州、交河等八州縣，秋冬以來，雨澤稍疏，麥收恐未免歉薄。前經降旨加恩，減價平糶，並將新舊錢糧一體概予緩徵。茲據劉峨奏稱，東光、吳橋、任邱三縣民力雖較景州等處稍為寬裕，但現在市集糧價亦未平減等語。所有東光、吳橋、任邱三縣，著加恩照景州等八州縣之例，一體減價出糶，以平市價。該部即遵諭行。」

《高宗實録》卷 1228，頁 467

乾隆五十年（乙巳）八月癸未日

直隸總督劉峨奏：「直省河工同知、通判一十六缺，向例缺出。如河工無人，准於沿河之通州等五州、武清等十六縣內揀員升署。惟各州縣均屬要區，非礙於處分，即格於年限，竟至一時並無合例之員。嗣後河工南岸等同知、通判缺出，請將兼河之灤州、清苑、河間、獻縣、任邱、正定、雄縣七州縣，一體揀員升補。如仍不得人，並於河員出身及曾任沿河之現任繁缺州縣，通融奏請升署。下部議行。」

乾隆五十一年（丙午）五月甲寅日

直隸總督劉峨奏：「保定駐防兵丁，牧放馬匹，從前撥給任邱縣屬無糧官荒地五十一頃，近因淤泥漸積，春草不生。查該地土派松浮，尚易開墾，請招墾升科。至牧放馬匹，現有上年勘報荒地，坐落靜海縣之四黨口村一千三百餘頃，內水草茂盛者三十餘頃，堪作牧廠，即請改撥。報聞。」

《高宗實録》卷 1254，頁 852

乾隆五十一年（丙午）閏七月己亥日

又諭：「本日姜晟前來行在復命。召見，詢及沿途雨水情形。據稱經過直隸任邱、鄚州一帶，大路被水淹浸，坐船行走者約有二十里。聞係淀汀開有決口，以致漫水下注，淹沒官路等語。本年夏秋以來雨水較多，該處既有漫溢之水，田禾廬舍自必有被淹處所，何以劉峨未經奏及？著傳諭該督查明附近淀河各地方被水情形，是否成災，於民生有無妨礙之處，迅速據實覆奏，以慰廑念，毋得稍存諱飾。」尋奏：「本年立秋後，因滹沱、豬龍等河盛漲，民埝間有漫溢。業據委員勘報，被災村莊止四五分不等，除酌量借助外，餘各豐收，毋庸議賑。至趙北口至鄚州一帶，地本低窪，官路被淹，即係豬龍河漫水下注，非淀河另有決口。報聞。」

《高宗實録》卷 1261，頁 983

乾隆五十一年（丙午）十月丁巳日

戶部議覆：「直隸總督劉峨疏稱，安州、高陽、肅寧、任邱四州縣秋禾成災五分，應照例蠲額賦十之一。餘各州縣村莊應查明被災之處，照例緩徵舊欠、舊借，統待明年麥秋後徵解，被災者准借耔種口糧。」得旨：「依議速行。」

《高宗實録》卷 1267，頁 1083

乾隆五十三年（戊申）四月癸丑日

諭：「據劉峨奏，順天等府屬四十九州縣本年春夏以來，雨澤短缺，麥收歉薄，大田亦多未布種，小民生計不無竭蹶等語。本年順天等府屬春膏稍缺，入夏後雨澤又未能一律普沾，二麥難望有收，大田亦多未種。若將新舊錢糧同時並徵，民力未免拮据。所有順天府屬之大城、文安、保定、武清、寶坻、薊州，保定府屬之清苑、唐縣、博野、望都、完縣、祁州、束鹿，河間府屬之河間、任邱、獻縣、交河、阜城、景州、東光、吳橋、寧津、肅寧、故城，天津府屬之靜海、青縣、南皮、滄州、鹽山、慶雲，正定府屬之正定、井陘、新樂、行唐、晉州、無極、藁城，冀州並所屬之南宮、新河、棗強，趙州並所屬之隆平、寧晉，深州並所屬之武強、饒陽，定州並所屬之曲陽等四十九州縣，並宣化府屬之延慶、赤城、龍門三州縣應徵節年新舊錢糧、倉穀旗租，及萬全等州縣上年因災賞借之口糧，俱著加恩，一體緩至秋成後，再行徵收。如並無節欠糧租者，準其將本年新糧一體緩徵。俾民間生計益資寬裕，以副朕軫念民依，有加無已至意。該督即遵諭行。」

《高宗實錄》卷 1303，頁 536–537

乾隆五十四年（己酉）六月甲申日

直隸總督劉峨奏覆：「靈壽被災等戶，其房屋木料未經衝失，高阜田禾亦無妨礙，低窪處間有受傷。其坍損房屋之千餘戶，現給修費銀。乏食貧民，現在撫恤。淹斃男婦四名口，給棺殮埋。至蠡縣之孟嘗、劉佃二處沖決之所，現已搶築合龍。田禾被傷者，酌借耔種，俾得補種，並動義倉米穀，借給口糧。再現因雨水稍多，以致近河之清苑、望都、安州、雄縣、高陽、任邱、河間、景州、獻縣、廣平、靜海、滄州、灤州、定州、趙州、隆平、寧晉、保定、東安、武清等二十州縣，低窪地畝間被浸淹，現在上緊疏消，並查勘災戶，分別辦理。」得旨：「不可諱災，詳悉查辦。」

《高宗實錄》卷 1334，頁 1062

乾隆五十四年（己酉）秋七月丁酉日

諭：「據劉峨奏，原報被水之安州復於六月二十三、四等日，大雨如注，上游諸河並漲，以致該州隄埝漫溢，被水較重。請先行撫恤，酌量摘賑。又河間、保定府屬等八州縣均有被水較重之處，請一體先行借給口糧，並予以摘賑等語。本年夏秋以來，近畿一帶雨水較多，諸河並漲，民田廬舍間被淹浸。該督既飭屬查勘，亟應妥為撫恤。所有安州被水之六十餘村莊及河間府屬之河間、任邱、獻縣、阜城、景州，保定府屬之清苑、雄縣、新安等八州縣，無分極次貧民，俱著先行借給口糧，酌量摘賑，以資接濟。並著查明成災輕重，按月給賑。其大名、宣化二府屬亦有被水地方，並著一併勘明。如有成災處所，即行分別辦理。該督務須督飭所屬，實心經理。俾小民均沾實惠，毋致一夫失所，以副朕軫念災黎至意。該部即遵諭行。」

《高宗實録》卷 1334，頁 1082

乾隆五十四年（己酉）八月甲戌日

諭曰：「馮光熊奏，勘得保定府屬之清苑、安州、新安、雄縣，河間府屬之任邱、河間、獻縣、肅寧、阜城、景州，天津府屬之天津、靜海、滄州、青縣、鹽山，順天府屬之大城、武清、東安、永清等處，地畝被淹成災，自五六七分至八九分不等。緣各災戶距麥收未遠，農民薄有儲蓄，復蒙恩賞口糧，先行撫恤，不至流離急迫。俟清查戶口，分別極次貧民，覈實給賑摘賑。所有續報東光、新城等十五處，統歸秋災案內，分晰查辦等語。本年直隸各府大田本可望豐收，乃因夏秋雨水過多，河淀並漲，被澇成災，地方較廣。雖據馮光熊周歷親查，並遵旨酌給口糧，目下民情，均各安怗。但現距明歲麥秋尚遠，恐貧黎糊口不繼，朕心深為廑注。著交與劉峨督率藩司確查妥辦，加意撫恤。向來各省辦賑，多有本折兼放者，此次均著給與本色。庶災黎不至覓食維艱，於生計更為有益。第恐直省常平社義各倉，不敷散給，著將北倉上年截存米十一萬九千餘，概行賞給。倘尚不敷用，劉峨即行奏聞，再於通倉酌撥。該督宜董飭所屬，實心經理，仍設法疏消積水。俾及時趕種秋麥，以為明歲接濟，務使閭閻均沾實惠，元氣速紓，以副朕軫念畿輔黎庶，有加無已至意。倘該督不能妥協辦理，朕明春巡幸山東，經過直省各州縣，見該處災民尚有菜色，則惟該督是問。」

乾隆五十五年（庚戌）春正月乙酉日

諭：「上年直隸保定、河間、天津、順天等府屬各州縣，因夏秋雨水較多，河流漲發，田禾被淹成災。節經降旨，銀米兼撥，令該督實力撫恤，分別賑濟，小民自可不致失所。第念今春正賑已畢，青黃不接之時，民食恐不無拮据，著再加恩，將順天府屬之霸州、文安、大城、武清、東安、永清，保定府屬之清苑、安州、雄縣、新安、高陽，河間府屬之河間、獻縣、阜城、肅寧、任邱、景州，天津府屬之天津、青縣、靜海、滄州、鹽山等二十二州縣成災七八分之極貧並九分災之極次貧民，俱展賑一個月，以資接濟。其成災八分以下各州縣及勘不成災地方，仍著該督察看情形，或酌借口糧耔種，或減價平糶，分別籌辦。該督務督飭所屬，實心經理，俾災黎均沾愷澤，以副朕普錫春祺，有加無已至意。該部即遵諭行。」

《高宗實録》卷 1337，頁 1125–1126

乾隆五十五年（庚戌）二月辛未日

又諭：「上年順天及保定、河間、天津等府屬各州縣，因夏秋雨水較多，田禾被淹秋收稍歉。節經諭令該督實力撫恤，銀米兼賑。春初正賑畢後，又加恩展賑一月。今朕巡幸山東，經行畿輔，見田畝均已播種，遍野青蔥，但距麥收為期尚早。災歉之餘，元氣未能驟復。自當再霈恩施，以期益臻康阜。著將現在經過及回鑾經過之雄縣、

《高宗實録》卷 1346，頁 6

任邱、河間、獻縣、阜城、景州、滄州、天津、青縣、靜海、武清等十一州縣，照二月展賑之例，再加賑一個月。該督務督飭所屬，實心經理，俾閭閻均霑愷澤，以副朕行慶施惠，有加無已之至意。」

《高宗實録》卷 1349，頁 49

乾隆五十五年（庚戌）六月丁巳日

蠲免直隸霸州、保定、文安、大城、永清、東安、武清、香河、寧河、樂亭、清苑、滿城、安肅、望都、蠡縣、雄縣、祁州、安州、高陽、新安、河間、獻縣、阜城、肅寧、任邱、景州、天津、青縣、靜海、滄州、南皮、鹽山、津軍廳、正定、靈壽、藁城、新樂、肥鄉、曲周、廣平、磁州、元城、大名、豐潤、冀州、衡水、趙州、隆平、寧晉、深州、武強、饒陽、安平、定州等五十四廳州縣並各屬旗地乾隆五十四年分水災額賦。

《高宗實録》卷 1356，頁 170

乾隆五十六年（辛亥）六月甲辰日

蠲免直隸霸州、保定、文安、大城、固安、永清、東安、大興、通州、武清、寶坻、薊州、香河、寧河、灤州、盧龍、昌黎、樂亭、清苑、新城、蠡縣、博野、雄縣、祁州、安州、高陽、新安、河間、獻縣、阜城、肅寧、任邱、交河、景州、故城、東光、寧津、天津、青縣、靜海、滄州、南皮、鹽山、慶雲、津軍廳、南和、平鄉、廣宗、鉅鹿、任縣、永年、邯鄲、成安、肥鄉、曲周、廣平、雞澤、威縣、清河、磁州、元城、豐潤、玉田、冀州、南宮、新河、棗強、武邑、衡水等六十九廳州縣上年水災額賦有差。

《高宗實録》卷1380，頁514

乾隆五十七年（壬子）六月壬辰日

諭：「據梁肯堂奏，河間、保定、天津等屬受旱較重，請分別賞藉口糧等語。本年河間等屬雨澤短缺，近雖得雨數次，為時已遲，所有被旱較重之處，無力貧民口食未免拮据。著加恩將河間府屬之景州、河間、獻縣、阜城、任邱、吳橋，保定府屬之雄縣、束鹿八州縣貧民，於七八兩月内，先行賞借兩月口糧。其河間府屬之肅寧、交河、東光，保定府屬之清苑、滿城、安肅、唐縣、博野、望都、完縣、蠡縣、容城、新安，天津府屬之青縣、南皮、滄州、鹽山、慶雲等十八州縣，酌借八月一月口糧，以資接濟。該督務須董飭所屬，實力稽查，妥為經理，毋任胥役人等捏冒滋弊。俾小民均沾實惠，以副朕軫恤窮簷，有加無已至意。」

《高宗實録》卷1407，頁914

乾隆五十七年（壬子）七月甲寅日

又諭：「據梁肯堂奏，查勘河間府屬受旱輕重情形，内景州、任邱二州縣成災約五六七八分不等等語。本年河間等屬雨澤缺少，雖得雨數次，為時已遲。内景州、任邱二州縣地勢又多高阜，早晚田禾，未能一律秀實，受旱較重，民食未免拮据。著加恩將該州縣應賑戶口，即照河間等縣急賑一月口糧之例，一體散賑。其獻縣等縣，著於酌藉口糧之外，凡缺乏麥種之戶，再行添借耔種，俾資接濟。該督務須董飭所屬，實力稽查，妥為經理，毋任胥役人等揑冒滋弊。俾小民均沾實惠，以副朕軫恤窮黎，有加無已至意。該部即遵諭行。」

《高宗實録》卷 1409，頁 939

乾隆五十七年（壬子）八月癸巳日

直隸總督梁肯堂奏：「畿輔往來驛路及道旁溝渠，均需挑挖深通，方資宣洩。請將定興、安肅、清苑、滿城、望都為一路，良鄉、涿州、新城、雄縣、任邱、河間、獻縣、交河、阜城、景州為一路，武清、天津、大城、靜海、青縣、吳橋為一路，於大道兩旁，挑深三尺，寬五尺。所取之土，即培築道上，兼於工賑有裨。」得旨：「允行。」

《高宗實録》卷 1411，頁 982

乾隆五十七年（壬子）十月壬午日

加賑直隸河間、任邱、景州、青縣、慶雲等五州縣本年旱災極次貧民，並蠲免順天、保定、河間、天津、正定、順德、廣平、大名、冀州、深州、定州、易州、遵化等十三府州屬被災旗民地畝額賦有差。

《高宗實録》卷 1415，頁 1029

乾隆五十八年（癸丑）春正月己亥日

諭：「上年直隸順德、廣平、大名三府，並保定、河間、天津等府屬，因夏秋雨澤缺少，被旱成災。節經降旨，令該督實力撫恤，並截留漕糧，動撥銀米，分別賑濟，俾災黎糊口有資，毋使一夫失所。第念今春正賑已畢，青黃不接之時，小民生計維艱，口食恐不無拮据，著再加恩，將順天府屬之保定、文安、大城、武清、寶坻、寧河，河間府屬之河間、任邱、景州、獻縣、交河、阜城，天津府屬之青縣、慶雲、鹽山，保定府屬之清苑、束鹿、滿城、望都、容城，趙州屬之寧晉共二十一州縣，成災七八分之極貧，概行加賑兩個月，以資接濟。至被災較輕各州縣，仍著該督察看情形，分別借糶，妥為籌辦。該督務須董飭所屬，實心經理，俾災黎均沾渥澤，以副朕軫念窮簷，普錫春祺，有加無已至意。該部即遵諭行。」

《高宗實録》卷 1420，頁 2

乾隆五十八年（癸丑）二月辛未日

諭軍機大臣等：「昨吉慶奏，上年被旱歉收之德州、平原等二十七州縣衛，於麥熟後先徵舊欠，其應徵五十八年地丁錢糧，緩至九月啟徵。已即批令准行矣。本日據梁肯堂奏，保定省城於二月初五日得雨深透等語。京城初五日得雨三寸，而保定同日渥被春膏。並據永玢奏，易州亦於初五日得雨六寸。看來此次雨勢寬廣，直隸地方諒可普沾，麥收有望，朕心深為欣慰。但京南順德、廣平、大名三府，上年因旱歉收，而河間、景州、天津為尤重，雖已蠲賑並施，新正復加恩降旨展賑，但究恐民力不無拮据。著將硃批吉慶摺，鈔寄梁肯堂閱看，並令該督將被旱各州縣有無應照吉慶所請，酌量緩徵之處，體察情形，據實具奏，以副朕軫念災區，有加無已至意。」尋奏：「保定、文安、大城、武清、寶坻、寧河、河間、任邱、景州、獻縣、交河、阜城、青縣、慶雲、鹽山、清苑、滿城、束鹿、望都、容城等二十州縣被災較重，請照山東例，麥熟後先徵舊欠，本年地丁錢糧及各項旗租，緩至九月啟徵。」從之。

《高宗實録》卷 1422，頁 30

乾隆五十九年（甲寅）三月戊戌日

諭：「前因直隸節年遞欠為數較多，業經降旨，因災帶緩未完銀兩寬免十分之三。此次巡幸天津，已降旨，將經過地方及天津闔府屬本年應徵錢糧蠲免十分之三。茲朕巡方觀俗，小民望幸情殷，自應渥沛恩施，所有經過地方之大興、宛平、東安、保定、涿州、新城、容城、雄縣、任邱、霸州、文安、大城、武清等州縣節年未完緩帶銀八萬三百六十九兩零，著再加恩蠲免十分之四。並將天津府屬節年積欠未完之緩帶徵地糧銀十三萬三千一百四十兩零，普行豁免。俾蹕路所經及海濱蔀屋，益慶盈寧，共安樂利，以示省耕施惠至意。該部即遵諭行。」

《高宗實録》卷 1448，頁 319–320

乾隆五十九年（甲寅）四月甲戌日

諭：「前因直隸去冬今春雨雪稀少，節經降旨令該督查明，如有應行接濟之處，妥為辦理。茲據梁肯堂覆奏，保定等府各屬，雖得雨數次，究未沾足，除濱臨河淀等處地畝，麥收尚屬可望，其高阜處所，難望有收等語。著加恩將保定府屬之清苑、滿城、安肅、定興、新城、唐縣、博野、望都、容城、完縣、蠡縣、雄縣、祁州、束鹿、安州、高陽、新安，順天府屬之涿州、房山、固安、永清、東安、文安、大城、保定、霸州、通州、武清、薊州、香河、寧河、寶坻、昌平、順義，河間府屬之河間、獻縣、阜城、肅寧、任邱、交河、寧津、景州、吳橋、故城、東光，正定府屬之正定、獲鹿、井陘、阜平、欒城、行唐、靈壽、平山、元氏、贊皇、晉州、無極、藁城、新樂，順德府屬之邢台、沙河、南和、平鄉、廣宗、唐山、鉅鹿、內邱、任縣，廣平府屬之永年、曲周、肥鄉、雞澤、廣平、邯鄲、成安、威縣、清河、磁州，大名府屬之元城、大名、南樂、清豐、東明、開州、長垣，易州並所屬之淶水、廣昌，定州並所屬之曲陽、深澤，深州並所屬之武強、饒陽、安平，趙州並所屬之柏鄉、隆平、高邑、臨城、寧晉，冀州並所屬之南宮、新河、棗強、武邑、衡水等一百七州縣應徵本年節年倉穀錢糧，均著緩至本年秋成後，再行徵收。俾民力寬紓，以副朕軫念閭閻，有加無已至意。該部即遵諭行。」

《高宗實録》卷 1451，頁 343–344

乾隆五十九年（甲寅）八月壬戌日

諭軍機大臣曰：「梁肯堂奏，勘明河間、任邱二縣被水情形，分別撫恤事宜各摺。任邱、河間二縣村莊多被淹浸，高地秋禾尚可薄收，其低窪田禾，已屬無望。大名府屬之南樂縣亦被淹四十餘村。看此情形，直省被水地方甚重，深堪憫惻，應辦一切事宜，該督惟當倍加奮勉，盡心經理，俾小民均霑實惠，不使一夫失所。又該督辦理賑務，應需銀兩。前據奏請撥帑四十萬兩，漕米十四萬石，早經照數撥給。今被水地方較廣，前項銀米尚有未敷，並即覈明數目，再行奏明請撥。至所奏遵化州應交東陵租錢一節，該州並非被災之處，此項應交之項，何得藉詞延宕。該州玩延之罪，自無可辭，且為數無多，竟應責令照數賠出，速行解交歸款，以示懲儆。竟可無庸交部議處，不必更向民間催徵，亦無得再有遲緩，致干重咎。至此項園地，是否實在荒蕪，及租賦過重，應行酌減之處，現經梁肯堂查奏，酌派委員前往確勘。但該員即係地方官，難免意存袒護，藉詞捏混。著傳諭愛星阿於該委員到時，酌派該處司官會同確勘，庶可秉公查辦，以歸核實，不致地方官作弊袒護。將此傳諭梁肯堂，並諭愛星阿知之。」

《高宗實録》卷1458，頁458–459

乾隆五十九年（甲寅）八月戊辰日

諭：「據梁肯堂奏，正定、保定、廣平、順德、大名等處積水漸消，且有全已涸出者，均經分飭借助籽種。又河間、任邱、景州、故城一帶，水亦漸就消退，一俟涸出，令農民向官倉借種，來歲麥熟，免息繳還等語。正定、河間等屬積水漸次消落，現在已節屆白露，自可全行涸出，正當乘時趕種秋麥。所有大名、元城二縣，業經降旨賞給籽種。茲該督所奏借給籽種各該處，俱著一體加恩賞給，俾小民及時播種，得資生計，以副朕軫念災黎，有加無已至意。」

《高宗實録》卷1458，頁463

乾隆五十九年（甲寅）八月甲戌日

諭軍機大臣曰：「梁肯堂奏，景州、河間、任邱一帶疏消積水。先於下游無糧碱地，量開溝渠。近探得運河、淀河之水，已低下數寸，若再消減，即可啟閘。並開挖溝渠，漸漸宣洩。一面將淀河運河子埝填築高厚，以免別有疏虞等語。所奏是亦一法。景州、河間、任邱等處地勢本低，因河淀諸水同時匯注，以致溜急水深，多時停積。今梁肯堂酌量開挖溝渠，漸次宣洩，自可迅就消退。現已交過白露，務須督率所屬，悉心籌辦，將該處積水廣為分導，上緊疏消。俾被淹地畝，速行全涸，不誤趕種冬麥，方為妥善。該督於景州一帶勘辦完竣，再行馳往天津，將積水消落情形確切履勘，迅速具奏，竟不必前來接駕，轉致地方災賑要務乏人督辦也。將此諭令知之。」

《高宗實録》卷 1459，頁 475

乾隆五十九年（甲寅）冬十月丁卯日

賑恤直隸霸州、保定、文安、大城、固安、永清、東安、宛平、良鄉、涿州、通州、武清、寶坻、薊州、寧河、香河、灤州、昌黎、樂亭、清苑、滿城、安肅、新城、博野、望都、容城、蠡縣、雄縣、祁州、束鹿、安州、高陽、新安、河間、獻縣、阜城、肅寧、任邱、交河、景州、故城、吳橋、東光、天津、青縣、靜海、滄州、津軍廳、正定、井陘、阜平、行唐、平山、晉州、無極、藁城、新樂、南和、平鄉、鉅鹿、任縣、永年、邯鄲、成安、肥鄉、曲周、廣平、雞澤、威縣、清河、磁州、大名、元城、南樂、豐潤、玉田、冀州、南宮、棗強、新河、武邑、衡水、趙州、隆平、寧晉、深州、武強、饒陽、安平、安州、曲陽、深澤九十二廳州縣本年水災貧民。

《高宗實録》卷1462，頁542

乾隆六十年（乙卯）春正月乙酉日

又諭：「上年直隸春間被旱，夏秋之間，近畿通州、涿州一帶及保定、正定、河間、天津、廣平、大名、遵化等府州屬，因雨水較多，河流漲發，地畝被淹。業經節次降旨，各加兩倍賞恤，並豁免秋糧及該年漕糧，蠲賑兼施，俾無失所。第念該州縣自撫恤以來，戶口雖俱完聚，而現屆始和方布，宿麥初萌，正在青黃不接之時，恐民力未能接濟。所有被災最重之天津、景州、河間、獻縣、任邱、武清、寶坻、薊州、正定、藁城、清苑、清河十二州縣八分災極貧，展賑兩個月；八分災次貧及七分災極貧，展賑一個月。被災次重之通州、涿州、良鄉、寧河、豐潤、玉田、大名、元城八州縣八分災極貧，並霸州、文安、武邑、衡水之八分災極貧，亦俱展賑一個月，以資補助。該督其矢誠飭屬，宣惠有孚，毋任官侵吏蝕，俾窮簷胥沾實惠，以示三輔班春，敷錫新祺至意。該部即遵諭行。」

《高宗實録》卷1468，頁603

《大清仁宗睿皇帝實録》

嘉慶五年（庚申）春正月辛酉日

加賑直隸霸、河間、任邱、隆平、寧晉、定六州縣水災、蟲災飢民，並貸文安、清苑、蠡、雄、安、新安六州縣災民籽種口糧，免大城、文安二縣無地貧民應還官穀有差。

《仁宗實録》卷 57，頁 748

嘉慶五年（庚申）夏四月丁酉日

挑浚直隸牤牛河、黃家河、北村引河及新安、安、雄、任邱、霸、高陽、正定、新樂等八州縣河道，並修築隄塍。從總督胡季堂請也。

《仁宗實録》卷 63，頁 850

嘉慶五年（庚申）閏四月辛酉日

緩徵直隸霸、文安、清苑、蠡、雄、安、新安、河間、任邱、寧晉、隆平、定十二州縣旱災新舊額賦。復緩徵滿城、新城、祁、高陽、阜平、望都、博野、正定、新樂、易、冀、饒陽、安平、涿、寶坻、唐、獻、曲陽、豐潤、通、三河、遵化、玉田二十三州縣旱災新舊額賦。免大興、宛平、良鄉、涿、通、三河、薊、遵化八州縣本年額賦，並緩徵旗租銀糧。

《仁宗實録》卷 65，頁 874

嘉慶六年（辛酉）六月己巳日

免直隸被災較重之香河、霸、文安、清苑、滿城、安肅、定興、新城、博野、望都、容城、完、蠡、雄、祁、安、高陽、新安、河間、獻、肅寧、任邱、故城、交河、平山、冀、清河、衡水、武邑、趙、隆平、寧晉、深、饒陽、安平、大城、永清、東安三十八州縣本年額賦，被災稍輕之密雲、正定、井陘、阜平、行唐、藁城、晉、無極、新樂、靈壽、任、阜城、南宮、定、曲陽、深澤、易、廣昌、淶水十九州縣本年額賦十分之五。

《仁宗實録》卷 84，頁 105–106

嘉慶六年（辛酉）十二月丙午日

加賑直隸大興、宛平、通、武清、寶坻、香河、寧河、霸、保定、文安、大城、固安、永清、東安、涿、房山、良鄉、順義、清苑、安肅、新城、博野、雄、蠡、容城、束鹿、安、新安、河間、獻、肅寧、任邱、交河、景、東光、天津、青、靜海、正定、藁城、無極、阜平、新樂、平山、豐潤、玉田、冀、武邑、衡水、新河、趙、柏鄉、隆平、寧晉、深、武強、饒陽、安平、定、深澤六十州縣被水災民。

《仁宗實録》卷92，頁216

嘉慶七年（壬戌）三月己亥日

緩徵直隸昌平、定興、望都、高陽、滿城、故城、武清、寧河、順義、東安、寶坻、永清、清苑、安肅、雄、容城、新安、安、新城、肅寧、景、獻、天津、青、靜海、正定、新樂、藁城、趙、柏鄉、定、大興、涿、房山、良鄉、霸、保定、大城、河間、任邱、新河、寧晉、隆平四十三州縣上年水災新舊額賦及各項旗租。

《仁宗實録》卷96，頁286

嘉慶七年（壬戌）六月壬寅日

諭軍機大臣等：「朕聞新城縣地方現在蝗蟲，尚未據熊枚具奏，是否係該縣諱匿不報？抑係稟知該署督，而熊枚尚未奏及？此時正值禾苗長發之際，直隸通省春夏雨澤，究未十分透足。蝗蟲最易萌動，為害地方。大吏應隨時留心，一面奏聞，一面撲捕，不得稍存諱飾。著熊枚即查明新城縣地方，蝗蝻起自何時，該縣是否稟報？現在多寡若何？並此外州縣是否尚有滋生之處？據實具奏。至捕蝗之法，若專委地方官撲捕，恐帶領多人踐踏禾稼，致滋擾累，不如曉諭百姓，令其自捕。或易以官米，小民自更樂於從事。將此諭令知之。」尋奏上。得旨：「朕前聞直隸新城一帶間有蝗蟲，降旨詢問熊枚。曾據覆奏，該處並無蝗蝻萌動。茲又據熊枚續奏，與新城相近之張家莊、河北村等處偶有飛蝗停集，而容城、安肅、定興等縣，亦先後稟報俱有飛蝗，並據稱景州、任邱等處間亦有之。可見朕前此所聞，不為無因。而外省地方積習，只顧圖免目前處分，隱匿不報，殊不知諱匿更干嚴議，避輕罪而轉獲重譴矣。現在顏檢不日到，著熊枚於交代後，即前赴景州、任邱一帶，親行詳細查勘，不可任聽委員等扶同捏飾。如查蝗蝻，仍遵前旨，令該處百姓自行撲捕，或易以官米，或買以錢文，務期迅速搜除淨盡，勿致損傷禾稼。」

《仁宗實録》卷99，頁321–322

嘉慶七年（壬戌）八月己亥日

蠲緩直隸上年被水之大城、河間、新河、寧晉、隆平、安、新安、大興、霸、保定、涿、房山、良鄉、任邱十四州縣本年額賦，並歷年應還常社義倉穀米各有差。

《仁宗實録》卷102，頁359

嘉慶八年（癸亥）八月庚寅日

諭內閣：「前因戶部具奏，直隸督臣顏檢將大城等七州縣旗租例應蠲免五分者，於奉到部覆後，仍咨請查核更正，全行豁免。曾降旨申飭，仍照部議行。旋經顏檢於差次面奏，此項旗租業已頒發謄黃，與民糧一體全行豁免。且被災較輕之大興等州縣，旗租業已蠲免五分，當即令軍機大臣查奏。茲據查明上年顏檢摺內以大城等七州縣被水較重，請將應徵錢糧及各項旗租照宛平、文安之例一體豁免。其時宛平、文安錢糧雖經全免，並未免及旗租，何例可照？是該督奏請本覺含混，戶部前議詳覈定例，止准免旗租五分，原無不合。惟於被水較輕之大興等七州縣，因諭旨內將前項銀糧准豁免十分之五，遂咨覆該督將旗租蠲免五分，亦欠分晰。惟是大城等處旗租，該督等已誤行蠲免十分。而大興等七州縣被災較輕之處，旗租亦已免至五分，自未便復令補徵，此係加惠黎元之事。朕覃敷愷澤，寧濫無遺。所有大城、河間、新河、寧晉、隆平、新安、安州七州縣，及宛平、文安二縣應徵七年各項旗租，竟著加恩全行蠲免。其大興、霸州、保定、涿州、房山、良鄉、任邱七州縣應徵七年分旗租，亦著加恩准免十分之五，此後不得援以為例。至該督於奏請時，如欲將旗租與民糧一律請豁，則當聲明旗租從無全免之例，懇求破格施恩，方為正辦。何得含糊聲敘，以致辦理歧誤，咎實難辭。著將顏檢同藩司瞻柱一併交部議處。」

《仁宗實録》卷 119，頁 596–597

嘉慶九年（甲子）秋七月乙未日

諭內閣：「前因京城廣渠門外及通州等處間有飛蝗，一面派范建豐前往查勘，一面諭令顏檢，將直隸地方有無蝗蝻滋長之處，詳悉查明具奏。旋據該督奏稱，均已撲除淨盡，並稱飛蝗只食青草，不傷禾稼，本不成話。嗣於前月二十九日朕齋戒進宮，披覽章奏，適一飛蝗集於御案，當令捕撲，續經太監等捕獲十數個。因思宮禁既有飛入者，則郊原田野，不知更有幾何。旋即派卿員四路查勘，並將御制見蝗歎及宮中捕得蝗蟲發交顏檢閱看，復令趕緊飭查。茲據奏，馳赴宛平縣屬之水屯、八角二村查看，該處七八十畝之廣，穀粟被傷約有三四畝。復據大興、宛平、通州、武清、新城、遵化、任邱、容城、淶水、固安、保定、滿城等州縣稟報，所屬村莊均有蝻子萌生，現在上緊捕除等語。可見如許州縣均有蝗蝻。若非特派卿員馳勘，經朕再四嚴飭，顏檢仍未必據實直陳。前此所奏，實不免於粉飾。朕勤求治理，以家給人足，時和歲豐為上瑞。至於前史所奏景星慶雲之祥，猶皆鄙斥不言。惟於地方水旱蟲傷等事刻深縈廑，宵旰不遑，勤加咨訪。祖考付朕天下，惟期豐年為瑞，豈好言災祲，實以民瘼所關至重。朕早得聞知一日，即可立時辦理，俾民生早得一日安全。督撫等狃於積習，必不肯據實陳奏，是誠何心？若以隱匿不奏，藉此可紓宵旰焦勞，殊不知釀成大患，宵旰焦勞更甚。彼時朕一人承當，隱匿不奏者，轉得置身事外。言及此實深畏懼。總之粉飾之習一開，則督撫等惟事敷陳吉語，而屬員意存迎合，日久相蒙，必至一切國計民生之事，概不以實上陳。即如今年直隸麥收，顏檢早經奏報十分。夫十分乃係上稔，豈可多得？彼時麥田尚未收割，而奏牘已豫為鋪張，實未免措詞過當。此次蝗蝻萌糵，又不先行入告，直待朕節次垂詢，始一一奏聞。計所開村莊有三十餘處之多，其中斷非盡係降旨查詢後具報者。封疆大吏若事事務求粉飾，其流弊必至於欺罔而後已。顏檢奏請交部嚴加議處之處，本屬咎所應得，姑念該督平素辦事尚屬認真，著加恩改為交部議處。嗣後惟當痛改前非，實心任事，遇有地方災歉事務，尤當一面查辦，一面據實陳奏。俾閭閻疾苦不致壅於上聞，方為不負委任。若再有諱匿遲延，經朕查出，必當將該督嚴行懲處，不能曲為寬貸矣。將此旨通諭中外知之。」

《仁宗實録》卷 131，頁 778–780

嘉慶十一年（丙寅）春正月壬子日

貸直隸宛平、固安、永清、東安、雄、任邱、邢台七縣被水、被旱災民耔種口糧。

嘉慶十一年（丙寅）六月壬寅日

旌表守正被戕直隸任邱縣民張得功女張氏。

《仁宗實録》卷156，頁4

嘉慶十一年（丙寅）九月壬申日

賑直隸安、新安、雄、博野、任邱五州縣被水災民，並免新舊額賦。貸霸、保定、大城、清苑、蠡、高陽、獻、肅寧、天津、青、靜海、滄、鹽山、龍門、冀、新河、衡水、隆平、寧晉十九州縣被水災民籽種口糧，並緩徵新舊額賦。

《仁宗實録》卷163，頁119

嘉慶十二年（丁卯）九月戊辰日

賑直隸高陽、任邱二縣被水災民，並免本年額賦。緩徵大名、南樂、清豐、冀、衡水、寧晉、安、新安、霸、大城、肅寧、滄、青、鹽山十四州縣水災、旱災新舊額賦，並借給籽種口糧有差。

《仁宗實録》卷167，頁182

《仁宗實録》卷 185，頁 447–448

嘉慶十四年（己巳）春正月壬戌日

展賑直隸雄、安、高陽、新安、任邱五州縣上年被水災民。

《仁宗實録》卷 206，頁 745

嘉慶十四年（己巳）九月辛未日

賑直隸安、新安、雄、任邱、高陽五州縣被水災民。緩徵霸、大城、固安、永清、東安、寶坻、安肅、肅寧、獻、天津、青、靜海、大名、南樂、清豐、萬全、任、寧晉、張家口、香河、文安、保定、涿、良鄉、清苑、新城、灤、樂亭、滄、龍門三十廳州縣水災、雹災新舊額賦。

《仁宗實録》卷 218，頁 934

嘉慶十四年（己巳）十一月甲戌日

又諭：「溫承惠奏，堵築任邱縣民隄漫口，借動銀兩，請攤徵歸款一摺。任邱縣濱臨河淀建設隄埝，每遇汛水沖刷，向係村民修築。本年七月雨水較多，河泊並漲，該縣迤西之七里莊民修隄岸汕刷缺口四十餘丈。經該府縣圈築月隄，排簽進埽，核實估計需用工料銀四千七百三兩零。該督飭司先於地糧項下借支，堵築完竣。所借銀兩，例應居民按數完繳。惟念該處係積歉之後，一時驟難歸款，著加恩將此項借支銀四千七百三兩零，暫緩催徵。自十六年為始，在於該縣闔屬地糧項下分作三年帶徵歸款，以紓民力。」

《仁宗實録》卷221，頁980

嘉慶十六年（辛未）春正月甲寅日

展賑直隸霸、保定、文安、大城、固安、永清、東安、宛平、涿、良鄉、雄、安、新安、任邱十四州縣上年被水災民。

《仁宗實録》卷238，頁211

嘉慶十六年（辛未）夏四月丁卯日

命修築直隸任邱等州縣長隄，並雄縣疊道，以工代賑。

《仁宗實録》卷242，頁265

嘉慶十七年（壬申）十一月丁丑日

諭軍機大臣等：「據溫承惠奏，派員追拏滋事羊販，在雄縣、任邱地方先後拏獲辛志琴等三十一名，並獲槍刀器械馬匹等件。訊係河間、肅寧等處回民，現因南路截拏嚴緊，俱折回北路涿州、固安一帶逃逸，已分投截拏追捕，並將獲犯解省訊供等語。該羊販在保定縣逃逸之後，至雄縣地方，經官兵追拏，復敢持械拒捕，不法已極。直隸地方，密邇京畿，竟有此等駭人觀聽之大案，朕實抱愧。自總督至州縣，尚有何顏面，忝不知恥，不思速辦，不自請罪，必待降旨革職拏問耶？現經拏獲三十一名，其餘均折回北路涿州、固安一帶。除已降旨天津鎮總兵祥啟令其派兵截拏外，著溫承惠再傳知泰寧鎮總兵穆克登額，亦派委弁兵，攔截協拏，務將要犯全數捕獲，毋任漏網。所有現獲各犯，著溫承惠親提嚴訊。該回民趕羊牧販，因何帶有器械馬匹？其器械馬匹從何斂集？一面據實具奏，一面將各犯即速審訊，從重定擬具奏。至該羊販由河間、肅寧等處出外販羊，攜帶器械馬匹行走，人眾勢強，地方官何以不行查禁？並著該督查明嚴參，並沿途經過關隘，並行查參。將此諭令知之。」

《仁宗實録》卷 263，頁 562–563

嘉慶十八年（癸酉）九月壬申日

諭內閣：「溫承惠奏，酌議勘丈官荒地畝章程一摺。直隸天津、豐潤、青縣、靜海、滄州、鹽山、任邱、寶坻、寧河九州縣馬廠官荒地畝，前於乾隆年間，賞給附近民人報墾升科，當據丈明可墾地七百二十餘頃，造報升科。所餘地畝歷年久遠，已墾未墾尚未據查丈明確，分別造報。每致外來牟利之徒合夥包攬，認墾轉租，互相攘奪，訐訟不休。上年經戶部議准，行令該督飭委道府大員確切勘丈。茲據溫承惠奏，此項地畝為數較多，墾戶蕃庶，向無鱗冊可稽。非墾戶自行首出，礙難勘丈；而墾戶因私墾多年，隱漏糧賦，恐按律治罪，並畏追地入官，多方欺隱，未肯據實首報，自係實在情形。著照該督所請，先行出示曉諭該民人等，如果據實首報，准將從前私墾漏未報升之處，免其治罪，並免追歷年糧賦，給予管業。不准外來包戶影射爭奪，以杜訟端。儻此次查辦之後，再有隱匿包佔，一經查出，即照例嚴懲。」

《仁宗實録》卷 273，頁 710–711

嘉慶二十年（乙亥）六月癸未日

緩徵直隸通、武清、文安、大城、永清、東安、良鄉、涿、清苑、滿城、安肅、定興、新城、博野、望都、容城、蠡、雄、祁、安、新安、河間、獻、阜城、肅寧、任邱、交河、景、正定、獲鹿、元氏、贊皇、晉、無極、藁城、新樂、武邑、衡水、深、武強四十州縣二麥歉收新舊額賦、旗租，並借欠倉穀口糧。

《仁宗實録》卷 307，頁 86

嘉慶二十一年（丙子）十一月丁未日

賑直隸安、新安、雄、高陽四州縣被水、被雹災民，並蠲緩雄、高陽、任邱、薊、霸、保定、文安、永清、清苑、安肅、新城、蠡、獻、天津、青、靜海、滄、鹽山、南和、任、元城、大名、南樂、清豐、龍門、冀、新河、隆平、寧晉、博野、完、祁、河間、阜城三十四州縣及津軍同知所屬新舊額賦有差。

《仁宗實録》卷 324，頁 274

嘉慶二十二年（丁丑）冬十月己亥日

緩徵直隸河間、肅寧、任邱、滄、南皮、冀、武邑、衡水、新河、隆平、獻、交河、景、故城、東光、天津、青、靜海、鹽山、慶雲、邢台、沙河、唐山、廣宗、鉅鹿、南和、內邱、延慶、保安、蔚、宣化、西寧、懷來、易、淶水、南宮、棗強、趙、高邑、寧晉、柏鄉、臨城、阜平、阜城、平鄉、永年、邯鄲、成安、肥鄉、曲周、廣平、雞澤、磁、大名、元城、清豐五十六州縣旱災、霜災、雹災新舊額賦有差。

《仁宗實録》卷 308，頁 427

《大清宣宗成皇帝實録》

（道光二年至道光三十年　公元 1822–1850 年）

道光二年（壬午）秋七月甲午日

賑直隸霸、文安、大城、保定、清苑、安、新安、博野、雄、獻、冀、衡水、新河、趙、大名、元城、任、南欒、高邑、任邱、阜平二十一州縣被水災民。

《宣宗實録》卷38，頁687

道光二年（壬午）十一月己卯日

堵築直隸任邱縣鄚州四鋪、天門口、尚書村漫口隄工。從總督顔檢請也。

《宣宗實録》卷44，頁786

道光三年（癸未）春正月丙子日

展賑直隸霸、保安、文安、大城、永清、雄、安、新安、任邱、清苑、安肅、新城、博野、祁、高陽、河間、肅寧、無極、藁城、新樂、冀、南宮、新河、武邑、衡水、趙、隆平、寧晉、深、武強、饒陽、安平、定、深澤、望都、獻三十六州縣上年被水災民，並緩徵開、元城、大名、南樂、清豐、東明、長垣、武清、薊、固安、寧河、東安、交河、天津、青、靜海、正定、阜平、鉅鹿、任、雞澤、曲陽、通、三河、寶坻、香河、大興、宛平、房山、順義、滿城、定興、容城、束鹿、蠡、景、東光、吳橋、寧津、滄、南皮、鹽山、欒城、南和、平鄉、廣宗、永年、邯鄲、曲周、廣平、豐潤、玉田、棗強、柏鄉、高邑五十五州縣歉收村莊本年額賦。

《宣宗實録》卷48，頁852

道光三年（癸未）二月癸丑日

貸直隸任邱縣道庫銀，修築白石碑月隄。從總督顔檢請也。

《宣宗實録》卷 49，頁 872

道光三年（癸未）九月丁亥日

賑直隸通、武清、寶坻、香河、寧河、霸、保定、文安、大城、固安、永清、東安、宛平、涿、清苑、雄、安、高陽、新安、河間、獻、任邱、交河、天津、青、靜海、無極、藁城、新樂、冀、南宫、新河、武邑、衡水、隆平、武強、饒陽、安平、清河、威四十州縣被水災民，並免通、武清、寶坻、香河、霸、保定、文安、大城、固安、永清、東安、宛平、雄、高陽、安、新安、河間、任邱、天津、青、靜海、大興、寧河、清苑、新城、望都、獻二十七州縣應徵本年額賦。緩徵良鄉、房山、昌平、順義、懷柔、盧龍、滿城、唐、完、束鹿、吴橋、鹽山、獲鹿、欒城、靈壽、平山、晉、邢台、沙河、唐山、廣宗、永年、邯鄲、曲周、開、遵化、棗強、柏鄉、高邑、深三十州縣新舊糧租。蠲緩三河、薊、涿、昌黎、樂亭、安肅、定興、博野、容城、蠡、祁、阜城、肅寧、交河、景、故城、東光、滄、阜平、行唐、無極、藁城、新樂、南和、平鄉、鉅鹿、任、雞澤、威、清河、大名、元城、南樂、清豐、豐潤、玉田、冀、南宫、新河、武邑、衡水、趙、隆平、寧晉、武強、饒陽、安平、定、曲陽、深澤、灤、南皮、正定五十三州縣本年及節年應徵糧租銀穀有差。

《宣宗實録》卷 59，頁 1035

道光三年（癸未）十二月庚子日

免直隸隆平、寧晉、新河、南宮、任邱、河間六縣被水災民上年額賦。

《宣宗實録》卷 62，頁 1087

道光四年（甲申）春正月丙寅日

展賑直隸通、三河、武清、寶坻、薊、香河、寧河、霸、保定、文安、大城、固安、永清、東安、大興、宛平、清苑、安肅、定興、新城、望都、雄、高陽、安、新安、河間、獻、任邱、天津、青、靜海、無極、藁城、新樂、趙、隆平、寧晉、定三十八州縣上年被雹災民一月，緩徵本年額賦，並緩涿、昌黎、樂亭、博野、容城、蠡、祁、阜城、肅寧、交河、景、故城、東光、滄、阜平、行唐、南和、平鄉、鉅鹿、任、雞澤、威、清河、大名、元城、南樂、清豐、豐潤、玉田、冀、南宮、新河、武邑、衡水、武強、饒陽、安平、曲陽、深澤、灤、南皮、正定、良鄉、房山、昌平、順義、懷柔、盧龍、滿城、唐、完、束鹿、吳橋、鹽山、獲鹿、欒城、靈壽、平山、晉、邢台、沙河、唐山、廣宗、永年、邯鄲、曲周、開、遵化、棗強、柏鄉、高邑、深七十二州縣暨清軍廳應徵本年額賦有差。

《宣宗實録》卷 64，頁 1

道光四年（甲申）三月乙亥日

諭內閣：「蔣攸銛奏請革除屯居旗人總催領催名目一摺。直隸省屯居旗戶甚多，文安、任邱兩縣私設有總催領催名目，往往把持勾串，不服稽查。此次散放賑米，據該督查明該二縣屯旗冊報戶口，浮開累累，皆由總催領催人等從中舞弊，包攬侵肥。兼以各州縣冊檔散失，遂致朦混揑造。向來屯居漢軍旗人事件，俱歸所隸州縣管理，應與民人一律編查，自不得任其區分抗阻。著照所請，將總催領催名目，概行革除，並著內務府及八旗滿洲漢軍都統，將包衣外旗王包衣各項莊頭屯居旗戶丁口，分晰各州縣城鄉住址，造冊移交該督，轉發各該管官存貯，以備查核，毋得視為具文。」

《宣宗實録》卷66，頁44–45

道光四年（甲申）夏四月丁酉日

修直隸南北運河隄壩，並清苑、蠡、祁、安、博野、高陽、河間、任邱、獻、冀、新河、武邑、衡水、定、曲陽、深澤、寶坻、香河、天津、滄、薊、涿二十二州縣橋道隄埝各工。從總督蔣攸銛請也。

《宣宗實録》卷67，頁57

道光四年（甲申）六月癸巳日

浚直隸任邱、雄二縣屬大港引河，並洩新安等處積水。從欽差工部左侍郎程含章等請也。

《宣宗實録》卷 69，頁 90

道光四年（甲申）九月甲午日

諭內閣：「程含章等奏估修千里長隄一摺。直隸千里長隄，自高陽縣之劉家溝起，至天津縣之西沽炮台止，年久殘缺，一遇水潦，田廬被淹，係屬緊要工程，自應先行辦理。據該侍郎等估，修隄工及栽種葦柳、防護椿埽、土方工料銀共三十四萬七千一百兩零。著照所請動項修築，並分作十段，派熟諳工程之河間府知府徐寅第等十五員承辦，務照估定寬高丈尺修築。內文安等處應俟明春水小，再行補築，仍分段責成。現派各員一手經理。工竣後，即著程含章親往驗收。如有草率偷減遲誤，及剋扣等弊，即行據實嚴參。此次築隄挑河，如佔用旗民地畝，分別免租撥補，其無地可撥者，酌給地價豁糧。如本係官地被民間佔種升科者，豁除錢糧，毋庸撥補給價。工竣，咨部核辦。其任邱縣境內新工，係知縣淡廷棻於上年領項承修，因大汛沖刷卑薄，應行賠修。該員業經丁憂，著於司庫先行動墊修築。應賠銀兩，仍於該員名下追繳完款。其文安縣境內新工，同知李國屏於上年領項承修，因大汛停工，未能補築，著仍責令該員照估補足。該二縣此次照原估加高一尺，所加土方俱著歸入大工案內報銷。該部知道。」

《宣宗實録》卷 73，頁 166–167

道光五年（乙酉）十二月癸亥日

改鑄直隸任邱縣東汛管河縣丞條記。從大學士前任總督蔣攸銛請也。

《宣宗實録》卷 92，頁 494

道光七年（丁亥）秋七月丁未日

諭内閣：「那彦成奏，查明各州縣徵存未解地糧等銀，有款可抵，請勒限清釐一摺。直隸省道光二、三、四、五等年奏銷案内，冊報各屬徵存未解地糧正耗並門廠房租共銀六萬七千三百八兩零。已先後追解司庫，造入各年奏銷報部銀四萬六千九百九兩零，實未完銀二萬三百九十九兩零。内除前任香河縣病故知縣徐志祖、前任青縣參革知縣司馬庠、前任正定縣參革知縣姜臣烒、前任威縣休致知縣李家言等四員，徵存未解銀一萬一千四百八十兩零，應歸入該員等虧空案内辦理外，尚有安肅、吴橋、正定、任邱、東安、衡水、慶雲、豐潤等八縣未完銀八千九百一十八兩零。經該督查明，均有領墊各款作抵。惟此内有應前後各任交還，並應徵民欠歸款，未能及時起解，著勒限三個月，即責成現任各州縣查明原抵銀數，依限分别催追。報解清項，隨時報部查核，毋許再行延宕。嗣後如再有造報徵存未解銀兩，即著查明虧欠員名，隨案附參，勒限嚴追，以示懲儆。」

《宣宗實録》卷 121，頁 1028

道光十年（庚寅）九月辛酉日

旌表守正捐軀直隸任邱縣民王幗汰妻周氏。

《宣宗實録》卷 173，頁 691

道光十二年（壬辰）六月甲申日

裁直隸天津府海防同知、宣化府同知、廣平府通判、大名府通判、河間府泊河通判、新安縣知縣、管河縣丞、典史、教諭、訓導、霸州清河管河州判、晉州州判、武清縣要兒渡管河縣丞、雄縣管河縣丞、高陽縣管河縣丞、武清縣東陽村管河主簿、任邱縣管河主簿、正定縣兼河主簿、故城縣鄭家口巡檢、行唐縣兩嶺口巡檢、交河縣新橋巡檢、延慶州永寧巡檢、保安州訓導各缺。從總督琦善請也。

《宣宗實録》卷 213，頁 142

道光十二年（壬辰）秋七月丁巳日

展緩直隸大城、阜城、東光、滄、南皮、成安、保安、龍門、冀、南宮、新河、武邑、衡水、寧晉、武強、邯鄲、磁、文安、高陽、任邱、棗強、交河、寶坻、香河、霸、東安、良鄉、房山、涿、懷柔、密雲、灤、遷安、撫寧、昌黎、樂亭、臨榆、清苑、安肅、定興、新城、博野、望都、容城、蠡、雄、祁、安、新安、河間、獻、肅寧、景、故城、寧津、天津、青、靜海、鹽山、慶雲、正定、獲鹿、晉、無極、稿城、邢台、任、雞澤、延慶、蔚、宣化、懷安、西寧、懷來、豐潤、易、淶水、隆平、定、曲陽、深澤、獨石口八十二廳州縣被旱村莊舊欠額賦。

《宣宗實録》卷 215，頁 200–201

道光十二年（壬辰）閏九月丙戌日

緩徵直隸三河、薊、寧河、東安、鹽山、靈壽、蔚、宣化、龍門、懷來、涞水、遵化、玉田、定、大興、宛平、武清、昌平、順義、良鄉、房山、寶坻、香河、定興、豐潤、盧龍、唐、容城、完、南皮、慶雲、延慶、赤城、易、南宮、新河、安、河間、獻、任邱、大名、趙、隆平、寧晉、高陽、滄、鉅鹿四十七州縣被水、被旱、被霜村莊新舊額賦。賑阜平、行唐、保安、霸、大城、永清、雄、天津、青、靜海十州縣災民。

《宣宗實録》卷 221，頁 304

道光十五年（乙未）春正月丙寅日

緩徵直隸大興、宛平、固安、東安、永清、武清、霸、大城、涿、新城、雄、獻、天津、寧晉、保定、良鄉、房山、清苑、安肅、唐、博野、容城、蠡、祁、安、高陽、河間、肅寧、任邱、景、故城、青、滄、靜海、南皮、鹽山、正定、藁城、南和、平鄉、鉅鹿、任、永年、雞澤、大名、赤城、冀、南宮、新河、武邑、衡水、趙、隆平、深、饒陽、安平、定、深澤五十八州縣上年被水村莊新舊額賦。

《宣宗實録》卷 262，頁 2–3

道光十五年（乙未）三月辛未日

旌表守正捐軀直隸任邱縣民徐繼占女大姐。

《宣宗實録》卷264，頁45

道光十六年（丙申）十二月辛酉日

諭軍機大臣等：「御史朱成烈奏請疏築河道隄工一摺。據稱，直隸保定府蠡縣之豬龍河歲修，向係民間折價入官，僱工修浚。近二十年來，竟交書役估辦。兩隄之上，舊土翻新，其實未加一簣。豬龍河經由蠡縣不過數十里。該縣每年修隄折價，一次斂錢六千串。如果工歸實用，何至水患頻仍？獻縣之子牙河及任邱之十二連橋，或隄勢低微，或淤成平地。又聞海河之口近亦填淤，故東、西淀之水不能暢出，以致低窪處所，積水不消。請責成地方官商用民力，設法疏通等語。直隸省興辦水利，本有奏定章程，如地方官實心經理，則水患可去，水利可興。著琦善將該御史所奏情形，悉心體察。填淤之處，設法疏通。殘缺隄工，趕緊修復。無論歲修本有公項，及借用民力者，均須核實辦理，毋任吏胥侵漁。如有浮冒各情，即將該地方官從嚴參處，以防旱潦而衛民田。原摺著鈔給閲看。將此諭令知之。」尋奏：「該御史所奏河道均係民工，本無歲修錢糧，歷年擇要加培，並無沖決。本年雪澤未沾，民虞乏食，未便責令辦公，容俟相機籌辦。」從之。

《宣宗實録》卷292，頁520

道光十七年（丁酉）九月辛巳日

旌表守正捐軀直隸任邱縣民武尚汶妹存姐。

《宣宗實録》卷 301，頁 683

道光二十一年（辛丑）春正月癸巳日

緩徵直隸天津、青、靜海、滄、薊、寧河、大城、鹽山、三河、寶坻、霸、永清、東安、灤、樂亭、博野、雄、安、高陽、河間、獻、任邱、東光、南皮、慶雲、鉅鹿、雞澤、大名、南樂、豐潤、玉田、新河、隆平、阜城三十四州縣上年被水村莊新舊額賦。加給天津、青、靜海、滄四州縣災民一月口糧。

《宣宗實録》卷 344，頁 238

道光二十四年（甲辰）春正月甲戌日

緩徵直隸景、東光二州縣上年被水村莊額賦。展緩三河、武清、薊、大城、永清、東安、安、高陽、河間、阜城、任邱、故城、天津、青、靜海、滄、南皮、鹽山、藁城、元城、大名、南樂、清豐、新河、寧晉二十五州縣應徵節年積欠漕糧，給東光縣災民一月口糧。

《宣宗實録》卷 401，頁 2-3

道光二十四年（甲辰）八月丙申日

諭内閣：「卓秉恬等奏請將解送謄録被竊卷摺印文之委員議處一摺。河間府任邱縣縣丞曠學煌，押解謄録書手到京，所有筆跡摺卷公文要件，並不小心收藏，以致赴府署投文，中途被竊，非尋常疏忽可比。曠學煌著即行革職，仍飭令該革員將各書手按名識認，另寫卷摺，由該府尹等查驗筆跡，飭縣印臂，嚴密解送入場。儻查有頂替雇倩等弊，即行從嚴究辦。此案賊犯，著步軍統領衙門、順天府五城一體嚴拏務獲。」

《宣宗實録》卷408，頁108

道光二十四年（甲辰）冬十月乙未日

蠲緩直隸霸、永清、武清、寶坻、薊、寧河、文安、大城、東安、高陽、安、獻、阜城、任邱、景、天津、青、静海、滄、南皮、鹽山、南和、平鄉、鉅鹿、大名、南樂、雞澤、清豐、玉田、寧晉、隆平、南宫、磁三十三州縣被水、被雹村莊新舊額賦有差，並賑霸、永清二州縣旗民。

《宣宗實録》卷410，頁141

道光二十四年（甲辰）冬十月戊午日

減免直隸隆平、寧晉、安、任邱四州縣被水災區額賦有差。

《宣宗實録》卷410，頁147

道光二十五年（乙巳）春正月戊辰日

給直隸霸、永清二州縣上年被水災民一月口糧，並緩徵本年新賦。展緩武清、寶坻、薊、寧河、文安、大城、東安、高陽、安、獻、阜城、任邱、景、天津、青、靜海、滄、南皮、鹽山、南和、平鄉、鉅鹿、磁、雞澤、大名、南樂、清豐、玉田、寧晉、隆平、南宮三十一州縣及津軍廳舊賦。

《宣宗實録》卷413，頁183–184

道光二十八年（戊申）八月丙寅日

諭內閣：「訥爾經額奏，知縣疏防摺弁被劫，請摘去頂帶，勒限嚴緝等語。直隸任邱縣知縣伊鏗額著摘去頂帶，勒限一個月嚴緝贓賊，務獲究辦。如限滿無獲，即行從嚴參辦。其專汛武弁，著查明一體摘去頂帶，勒限緝拏。該部知道。」

《宣宗實録》卷458，頁786

道光二十八年（戊申）冬十月辛丑日

賑直隸通、武清、寶坻、香河、寧河、天津、靜海七州縣災民。蠲緩通、武清、寶坻、香河、寧河、天津、靜海、博野、固安、臨榆、定興、故城、曲周、景、灤、阜城、元城、吳橋、寧晉、永年、三河、薊、青、豐潤、慶雲、玉田、鹽山、霸、文安、大城、東安、順義、懷柔、密雲、樂亭、安、雄、河間、獻、任邱、滄、南皮、雞澤、大名、南樂、清豐、新河、邯鄲、成安、肥鄉、廣平、磁五十二州縣被水、被雹村莊新舊額賦有差。

《宣宗實録》卷460，頁802–803

道光二十八年（戊申）十二月丙午日

加賑直隸通、武清、寶坻、香河、寧河、天津、靜海、三河、薊、青、鹽山、慶雲、豐潤、玉田十四州縣災民，並緩徵道光二十九年額賦。展緩霸、文安、大城、東安、順義、懷柔、密雲、樂亭、安、雄、河間、獻、任邱、滄、南皮、雞澤、大名、南樂、清豐、新河、永年、邯鄲、成安、肥鄉、廣平、磁二十六州縣歷年帶徵正雜額賦。

《宣宗實録》卷462，頁830

道光三十年（庚戌）春正月戊戌日

緩徵直隸青、靜海、武清、薊、文安、大城、灤、盧龍、遷安、樂亭、蠡、雄、安、高陽、河間、任邱、滄、南皮、鹽山、慶雲、藁城、永年、邯鄲、成安、肥鄉、廣平、雞澤、磁、元城、大名、清豐、宣化、懷來、玉田、曲周三十五州縣上年被水村莊新舊額賦。

《宣宗實録》卷 476，頁 989

道光三十年（庚戌）十二月乙酉日

緩徵直隸永清、東安、安肅、安、高陽、慶雲六州縣被災村莊次年新賦，並展緩三河、武清、薊、霸、保定、大城、蠡、雄、河間、獻、任邱、天津、靜海、滄、南皮、鹽山、雞澤、大名、龍門、玉田、淶水、隆平、成安、廣平、永年、邯鄲二十六州縣舊欠額賦。

《宣宗實録》卷 24，頁 355

《大清文宗顯皇帝實録》

（咸豐元年至咸豐十一年　公元 1851–1861 年）

咸豐元年（辛亥）六月癸酉日

貸直隸任邱、雄二縣修理隄橋銀。

《文宗實録》卷 36，頁 495

咸豐二年（壬子）春正月癸丑日

緩徵直隸任邱、固安、高陽、武清、薊、大城、永清、天津、滄、南皮、鹽山、慶雲、晉、平鄉、永年、邯鄲、雞澤、大名、清豐、懷來、霸、雄、河間、靜海、藁城、開、元城、保安、定二十九州縣上年被水被雹村莊、新舊額賦，並給任邱、固安、高陽三縣被水災民口糧有差。

《文宗實録》卷51，頁683

咸豐二年（壬子）五月己巳日

諭軍機大臣等：「有人奏，順天、保定、冀州一帶有著名賊匪句引滄州、山東大夥賊匪，在鄰境州縣肆行搶劫，以致文安、任邱、武邑、衡水等縣數月之間，搶案疊出。總因捕役豢賊分贓，州縣徇庇不究，請旨查辦等語。州縣設立捕役，原以弭盜安民，直隸各屬，附近京畿，尤當力加整頓。若如所奏，盜賊藉捕役為窩巢，捕役以盜賊為利藪。地方官規避處分，徇庇諱飾，尚復成何事體。著順天府府尹、直隸總督各派員弁，嚴密查拏，務使按名弋獲，盡法嚴懲。並查明各州縣有無消弭情事，據實嚴參。原摺單著鈔給閱看。將此各諭令知之。」

《文宗實録》卷62，頁824

咸豐二年（壬子）九月丙子日

蠲緩直隸保定、景、薊、高陽、安、阜城、東光、天津、青、靜海、鹽山、慶雲、武清、寧河、大城、霸、灤、獻、任邱、吳橋、滄、南皮、晉、唐山、任、永年、邯鄲、雞澤、磁、元城、大名、南樂、清豐、衡水、雄、束鹿、隆平、武邑、深、武強、平鄉、長垣四十二州縣被水、被風、被雹村莊額賦，並給口糧有差。

《文宗實録》卷 72，頁 945

咸豐二年（壬子）十二月丁亥日

蠲緩直隸安、隆平、寧晉、河間、任邱、東安、天津七州縣被水村莊本年額賦有差。

《文宗實録》卷 79，頁 1044

咸豐三年（癸丑）春正月丁未日

賑直隸保定、景二州縣被水災民一月口糧。展緩薊、安、保定、景、高陽、阜城、東光、天津、青、靜海、鹽山、慶雲、武清、寧河、霸、大城、灤、獻、任邱、吳橋、滄、南皮、晉、唐山、任、永年、邯鄲、雞澤、磁、元城、大名、南樂、清豐、衡水、雄、束鹿、隆平、武邑、深、武強、平鄉四十一州縣被水村莊新舊額賦，並津軍廳葦漁等課。

《文宗實録》卷 81，頁 1

咸豐三年（癸丑）九月甲子日

諭軍機大臣等：「據僧格林沁奏，派兵馳赴深州一摺。本日據勝保奏，深州賊匪竄往東南，全股逃逸等語。著僧格林沁，即飭多爾濟那木凱、達洪阿將所帶官兵內先行分派馬隊，迅即直赴趙北口、任邱一帶截擊，以遏賊北竄之路。其天津以北務關路等處，亦著酌派弁兵，一律嚴行堵截。據恒春奏，查明山西五台並無股匪竄往。所有培成帶領兵一千二百五十名，即可飭令撤回，以備調撥。當此逆賊窮竄之時，果能四面兜圍，前後夾擊，當不難一鼓殲擒。該大臣務飭統兵各員與勝保等合力剿辦，萬不可再令他竄。至訥爾經額，著仍遵前旨解京。另片所請留辦糧台之處，著不准行。將此由六百里加緊諭令知之。」

《文宗實録》卷107，頁625–626

咸豐三年（癸丑）九月甲子日

又諭：「勝保奏獲勝情形並逆匪全股竄逸各等語。逆匪被攻緊急，連夜向東南竄逸。雖據該大臣聲稱，較之負隅抗拒，更易剿除。第兜里稍不得力，或致該逆上竄天津，下竄德州，勢必餘燼復熾。且此次抗拒之騎馬賊尚有數百人，並有大炮，似尚非十分窮蹙。慶祺所帶之兵，未可深恃，即所稱由景州一帶截其南竄之兵，亦未必竟能得力。昨諭僧格林沁撥兵接應，令徑赴趙北口、任邱等處迎頭截擊，毋庸繞道深州，諒可與該大臣前後夾擊。深州城內是否尚有餘匪，該處文武作何下落，各路未到之兵係何員管帶，因何尚未催齊？著分別查明具奏。該大臣營中將士前在懷慶，屢次打仗，極為出力。嗣復追賊赴晉，亦能不避艱險，迅速繞出賊前，奮勇截剿，現雖逆匪由晉東竄出山，尚未剿洗淨盡，而將弁兵丁日久勤勞，朕心時深軫念。著勝保將懷慶出力人員，擇其立功尤著者先行保奏，其餘各將弁兵丁並著存記，如能迅將此股賊匪悉數殄滅，該大臣等即將疊次出力勞績，一併詳細保奏，朕必加等獎勵。此旨著宣示軍營，使大小官兵愈知奮勉。至直隸地方團練有效者，如饒陽等處，挑選壯練，隨營助剿，似亦可資得力。並著體察情形，酌量賞戴頂翎，以遂其報國之忱。山西五台縣被擾一節，已據恒春查明誤報，該大臣等正可全力專注東南，以期盡殲醜類，早靖畿疆。將此由六百里加緊諭令知之。」

《文宗實録》卷107，頁626–627

咸豐三年（癸丑）十一月戊辰日

展緩直隸安肅、祁、任邱、晉、唐山、平鄉、廣宗、任、邯鄲、磁、衡水、隆平、完、平山、鉅鹿十五州縣被水村莊新舊額賦，並減免差徭。

《文宗實録》卷113，頁773

咸豐四年（甲寅）春正月壬寅日

緩徵直隸保定、文安、固安、天津、薊、寧河、霸、大城、永清、新城、雄、安、高陽、吳橋、東光、青、豐潤、玉田、武清、寶坻、東安、灤、清苑、安肅、博野、蠡、祁、東鹿、河間、阜城、任邱、南皮、鹽山、慶雲、正定、無極、南和、唐山、平鄉、廣宗、永年、邯鄲、雞澤、磁、元城、大名、南樂、清豐、武邑、衡水、深澤、完、景、平山、鉅鹿、南宮、新河、寧晉、武強五十九州縣被水村莊新舊額賦及津軍廳葦漁課。加賑保定、文安、固安、天津四縣貧民一月口糧。

《文宗實録》卷117，頁4

咸豐四年（甲寅）正月壬子日

諭軍機大臣等：「據奉命大將軍、惠親王並恭親王奕訢將勝保、德勒克色楞、瑞麟信函二件呈覽。知靜海獨流逆匪全股西竄，僧格林沁已馳抵大城，與賊接仗。勝保疾趨霸州，遏其北竄。該大臣等奉旨剿賊，日久無功，致令乘虛奔突，即將該大臣等以軍法從事，亦不足惜。惟畿輔近地，事機緊急，該大臣等果稍有天良，必當趁該逆奔竄未定之時，盡力堵禦，迅速剿除，以贖罪戾。現已諭知僧格林沁即由文安、大城一帶督兵截擊，不得令該逆更向西南紛擾，尤不可任令北竄。勝保意在由北而南迎頭截剿，徑赴霸州。但自大城而西北，尚隔保定、任邱等縣及東西淀會同河，若令過河而西將更不可收拾。本日已命大將軍等將東路三營，即日移劄東安、固安、涿州為黃村前敵，著德勒克色楞於奉到諭旨，即行揀帶精鋭官兵一千名兼程馳往固安駐劄防守。所有黃村、東安、固安、涿州、通州、盧溝橋等處官兵，統歸德勒克色楞節制。其餘該貝子所帶各兵，統交瑞麟管帶，隨同勝保前往迎剿。該大臣可以無須兼顧北路，即刻督兵向南扼賊竄路，極力截殺，與僧格林沁隨時知照，為夾擊之計，萬不許令該逆再有佔踞地方，或竟敢窺伺保定省垣。該處為京師遮罩，財物充阜，尤不可稍有疏虞。勝保當探明賊蹤，迅督各路官軍層層布置，迎擊兜剿，不得更以積冰積水為詞，稍事迂緩。仍與僧格林沁、德勒克色楞、西淩阿、善祿、桂良時相知照，密籌防禦。該大臣等負罪已深，此次暫勿加譴。若再不將該逆悉數埽除，但有一處蔓延，必將該大臣等就地正法，勿謂寬典可冀幸邀也。仍將進兵機宜及賊情如何，星速由驛馳奏。軍情緊急，一切奏報不必拘泥繕寫楷書，總以據實迅奏為要。將此由六百里加緊諭知勝保、德勒克色楞，並諭西淩阿、善祿、瑞麟知之。」

《文宗實録》卷118，頁22–23

咸豐四年（甲寅）正月甲寅日

諭軍機大臣等：「前因逆匪全股西竄，諭令德勒克色楞帶兵一千名馳往固安駐劄，以防北路。本日據勝保、德勒克色楞奏，已於十二日馳抵任邱，先帶馬隊前往軍營，與僧格林沁會商剿辦等語。現在賊踞米家莊東城一帶，任邱去該處甚近，正可乘機，克期進剿。德勒克色楞著毋庸折回固安，即與勝保統帶各兵，趕赴前敵，會同僧格林沁並力圍剿。其後路未到之兵，均著嚴提前進，不准藉詞逗遛。至北路一帶，本日已命載齡前赴固安。所有黃村等處官兵統歸調遣。該大臣等著即懔遵疊次諭旨，同心協力，四面兜剿，迅殄賊氛，斷不准再令竄逸滋擾。其慶祺、瑞麟所帶之兵，或暫留任邱防守，或調赴前營，均著該大臣等相機調度。總之軍情變幻靡常，全在臨時酌度緩急，隨機應變，切不可以有用之兵置之無用之地。將此由六百里加緊各諭令知之。」

《文宗實録》卷118，頁28–29

咸豐四年（甲寅）正月甲寅日

又諭：「昨據僧格林沁奏，獨流等處賊匪全股潰圍逃竄。連日督兵追擊，大獲勝仗。該逆竄入東城村，現在進兵追擊。本日據勝保奏，十二日馳抵任邱，探知該夷竄踞米家莊東城一帶，即日帶兵前進，與僧格林沁合力兜剿各等語。逆匪利在狂奔，且聲東擊西是其慣技，現雖竄往西南，仍去天津未遠。著文謙督飭分守各路兵勇搜捕餘匪，嚴密防守，毋得稍有鬆懈。靜海獨流各村莊，業已收復，該處百姓慘遭荼毒，蕩產破家，深堪憫惻，著即督飭地方官妥為安撫，勿令一夫失所，並嚴催張起鵷迅速隨營支應糧台，前由京解往餉銀，妥慎收發。毋稍疏忽。」

《文宗實録》卷 118，頁 29

咸豐四年（甲寅）十月乙丑日

蠲緩直隸保定、東光、寶坻、安、景、天津、磁、武清、薊、寧河、霸、大城、東安、蠡、雄、東鹿、高陽、故城、青、南皮、鹽山、慶雲、永年、雞澤、大名、元城、南樂、清豐、淶水、蔚、玉田、武邑、衡水、武強、平鄉、邯鄲、南宮、任邱、獻、阜城、靜海、滄、晉、任、隆平、深、文安四十七州縣被水、被旱、被雹村莊新舊額賦，並賑保定、東光二縣被水災民。

《文宗實録》卷 150，頁 620

咸豐五年（乙卯）十二月丙申日

蠲緩直隸開、東明、長垣、保定、吳橋、東光、寶坻、寧河、新城、雄安、高陽、天津、靜海、豐潤、玉田、武清、薊、霸、文安、大城、永清、東安、安肅、蠡、束鹿、河間、獻、任邱、景、青、滄、南皮、鹽山、慶雲、晉、南和、平鄉、廣宗、鉅鹿、任、永年、邯鄲、曲周、廣平、雞澤、磁、元城、大名、南樂、清豐、南宮、武邑、衡水、隆平、寧晉、深、武強五十八州縣被水、被雹、村莊新舊額賦，並各項旗租有差。

《文宗實録》卷 185，頁 1071

咸豐六年（丙辰）十月己酉日

蠲緩直隸通、武清、寶坻、寧河、順義、雄、安、高陽、東光、天津、廣平、磁、玉田、三河、薊、香河、霸、文安、大城、灤、安肅、定興、蠡、束鹿、獻、肅寧、任邱、景、吳橋、青、靜海、滄、南皮、鹽山、慶雲、正定、晉、南和、平鄉、廣宗、永年、邯鄲、成安、肥鄉、曲周、雞澤、元城、大名、南樂、清豐、豐潤、南宮、武邑、衡水、深、武強、定五十七州縣被水、被旱、被蝗村莊本年額賦，暨河淤海防經費攤徵有差，並減免差徭。

《文宗實録》卷 210，頁 321

咸豐七年（丁巳）閏五月甲辰日

諭內閣：「譚廷襄奏請將捕蝗不力之知縣摘去頂帶等語。直隸雄縣知縣淩松林、任邱縣知縣祥瑞撲捕蝗蝻，未能迅速，著即摘去頂帶，勒限將各該境內蝗蝻，撲捕淨盡。儻再不知愧奮，即著嚴行參辦。至此外各府屬地方，遇有飛蝗入境，該地方官如敢怠玩從事，撲捕不力，致傷禾稼，著該署督查明參奏。」

《文宗實録》卷228，頁553

咸豐七年（丁巳）八月丙子日

諭內閣：「載容等奏請飭催直隸撥解銀兩一摺。本年直隸省應補解廣恩庫銀兩，前經降旨，令譚廷襄即飭該藩司趕緊籌撥，迄今三月有餘，僅據易州解交一款為數無多，其藩司暨安州、安肅、河間、高陽、任邱等州縣應解各款，經載容等移咨，該督飭催，仍未解交。疲玩已極。著譚廷襄即飭該藩司將本年應行補解銀五千六百九十三兩零迅速撥解，並嚴飭各該州縣趕緊將舊欠租銀一併解交，以資支放。此係守護陵寢兵餉要需，該員等如再遲延，即著該督嚴參懲處。」

《文宗實録》卷234，頁644–645

咸豐九年（己未）正月丙申日

諭內閣：「載茯等奏請飭催直隸各州縣應解庫款等語。直隸各州縣欠交廣恩庫陳新各租銀共九千七百餘兩，前經降旨飭催。茲據奏稱，僅據易州、安州、任邱、河間、高陽、安肅、保定等州縣解到陳租銀五百七十七兩零，又據易州、安州、任邱、河間、高陽等州縣解到新租銀二千一百十六兩零，其安肅、保定等縣上年新祖，毫未解交，實屬延玩。著慶祺勒限，嚴飭各該州縣，將欠交陳新租銀掃數完納，並轉飭該藩司，將上年應解銀兩趕緊籌撥，以重庫款，不准稍涉遲延。該督曾任泰寧鎮總兵，自應備悉彼處情形，毋許視為泛常，一催了事。」

《文宗實録》卷 274，頁 20–21

咸豐十一年（辛酉）五月戊戌日

又諭：「文煜奏，遵查接遞軍報遲延各員，請分別嚴議議處並開單呈覽一摺。直隸定州接遞貴州提督田興恕六百里加緊摺報，遲至三刻有零，非尋常延誤可比。定州直隸州知州汪鳴和，著交部嚴加議處。河間縣遞送山東巡撫譚廷里等五百里等摺報，與下站任邱縣交收不符，著文煜查明究由何處遲誤，從重參辦。河間縣知縣淡春暉，前署任邱縣事、盧龍縣知縣黃宗敬著一併先行交部議處。」

《文宗實録》卷 352，頁 1196

咸豐十一年（辛酉）十一月丁未日

諭議政王、軍機大臣等：「有人奏，現聞交河縣有李清齡等被搶之案，犯無一獲，該縣有充當庫書之胡鳴岐、戶書劉允慧、壯班張明德等，久慣窩賊分肥，該縣知縣置若罔聞，形同聾聵。又東光縣鋪商胡文幾在秦村地方被土匪張宏慶等械傷事主，搶去貨物，該縣並不查拏。又衡水縣鄉試士子劉鸞翽於黑岱地方被劫。商人鄭鳳翔等於固安、任邱等縣界內被劫。此外河間、獻縣、饒陽、肅寧等處回鹽等匪搶劫行旅，擾害鄉閭，尤為肆行無忌。著文煜速飭所屬，逐案按名嚴行查拏，訊明後即就地正法，並著出示曉諭。如匪徒拒捕，在場登時格殺者，一概勿論。鋪戶居民拏獲賊匪者，破格重賞。如該地方員弁仍敢如前玩弛，不將案犯弋獲，並窩藏處所一併埽除，即行嚴參懲辦。原摺著鈔給閱看。將此諭令知之。」尋奏：「各縣劫匪，遵派幹員會督地方文武訪拏，前後緝獲多名，業經懲辦，餘犯仍悉數務獲。報聞。」

《穆宗實録》卷 11，頁 285

咸豐十一年（辛酉）十二月戊寅日

又諭：「文煜奏，遵議防河事宜一摺，著照所議。所有聯捷統帶赴豫之大名備防兵一千名，著即行撤回直隸，並准其添募練勇一千五百名，並留防大名之天津鎮兵一千名，共兵勇三千五百名，於開州、東明、長垣三屬沿河要隘地方分撥駐紮，均交大名道府統帶。其應如何分撥，及隨時變通之處，均責成該道府督同各該州縣相機布置。常川駐防武職，自游擊都司以下均歸調度。自此次議定章程之後，文煜務當督飭該道府實力籌防，毋稍鬆懈，儻有疏虞，惟該督是問。再有人奏，河間各屬騎馬賊肆行搶擄，請飭大順廣道王榕吉馳赴該處，專司緝補等語。畿輔地方緊要，竟有騎馬賊匪白晝搶掠，尚復成何事體。著文煜嚴飭河間、任邱、獻縣各該地方官，認真緝捕，如敢任意疏縱，即著嚴行參辦。至道員王榕吉可否派赴河間一帶，專司緝捕，抑或揀派道府大員督辦之處，均著文煜妥為籌辦。原奏著鈔給閱看。將此由四百里諭令知之。」尋奏：「王榕吉本管地方，辦防緊要，未便派往。現委候補道振麟，督辦河間各屬緝補。報聞。」

《穆宗實録》卷 14，頁 381

同治元年（壬戌）三月丁亥日

諭内閣：「前因給事中郭祥瑞奏，參署長蘆鹽運使許誦恒與屬員徐嵩年等各款劣跡，當交文煜、崇厚會同查明，據實覆奏。茲據奏稱，遴員密查並公同提訊，許誦恒於賒出鹽引，領告銀兩既多記欠，發過勇糧亦未專案詳報。其於東光、任邱等縣被災，專委徐嵩年一人往查至七八處之多。薊永分司張沅，實係年力衰邁，步履艱難，許誦恒始而調看，繼又聽其回任，寧吳懸岸，任聽徐嵩年先令陳少華捆運，隨後始將商人晉源昌試辦之稟批發。種種徇私偏性，情事顯然，其餘尚有訛索剋扣等款。恃無質證，堅不承認，其為貪劣不職，已可概見。徐嵩年受其信任，從中播弄。許誦恒、徐嵩年被參各款雖多曖昧不明，豈得謂盡屬無因，所請均即革職，尚不足以蔽辜。丁憂典史陳英範，經徐嵩年令其改名陳少華，投充民販，藉以謀生，亦屬罔利無恥，僅予議處，尤為輕縱。卸署長蘆鹽運使、直隸候補道許誦恒，署長蘆運同候補運判徐嵩年、丁憂典史陳英範，均著即行革職，永不敘用，以示懲儆。薊永分司張沅年力本已衰邁，著即勒令休致。直隸總督文煜於許誦恒係所屬監司，所有貪劣各款，未能先事參奏，著交部議處。」尋議：「文煜應照失察屬員貪劣例，降一級留任。」得旨：「著准其抵銷。」

同治元年（壬戌）十一月戊午日

緩徵直隸武清、薊、東安、東鹿、安、青、靜海、滄、南皮、鹽山、晉、永年、邯鄲、肥鄉、廣平、雞澤、磁、元城、大名、南樂、清豐、豐潤、玉田、衡水、深、武強、饒陽、任邱、鉅鹿、成安、柏鄉、寧晉三十二州縣歉收村莊新舊額賦租課，暨民借倉穀有差。

《穆宗實録》卷 21，頁 568–569

同治二年（癸亥）九月壬戌日

又諭：「有人奏請嚴緝匪徒以靖地方一摺。據稱河間以北屢有騎馬盜賊搶劫之案，不可枚舉。任邱、大城、河間三縣著名棍匪孫幅等，句通各該縣班役，傷害良民，各踞巢穴，蔓延三縣，請飭嚴拏等語。畿南重地，該匪等膽敢糾眾釀亂，串通蠹役，擾害地方，無怪近畿各處搶劫之案，層見疊出。該地方官平日隱忍徇庇，漫不關心，蔓延日久，必至釀成巨患。著劉長佑迅派明幹妥員，按照摺內所指首夥匪犯姓名，會同各該地方官設法購綫，嚴密查拏。務期悉數弋獲，盡治懲治，毋任一名漏網，以清奸宄而靖地方。原摺著鈔給閱看。將此諭令知之。」

《穆宗實録》卷 48，頁 1317

《穆宗實録》卷 79，頁 622

同治三年（甲子）秋七月壬寅日

又諭：「劉長佑奏，甄劾庸劣不職之知府、牧令、典史各官，請旨分別降、革、勒、休一摺。直隸候補知府沈燮同才欠歷練，難勝表率，著以同知降補；前署任邱縣候補知縣王錫辦事粗率，輿論未孚；候補知縣丁慕陶識淺心粗，難膺民社。以上二員，均著以縣丞降補。清豐縣知縣王學乾聲名平常，不諳吏事；無極縣知縣蔡榮錫偷安廢事，不洽輿情；長垣縣知縣易煥書公事廢弛，不知檢束；長垣縣典史潘岱舉動輕浮，居官不謹。以上四員，均著即行革職。延慶州知州汪桂年力就衰，難期振作，著勒令休致，以肅吏治。」

《穆宗實録》卷 108，頁 381

同治三年（甲子）十月庚寅日

諭議政王、軍機大臣等：「前據劉長佑奏，任邱縣民人陳如汰等謀殺夏壽域一案，業經審明情由。該犯之母陳趙氏輒稱委員王啟曾，與宗室志照曾向伊子索借不遂，非刑拷逼，架詞赴京呈控，希圖翻案，請將此案仍交直隸審辦。當經降旨，令宗人府查明宗室志照訊取供詞具奏。茲據宗人府奏，訊據宗室志昭即志照供稱，伊於咸豐八年間，因僱工山東人趙四引薦，與王啟曾交好，是年十二月及次年正月見過兩次，王啟曾給過伊玉搬指一個，以後並未見面。本年三月間，志昭私往保定，於二十四日進城，寓富盛店內。因尋覓候補知縣瑞斌之家人楊富亭，知已隨往新樂縣任所未遇。於二十五日找向王啟曾借幫盤費。二十六日，伊同王啟曾遊逛，同至利順店陳天太處坐談。王啟曾向陳天太借銀千餘兩，未允，當即回寓。志昭於二十七日起程回京等語。此案關鍵總以陳如汰是否確係謀殺夏壽域正兇為斷。至陳趙氏牽控各節，其為意存翻案，亦屬顯而易見。惟據志昭所供，與王啟曾向來交好，本年復在保定會晤，並目睹王啟曾向陳天太借銀各情，是否實有其事，亦不能置之不問。著劉長佑按照供詞内所指人證，提案訊問，有無其事，迅速覆奏，再行候旨辦理。原摺著鈔給閱看。將此諭令知之。」

《穆宗實録》卷 119，頁 629

同治五年（丙寅）三月乙亥日

旌表守正捐軀直隸任邱縣民婦郭劉氏。

《穆宗實録》卷 172，頁 107

同治六年（丁卯）六月壬辰日

諭軍機大臣等：「近聞直隸地方夏間海嘯，遍地皆鹽。青、滄鹽匪，屢有爬鹽灑賣之事。現因緝梟馬勇外調，該匪竄出任邱、雄縣、容城一帶，復繞至霸州、東安等處，句結各處飢民，搶掠鹽店，並搶劫鋪戶，逼索村莊馬匹銀錢，形同馬賊。青、滄鹽匪，久為畿疆之患，茲復句結飢民，肆行搶劫，若不亟籌剿捕，貽害滋深。著萬青藜、胡肇智嚴飭所屬各州縣實力巡緝，將各該地方飢民，隨時安撫，毋為該匪所煽惑，別滋事端。劉長佑亦當迅撥兵勇，分路搜拏，並飭派出之將弁，會同崇厚所練之兵勇，齊心剿擊，務絕根株。將此各諭令知之。」

同治六年（丁卯）六月己亥日

諭軍機大臣等：「總理各國事務衙門奏，據章京張其浚稟稱接到家信，內稱六月初九日，突有土匪鹽匪二千餘人，將蠡縣境內北五福村辛橋鎮等處三十餘村莊搶掠焚殺，現竄任邱、高陽一帶。馬隊有八百餘騎，大車有二百餘輛，裹脅至二千餘人等語。前據劉長佑奏稱，順天、保定、天津、河間各屬均有鹽匪訛索搶奪，業經派兵勦捕。茲據該衙門所奏情形，現竄任邱等處匪黨馬隊人數已如此之多。劉長佑事前既漫無防範，以致匪徒突起，結黨橫行。若再不趕緊撲滅，致令嘯聚日眾，蔓延畿疆，該督其能當此重咎耶？著即添派得力兵勇，先將此股匪黨迅速追勦，務將著名首惡悉數擒獲，盡法懲辦。其被脅飢民，仍分別妥為安撫。此外各府所屬滋事匪徒，並著分派兵勇一律拏辦，毋稍延緩。現在捻匪竄擾山東，北路河防正當吃緊。近因天時亢旱，人心不無浮動。畿輔重地，關係緊要，豈可任令匪蹤出沒，為害地方？神機營兵丁訓練已久，原以備緩急之用，應如何酌量派撥就近協勦之處，著文祥等迅籌辦理。將此各諭令知之。」

《穆宗實録》卷 205，頁 650

同治六年（丁卯）八月己丑日

諭軍機大臣等：「穆騰阿奏馳抵武強，確探匪蹤進勦一摺。梟匪自奔入無極後，蹤跡飄忽，竄向靡定。穆

《穆宗實録》卷 206，頁 658

騰阿恐該匪復向東北，河間、任邱一帶甚關緊要，自應分投堵截。現在劉景芳一軍已赴饒陽一帶防剿。穆騰阿暫紮武強，確探進剿。惟賊匪既有圖竄東北之勢，穆騰阿當督率所部各營嚴密堵禦，以遏該逆北竄之路。劉長佑即飭派出各軍，將賊匪向南兜擊，痛加剿洗，不得任令回竄。該督等均當時知照，毋失機宜。穆騰阿另摺奏，請將副都統成惠等懲辦等語。成惠支領官兵餉銀僅放半月，因保英解餉未到，擅向沿途州縣挪借，實屬任意妄為。雖經歸還，亦難辭咎。成憲著交部嚴加議處，飭令回旗聽候部議。所部馬隊，即著交阿克敦暫行管帶。空花翎保英押解餉銀軍火，沿途逗留，著即革職回旗。營總莫爾賡額並不早為呈報，亦屬不合，著革職留營，以示懲儆。將此由五百里各諭令知之。」尋兵部議：「成惠應照不應重私罪，降三級調用，例上加等，降五級調用，無庸查級紀議抵。」從之。

《穆宗實録》卷 209，頁 712–713

同治六年（丁卯）八月戊戌日

諭軍機大臣等：「劉長佑奏，官軍會剿獲勝，現籌分布情形。穆騰阿奏續探情形，追剿分布，並派隊彈壓文安、大城各摺片。該匪現已竄向西南任邱、高陽一帶，著劉長佑、穆騰阿督飭保定、河間兩軍，並余承恩等跟蹤緊追，務將此股速行殄滅，以靖畿輔。如匪蹤已渡滹沱迤南，即責成劉長佑酌派兵勇，扼紮河干。一面飭沿河地方文武，聯絡鄉團，嚴密扼守，毋任賊騎往來偷渡；一面派隊分投追剿。該督所稱京兵宜於堵截，不宜南北奔走，跟蹤追逐，致褻威重等語，所籌不為無見。此股賊蹤如已遠竄，即著穆騰阿回駐近畿一帶，將所部京兵於大城、文安、任邱、雄縣各屬，擇要分駐扼紮，詳細偵探。儻遇賊匪回竄，刻即迎擊，以恤兵力而養軍威。劉長佑惟當嚴督直省兵勇，專力追截，仍酌撥數營，隨同穆騰阿分布駐紮，以資周密。文安、大城既有匪徒句結梟匪情事，即著穆騰阿飭令派往之阿克敦、孝順就近彈壓，劉長佑飭令該地方官嚴密查拏。靜海、滄州一帶，著崇厚撥隊分紮堵剿，毋稍疏忽。將此由五百里各諭令知之。」

《穆宗實録》卷 210，頁 724

同治六年（丁卯）八月丙午日

諭軍機大臣等：「穆騰阿奏，梟匪復竄任邱，請飭官軍協防，並請飭劉景芳分紮文安等處各摺片。梟匪已折竄任邱，經穆騰阿督兵進剿，復向東面遠揚。前據劉長佑奏稱，賊趨無極、深澤一帶，何以折竄任邱如此之速？且前稱賊匪僅百餘名，何以仍未辦結，任令肆竄？著劉長佑嚴飭各軍，將步隊嚴防要隘，令馬隊迅速追剿，並與穆騰阿防軍會同夾擊，毋任喙息。穆騰阿以任邱為賊匪往來要路，擬親督成章等馬步各隊，駐紮該處，並擬令薩淩阿分紮雄縣。著即照所請辦理。劉景芳既於文安等縣民情熟悉，即著劉長佑飭令該總兵督率所部，分紮大城、文安、雄縣，歸穆騰阿節制，以資調遣。該都統所稱任邱縣屬，有匪徒句結梟匪情形，著劉長佑嚴飭該地方官，乘有京兵駐紮該處，設法密為查拏，以淨根株而絕延蔓。將此由五百里各諭令知之。」

《穆宗實録》卷 210，頁 731–732

《大清德宗景皇帝實録》

（光緒元年至光緒三十年　公元 1875–1904 年）

光緒元年（乙亥）春正月庚子日

緩徵直隸雄、高陽、任邱、定、寶坻、薊、霸、安、河間、開、東明、長垣、大名、元城、豐潤、武清、安平、通、三河、香河、保定、文安、大城、固安、永清、灤、樂亭、清苑、安肅、新城、蠡、獻、肅寧、天津、青、靜海、滄、南皮、鹽山、慶雲、無極、藁城、沙河、雞澤、清河、玉田、饒陽、深澤四十八州縣歉收村莊糧賦地租并原貸倉穀。

《德宗實録》卷 3，頁 105

光緒元年（乙亥）冬十月丁丑日

蠲緩直隸良鄉、新城、雄、高陽、安、靜海、霸、豐潤、安平、通、武清、保定、清苑、肅寧、青、涿、南皮、鹽山、無極、沙河、雞澤、武邑、南和、饒陽、深澤、安肅、蠡、東光、香河、任、武強、任邱、平鄉三十三州縣被水、被旱村莊新舊糧租有差。

《德宗實録》卷 19，頁 309

光緒二年（丙子）春正月甲午日

緩徵直隸霸、文安、大城、良鄉、新城、雄、安、高陽、任邱、天津、靜海、開、元城、大名、東明、長垣、豐潤、安平、通、武清、香河、保定、清苑、安肅、蠡、河間、獻、肅寧、東光、青、滄、南皮、鹽山、無極、沙河、南和、任、雞澤、遵化、武邑、武強、饒陽、深澤四十三州縣被災歉收村莊本年春徵新賦正雜糧租，並展緩原貸倉穀有差。

《德宗實録》卷 25，頁 371

光緒二年（丙子）春正月辛酉日

諭內閣：「李鴻章奏請將庸劣不職各員，分別革休等語。直隸任邱縣知縣馬河圖，於境內被災村莊，並未親詣踏勘，殊屬玩視民瘼，著即行革職。前署宣化縣事、鉅鹿縣知縣英桀，辦工草率，精力就衰；三角淀通判趙書雲闒茸顢頇，聲名平常，均著勒令休致。」

《德宗實録》卷 26，頁 386

光緒二年（丙子）冬十月庚戌日

蠲緩直隸博野、蠡、雄、祁、安、高陽、河間、任邱、東光、南皮、慶雲、定、深澤、通、寶坻、薊、吳橋、景、天津、青、靜海、滄、鹽山、元城、大名、遵化、豐潤、安平、武清、寧河、霸、文安、大成、灤、清苑、安肅、阜城、肅寧、交河、無極、藁城、南河、平鄉、任、永年、邯鄲、曲周、廣平、雞澤、清河、磁、南樂、懷安、玉田、武邑、武強、饒陽、香河五十八州縣被旱、被水、被雹、被潮、被霜、被風地方新舊糧租，並減免差徭有差。

《德宗實録》卷41，頁591

光緒三年（丁丑）春正月戊午日

緩徵直隸通、寶坻、薊、博野、蠡、雄、祁、安、高陽、河間、任邱、景、吳橋、東光、天津、青、靜海、滄、南皮、鹽山、慶雲、開、元城、大名、東明、長垣、遵化、豐潤、安平、定、深澤三十一州縣被災地方春徵新賦正雜糧租。武清、香河、寧河、霸、文安、大城、灤、遷安、清苑、安肅、獻、阜城、肅寧、交河、無極、藁城、南和、平鄉、任、永年、邯鄲、曲周、廣平、雞澤、清河、磁、南樂、懷安、玉田、武邑、武強、饒陽三十二州縣歉收村莊上年糧賦租課並民借倉穀，暨津軍廳葦漁課有差。

《德宗實録》卷46，頁639–640

光緒四年（戊寅）春正月壬子日

緩徵直隸滿城、唐、望都、完、雄、獻、阜城、肅寧、交河、景、吳橋、東光、青、靜海、滄、南皮、鹽山、慶雲、行唐、新樂、元城、大名、棗強、武邑、武強、安平、定、曲陽、開、東明、長垣三十一州縣被災歉收村莊本年新賦正雜糧租，暨武清、薊、大城、文安、灤、清苑、安肅、蠡、安、高陽、河間、任邱、故城、寧津、天津、藁城、邢台、沙河、南和、唐山、平鄉、廣宗、鉅鹿、任、永年、邯鄲、成安、曲周、廣平、雞澤、磁、南樂、清豐、遵化、豐潤、新河、衡水、寧晉、饒陽三十九州縣被災歉收村莊舊欠糧租雜課，原貸倉穀等項有差。

《德宗實録》卷 65，頁 1–2

光緒四年（戊寅）三月庚戌日

緩徵直隸唐、完、交河、阜城、景、東光、獻、肅寧、行唐、開、大名、元城、東明、長垣、棗強、武邑、定、曲陽、雄、滿城、望都、新樂、吳橋、青、靜海、滄、南皮、鹽山、慶雲、武強、安平、武清、薊、大城、文安、灤、清苑、安肅、蠡、安、高陽、河間、任邱、故城、寧津、天津、藁城、邢台、沙河、南和、唐山、平鄉、廣宗、鉅鹿、任、永年、邯鄲、成安、曲周、廣平、雞澤、磁、南樂、清豐、遵化、豐潤、新河、衡水、寧晉、饒陽等七十州縣上年正雜糧租灶課。

《德宗實録》卷 69，頁 64–65

光緒四年（戊寅）秋七月壬子日

蠲緩直隸阜城、景、交河、河間、獻、東光、寧津、任邱、肅寧、吳橋、故城、唐、完、行唐、武強、棗強、武邑、定、曲陽、清苑、博野、天津、靜海、南皮、鹽山、滄、青、慶雲、平山、靈壽、新樂、鉅鹿、成安、磁、肥鄉、清河、大名、元城、南樂、清豐、東明、長垣、冀、衡水、南宫、新河、臨城、寧晉、東安、寶坻、武清、薊、寧河、文安、大城、滿城、望都、安肅、安、高陽、藁城、欒城、晉、邢台、沙河、南和、唐山、平鄉、廣宗、任、永年、邯鄲、曲周、雞澤、廣平、安平、内邱、井陘七十八州縣被旱地方上忙錢糧，暨順天、保定、正定、河間、天津、順德、廣平、大名、易、趙、深、冀、定十三府州舊賦有差。

《德宗實録》卷 76，頁 166

光緒四年（戊寅）十月丁酉日

蠲緩直隸永清、蠡、雄、高陽、安、武清、東安、河間、獻、天津、南皮、滄、元城、大名、豐潤、安平、寧河、寶坻、大城、灤、清苑、任邱、肅寧、靜海、青、鹽山、沙河、南和、永年、雞澤、南樂、饒陽、深澤、唐山、邯鄲、定三十六州縣本年額賦、旗租、屯米、穀豆、灶課、河淤海防經費、軍餉、地租、出借倉穀等項有差。

《德宗實録》卷 80，頁 225

光緒五年（己卯）春正月丙午日

緩徵直隸永清、東安、武清、蠡、雄、安、高陽、河間、獻、天津、南皮、滄、開、元城、大名、東明、長垣、豐潤、安平、寧河、寶坻、文安、大城、灤、清苑、任邱、肅寧、靜海、青、鹽山、沙河、南和、唐山、任、永年、邯鄲、雞澤、南樂、饒陽、定、深澤、望都四十二州縣災歉村莊本年春徵新賦正雜糧租有差。

光緒五年（己卯）六月癸亥日

以神靈顯應，頒直隸任邱縣龍神廟扁額曰「祈年大有」。

《德宗實録》卷 85，頁 294

光緒五年（己卯）十月己未日

蠲緩直隸寶坻、薊、香河、霸、保定、文安、大城、涿、雄、高陽、安、任邱、天津、安平、深澤、通、三河、武清、寧河、永清、東安、灤、清苑、新城、河間、獻、肅寧、青、靜海、鹽山、慶雲、新樂、豐潤、玉田、饒陽、定、固安、欒亭、滿城、安肅、博野、望都、容城、蠡、祁、阜城、交河、景、故城、滄、無極、藁城、平鄉、鉅鹿、任、廣平、磁、大名、元城、冀、新河、武邑、衡水、隆平、深六十五州縣被災村莊糧租，暨開、東明、長垣三州縣被水歉收村莊本年額賦雜課有差。

《德宗實録》卷 97，頁 445

光緒五年（己卯）十月戊辰日

《德宗實録》卷 102，頁 519

諭內閣：「御史葉蔭昉奏，直隸安平、饒陽一帶，滹沱河南北兩岸屢遭水患，兼之深澤以上，水道淤墊，致獲鹿一帶，山水全注滹沱，一遇漲溢，河間、任邱等處均被淹沒，請飭將河道量為開拓，兩岸隄身加高培厚等語。著李鴻章派員詳加履勘，酌度情形，妥籌辦理。」

《德宗實録》卷 102，頁 525

光緒六年（庚辰）春正月庚午日

緩徵直隸通、三河、武清、寶坻、薊、香河、寧河、霸、保定、文安、大城、永清、東安、涿、灤、清苑、新城、雄、安、高陽、河間、獻、肅寧、任邱、天津、青、靜海、鹽山、慶雲、新樂、開、東明、長垣、豐潤、玉田、饒陽、安平、定、深澤、固安、樂亭、滿城、安肅、博野、望都、容城、蠡、祁、阜城、交河、景、故城、滄、無極、藁城、平鄉、鉅鹿、任、廣平、磁、大名、元城、冀、新河、武邑、衡水、隆平、深六十八州縣被災地方新舊錢糧租課有差。

《德宗實録》卷 107，頁 575

光緒六年（庚辰）七月壬午日

以虧空正雜各款，革直隸任邱縣知縣郭會昌、候補知縣曹壬泰、連有、候補同知耆齡、丁憂同知常升、降補知縣劉榮職，並勒追。

《德宗實録》卷116，頁697

光緒六年（庚辰）十月癸丑日

蠲緩直隸寶坻、霸、保定、文安、東安、新城、雄、任邱、安平、通、武清、大城、高陽、河間、獻、肅寧、天津、鹽山、無極、饒陽、寧河、涿、清苑、滿城、蠡、安、阜城、交河、景、東光、青、南皮、滄、邢台、沙河、南和、唐山、平鄉、廣宗、鉅鹿、内邱、任、永年、邯鄲、成安、肥鄉、廣平、雞澤、磁、元城、大名、樂、遵化、豐潤、冀、衡水、隆平、深、深澤、靜海六十州縣，暨津軍廳被水、被旱、被風雹各村莊額賦，並地租雜課有差。

《德宗實録》卷122，頁760

光緒七年（辛巳）冬十月戊子日

蠲緩直隸定興、雄、容城、寧河、文安、天津、遵化、豐潤、安平、武清、寶坻、灤、清苑、蠡、安、獻、任邱、青、靜海、滄、南皮、鹽山、行唐、靈壽、邢台、南和、唐山、内邱、任、廣平、雞澤、大名、南樂、懷安、棗強、隆平、深、饒陽、深澤三十九州縣水旱及被雹、被蟲地方，開、東明、長垣三州縣濱臨黄河被水村莊錢糧租課額賦有差。

《德宗實録》卷139，頁984

光緒八年（壬午）冬十月辛未日

蠲緩順直文安、雄、獻、任邱、高陽、安平、深澤、大城、通、薊、寧河、灤、新城、安、青、靜海、鹽山、無極、元城、大名、豐潤、深、饒陽、曲陽、張家口、獨石口、武清、保定、霸、固安、永清、清苑、安肅、唐、望都、蠡、河間、滄、南皮、慶雲、欒城、任、永年、廣平、遵化、棗強、定四十七廳州縣歉收地方糧租有差。

《德宗實録》卷 153，頁 162

光緒九年（癸未）春正月乙巳日

截撥湖北漕米三萬石，賑恤順天直隸文安、大城、任邱、獻、雄、高陽、安平、安、新城、靜海、蠡、博野、深、東鹿十四州縣積水、地震各村莊。

《德宗實録》卷 158，頁 229

光緒九年（癸未）冬十月壬戌日

豁免順天直隸通、三河、武清、寶坻、薊、香河、寧河、霸、保定、文安、大城、永清、大興、宛平、涿、順義、懷柔、遷安、盧龍、新城、博野、容城、蠡、雄、安、高陽、河間、獻、阜城、肅寧、任邱、吳橋、東光、天津、青、靜海、南皮、鹽山、新樂、清河、玉田、高邑、深、武強、饒陽、安平、定、深澤四十八州縣被水、被風、被雹、被蟲災重各村莊本年下忙額賦，並地租雜課有差。其災歉較輕之固安、東安、良鄉、房山、灤、樂亭、清苑、定興、交河、滄、無極、沙河、廣宗、元城、大名、南樂、清豐、豐潤、冀、武邑、密雲、昌黎、安肅、望都、完、祁、景、故城、慶雲、正定、井陘、欒城、贊皇、晉、藁城、元氏、邢台、南和、唐山、平鄉、鉅鹿、內邱、任、永年、邯鄲、肥鄉、曲周、廣平、雞澤、威、磁、新河、衡水、趙、柏鄉、隆平、棗強、臨城、曲陽、滿城、寧晉六十一州縣，暨開、東明、長垣三州縣濱河村莊錢糧，均分別蠲緩有差。

《德宗實録》卷 172，頁 398

光緒九年（癸未）十二月癸丑日

蠲緩直隸通、三河、武清、香河、青、靜海、滄、南皮、薊、文安、大城、遷安、博野、蠡、河間、獻、阜城、肅寧、任邱、無極、新樂、武邑、深、饒陽、安平、定、深澤、望都、祁、景、故城、正定、晉、藁城、唐山、任、隆平三十七州縣被災歉收地方錢糧，並分別免徵帶徵有差。

《德宗實録》卷 175，頁 441

光緒十年（甲申）春正月戊寅日

展緩直隸通、三河、武清、寶坻、薊、香河、寧河、霸、保定、文安、大城、固安、永清、東安、大興、宛平、良鄉、房山、涿、順義、懷柔、灤、盧龍、遷安、樂平、清苑、定興、新城、博野、容城、蠡、雄、安、高陽、河間、獻、阜城、肅寧、任邱、交河、吳橋、東光、天津、青、靜海、滄、南皮、鹽山、無極、新樂、沙河、廣宗、清河、開、元城、大名、南樂、清豐、東明、長垣、豐潤、玉田、冀、武邑、高邑、寧晉、深、武強、饒陽、安平、定、深澤七十二州縣成災地方本年租賦，及密雲、昌黎、滿城、安肅、望都、完、祁、景、故城、慶雲、正定、井陘、欒城、元氏、贊皇、晉、藁城、邢台、南和、唐山、平鄉、鉅鹿、內邱、任、永年、邯鄲、肥鄉、曲周、廣平、雞澤、威、磁、新河、棗強、衡水、趙、柏鄉、隆平、臨城、曲陽四十州縣歉收地方民欠糧租雜課有差。

《德宗實録》卷177，頁463–464

光緒十年（甲申）十一月戊申日

蠲緩順天直隸通、武清、寶坻、薊、保定、寧河、文安、大城、東安、雄、安、高陽、河間、獻、天津、青、靜海、鹽山、新樂、懷來、豐潤、饒陽、安平、深澤、任邱、南皮、安肅、玉田、元城、大名、滄、保安、宣化、深三十四州縣，暨津軍廳坐落地畝被水、被雹、被蟲、被旱地方應徵錢糧租課。

《德宗實録》卷197，頁803

光緒十二年（丙戌）冬十月丁丑日

蠲緩順直通、三河、武清、寶坻、薊、香河、寧河、霸、保定、文安、大城、東安、順義、懷柔、密雲、灤、盧龍、遷安、昌黎、樂亭、蠡、雄、安、高陽、河間、獻、任邱、吳橋、天津、靜海、豐潤、玉田、安平、深澤、大興、宛平、平谷、清苑、新城、容城、肅寧、青、滄、鹽山、無極、饒陽、固安、永清、涿、安肅、博野、望都、南皮、晉、永年、大名、元城、深、定、開、東明、長垣六十二州縣被水災歉村莊本年地丁錢糧新舊額賦各項租課有差。

《德宗實録》卷233，頁149

光緒十五年（己丑）冬十月庚寅日

蠲緩直隸開、武清、薊、保定、文安、大城、獻、景、吳橋、東光、天津、青、靜海、鹽山、任、玉田、寧河、霸、安肅、河間、任邱、滄、南皮、慶雲、沙河、南和、唐山、平鄉、鉅鹿、永年、邯鄲、雞澤、元城、大名、南樂、豐潤、隆平三十七州縣災歉村莊，暨開、東明、長垣三州縣低窪地方錢糧租稅有差。

《德宗實録》卷275，頁675

光緒十六年（庚寅）十一月甲戌日

諭內閣：「李鴻章奏特參庸劣不職各員一摺。直隸晉州知州胡振書居心巧滑，捕務廢弛；肥鄉縣知縣方俊南才識庸闇，聽斷草率；前署廣宗縣事、候補知縣蒯鶴齡操守平常，行同市儈，均著即行革職。阜城縣知縣胡進異丁役蒙蔽，聽訟無能，惟文理尚優，著以教職歸部選用。任邱縣知縣林穗性偏才拙，難膺繁劇，著以簡缺酌量另補。永平府同知希拉木年力就衰，心地糊塗；安平縣知縣阮恩光辦事竭蹶，衰罷不振，均著以原品休致。」

《德宗實録》卷 291，頁 873

光緒十八年（壬辰）六月壬寅日

蠲免順直兩屬通、三河、武清、寶坻、薊、香河、寧河、霸、保定、文安、大城、固安、永清、東安、大興、宛平、良鄉、房山、涿、昌平、順義、懷柔、密雲、平谷、灤、盧龍、遷安、撫寧、樂亭、臨榆、清苑、滿城、安肅、新城、唐、博野、望都、完、蠡、雄、祁、束鹿、安、高陽、河間、獻、阜城、肅寧、任邱、交河、景、故城、吳橋、東光、寧津、天津、青、靜海、滄、南皮、鹽山、慶雲、靈壽、贊皇、晉、無極、藁城、新樂、邢台、沙河、南和、唐山、平鄉、廣宗、鉅鹿、内邱、任、永年、邯鄲、成安、肥鄉、廣平、雞澤、清河、磁、開、元城、大名、南樂、清豐、東明、長垣、延慶、保安、蔚、宣化、萬全、懷安、西寧、懷來、豐潤、玉田、淶水、冀、新河、棗強、武邑、衡水、趙、隆平、高邑、深、武強、饒陽、安平、定、曲陽、深澤、張家口一百十九廳州縣民欠，及緩徵帶徵錢糧。

《德宗實録》卷 312，頁 60

光緒十八年（壬辰）十一月乙酉日

豁免直隸通、三河、武清、寶坻、薊、香河、寧河、霸、保定、文安、大城、固安、永清、東安、大興、宛平、良鄉、房山、涿、昌平、順義、懷柔、密雲、平谷、灤、盧龍、遷安、樂亭、臨榆、清苑、滿城、安肅、定興、新城、唐、博野、望都、容城、完、蠡、雄、安、高陽、河間、獻、肅寧、任邱、交河、故城、天津、青、靜海、滄、南皮、延慶、保安、懷來、遵化、豐潤、玉田、易、淶水、定六十三州縣光緒九年暨十三年以前民欠，及緩帶徵錢糧。

《德宗實録》卷318，頁114

光緒十九年（癸巳）二月乙丑日

又諭：「有人奏，訪聞直隸、順天所屬之文安、大城以及任、雄、霸、保六州縣歷被水患，農田盡成澤國。上年六七月間，文安紳民黃元善等呈請，照舊例修築舊千里隄。大苟各莊舊有水壩一道，兩洞均可洩水，由大清河順流歸海。直隸總督、順天府尹批示嘉獎，尚未興修等語。所奏是否屬實？該處舊有隄壩，應否興修？著李鴻章、孫家鼐、孫楫確切查明，據實具奏。原摺均著摘鈔給與閱看，將此各諭令知之。」尋奏：「任邱大苟各莊涵洞廢棄已久，今年因任邱、文安等處水患，經飭司道親往查勘，並優發工撫銀兩，將瀦龍河南隄民工大加培補。從此隄工鞏固，上下游不致成災，爭端自息。且近年淀底積淤，高於隄南窪地，淀民常思盜決千里隄放水。若建涵洞，一遇水漲，淀民必爭啟涵洞，以鄰為壑，滋事更多。所請應毋庸議。至該縣紳黃元善等赴府尹衙門呈請，並未准行。原摺所稱批示嘉獎之語，自是傳聞之誤。報聞。」

《德宗實録》卷321，頁157–158

光緒二十年（甲午）夏四月戊申日

諭內閣：「前據都察院奏，順天文安縣生員張作良等，以水患太甚，懇挖新河等詞，赴該衙門呈遞。當經諭令李鴻章體察情形，妥議具奏。茲據奏稱，該生張作良稟請開河，係從任邱等處下達文安、大城，導入子牙河，將千里隄決破，輕改舊制，地勢水性均不相宜。儻將新河開挖，則子牙河立見倒漾，自任邱以至大城各州縣，永成澤國，各處紳耆僉謂不宜開挖。並據查明原呈列名之文生陳環瀛等，均係張作良揑寫，該紳民並不知情等語。任邱等處開挖新河，既據李鴻章派員查勘，地勢民情，均有不順，即著毋庸置議。文生張作良不明形勢妄請開河，並敢揑寫多名，危言聳聽，實屬不安本分。張作良著即斥革，交地方官嚴加管束，以儆效尤。」

《德宗實録》卷338，頁331

光緒二十一年（乙未）十月庚寅日

減緩直隸武清、寶坻、寧河、霸、保定、文安、大城、東安八州縣被水地方本年應徵糧租。其災歉較重之雄、安、高陽、遷安、河間、獻、阜城、任邱、景、吳橋、天津、青、靜海、清河、豐潤、玉田、寧晉、饒陽十八州縣，災歉較輕之清苑、故城、滄、鹽山、永年、南樂、清豐、房山、滿城、安平、博野、東光、南皮、無極、南和、唐山、平鄉、鉅鹿、任、曲周、廣平、雞澤、元城、大名、隆平二十五州縣，暨濱臨黃河之開、東明、長垣三州縣應徵糧租，並分別蠲緩。

《德宗實録》卷378，頁947–948

光緒二十二年（丙申）二月丁卯日

諭軍機大臣等：「有人奏監司大員貪婪不職，請飭查辦一摺。據稱，直隸清河道潘駿德辦理河工，與委員姚恩綬等朋比分肥，又縱容其侄勒索州縣銀兩。前年署藩臬時，有要缺索費，改鑄庫銀，收受陋規節禮情事。著王文韶按照所參各款，確切查明，據實具奏。」另片奏：「署任邱縣知縣毛隆光藉隄防以圖利，沿隄設局三處，科斂罰民，請飭查禁等語。著該督一併查明具奏，毋稍徇隱。原摺片均著鈔給閱看。將此諭令知之。」

《德宗實録》卷 385，頁 22–23

光緒二十二年（丙申）夏四月丙子日

諭內閣：「前據御史胡景桂奏，參直隸清河道潘駿德貪婪不職各款，暨署任邱縣知縣毛隆光科斂罰民，當經諭令王文韶確切查辦。茲據查明覆奏，潘駿德被參各款，或事出有因，或查無實據。惟其族侄潘龍曾業以縣丞分發到省，仍令在署司帳。委員姚恩綬私藉葦草漁利，未能隨時覺察。門丁收受隨封，亦未能嚴加防範，實屬咎有應得。直隸清河道潘駿德，著交部議處。候補知縣姚恩綬罔利病民，不知自愛，著即行革職。候補縣丞潘龍曾，著一併交部議處。候補知縣裴季倫、候補知縣商寶燦、候補同知唐應騶查無實在劣跡，署任邱縣知縣毛隆光查無科斂罰民情事，均著免其置議。」

《德宗實録》卷 388，頁 67

光緒二十二年（丙申）冬十月癸未日

蠲豁直隸武清、寶坻、寧河、霸、保定、文安、大城、永清、東安、大興、宛平、雄、安、高陽、獻、阜城、天津、青、靜海、深、饒陽二十一州縣被水、被潮、被雹地方應徵本年下忙錢糧，並一切雜課。其通、清苑、河間、東光、滄、南皮、玉田、武強、香河、安肅、任邱、交河、景、吳橋、鹽山、慶雲、無極、唐山、內邱、任、大名、豐潤、武邑、安平二十四州縣，暨開、東明、長垣三州縣被災較輕地方，應徵錢糧雜課並蠲緩。

《德宗實録》卷 396，頁 180

光緒二十三年（丁酉）冬十月壬午日

蠲緩直隸武清、寶坻、薊、霸、文安、大城、東安、大興、宛平、昌黎、安、高陽、獻、天津、靜海、饒陽、樂亭、清苑、永平、深、通、三河、香河、寧河、保定、順義、灤、安肅、雄、任邱、青、滄、南皮、鹽山、雞澤、大名、蔚、龍門、玉田、武強四十州縣被水災歉地方糧租雜賦，其開、東明、長垣、濱河三州縣被水村莊糧賦並蠲緩。

《德宗實録》卷 411，頁 372

光緒二十七年（辛丑）冬十月乙卯日

䨺緩順直通、三河、武清、寶坻、薊、寧河、霸、保定、文安、固安、永清、東安、大興、宛平、良鄉、涿、順義、灤、盧龍、遷安、樂亭、清苑、安肅、新城、博野、蠡、雄、束鹿、安、高陽、獻、阜城、肅寧、任邱、景、青、靜海、滄、南皮、鹽山、晉、無極、藁城、沙河、開、東明、長垣、遵化、玉田、武強、饒陽、安平、易五十三州縣被水、被雹、被蟲災歉村莊糧賦。

《德宗實録》卷 488，頁 459

光緒二十七年（辛丑）十二月丁酉日

豁緩直隸通、三河、武清、寶坻、薊、香河、寧河、霸、保定、文安、大城、固安、永清、東安、大興、宛平、良鄉、房山、涿、昌平、順義、懷柔、密雲、盧龍、臨榆、清苑、滿城、安肅、定興、新城、唐、容城、蠡、雄、祁、安、河間、肅寧、任邱、交河、景、東光、青、靜海、南皮、鹽山、井陘、靈壽、平山、晉、藁城、新樂、邢台、沙河、南和、平鄉、廣宗、鉅鹿、成安、肥鄉、曲周、廣平、延慶、蔚、宣化、懷來、西寧、遵化、豐潤、淶水、棗強、衡水、隆平、深、寧晉、武強、饒陽、安平、定、曲陽、深澤、張家口八十二廳州縣被災歉收村莊糧賦地租。

《德宗實録》卷 491，頁 491–492

光緒二十九年（癸卯）冬十月己卯日

蠲緩直隸通、三河、武清、薊、寧河、霸、保定、文安、大城、東安、清苑、安肅、安、高陽、河間、獻、阜城、任邱、東光、天津、青、靜海、滄、南皮、慶雲、邯鄲、元城、大名、豐潤、深、武強、饒陽、安平三十三州縣被水、被旱、被蟲、被霜歉收村莊糧租。其濱臨黃河被水之開、東明、長垣三州縣糧賦並蠲緩。

《德宗實録》卷522，頁911

光緒三十年（甲辰）五月辛丑日

諭内閣：「袁世凱奏舉劾屬員一摺。直隸開州知州胡賓周、唐縣知縣陳友璋、定興縣知縣黃國瑄、威縣知縣岳齡、故城縣知縣林學瑊、廣宗縣知縣張繼善、雄縣知縣謝愷、新河縣知縣傅澂源、署南和縣知縣、候補直隸州知州毛隆光，既據該督聲稱政跡卓著，均著傳旨嘉獎。廣平縣知縣韓景儒門丁用事，才具平庸；欒城縣知縣張源曾信任家丁，性情闒弱；無極縣知縣李蔭桓親屬招搖，頗滋物議；容城縣知縣陶承先縱役滋擾，怨聲載道；博野縣知縣許湘甲徇庇差役，罔恤民艱；任縣知縣吳慶祥役吏弄權，優柔昏瞶；署曲陽縣事、任邱縣知縣周斯億捕務廢弛，徒工粉飾；署清豐縣事、南和縣知縣黃文良積壓詞訟，弊竇滋生；署懷安縣事、藁城縣知縣陳沐懶惰因循，難期振作；龍門縣知縣張兆齡性耽安逸，不勤民事；署豐潤縣事、試用知縣寧緗執拗任性，辦事糊塗，均著即行革職。滄州知州王前彰人地不宜、深澤縣知縣續曾緝捕不力、東光縣知縣王安定報案含混、正定縣知縣戴作楫年力就衰，均著開缺另補。」另片奏：「開州學正姜有範目病已深，學務多曠；元城縣教諭張鴻辰性喜攬事，致招物議；沙河縣教諭蕭文治聲名平常，士有煩言；任縣教諭王潤性近輕躁，不甚矜式；邢台縣訓導杜霖年老昏眊，甚失士心，均著一併革職。」

《德宗實録》卷531，頁68

光緒三十年（甲辰）冬十月壬戌日

蠲緩順直通、武清、霸、保定、文安、大城、固安、永清、東安、宛平、良鄉、房山、涿、懷柔、清苑、滿城、安肅、定興、新城、容城、完、蠡、雄、安、高陽、河間、獻、任邱、天津、青、靜海、滄、南皮、鹽山、平山、無極、邢台、南和、隆平、深、棗強、饒陽、安平、獨石口四十四廳州縣被水、被雹、被蟲、被旱、被霧、被風地方本年應徵糧租。其開、東明、長垣三州縣濱臨黄河被水地方，應徵糧賦並分別蠲緩。

《德宗實録》卷536，頁136–137

《大清宣統皇帝政紀》

（宣統三年　公元1911年）

宣統三年（辛亥）六月丙戌日

諭内閣：「陳夔龍奏，特參庸劣不職各員一摺。直隸沙河縣知縣雷其源聽斷糊塗，怨聲載道；調署任邱縣、蠡縣知縣張祖厚捕務廢弛，縱盜殃民；肥鄉縣知縣張新曾優柔玩忽，頗滋民怨；房山縣典史張桂森、阜城縣典史范奎垣疏防逾限，罔顧職守，均著即行革職。試用知州陳寶銘膽大妄為，聲名惡劣，鑽營奔競，有玷官常，著革職驅逐回籍，不准逗遛。前署束鹿縣、候補直隸州知州張敬效性情迂緩，難膺繁劇，著以州判降補。新河縣知縣陳曾翰才具平庸，難期振作；前署臨榆縣、保定縣知縣馬慶麟辦事粗疏，被控有案，均著以縣丞降補。定興縣知縣王錦陽年老頹唐，難膺民社，著勒令休致。開州知州孫德成才力竭蹶，不勝繁要；寧津縣知縣韓樹梅性近偏執，防疫不力，均著開缺另補。」又片奏：「裁缺龍固營都司岳駿聲盜賣官樹，侵吞公款，著即行革職，並將盜賣樹木價值及侵蝕公款，勒限追繳。」

《宣統政紀》卷 56，頁 1006

文安

《大清世祖章皇帝實録》

（順治四年至順治十六年　公元 1647–1659 年）

順治四年（丁亥）春正月辛亥日

戶部奏請：「去年八旗圈地，止圈一面，内薄地甚多，以致秋成歉收。今年東來滿洲，又無地耕種。若以遠處府州縣屯衛、故明勳戚等地撥給，又恐收穫時，孤貧佃戶無力運送。應於近京府州縣内，不論有主無主地土，撥換去年所圈薄地，並給今年東來滿洲。其被圈之民，於滿洲未圈州縣内，查屯衛等地撥補。仍照遷移遠近豁免錢糧，四百里者准免二年，三百里者准免一年。以後無復再圈民地，庶滿漢兩便。疏入，從之。於是圈順義、懷柔、密雲、平谷四縣地六萬七百五晌，以延慶州、永寧縣、新保安、永寧衛、延慶衛、延慶左衛右衛、懷來衛無主屯地撥補。圈雄縣、大城、新城三縣地四萬九千一百一十五晌，以束鹿、阜城二縣無主屯地撥補。圈容城、任邱二縣地三萬五千五十一晌，以武邑縣無主屯地撥補。圈河間府地二十萬一千五百三十九晌，以博野、安平、肅寧、饒陽四縣先圈薄地撥補。圈昌平、良鄉、房山、易州四州縣地五萬九千八百六十晌，以定州、晉州、無極縣、舊保安、深井堡、桃花堡、遞鶚堡、雞鳴驛、龍門所無主屯地撥補。圈安肅、滿城二縣地三萬五千九百晌，以武強、藁城二縣無主屯地撥補。圈完縣、清苑二縣地四萬五千一百晌，以真定縣無主屯地撥補。圈通州、三河、薊州、遵化四州縣地十一萬二百二十八晌，以玉田、豐潤二縣圈剩無主屯地及遷安縣無主屯地撥補。圈霸州、新城、漷縣、武清、東安、高陽、慶都、固安、安州、永清、滄州十一州縣地十九萬二千五百一十九晌，以南皮、靜海、樂陵、慶雲、交河、蠡縣、靈壽、行唐、深州、深澤、曲陽、新樂、祁州、故城、德州各州縣無主屯地撥補。圈涿州、淶水、定興、保定、文安五州縣地十萬一千四百九十晌，以獻縣先圈薄地撥補。圈寶坻、香河、灤州、樂亭四州縣地十萬二千二百晌，以武城、昌黎、撫寧各縣無主屯地撥補。」

《世祖順治實録》卷 30，頁 245–246

順治七年（庚寅）八月己亥日

免直隸霸州、順義、懷柔、寶坻、平谷、武清、保定、文安、大城、東安等縣六年分水災額賦。

《世祖順治實録》卷 50，頁 400

順治九年（壬辰）冬十月癸丑日

免霸州、東安縣、文安縣逃亡丁糧。

《世祖順治實録》卷69，頁544

順治十二年（乙未）二月癸亥日

免直隸成安、東明、長垣、懷柔、大城、文安等縣十一年分水災額賦。

《世祖順治實録》卷89，頁702

順治十四年（丁酉）八月丙戌日

直隸巡撫董天機疏報：「安、霸、涿、晉、寶坻、武清、新安、蠡、新城、東安、永清、保定、文安、固安、玉田、欒亭、行唐、寧晉、新樂各州縣，五、六兩月，霪雨大水，漂溺男婦三十四口，衝壞民舍甚衆，下所司知之。」

《世祖順治實録》卷111，頁869–870

順治十四年（丁酉）十一月戊午日

免直隸霸、薊、安、冀、晉、趙、定七州，實坻、蠡、新安、新城、雄、保定、文安、大城、固安、永清、東安、玉田、豐潤、行唐、寧晉、平山、新樂、柏鄉、贊皇、任邱、阜城二十一縣，保安、左右神武三衛及梁城所本年分雹災額賦。

《世祖順治實録》卷 113，頁 883

順治十六年（己亥）九月壬戌日

順天巡按董國興疏報：「節婦清苑縣民劉登舉妻段氏，年二十六，夫故，父欲奪其志，投井，遇救而蘇。家貧，事公姑至孝，教子思輯成進士，守節三十八年。開州民李鳴鸞妻武氏，年二十三，孀居。孝事公姑，撫孤成立，守節四十八年。孝子文安縣生員邢澄，事父母至孝，父病，侍湯藥晝夜不倦。邑遭兵燹，棄妻子，負母而逃。俱請照例旌表。章下禮部。」

《世祖順治實録》卷 128，頁 992–993

順治十六年（己亥）十一月戊辰日

旌表節婦直隸清苑縣民劉登舉妻段氏、開州民李鳴鸞妻武氏、孝子文安縣生員邢澄，各給銀建坊如例。

《世祖順治實録》卷 130，頁 1005

《大清聖祖仁皇帝實録》

（康熙元年至康熙五十五年　公元 1661–1716 年）

康熙元年（壬寅）春正月庚午日

以霸州、文安二營附近天津，令歸天津總兵官統轄。

《聖祖實録》卷 6，頁 116

康熙二年（癸卯）春正月乙未日

免直隸保定、文安二縣康熙元年分水災額賦十之三。

《聖祖實録》卷 8，頁 134

康熙三年（甲辰）八月甲寅日

免直隸樂亭、大城、獻縣、文安四縣本年分水災額賦。

《聖祖實録》卷13，頁197

康熙八年（己酉）六月丙子日

戶部議覆：「直隸巡撫金世德疏報，文安縣水災請賜蠲免。應敕撫臣親往踏看，以憑再議。」得旨：「依議。此水淹地畝，著該撫速行親往詳勘具奏。其被災之人，恐地方官妄行催徵錢糧，以致苦累。爾部嚴加曉諭遵行。」

《聖祖實録》卷30，頁407

康熙十年（辛亥）冬十月丙子日

免直隸霸州、文安等二十二州縣衛所本年分水災額賦有差。

《聖祖實録》卷37，頁499

康熙二十年（辛酉）十二月辛巳日

免直隸文安縣本年分水災額賦十之三。

《聖祖實録》卷99，頁1243

康熙二十五年（丙寅）秋七月庚寅日

免直隸武清、文安、保定三縣本年分水災額賦有差。

《聖祖實錄》卷127，頁360

康熙二十六年（丁卯）夏四月壬申日

免直隸文安等四縣康熙二十五年分水災額賦有差。

《聖祖實錄》卷130，頁394–395

康熙三十一年（壬申）春正月丁丑日

先是，上諭直隸巡撫郭世隆：「渾河隄岸，久未修築，各處衝決，河道漸次北移。永清、霸州、固安、文安等處，時被水災，為民生之憂。可詳加察勘，估計工程，動正項錢糧修築，不但民生永遠有益，貧民藉此工值亦足以贍養家口。」至是，郭世隆疏言：「固安、永清之北係渾河故道，向有舊隄長七十二里。今河雖移徙，而米各莊以北，每至衝決，固安、永清所屬田地常罹水患，此隄不可不修。但此處地勢，北高南下，若舊隄一修，北水無歸，則隄北居民，仍受其患。查永清東北向有舊河一道，長五十四里，因年久淤塞亟宜深濬，使其順流歸淀。至固安西北及沙垡等處，今為渾河正流，綿亙四十餘里。濱河悉屬沙礫，即使成隄，難免衝潰，令地方官飭附近居民，不時疏濬。」部覆如所請。

《聖祖實録》卷155，頁707–708

康熙三十二年（癸酉）春正月丁酉日

上自十里鋪乘舟，往苑家口，中途登河隄覽閱隄工，召直隸巡撫郭世隆，諭曰：「朕觀霸州所屬苑家口迤西舊隄傾圮處甚多。今渾河泛溢，西逼眾流出水之處，又復窄狹，其勢必致直衝南隄，倘有潰決，則大成、文安等處必受水災，殊為可虞。爾可詳加估計，動正項錢糧，加增固築，以防水患。」

《聖祖實録》卷158，頁741

康熙三十三年（甲戌）春正月癸酉日

直隸巡撫郭世隆等疏言：「臣遵旨會同戶部員外郎雍泰，查霸州、文安等州縣及天津衛，現在貯倉米穀共十萬餘石，將此米賑濟霸州等州縣飢民，需用三萬石，所餘米穀，應減價糶賣。其景州等州縣，將山東漕米截留平糶。」得旨：「霸州等被水災地方，所有積穀，除散賑外，餘著減價發糶。其沿河一帶景州等各州縣衛所，著將山東漕米，每處截留二千石，亦發糶以平米價。爾部行文該撫，責成州縣，實心奉行，務俾小民均霑實惠。朕不時遣人稽察，如小民有不霑實惠，將該管官一併從重治罪，斷不寬宥。」

《聖祖實録》卷 162，頁 773

康熙三十七年（戊寅）春正月庚午日

又諭大學士等：「遣戶部曾經保舉司官二員，於被水災沿河之保定、霸州、固安、文安、大城、永清、開州、新安等州縣，截留山東、河南漕糧，每處運致一萬石積貯，俟米價騰貴時，平價糶賣。」

《聖祖實録》卷 187，頁 994

康熙三十七年（戊寅）春正月丁丑日

直隸巡撫于成龍、原任河道總督王新命奉使查勘渾河、清河，恭請訓旨。上諭之曰：「清河發源太行山脈，會漳河、子牙河、滹沱河、易水諸流，其勢雖盛，但堅築隄岸以遏之，即歲潦亦可無虞。又漳河支流，經大城縣入子牙河，其勢湍悍。數年以來，文安、大城諸處屢遭水患，皆此河之故也。爾等宜詳悉查勘。至渾河發自馬邑，其源甚微，每遇大水之年，則横流汎濫，致潦民田。詳審其故，蓋由渾河淤沙既多，或遇春時水乏，保、安以下居民，又引河水灌田，沙礫壅埝，河身積高，霪雨水發，則避高就卑，水勢瀰漫，遂致田土衝沒。爾等惟挑濬淤沙河之兩岸，掘五六尺深闊，令水得暢流，當不至於漲溢矣。爾等須詳視具奏，築隄濬河工竣，設立河夫，委官監視，及時預為挑濬，遇旱歲力去淤沙，庶無水患矣。」

《聖祖實録》卷 187，頁 995

康熙四十年（辛巳）春正月癸酉日

諭直隸巡撫李光地：「朕歷年省耕畿甸，咨訪民隱，屢行蠲賑，加惠黎元。近見霸州、大城、文安地居窪下，被水最甚。雖遇豐年，民猶艱食。其三州縣累年積逋及本年應徵地丁正項內，應蠲米穀錢糧，爾即察明豁免。所免數目，仍行題報，務使各處窮民咸霑實惠。如有勢豪土棍包攬侵冒，不肖有司聽胥吏作弊，指富作貧，假捏災傷，以致澤不下究，爾據實題參，期於民困獲蘇，以副朕愛養軫恤之意。」

《聖祖實録》卷 203，頁 72

康熙四十三年（甲申）八月己巳日

諭大學士等：「曩日要兒渡等處隄岸，常被衝決，是以朕親臨遍視。見楊村原有一引河，去海近。即欲疏此引河，建滾水壩，水漲開閘，使河水入海。因需餉浩繁，又恐無益，故不輕舉。朕今遣李光地等往估，欲仍開此引河。大都、天津海潮至時，一股向王慶坨，一股向楊村逆流。故河水漲時，即相觸旁流，以致隄岸衝決。今將楊村舊引河，挑濬建壩，自必有益。再子牙河廣福樓亦有引河，昔開引河時，文安、大城百姓謂開河於彼有益。而青縣等處百姓，則稱開河於彼不便，互相爭論，皆集河干，各控其情。及朕諭以挑此引河，不獨便於文安、大城，而青縣亦自無虞，民始各退，後果兩處皆便。」

《聖祖實録》卷 217，頁 197

康熙四十六年（丁亥）冬十月癸亥日

免直隸文安等三縣本年分水災額賦有差。

《聖祖實録》卷 231，頁 312

康熙五十五年（丙申）冬十二月壬子日

諭戶部：「朕御極以來，念切民生，時勤宵旰。凡巡歷所至，必以編氓疾苦，備悉詢問。蓋欲比戶之蓋藏恒裕，三時之水旱無虞，斯民氣和樂，聿成豐亨豫大之休也。頃者，朕巡幸口外，經過三河等州縣，暨永平府交界地方，見今歲秋成豐稔，米價稱平。惟是去年雨水過溢，田畝間被淹沒，朕深加軫恤，蠲賦平糶，轉漕分賑貧民，使不失所。今者雖復有秋，然僅足支一歲之用，恐來年之輸將尚多難繼，是必再沛恩膏，始可大培民力。著將順天、永平兩府，大興、宛平、通州、三河、密雲、薊州、遵化、順義、懷柔、昌平、寶坻、平谷、豐潤、玉田、良鄉、涿州、武清、永清、香河、霸州、大城、文安、固安、東安、房山、保定、延慶、梁城、盧龍、遷安、樂亭、灤州、撫寧、昌黎、山海等州縣衛所，康熙五十六年地丁銀二十六萬四千三百三十六兩零，米豆高粱二萬一千六百四十六石零，草九萬四千九百五十束零，俱通行蠲免。所有歷年積欠銀九萬三百九十六兩零，米豆高粱一萬六千二百七十五石零，草八萬四千四百七十束零，亦並與豁除。爾部行文該督，嚴飭所屬，實心奉行。俾遐村窮谷，均霑德意。倘有不肖有司，借端朦混，私行徵收者，察出定行從重治罪。爾部即遵諭行。」

《聖祖實録》卷 270，頁 654–655

《大清世宗憲皇帝實録》

（雍正三年至雍正十二年　公元 1725–1734 年）

雍正三年（乙巳）三月壬寅日

增直隸省各學取進文童額數：文安、通州、寶坻、豐潤、蠡縣、高陽、河間、任邱、景州、冀州、定州、南宮、棗強、清豐、滑縣、東明、開州、長垣十八州縣，向係大學，照府學額，各取進二十三名；薊州、盧龍、遷安、昌黎、樂亭、博野、祁州、安州、新安、獻縣、阜城、靜海、寧津、天津衛、萬全、蔚縣、衡水、安平、雞澤、成安、清河、魏縣、南樂、內黃二十四州縣衛，向係中學，升為大學，各取進十八名；香河、順義、深澤、青縣、西寧、靈壽、行唐、贊皇、新河、高邑、無極、新樂、曲陽、廣宗、唐山、內邱十六縣，向係小學，升為中學，各取進十五名。

《世宗實録》卷 30，頁 447

雍正五年（丁未）八月己酉日

總理水利營田事怡親王等疏報：「現值秋成，所營京東灤州、豐潤、薊州、平谷、寶坻、玉田等六州縣稻田三百三十五頃，京西慶都、唐縣、新安、淶水、房山、涿州、安州、安肅等八州縣稻田七百六十頃七十二畝，天津、靜海、武清等三州縣稻田六百二十三頃八十七畝，京南正定、平山、定州、邢台、沙河、南和、平鄉、任縣、永年、磁州等十州縣稻田一千五百六十七頃七十八畝。其民間自營己田，如文安一縣三千餘頃，安州、新安、任邱等三州縣二千餘頃。據各處呈報新營水田，俱禾稻茂密，高可四五尺，每畝可收穀五六七石不等。至正定府之平山縣及直隸天津州，呈送新開水田所產瑞稻，或一莖三穗，或一莖雙穗。謹呈御覽。」下部知之。

《世宗實録》卷 60，頁 923

雍正六年（戊申）二月庚寅日

直隸總督宜兆熊疏報：「通州、文安等四州縣，開墾雍正五年分田地五十頃有奇。」河南總督田文鏡疏報：「鄧州、鄢陵等九州縣，開墾雍正四年分田地八百三十頃有奇。」俱下部知之。

《世宗實録》卷 66，頁 1007

雍正六年（戊申）夏四月甲午日

免直隸文安、玉田二縣雍正五年分水災額賦有差。

《世宗實録》卷 68，頁 1035

雍正七年（己酉）九月戊寅日

諭內閣：「數年以來，各省民人，屢有拾金不取之事。朕以人心風俗，漸有歸於醇厚之機，深為慰悅，皆加賞賜，以示獎勸。今據直隸巡察御史鄂昌等奏報，文安縣居民盧尚義之妻梁氏，拾金不昧，告知伊姑，給還本人，及謝以布疋，姑婦堅辭不受等語。以貧家婦女，織蓆營生，乃能講讓興廉，一門向善，為人情所難之義舉。甚屬可嘉！著賞給米十石，布十疋，並令該地方官給與匾額，以旌良淑。」

《世宗實録》卷 86，頁 145

雍正九年（辛亥）三月戊寅日

免直隸霸州、文安等七州縣未完民欠糧米二萬一千六百石有奇。

《世宗實録》卷 104，頁 381

雍正十二年（甲寅）二月壬戌日

大學士等議覆：「營田觀察使陳時夏奏言，文安、大城兩縣界內，修築橫隄一千五百餘丈，本年營田四十八頃，俱獲豐收。但恐水涸，即成旱田，請於大隄東南尚家村，開建石閘，隄內挖河，引子牙河之水，以資灌溉。仍於北岸多開涵洞或添建小閘，以資宣洩。應如所請。」從之。

《世宗實録》卷140，頁771

雍正十二年（甲寅）六月甲寅日

免直隸薊州、文安等十六州縣雍正十一年分水災額賦有差。

《世宗實録》卷144，頁802

《大清高宗純皇帝實録》

（乾隆元年至乾隆六十年　公元1736–1795年）

乾隆元年（丙辰）六月己卯日

直隸總督李衛遵旨詳議：「一切新舊營田，交各該州縣管理。如本任事務匆忙，即委所屬佐雜協辦，並飭各該道府廳州稽察督理。其續報營田，借給工本，以及水田改旱應行事宜，俱由本屬府廳州申詳該道核轉，再令該道等勸導查察。如州縣實力督課，三年之内，著有成效出色者，各該道府廳州詳司核保照卓異例，不論俸滿即升。倘因循作弊，即行揭報，濫舉徇庇，亦即查參。又營田州縣内，如豐潤、霸州、天津、永年、新安、玉田、文安、大城、磁州等九州縣，或營田數少，或治大事繁，嗣後缺出，於現任州縣内，揀選才具優長、熟悉水利之員題調。」下部議行。

乾隆二年（丁巳）秋七月癸巳日

戶部議准：「副都統策楞等奏辦賑卹事宜。文安、霸州、涿州三處，每處應派官二員，照前各帶銀二千兩，前往查賞。盧溝橋北，百里內外，亦應派官二員料理。」得旨：「著御前侍衛松福、乾清門侍衛馬爾拜、巴靈阿、索靈阿、內務府郎中穆爾德、吏部員外郎得寧、戶部員外郎清柱、兵部郎中馬習禮去，並賞給驛馬。」

《高宗實録》卷 21，頁 512

《高宗實録》卷 46，頁 796–797

乾隆二年（丁巳）秋七月戊戌日

又諭：「前因文安、霸州等處，地勢低窪，被水居民，情可憫惻。特命松福、馬爾拜前往賑卹。今據總督李衛奏稱，文安、霸州原係水鄉，田地皆在圍埝以內，居民歲賴菱藕蒲魚之利，伏天發水，該處以為豐年等語。朕思此番水勢驟漲，該處正在下流，即圍埝以內，亦恐有被災之處。著伊等詳悉查明，照盧溝橋一帶賑卹之數，減半發賑，若已經出示，或已經給發者，不必退回。其固安、永清、東安三縣，原未在查賑之內，但係貼近渾河，漫流衝溢之地。其中被災人民，松福等可查明，一體賑卹，毋令失所，前所齎銀兩不足，即咨部領取。」

《高宗實録》卷 46，頁 801

乾隆二年（丁巳）七月壬寅日

戶部議覆：「直隸總督李衛疏報，宛平、霸州、保定、文安、大城、房山、永清、昌平、懷柔、延慶、通州、武清、寶坻、清苑、滿城、安肅、定興、唐縣、博野、慶都、容城、完縣、蠡縣、祁州、束鹿、安州、高陽、新安、玉田、河間、獻縣、阜城、肅寧、任邱、交河、景州、吳橋、東光、故城、天津、滄州、靜海、井陘、獲鹿、元氏、欒城、贊皇、晉州、廣宗、鉅鹿、內邱、磁州、邯鄲、成安、肥鄉、曲周、廣平、雞澤、威縣、清河、宣化、蔚州、萬全、懷安、西寧、蔚縣、懷來、冀州、新河、棗強、武邑、衡水、趙州、深州、武強、安平、曲陽、深澤、易州、淶水、廣昌等八十一州縣衛，二麥歉收，動支存倉穀石，分別賑濟。」得旨：「依議速行。」

《高宗實録》卷47，頁806

乾隆二年（丁巳）七月壬子日

侍衛松福等奏：「遵旨查賑固安、永清、東安三縣。現在永清、東安二縣，馬爾拜已於文安事竣之日，奏請辦理。其固安縣衝淹村莊，前所帶庫銀二千兩，除霸州給賑外，存餘無幾，應行咨戶部，發銀遣員，齎至賑所。」得旨：「該部速行給發。」

《高宗實録》卷47，頁816

乾隆二年（丁巳）八月壬申日

侍衛五十七奏：「為會同總督李衛，將截留天津漕米，分發被水州縣平糶，業於霸州分設鄉城兩廠，減價開糶。但緣該處新糧，日漸登場，又有鄰邑文安等縣雜糧流通，米價不甚昂貴，是以糴者無幾。請每石再減百文，以制錢九百為度。」得旨：「若糴者寥寥，則應暫停，以為冬月賑濟之用，其商之督臣李衛，並各處平糶者。」

《高宗實録》卷 49，頁 839

乾隆三年（戊午）三月戊辰日

直隸總督李衛疏報：「文安、香河、雄縣、長垣等四縣，首出隱匿地三十五頃八十一畝有奇。」

《高宗實録》卷 65，頁 58

乾隆三年（戊午）十二月甲午日

又奏報：「霸州、文安等六十八州縣被災，現在賑濟一切情形，並查明銀米兼賑之薊州等二十四州縣，前督臣李衛，酌定米一斗，折給制錢一百文，准之。目今時價，不能買米一斗，請酌量加增，除已經賑給外，嗣後照依時價，每斗折給制錢一百三十文。」得旨：「所奏俱悉，照所請行。」

《高宗實録》卷 83，頁 323

乾隆四年（己未）二月癸巳日

又奏：「天津、滄州、青縣、河間、任邱、文安、大城、武清、高陽、慶都、新安十一州縣内各村莊，積水未消。直隸播種，多在小滿以前，屆期當酌議安插之法。」得旨：「所奏俱悉，但目下情形既已如此，所云屆期酌議安插之法，亦不過補偏救弊而已，豈長策哉！」又奏：「直屬積水之地，現據陸續詳報，滄州、慶都、新安等處，積水全消，已種春麥。青縣、任邱、大城、武清、高陽等處，水消過半，無誤夏禾。天津、文安、河間三縣村莊，雖經疏濬，而隄内地窪，須三月終旬，可望全消。」得旨：「天津等三縣，看來不能佈種矣。即其餘諸處，亦不過隨時補救而已，非長策也。卿其熟籌之。」

《高宗實録》卷87，頁359

乾隆四年（己未）三月丙子日

諭：「朕聞得天津、河間、文安一帶，積水未消，民間難以布種。屢諭總督孫嘉淦，設法疏濬，並將小民如何資生之處，確行訪察奏聞。今據孫嘉淦奏稱，天津等處村莊，除已經涸出，現種麥禾暢茂者不開外，查天津地方，目下雖未涸出，將來可涸不誤晚禾者四十七處，其深窪積水難望消涸者四十二處。河間地方，目下雖未涸出，將來可涸不誤晚禾者五處，其深窪積水難望消涸者三十七處。文安地方，目下雖未涸出，將來可涸不誤晚禾者二十一處，其深窪積水難望消涸者五十三處。又靜海縣之賈口、義渡等十七村，大城縣之王凡、固獻等十六村，雄縣之孟家、齊官等八村，積水尚未全消。凡此六縣積水之區，其可望涸出者，止可種植稚禾晚稻，其不能涸出者，將來雖有魚葦菱蒲之利，亦必待至五六月間，方可有望，目前資生無策等語。朕覽孫嘉淦所奏，甚為明晰。地方積潦未消，其為害更甚於被旱，若不施恩於常格之外，則停賑之後，小民仍不免於飢餒，朕深憫焉。著將此六縣內，現雖未涸將來可涸之一百一十四村莊，再行加賑一個月；其深窪積水難望消涸之一百三十二村莊，應再加賑兩個月。孫嘉淦可督率有司，遵朕諭旨確速辦理，毋得稽遲。該部迅速行文前去。」

《高宗實録》卷 89，頁 381–382

乾隆四年（己未）四月甲午日

工部議覆：「直隸河道總督顧琮疏稱，培築千里長隄，專抵淀池之水，為文安、大城、霸州、河間、獻縣等州縣保障。原議自茅兒灣以下淀河出口之處起，至陶官營止。查陶官營迤南至艾頭村五百餘丈，雖非頂衝迎溜，亦係經臨淀池。又艾頭村至王李屯三千八百餘丈，每遇淀河汛漲，水勢漫過蓮花流河等處營田圍埝，風浪直抵隄身，均應估擇險要，請帑興修。」從之。

《高宗實録》卷 91，頁 398

乾隆四年（己未）六月辛卯日

工部議准：「直隸河道總督顧琮疏稱，大城、文安二邑，長隄殘缺，應次第興修。查艾頭村以下營田圍埝，業經詳請修築。長隄勢不甚險，俟秋汛後估修。惟陶官營至艾頭村，長隄五百八十五丈，形勢險要，應照泥濘水方估計，共銀三千七百四十七兩零，動帑興修。」從之。

《高宗實録》卷 95，頁 453

乾隆五年（庚申）秋七月甲戌日

直隸總督孫嘉淦疏報：「香河、寶坻、文安、大城、遵化、安州、易州、承德、盧龍、靜海、井陘、西寧、保安、延慶等十四州縣衛，乾隆四年分開墾水旱荒地一百一十頃三十一畝有奇。」

《高宗實録》卷 122，頁 792

乾隆五年（庚申）十月丁卯日

直隸總督孫嘉淦奏：「通省秋禾收成，合計俱有九分。惟霸州、文安、大城、東安、武清、寶坻、寧河、延慶、萬全、懷來等十州縣，因夏秋雨水稍多，間有淹損。現勘明被災情形，自五分至十分不等。照近奉賑卹偏災定例，動本處倉穀散給，其應徵新舊錢糧，並出借籽種等項，分別停緩。內有旗地、官地亦按成災分數，咨部辦理。再天津、河間二府被水地方，查係四高中窪。比年淹浸，所謂一水一麥之地，酌議此等地畝，如二麥無收，秋又被水，則當一例賑濟，如麥已豐收，則秋水乃意中之事，不便連年加賑。今該二府，夏麥有收，秋間被水村莊，業經涸出。除實在貧民，酌借籽種口糧，此外概無庸加賑。其本年錢糧，應照例徵收。」得旨：「所辦甚妥協，而所見更屬得中，甚欣慰焉。」

《高宗實録》卷129，頁888-889

乾隆六年（辛酉）夏四月甲辰日

蠲免直隸霸州、文安、大城、東安、武清、寶坻、寧河、延慶、萬全、懷來等十州縣乾隆五年被水災民額賦有差。

《高宗實録》卷140，頁1023

乾隆六年（辛酉）八月丙午朔日

吏部議准：「直隸河道總督顧琮奏稱，河間縣縣丞所管子牙河東岸隄工，應歸景和鎮巡檢兼理。杜林鎮以南老漳河、滹沱澡、倒流河等河，就近歸杜林鎮兼管。天津道統轄之祁河通判，改設於子牙河。將青縣、靜海及子牙河主簿，新舊隄工並文安、大城二縣縣丞、主簿所管工程，霸州州判所管蘇家橋以西隄工，均令該通判管理，並將疏淀垡船一百隻，州同一員，亦歸該通判管理，令其疏濬蘇家橋至楊芬港一帶淀河工程。至祁河通判原管工程，就近歸清河同知管理。」從之。

《高宗實録》卷148，頁1138

乾隆七年（壬戌）四月庚戌日

工部議準：「直隸總督高斌疏報，保定縣迤西千里長隄，前經修築完固，惟頂衝迎溜埽灣及隄外深坑處所，宜再幫培。而玉帶東束水之處，雖屬險要，究與黃河大溜有別，惟在隄工堅固，即可捍禦。現委員勘自祁州城南唐、砂、磁三河下口，匯入豬龍河起，至文安縣艾頭村，東接營田圍埝止，共計二十一段。應將隄身加幫寬厚，頂衝迎溜者，外加戧隄；深坑積水者，加添高厚。請動項興修。」從之。

《高宗實録》卷165，頁85

乾隆九年（甲子）四月甲戌日

直隸總督高斌奏：「順天府屬之霸州、大城，保定府屬之新城、雄縣、東鹿、高陽等縣，河間府屬之河間、獻縣、阜城、肅寧、任邱、交河、景州、故城、吳橋、東光、寧津等州縣，天津府屬之天津、青縣、靜海、滄州、南皮、鹽山、慶雲等州縣並津軍廳，正定府屬之欒城縣，廣平府屬之威縣、清河，冀州屬之武邑、衡水、饒陽、安平等州縣，遵化州屬之豐潤縣，共三十三州廳縣，上年既歉收，今歲又未得雨，民間錢糧，無力完納。又順天府屬之文安，保定府屬之新、安二縣，上年雖未成災，但與災地毗連，今春均未得雨，請將該州縣廳無論上年被災與未被災，應納乾隆九年分新糧，及未成災應完八年分新舊錢糧，並已未成災應於九年麥熟後完納之八年分錢糧及各年舊欠，均予緩至本年秋後徵收。」得旨：「近亦有旨矣。」又奏：「應徵錢糧既緩，其歲需佐雜俸銀及胥役工食，無項留支，現遵五年十一月內諭旨，於司庫存公銀內撥補。至驛遞工料，乃夫馬計日必需，自應按季支給，除河間等處春季應支工料，已於司庫銀內撥給，今被災各屬銀糧既緩，則未經開徵以前，夏季以後，均請通融撥給。」得旨：「又撥公項八十萬，即為此一切也。所奏俱悉。」又奏：「請借各州縣貯備米石，為大城、寧津、故城、肅寧、衡水、深州、安平、饒陽、新城、雄縣、霸州、文安十二州縣災民口糧，共需三萬六千石。秋收後民力未紓，更請豁免。」得旨：「著照所請賜予，秋收後不必還倉。該部知道。」

《高宗實録》卷215，頁762–763

乾隆九年（甲子）五月癸巳日

直隸總督高斌奏：「順天府文安縣地方，上年秋收歉薄，蒙恩借給口糧，共米三千石。現在尚不敷用，應量加二千石。再上年同被偏災之固安及未成災之永清、東安、香河、保定五縣，亢旱日久，應一體借給口糧。保定需米一千石，餘四縣各需米二千石，一例秋後還倉。」得旨：「允行。下部知之。」

《高宗實録》卷217，頁788

乾隆九年（甲子）秋七月乙酉日

直隸總督高斌疏報：「據布政使沈起元詳稱，霸州、保定、固安、宛平、大興、文安、大城、涿州、房山、良鄉、永清、東安、香河、昌平、順義、懷柔、密雲、平谷、延慶衛、薊州、通州、三河、武清、寶坻、寧河、灤州、盧龍、遷安、撫寧、昌黎、樂亭、臨榆、雄縣、高陽、新安、清苑、滿城、安肅、新城、容城、定興、唐縣、博野、蠡縣、慶都、完縣、祁州、安州、束鹿、河間、獻縣、阜城、肅寧、任邱、交河、景州、故城、吳橋、東光、寧津、天津、津軍廳、青縣、靜海、滄州、南皮、鹽山、慶雲、靈壽、新樂、廣宗、鉅鹿、平鄉、南和、廣平、雞澤、曲周、磁州、成安、威縣、清河、廣平、開州、赤城、延慶、萬全、冀州並所屬之新河、南宮、武邑、深州並所屬之武強、饒陽、安平、定州並所屬之曲陽、深澤、易州並所屬之淶水、遵化州並所屬之豐潤、玉田、熱河、八溝、喀喇河屯等一百五州縣衛廳，今春雨澤愆期，間被冰雹，二麥歉收。再東安、遷安、撫寧、唐縣、定興、河間、靈壽、延慶、懷安、西寧、蔚州、懷來等州縣，四五六等月，被雹傷禾，業經借給籽種。俟秋收後，確勘分數，另行題明。」得旨：「該部速議具奏。」尋議：「應如該督所請辦理。秋獲後，將收成分數另題，並將借給籽種數目咨部。」得旨：「依議速行。」

《高宗實録》卷 220，頁 835-836

乾隆十年（乙丑）秋七月癸酉日

諭軍機大臣等：「直隸地方今年雨澤不勻，有得雨霑足之州縣，亦有未能霑足之州縣。今八月開徵之期將屆，可寄信與高斌，令其悉心體察。或有雨少歉收，應行緩徵者，一一確查分別奏聞，候朕降旨。若將來有成災應行蠲免之處，亦陸續奏聞請旨。」尋奏：「直屬文安等一百一十二州縣衛廳，夏麥被旱被雹情形，前經奏報在案，至各處秋禾，除順天府之東西南三路同知，並永平、保定二府，及遵、易、定三州所屬各州縣，俱經得雨透足，可望有秋，毋庸置議外，其宛平、大興、昌平、通州、景州、故城、阜城、交河、吳橋、東光、寧津、慶雲、鹽山、滄州、南皮、藁城、欒城、晉州、贊皇、靈壽、元氏、邢台、沙河、南和、廣宗、鉅鹿、唐山、內邱、任縣、平鄉、永年、成安、邯鄲、肥鄉、曲周、廣平、雞澤、威縣、清和、磁州、開州、元城、大名、魏縣、南樂、清豐、東明、長垣、宣化、延慶、保安、懷安、西寧、蔚州、蔚縣、赤城、龍門、懷來、棗強、衡水、南宮、新河、武邑、趙州併所屬之柏鄉、隆平、高邑、臨城、寧晉、武強等七十州縣，延慶衛、熱河、喀喇河屯、八溝、四旗、張家口等五廳，有六月內未經得雨者，亦有得雨未能透足者，雖經補種晚禾，恐收成不無歉薄。內除景州、故城、阜城、交河、吳橋、東光、慶雲、鹽山、滄州、南皮、武邑、武強等十二州縣，俱係乾隆八年被災最重之區，所有本年應徵錢糧，業於上年奉旨緩徵外，其餘六十四州縣衛廳，當八月開徵之期，亦應暫行緩徵。俟秋後勘明是否成災，將應行蠲免之處，陸續奏聞，分別辦理。惟慶雲縣旱象已成，急宜豫為安頓。現飭該管道府，親赴查勘，撥運漕米，以備賑借之用。」得旨：「所奏俱悉，如所議行。」又批：「畢竟將來恐如慶雲成災光景者，有幾州縣耶？詳查速奏，以慰朕懷。」

《高宗實録》卷 244，頁 149–150

乾隆十年（乙丑）七月丙戌日

戶部議准：「升任直隸總督高斌疏稱，直屬文安、河間、獻縣、阜城、肅寧、交河、吳橋、東光、滄州、慶雲、靜海、鹽山、青縣、西寧、赤城、宛平、大興、霸州、保定、大城、涿州、房山、良鄉、固安、永清、香河、密雲、通州、三河、武清、寶坻、薊州、寧河、灤州、盧龍、遷安、撫寧、臨榆、清苑、滿城、安肅、定興、新城、唐縣、博野、慶都、容城、完縣、蠡縣、雄縣、祁州、束鹿、安州、高陽、新安、任邱、寧津、故城、天津、南皮、正定、獲鹿、元氏、藁城、欒城、無極、贊皇、平鄉、廣宗、鉅鹿、唐山、內邱、任縣、磁州、邯鄲、成安、曲周、廣平、威縣、清河、東明、延慶、宣化、萬全、龍門、懷來、冀州併所屬之新河、武邑、衡水、趙州併所屬之柏鄉、隆平、臨城、寧晉、高邑、深州併所屬之武強、饒陽、安平、定州併所屬之曲陽、深澤、易州併所屬之淶水、廣昌、遵化州併所屬之豐潤、玉田，又延慶衛、熱河、喀喇河屯等一百一十二州縣衛廳，因春夏雨澤愆期，二麥被旱歉收，兼有被雹傷損者，俱經酌借籽種口糧，並令及時布種秋禾，其應否加賑蠲免，俟秋獲時勘明分數辦理。」得旨：「依議速行。」

《高宗實録》卷245，頁158–159

乾隆十二年（丁卯）六月庚申朔日

戶部議准：「直隸總督那蘇圖疏稱，八旗下屯種地人等應建房屋。現在通州、昌平、豐潤、三河、玉田、昌黎、樂亭、淶水、武清等州縣，各報建竣二百五十戶。又任邱、文安、香河、大興、延慶衛、大城、霸州、延慶州、灤州、順義、清苑、望都、容城、密雲、寶坻、遷安、高陽、雄縣、蠡縣等州縣衛，續報共建竣三百六十九戶，又建竣耕種認買公產地畝共三十二戶。應查明已撥人戶，令其前往耕種。內有各屬已造旗分姓名，及現報完工、尚未造有旗分姓名者，均經分晰匯造總冊。應聽戶部移咨各旗，按戶查明，發銀給照，令其前往等語。查各州縣建竣房屋內，八旗共計六百十九戶，耕種公產者三十二戶，共六百五十一戶。應照原議，於公產地價項下，動撥銀六萬五千一百兩，令各該旗出具總領，赴部領回，會同查旗御史，按戶給發。每戶給牛具籽種銀各一百兩，並印照一紙，令其前往。又稱，各屬未經建竣六百四十三戶，及耕種認買公產旗人一十九戶，現在督令速建等語。應令該督嚴飭趕辦，隨竣隨報，俾得陸續下屯耕作。」從之。

《高宗實録》卷292，頁822–823

乾隆十二年（丁卯）秋七月己丑朔日

諭軍機大臣等：「據那蘇圖奏報，天津河水漫溢之處，次第消涸，沿河低窪處所，設法疏洩。高粱早稻，均無妨礙，晚禾被淹，尚可補種莜麥等語。其漫溢幾處，成災與否，尚未明晰。朕已經批示，但聞天津因伏雨積水有至二三尺者，與那蘇圖所奏不同。天津地勢素號低窪，如果積水至二三尺，必於田禾有礙，可傳諭那蘇圖，令其將現在情形及如何辦理之處，即據實詳悉奏聞。尋奏：「天津窪地，稍為伏雨漫淹，已委員確查。嗣於六月二十六日，又降雨四寸，各村積水自六七寸至二三尺不等。現在設法疏消，居民廬舍，並無妨礙。至靜海、青縣、滄州、南皮等州縣，情形與天津相同。津地雖號低窪，距海甚近，數日晴霽，即可漸涸。其中或有偏災，俟該道府查明後，即行酌辦。再現據薊州、玉田、豐潤、寶坻、正定、冀州、衡水、河間、任邱、霸州、文安等州縣，續報河水陡漲，近河低窪處被淹，已委員確勘，是否成災，照例查辦。」得旨：「速行查明妥辦，以慰朕念。」

《高宗實録》卷 294，頁 849

乾隆十二年（丁卯）八月甲戌日

諭：「據直隸總督那蘇圖奏稱，直屬被水州縣，有成災較重之天津、靜海、文安、大城、霸州、永清、武清、津軍廳等八州縣廳，應請照例先行撫卹一月口糧。其成災較輕之河間、任邱、南皮、青縣、滄州、慶雲、寶坻七州縣，毋庸普賑。但其中極貧下戶，口食維艱，應請一例摘賑，撫卹一月口糧等語。朕思慶雲一縣，此次成災雖輕，但該處屢被荒歉，地瘠民貧，朕甚軫念。著照被災輕重之天津等處，一例普賑，餘著照該督所請，分别賑卹，俾民食得資接濟。至此十五州縣廳屬，既被偏災，所有應徵錢糧，小民輸納，必多拮据。著加恩將該處應徵新舊錢糧，暫行緩徵，以紓民力。該部遵諭速行。」

《高宗實録》卷 297，頁 890

乾隆十二年（丁卯）十二月乙丑日

諭：「今歲直隸偏災，順天府屬之霸州、文安、大城、武清，天津府屬之天津、靜海為較重。被災民人，業已降旨加恩賑卹，其兵丁例不領賑。朕念伊等身列戎行，有差遣巡查之役，地方既遇歉收，食用未免拮据，著加恩將霸州等處駐劄各營兵丁，於司庫建曠銀内，借給一季餉銀，自戊辰年夏季起，分作四季扣還，以資目前用度。該部即遵諭行。」

《高宗實録》卷 304，頁 975–976

乾隆十三年（戊辰）二月甲子日

又諭：「上年直屬被水成災天津等十五州縣廳，業已加恩賑濟，小民不致乏食。但念天津、靜海、文安、大城、霸州、永清、武清、慶雲、津軍廳等處，被災較重，目下停賑將屆，麥秋尚遠，恐不足以資接濟。其河間、任邱、南皮、青縣、滄州、寶坻六州縣，因被災較輕，業已停賑，貧民未免拮据。今朕巡幸所及，慶惠宜施，著加恩將此十五州縣廳，再行加賑一月，俾得普霑惠澤。所需米石，令該督於北倉存貯漕糧內動撥。該部即遵諭行。」

《高宗實録》卷 308，頁 33

乾隆十三年（戊辰）三月壬辰日

諭：「上年直屬天津、靜海、文安、大城、霸州、永清、武清、河間、任邱、南皮、青縣、滄州、慶雲、寶坻、津軍等十五州縣廳，被水成災，業已加展賑期，多方撫卹。目下開徵已屆，恐貧民尚不免拮据，所有各該州縣廳應輸本年錢糧，除未被水村莊，仍令照例輸納。其被災及現在加賑之處，俱著加恩，緩至麥熟後開徵，以紓民力。該部即遵諭行。」

《高宗實録》卷 310，頁 78–79

乾隆十三年（戊辰）五月乙酉日

蠲免直隸霸州、文安、大城、永清、東安、武清、寶坻、薊州、寧河、束鹿、河間、獻縣、任邱、天津、青縣、靜海、滄州、慶雲、南皮、津軍廳、清河、開州、東明、南樂、清豐、元城、宣化、萬全、赤城、西寧、豐潤、玉田等三十二州縣廳十二年分水災地畝額賦有差。

《高宗實録》卷 314，頁 149–150

乾隆十三年（戊辰）十一月丙寅日

蠲免直隸文安、永清、武清三縣淀泊、河灘被水成災地本年額徵租銀。

《高宗實録》卷 329，頁 451

乾隆十四年（己巳）六月庚寅日

諭軍機大臣等：「那蘇圖具奏清苑、龍門等縣，各有被雹村莊，業經委員分頭查勘，應聽其酌量撫卹，照例辦理。至所奏文安縣黃甫村，有蝗一陣自東北飛來，現在撲捕之處，蝗蝻關係禾稼，最為緊要，務須督率屬員，速行殄滅，毋任遺子入地，致滋後患。直隸接壤山東，飛蝗來自東北，或由山東州縣撲捕不力，已降旨令該撫準泰，查明回奏。著即傳諭知之。」又諭曰：「總督那蘇圖奏稱，六月初五日，據文安縣具報，縣境黃甫村有蝗一陣，自東北飛來，現在撲捕等語。直隸接壤山東，飛蝗來自東北，想因山東前年荒旱，遺種在地，今夏遂至生發，州縣撲捕不力，以致長翅飛揚，貽患鄰封。著傳諭准泰，令其即速嚴查明確。一面飭屬上緊撲滅，毋令蔓延；一面據實奏聞，不得掩飾迴護。至山東今歲田禾茂盛，民望有秋，蝗蝻關係禾稼，至為緊要，無論聯界地方，不可貽害。即在本省，尤當加意查察，隨時照料。若漠不關心，稍致飛蝗為患，有傷禾稼，經朕訪聞，必於該撫是問。尋奏：「查東省上年有蝗州縣，均距直界甚遠。臣於去冬今春，嚴飭搜捕，各屬現在秋禾暢茂，並無飛蝗傷損。至文安東南，雖可通東省，然必由河間、獻縣諸境始達德州。最近亦須經靜海、南皮等縣，方抵武定，似文安之蝗，非由東省所致。現再飭確查，如有飛蝗，務令撲滅淨盡。」得旨：「覽。那蘇圖亦奏非東省來者，此奏是。但恐轉入東省耳，應飭各屬防之。若有即撲捕，毋令滋蔓也。」

《高宗實録》卷 342，頁 740

乾隆十四年（己巳）六月壬辰日

直隸總督那蘇圖奏：「接據遵化州文安縣具報，撲捕蝻孽淨盡，並未損傷禾稼。又據遵化聯界之豐潤、灤州俱報有飛蝗入境等語。現飭標員分頭前往督捕，並委員查勘。」得旨：「覽奏俱悉，各屬捕蝗，似不實力，應嚴督飭之。今歲秋成光景，實可望大有，若傷之於蝗，豈不可惜！上緊督催，毋令遺孽為害也。」

《高宗實録》卷 343，頁 756–757

乾隆十五年（庚午）十月甲午日

蠲緩直隸固安、永清、霸州、保定、文安、大城、東安、武清、寶坻、薊州、寧河、宛平、涿州、樂亭、清苑、容城、唐縣、博野、新城、完縣、蠡縣、雄縣、祁州、安州、高陽、新安、安肅、河間、肅寧、任邱、天津、青縣、靜海、津軍廳、萬全、張家口同知、西寧、蔚縣、宣化、龍門、懷安、定州、曲陽、易州、豐潤、玉田等四十六廳州縣水災雹災地畝本年額賦。其固安、永清、霸州、保定、文安、武清、寶坻、新城、雄縣、安州、新安、天津、津軍廳、靜海、大城、肅寧、高陽、玉田等十八廳州縣飢民，貸予口糧。保定、文安、大城、東安、武清、寶坻、薊州、寧河、清苑、新城、完縣、蠡縣、雄縣、祁州、安州、高陽、新安、河間、肅寧、任邱、天津、青縣、靜海、津軍廳、西寧、豐潤、玉田、固安、永清、霸州、易州、唐縣、曲陽、定州、樂亭等三十五廳州縣飢民，並予賑卹有差。

《高宗實録》卷 375，頁 1144

乾隆十六年（辛未）三月己酉日

工部議准：「直隸總督方觀承疏稱，永定河南北兩岸、石景山、三角淀、西淀等處，乾隆十五年秋冬二季及十六年春季兵餉，例於霸州、文安等州縣十五年地糧銀内派解。該州縣上年被水成災，錢糧蠲緩，所有應解兵餉，請於十四年地糧銀内改撥，開徵抵還。」從之。

《高宗實録》卷 384，頁 50–51

乾隆十七年（壬申）五月丙子日

諭曰：「胡寶瑔親赴武清等處捕蝻，本無可申飭，因降旨申飭方觀承，恐該督以相形致隙，是以一併寫入，已於摺内批示。但今所奏州縣勤惰，應俟該督查明參奏，則所見未是。直隸州縣不在順天屬者，應聽該督查參，至順天所轄州縣，則府尹自應會參。且該府尹現已身歷其境，所見尤為親切，不當專聽之督臣也。捕撲所至，不無踐躪，於麥收將無少損乎？麥秋據稱豐稔，其所入足補所損否乎？即行據實奏聞。」尋奏：「查生蝻多係廠甸不耕之土。其出麥田者，捕法以帚微撲，驅埋壕内。俱嚴飭不許傷稼，間有一二圍搜多處，僅折少許，不可以分數計。若論豐收所入，何啻數倍。現因文安、霸州、永清、固安等處，又報萌動，尚須數日竣事回京。」得旨：「不必以回京為急，勉力查捕，務以淨盡為要。今命方觀承往大名一帶查勘，天、河一帶，雖非汝所屬，然汝為侍郎，今特旨命汝兼督，汝其勉之。」

《高宗實録》卷 415，頁 427–428

乾隆十七年（壬申）五月庚辰日

諭軍機大臣等：「前據胡寶瑔奏稱，二十前後可以回京。今尚未見來京，想捕蝻事尚未竣。如果尚須加緊捕撲，不妨多留數日，俟完竣妥協，永無後患更佳。其現在情景若何，是否漸次稍減，或較前稍減，及別有萌生之處，速行據實馳奏。」尋奏：「蝗蝻生發，惟當極力驅除。鄉民無知，雖懸賞不肯即報，推求其故，恐派夫蹂躪，徒事煩擾。惟信劉猛將軍之神，祈禳可免，愚說實不足憑。前奏由武清回京，及抵永清而蝗熾，霸州、文安又復踵報，隨委員督辦永清，親赴霸州、文安查看，已將袪淨，再回永清。而霸昌道魯成龍，極力圍撲，並以錢買之。鄉民趨利，每買一次，即得三四斛，現已去其八九。其竄入高粱豆根者，照方觀承曉示，踐傷田穀，每畝給米一石。現順屬十一州縣，淨盡者六處。其寧河、霸州、文安、永清、固安亦將竣事。擬於一二日回京。」得旨：「所見甚正。然民情亦當順之，彼祀神固不害我之捕蝗也，若不盡力捕蝗，而惟恃祀神，則不可耳。」

《高宗實録》卷 415，頁 433–434

乾隆十七年（壬申）五月辛巳日

諭：「前據總督方觀承奏稱，直隸各屬間有蝗蝻生發之處，現在嚴飭州縣官撲捕等語。捕蝗專事人力，不可稍有怠緩。今歲雨暘時若，二麥告登，秋穀正當長發，設令捕蝻不力，以致蔓延滋害，是怠人事而不克仰承天庥也。念之殊為悚惕。大名一路，上年黃水所經，關係尤為緊要。已諭方觀承親往，督率員弁，盡力撲除。其天津、河間瀕海各縣，蝗蝻亦易滋生。該督不能兼顧，侍郎胡寶瑔，現在順屬文安等處捕蝗，天津、河間雖非府尹所屬，而胡寶瑔身係侍郎，即以欽差就近前往各該處，督率地方員弁，實力撲除，務期淨盡。事竣之日，奏明回京。地方官倘有奉行不力者，許即參處。」

《高宗實録》卷 415，頁 434–435

乾隆十七年（壬申）秋七月癸亥日

諭軍機大臣等：「前據胡寶瑔奏稱，捕蝗之事，將次完竣。現往大城、霸州一帶覆勘，俟立秋以後，蝗不復生，一無遺患，再行奏明回京等語。今交秋已經數日，尚未見到，想覆勘事猶未竣，抑或別有萌生之處，深廑朕懷。再盛暑炎蒸，旬餘未得雨澤，田禾光景若何，急於望雨否？一併傳諭詢問，著即速據實奏聞。」尋奏：「臣由大城、文安等處覆勘，間有蝻子續生，立為撲除。現往宛平縣之盧溝橋東南等處搜捕遺孽，一二日內即可竣事回京。至臣沿途經過州縣，田禾皆已穎栗，若再得雨，固加潤澤，即稍遲亦可無妨。」得旨：「知道了。」又批：「目下望雨甚迫，朕憂心如焚，何為此寬解之言耶！」

《高宗實録》卷418，頁475

乾隆十九年（甲戌）閏四月乙丑日

諭軍機大臣等：「京師於二十日得雨，自夜及晝，已甚霑足，且陰雲密布，雨勢頗寬。前方觀承奏報河間等屬得雨情形，看來尚未透足，其沙河、内邱一帶，正在望雨。特降旨令巴雅爾前往祈禱。今距京師得雨，已閲三日，直隸所屬缺雨地方，是否亦得透雨，尚未據方觀承奏到，朕心深切懸念。著傳諭方觀承，令將各屬得雨遠近分數，作速奏聞。」尋奏：「查河間府屬景州、阜城、交河等處，現得雨一寸；順德府屬沙河、南和、平鄉各得雨一二寸不等；内邱尚未得雨；餘霸州、順義、房山得雨八寸；涿州、良鄉、永清、固安、通州、文安、淶水、平谷、武清、香河、易州、昌平、密雲、三河、懷柔、東安、廣昌得雨七寸至五寸不等；寶坻、延慶、定州並正定府屬之無極、行唐等縣，得雨二三寸不等；惟河間以南，並順德、廣平一帶，雨水未足。細加訪聞，此時正在穫麥，遲至十日後，麥已登場，而晚秋適種，亦屬應時。報聞。」

《高宗實録》卷463，頁1009

乾隆二十三年（戊寅）夏四月丙辰朔日

免直隸霸州、保定、文安、大城、涿州、固安、永清、東安、昌平、武清、寶坻、寧河、清苑、新城、任邱、景州、故城、吳橋、東光、天津、靜海、滄州、南皮、鹽山、慶雲、宣化、萬全、西寧、龍門、懷來、懷安、豐潤、張家口理事廳等三十三州縣廳，乾隆十年起至二十年未完民欠銀米。

《高宗實録》卷 560，頁 104

乾隆二十六年（辛巳）八月丁卯朔日

諭：「今歲直隸各屬，麥收豐稔，秋禾暢茂。緣七月間雨水過多，濱河及低窪地畝，遂被淹浸。已降旨將固安、永清、東安、武清四縣，照例撫卹，並酌借麥穀，俾涸出之地，得以及時布種。其文安、大城、霸州、保定等屬，因漫口被淹各村莊，並著照前旨，一體查辦。至同時被潦之寧河、寶坻、薊州等屬，雖所損不過十之一二，但現在天晴水涸，正可乘時補種晚稼及明年春麥。並著該督方觀承，查明有地無力之戶，酌量借給倉穀，俾貧民力作有資，以裨生計。該部遵諭速行。」

《高宗實録》卷 642，頁 174

乾隆二十六年（辛巳）八月壬午日

又諭：「直隸漫水各處，該督方觀承，現在工次董率料理。節據奏報情形，已俱於摺内批諭。但永定河雖已合龍，而崔家房等處，據奏尚在催辦，不知何時可以竣工。現在熱河又復連日陰雨，關内相去不遠，各該處是否亦有雨水，甚為軫念。著傳諭方觀承，令其確查速奏，以慰懸切。至今歲直隸地方，秋收分數，究竟若何，全省通計，究有幾分，並著詳悉查明實在情形，一併具奏。」尋奏：「崔家房漫口，九月初旬内可以竣工。文安、霸州、固安十九日大雨；天津、涿州、保定十八、十九日連雨，二十一日以後皆已晴朗。至秋收，通計全省約在七分。」得旨：「覽奏，稍慰。」

《高宗實録》卷643，頁192

乾隆二十六年（辛巳）十一月丙申日

加賑直隸固安、永清、東安、武清、文安、大城、霸州、保定、冀州、衡水、武邑、開州、長垣、東明、景州、清河、蠡縣、東光、滄州、南宮、新河、隆平、寧晉、深州、武強、天津、寶坻、薊州、寧河、清苑、新城、博野、望都、祁州、雄縣、安州、高陽、新安、河間、獻縣、肅寧、任邱、交河、青縣、靜海、南皮、鹽山、慶雲、平鄉、廣宗、鉅鹿、唐山、任縣、永年、邯鄲、成安、曲周、廣平、雞澤、威縣、磁州、元城、大名、南樂、清豐、蔚州、豐潤、玉田、定州等六十九州縣被災貧民屯灶，並緩各屬已未成災本年應徵錢糧及節年舊欠。

《高宗實録》卷648，頁249

乾隆二十七年（壬午）春正月戊申日

加賑直隸文安、大城、天津、津軍、冀州、武邑、衡水、長垣八州縣廳，並固安、霸州、保定、安州、開州、東明、清河、新河、南宮、武強、隆平、寧晉、寶坻、武清、高陽、新安、肅寧、交河、東光、滄州、大名、元城、永年、成安、廣平、雞澤、威縣、深州二十八州縣，水災村莊饑民。

《高宗實録》卷 652，頁 306

乾隆二十七年（壬午）三月己酉日

戶部議准：「直隸總督方觀承疏稱，永定河南北兩岸、石景山、三角淀、西淀等處，乾隆二十六年夏秋冬三季，及本年春季兵餉，例於霸州、文安等州縣二十六年地糧銀內派解。該州縣上年水災，錢糧蠲緩，請將未解兵餉，於二十五年地糧銀內改撥，開徵抵還。」從之。直隸總督方觀承奏：「直屬濬築各工，如文安、大城等縣之千里長隄、霸州之六郎隄、天津西沽等處之疊道、南運隄埝，並牤牛、中亭、豬龍、宣惠、滹、滏、會、流、清、羊各河，工程較大，災地難以勸用民力，請照興工代賑例，每土一方，給米一升、鹽菜錢八文，令貧氓於停賑後，赴工就食。查續撥通倉漕米二十萬石，賑糶外尚有贏餘，應飭司照約估土方數目分撥。」得旨：「如所議行。」

《高宗實録》卷 657，頁 351

乾隆二十七年（壬午）六月丁酉日

蠲免直隸固安、永清、東安、武清、霸州、保定、文安、大城、宛平、寶坻、薊州、寧河、灤州、清苑、新城、博野、望都、蠡縣、祁州、雄縣、安州、高陽、新安、河間、獻縣、肅寧、任邱、交河、景州、東光、天津、青縣、靜海、滄州、南皮、鹽山、慶雲、津軍廳、平鄉、廣宗、鉅鹿、唐山、任縣、永年、邯鄲、成安、曲周、廣平、雞澤、威縣、清河、磁州、開州、大名、元城、南樂、清豐、東明、長垣、西寧、蔚州、豐潤、玉田、冀州、南宮、新河、武邑、衡水、隆平、寧晉、深州、武強、定州、曲陽等七十四州縣廳乾隆二十六年水災額賦有差。

《高宗實録》卷 664，頁 429

乾隆二十七年（壬午）八月壬子日

又諭：「今年直隸夏雨成澇，瀕水窪地田禾不無淹損，所有積年錢糧帶徵緩徵，各屬内今年復被水災之文安、大城、武清、寶坻、薊州、天津及霸州、保定、永清、東安、安州、新安、青縣、靜海、滄州、寧晉、津軍廳十七州縣廳，民力自屬拮据，其應徵銀八萬二千四百兩零，穀豆高粱五千四百石零，均予豁免，以示優卹。至與災重州縣毗連，本處復被水災之寧河、固安、鹽山、慶雲、衡水五縣，所有應徵銀二萬一千五百餘兩，穀豆高粱一百八十餘石，亦著一體蠲免。該督其嚴飭所屬，實力奉行，務使窮民均霑實惠，毋致吏胥中飽，副朕加惠黎元至意。該部遵諭速行。」

《高宗實録》卷 669，頁 476

乾隆二十七年（壬午）十月己酉日

諭軍機大臣等：「范時紀摺奏，京南霸州、文安等處，地勢低窪，易致淹浸，請設法疏通，添築隄埝，改為水田一事。此不過偶以近來一二年間，雨水稍多，竟似此等地畝，素成積潦之區。殊不知現在情形，乃北省所偶遇，設過冬春之交，晴霽日久，便成陸壤。蓋物土宜者，南北燥濕，不能不從其性。即如附近昆明湖一帶地方，試種稻田，水泉最為便利，而蓄洩旺減，不時灌溉，已難遍及。倘將窪地盡令改作秧田，當雨水過多，即可藉以瀦用，而雨澤一歉，又將何以救旱。從前近京議修水利營田，未嘗不再三經畫，始終未收實濟，可見地利不能強同，亦其明驗。但范時紀既有此奏，著將原摺一條鈔寄方觀承閲看，或有可以隨宜酌採，於目下疏消之法裨補一二者，該督細心籌議具奏，將此傳諭方觀承知之。」尋奏：「直屬試種水田，瀦涸不常，非地利所宜，惟京南之文安、霸州，保定所屬之安州、新安等處，其低窪各村莊，遇水瀦時，令暫種稻田，涸後仍聽隨宜播種。」得旨：「覽奏俱悉。」

《高宗實録》卷673，頁523

乾隆二十七年（壬午）十月庚戌日

加賑順天直隸所屬霸州、保定、文安、大城、涿州、良鄉、固安、永清、東安、香河、宛平、大興、昌平、順義、三河、武清、寶坻、薊州、寧河、灤州、昌黎、樂亭、清苑、安肅、新城、望都、雄縣、安州、高陽、新安、河間、獻縣、阜城、肅寧、任邱、交河、景州、東光、天津、青縣、靜海、滄州、南皮、鹽山、慶雲、津軍、成安、廣平、大名、元城、宣化、萬全、懷安、張家口、豐潤、玉田、冀州、南宮、新河、武邑、衡水、隆平、寧晉等六十三州縣廳本年被水雹霜災飢民，分別蠲緩應徵額賦。

《高宗實録》卷673，頁524–525

乾隆二十八年（癸未）春正月庚申日

諭：「去歲直隸各屬雨水過多，其偏災地方，已經加恩賑卹，並酌籌以工代賑，俾窮黎不致失所。但時屆春月，例賑將停，麥秋尚遠，正當青黃不接之際，農民口食未免拮据，深為軫念。著再加恩，將被災較重之霸州、保定、文安、大城、永清、東安、武清、寶坻、寧河、薊州、定州、新安、天津、青縣、靜海、滄州、寧晉等十七州縣之極次貧戶口，暨被災稍輕之大興、宛平、昌平、順義、固安、涿州、新城、雄縣、香河、豐潤、玉田、灤州、昌黎、樂亭、清苑、望都、高陽、河間、任邱、交河、景州、東光、南皮、鹽山、慶雲、冀州、武邑、衡水等二十八州縣之極貧戶口，均於停賑之後，概予展賑一個月，以資接濟。並於通倉所存乾隆二十四年以前稜米，撥運十二萬石，以充展賑之需。該督方觀承，其董率屬員，實力奉行，務令貧民均霑實惠，副朕愛養黎元至意。該部遵諭速行。」

《高宗實録》卷 678，頁 581

乾隆二十八年（癸未）正月戊寅日

又奏：「現在疏消積水為先務，幸淀水大落，文安、大城積水歸淀甚速，涸出處已種麥。其水深二三尺，約四五月始消者，亦不誤種秋禾。民間稻種不足，應請借給。或其時不能盡涸，即用帑斗助以人力。天津東南與寶坻、寧河視海水為長落，按時開閘排放。河間、獻縣、任邱、大城水有阻於官隄者，有阻於鄰縣曲防者，權其輕重，破其畛域，或暫為開隄，或入於溝渠案內勘定章程，長遠除害。上年開溝疊道未竟工，良、涿一路正月畢，新、雄、河、景一路二月畢。田間溝洫，次第經理，不妨農，不誤公。報聞。」

《高宗實録》卷 679，頁 596

乾隆二十八年（癸未）二月戊戌日

諭曰：「方觀承奏疏消窪地積水一摺。現在時屆春和，農民力作伊始，非竭力亟為濬涸，何以使舉趾者無誤春畬。該督正在赴豫會辦漳河，直屬有司辦理，尤資督率。前永安顧光旭曾經條奏近京水利賑務，若令其前往查勘一切，自當盡心。但所屬地方散處，尚恐難以兼顧，並著都察院堂官，揀派現無別項差使之曉事科、道二員，即於明日帶領引見。同永安等星速馳驛，前往分路董司妥辦所有文安、大城等處散賑諸務。地方官是否實力奉行，並著一併悉心體察，副朕軫念閭閻至意。」

《高宗實録》卷 680，頁 613

乾隆二十八年（癸未）二月甲寅日

又諭曰：「御史興柱、顧光旭奏，文安、大城疏戽積水情形一摺。看來此事，方觀承派員籌畫，未免稍遲。現在正當加緊董辦。昨兆惠奏報，海河大鬧口至咸水沽等處，添開溝道事宜，並稱一面往勘文安、大城一帶。想此時正可到彼，督率該御史等尅期將事。但一切僱夫需費最關緊要，若必俟移知方觀承，會同經理，則恐緩不及事。前已有旨，分撥部庫銀二十萬兩，解交天津備用。該御史及鹽政所辦工程，各應需用若干，兆惠應即於庫銀內一面先行酌量分給，俾得及時豫備集事，其支領仍歸地方官覈實報銷，以免稽遲。至海河新增洩水溝道，日來是否較前大暢，內地積水現在涸退尺寸與布種分數多寡之處，仍即回勘明確，詳細奏聞，以慰懸切。將此傳諭兆惠，並令知會該御史及鹽政等知之。」尋兆惠奏：「查靜海、青縣積水宣消，計日盡涸。霸州水已退，地畝無不種蒔。大城、文安水較大，村莊未涸出者甚多，下流現開口引放。布政使觀音保，同御史興柱、顧光旭，堵築上游漫口，以絶河水倒漾，趕於二十九日合龍。惟河流久溢，堵塞已遲。臣現於艾頭村等處缺口，測量高下，相度應行開溝處，飭知府周元理在隄辦理，並令日報放退若干，由臣轉奏。各工酌給庫銀，並知會御史、鹽政，一律辦理。」得旨：「竟遲了。今惟有竭力速行疏導，以望多涸耳。」御史顧光旭奏：「臣同臣興柱，已將文安隄辦竣，隨分勘漫水之區，涸出種麥者十之六七，香河、寶坻、寧河水全消；豐潤、玉田開挖東西岔河，於黑龍河尾挖溝，水深處尚二尺，現辦水車戽徹，期於三月全消。臣俟查灤州、樂亭回，仍沿途驗水消尺寸奏聞。」得旨：「嘉獎。」

《高宗實録》卷 681，頁 627

乾隆二十八年（癸未）三月庚申日

諭：「上年近京低窪之地，如天津、文安、大城等屬，因被秋霖，積水未涸，已屢諭該督方觀承，飭屬設法疏消，毋任因循，致稽東作。在方觀承督理賑務，於水利事宜，或不能一時兼顧，亦當及早相度議奏。朕何難派員專董其役，以利農功。昨因海河五閘宣洩未暢，時命兆惠前往督率經理，各邑積水即按日以次消滅。前此地方官設能如此迅速從事，何至遲延若此？非按例示懲，曷以重封疆、勤民莫耶？方觀承著交部察議。」

《高宗實録》卷682，頁632-633

乾隆二十八年（癸未）三月壬戌日

諭：「去秋直屬濱水窪下之區，因秋霖積潦，猝難消涸，恐誤閭閻東作，屢諭方觀承，令其乘時設法疏導，以重農功。該督初奏，一俟春融，再行相度經理。繼復以海不受水為詞，俱於摺內批諭，毋得稍事因循，致誤地方受累。然猶以方觀承身任總督，情形自所熟諳，且當兩年秋雨過多，沮洳之壤，未易一蹴施工，兼以辦賑殷繁，亦且難以分身兼顧。是以御史永安、顧光旭等先後具摺條奏，朕尚意伊等身居局外，坐言易而起行難，設令伊等與方觀承易地而處，亦未必能刻期集事，轉不無曲諒該督，俾肩其責者無掣肘之慮，此朕本意也。嗣據該督具奏，文安、大城等處疏濬事宜，築隄車戽，從事既苦拮据，奏功殊難迅速。即令永安、顧光旭，並添派御史二員，前往勘辦。既至詢問接駕諸臣，以天津海口，不應專恃五閘宣導，以致渟淤不暢，而鹽政達色，亦僅圓融其辭，以多增數口，想係有益無損為對。朕知此事，非特遣大員，不足以收實效。因命兆惠馳往相度，將各處溝閘開放寬通，不過數日之間，閘口水落數寸，而內地已涸出二十餘里，靜海等窪地亦涸出十分之六。是豈海之受水，適當兆惠到彼時耶！可見事在人為。前此該督辦理遲誤之愆，更無由置喙矣！在直屬兩年被潦，成災較重，為大吏者經營補苴，倍當竭蹶。朕委任封疆，雖細事必加體恤，從不肯以歲時水旱之偏，諉過督撫。則為督撫者，何所顧慮而不為民請命耶？方觀承如果不存護短之見，悉心早為籌議具奏，朕或指示規畫，或派員佽助，何所不可？顧乃一切模棱，不惜曠時玩事若此，朕安用此督撫為耶！昨有旨，已將方觀承交部察議。今細核現在積水消涸情形，非按例察議所能示儆，所有督理之方觀承及布政使觀音保，並天津等各屬，俱著交部議處，以為玩視民瘼者戒。至天津道那親阿、霸昌道額爾登布、天津府知府額爾登額，俱專駐該處之方面大員，率屬親民，尤為功近，一切及早將疏洩事宜，據實稟請督臣籌辦。如言之不聽，不但可以直揭部科，即用摺據實密奏，朕必深為獎予。況朕於道府召對，期望造就初不以有司之職待之，中外誰不共曉？那親阿等以滿洲世僕，在部院中尚能曉事，是以擢用外任，俾知實心報效，乃漸染外吏惡習，一味仰承風旨，於地方重務，視同膜外。若不重治其罪，何以示各省道府之戒？那親阿、額爾登布、額爾登額，俱著革職，發往巴里坤，自備資斧，效力贖罪。夫以直隸近在畿輔，而道府之承順總督，畏首畏尾，情狀若此，又何論於各省乎？嗣後直省監司郡守等員，不知儆省，有仍蹈此轍者，朕必按此例嚴處。直屬水利，俟裘曰修到日，會同通行勘辦外，現在天津、文安、大城等屬積水減退情形，並各處隄閘工程，仍著兆惠同方觀承，即速馳往審度經理。副朕軫念元元至意。」

《高宗實録》卷682，頁633-635

乾隆二十八年（癸未）三月甲戌日

諭：「前因天津、文安等處積水停淤，該地方官不能及時疏洩，致誤春耕。是以降旨，將天津道那親阿、霸昌道額爾登布、天津府知府額爾登額一併革職，發往巴里坤效力贖罪，以為玩視民瘼者戒。在該員等貽誤地方，咎皆自取，但覈其致罪之由微有不同，若不量為區別，轉無以儆職守而示創懲。那親阿駐劄天津，積水情形日所目擊，乃竟漠不關心，聽其淤遏，實屬罪無可逭。額爾登布於所屬疏消事宜固多延緩，然尚有查勘災賑諸務，一時或難兼顧。知府額爾登額，雖未能早為籌辦，但河務究非其專責，並較那親阿情稍可原。額爾登布、額爾登額俱著加恩，發往甘肅，交與總督楊應琚差遣。試看額爾登布以同知委用，額爾登額以知縣委用，俾各黽勉自勵，以觀後效。」

《高宗實録》卷683，頁641

乾隆二十八年（癸未）四月癸丑日

諭曰：「御史吉夢熊奏劾方觀承玩視民瘼，徇縱天津道那親阿啟閘遲延，不能早籌宣洩一摺。此奏方觀承實無從置喙。但前命兆惠等赴勘督辦時，已有旨將該督交部議處革職，特因其在直年久，是以從寬留任。則其貽誤之愆，不獨該督難以自文，即朕亦安肯稍為迴護。該御史甫經補缺，即行陳奏，不得謂之無益空言，亦不得謂之事後取巧。至在京科、道等員，身膺言責，於封疆大吏，不克早拯民艱。況天津近在畿輔，道路之口，豈竟毫無知覺？乃自去冬以至今春，並不聞有糾彈之舉，而必俟朕巡省疇咨，始得刻期濬導耶？是因吉夢熊之奏，而寒蟬之誚，益不能為凡任言官者解矣。方觀承已經議處，無可再議。摺內所奏那親阿借書吏名色，用輕價承買捐田一節，八旗官員近京置產，原所不禁，但既任本地監司，而圖踞所部之業，則於官方大有關繫。那親阿現在尚未起程，著交軍機大臣嚴訊具奏。至所稱訪聞文安、大城等縣，因培築長隄，該處胥役鄉老，有至四五十里之外逼令平民赴工，承辦挑培之事，著裘曰修會同方觀承，即行據實嚴查奏聞，請旨治罪。」

《高宗實録》卷686，頁673

乾隆二十八年（癸未）五月丁巳朔日

又諭曰：「尚書阿桂著馳驛前往霸州、文安等處，會同侍郎裘曰修、總督方觀承，查辦事務。其帶往刑部司員，著一併馳驛前往。所有工部尚書事務，著舒赫德暫行兼署。」又諭：「現在霸州、文安等處有查辦事件，已有旨派尚書阿桂、侍郎裘曰修馳驛前往，會同該督辦理。直屬應辦之事甚多，本月十八日，朕啟鑾巡幸木蘭，該督方觀承不必前赴行在，況口外現有良卿總理其事。至口內沿途各務，如王檢承辦秋審未竣，即派觀音保隨營辦理。或觀音保應辦事務尚多，即於道員中酌派一員，亦無不可。著將此傳諭知之。」

《高宗實録》卷 686，頁 677–678

乾隆二十八年（癸未）秋七月己巳日

又諭：「今日觀音保奏，滄州、靜海等處飛蝗頗盛，查係大城飛來，已有旨令方觀承及府尹等上緊搜捕。茲據錢汝誠等奏稱，大城縣屬與文安接壤地方，已經撲淨，未免與觀音保所奏互異。著再傳諭錢汝誠等，查明該處有無遺蝗實在情形，務使搜除淨盡，不得因有此奏，稍存回護之見。」

《高宗實録》卷 690，頁 737

乾隆二十八年（癸未）八月甲午日

諭：「今年直隸各屬，雨暘時若，秋收頗為豐稔。惟近京各州縣中，上年被水之區，間有蝗蝻生發，雖經欽差大臣及地方官督率撲捕，於禾稼不致過損，而較諸他邑，收成終恐稍減分數。所有應徵額賦，若照例徵收，民力究未免拮据。著加恩將通州、三河、固安、霸州、文安、大城、清苑、安肅、天津、靜海、滄州、青縣、交河等十三州縣，本年應徵錢糧，俱緩至來年麥熟後徵收，俾農民蓋藏充裕，以資生計。該部遵諭速行。」

《高宗實録》卷 692，頁 761–762

乾隆二十九年（甲申）春正月丁巳朔日

諭：「去年直屬通州等十三州縣內，間有蝗蝻生發，當經降旨將上年應徵錢糧，俱緩至本年麥熟後徵收。第念該州縣等，雖勘不成災，而秋收究屬歉薄，惟望麥秋以資接濟，遽令新舊並輸，民食仍恐未能充裕。著再加恩，將通州、三河、固安、霸州、文安、大城、清苑、安肅、天津、靜海、滄州、青縣、交河等十三州縣，所有二十八年分應徵錢糧，俱緩至本年秋成後徵收，以紓民力。該部遵諭速行。」

《高宗實録》卷 702，頁 846–847

乾隆三十二年（丁亥）三月乙丑朔日

諭：「朕此次巡幸天津，閱視淀河隄閘，按圖披覽，內有千里長隄之三灘里起，至格淀隄莊兒頭止，中間並無隄岸。詢之該督，稱向來未經辦理，每遇淀水長發，地畝民居不無淹浸，殊堪軫念。本日朕閱看子牙河，特命阿里袞分道往勘。據稱，無隄處所東西約長十餘里，其中間有民修隄埝，被水衝缺數處，每當雨水過多之年，村民一二千戶，地畝千餘頃，常被水患。村民見有欽差前往，踏勘築隄，無不歡欣踴躍，僉云從此子子孫孫皆可永遠霑恩，且隄內之地，亦可盡成膏腴，實於居民有益等語。從前修築格淀隄，原為捍衛村民，今三灘里至莊兒頭十餘里，獨無隄岸以資保禦，村民未免向隅。著交與方觀承，再行詳悉相度，接築長隄，即核實估計，妥議具奏。」尋奏：「接築隄自文安縣屬之三灘里千里長隄起，至大城縣屬之莊兒頭格淀隄止，共長二千七百七十二丈，頂寬一丈六尺，底寬五丈，酌就地勢，高五六尺不等，需用土方估銀六千九百五兩零。現飭大城、文安二縣，分段興築，務於汛前完竣。仍飭該管之子牙廳並天津道，往來督察。報聞。」

《高宗實録》卷 780，頁 574–575

乾隆三十三年（戊子）三月己亥日

直隸總督方觀承疏報：「霸州、固安、永清、東安、涿州、良鄉、宛平、香河、灤州、盧龍、遷安、昌黎、樂亭、文安、大城、任邱、交河、故城、吳橋、東光、天津、青縣、靜海、滄州、南皮、鹽山、慶雲、清河、高陽、正定、元氏等三十一州縣，墾種淀泊河灘新淤地五百四十八頃九十七畝有奇。」

《高宗實録》卷 806，頁 897

乾隆三十三年（戊子）冬十月乙卯朔日

戶部議准：「直隸總督楊廷璋疏稱，直屬本年被水雹等災，請將最重之霸州、保定、安州、靜海四州縣，先給一月口糧，並摘賑文安、大城、永清、東安、正定、晉州、藁城、寧晉等八州縣極貧民。其武清、寶坻、寧河、清苑、安肅、新城、博野、望都、蠡縣、雄縣、束鹿、高陽、新安、獻縣、肅寧、任邱、天津、青縣、滄州、慶雲、南和、平鄉、任縣、成安、曲周、廣平、豐潤、玉田、冀州、武邑、衡水、隆平、深州、武強等三十四州縣，俟十一月起賑，貧士旗灶，俱一體辦理。至涸出地畝，貸給耔種，應徵錢糧米豆等項並節年舊欠，分别緩帶。其河間、鹽山二縣被災地畝，俟勘明另題。」得旨：「依議速行。」

《高宗實録》卷 820，頁 1136

乾隆三十三年（戊子）十月甲申日

又奏：「文安大窪東面，係大城縣地方，舊有隄埝接連千里長隄，向未帑修，隄身單薄，亟應培高，以御子牙河水泛漲。又格淀大隄分屬大城、靜海、天津三縣，本年子牙、淀河並漲，被衝殘缺，均應加培。」得旨：「如所議行。」

《高宗實録》卷 821，頁 1154

乾隆三十四年（己丑）春正月丙戌日

又諭：「直隸各屬上年間被水災，業經加恩分别賑卹。現在時屆東作，尚恐被災貧民，際此青黃不接之候，生計不無拮据。著再加恩，將霸州、保定、安州、文安、永清、東安、寧晉等七州縣被災六分之極貧，及七八九十分之極次貧，均加賑一個月。其大城、靜海二縣，雖有代賑工程，尚恐不敷接濟。又災分稍次之任邱、肅寧、慶雲三縣內，成災九分村莊極次貧民，均著於停賑後，各加賑一個月。該督其務董率屬員，實力查辦，無任胥吏中飽，俾小民均霑實惠，副朕加惠黎元至意。該部遵速行。」

《高宗實録》卷 826，頁 1–2

乾隆三十四年（己丑）三月乙酉日

蠲免直隸霸州、保定、文安、大城、永清、東安、武清、寶坻、薊州、寧河、清苑、安肅、新城、博野、望都、蠡縣、雄縣、束鹿、安州、高陽、新安、河間、獻縣、肅寧、任邱、天津、青縣、靜海、滄州、鹽山、慶雲、正定、晉州、藁城、南和、平鄉、任縣、成安、曲周、廣平、豐潤、玉田、冀州、武邑、衡水、趙州、隆平、寧晉、深州、武強等五十州縣，並津軍、張家口二廳乾隆三十三年分水災額賦。

《高宗實録》卷 830，頁 66

乾隆三十四年（己丑）九月壬午日

諭軍機大臣等：「昨據蔣元益等奏報，京城八月分米糧價值數目，俱較上月加增。今歲畿輔一帶，俱屬豐稔，目下正值刈穫登場，雜糧入市必多，價值理宜平減，不比上年尚有霸州、文安等處，被水薄收，何以市價轉增於前？此必有奸商倡議居奇，長價於登場之前，庶不致減價於登場之後，以售其壟斷之計，其情甚屬可惡。業已諭令英廉等，將在京情形嚴行查辦。恐近畿地方，類此者亦復不少，著傳諭楊廷璋，一體實力察訪，如有奸徒齊行增價者，即重治一二，以儆其餘。務期市值平減，以裕民食。」

《高宗實録》卷842，頁248

乾隆三十五年（庚寅）閏五月辛未日

諭軍機大臣等：「據竇光鼐奏，查察蝗蝻一摺，總無一清楚語，已於摺內批飭矣。此事前經裘曰修摺奏，竇光鼐先往查勘蹤跡時，已知其不能查辦明白。且摺內種種取巧，豫為地方官開脱地步，於竇光鼐又何足深責。昨裘曰修摺到，果以各處並無蹤跡為詞，而本日竇光鼐所奏，連篇累牘，更無一字明晰，又安望伊等之實力根求參處耶？看來就竇光鼐摺內所奏各地名，大約飛蝗起落，總在文安、大城、武清、東安一帶，則自萌動滋長，以至長翅飛揚，其潛伏處所，當不離此數縣地面。果能確切體勘，其事本不難辦，何以始終支離緣飾，希冀顢頇了事耶？至楊廷璋身為總督，蝗蝻蹤跡皆在直隸本境，雖撲捕之事不以筋力為能，而遴員訪查實在蝗起處所，此自當加緊督飭，務令水落石出，參處示儆，毋得稍存徇隱瞻顧之見。將此詳悉傳諭，仍將現在各處曾否撲滅淨盡，及飛蝗究竟起自何處情形，即速奏聞。」

《高宗實録》卷861，頁552–553

乾隆三十五年（庚寅）六月丁酉日

諭：「據楊廷璋奏，北運河張家王甫隄漫工，甫經合龍。因十四、五、六等日大雨，河水盛漲，以致復有漫溢汕刷等語。近日直隸地方，雨水稍覺過稠，熱河、古北口等處，俱有被山水沖刷民居鋪面之事。現已派令英廉、伍訥璽馳驛分往查勘，動用内庫銀兩，加意撫卹。今北運河漫口，復有汕刷之處，所有水過地方，田廬間有損傷，自應照例查辦。至大城、文安一帶，本屬窪下之區，旁近地畝，恐不無被淹之處，朕心深為軫念。著傳諭楊廷璋，即速另委大員，悉心體勘，如有被災戶民，即行妥協撫綏。其涸出之地，可以補種莜麥者，亦應酌借資本。諭令及時趕種，以資民食。該督不得以身駐永定河，惟以在工言工，此外稍有疏漏，仍將各屬有無被水情形，據實速奏。」尋奏：「大城、文安二縣外，順天、保定、天津三府屬，計被水十五州縣，貧民酌藉口糧，坍房給予修費，仍設法疏消。早涸高地借耔補種莜麥等，雜糧秋成時，再將應否賑卹題報。」得旨：「知道了。看來水災頗重，總不可諱飾，妥協撫卹可也。高田竟可望有收，以通省論之，可得幾分年成，查明速奏。」

《高宗實録》卷 863，頁 581

乾隆三十五年（庚寅）十月壬辰日

戶部議覆：「直隸總督楊廷璋疏稱，各州縣被災應行賑卹事宜：一、勘明被水、被雹村莊成災之武清、寶坻、寧河、香河、霸州、保定、文安、大城、固安、永清、東安、宛平、大興、涿州、順義、懷柔、密雲、清苑、安肅、定興、新城、高陽、安州、望都、容城、蠡縣、雄縣、祁州、新安、天津、靜海、滄州、青縣、津軍廳、成安、曲周、廣平、大名、南樂、清豐、元城、萬全、龍門、定州、豐潤、玉田等四十六州縣廳，按成災分數，蠲免錢糧，並極次貧民，自十一月起，分別給賑口糧。米糧由鄰近災輕，及並不被災州縣内協撥。倘鄰境無米可撥，每米一石折銀一兩二錢。一、村莊離城寫遠，窮民領米維艱。飭各州縣將被災村莊，離城數十里以外者，於適中地設廠，委員監賑。其各州縣撥運倉糧，應給脚價。一、被災貧士，照次貧例賑給，每米一石折銀一兩，令教官散給。一、屯居被災旗人灶戶，俱令辦災各委員及地方官，會同場員，查明戶口，分別一體賑卹，本管道府廳州總理稽查。一、查災監賑委員，除正印外，其佐雜教官試用等官並書役等，應給盤費飯食，及造冊紙張銀兩。一、被災各屬涸出地畝，借給麥種籽種穀石，並勘不成災村莊農民，缺乏口糧，請分別借給，均於來歲秋收後，免息追還。至明歲停賑後，青黃不接時，貧民糴食維艱，應照歉收例，酌動倉穀平糶。一、各屬錢糧，業經普蠲。其例不普蠲之屯糧，並房租新墾地畝，及勘不成災地畝，應徵屯糧等項，並節年舊欠錢糧，民借米穀，分別停徵帶徵。一、入官存退餘絕等項地畝，及公產井田香燈地租，請照民地例緩徵。一、窮民廬舍被衝，及淹浸坍塌者，請給貲苫蓋，每瓦房一間，給銀一兩，土草房五錢。一、霸州被災官園營田，應解易州供應陵糈米石，應俟來年稻穀豐收，通融補解，其佃民歸入該州一體給賑。均應如所請。」從之。

《高宗實録》卷 871，頁 678–679

乾隆三十六年（辛卯）秋七月丙午日

直隸總督楊廷璋奏：「據永定河道滿保稟稱，七月初二日，盧溝橋水發，南岸二工漫口七十餘丈，北岸二工漫口一百餘丈外，尚有水漫斷隄一十五處，臣即飛往確勘。至北運河水勢，據楊村通判具報河水止長三寸，各隄鞏固。」得旨：「已有旨了。」又批：「不然。今亦有衝漫之處，汝特未知耳。」諭軍機大臣等：「楊廷璋覆奏，永定、北運等河水勢情形一摺，所奏甚不滿意，已於摺內批示。永定河正當伏秋大汛之時，關係最為緊要，水勢消長資訊，理應時刻相通。今各工漫口，係七月初二日之事，縱因道廳稟報遲延，該督值此雨水較大之時，即應早為查探，上緊護防。乃經屢次傳諭切詢，尚不星速差員查勘，據實覆奏，仍待河道滿保呈報，始據以入告，何竟不以為事，漠不關心若此？現派侍郎德成前往漫口，會同該督堵築，該督可即督趲工料人夫，克期修築完固。其該處漫口情形，較去歲大小若何？隄外漫溢之地，田廬有無受傷，成災與否，並著迅速切實查明。有應撫卹者，照例妥協經理。該督仍遵前旨，即赴該處，不必來此接駕，俟河工妥辦蕆事，再行奏聞，前赴行在。又北運河每遇夏秋盛漲，易於泛溢，昨因雨勢過大，曾傳旨詢問西寧達翎阿。今據奏稱，初三日夜，王家莊西岸，水長漫溢，刷開隄工一段，約寬數十丈。河西務甘露寺，亦刷開隄工一段，寬數十丈。馬頭以北，至張家灣，兩岸漢水漫散，低地俱有積水等語。而該督尚據通判所稟，謂北運河隄壩各工，俱極鞏固，全非實在情形。該督前此既未能周知，及經接奉詢問之旨，亦應迅速委員勘實奏覆，何率憑通判一稟，遂信以為實乎？所有衝漫隄工，應即專派大員，上緊分段堵築，速令完固。至兩岸沮洳之區，連年初潦，武清等縣積歉之餘，尤深廑念，應即速查明，是否成災，照例分別妥辦，務使貧民均霑實惠。又今歲巡幸時，指示興濟、捷地兩處工程，改閘為壩，聞近來減水甚暢，南運河隄岸，皆得無恙，其效驗已屬顯見。因思北運河向來漲發最盛，而宣洩之路較少，其筐兒港減水，前歲雖曾修葺，而出水之口，尚未甚寬，似尚可量為展放。至王家務減水，久未修治，未審現在形勢若何，及此外或有可酌添壩座，分消漲水之處，俾得宣通無阻，實屬釜底抽薪善策。著傳諭楊廷璋，留心體訪。俟秋冬潦退時，朕差裘曰修前往，會同楊廷璋，親往相度，詳細繪圖貼說呈覽，候朕另降諭旨。仍先將各河漫口，現在作何搶修事宜，及民田被淹，是否成災各情形，迅速覆奏。毋得稍有含糊粉飾，自於咎戾。」尋奏：「永定河漫口，漸次消涸，中溜不過二十三十丈，止淹及玉皇廟村，與附近之四小村水勢直趨淀河，其沿途有無旁溢，容查奏。張家王甫隄工，已稟漫溢，河西務甘露寺被水，尚未報到。馬頭張灣，間有積水，涿州、良鄉、大興、宛平、固安以及續報之昌平、密雲、懷柔、三河、永清、蠡縣、安州、新城、南樂、文安、高陽等各州縣，俱稱雨後積水。暨武清等沮洳之區，俱已委員確勘，是否成災，據實具奏。報聞。」

《高宗實録》卷888，頁897–898

乾隆三十六年（辛卯）秋七月壬子日

直隸總督楊廷璋奏：「據務同知稟稱，北運河西岸甘露寺，漫口二十餘丈；東岸狼兒莊，亦有漫溢。又據楊村通判稟稱，張家王甫迤北之小蒙村，亦經泛溢。查甘露寺等處，俱距正河尚遠，且漫水即瀉入鳳河，不致淹及民田，已飭令急行堵築。又文安縣協修隄內，有鹿墥村一處，坍損二十餘丈。大城縣協修隄內，亦有坍損，俱例係民修之埝，但民力拮据，即照以工代賑之例，飭各員督辦。又南運河小園莊，亦漫口二十丈，秋禾間有被淹，已令借給義穀，加意撫卹。」得旨：「覽奏俱悉。」

《高宗實録》卷888，頁905

乾隆三十六年（辛卯）秋七月壬子日

直隸總督楊廷璋奏：「大興等十七州縣與霸州等十二州縣被淹。臣確查分數，大興、宛平、良鄉、固安、永清、東安、霸州、武清等八州縣頗重；涿州、密雲、懷柔、通州、昌平、雄縣、安州、蠡縣、新城、文安、保定、香河、寶坻等十三州縣次重；三河、高陽、任邱、安肅、南樂、懷來、定州、元城等八州縣較輕。已批司委員確勘，先飛飭借給每戶義穀四斗，其坍塌房屋者，瓦房給銀一兩，土房五錢。仍俟勘得成災與否，分別辦理。又蔚州、延慶、西寧三屬，前據稟報有被雹村莊，亦經飭查，統歸秋災案內撫卹。」得旨：「另有旨諭。」又批：「此皆外省俗例，足見非實心辦事也，不可。」諭軍機大臣等：「據楊廷璋奏，查辦被水各州縣災務一摺。內有批司委員確勘之句，殊屬非是，已於摺內批示矣。災務關係民生，最為緊要，自應迅速查辦，俾災黎早得安全。今藩司楊景素，現在密雲督辦差務，晝夜不輟，豈復能兼顧及此，如此易知之事，楊廷璋亦不知乎？楊廷璋身任總督，通省文武，皆其所轄，派令查勘災務，誰敢不遵？豈必待藩司查稟，始能料理？且該督近在永定河干，派員甚為直捷，而又批交楊景素輾轉往還，稽延時日，亦非情理。若以為辦災係藩司專責，即暫令王顯緒代為行文，俟楊景素回任，再為補詳，亦何不可，而必為此紆回曲折之事乎？此等外省相沿俗例，極可憎鄙，朕屢經嚴飭矣！楊廷璋久任封疆，向來頗知認真辦事，不應拘牽陋習若此，豈復實心任事之道。至現在被災，計二十九州縣，恐賑借等項，需用較多，已降旨令戶部撥庫銀五十萬兩，發交該督備用。該督其董飭屬員，實力妥辦，務使貧民均霑實惠。若辦理稍不盡心，致有侵扣冒濫諸弊，惟於該督是問。仍將被災情形，速飭確查，分別辦理，據實明白回奏。」尋奏：「被水之大興等二十九州縣外，又據續報天津、清苑、房山、新安、正定、薊州、大城、靜海、寧河、豐潤、玉田、藁城十二處被災，已飭令確勘，分別撫卹。所有恩撥庫銀五十萬兩，收兑藩庫備用，將來應撫應賑，臣當遵旨悉心妥辦，務使災黎均霑實惠。」得旨：「覽。」

《高宗實録》卷 888，頁 905–906

乾隆三十六年（辛卯）八月丙子日

諭：「令歲秋雨過多，河水漲發。近畿一帶窪下地方，田禾不免淹浸。節經發帑五十萬兩，截漕五十萬石，並令該督楊廷璋，勘明成災州縣情形，分別照例辦理。其成災較重村莊，小民口食維艱，若統俟冬月給賑，待哺尚覺需時，朕心深為軫惻。所有宛平、良鄉、涿州、東安、永清、固安、霸州、文安、大城、通州、寶坻、香河、武清、新城、雄縣、天津、靜海、寧晉等十八州縣，成災八分以上者，無論極次貧戶，俱著於八月內，先行給賑一月口糧，以資接濟。該督務董率屬吏，實力妥辦，俾閭閻均霑實惠，副朕廑念災黎至意。該部遵諭速行。」

《高宗實録》卷 890，頁 932

乾隆三十六年（辛卯）九月庚申日

諭：「直隸今秋被水各屬，屢經降旨，據實查勘，分別賑卹。其低窪地畝被淹者，自應早令涸出，俾得趕種秋麥，以資口食。茲詢楊廷璋，據稱已報涸出者，計四十五州縣，業經借給麥種，現在麥苗俱已出土青蔥。惟宛平、文安、大城、保定、永清、東安、武清、霸州、通州、香河、寶坻、寧河、天津、任邱、豐潤十五州縣地更低窪者，尚未全涸，已委員協同疏洩。其東安、香河、寶坻、豐潤四縣，亦續報漸次涸出，仍飭令上緊疏消等語。此等低窪地畝，去歲曾經遇水，今年又復被淹。若積潦不能速消，民業徒成曠棄，而瀕河之地，多係一水一麥，如能及時涸出，種麥可望倍豐，於貧民生計甚為有益。但恐該地方官，不能實心經理，必致玩日妨農，朕心深為廑念。著派袁守侗、德成分往各處，督率該州縣，即速設法疏消，務令及早涸出，無誤布種春麥。尚書裘曰修，於近京水利情形較為諳悉，且此被水之處，順天所屬者居多，著派其往來調度董查，總司其事。伊等於奉到諭旨後，不必赴行在請訓，即速起程前往，俟各處辦有就緒，再行回京覆奏。」

《高宗實録》卷893，頁988

乾隆三十七年（壬辰）春正月戊戌日

諭：「直隸省去歲秋間雨水稍大，濱河窪地，偶被偏災，疊經降旨，發帑出粟，賑卹有加，貧黎諒不至有失所。第念賑期有定，而待哺殊殷，當此始和布令，畿輔近地，允宜再沛恩膏。所有上年被災較重之宛平、良鄉、涿州、東安、永清、固安、霸州、文安、大城、通州、寶坻、香河、武清、新城、雄縣、天津、靜海、寧晉及被災次重之保定、三河、薊州、寧河、豐潤、玉田等二十四州縣，自六分極貧，至七、八、九、十分極次貧，均著加恩，於本年三月，再行展賑一月。俾青黄不接之時，小民口食有資，得以安心力作。此外如有缺乏籽種之户，及糧價稍貴之區，該督仍隨時體察，酌量糶借兼行，務使一夫不致失所，以副朕軫念民依至意。部遵諭速行。」

《高宗實録》卷900，頁1

乾隆三十七年（壬辰）二月己卯日

諭：「直隸省上年瀕河州縣，間被偏災，當即降旨，發帑出粟，多方賑卹。今歲新正，復將宛平等二十四州縣，加恩展賑一月，俾災黎口食，有資接濟。今者省視近郊，目睹村墟寧謐，雖不至於失所，第念被災較重八分以上之各州縣，其中毗連地畝，勘不成災者，格於成例，不得同霑愷澤。朕思災歉州縣，既在八分以上，其不成災村莊，雖屬有收，而左右前後，閭里緩急相通，事所必有。若照例徵輸，情形未免拮据，現在開徵屆期，著再加恩，將宛平、良鄉、涿州、東安、永清、固安、霸州、文安、大城、通州、寶坻、香河、武清、新城、雄縣、天津、靜海、寧晉、保定、三河、薊州、寧河、豐潤、玉田等二十四州縣内勘不成災各戶應納錢糧，亦予緩至本年秋成後徵收，以紓民力。該部即遵諭行。」

《高宗實録》卷 902，頁 46

乾隆三十七年（壬辰）八月丁卯日

諭：「上年直隸秋雨過多，宛平等二十四州縣被災較重，節經降旨，分別蠲賑，並將蠲剩錢糧，分年帶徵，即此二十四州縣内之毗連災地，應徵錢糧，亦格外加恩，緩至秋後徵收。今歲畿輔自春夏以來，雨暘時若，麥收既獲豐登，秋稼並臻大有，實為數年來所僅見。茲將屆開徵節年緩帶銀米，閭閻自皆踴躍輸將，但念昨歲災地貧民，元氣初復，宜益加培養，以冀盈寧。所有乾隆三十三、四、五等年帶徵錢糧，數尚有限，自可按例輸納。至三十六年緩徵錢糧，為數稍多，若令新舊同時並徵，恐民力尚未免拮据，朕心深為軫念。著再加恩，將宛平、良鄉、涿州、東安、永清、固安、霸州、文安、大城、通州、寶坻、香河、武清、新城、雄縣、天津、靜海、寧晉、保定、三河、薊州、寧河、豐潤、玉田等二十四州縣被災蠲剩，及毗連災地處所應行緩徵三十六年分銀兩穀豆，概緩至來年麥熟後，再行啟徵。俾小民生計，益臻寬裕，以副朕愛養優卹之至意。該部即遵諭行。」

《高宗實録》卷 914，頁 246

乾隆三十八年（癸巳）三月戊戌日

諭：「前因永定、北運二河工程，關係民生，特命重臣會勘，大發帑金，克期修築，經周元理奏請省視其成，以慰臣民望幸。因諏吉恭奉皇太后安輿巡幸天津，順途周覽，仍復指示機宜，期使共資利賴。業於啟鑾日降旨，將經過地方及天津闔府屬，本年應徵錢糧，蠲免十分之三，用敷闓澤。昨歲畿輔普慶豐登，閭閻藉以康阜，今蹕路所經，見小民扶老攜幼，夾道歡迎，足徵飽暖恬熙景象。惟是元氣初復之時，更宜培養，而各州縣尚有節年緩帶未完欠項，例應次第催徵，民力仍恐不能充裕。著再加恩，將沿途經由之宛平、大興、良鄉、房山、涿州、淶水、易州、定興、容城、新城、雄縣、任邱、霸州、保定、文安、大城、武清、東安、永清、固安等二十州縣，未完乾隆三十三、四、五、六等年，緩帶民欠銀三萬五千五百二十七兩零，穀、豆三十四石四升，天津府屬州縣共未完乾隆三十四、五、六等年，緩帶地糧銀六萬八百九十二兩零，本色屯糧穀並米、豆合穀一萬六千一百七十五石七斗五升零，普行豁免。俾郊甸海濱黎庶，永免追呼，益臻樂利，稱朕行慶觀民，加惠無已之至意。該部即遵諭行。」又諭：「此次辦差文武官員，任內所有降級、罰俸、住俸之案，俱著開復，其無此等案件者各加一級。」

《高宗實録》卷 928，頁 482–483

乾隆三十八年（癸巳）三月庚戌日

諭：「文安大窪，連絡四淀，向來積水難消。前此曾命協辦大學士公兆惠往勘，設法疏治，水即退涸。三十二年，經行閱視，業已遍種春麥，彌望青葱，省覽實深忻慰。迨三十五年，巡閱所經，又多積水。此次所見，仍復汪洋一片，若久遠難以涸出，恐妨民業，致完無田之糧，朕心深為軫念。特命周元理查明水佔頃畝錢糧數目，並交軍機大臣，將作何籌辦之處，會同該督覈議。兹據奏稱，此項窪地，每遇積水未消時，村民捕魚為業，水涸後普種稻粱，即成沃壤。是以從前康熙年間，甫經題豁錢糧，旋即陸續報墾請復，蓋小民既資為恆產，不肯輕棄其業。即水佔未涸，尚可收魚蝦之利。若將糧額概行豁除，則水涸人思報墾，轉無定界，易啟爭端等語。所奏雖屬近理，但念各業戶等，所有地畝，本藉耕藝資生，若積水佔田，糧從何出？雖該處賦則本輕，水小時尚可佃漁覓利，究不若力田收穫之多。倘令照常輸將，民力仍不免拮据，自應查明，分別酌辦，以卹民艱。嗣後著將此窪地，視積水之多寡，以定賦糧之等差，水大則全行蠲除，水小則量為減賦，若水涸耕種有收，仍按額徵輸。如此，則恒業不致有失，民力並得常舒，俾瀕窪黎庶，永沐恩膏，共臻安阜，以示覲民行慶至意。其如何查覈地畝納糧確數，酌定章程，仍著周元理派委明幹大員，實力詳查，妥議覆奏。」

《高宗實録》卷929，頁495

乾隆三十九年（甲午）十一月庚申日

賑卹直隸霸州、文安、大城、寧河、獻縣、交河、東光、天津、青縣、静海、滄州、南皮、鹽山、慶雲、武邑、武強、河間、阜城、肅寧、景州等二十州縣本年被旱災民，並蠲緩額賦有差。

《高宗實録》卷970，頁1245

乾隆四十年（乙未）春正月庚戌日

又諭：「直隸、天津、河間等屬，上年偶被偏災，業經賞撥通倉米十萬石，以備賑濟之需，民食無虞缺乏。惟念被災各戶，計至昨冬，正賑已畢。今春青黄不接，二麥尚未登場，民間口食，未免拮据。著加恩將天津、青縣、靜海、滄州、南皮、鹽山、慶雲、獻縣、交河、東光、武邑、武強、霸州、文安、大城、寧河等十六州縣，無論極次貧民，應於正月起，均予加賑兩個月，俾資接濟。再景州以西地方，有與武邑災地毗連村莊，河間、肅寧與獻縣災地毗連各村，並阜城毗連交河災地各處，經該督覆勘，應入六七分災者，並著一體查明給賑，以示一視同仁至意。該部即遵諭行。」

《高宗實録》卷 974，頁 2

乾隆四十年（乙未）三月辛亥日

又諭：「上年順天、河間、天津等屬，偶被偏災，其勘明成災之霸州、文安、大城、寧河、天津、青縣、靜海、滄州、南皮、鹽山、慶雲、獻縣、交河、東光、武強、武邑十六州縣，及毗連災地之景州、河間、肅寧、阜城四州縣，所有乾隆三十九年分應徵錢糧，已照例緩至今年麥熟後開徵。今歲春雪優霑，二麥自可望豐稔，但昨秋歉收之地，雖有麥熟接濟，未必能俯仰裕如，即毗連災地之區，亦當使之稍有寬餘，以備貧家緩急。著加恩將此二十州縣，無論成災及毗連災地，應徵上年錢糧，概緩至本年秋成後徵收，俾得從容完納，閭閻生計益紓，以副朕惠愛畿民至意。該部即遵諭行。」

乾隆四十年（乙未）五月庚戌日

蠲免直隸霸州、保定、文安、大成、寧河、河間、獻縣、阜城、肅寧、交河、景州、東光、天津、青縣、靜海、滄州、南皮、鹽山、慶雲，天津府同知、冀州、武邑、衡水、武強、安平等二十五州廳縣乾隆三十九年旱災額賦。

《高宗實録》卷 982，頁 107

《高宗實録》卷 978，頁 57–58

乾隆四十年（乙未）冬十月己丑日

諭：「今歲畿南一帶，因七月間雨水稍多，低窪村莊，間被淹浸。現據該督查明題報成災之保定、文安等四十七州縣廳，照例撫䘏賑濟，並將此次被災較重之霸州、永清、新城、雄縣、安州、新安等六州縣，先於九、十兩月，摘出賑給，貧民已可不致失所。第念此等摘賑各戶，尤係災黎中窮乏之民，惟是大賑定期，須在十一月。今年孟冬，適當置閏，此等貧民，於摘賑完畢以後，距大賑尚需待哺一月，未免糊口無資，深為軫念。著加恩將災重之霸州等六州縣，應得大賑，即於閏十月開放，俾得接濟無缺。該督務飭所屬，實心妥辦，以副朕加惠窮黎至意。該部遵諭速行。」

《高宗實録》卷 993，頁 259–260

乾隆四十年（乙未）十月丁酉日

又諭：「本年各省收成豐稔者多，惟畿南一帶六七月間，偶因雨水稍多，致永定河水漲漫溢。瀕河近淀之保定、文安等五十二州縣廳，均被潦成災，而霸州等六州縣較重。又甘省五月中旬後，雨水未能霑足，皋蘭、安定三十一廳州縣夏禾偏被旱雹等災。又江蘇省夏秋雨澤愆期，句容等四十六州縣衛被旱，及蕭縣境内間有被水偏災。又安徽省定遠等三十九州縣衛秋禾被旱，及宿州、靈璧二處臨河地畝被淹。均經各督撫陸續奏明題報，照例分别賑卹，窮黎自可不致失所。第念明春正賑已畢，尚屆青黄不接之時，民食恐不免拮据。著傳諭各該督撫，確切查明，據實覆奏，候朕新正酌量加恩，用敷春澤。至豫省沁河，兩次水漲，漫刷武陟縣民埝，將附近之張村等三十七村莊河灘地畝被淹。雖僅屬一隅偏災，但情形亦覺稍重，應否一體酌辦之處，並著該撫查明奏聞。將此由五百里傳諭，仍令由五百里馳奏。」

《高宗實録》卷 993，頁 270–271

乾隆四十一年（丙申）春正月甲戌日

又諭：「昨歲畿南一帶，因夏秋間雨水稍多，濱臨河淀州縣之低窪村莊地畝被潦，均不及一隅。業經該督勘明，保定、文安等五十二州縣廳成災之處，照例撫卹賑濟，並降旨將較重之霸州等六州縣，應行摘賑提前一月，俾與大賑接濟無缺，貧民已可不致失所。第念新春正二月正賑已畢，距麥收尚遠，茅簷口食，或恐不無拮据，兹當履端肇始，宜沛恩施。著加恩將被災較重之霸州、永清、新城、雄縣、安州、新安六處，及次重之文安、保定、武清、大城、清苑、天津、靜海、青縣八處，均各展賑一個月，俾窮黎益霑愷澤。該督其董率所屬，實心經理，以副朕加惠畿民至意。該部即遵諭行。」

《高宗實録》卷 1000，頁 378

乾隆四十一年（丙申）二月庚午日

諭：「本年新正，曾將畿南一帶昨歲被潦州縣，分別予以展賑，用普春祺。茲當金川全境蕩平，巡幸山左，凡鑾輅所經之地，現已普被恩膏，其災區之不值蹕途者，亦堪軫念。著加恩將霸州、保定、文安、大城、永清、河間、獻縣、武邑、衡水、寧晉、武強、安平等十二州縣，未完乾隆三十九年因災緩帶地糧銀八萬六千七百四十五兩零，屯米二百四十八石零；又霸州、保定、文安、大城、永清、新安、安州、固安、蠡縣、河間、獻縣、任邱、晉州、玉田、武邑、衡水、隆平、寧晉、深州、安平等二十州縣，未完乾隆三十三、四、五、六、七、八、九等年，因災出借常平穀二萬八十九石零，米二萬八千七百七十二石零，麥五千八百七十四石零；又霸州、固安、河間三州縣，未完乾隆三十九年因災出借井田屯穀二百九十一石零，米一千四百五十七石零，概行蠲免，以示慶成施惠至意。該部即遵諭行。」

《高宗實録》卷 1003，頁 450–451

乾隆四十一年（丙申）夏四月癸丑日

蠲免直隸霸州、保定、文安、大城、固安、永清、東安、武清、寶坻、薊州、寧河、香河、大興、宛平、順義、清苑、安肅、新城、博野、望都、容城、蠡縣、雄縣、祁州、安州、高陽、新安、河間、獻縣、任邱、天津、青縣、靜海、津軍廳、正定、晉州、無極、藁城、新樂、雞澤、大名、元城、玉田、武邑、衡水、趙州、隆平、寧晉、深州、武強、安平、定州等五十二州縣廳乾隆四十年水災額賦有差。

《高宗實録》卷 1006，頁 512

乾隆四十五年（庚子）九月己亥日

諭曰：「袁守侗奏請將文安縣知縣資原庚改教一摺，已批交該部矣。向來各省教職俸滿，經督撫保舉選用知縣後，經別省督撫復行改教者，將原保人員議處，定例綦嚴。今資原庚，雖係教職任內，由舉人本班截取，與曾經保薦者不同，然亦由該省督撫驗看給咨。如果年力衰庸，難膺民社，即應據實奏明，或仍留教職，或送部引見，方為實心任事。且各省進士、舉人，於督撫截取驗看時，尚有改教勒休者，豈現任教職，轉可因循姑息，率行給咨耶？吏部則例，向未定有處分，原未周密。至該員得缺時，九卿驗看，未經奏改，亦有不合。其應如何酌定處分，著交吏部一併詳悉妥議具奏。」

《高宗實録》卷 1115，頁 903

乾隆四十五年（庚子）九辛丑日

諭：「昨因袁守侗奏請將文安縣知縣資原庚改教一摺。朕閱該員出身，係在教職任內，由舉人本班截取，經該撫給咨赴選。得缺後，又經特派大臣驗看，何以復行改教？因令軍機大臣詳查原驗之督撫大臣，並降旨交吏部酌定處分。隨據查明，資原庚甫於本年二月，經巡撫李湖驗看給咨。四月選授文安縣後，係派出之綽克托等驗看，則資原庚係屬近日之事。其年力衰壯，可以一望而知，何至到任甫經數月，遽即被劾？可見交部酌定處分，必應如此辦理，以示懲儆。然驗看之遠近，材力之衰壯，原自不一。或有驗看時年力尚健，及數年後漸覺衰頽，始請改教者，若一概議處，亦無以示區別。嗣後教職截取，選授知縣人員，其到任五年後，督撫以衰老甄別者，則原驗之督撫大臣，竟無庸置議。若未屆五年，即以衰老被劾，則距原驗時甚近，何至遽形衰邁，其察驗時之不實可知。即將該督撫及派出驗看之大臣，均照例議處。著為令。」

《高宗實録》卷 1115，頁 906

乾隆四十五年（庚子）冬十月戊午日

諭：「據喀寧阿奏，太原府教授梁減，奉部簽升福建安溪縣知縣，但驗看該員才識迂緩，難膺民社，不敢因其已經推升，率行送部，請將梁減仍留教授原任一摺，已批該部知道矣。前因袁守侗奏，請將文安縣知縣資原庚改教，朕因資原庚係在教職任內，由本班截取，經該撫給咨赴選得缺，何至到任甫經數月，即被參劾。是以降旨，敕部按照年限，酌定處分。所以慎重民社，而又各量其年力也。但慮督撫等因有此旨，認真辦理，或有意從嚴，亦未可知。而熱中者，轉不足以服其心。嗣後此等截取教職，如有經督撫奏明，不勝民社，而該員不甘廢棄，情願送部引見者，俱著照大計八法之例，准其給咨送部引見，庶督撫等等不致屈抑人材，而教職等亦無從藉口。著為令。」

《高宗實録》卷1116，頁920

乾隆四十五年（庚子）十月壬戌日

蠲免直隸霸州、保定、文安、大城、涿州、房山、良鄉、固安、永清、東安、香河、宛平、大興、昌平、順義、懷柔、密雲、平谷、通州、三河、武清、寶坻、薊州、寧河、遷安、清苑、安肅、定興、新城、望都、蠡縣、雄縣、安州、高陽、新安、河間、獻縣、肅寧、任邱、交河、天津、青縣、靜海、滄州、津軍廳、南和、任縣、永年、邯鄲、成安、曲周、廣平、雞澤、磁州、延慶、保安、蔚州、懷來、獨石口廳、豐潤、玉田、易州、武強六十三州縣本年被水災田額賦。

《高宗實録》卷1117，頁922–923

乾隆四十六年（辛丑）春正月乙亥日

諭：「上年直隸地方，雨水稍多，低窪地畝，田禾被淹，業經降旨截漕三十萬石，並撥通倉米三十萬石，部庫銀三十萬兩，以備賑濟之用。茲當東作方興，例賑將畢，青黃不接之時，小民糊口維艱，殊堪軫念。著加恩將霸州、保定、文安、大城、固安、永清、東安、宛平、良鄉、涿州、武清、寶坻、寧河、天津、靜海、新城、雄縣、清苑、安州、新安等二十州縣，於今春正賑後，再加賑一個月，以資接濟。其無庸加賑各廳州縣，亦著該督察看情形，酌量借糶，俾民氣益紓。該督其董率屬員妥協辦理，以副朕軫卹窮黎至意。該部即遵諭行。」

《高宗實録》卷 1122，頁 1

乾隆四十六年（辛丑）二月辛未日

直隸總督袁守侗奏：「直省去秋被水貧民，節經賑卹，惟自文安等處千里長隄，暨天津靜海一帶海河疊道格淀隄埝等工，向遇小有殘損，俱用民力培築。上年河水漲盛，沖刷過多，災民勢尤拮据，除坍卸無幾者，仍勸用民力。其衝塌過甚需土較多之處，請照以工代賑例，分別險要工程土方，酌給銀米。下部知之。」

《高宗實録》卷 1125，頁 46

乾隆四十六年（辛丑）三月戊戌日

諭軍機大臣等：「上年直隸天津、文安、霸州等處被水地畝，前據袁守侗面奏，現在尚有未經涸出者，今又隔旬餘，此時曾否盡行涸出，是否尚能趕種麥田？至今年節氣尚早，此等地畝涸出，趕種大田，不致有誤與否？著傳諭袁守侗即派誠實幹員，分往各該處查詢各屬情形，據實具奏。再日內，天氣稍寒，於麥苗長發時有無妨礙？並著袁守侗一併查明覆奏。」尋奏：「文安、霸州、大城、寶坻等州縣，未經涸出地畝現設法疏消，均可無誤秋禾；即水勢無可消納之處，亦令酌種稻田。其已種麥苗，日徵暢茂，雖天時稍寒，俱無妨礙。」得旨：「覽奏，稍慰。」

乾隆四十六年（辛丑）四月己未日

蠲免直隸霸州、保定、文安、大城、涿州、房山、良鄉、固安、永清、東安、香河、宛平、大興、昌平、順義、懷柔、密雲、平谷、通州、三河、武清、寶坻、薊州、寧河、清苑、新城、雄縣、蠡縣、安州、高陽、新安、河間、獻縣、任邱、交河、天津、青縣、靜海、滄州、津軍廳、南和、任縣、永年、邯鄲、曲周、雞澤、磁州、蔚州、豐潤、玉田五十廳州縣乾隆四十五年水災民地官地額銀十五萬六千二百一十七兩有奇，糧一千五百二十石有奇，並豁除積欠倉糧一十六萬五千七百二十七石有奇。

《高宗實録》卷 1127，頁 63

乾隆五十年（乙巳）三月乙亥日

豁免直隸霸州、保定、文安、大城、涿州、固安、東安、香河、宛平、大興、昌平、順義、懷柔、密雲、通州、三河、武清、寶坻、薊州、寧河、清苑、安肅、新城、蠡縣、安州、高陽、新安、獻縣、肅寧、任邱、交河、天津、青縣、靜海、滄州、慶雲、鹽山、藁城、永年、成安、廣平、東明、長垣、延慶、蔚州、豐潤、玉田、趙州、寧晉四十九州縣，自乾隆四十一年起至四十九年止，民欠因災出借未完穀、米、豆、麥十三萬六千七百七十八石有奇。

《高宗實録》卷 1227，頁 451

乾隆五十二年（丁未）十一月丁亥日

諭軍機大臣等：「直隸文安隄工，朕於丁亥、庚寅、癸巳等年，曾經親臨閱視。明春巡幸天津，蹕路是否經過該處隄岸工程？近年以來，是否穩固，有無被水之處？著劉峨詳悉查明覆奏，所有丁亥等年御制詩三首，並著鈔寄閱看。」尋奏：「該處隄工，疊經修培，現在穩固。報聞。」

《高宗實錄》卷 1293，頁 356

乾隆五十三年（戊申）四月癸丑日

諭：「據劉峨奏，順天等府屬四十九州縣，本年春夏以來，雨澤短缺，麥收歉薄，大田亦多未布種，小民生計，不無竭蹶等語。本年順天等府屬，春膏稍缺。入夏後，雨澤又未能一律普霑，二麥難望有收，大田亦多未種。若將新舊錢糧同時並徵，民力未免拮据。所有順天府屬之大城、文安、保定、武清、寶坻、薊州，保定府屬之清苑、唐縣、博野、望都、完縣、祁州、束鹿，河間府屬之河間、任邱、獻縣、交河、阜城、景州、東光、吳橋、寧津、肅寧、故城，天津府屬之靜海、青縣、南皮、滄州、鹽山、慶雲，正定府屬之正定、井陘、新樂、行唐、晉州、無極、藁城，冀州並所屬之南宮、新河、棗強，趙州並所屬之隆平、寧晉，深州並所屬之武強、饒陽，定州並所屬之曲陽等四十九州縣，並宣化府屬之延慶、赤城、龍門三州縣，應徵節年新舊錢糧、倉穀旗租及萬全等州縣，上年因災賞借之口糧，俱著加恩，一體緩至秋成後，再行徵收。如並無節欠糧租者，准其將本年新糧一體緩徵。俾民間生計益資寬裕，以副朕軫念民依，有加無已至意。該督即遵諭行。」

《高宗實録》卷 1303，頁 536–537

乾隆五十五年（庚戌）春正月乙酉日

諭：「上年直隸保定、河間、天津、順天等府屬各州縣，因夏秋雨水較多，河流漲發，田禾被淹成災。節經降旨，銀米兼撥，令該督實力撫恤，分別賑濟，小民自可不致失所。第念今春正賑已畢，青黃不接之時，民食恐不無拮据。著再加恩，將順天府屬之霸州、文安、大城、武清、東安、永清，保定府屬之清苑、安州、雄縣、新安、高陽，河間府屬之河間、獻縣、阜城、肅寧、任邱、景州，天津府屬之天津、青縣、靜海、滄州、鹽山等二十二州縣，成災七八分之極貧，並九分災之極次貧民，俱展賑一個月，以資接濟。其成災八分以下各州縣，及勘不成災地方，仍著該督察看情形，或酌藉口糧耔種，或減價平糶，分別籌辦。該督務督飭所屬，實心經理，俾災黎均霑愷澤，以副朕普錫春祺，有加無已至意。該部即遵諭行。」

《高宗實録》卷 1346，頁 6

乾隆五十五年（庚戌）六月丁巳日

蠲免直隸霸州、保定、文安、大城、永清、東安、武清、香河、寧河、樂亭、清苑、滿城、安肅、望都、蠡縣、雄縣、祁州、安州、高陽、新安、河間、獻縣、阜城、肅寧、任邱、景州、天津、青縣、靜海、滄州、南皮、鹽山、津軍廳、正定、靈壽、藁城、新樂、肥鄉、曲周、廣平、磁州、元城、大名、豐潤、冀州、衡水、趙州、隆平、寧晉、深州、武強、饒陽、安平、定州等五十四廳州縣並各屬旗地，乾隆五十四年分水災額賦。

《高宗實録》卷1356，頁170

乾隆五十六年（辛亥）春正月己卯日

諭：「上年直隸永平、天津、河間等府屬各州縣，夏秋雨水較多，河流漲發，田禾被淹，致成偏災。節經降旨，令該督實力撫恤，並於天津北倉，截留漕米，及通倉撥給米石，分別賑濟，毋使一夫失所。第念今春正賑已畢，青黄不接之時，小民生計維艱，口食恐不無拮据。著再加恩，將順天府屬之文安、寶坻、大城、武清、寧河、永清、東安、霸州、薊州、保定，永平府屬之樂亭、灤州、盧龍、昌黎，保定府屬之清苑、新城、雄縣、高陽，河間府屬之河間、獻縣、阜城、交河、東光、景州，天津府屬之天津、青縣、靜海、滄州，遵化州屬之玉田、豐潤等三十州縣，所有八分災極貧、九分災極次貧民，俱著加賑一個月，俾民食得資接濟。至被災較輕之六七分及八分災之次貧，並勘不成災地方，仍著該督察看情形，或酌借口糧籽種，或減價平糶，分別酌辦。該督務須督飭所屬，實心經理，俾災黎均霑愷澤，以副朕普錫春祺，恩加無已至意。該部即遵諭行。」

《高宗實録》卷1370，頁377–378

乾隆五十六年（辛亥）六月甲辰朔日

蠲免直隸霸州、保定、文安、大城、固安、永清、東安、大興、通州、武清、寶坻、薊州、香河、寧河、灤州、盧龍、昌黎、欒亭、清苑、新城、蠡縣、博野、雄縣、祁州、安州、高陽、新安、河間、獻縣、阜城、肅寧、任邱、交河、景州、故城、東光、寧津、天津、青縣、靜海、滄州、南皮、鹽山、慶雲、津軍廳、南和、平鄉、廣宗、鉅鹿、任縣、永年、邯鄲、成安、肥鄉、曲周、廣平、雞澤、威縣、清河、磁州、元城、豐潤、玉田、冀州、南宮、新河、棗強、武邑、衡水等六十九廳州縣上年水災額賦有差。

《高宗實録》卷 1380，頁 514

乾隆五十七年（壬子）閏四月庚辰日

諭：「前因直隸順德、大名、廣平三府屬，雨澤愆期，業經截留漕糧三十萬石，並將新舊錢糧，概予緩徵。其保定以北各州縣，亦未得透雨，應否緩徵平糶之處，降旨詢問梁肯堂。茲據覆奏，該處各州縣，久未得雨，或得雨未透，麥收未能豐稔等語。近畿一帶，上年秋成，雖在八分以上，且現經該督飭屬，將倉儲穀石，分別借糶，民食自不至缺乏。但麥收既屬歉薄，若照例將新舊錢糧倉穀，同時並徵，民力究未免拮据。所有保定府屬之清苑、滿城、安肅、定興、新城、容城、安州、束鹿、雄縣，順天府屬之宛平、大興、霸州、東安、大城、保定、文安、涿州、良鄉、固安、永清、香河、昌平、順義、懷柔、密雲、平谷、通州、三河、武清、寶坻、薊州、寧河，河間府屬之獻縣、景州、故城、吳橋、交河、易州並所屬之淶水、廣昌等四十州縣，應徵本年節年倉穀錢糧，均著加恩緩至本年秋成後，再行啟徵，俾民力益紓，以副朕軫念閭閻，有加無已至意。該部遵諭即行。」

《高宗實録》卷 1402，頁 839–840

乾隆五十八年（癸丑）春正月戊戌日

諭：「上年直隸順德、廣平、大名三府，並保定、河間、天津等府屬，因夏秋雨澤缺少，被旱成災。節經降旨，令該督實力撫恤，並截留漕糧，動撥銀米，分別賑濟，俾災黎糊口有資，毋使一夫失所。第念今春正賑已畢，青黃不接之時，小民生計維艱，口食恐不無拮据。著再加恩，將順天府屬之保定、文安、大城、武清、寶坻、寧河，河間府屬之河間、任邱、景州、獻縣、交河、阜城，天津府屬之青縣、慶雲、鹽山，保定府屬之清苑、束鹿、滿城、望都、容城，趙州屬之寧晉共二十一州縣，成災七八分之極貧，概行加賑兩個月，以資接濟。至被災較輕各州縣，仍著該督察看情形，分別借糶，妥為籌辦。該督務須董飭所屬，實心經理，俾災黎均霑渥澤，以副朕軫念窮簷，普錫春祺，有加無已至意。該部即遵諭行。」

《高宗實録》卷 1420，頁 2

乾隆五十八年（癸丑）二月辛未日

諭軍機大臣等：「昨吉慶奏，上年被旱歉收之德州、平原等二十七州縣衛，於麥熟後先徵舊欠。其應徵五十八年地丁錢糧，緩至九月啟徵，已即批令准行矣。本日據梁肯堂奏，保定省城於二月初五日，得雨深透等語。京城初五日得雨三寸，而保定同日渥被春膏。並據永琅奏，易州亦於初五日得雨六寸。看來此次雨勢寬廣，直隸地方諒可普沾，麥收有望，朕心深為欣慰。但京南順德、廣平、大名三府，上年因旱歉收，而河間、景州、天津為尤重，雖已蠲賑並施，新正復加恩降旨展賑，但究恐民力不無拮据。著將硃批吉慶摺，鈔寄梁肯堂閱看，並令該督將被旱各州縣，有無應照吉慶所請，酌量緩徵之處，體察情形，據實具奏，以副朕軫念災區，有加無已至意。」尋奏：「保定、文安、大城、武清、寶坻、寧河、河間、任邱、景州、獻縣、交河、阜城、青縣、慶雲、鹽山、清苑、滿城、束鹿、望都、容城等二十州縣，被災較重，請照山東例，麥熟後先徵舊欠。本年地丁錢糧及各項旗租，緩至九月啟徵。」從之。

《高宗實録》卷 1422，頁 30

乾隆五十八年（癸丑）三月癸卯日

諭：「本年直隸省大名等八府州輪免錢糧。又保定、文安等七十八州縣，因上年被旱歉收，節經降旨，將應徵地丁錢糧，分别緩徵。該省應需經費，慮有不敷。著加恩於部庫内賞撥銀五十萬兩，以資經費之用。該部即遵諭行。」

《高宗實録》卷 1424，頁 50

乾隆五十九年（甲寅）三月戊戌日

諭：「前因直隸節年逓欠，為數較多，業經降旨，因災帶緩未完銀兩，寬免十分之三。此次巡幸天津，已降旨將經過地方及天津闔府屬本年應徵錢糧，蠲免十分之三。兹朕巡方觀俗，小民望幸情殷，自應渥沛恩施。所有經過地方之大興、宛平、東安、保定、涿州、新城、容城、雄縣、任邱、霸州、文安、大城、武清等州縣，節年未完緩帶銀八萬三百六十九兩零，著再加恩蠲免十分之四。並將天津府屬，節年積欠未完之緩帶徵地糧銀十三萬三千一百四十兩零，普行豁免。俾蹕路所經及海濱蔀屋，益慶盈寧，共安樂利，以示省耕施惠至意。該部即遵諭行。」

《高宗實録》卷1448，頁319–320

乾隆五十九年（甲寅）四月甲戌日

諭：「前因直隸去冬今春雨雪稀少，節經降旨令該督查明，如有應行接濟之處，妥為辦理。茲據梁肯堂覆奏，保定等府各屬，雖得雨數次，究未霑足，除濱臨河淀等處地畝，麥收尚屬可望，其高阜處所，難望有收等語。著加恩將保定府屬之清苑、滿城、安肅、定興、新城、唐縣、博野、望都、容城、完縣、蠡縣、雄縣、祁州、束鹿、安州、高陽、新安，順天府屬之涿州、房山、固安、永清、東安、文安、大城、保定、霸州、通州、武清、薊州、香河、寧河、寶坻、昌平、順義，河間府屬之河間、獻縣、阜城、肅寧、任邱、交河、寧津、景州、吳橋、故城、東光，正定府屬之正定、獲鹿、井陘、阜平、欒城、行唐、靈壽、平山、元氏、贊皇、晉州、無極、藁城、新樂，順德府屬之邢台、沙河、南和、平鄉、廣宗、唐山、鉅鹿、內邱、任縣，廣平府屬之永年、曲周、肥鄉、雞澤、廣平、邯鄲、成安、威縣、清河、磁州，大名府屬之元城、大名、南樂、清豐、東明、開州、長垣，易州並所屬之淶水、廣昌，定州並所屬之曲陽、深澤，深州並所屬之武強、饒陽、安平，趙州並所屬之柏鄉、隆平、高邑、臨城、寧晉，冀州並所屬之南宮、新河、棗強、武邑、衡水等一百七州縣，應徵本年節年倉穀錢糧，均著緩至本年秋成後，再行徵收。俾民力寬紓，以副朕軫念閭閻，有加無已至意。該部即遵諭行。」

《高宗實録》卷1451，頁343–344

乾隆五十九年（甲寅）冬十月丁卯日

賑恤直隸霸州、保定、文安、大城、固安、永清、東安、宛平、良鄉、涿州、通州、武清、寶坻、薊州、寧河、香河、灤州、昌黎、樂亭、清苑、滿城、安肅、新城、博野、望都、容城、蠡縣、雄縣、祁州、束鹿、安州、高陽、新安、河間、獻縣、阜城、肅寧、任邱、交河、景州、故城、吴橋、東光、天津、青縣、靜海、滄州、津軍廳、正定、井陘、阜平、行唐、平山、晉州、無極、藁城、新樂、南和、平鄉、鉅鹿、任縣、永年、邯鄲、成安、肥鄉、曲周、廣平、雞澤、威縣、清河、磁州、大名、元城、南樂、豐潤、玉田、冀州、南宫、棗強、新河、武邑、衡水、趙州、隆平、寧晉、深州、武強、饒陽、安平、安州、曲陽、深澤九十二廳州縣本年水災貧民。

《高宗實録》卷1462，頁542

乾隆六十年（乙卯）春正月乙酉日

又諭：「上年直隸春間被旱，夏秋之間，近畿通州、涿州一帶及保定、正定、河間、天津、廣平、大名、遵化等府州屬，因雨水較多，河流漲發，地畝被淹，業經節次降旨，各加兩倍賞卹，並豁免秋糧及該年漕糧，蠲賑兼施，俾無失所。第念該州縣自撫卹以來，戶口雖俱完聚，而現届始和方布，宿麥初萌，正在青黄不接之時，恐民力未能接濟。所有被災最重之天津、景州、河間、獻縣、任邱、武清、寶坻、薊州、正定、藁城、清苑、清河十二州縣，八分災極貧，展賑兩個月；八分災次貧及七分災極貧，展賑一個月。被災次重之通州、涿州、良鄉、寧河、豐潤、玉田、大名、元城八州縣八分災極貧，並霸州、文安、武邑、衡水之八分災極貧，亦俱展賑一個月，以資補助。該督其矢誠飭屬，宣惠有孚，毋任官侵吏蝕，俾窮簷胥霑實惠，以示三輔班春，敷錫新祺至意。該部即遵諭行。」

《高宗實録》卷 1468，頁 603

《大清仁宗睿皇帝實録》

（嘉慶二年至嘉慶二十四年　公元 1797–1819 年）

嘉慶二年（丁巳）九月乙亥日

免直隸良鄉、宛平、通、寶坻、武清、霸、文安、固安八州縣水災本年額賦十分之一，並緩徵新舊額賦。緩徵涿、香河、薊、三河、東安、永清、保定、清苑、新城、雄、高陽、蠡、安、冀、衡水、武邑、寧晉、隆平、獻、肅寧、安平、大城二十二州縣本年額賦。

《仁宗實録》卷 22，頁 278–279

嘉慶四年（己未）二月戊午日

又諭：「胡季堂奏，查明抄案糧食，請賞借文安、大城二縣被水村民一摺。文安、大城二縣，年前被水淹浸，現在低窪處所，積水未消，自應量為接濟。著照所請，將查抄和珅家人呼什圖米、麥、穀豆、雜糧一萬一千六十五石零，以八成撥給文安縣，以二成撥給大城縣，賞給被水村民，作為口糧。其已涸之地，無力購種者，即於此內借給耔種，均俟豐收年分，再行免息交倉，俾東作之際，早資耕種，民力得就寬紓。」

《仁宗實録》卷40，頁468

嘉慶五年（庚申）春正月辛酉日

加賑直隸霸、河間、任邱、隆平、寧晉、定六州縣水災蟲災飢民，並貸文安、清苑、蠡、雄、安、新安六州縣災民耔種口糧，免大城、文安二縣無地貧民應還官穀有差。

《仁宗實録》卷57，頁748

嘉慶五年（庚申）閏四月辛酉日

緩徵直隸霸、文安、清苑、蠡、雄、安、新安、河間、任邱、寧晉、隆平、定十二州縣旱災新舊額賦。復緩徵滿城、新城、祁、高陽、阜平、望都、博野、正定、新樂、易、冀、饒陽、安平、涿、寶坻、唐、獻、曲陽、豐潤、通、三河、遵化、玉田二十三州縣旱災新舊額賦。免大興、宛平、良鄉、涿、通、三河、薊、遵化八州縣本年額賦，並緩徵旗租銀糧。

《仁宗實録》卷 65，頁 874

嘉慶六年（辛酉）春正月己卯日

加賑直隸霸、文安、大城、安、新安、河間、景、寧晉、隆平九州縣被水、被雹災民，並貸雄、高陽二縣災民籽種口糧。

《仁宗實録》卷 78，頁 1

嘉慶六年（辛酉）六月壬申日

又諭：「前因京師雨水甚大，永定河決口，漫溢下注，附近京城西南各州縣地方，自必被水。其東北一帶積水，未能即時消涸，民舍田禾，必多淹浸之處。朕心深為廑念，誠恐地方官查報不實，特派台費蔭等八員分往四路，悉心查勘。嗣又思被災民人，嗷嗷待哺，刻不能緩。若俟該員等查奏到時，再行撫卹，未免稽遲。復經降旨傳諭台費蔭等查看被水地方，有急須散賑之處，即督同地方官立時賑濟，一面奏聞，一面動帑開倉。原欲使被難窮黎早得賑濟，藉以存活。伊等自當仰體朕如傷在抱之意，妥速查辦。乃各路卿員內，惟派往南路之台費蔭、陳霞蔚所辦實為妥協。伊二人本在霸州、文安分路給賑，聞保定縣被災較重，即馳赴該處，督飭該縣銀米兼放，急為撫恤，俾災黎等得以立時果腹。其查勘西路之窩星額、廣興僅查至涿州，即行回京，不過開寫戶口清單具奏，並未將如何賑濟之處，悉心經理。至派往東路查勘之阿隆阿、張端城，既目擊武清、寧河、寶坻被災最重，而寧河村莊，俱被水圍浸，又曾接到續降之旨，並不督同地方官立時開倉賑濟。經朕面詢，轉稱民間藉有新麥，暫資糊口，此時不必賑濟，大屬非是。即如京師大、宛兩縣，本年麥收非不豐稔，早經降旨給賑，且各村莊猝被水災，廬舍俱遭淹浸，即有收藏麥石，寧不被水漂失。而阿隆阿、張端城在朕前，尚以為該處百姓有新麥足資接濟，是何言耶？且朕念天津地處下游，永定河漫水匯流灌注，殊深懸廑，於十七日降旨，令伊二人東路查勘事竣，即前赴天津察看水勢。乃本日伊等面奏，在河西務地方，業經接奉此旨，並不就近速往天津，轉至京城復命請訓，其意不過欲藉此回家看視耳。朕軫念民依，特遣卿員分路查勘，以期速拯災黎。今各路辦理既有不同，自當核其功過，明示勸懲。台費蔭、陳霞蔚，著交部議敘；窩星額、廣興，著交部議處；阿隆阿、張端城，著交部嚴加議處。仍令伊二人即赴天津，查勘該處被水情形，不准歸家，亦不准馳驛前往。至查勘北路之恩普、范鏊，因各該處地勢較高，居民等未經被水，無需開倉給賑，是以來京復命。若果有應賑災區，亦必能遵旨辦理，伊二人無咎無譽。現在五城設廠煮賑，都察院堂官本有稽查之責。但念西城馮光熊，俱已年老，照料恐有未周，俱著在本衙門辦事，不必前赴飯廠。所有監放五城煮賑事宜，著派恩普、范鏊會同舒聘及前次派出之窩星額、廣興，輪流查察，務俾窮民得霑實惠。」尋吏部分別議奏。得旨：「台費蔭、陳霞蔚，著照部議各加一級。窩星額，著準其銷去加一級，紀録八次，抵降三級，免其降調。廣興任内有革職留任之案，無級可降，著加恩免其革任，仍註冊。阿隆阿、張端城，經朕簡派查災大員，草率從事，殊負委任，本應照部議革職，姑從寬將阿隆阿降為頭等侍衛，著在大門上行走，仍兼管鴻臚寺事務。張端城著降為六部郎中，遇缺補用，俾玩視民瘼者，知所儆戒。嗣復因台費蔭等奏報，文安縣被水及大城縣被水較重各情形，命吏部存記。富星額、廣興、阿隆阿、張端城三年內停止升轉。」

《仁宗實録》卷84，頁107–109

嘉慶六年（辛酉）八月乙丑日

諭軍機大臣等：「朕恭閲皇考《高宗純皇帝實録》。乾隆十二年，因東省被災，流民出古北口覓食。巡撫阿里袞奏請攜銀招徠資送，欽奉諭旨，以流民出外覓食，總因鄉里糊口無資，果能一一遵旨辦理，安輯於本州縣，使無輕去其鄉，上也。離鄉未遠，招徠於本省境內者，次也。及其已至古北口一帶，往返數百里，遠者千里。其中或有父兄親族，向在口外，有所依倚，亦不妨任其前往。若一一資送回籍，不惟糜費不貲，且恐已誤耕作，而還鄉更無可倚賴，於災黎更屬無益。聖訓諄諄，仰見我皇考軫恤窮民，無使一夫失所至意。本年直隸被災較廣，窮民大半失業，且距古北口甚近，其出口覓食者，自所不免。如果地方官認真經理，計口授食，災民等豈肯輕去其鄉。若本籍既不能妥為賑恤，致令流移出口，離家已遠，豈有概行攔截，及資送回籍之理。計十月初間即屆開放大賑之期，著傳諭陳大文，督率藩司道府州縣等，按照極、次貧民戶口大小分別給發，務令實惠及民，各有生計，自不致有出口覓食之事。再本日查辦南路之卿員台費蔭等，到京覆命。據稱，霸州所用米石，保定、東安所用銀兩，俱無倉庫可動。至文安、大城二縣倉庫，銀米俱無，詢之該州縣等，均稱曾經報明上司等語。殊堪駭異，文安、大城如此，其餘各州縣倉庫虧缺情形，已可概見。陳大文現署直隸總督，於賑事完畢後，務將通省各州縣倉庫，妥為經理，俾儲備有資，緩急足恃，方為不負委任。」

《仁宗實録》卷 86，頁 138–139

嘉慶六年（辛酉）八月庚午日

諭軍機大臣等：「熊枚奏，查勘文安一縣被水成災較重之區，並繪圖貼說進呈。朕詳加披閱，該處地形窪下，積水已越三年。今夏子牙、清河諸水，四面漫溢，竟深至二丈有餘不等。住居民人共計三百六十餘村，俱浮沉水中，嗷嗷待哺，朕心實增憐軫。該縣自建置縣治以來，必有舊定章程，為疏通水道，保障居民經久之計。是否近日廢弛不辦，並現在應如何設法疏消，百姓不致久困積潦之處，亟應講求妥辦。著陳大文悉心體訪，詳議具奏。」尋奏：「查文安地處極窪，至受水之後，地與河平，實已無從宣洩。自建治以來，別無疏濬章程。查大城河之廣安横隄長九里，為文邑保障。迤南有河間所屬千里長隄，可資外衛。兩隄之中，又有同興上年查勘控告刨工案內奏明新建閘座，以洩河間漫水，仍於地段稍下之龍潭灣等處，開溝疏濬。如此救弊補偏，則文邑災黎，或不致久淹為患。再查天津府屬之慶雲縣，地瘠民貧。乾隆十一年欽奉上諭：『慶雲縣每年額徵地丁銀兩，蠲免十分之三，永著為例。』今文安全境積歉情形，與慶雲無異，可否將該縣三百六十村額賦，分別減免。」得旨：「文安縣全境積歉，既與慶雲縣無異，自應量為酌減，用紓民力，俟明歲新正，再降恩旨。再上游大城、河間兩隄決口堵閉，並修復閘座，以資宣洩，亦只可如此辦理，務當飭令所屬，上緊妥辦。」

《仁宗實録》卷 86，頁 140–141

嘉慶六年（辛酉）八月壬申日

諭內閣：「台費蔭奏請將文安縣民遷徙盛京等處一摺，所奏斷不可行。據稱文安地勢極窪，現在積水自數尺至丈餘不等，明歲斷難全涸，並恐二三年尚不能耕種。請酌給遷徙安集之資，准令赴錦州及吉林、齊齊哈爾等處地方，聽其耕種，並請官為經理，由天津海道備船送往等語。本年直隸文安一縣被水較重，田廬村落多被淹浸，深堪軫惻，現令陳大文加意撫卹。至該處地勢極窪，形如釜底，為眾水所歸。但建設縣治，由來已久，必有舊定章程，為疏消積水，保障生民之計。斷無因一時積水難消，遂將闔縣居民全行遷徙，任令縣治淪於巨浸。況文安距奉天等處途路遼遠，由天津出海口前往，風濤險阻，小民斷不樂從。古來移民就粟之舉，雖間亦有之，然不過在鄰近處所，如河內移至河東，亦無有移民如是之遠者。奉天等處即有官地可墾，而耔種牛具，焉能齊備？兼之目下將屆冬令，小民到彼後，既非耕作之時，又無棲息之所。而關外氣候尤寒，當彼窮冬風雪，豈竟任令露處乎？台費蔭所奏，種種格礙難行，著將原摺發還。其文安現在積水情形，自應以設法疏消，優卹窮黎為正辦。著陳大文遵照前降諭旨，妥協經理，以副朕軫念災區至意。」

《仁宗實録》卷 86，頁 141–142

嘉慶六年（辛酉）十二月丙午日

加賑直隸大興、宛平、通、武清、寶坻、香河、寧河、霸、保定、文安、大城、固安、永清、東安、涿、房山、良鄉、順義、清苑、安肅、新城、博野、雄、蠡、容城、束鹿、安、新安、河間、獻、肅寧、任邱、交河、景、

東光、天津、青、靜海、正定、藁城、無極、阜平、新樂、平山、豐潤、玉田、冀、武邑、衡水、新河、趙、柏鄉、隆平、寧晉、深、武強、饒陽、安平、定、深澤六十州縣被水災民。

《仁宗實録》卷92，頁216

嘉慶七年（壬戌）春正月丙子日

諭内閣：「上年直隸被水各州縣，節經降旨加恩，分别蠲免錢糧。内文安一縣，被水尤重，復經降旨令陳大文實力查勘。嗣據陳大文奏，該縣在河間、大城之下游，四面環隄，形如釜底，不獨河水泛溢為災，即雨水稍多，常被淹浸。查該縣全境三百六十村莊，内蘇橋等五十一村莊，各為大窪。乾隆三十八年，曾經欽奉恩旨，將此窪地視積水之多寡，定額賦之等差，歷經遵辦在案等語。文安縣地勢窪下，土瘠民貧，殊堪憫念，除上年及本年應徵錢糧，俱全行豁免外，嗣後該縣三百六十村莊每年額徵地糧，著加恩照慶雲縣之例，豁免十分之三，永著為令。内大窪五十一村莊，地糧應徵七成銀兩，仍按年查勘，視積水之大小，分别減免。該督等仍當隨時疏浚，不致積潦為患，以副朕軫念災區，敷錫春祺至意。」

《仁宗實録》卷93，頁236

嘉慶七年（壬戌）春正月辛丑日

諭軍機大臣等：「熊枚奏採録原任水利營田觀察使陳儀所著直隸河道各事宜進呈一摺。直隸各屬水利，本關緊要，而文安一縣，受六十六河之灌注，上年被水尤重，自應設法疏消，俾資利導。熊枚録呈陳儀所著各事宜，不為無見。但地方水利，今昔情形是否相同？著陳大文詳悉講求，酌量緩急。如有亟須堵浚之處，即行妥議具奏。所有熊枚抄録陳儀原著各條，一併發交閲看。」

《仁宗實録》卷93，頁249

嘉慶七年（壬戌）三月甲申日

又諭：「陳大文奏，請動款修築河間縣高家口漫工，派令王念孫到彼督辦一摺。上年雨水盛漲，河間縣高家口隄埝衝決之水，自南而下，灌注文安，致積潦日久未消，自應亟為堵築，以資捍禦。其應需工料銀三千九十五兩零，著准於天津、清河二道庫貯河淤地租銀兩内動撥。至原任永定河道王念孫，係履勘原估之員，於該處情形自為熟悉。著那彦寶等飭令王念孫，酌帶永定河歷辦埽工之河兵，即赴河間，會同地方官趕緊興工堵築，務臻穩固。」

《仁宗實録》卷95，頁273

嘉慶八年（癸亥）春正月庚午日

免直隸宛平、文安二縣六年水災應徵旗租，文安、大城、新安、安四州縣節年應還口糧籽種穀米並折色銀。

《仁宗實録》卷 107，頁 433

嘉慶八年（癸亥）八月戊辰日

諭内閣：「戶部奏，直隸大城等七州縣並宛平、文安二縣，七年旗租，應否仍照該部前議准免五分，抑或如顏檢所請全數蠲免，請旨遵行一摺。旗租一項，與民糧不同，向來蠲免例内，本無全免之條。即如嘉慶四年，恩免大興、通州各州縣錢糧，旗租即係照定例辦理。乃此次該督於大城等各州縣應行蠲免旗租，輒咨請全行寬免。嗣經接到部覆，照例酌免十分之五。該督復以該部繕寫錯誤，仍請查覈更正，概行豁免，殊屬非是。該督即不知旗租定例，寧於該省四年辦過成案，亦不知查覈耶？顏檢著傳旨申飭，仍著照部議行。」

《仁宗實録》卷 118，頁 575–576

嘉慶八年（癸亥）八月庚寅日

諭内閣：「前因戶部具奏，直隸督臣顏檢，將大城等七州縣旗租，例應蠲免五分者，於奉到部覆後，仍咨請查核更正，全行豁免，曾降旨申飭，仍照部議行。旋經顏檢於差次面奏，此項旗租業已頒發謄黃，與民糧一體全行豁免。且被災較輕之大興等州縣旗租，業已蠲免五分，當即令軍機大臣查奏。茲據查明上年顏檢摺内，以大城等七州縣被水較重，請將應徵錢糧及各項旗租，照宛平、文安之例，一體豁免。其時宛平、文安錢糧，雖經全免，並未免及旗租，何例可照？是該督奏請本覺含混。戶部前議詳覈定例，止准免旗租五分，原無不合。

惟於被水較輕之大興等七州縣，因諭旨內將前項銀糧准豁免十分之五，遂咨覆該督將旗租蠲免五分，亦欠分晰。惟是大城等處旗租，該督等已誤行蠲免十分。而大興等七州縣被災較輕之處，旗租亦已免至五分，自未便復令補徵。此係加惠黎元之事，朕覃敷愷澤，寧濫無遺。所有大城、河間、新河、寧晉、隆平、新安、安州七州縣，及宛平、文安二縣應徵七年各項旗租，竟著加恩全行蠲免。其大興、霸州、保定、涿州、房山、良鄉、任邱七州縣，應徵七年分旗租，亦著加恩准免十分之五，此後不得援以為例。至該督於奏請時，如欲將旗租與民糧一律請豁，則當聲明旗租從無全免之例，懇求破格施恩，方為正辦，何得含糊聲敘，以致辦理歧誤，咎實難辭。著將顏檢同藩司瞻柱，一併交部議處。」

《仁宗實録》卷 119，頁 596–597

嘉慶八年（癸亥）十二月丁亥日

諭內閣：「兵部議駁來儀具奏出關民人就近給票一摺。所駁甚是，商民出口，既定有章程，各州縣早經出示曉諭，凡領有照票者，到關驗放。若無票據，不准放行。該商民等，自應一體凜遵。乃該關前有載鐵鍋車九輛，車夫九名，行至關口，並無商人持票呈驗。此項車輛，詢係由文安縣地方攬載，何以不在該縣請領印票？且商人以販貨為生，豈有將貨車盡委之車夫，並不跟隨同行之理？乃來儀奏稱，將來如有載貨車輛，車夫未在原籍起票，商人亦未持票到關者，俱請由臨榆縣發給照票驗放。此端一開，各商民必致仍前混冒出口，與不起票何異？明係該關兵役受賄私放，來儀聽其慫恿，並未根究商人實在下落，率即放令出關，殊屬不合。著傳旨申飭，嗣後凡商民出關，仍須遵照奏定章程，或在原籍，或在貿易處所，起票驗放。即攬載車夫，亦應將其年貌姓名，同商人總注一票，以憑查核放行，毋得再任其冒干例禁，致滋弊混。」

《仁宗實録》卷124，頁675–676

嘉慶十三年（戊辰）夏四月辛巳日

諭內閣：「據溫承惠奏，千里長隄各工，現經奏請欽派大員驗收。惟格淀隄工程，前此興辦之後，屢被大水沖刷，雖經增估修築，並勒限賠修，而蟄陷尚多，未能悉符原估丈尺。前曾據實奏明，恭候訓示辦理等語。格淀隄工程，前經溫承惠面奏，因風水汕刷，未能一律辦竣。因思此項隄工，只係豫備朕巡幸津淀時車馬經行之用，於河道民田無甚關係，平時亦非往來大路。現在文安縣民人，尚因河水不能消退，紛紛呈請挖開，此時著無庸再行補築。所有應行驗收各工，除千里長隄工程，應按照原估丈尺驗收。如有草率偷減，即據實參奏，責令賠補外，其格淀隄工程，著即將現在做就丈尺勘驗收工。其不敷丈尺，應按照土方銀兩，著落承辦之員賠交完款。至此次收驗工程，已特派尚書德瑛、劉權之前往。既據溫承惠送到估冊，著即於本月十九日馳驛啟程。所有隨帶司員，亦著一併馳驛。其劉權之兵部尚書事務，著秦承恩暫行兼署。」

《仁宗實録》卷194，頁562–563

嘉慶十四年（己巳）九月辛未日

賑直隸安、新安、雄、任邱、高陽五州縣被水災民。緩徵霸、大城、固安、永清、東安、寶坻、安肅、肅寧、獻、天津、青、靜海、大名、南樂、清豐、萬全、任、寧晉、張家口、香河、文安、保定、涿、良鄉、清苑、新城、灤、樂亭、滄、龍門三十廳州縣水災雹災新舊額賦。

《仁宗實録》卷 218，頁 934

嘉慶十六年（辛未）春正月甲寅日

展賑直隸霸、保定、文安、大城、固安、永清、東安、宛平、涿、良鄉、雄、安、新安、任邱十四州縣上年被水災民。

《仁宗實録》卷 238，頁 211

嘉慶十六年（辛未）八月戊辰日

緩徵直隸薊、文安、昌黎、樂亭、天津、青、靜海、滄、慶雲、玉田、大名、南樂、清豐、武邑、武強、宣化十六州縣水災旱災新舊額賦並旗租倉穀。

《仁宗實録》卷 247，頁 342

嘉慶十九年（甲戌）夏四月壬戌朔日

綏徵直隸開、東明、長垣、邢台、霸、定興、新城、完、南和、平鄉、廣宗、鉅鹿、任、邯鄲、肥鄉、曲周、廣平、雞澤、威、隆平、寧晉、文安、東安、清苑、唐、束鹿、安、故城、青、靜海、滄、鹽山、沙河、唐山、內邱、永年、成安、磁、元城、大名、南樂、清豐、龍門、冀、南宮、新河、棗強、曲陽、獲鹿、安平五十州縣連年災歉新舊額賦倉穀。

《仁宗實録》卷 289，頁 945

嘉慶十九年（甲戌）八月壬午日

綏徵直隸豐潤、寶坻、龍門、定、東安、青、靜海、滄、鹽山、新河、冀、懷安、肥鄉、束鹿、文安十五州縣水災、旱災、雹災、蟲災各村莊新舊額賦及旗租倉穀。

《仁宗實録》卷 295，頁 1048

嘉慶十九年（甲戌）十一月壬子日

綏徵直隸霸、定興、新城、完、邢台、南和、平鄉、廣宗、鉅鹿、任、邯鄲、肥鄉、曲周、廣平、雞澤、威、隆平、寧晉、文安、東安、清苑、唐、束鹿、安、故城、青、靜海、滄、鹽山、沙河、唐山、內邱、永年、成安、磁、元城、大名、南樂、清豐、龍門、冀、南宮、新河、棗強、曲陽四十五州縣積欠額賦口糧倉穀。

《仁宗實録》卷299，頁1116

嘉慶二十年（乙亥）六月癸未日

緩徵直隸通、武清、文安、大城、永清、東安、良鄉、涿、清苑、滿城、安肅、定興、新城、博野、望都、容城、蠡、雄、祁、安、新安、河間、獻、阜城、肅寧、任邱、交河、景、正定、獲鹿、元氏、贊皇、晉、無極、藁城、新樂、武邑、衡水、深、武強四十州縣二麥歉收新舊額賦旗租並借欠倉穀口糧。

《仁宗實録》卷308，頁86

嘉慶二十一年（丙子）十一月丁未日

賑直隸安、新安、雄、高陽四州縣被水、被雹災民，並蠲緩雄、高陽、任邱、薊、霸、保定、文安、永清、清苑、安肅、新城、蠡、獻、天津、青、靜海、滄、鹽山、南和、任、元城、大名、南樂、清豐、龍門、冀、新河、隆平、寧晉、博野、完、祁、河間、阜城三十四州縣及津軍同知所屬新舊額賦有差。

《仁宗實録》卷308，頁86

嘉慶二十二年（丁丑）六月己丑日

綏徵直隸大興、宛平、通、青、靜海、元氏、無極、藁城、淶水、正定、易、深、東光、雄、高陽、唐、薊、保定、文安、永清、清苑、安肅、新城、蠡、完、祁二十六州縣歉收新舊額賦有差。

《仁宗實録》卷331，頁370

嘉慶二十二年（丁丑）九月丙辰日

賑直隸大興、宛平、涿、良鄉、清苑、滿城、安肅、唐、博野、望都、容城、完、雄、祁、束鹿、安、高陽、定興、獲鹿、井陘、行唐、靈壽、元氏、贊皇、新樂、武強、定、曲陽、深澤二十九州縣被旱、被霜、被雹災民，並蠲緩新舊糧租借欠倉穀，及文安、固安、東安、霸、永清、保定、新城、正定、晉、藁城、平山、深、饒陽、安平、通、薊、三河、蠡、欒城、無極二十州縣新舊糧租倉穀有差。

《仁宗實録》卷334，頁407

嘉慶二十三年（戊寅）夏四月丁亥日

諭內閣：「王鼎等奏覆，查文安縣風霾情形一摺。前據該府尹等奏，據文安縣稟報，本月初八日，縣屬地方西南大風，自巳至申，始而晦黑，繼而紅黃，共有四時。茲派員前往覆查，是日巳刻起西南風，天氣陰黃，午後稍息，酉刻風沙飛揚，黃中帶紅，半時即止，並未晦黑，亦無四時之久。該縣原報聲敘含糊，請交部議處。文安縣知縣胡運隆，於風沙情形，將陰黃敘為晦黑，雖屬錯誤，若將該員議處，恐嗣後州縣官於稟報地方情形，習為粉飾，致啟諱匿之弊，胡運隆著毋庸交部議處。」

《仁宗實録》卷341，頁511

嘉慶二十三年（戊寅）夏四月庚寅日

免順天良鄉、固安、永清、東安、通、三河、武清、寶坻、寧河、昌平、順義、密雲、懷柔、涿、房山、霸、文安、大城、保定、薊、平谷、遵化、玉田、豐潤二十四州縣本年旗租，並緩徵節年地糧旗租。

《仁宗實録》卷341，頁512

嘉慶二十四年（己卯）十一月壬戌日

蠲緩直隸通、武清、大興、宛平、霸、保定、大城、雄、安、高陽、新安、長垣、東明、開、安肅、青、靜海、灤平、趙、寧晉、薊、寧河、文安、灤、清苑、容城、博野、蠡、河間、獻、交河、天津、滄、鹽山、元城、大名、清豐、南樂、鉅鹿、冀、新河、衡水、隆平四十三州縣，暨津軍同知所屬水災本年額賦及舊欠糧租倉穀，並賑通、武清、霸、保定、大城、固安、永清、東安、雄、安、高陽、新安、長垣、東明、開十五州縣旗民。

《仁宗實録》卷364，頁807

嘉慶二十五年（庚辰）十一月辛酉日

蠲緩直隸宣化、寧晉、寧河、寶坻、文安、東安、涿、高陽、安、青、靜海、滄、鹽山、大名、南樂、長垣、保安、萬全、懷安、西寧、懷來、新河、豐潤二十三州縣，並張家口廳被水、被旱、被雹各村莊新舊額賦及出借倉穀。

《宣宗實録》卷 8，頁 178

《大清宣宗成皇帝實録》

（道光元年至道光三十年　公元 1821–1850 年）

道光元年（辛巳）春正月戊午日

緩徵直隸、宣化、寧晉、寶坻、寧河、文安、東安、涿、高陽、安青、靜海、滄、鹽山、大名、南樂、長垣、保安、萬全、懷安、西寧、懷來、豐潤、新河二十三州縣及張家口廳上年災歉村莊本年額賦，並展緩節年錢糧、旗租改折等項。

《宣宗實録》卷 12，頁 228

道光二年（壬午）五月乙未日

諭内閣：「顔檢等奏請豫造續增官剥船隻一摺。直隸楊村起運漕米，前因原設剥船不敷輪轉，奏准續增官剥船一千隻，由江廣等省承造，解送直隸應用。現屆十年滿料，自應先將曹朽剥船，豫行造送。著江西、湖北、湖南等三省，豫造新船三百隻，務於明春解送直隸，以備頂補。其餘剥船，俟派員驗挑後，再行續造。所有豫造船隻共需銀七萬五千兩，即著江廣等省動用正款。俟直隸驗挑後，查明應造剥船若干隻，將墊用料價並油艌工食銀兩，一併奏明辦理。其通州、天津、武清、文安等四州縣經管續增剥船，上年守凍時，碰散沉溺滿料船六十五隻，著該督等飭令賠繳料價，報部核辦。該部知道。」

《宣宗實録》卷36，頁637

道光二年（壬午）六月甲辰日

諭軍機大臣等：「顔檢奏，永清縣南人營等處，有飛蝗自東南而來，至各村莊停落，殘食禾葉，尚未撲淨；文安縣桃源村等處，有飛蝗自東北往西南，業已撲捕淨絶等語。前據顔檢奏稱，武清、天津、東安三縣，均有蝻孽潛生，當經批示，認真督飭辦理，斷不可致令飛颺。此時永清、文安二縣，飛蝗從東南、東北一帶而來，究竟起於何縣地方？是否即由武清等三縣飛至？該處村莊其蝻子由何處發生？俱應探查明確。著該督飭委妥員分路確查，該處禾稼有無傷損，務須上緊撲滅，無令飛颺蔓延，並將查辦情形據實具奏，不得稍有諱飾。將此諭令知之。」

《宣宗實録》卷37，頁650

道光二年（壬午）秋七月甲午日

賑直隸霸、文安、大城、保定、清苑、安、新安、博野、雄、獻、冀、衡水、新河、趙、大名、元城、任、南樂、高邑、任邱、阜平二十一州縣被水災民。

《宣宗實録》卷38，頁687

道光二年（壬午）八月丁巳日

給直隸霸、保定、文安、大城、永清、安肅、新城、博野、望都、祁、安、高陽、新安、無極、藁城、趙、隆平、寧晉、深、武強、饒陽、安平二十二州縣被水災民一月口糧，並坍塌房屋修費。

《宣宗實録》卷40，頁711

道光二年（壬午）十一月壬申日

諭軍機大臣等：「盧蔭溥等奏偷決官隄摺內，據稱前於九月間，有河間縣民張俊等偷掘大城縣九里橫隄，並用鳥槍將看護守隄之民夫陳維城等七名打傷一案。復有河間民人張珍、王之昌、王三疤、張鳳、李大、趙興文、張二麻子等執持鳥槍，偷挖官隄，打傷民夫張夢林等七名。旋於十月間，張珍、趙興文等又撐駕船隻，率領多人，扒掘隄岸，並用鳥槍打傷民人王廷謨等十七名一案，俱經咨交直隸總督查辦。茲復據大城縣民人張大山呈訴，官隄盜掘後，大溜直注大城、文安、霸州、保定，四邑被淹，疾苦難堪。又據文安縣士民孫紱、馬樹棠等呈稱，文安縣西官隄，前有雄縣張世玉等挖毀。茲河間民人又將南隄扒開，水勢洶湧，由大城而文安，全歸釜底。訊問該士民等，情詞均各慘切。謹據實奏聞，請旨飭查辦理等語。民人盜決官隄，大干例禁，至擅用火器傷人，尤屬目無法紀。惟近來地方官遇有此等案件，往往因循不辦。即或據案辦理，又多偏斷不公，以致該民人等心懷不服，即不免有挾嫌報復之事。似此積習相沿，必至釀成械鬥巨案，成何事體。著顏檢，即將順天府咨交各案犯，迅速查拏務獲，秉公審訊，按律定擬，務使輿情帖服，不可意存偏執，致啟釁端。其盜決隄口，並著派員查勘，及時堵築，無稍延緩。將此諭令知之。」

《宣宗實録》卷44，頁777–778

道光三年（癸未）春正月丙子日

展賑直隸霸、保安、文安、大城、永清、雄、安、新安、任邱、清苑、安肅、新城、博野、祁、高陽、河間、肅寧、無極、藁城、新樂、冀、南宮、新河、武邑、衡水、趙、隆平、寧晉、深、武強、饒陽、安平、定、深澤、望都、獻三十六州縣上年被水災民。並緩徵開、元城、大名、南樂、清豐、東明、長垣、武清、薊、固安、寧河、東安、交河、天津、青、靜海、正定、阜平、鉅鹿、任、雞澤、曲陽、通、三河、寶坻、香河、大興、宛平、房山、順義、滿城、定興、容城、束鹿、蠡、景、東光、吳橋、寧津、滄、南皮、鹽山、欒城、南和、平鄉、廣宗、永年、邯鄲、曲周、廣平、豐潤、玉田、棗強、柏鄉、高邑五十五州縣歉收村莊本年額賦。

《宣宗實録》卷 48，頁 852

道光三年（癸未）二月丁巳日

諭軍機大臣等：「據盧蔭溥等奏，文安、大城二縣隄工，亟宜勘估修築一摺。順天府屬州縣，上年被水，文安縣村莊，涸出不及十分之二，其餘水深三四尺至八九尺不等。大城縣南有九里横隄一道，係捍禦上游河間等縣諸水。現在決口四處，除已斷流外，尚有小廣安口一處，仍未全消。前經該督委員勘估詳報，其文安縣西北千里長隄一道，正西又有西隄一道，決口二處，口門未涸，通體隄工，沖刷殘缺，均需補築。千里長隄原開決口十九道，僅涸出三道，其餘均未斷溜。現在隄外之水，高於河水，可資宣洩。將來内外水平，不惟無可疏消，更恐夏令河水漲發，各決口及隄工卑薄殘缺之所，處處皆可内溢。請先將隄工及時修築，庶農田以漸涸復等語。著顔檢遴委諳練河工人員，迅速前往該處，將應堵應修各工，確實勘估，並及早購料，於水潦未動之先，趕緊修築，以衛民居而安農業。務須飭屬認真辦理，不可草率完工，於民生仍無裨益。至隄外河身，因下游不暢，以致河底淤高，漲水易於内溢，難於外洩。並著該督通籌全局，妥為辦理，是為至要。將此諭令知之。」

《宣宗實録》卷 49，頁 874–875

道光三年（癸未）二月戊辰日

諭軍機大臣等：「盧蔭溥等奏，查明被災州縣分別酌議一摺。上年順天所屬被水州縣，內文安、大城較重，茲據盧蔭溥等查明大城水淹地畝，涸復過半。惟文安積水尚深，請將文安縣被災七、八、九、十分旗民，不分極次貧民，統於展賑後再加賞一月口糧，折色散放。文安、大城二縣，米價昂貴，倉無餘儲，請各撥豫東解津粟米二千石，減價平糶。至永清、霸、固安、寶坻、保定、東安、武清、香河、三河、薊十州縣，上年均有成災歉收村莊，當此青黃不接之時，糧價增長，請均設廠減糶。內保定、東安、武清、香河四縣，俱有倉貯米穀。固安、寶坻二縣，前經動支倉穀，借給籽種，將該二縣改為平糶。其永清存倉漕米，不敷展賑之用，酌撥豫東解津粟米二千石。霸州倉存粟穀，僅碾米四百餘石，賑餘稜米，亦屬有限，酌撥豫東解津粟米一千石。薊州、三河倉內均無存貯米石，撥給薊州二千石，三河一千石，均令設廠平糶。以上共撥米一萬石，請於督臣顏檢截留豫東解津米石內，照數撥給等語。著文孚、蔣攸銛於察看文安、大城一帶地方情形之便，詳加體察。文安縣是否應須於展賑後，加賞一月口糧。其永清等各州縣是否應須平糶，抑或另有調劑之處，一面辦理，一面據實奏聞。盧蔭溥等摺，著發給閱看。將此諭令知之。」

《宣宗實録》卷49，頁882–883

道光三年（癸未）三月癸酉日

以直隸保定、東安、武清、香河、固安、寶坻六縣被水，命平糶倉穀，並截留豫東漕米一萬石，撥給文安、大城、永清、霸、薊、三河六州縣平糶，加賞文安縣貧民一月口糧。

《宣宗實録》卷 50，頁 888

道光三年（癸未）九月丙寅朔日

諭軍機大臣等：「繼昌等奏，查勘文安積水情形一摺。直隸文安頻年積潦，民舍田廬，均被淹浸。果能隄河並舉，以工代賑，水患可除，可謂行一善政，朕所願也。惟目前水勢消落無幾，驟難宣洩，繼昌等所奏建閘及疏濬河淀各事宜，著交張文浩、蔣攸銛於水涸後，詳勘定議具奏，原摺併發交閱看。將此諭令知之。」

《宣宗實録》卷 58，頁 1019

道光三年（癸未）九月丁亥日

賑直隸通、武清、寶坻、香河、寧河、霸、保定、文安、大城、固安、永清、東安、宛平、涿、清苑、雄、安、高陽、新安、河間、獻、任邱、交河、天津、青、靜海、無極、藁城、新樂、冀、南宫、新河、武邑、衡水、隆平、武強、饒陽、安平、清河、威四十州縣被水災民，並免通、武清、寶坻、香河、霸、保定、文安、大城、固安、永清、東安、宛平、雄、高陽、安、新安、河間、任邱、天津、青、靜海、大興、寧河、清苑、新城、望都、獻二十七州縣應徵本年額賦。緩徵良鄉、房山、昌平、順義、懷柔、盧龍、滿城、唐、完、束鹿、吳橋、鹽山、獲鹿、欒城、靈壽、平山、晉、邢台、沙河、唐山、廣宗、永年、邯鄲、曲周、開、遵化、棗強、柏鄉、高邑、深三十州縣新舊糧租。蠲緩三河、薊、涿、昌黎、樂亭、安肅、定興、博野、容城、蠡、祁、阜城、肅寧、交河、景、故城、東光、滄、阜平、行唐、無極、藁城、新樂、南和、平鄉、鉅鹿、任、雞澤、威、清河、大名、元城、南樂、清豐、豐潤、玉田、冀、南宮、新河、武邑、衡水、趙、隆平、寧晉、武強、饒陽、安平、定、曲陽、深澤、欒、南皮、正定五十三州縣本年及節年應徵糧租銀穀有差。

《宣宗實録》卷59，頁1035

道光四年（甲申）春正月丙寅日

展賑直隸通、三河、武清、寶坻、薊、香河、寧河、霸、保定、文安、大城、固安、永清、東安、大興、宛平、清苑、安肅、定興、新城、望都、雄、高陽、安、新安、河間、獻、任邱、天津、青、靜海、無極、藁城、新樂、趙、隆平、寧晉、定三十八州縣上年被雹災民一月，緩徵本年額賦，並緩涿、昌黎、欒亭、博野、容城、蠡、祁、阜城、肅寧、交河、景、故城、東光、滄、阜平、行唐、南和、平鄉、鉅鹿、任、雞澤、威、清河、大名、元城、南樂、清豐、豐潤、玉田、冀、南宮、新河、武邑、衡水、武強、饒陽、安平、曲陽、深澤、欒、南皮、正定、良鄉、房山、昌平、順義、懷柔、盧龍、滿城、唐、完、束鹿、吳橋、鹽山、獲鹿、欒城、靈壽、平山、晉、邢台、沙河、唐山、廣宗、永年、邯鄲、曲周、開、遵化、棗強、柏鄉、高邑、深七十二州縣暨清軍廳，應徵本年額賦有差。

《宣宗實録》卷64，頁1

道光四年（甲申）九月甲午日

諭內閣：「程含章等奏估修千里長隄一摺。直隸千里長隄，自高陽縣之劉家溝起，至天津縣之西大沽炮台止，年久殘缺，一遇水潦，田廬被淹，係屬緊要工程，自應先行辦理。據該侍郎等估修隄工及栽種葦柳、防護椿埽、土方工料銀，共三十四萬七千一百兩零。著照所請，動項修築，並分作十段，派熟諳工程之河間府知府徐寅第等十五員承辦，務照估定寬高丈尺修築。內文安等處，應俟明春水小，再行補築。仍分段責成現派各員，一手經理。工竣後，即著程含章親往驗收，如有草率偷減遲誤及剋扣等弊，即行據實嚴參。此次築隄挑河，如佔用旗民地畝，分別免租撥補，其無地可撥者，酌給地價豁糧。如本係官地被民間佔種升科者，豁除錢糧，毋庸撥補給價，工竣咨部覈辦。其任邱縣境內新工，係知縣淡廷棻於上年領項承修，因大汛沖刷卑薄，應行賠修。該員業經丁憂，著於司庫先行動墊修築，應賠銀兩，仍於該員名下追繳完款。其文安縣境內新工，係同知李國屏於上年領項承修，因大汛停工，未能補築，著仍責令該員照估補足。該二縣此次照原估加高一尺，所加土方，俱著歸入大工案內報銷。該部知道。」

《宣宗實録》卷 93，頁 166–167

道光五年（乙酉）五月丁亥朔日

緩徵直隸寶坻、文安、大城、青、靜海、鹽山、鉅鹿、隆平、寧晉九縣被水被旱村莊新舊額賦並出貸倉穀。

《宣宗實録》卷 82，頁 320

道光十年（庚寅）春正月己酉日

直隸總督那彥成奏：「文安、永清、東安、武清、天津各縣，減賦窪地，秋禾有收，請照額徵賦。」允之。

《宣宗實録》卷 164，頁 544

道光十一年（辛卯）春正月戊午日

貸給直隸磁、邯鄲、成安、雄、安、高陽、滄、無極、延慶九州縣上年地震、被水災民耔種口糧，並平糶倉穀。緩徵磁、邯鄲、文安、大城、成安五州縣本年額賦。

《宣宗實録》卷 183，頁 886

道光十二年（壬辰）秋七月丁巳日

展緩直隸大城、阜城、東光、滄、南皮、成安、保安、龍門、冀、南宮、新河、武邑、衡水、寧晉、武強、邯鄲、磁、文安、高陽、任邱、棗強、交河、寶坻、香河、霸、東安、良鄉、房山、涿、懷柔、密雲、灤、遷安、撫寧、昌黎、樂亭、臨榆、清苑、安肅、定興、新城、博野、望都、容城、蠡、雄、祁、安、新安、河間、獻、肅寧、景、故城、寧津、天津、青、靜海、鹽山、慶雲、正定、獲鹿、晉、無極、藁城、邢台、任、雞澤、延慶、蔚、宣化、懷安、西寧、懷來、豐潤、易、淶水、隆平、定、曲陽、深澤、獨石口八十二廳州縣被旱村莊舊欠額賦。

道光十九年（己亥）十一月癸巳朔日

減免直隸隆平、寧晉、安、新安、文安五州縣積水地畝額賦有差。

《宣宗實録》卷 215，頁 200–201

道光二十三年（癸卯）五月乙巳日

又諭：「有人奏，上年十月有文安縣回民張得成、張黑等包放羊數千隻，在雄縣、霸州、大城、文安地方緣村牧放，騎馬持械，將文安縣光周村之李建邦打傷成廢。經該縣差緝到案，衙役張太和等受贓賣放，該縣並不深究。迨臘月間，該匪等挾讎至該處放火，亦不上緊緝拏，以致日形猖獗等語。回匪結夥持械，傷民放火，必應上緊查拏，隨時懲辦。若任聽胥役等庇凶漁利，有犯不懲，尚復成何事體。著卓秉恬、訥爾經額、陳孚恩嚴密查拏，按律懲治。如有受賄賣放情弊，即著據實嚴參，毋稍徇縱。原摺鈔給閱看，將此各諭令知之。」尋奏：「訊明毆傷李建邦之犯，實係吳可常、劉貴生、張三黑三人，應照例發雲貴、兩廣極邊煙瘴充軍。張得成並未同場共毆，惟從前曾經放羊踐食麥功，亦應照不應重律杖八十。吳可常等並無放火，差役亦無賣放情事。現在嚴飭回民，嗣後牧羊不得過百隻。下部議。」從之。

《宣宗實録》卷 392，頁 1037–1038

道光二十三年（癸卯）閏七月甲申日

旌表守正捐軀直隸文安縣民王臭妻楊氏。

《宣宗實録》卷82，頁1085–1086

道光二十四年（甲辰）冬十月乙未日

蠲緩直隸霸、永清、武清、寶坻、薊、寧河、文安、大城、東安、高陽、安、獻、阜城、任邱、景、天津、青、靜海、滄、南皮、鹽山、南和、平鄉、鉅鹿、大名、南樂、雞澤、清豐、玉田、寧晉、隆平、南宫、磁三十三州縣被水、被雹村莊新舊額賦有差，並賑霸、永清二州縣旗民。

《宣宗實録》卷410，頁141

道光二十五年（乙巳）春正月戊辰日

給直隸霸、永清二州縣上年被水災民一月口糧，並緩徵本年新賦。展緩武清、寶坻、薊、寧河、文安、大城、東安、高陽、安、獻、阜城、任邱、景、天津、青、靜海、滄、南皮、鹽山、南和、平鄉、鉅鹿、磁、雞澤、大名、南樂、清豐、玉田、寧晉、隆平、南宫三十一州縣及津軍廳舊賦。

《宣宗實録》卷413，頁183–184

道光二十六年（丙午）九月辛亥日

蠲緩直隸霸、天津、静海、滄、慶雲、玉田、武清、薊、寧河、保定、文安、大城、安、獻、阜城、景、吴橋、東光、南皮、鹽山、南和、平鄉、永年、雞澤、元城、南樂、清豐、寧晉、邯鄲、成安、肥鄉、廣平、磁、淶水、大名三十五州縣歉收村莊新舊正雜額賦有差。

《宣宗實録》卷435，頁438

道光二十七年（丁未）九月甲申日

又諭：「御史張廷瑞奏，鹽梟肆擾，請飭查拏懲辦等語。據稱直隸河間、冀州及順天之霸州、文安一帶，鹽梟結夥，百數十人或二三百人不等，用驢馱載私鹽，執持槍炮器械，強行售賣。經地方官差拏，輒敢拒捕，施放槍炮。似此恃衆藐法，若不及早嚴拏，將來愈形滋蔓，貽患匪細。此等匪徒，大半籍隸滄州，以驢馱為記，以槍炮為號，一開槍炮之聲，則各處梟匪，聞聲往助，恐擾害地方有不止如該御史所指數處者。著卓秉恬、汪本銓、訥爾經額，分别密飭所屬文武，設法嚴行查訪，務期盡數擒拏，從重懲治，毋得區分畛域，意存推諉。儻委員等畏葸不前，捏詞粉飾，日後養癰貽患，咎有攸歸，懔之。將此各諭令知之。」

《宣宗實録》卷447，頁603–604

道光二十八年（戊申）冬十月辛丑朔日

賑直隸通、武清、寶坻、香河、寧河、天津、靜海七州縣災民。蠲緩通、武清、寶坻、香河、寧河、天津、靜海、博野、固安、臨榆、定興、故城、曲周、景、灤、阜城、元城、吳橋、寧晉、永年、三河、薊、青、豐潤、慶雲、玉田、鹽山、霸、文安、大城、東安、順義、懷柔、密雲、樂亭、安、雄、河間、獻、任邱、滄、南皮、雞澤、大名、南樂、清豐、新河、邯鄲、成安、肥鄉、廣平、磁五十二州縣被水被雹村莊新舊額賦有差。

《宣宗實録》卷460，頁802–803

道光二十八年（戊申）十一月乙酉日

蠲減直隸安、隆平、天津、寧晉、文安、東安六州縣被水村莊新舊額賦有差。

《宣宗實録》卷461，頁824

道光二十八年（戊申）十二月丙午日

加賑直隸通、武清、寶坻、香河、寧河、天津、靜海、三河、薊、青、鹽山、慶雲、豐潤、玉田十四州縣災民，並緩徵道光二十九年額賦。展緩霸、文安、大城、東安、順義、懷柔、密雲、樂亭、安、雄、河間、獻、任邱、滄、南皮、雞澤、大名、南樂、清豐、新河、永年、邯鄲、成安、肥鄉、廣平、磁二十六州縣歷年帶徵正雜額賦。

《宣宗實録》卷462，頁830

道光三十年（庚戌）春正月戊戌日

緩徵直隸青、靜海、武清、薊、文安、大城、灤、盧龍、遷安、樂亭、蠡、雄、安、高陽、河間、任邱、滄、南皮、鹽山、慶雲、藁城、永年、邯鄲、成安、肥鄉、廣平、雞澤、磁、元城、大名、清豐、宣化、懷來、玉田、曲周三十五州縣上年被水村莊新舊額賦。

《宣宗實録》卷476，頁989

《大清文宗顯皇帝實録》

（咸豐元年至咸豐九年　公元1851–1859年）

咸豐二年（壬子）五月己巳日

諭軍機大臣等：「有人奏，順天保定、冀州一帶，有著名賊匪，勾引滄州、山東大夥賊匪，在鄰境州縣，肆行搶劫，以致文安、任邱、武邑、衡水等縣，數月之間，搶案疊出，總因捕役豢賊分贓，州縣徇庇不究，請旨查辦等語。州縣設立捕役，原以弭盜安民，直隸各屬，附近京畿，尤當力加整頓。若如所奏，盜賊藉捕役為窩巢，捕役以盜賊為利藪，地方官規避處分，徇庇諱飾，尚復成何事體。著順天府府尹、直隸總督，各派員弁，嚴密查拏，務使按名弋獲，盡法嚴懲。並查明各州縣有無消弭情事，據實嚴參。原摺單著鈔給閱看，將此各諭令知之。」

《文宗實録》卷 62，頁 824

咸豐三年（癸丑）十一月己未日

又諭：「本日據朱鳳標奏，京東現有重兵駐守，奸匪每由西北一帶進京。近畿州縣如大城、文安、霸州、雄縣、固安、涿州、良鄉、房山、昌平、順義、三河等處，應飭編查保甲，嚴密稽察等語。著桂良迅即嚴飭各屬，於衝要處所，認真盤緝，毋稍疏懈。凡寺廟、客寓、飯鋪等處，均宜一體嚴查。如有來歷不明、形跡可疑之人，迅即捕拏究辦。並將容留之鋪戶，一併嚴懲，以靖奸宄。將此諭令知之。」

《文宗實録》卷 112，頁 749

咸豐四年（甲寅）春正月壬寅日

緩徵直隸保定、文安、固安、天津、薊、寧河、霸、大城、永清、新城、雄、安、高陽、吳橋、東光、青、豐潤、玉田、武清、寶坻、東安、灤、清苑、安肅、博野、蠡、祁、束鹿、河間、阜城、任邱、南皮、鹽山、慶雲、正定、無極、南和、唐山、平鄉、廣宗、永年、邯鄲、雞澤、磁、元城、大名、南樂、清豐、武邑、衡水、深澤、完、景、平山、鉅鹿、南宮、新河、寧晉、武強五十九州縣被水村莊新舊額賦及津軍廳葦漁課。加賑保定、文安、固安、天津四縣貧民一月口糧。

咸豐四年（甲寅）正月壬子日

諭軍機大臣等：「據奉命大將軍惠親王並恭親王奕訢將勝保、德勒克色楞、瑞麟信函二件呈覽，知静海獨流逆匪，全股西竄。僧格林沁已馳抵大城，與賊接仗。勝保疾趨霸州，遏其北竄。該大臣等奉旨剿賊，日久無功，致令乘虛奔突，即將該大臣等以軍法從事，亦不足惜。惟畿輔近地，事機緊急，該大臣等果稍有天良，必當趁該逆奔竄未定之時，盡力堵禦，迅速剿除，以贖罪戾。現已諭知僧格林沁即由文安、大城一帶，督兵截擊，不得令該逆更向西南紛擾，尤不可任令北竄。勝保意在由北而南，迎頭截剿，徑赴霸州，但自大城而西北，尚隔保定、任邱等縣及東西淀、會同河，若令過河而西，將更不可收拾。本日已命大將軍等，將東路三營，即日移劄東安、固安、涿州為黄村前敵。著德勒克色楞於奉到諭旨，即行揀帶精鋭官兵一千名，兼程馳往固安，駐劄防守。所有黄村、東安、固安、涿州、通州、盧溝橋等處官兵，統歸德勒克色楞節制。其餘該貝子所帶各兵，統交瑞麟管帶，隨同勝保，前往迎剿。該大臣可以無須兼顧北路，即刻督兵向南扼賊竄路，極力截殺，與僧格林沁隨時知照，為夾擊之計。萬不許令該逆再有佔踞地方，或竟敢窺伺保定省垣。該處為京師遮罩，財物充阜，尤不可稍有疏虞。勝保當探明賊蹤，迅督各路官軍，層層布置，迎擊兜剿，不得更以積冰積水為詞，稍事迂緩。仍與僧格林沁、德勒克色楞、西淩阿、善禄、桂良時相知照，密籌防禦。該大臣等負罪已深，此次暫勿加譴，若再不將該逆悉數埽除，但有一處蔓延，必將該大臣等就地正法，勿謂寬典可冀幸邀也。仍將進兵機宜及賊情如何，星速由驛馳奏。軍情緊急，一切奏報，不必拘泥繕寫楷書，總以據實迅奏為要。將此由六百里加緊諭知勝保、德勒克色楞並諭西淩阿、善祿、瑞麟知之。」

《文宗實録》卷118，頁22–23

咸豐四年（甲寅）十月乙丑日

蠲緩直隸保定、東光、寶坻、安、景、天津、磁、武清、薊、寧河、霸、大城、東安、蠡、雄、束鹿、高陽、故城、青、南皮、鹽山、慶雲、永年、雞澤、大名、元城、南樂、清豐、淶水、蔚、玉田、武邑、衡水、武強、平鄉、邯鄲、南宫、任邱、獻、阜城、靜海、滄、晉、任、隆平、深、文安四十七州縣被水、被旱、被雹村莊新舊額賦，並賑保定、東光二縣被水災民。

《文宗實録》卷150，頁620

咸豐五年（乙卯）十二月丙申日

蠲緩直隸開、東明、長垣、保定、吳橋、東光、寶坻、寧河、新城、雄、安、高陽、天津、靜海、豐潤、玉田、武清、薊、霸、文安、大城、永清、東安、安肅、蠡、束鹿、河間、獻、任邱、景、青、滄、南皮、鹽山、慶雲、晉、南和、平鄉、廣宗、鉅鹿、任、永年、邯鄲、曲周、廣平、雞澤、磁、元城、大名、南樂、清豐、南宫、武邑、衡水、隆平、寧晉、深、武強五十八州縣被水、被雹村莊新舊額賦，並各項旗租有差。

《文宗實録》卷 185，頁 1071

咸豐六年（丙辰）春正月庚申日

緩徵直隸開、東明、長垣、保定、吳橋、東光、寶坻、寧河、新城、雄、安、高陽、天津、靜海、豐潤、玉田、武清、薊、霸、文安、大城、永清、東安、安肅、蠡、束鹿、河間、獻、任邱、景、青、滄、南皮、鹽山、慶雲、晉、南和、平鄉、廣宗、鉅鹿、任、永年、邯鄲、曲周、廣平、雞澤、磁、元城、大名、南樂、清豐、南宮、武邑、衡水、隆平、寧晉、深、武強五十八州縣被水村莊新舊額賦。展賑東明、長垣、吳橋、東光、保定、開六州縣被水災民一月口糧。

《文宗實録》卷 188，頁 2

咸豐六年（丙辰）九月丙寅日

諭內閣：「順天府奏請將稟報蝗蝻不實各員，分別議處一摺。順天府屬文安縣窪地急流口等十餘村，蝗蝻甚多，傷害禾稼。該署知縣樊作棟，輒敢以蝻子萌生，撲買淨盡，及飛蝗過境並未停落等詞，含混具稟，仍復催徵錢糧，實屬玩視民瘼。委員黃村巡檢朱澄、候補知縣潘鑒、候補知府張健封，先後稟報，均照該署縣原稟申覆，亦屬扶同蒙混。樊作棟著先行交部嚴加議處，撤任聽候部議。朱澄、潘鑒、張健封均著交部議處。」

《文宗實録》卷 207，頁 270

咸豐七年（丁巳）春正月丁巳日

緩徵直隸宛平、保定、固安、永清、東安、開、東明、長垣、通、武清、寶坻、寧河、順義、新城、雄、安、高陽、東光、天津、廣平、磁、玉田、三河、薊、香河、霸、文安、大城、灤、安肅、定興、蠡、束鹿、獻、肅寧、任邱、景、吳橋、青、靜海、滄、南皮、鹽山、慶雲、正定、晉、南和、平鄉、廣宗、永年、邯鄲、成安、肥鄉、曲周、雞澤、元城、大名、南樂、清豐、豐潤、南宮、武邑、衡水、深、武強、定六十六州縣被水、被旱歉收村莊新舊額賦。給宛平、固安、永清、東明、長垣、保定、東安、開八州縣旗民口糧有差。

《文宗實録》卷 217，頁 398

咸豐七年（丁巳）七月庚子日

展緩直隸文安、吳橋、成安、邢臺、唐山、内邱、任、永年、邯鄲、靜海、磁、寧河、東光十三州縣，並各旗地被旱、被雹、被蟲災區新舊額賦有差。

《文宗實録》卷 232，頁 613

咸豐七年（丁巳）七月丙午日

諭軍機大臣等：「本日有人奏，天津所屬之青縣、靜海等處有梟匪從殿揚、從登峰及著名匪目王海牛等，糾匪肆搶。又文安縣所屬之岳村張姓被梟匪搶劫一空。獻縣西峰村、郭莊、西城、河城等村，河間九吉村，武強縣之張法台、隄南村均有強劫之案。更有肅寧地面鹽梟勾結土匪八九百人，在元城村盤踞。此外交河、阜城、東光、大城、東安、完縣等處被害之居民鋪戶，不可枚舉等語。直隸天津、河間等府梟販充斥，前據譚廷襄奏，請從嚴懲辦。當降旨令該督通飭各州縣，董率團練，加派兵役，無分畛域，合力兜拏。如遇大夥拒捕，准其格殺無論。地方官拏獲審明後，先行就地正法，諒已通諭遵辦。此次所奏各案，著譚廷襄迅派明幹員弁，前赴各屬嚴密查拏，務將各匪悉數撲滅，毋令一名漏網。原摺鈔給閱看。將此諭令知之。」

《文宗實録》卷 232，頁 619–620

咸豐九年（己未）九月庚午日

諭軍機大臣等：「有人奏，順天府屬文安縣惡棍王二貝子即王為之，同子王松林等，盜竊左格莊行宮樹石，將樹木伐去一百餘株，運家私造月門。並與知縣交結，因指官訛詐監生何澤清等，不允，赴縣誣控，將該監生等責押囹圄。該縣潘履恒與惡棍狼狽為奸，聲名狼籍，請飭查辦，以靖地方等語。地方官串同惡棍，魚肉良善，殊可痛恨。至王二貝子等膽敢將行宮樹石，肆行偷去，尤屬不法。著張祥河、董醇秉公查訪，儻潘履恒實有與土棍往來及聲名狼籍等事，即著據實嚴參。王二貝子等偷竊樹石，並指官訛詐等事，如果屬實，並著嚴拏究辦，以儆官邪而懲積蠹。將此諭令知之。」

《文宗實録》卷 293，頁 291–292

同治三年（甲子）十一月丙寅日

又諭：「給事中博桂奏，順天文安縣小趙村地方，有兇犯寇玉林充當本縣總鄉長，與衙役劉沅和並劉沅和之父劉四及蠹棍李福桂等，朋比為奸，請飭捕拏審辦等語。前有旨令各直省督撫，禁革私立總社長、總保長等名目。若如博桂所奏，則是順天地方，尚有棍徒充當總鄉長，假公濟私，有干例禁。並據奏稱，寇玉林家有地窖，曾於咸豐二年間，毆死民人王三，私埋匿報。現復充總鄉長，索詐攬權，如果屬實，不法已極。著萬青藜、卞寶第派員前往查明，如實有其事，即查拏懲辦。並著劉長佑派員一體前往查辦，毋稍輕縱，原摺著鈔給閱看。將此各諭令知之。」

《穆宗實録》卷 122，頁 693

同治四年（乙丑）正月甲寅日

諭內閣：「萬青藜、卞寶第奏，奉旨飭查事件，先經據人呈訴，牽涉言官，請交部審辦一摺。上年十一月二十九日，據給事中博桂奏，文安縣兇犯寇玉林與衙役劉沅和朋比為奸，並有派捐分肥，及寇玉林家有地窖斃命私埋等情。當經諭令萬青藜、卞寶第派員前往查辦。茲據奏稱，查明寇玉林、劉沅和，均無豆二憨、小霸王綽號。王三死由瘋發撲跌，並非寇玉林毆斃。寇玉林家並無地窖，亦無與賀景行、井鐘樵派捐分肥，及與劉四、李福桂朋比為奸情事。惟查寇玉林、劉沅和與縣民胡沅瀊向有稟控匿稅之嫌。上年十一月二十五日，寇玉林接到郭精來由京寄來字條，上寫寇玉林等名字綽號，及家有地窖，殺人不償命，都老爺要入奏等語。料係胡沅瀊挾嫌誣陷，當與劉沅和於十一月二十七日赴縣呈明存案。傳訊郭精來及書吏韓七即韓雪泉供稱，係鈕寶卿向伊告訴此事。現有滿御史要奏，並稱見過摺底查拏，鈕寶卿業已在逃，請飭交部審訊，並嚴拏逸犯等語。安闕捏詞誣陷，牽涉言官，亟應撤底根究，以成信讞。胡沅瀊、寇玉林、劉沅和、劉四、李福桂、賀景行、井鐘樵、韓雪泉等，均著交刑部嚴切審訊。其在逃之鈕寶卿，並著步軍統領衙門、五城御史會同順天府一體嚴拏務獲，歸案訊辦。」

《穆宗實録》卷127，頁29

同治四年（乙丑）三月丙辰日

諭内閣：「前因給事中博桂奏，直隸文安縣兇犯寇玉林綽號豆二憨，與衙役劉元和有派捐分肥及斃命私埋各節，當經諭令萬青藜、卞寶第派員查辦。旋據奏稱，查明該給事中所奏各情，均無實據。而寇玉林等又赴縣呈控，有牽涉該給事中之件，復經諭令將該犯等均交刑部訊辦。茲據該部奏稱，訊明案内人證韓七即韓雪泉、鈕寶卿、洪燮堂等，供稱博桂奏拏寇玉林摺，係文安縣人胡沅瀊展轉賄託，由該衙門書吏全渭西代辦摺稿，命洪燮堂繕寫。

該給事中原奏係上年十一月二十九日呈遞，而寇玉林先期於是月二十七日在縣呈訴，其為營私漏洩，情弊顯然。請旨將博桂解任等語。案關風憲官犯贓，亟應徹底根究，以期水落石出。戶科給事中博桂，著解任聽候傳質。其在逃之都察院書吏全渭西、並陳九、胡得堂，著步軍統領衙門、順天府五城一體嚴密訪拏務獲，送部究辦。」

《穆宗實録》卷134，頁153

同治四年（乙丑）六月辛丑日

又諭：「前因萬青藜、卞寶第奏，遵查給事中博桂奏，文安縣兇犯寇玉林與衙役劉沅和朋比為奸各情，並無實據，當以案關捏詞誣陷，牽涉言官，降旨交刑部嚴行審訊，並先後將戶科給事中博桂等解任革職，歸案審訊。茲據該部奏稱，審明言官聽屬受贓，並以財行賕各犯，按律定擬具奏一摺。此案博桂聽從全錕池，即全渭西慫恿，以寇玉林等不法各情，率行入奏。業據胡沅瀣等僉供用銀一百六十兩，博桂以風憲官得贓四十五兩，實屬枉法。著照該部所擬，從重改發黑龍江效力贖罪。雖據稱母老丁單，仍不准其留養。該革員於熱河范幗鼎一案，尚有牽涉，著先行擬結，暫緩起解。仍著該部催提范幗鼎一案人證嚴行審訊，分別辦理。已革刑部司獄黃振鏞聽從劉得立關說過付，著從重發往軍台效力贖罪。胡沅瀣等應得罪名，均著照所擬辦理。」

《穆宗實録》卷144，頁394

同治六年（丁卯）八月辛卯日

諭軍機大臣等：「崇厚奏，賊匪回竄文安，現籌防剿一摺。賊匪由蠡縣、高陽竄至文安縣屬之狼虎廟，距津郡僅百餘里。該郡練軍，多調赴外出，本地兵力空虛。崇厚現派由奉省撤回之洋槍隊，並各營存兵，憑守濠牆，尚恐不敷分途迎剿。著劉長佑、穆騰阿督飭各軍實力追剿，與崇厚所派各軍夾擊，迅埽賊氛。劉長佑、穆騰阿所部，兵力不為不厚，乃任令賊騎竄逸，毫無攔截。若再不盡力剿洗，聽其東奔西突，縱橫自如，將來伊於何底？此股賊騎，為數尚不甚多，崇厚亦當督軍出擊，不得但守濠牆，致令居民驚疑遷徙。將此由五百里各諭令知之。」

《穆宗實録》卷 209，頁 714–715

同治六年（丁卯）八月乙未日

諭軍機大臣等：「崇厚奏派兵會剿賊匪一摺。梟匪現竄文安縣之狼虎廟，經都司鄭明保由任邱帶隊回剿，斃匪數名。賊向南竄，復經余承恩追及，殲擒數十名，餘賊仍在大城一帶。鄭明保已赴王家口截剿，並經崇厚添派總兵王佐臣，督帶洋槍隊馳往會剿。著即督飭該總兵等，視賊所向，實力追剿，不得遷延觀望，致誤戎機。穆騰阿馬隊已抵大城，即督同直津各隊官兵，痛加剿洗，毋稍延緩。並著劉長佑督飭余承恩等，會合各軍，四面兜擊，毋任旁竄。此股賊匪，為數無多，派出官軍，已屬不少，何至任其東奔西突，毫無攔阻？總由帶兵各員，畏縮不前，漫無紀律所致。劉長佑、穆騰阿、崇厚務當嚴飭各軍奮力合剿，迅將此股就地殲除，毋再任令遠逸。如有帶隊不力之員，即著從嚴參辦。將此由四百里各諭令知之。」

《穆宗實録》卷 209，頁 717–718

同治六年（丁卯）八月丙申日

諭軍機大臣等：「穆騰阿奏，連日進剿賊匪情形，及請獎出力員弁各摺片。賊匪盤踞河間屬之王直堡，余承恩進剿，小有斬馘。該匪復竄文安縣屬之辛莊隆渠一帶，官軍獲勝追剿，雨後被其從後抄襲，以致管帶官塔奇哈陣亡。將隊撤退，經步隊接應，始行將賊壓下。是該逆尚未大受懲創，而官軍已小有敗衄，乃遽欲列敘戰功，驟保將弁，實屬鋪張。所有此次保舉各員，著暫行存記，俟此股賊匪剿捕淨盡，再行請獎。現在該都統已帶馬隊馳抵文安，著即親督各隊及劉景芳等四面兜圍，實力剿擊，迅籌撲滅，不得意存矜伐。向來非緊要軍情，不得擅發六百里加緊。該都統於此次軍情，遽用急遞，殊屬不諳事體，嗣後務當斟酌緩急辦理。將此由五百里諭令知之。」

《穆宗實録》卷 210，頁 719

同治六年（丁卯）八月戊戌日

諭軍機大臣等：「劉長佑奏，官軍會剿獲勝，現籌分布情形。穆騰阿奏，續探情形，追剿分布，並派隊彈壓文安、大城各摺片。該匪現已竄向西南任邱、高陽一帶，著劉長佑、穆騰阿督飭保定、河間兩軍，並余承恩等跟蹤緊追，務將此股速行殄滅，以靖畿輔。如匪蹤已渡滹沱迤南，即責成劉長佑酌派兵勇，扼紮河干。一面飭沿河地方文武，聯絡鄉團，嚴密扼守，毋任賊騎往來偷渡；一面派隊分投追剿。該督所稱京兵宜於堵截，不宜南北奔走，跟蹤追逐，致褻威重等語，所籌不為無見。此股賊蹤如已遠竄，即著穆騰阿回駐近畿一帶，將所部京兵，於大城、文安、任邱、雄縣各屬，擇要分駐扼紮，詳細偵探。儻遇賊匪回竄，刻即迎擊，以恤兵力而養軍威。劉長佑惟當嚴督直省兵勇，專力追截，仍酌撥數營，隨同穆騰阿分布駐紮，以資周密。文安、大城既有匪徒勾結梟匪情事，即著穆騰阿飭令派往之阿克敦、孝順就近彈壓，劉長佑飭令該地方官嚴密查拏。靜海、滄州一帶，著崇厚撥隊分紮堵剿，毋稍疏忽。將此由五百里各諭令知之。」

《穆宗實録》卷 210，頁 724

同治六年（丁卯）八月丙午日

諭軍機大臣等：「穆騰阿奏，梟匪復竄任邱，請飭官軍協防，並請飭劉景芳分紮文安等處各摺片。梟匪已折竄任邱，經穆騰阿督兵進剿，復向東面遠揚。前據劉長佑奏稱，賊趨無極、深澤一帶，何以折竄任邱如此之速？且前稱賊匪僅百餘名，何以仍未辦結，任令肆竄？著劉長佑嚴飭各軍，將步隊嚴防要隘，令馬隊迅速追剿，並與穆騰阿防軍會同夾擊，毋任喙息。穆騰阿以任邱為賊匪往來要路，擬親督成章等馬步各隊，駐紮該處，並擬令薩淩阿分紮雄縣，著即照所請辦理。劉景芳既於文安等縣民情熟悉，即著劉長佑飭令該總兵督率所部，分紮大城、文安、雄縣，歸穆騰阿節制，以資調遣。該都統所稱任邱縣屬，有匪徒句結梟匪情形，著劉長佑嚴飭該地方官，乘有京兵駐紮該處，設法密為查拏，以淨根株而絕延蔓。將此由五百里各諭令知之。」

《穆宗實録》卷 210，頁 731–732

同治六年（丁卯）八月戊申日

諭軍機大臣等：「崇厚奏，賊匪北竄大城，派員會剿獲勝一摺。梟匪由晉州竄至任邱、大城一帶，經崇厚派令都司鄭明保等帶兵會剿，追至馮二莊地方。鄭明保督隊施放槍炮，傷斃賊匪數十名，又轟斃賊目一名，餘賊向南狂奔，剿辦尚屬得手。著即檄飭鄭明保等乘此聲威，會同各該地方官，並知會各處鄉團，協力剿賊，毋任蔓延。此股賊匪，前據劉長佑奏稱，僅賸百餘名，此次復傷斃數十名，賊數已屬無多，何難迅行翦滅？直省軍務是劉長佑專責，該督務當振刷精神，嚴飭劉景芳、余承恩各軍及各州縣兵勇，認真兜擊，悉數殲除，不得率聽屬員掩飾，致逆氛紛擾畿疆，頻煩兵力。穆騰阿現紮任邱，與大城、文安等處相距不遠，著懍遵疊次諭旨，督率所部，擇要分紮，以遏賊蹤。仍隨時知照劉長佑、崇厚妥籌辦理。將此由四百里各諭令知之。」

《穆宗實録》卷210，頁733–734

同治六年（丁卯）十二月乙酉日

蠲緩直隸通、三河、武清、寶坻、香河、寧河、霸、保定、固安、永清、宛平、房山、天津、青、靜海、滄、豐潤、薊、順義、清苑、新城、玉田、東安、雄、文安、大城、隆平、良鄉、涿、灤、盧龍、昌黎、安肅、完、定興、容城、束鹿、安、南皮、鹽山、慶雲、廣宗、永年、雞澤、元城、大名、懷來、淶水、深、定、衡水、昌平、蠡、高陽、阜城、南樂、清豐、宣化、深澤、磁、晉六十一州縣被旱地方新舊額賦雜課，並民借倉穀有差。

《穆宗實録》卷218，頁860

同治七年（戊辰）夏四月甲申日

諭軍機大臣等：「恭親王等奏，捻趨南皮，東路防務吃重，擬將京兵酌量調撥。崇厚奏，津防吃緊，調軍會合防剿，並續奏賊撲靜海，迎剿獲勝，津郡情形萬急各一摺。捻逆大股由南皮竄至靜海，雖經陳濟清擊退，而該逆繞赴東北，距津十二里之稍直口，已見邊馬，津防情形，萬分吃緊。況刻下漕船連檣北上，正在驗收轉運之際，天庾正供，尤關緊要。著崇厚就現有兵力，分路防剿，並知會英國、法國炮船，將濠牆協同守禦，以固津防。且恐該逆繞赴北路，窺伺京畿，李鴻章務當懍遵前旨，迅赴北路扼要駐紮，相機調度。郭松林、楊鼎勳、潘鼎新等軍，早抵德州，距南皮甚近，何以此時尚未繞出賊前，會同剿洗，實屬意存觀望。著李鴻章嚴飭星馳前進，一面將該將領等遲延之處，據實參奏，斷不准稍涉徇隱。左宗棠即由西南一路，督軍馳赴東北，以衛畿疆。王正起、王心安、莫組紳等軍，著丁寶楨飭令迅赴河間等處，嚴密防堵扼賊紛竄之路。皖軍程文炳、牛師韓、方長華等，豫軍張曜、宋慶等，並善慶、溫德勒克西、暨春壽等馬隊，此時均行抵何處？何以未見繞入直境，迎頭截擊？著李鴻章嚴檄催提，合力兜剿，免致賊勢紛馳，益難收拾。北路空虛，亟應添兵扼守，著恩承酌量情形，覘賊所向，擇地扼紮，以固京師門戶。其所派防守任邱之兩翼驍騎營馬隊，應否移紮文安，與駐守大城之兵聯絡聲援之處，並著該侍郎酌度辦理。玉亮等軍及河西務等處，均著照恭親王等所擬，妥籌布置。香河、寶坻、寧河等處，亦形空虛，尤應統籌兼顧。著官文酌撥兵勇，實力防維，並著萬青藜、王榕吉督飭各該縣民團，協同守禦，保衛地方，毋令匪蹤蔓及。劉祺所部，官文即飭令趕緊移赴河間、任邱以北，會合恩承等軍，嚴防直境，毋稍疏懈。將此諭知順天府，並由六百里加緊各諭令知之。」

《穆宗實録》卷 228，頁 143–144

同治八年（己巳）十一月辛未日

蠲緩直隸開、東明、長垣、安平、武清、廣平、元城、豐潤、霸、文安、大城、固安、永清、東安、昌平、清苑、滿城、完、雄、束鹿、安、河間、獻、阜城、任邱、天津、青、靜海、滄、南皮、鹽山、慶雲、贊皇、邢台、平鄉、廣宗、鉅鹿、永年、邯鄲、成安、肥鄉、曲周、雞澤、磁、大名、延慶、蔚、柏鄉、隆平、高邑、臨城、寧晉、深、饒陽、博野、肅寧、無極、趙五十八州縣被水地方新舊額賦，暨各項租課民借倉穀有差。

《穆宗實録》卷 270，頁 744

同治九年（庚午）十月己卯日

蠲緩直隸霸、高陽、天津、滄、青、靜海、元城、大名、通、武清、寶坻、薊、香河、保定、文安、大城、新城、蠡、雄、安、河間、獻、東光、景、任邱、平鄉、鉅鹿、永年、曲周、雞澤、威、隆平、寧晉、深、饒陽、安平、三河、博野、任、肥鄉四十州縣被水、被旱、被雹、被蟲地方新舊額賦租課，暨民借倉穀有差。

《穆宗實録》卷 293，頁 1055

同治十年（辛未）十一月丁亥朔日

蠲緩直隸開、東明、長垣、通、武清、香河、清苑、安肅、蠡、元城、大名、灤、玉田、完、景、成安、曲陽、三河、樂亭、定興、博野、容城、祁、束鹿、阜城、肅寧、正定、晉、無極、藁城、沙河、南和、平鄉、廣宗、鉅鹿、任、永年、邯鄲、廣平、雞澤、清河、磁、趙、隆平、寧晉、深、武強、饒陽、深澤、武邑、新樂、寶坻、寧河、霸、保定、文安、大城、固安、永清、東安、大興、宛平、良鄉、房山、涿、新城、雄、安、高陽、河間、獻、任邱、交河、吳橋、東光、天津、青、靜海、滄、南皮、鹽山、唐山、豐潤、安平八十四州縣被水地方新舊額賦有差，並減免差徭。

《穆宗實録》卷 323，頁 268

同治十二年（癸酉）冬十月庚寅日

蠲緩直隸宛平、良鄉、涿、灤、清苑、安肅、新城、蠡、吳橋、鹽山、元城、大名、豐潤、玉田、安平、房山、樂亭、博野、祁、阜城、肅寧、故城、南皮、無極、藁城、雞澤、清河、南樂、清豐、武強、饒陽、深澤、容城、通、三河、武清、薊、香河、寧河、霸、保定、文安、大城、固安、永清、東安、順義、懷柔、雄、高陽、安、河間、獻、任邱、交河、景、東光、天津、青、靜海、滄、定、開、長垣、東明六十五州縣被水、被雹地方新舊額賦暨倉穀雜課有差。

《穆宗實録》卷 358，頁 738

《大清德宗景皇帝實録》

（光緒元年至光緒三十三年　公元1875–1907年）

光緒元年（乙亥）春正月庚子日

緩徵直隸、雄、高陽、任邱、定、寶坻、薊、霸、安、河間、開、東明、長垣、大名、元城、豐潤、武清、安平、通、三河、香河、保定、文安、大城、固安、永清、灤、樂亭、清苑、安肅、新城、蠡、獻、肅寧、天津、青、靜海、滄、南皮、鹽山、慶雲、無極、藁城、沙河、雞澤、清河、玉田、饒陽、深澤四十八州縣歉收村莊糧賦地租，并原貸倉穀。

《德宗實録》卷3，頁105

光緒二年（丙子）春正月癸巳朔日

緩徵直隸霸、文安、大城、良鄉、新城、雄、安、高陽、任邱、天津、靜海、開、元城、大名、東明、長垣、豐潤、安平、通、武清、香河、保定、清苑、安肅、蠡、河間、獻、肅寧、東光、青、滄、南皮、鹽山、無極、沙河、南和、任、雞澤、遵化、武邑、武強、饒陽、深澤四十三州縣被災歉收村莊本年春徵新賦正雜糧租，並展緩原貸倉穀有差。

光緒二年（丙子）冬十月庚戌日

蠲緩直隸博野、蠡、雄、祁、安、高陽、河間、任邱、東光、南皮、慶雲、定、深澤、通、寶坻、薊、吳橋、景、天津、青、靜海、滄、鹽山、元城、大名、遵化、豐潤、安平、武清、寧河、霸、文安、大成、灤、清苑、安肅、阜城、肅寧、交河、無極、藁城、南河、平鄉、任、永年、邯鄲、曲周、廣平、雞澤、清河、磁、南樂、懷安、玉田、武邑、武強、饒陽、香河五十八州縣被旱、被水、被雹、被潮、被霜、被風地方新舊糧租，並減免差徭有差。

《德宗實録》卷25，頁371

《德宗實録》卷41，頁591

光緒三年（丁丑）春正月戊午日

緩徵直隸通、寶坻、薊、博野、蠡、雄、祁、安、高陽、河間、任邱、景、吳橋、東光、天津、青、靜海、滄、南皮、鹽山、慶雲、開、元城、大名、東明、長垣、遵化、豐潤、安平、定、深澤三十一州縣被災地方春徵新賦、正雜糧租，武清、香河、寧河、霸、文安、大城、灤、遷安、清苑、安肅、獻、阜城、肅寧、交河、無極、藁城、南和、平鄉、任、永年、邯鄲、曲周、廣平、雞澤、清河、磁、南樂、懷安、玉田、武邑、武強、饒陽三十二州縣歉收村莊上年糧賦租課，並民借倉穀，暨津軍廳葦漁課有差。

《德宗實録》卷46，頁639–640

光緒三年（丁丑）十一月丙辰日

蠲緩直隸清苑、完、雄、交河、阜城、肅寧、景、東光、獻、唐、元城、大名、棗強、武邑、定、曲陽、滿城、望都、吳橋、青、靜海、滄、南皮、鹽山、慶雲、新樂、武強、安平、武清、薊、大城、文安、灤、安肅、安、高陽、河間、任邱、故城、寧津、天津、藁城、邢臺、沙河、南和、唐山、平鄉、廣宗、鉅鹿、任、永年、邯鄲、廣平、雞澤、磁、南樂、清豐、遵化、豐潤、衡水、寧晉、饒陽、蠡、成安、曲周、新河、開、東明、長垣六十九州縣歉收村莊糧賦並減免差徭。

《德宗實録》卷 61，頁 845

光緒四年（戊寅）春正月壬子日

緩徵直隸滿城、唐、望都、完、雄、獻、阜城、肅寧、交河、景、吳橋、東光、青、靜海、滄、南皮、鹽山、慶雲、行唐、新樂、元城、大名、棗強、武邑、武強、安平、定、曲陽、開、東明、長垣三十一州縣被災歉收村莊本年新賦正雜糧租，暨武清、薊、大城、文安、灤、清苑、安肅、蠡、安、高陽、河間、任邱、故城、寧津、天津、藁城、邢臺、沙河、南和、唐山、平鄉、廣宗、鉅鹿、任、永年、邯鄲、成安、曲周、廣平、雞澤、磁、南樂、清豐、遵化、豐潤、新河、衡水、寧晉、饒陽三十九州縣被災歉收村莊舊欠糧租雜課原貸倉穀等項有差。

《德宗實録》卷 65，頁 1–2

光緒四年（戊寅）三月庚戌日

緩徵直隸唐、完、交河、阜城、景、東光、獻、肅寧、行唐、開、大名、元城、東明、長垣、棗強、武邑、定、曲陽、雄、滿城、望都、新樂、吳橋、青、靜海、滄、南皮、鹽山、慶雲、武強、安平、武清、薊、大城、文安、灤、清苑、安肅、蠡、安、高陽、河間、任邱、故城、寧津、天津、藁城、邢台、沙河、南和、唐山、平鄉、廣宗、鉅鹿、任、永年、邯鄲、成安、曲周、廣平、雞澤、磁、南樂、清豐、遵化、豐潤、新河、衡水、寧晉、饒陽等七十州縣上年正雜糧租灶課。

《德宗實錄》卷 69，頁 64–65

光緒四年（戊寅）秋七月壬子日

蠲緩直隸阜城、景、交河、河間、獻、東光、寧津、任邱、肅寧、吳橋、故城、唐、完、行唐、武強、棗強、武邑、定、曲陽、清苑、博野、天津、靜海、南皮、鹽山、滄、青、慶雲、平山、靈壽、新樂、鉅鹿、成安、磁、肥鄉、清河、大名、元城、南樂、清豐、東明、長垣、冀、衡水、南宮、新河、臨城、寧晉、東安、寶坻、武清、薊、寧河、文安、大城、滿城、望都、安肅、安、高陽、藁城、欒城、晉、邢臺、沙河、南和、唐山、平鄉、廣宗、任、永年、邯鄲、曲周、雞澤、廣平、安平、內邱、井陘七十八州縣被旱地方上忙錢糧，暨順天、保定、正定、河間、天津、順德、廣平、大名、易、趙、深、冀、定十三府州舊賦有差。

《德宗實錄》卷 76，頁 166

光緒五年（己卯）二月庚申日

又諭：「李鴻章奏，文安等州縣積水災區，懇恩截撥漕糧賑濟一摺。直隸文安等州縣，上年秋雨過多，河水漫溢，田畝被淹。現在積水未消，難以耕作，災黎困苦情形，殊堪矜念。加恩著照所請，撥給江蘇、浙江本屆漕米各四萬石，由李鴻章等酌量分撥災區，督飭該地方官核實散放，務使實惠及民，毋任吏胥舞弊，用副朝廷軫念民艱至意。」

《德宗實録》卷88，頁332

光緒五年（己卯）冬十月癸卯日

諭軍機大臣等：「本年直隸、山西、河南被災，山東平度州等處被水，節經各該省奏到，將新舊錢糧分別蠲免緩徵。並因直隸文安等州縣積水無麥，撥給江蘇、浙江本屆漕米各四萬石。安州等處被水，撥給江北漕糧六萬石。又以前截漕糧不敷，復撥湖北新漕三萬石，藉資賑恤。」

《德宗實録》卷101，頁507

光緒六年（庚辰）春正月庚午日

緩徵直隸通、三河、武清、寶坻、薊、香河、寧河、霸、保定、文安、大城、永清、東安、涿、灤、清苑、新城、雄、安、高陽、河間、獻、肅寧、任邱、天津、青、靜海、鹽山、慶雲、新樂、開、東明、長垣、豐潤、玉田、饒陽、安平、定、深澤、固安、欒亭、滿城、安肅、博野、望都、容城、蠡、祁、阜城、交河、景、故城、滄、無極、藁城、平鄉、鉅鹿、任、廣平、磁、大名、元城、冀、新河、武邑、衡水、隆平、深六十八州縣被災地方新舊錢糧租課有差。

《德宗實録》卷107，頁575

光緒六年（庚辰）十月癸丑日

蠲緩直隸寶坻、霸、保定、文安、東安、新城、雄、任邱、安平、通、武清、大城、高陽、河間、獻、肅寧、天津、鹽山、無極、饒陽、寧河、涿、清苑、滿城、蠡、安、阜城、交河、景、東光、青、南皮、滄、邢臺、沙河、南和、唐山、平鄉、廣宗、鉅鹿、内邱、任、永年、邯鄲、成安、肥鄉、廣平、雞澤、磁、元城、大名、南樂、遵化、豐潤、冀、衡水、隆平、深、深澤、靜海六十州縣暨津軍廳被水、被旱、被風雹各村莊額賦，並地租雜課有差。

《德宗實録》卷122，頁760

光緒七年（辛巳）春正月乙丑日

緩徵直隸通、武清、寶坻、霸、保定、文安、大城、東安、新城、雄、高陽、河間、獻、肅寧、任邱、天津、鹽山、無極、開、東明、長垣、安平、饒陽、寧河、涿、清苑、滿城、蠡、安、阜城、交河、景、東光、青、南皮、滄、邢臺、沙河、南和、唐山、平鄉、廣宗、鉅鹿、內邱、任、永年、邯鄲、成安、肥鄉、廣平、雞澤、磁、元城、大名、南樂、遵化、豐潤、冀、衡水、隆平、深、深澤、靜海六十三州縣被災歉收村莊本年暨節年應徵錢糧旗租雜課等項有差。

《德宗實録》卷 126，頁 806–807

光緒七年（辛巳）九月庚寅朔日

諭軍機大臣等：「御史蕭韶奏，順天州縣諱盜成風，請飭查辦一摺。據稱，順天府屬各州縣，遇有盜案，不准事主呈報，迫令改盜為竊。文安縣民人楊萬基被劫一案，該署知縣陳紹諶並不究辦。經前署府尹張凱嵩，飭新任文安縣知縣張雲霈詳查，又復設法消弭，仍以被竊申覆等語。州縣諱盜，例禁綦嚴，所奏如果屬實，亟應嚴行懲辦。著童華、游百川確切查明楊萬基被搶一案，如實有諱盜等情，即著嚴行參奏。」

《德宗實録》卷 136，頁 949–950

光緒七年（辛巳）冬十月戊子日

蠲緩直隸定興、雄、容城、寧河、文安、天津、遵化、豐潤、安平、武清、寶坻、灤、清苑、蠡、安、獻、任邱、青、靜海、滄、南皮、鹽山、行唐、靈壽、邢臺、南和、唐山、內邱、任、廣平、雞澤、大名、南樂、懷安、棗強、隆平、深、饒陽、深澤三十九州縣水旱及被雹被蟲地方，開、東明、長垣三州縣濱臨黃河被水村莊錢糧租課額賦有差。

《德宗實録》卷 139，頁 984

光緒七年（辛巳）十一月庚子日

諭軍機大臣等：「有人奏，直隸卸署文安縣知縣陳紹諶在署任時，妄議加增稅銀，藉端勒捐，因案納賄，並諱盜為竊各等語。如果屬實，於地方民生大有關係。著李鴻章、童華、游百川按照所參各款，秉公查明，據實參辦，毋稍徇隱。原摺著鈔給閱看。將此各諭令知之。」

《德宗實録》卷 139，頁 993

光緒八年（壬午）春正月己丑日

蠲緩直隸通、寧河、文安、定興、雄、天津、開、東明、長垣、遵化、豐潤、安平、武清、寶坻、灤、清苑、蠡、安、獻、任邱、青、靜海、滄、南皮、鹽山、行唐、靈壽、邢臺、南和、唐山、內邱、任、永年、廣平、雞澤、大名、南樂、懷安、棗強、隆平、深、饒陽、深澤、肅寧四十四州縣被災歉收地方租課。

《德宗實録》卷 142，頁 1–2

光緒九年（癸未）春正月甲申日

蠲緩直隸通、薊、寧河、文安、大城、灤、新城、雄、安、高陽、獻、任邱、青、靜海、鹽山、無極、開、元城、大名、東明、長垣、豐潤、深、饒陽、安平、曲陽、深澤、張家口、獨石口、武清、霸、保定、固安、永清、清苑、安肅、行唐、望都、蠡、河間、滄、南皮、慶雲、欒城、任、永平、廣平、遵化、棗強、定等五十廳州縣成災村莊應納本年春賦正雜錢糧有差。

《德宗實録》卷158，頁217–218

光緒九年（癸未）八月壬子日

諭內閣：「李鴻章奏，永定河南五工漫口，在工各員分別參辦，並自請議處一摺。據稱，本年六月間，大雨連旬，河水盛漲，經該河道實力防搶，伏汛尚稱平穩。自七月二十三、二十四、二十五等日，連次大雨如注，水勢陡長，南五工十七號大溜沖刷，漫隄而過，人力難施，二十五日卯刻奪溜成口等語。此次永定河漫口，雖由水勢迅猛所致，在工各員，究未能小心防護，咎無可辭。南五工永清縣縣丞沈培源，著即行革職。三角淀通判李佔春，著革職留任。永定河道游智開統轄全河，疏於防範，著革職留任。李鴻章督率無方，著交部議處。即著該署督嚴飭在事員弁，迅將決口趕緊堵築，毋稍延緩。其上游各汛，及文安縣隄工，並著加意防護，被淹地方，該署督務當妥為撫卹，毋任失所。」

《德宗實録》卷168，頁348–349

光緒九年（癸未）十二月癸丑日

蠲緩直隸通、三河、武清、香河、青、靜海、滄、南皮、薊、文安、大城、遷安、博野、蠡、河間、獻、阜城、肅寧、任邱、無極、新樂、武邑、深、饒陽、安平、定、深澤、望都、祁、景、故城、正定、晉、藁城、唐山、任、隆平三十七州縣被災歉收地方錢糧，並分別免徵帶徵有差。

《德宗實録》卷175，頁441

光緒十年（甲申）春正月庚子日

緩徵直隸薊、文安、大城、遷安、博野、蠡、河間、獻、阜城、肅寧、任邱、青、靜海、無極、新樂、武邑、深、饒陽、安平、定、深澤、望都、祁、景、故城、正定、晉、藁城、唐山、任、隆平三十一州縣災歉地方應徵新舊糧銀有差。

《德宗實録》卷177頁473

光緒十年（甲申）十一月戊申日

蠲緩順天、直隸通、武清、寶坻、薊、保定、寧河、文安、大城、東安、雄、安、高陽、河間、獻、天津、青、靜海、鹽山、新樂、懷來、豐潤、饒陽、安平、深澤、任邱、南皮、安肅、玉田、元城、大名、滄、保安、宣化、深三十四州縣暨津軍廳，坐落地畝被水、被雹、被蟲、被旱地方應徵錢糧租課。

《德宗實録》卷197，頁803

光緒十一年（乙酉）春正月壬寅日

蠲緩直隸通、武清、寶坻、薊、寧河、霸、保定、文安、大城、東安、雄安、高陽、河間、獻、天津、青、靜海、鹽山、新樂、開、東明、長垣、懷來、豐潤、饒陽、安平、深澤、安肅、任邱、滄、南皮、元城、大名、保安、宣化、玉田、深三十八州縣上年被災地方新舊租課暨民借倉穀有差。

《德宗實録》卷201，頁856

光緒十一年（乙酉）八月庚午日

諭內閣：「本年六月以後，節次大雨，又兼山水盛漲，漫溢民隄，直隸地方窪田被淹。天津、河間兩屬被災最多，寖及順天所屬之文安等處，同遭災歉。閭閻困苦情形，朝廷殊深軫念。加恩著截留江蘇漕糧十萬石，俾作順直賑撫之用。李鴻章即會同畢道遠、沈秉成督飭各屬，詳查災區輕重，妥為分撥，核實散給，務期實惠及民，毋任官吏稍有弊混，用副體恤民艱至意。其隨漕輕齎等項及剥價銀兩，經剥耗食米石，並著查照成案，核數提扣，解交賑局應用。」

光緒十二年（丙戌）春正月丙申日

緩徵直隸武清、寶坻、薊、寧河、霸、保定、文安、大城、雄、高陽、安、河間、獻、阜城、肅寧、任邱、交河、吳橋、東光、景、天津、青、靜海、滄、南皮、鹽山、慶雲、沙河、南和、唐山、平鄉、廣宗、任、永年、肥鄉、青河、開、東明、長垣、豐潤、玉田、冀、新河、衡水、深、武強、饒陽、安平、定、深澤、三河、安肅、蠡、故城、寧津、邢臺、鉅鹿、邯鄲、成安、曲周、廣平、雞澤、威、磁、元城、大名、南樂、清豐、懷安、棗強、武邑、柏鄉、隆平、寧晉等七十四州縣，及津軍廳上年被災地方新舊額賦，並地租雜課有差。

《德宗實録》卷 213，頁 999

光緒十三年（丁亥）春正月庚寅日

蠲緩直隸通、三河、武清、寶坻、薊、香河、寧河、霸、保定、文安、大城、東安、大興、宛平、順義、懷柔、密雲、平谷、灤、盧龍、遷安、昌黎、樂亭、清苑、新城、容城、蠡、雄、安、高陽、河間、獻、肅寧、任邱、吳橋、天津、青、靜海、滄、鹽山、無極、開、東明、長垣、豐潤、玉田、饒陽、安平、深澤、固安、永清、涿、安肅、博野、望都、南皮、晉、永年、元城、大名、深、定六十二州縣被災地方錢糧，並春賦旗租有差。

《德宗實録》卷 223，頁 2

《德宗實録》卷 238，頁 197

光緒十三年（丁亥）冬十月壬寅日

蠲豁順直秋禾被水災重之通、三河、武清、寶坻、薊、香河、寧河、霸、保定、文安、大城、永清、東安、順義、灤、盧龍、遷安、撫寧、昌黎、樂亭、蠡、雄、高陽、河間、獻、任邱、天津、青、靜海、豐潤、玉田、安平、深澤三十三州縣各地方糧租。其災歉較輕之新城、景、鹽山、元城、大名、饒陽、固安、涿、懷柔、密雲、清苑、安肅、完、吳橋、滄、南皮、無極、邢臺、深、武強二十州縣，暨濱臨黃河之開、東明、長垣三州縣糧租，並分別蠲緩。

《德宗實録》卷 248，頁 342

光緒十四年（戊子）春正月甲寅日

緩徵順直通、三河、武清、寶坻、薊、香河、寧河、霸、保定、文安、大城、永清、東安、順義、灤、盧龍、遷安、撫寧、昌黎、樂亭、新城、蠡、雄、安、高陽、河間、獻、任邱、景、天津、青、靜海、鹽山、開、元城、大名、東明、長垣、豐潤、玉田、饒陽、安平、深澤四十三州縣，暨固安、涿、懷柔、密雲、清苑、安肅、完、吳橋、滄、南皮、無極、邢臺、深、武強十四州縣地丁錢糧旗租，並各項地租民借倉穀。

《德宗實録》卷 251，頁 381

光緒十四年（戊子）冬十月癸巳日

蠲緩順直宛平、房山、武清、霸、保定、文安、大城、固安、良鄉、涿、天津、鹽山、慶雲、深澤、通、寧河、永清、東安、安肅、新城、蠡、雄、高陽、河間、獻、青、靜海、滄、南皮、邢台、隆化、成安、廣平、隆平、安平三十五州縣被淹、被雹、被蟲各村莊糧租有差。其開、東明、長垣濱河三州縣被災地方糧賦並蠲緩。

《德宗實録》卷 260，頁 493

光緒十五年（己丑）冬十月庚寅日

蠲緩直隸開、武清、薊、保定、文安、大城、獻、景、吳橋、東光、天津、青、靜海、鹽山、任、玉田、寧河、霸、安肅、河間、任邱、滄、南皮、慶雲、沙河、南和、唐山、平鄉、鉅鹿、永年、邯鄲、雞澤、元城、大名、南樂、豐潤、隆平三十七州縣災歉村莊，暨開、東明、長垣三州縣低窪地方錢糧租稅有差。

《德宗實録》卷 275，頁 675–676

光緒十六年（庚寅）春正月癸卯日

蠲緩直隸武清、薊、保定、文安、大城、安、獻、景、吳橋、東光、天津、青、靜海、鹽山、任、玉田、開、東明、長垣、寧河、霸、安肅、河間、任邱、滄、南皮、慶雲、沙河、南和、唐山、平鄉、鉅鹿、永平、邯鄲、雞澤、元城、大名、南樂、豐潤、隆平四十州縣被災地方錢糧有差。

《德宗實録》卷280，頁731–732

光緒十六年（庚寅）冬十月辛亥日

蠲緩直隸通、三河、武清、寶坻、薊、香河、寧河、霸、保定、文安、大城、固安、永清、東安、大興、宛平、良鄉、房山、涿、順義、懷柔、密雲、灤、盧龍、遷安、昌黎、樂亭、清苑、安肅、新城、唐、博野、容城、蠡、雄、安、高陽、河間、獻、任邱、交河、吳橋、東光、天津、青、靜海、滄、南皮、鹽山、慶雲、清河、豐潤、玉田、武強、定、開、東明、長垣、平谷、定興、望都、景、故城、無極、南樂、寧晉、深、饒陽、安平、曲陽、深澤、滿城、完、祁、肅寧、藁城、新樂、邢臺、沙河、南和、唐山、平鄉、鉅鹿、任、永年、邯鄲、廣平、雞澤、威、元城、大名、清豐、易、淶水、棗強、武邑、衡水、隆平九十八州縣被水村莊丁糧租課有差。

《德宗實録》卷290，頁865

光緒十七年（辛卯）春正月丁卯日

緩徵直隸通、三河、武清、寶坻、薊、香河、寧河、霸、保定、文安、大城、固安、永清、東安、大興、宛平、良鄉、房山、涿、順義、懷柔、密雲、平谷、灤、盧龍、遷安、昌黎、樂亭、清苑、安肅、定興、新城、唐、博野、望都、容城、蠡、雄安、高陽、河間、獻、任邱、交河、景、故城、吳橋、東光、天津、青、靜海、滄、南皮、鹽山、慶雲、無極、清河、開、南樂、長垣、豐潤、玉田、寧晉、深、武強、饒陽、安平、定、曲陽、深澤、滿城、完、祁、肅寧、藁城、新樂、邢臺、沙河、南和、唐山、平鄉、鉅鹿、任、永年、邯鄲、廣平、雞澤、威、元城、大名、清豐、東明、易、淶水、棗強、武邑、衡水、隆平九十八州縣被災村莊新舊額賦雜課有差，並展緩原貸倉穀籽種。

《德宗實録》卷 293，頁 898

光緒十八年（壬辰）春正月壬戌日

緩徵順天直隸文安、大城、安、開、長垣、獻六州縣被災各村莊糧賦地租。其歉收之武清、寶坻、寧河、樂亭、青、靜海、滄、南皮、鹽山、慶雲、永年、東明、定、曲陽十四州縣舊欠糧賦地租，暨各項雜課税並展緩。

《德宗實録》卷 307，頁 1–2

光緒十八年（壬辰）六月壬寅日

蠲免順直兩屬通、三河、武清、寶坻、薊、香河、寧河、霸、保定、文安、大城、固安、永清、東安、大興、宛平、良鄉、房山、涿、昌平、順義、懷柔、密雲、平谷、灤、盧龍、遷安、撫寧、樂亭、臨榆、清苑、滿城、安肅、新城、唐、博野、望都、完、蠡、雄、祁、束鹿、安、高陽、河間、獻、阜城、肅寧、任邱、交河、景、故城、吳橋、東光、寧津、天津、青、靜海、滄、南皮、鹽山、慶雲、靈壽、贊皇、晉、無極、藁城、新樂、邢臺、沙河、南和、唐山、平鄉、廣宗、鉅鹿、內邱、任、永年、邯鄲、成安、肥鄉、廣平、雞澤、清河、磁、開、元城、大名、南樂、清豐、東明、長垣、延慶、保安、蔚、宣化、萬全、懷安、西寧、懷來、豐潤、玉田、淶水、冀、新河、棗強、武邑、衡水、趙、隆平、高邑、深、武強、饒陽、安平、定、曲陽、深澤、張家口一百十九廳州縣民欠及緩徵帶徵錢糧。

《德宗實録》卷 312，頁 60

光緒十八年（壬辰）冬十月己巳日

蠲免直隸通、三河、武清、寶坻、薊、香河、寧河、霸、保定、文安、大城、固安、永清、東安、大興、宛平、涿、順義、灤、清苑、安肅、新城、博野、蠡、雄、安、高陽、獻、任邱、交河、故城、天津、青、靜海、清河、清豐、張家口、豐潤、玉田、武強、饒陽四十一廳州縣被水村莊本年糧租雜課有差，並展緩民備倉穀籽種。

《德宗實録》卷 317，頁 107

光緒十九年（癸巳）二月乙丑日

又諭：「有人奏，訪聞直隸順天所屬之文安、大城以及任、雄、霸、保六州縣，歷被水患，農田盡成澤國。上年六、七月間，文安紳民黃元善等呈請，照舊例修築舊千里隄。大苟各莊舊有水壩一道，兩洞均可洩水，由大清河順流歸海。直隸總督、順天府尹，批示嘉獎，尚未興修等語。所奏是否屬實，該處舊有隄壩，應否興修，著李鴻章、孫家鼐、孫楫確切查明，據實具奏。原摺均著摘鈔給與閱看。將此各諭令知之。」尋奏：「任邱大苟各莊涵洞，廢棄已久，今年因任邱、文安等處水患，經飭司道親往查勘，並優發工撫銀兩，將豬龍河南隄，民工大加培補。從此隄工鞏固，上下游不致成災，爭端自息。且近年淀底積淤，高於隄南窪地，淀民常思盜決千里隄放水。若建涵洞，一遇水漲，淀民必爭啟涵洞，以鄰為壑，滋事更多。所請應毋庸議。至該縣紳黃元善等，赴府尹衙門呈請，並未準行。原摺所稱批示嘉獎之語，自是傳聞之誤報聞。」

《德宗實録》卷 321，頁 157–158

光緒十九年（癸巳）九月辛巳日

諭軍機大臣等：「本日據孫家鼐、孫楫奏，文安、大城兩縣士民，因安州匪徒扒隄被淹，來京呈控一摺。並據鴻臚寺卿劉恩溥陳奏，該二縣民人呈訴情形，大略相同，匪徒聚眾挖隄情殊可惡。著李鴻章派委大員馳往該處，查勘確情，嚴拏匪犯，照例懲辦，並籌辦法，詳定章程，不准以鄰為壑，貽害民生。至災民恃眾構訟，儻查有逼勒同行等事，即將為首之人，嚴拏懲辦，以儆刁風。原摺片著分別鈔給閱看。將此各諭令知之。」

《德宗實録》卷 328，頁 209–210

光緒十九年（癸巳）十二月庚戌日

又諭：「都察院奏，順天文安縣生員張作良等，以水患太甚，懇挖新河，以救民命等詞。繪具圖說，赴該衙門呈遞。據稱，西淀居九河下游，夏令各河盛漲，淀水無路宣洩，為各州縣巨害。擬請添設橋座，開挖新河，庶幾水患可除等語。所奏是否可行，著李鴻章體察情形，妥議具奏。原摺呈二件，著鈔給閱看，圖併發，將此諭令知之。」

《德宗實録》卷 331，頁 243

光緒二十年（甲午）春正月庚辰日

緩徵直隸通、三河、武清、寶坻、薊、香河、寧河、霸、保定、文安、固安、永清、東安、大興、宛平、良鄉、房山、涿、順義、懷柔、密雲、灤、盧龍、樂亭、清苑、安肅、定興、新城、博野、容城、蠡、雄、安、高陽、河間、獻、肅寧、任邱、吳橋、天津、青、靜海、鹽山、開、東明、長垣、豐潤、玉田、隆平、深、武強、饒陽、安平五十四州縣被水成災村莊，暨昌平、滿城、望都、完、祁、滄、南皮、無極、邯鄲、雞澤十州縣歉收村莊，本年春賦錢糧雜課有差。

《德宗實録》卷 332，頁 270

光緒二十年（甲午）八月乙丑日

諭軍機大臣等：「御史陳其璋奏，本年六七月間，雨水過多，順天府屬之香河、寶坻、文安、霸州、武清、寧河等州縣，盡成澤國，災民蕩析離居，已有來京乞食者。擬請倣照成案，分設粥廠。」又片稱：「聞順屬被災不止十數州縣，府尹陳彝各處求賑。因軍需孔亟，未敢請帑，擬請一併飭查等語。順天所屬被災地方，究有若干處，情形輕重若何？著孫家鼐、陳彝迅速查明，並應如何賑濟之處，奏明辦理。原片二件，均著鈔給部看。將此各諭令知之。」

《德宗實録》卷347，頁451–452

光緒二十年（甲午）十一月丙子日

蠲豁順天直隸通、三河、武清、寶坻、薊、香河、寧河、霸、保定、文安、大城、永清、東安、大興、宛平、良鄉、懷柔、密雲、平谷、灤、盧龍、遷安、樂亭、昌黎、安肅、博野、蠡、雄、安、高陽、河間、獻、阜城、景、故城、吳橋、天津、靜海、滄、鹽山、清河、清豐、豐潤、玉田、冀、新河、衡水、深、武強、饒陽五十州縣被水災重村莊丁糧租賦。其災歉較輕之涿、撫寧、清苑、新城、唐、任邱、東光、青、南和、平鄉、永年、肥鄉、武邑、寧晉、安平、固安、房山、順義、滿城、定興、望都、容城、完、祁、肅寧、交河、南皮、慶雲、無極、邢臺、沙河、唐山、鉅鹿、任、邯鄲、曲周、廣平、雞澤、威、磁、元城、大名、南樂、遵化、棗強、柏鄉、隆平、高邑、深澤四十九州縣正雜各賦，及濱臨黃河之開、東明、長垣三州縣本年錢糧暨出借倉穀，並分別蠲緩。

《德宗實録》卷353，頁579

光緒二十一年（乙未）春正月甲戌日

蠲緩直隸通、三河、武清、寶坻、薊、香河、寧河、霸、保定、文安、大城、永清、東安、大興、宛平、良鄉、涿、懷柔、密雲、平谷、灤、盧龍、遷安、撫寧、昌黎、樂亭、清苑、安肅、新城、唐、博野、蠡、雄、安、高陽、河間、獻、阜城、任邱、景、故城、吳橋、東光、天津、青、靜海、滄、鹽山、南和、平鄉、永年、肥鄉、清河、開、清豐、東明、長垣、豐潤、玉田、冀、新河、武邑、衡水、寧晉、深、武強、饒陽、安平、固安、房山、順義、滿城、定興、望都、容城、完、祁、肅寧、交河、南皮、慶雲、無極、邢臺、沙河、唐山、鉅鹿、任、邯鄲、曲周、廣平、雞澤、威、磁、元城、大名、南樂、遵化、棗強、柏鄉、隆平、高邑、深澤一百二廳州縣上年被水地方應徵糧賦旗租雜課。

《德宗實録》卷 358，頁 656–657

光緒二十一年（乙未）十月庚寅日

減緩直隸武清、寶坻、寧河、霸、保定、文安、大城、東安八州縣被水地方本年應徵糧租。其災歉較重之雄、安、高陽、遷安、河間、獻、阜城、任邱、景、吳橋、天津、青、靜海、清河、豐潤、玉田、寧晉、饒陽十八州縣，災歉較輕之清苑、故城、滄、鹽山、永年、南樂、清豐、房山、滿城、安平、博野、東光、南皮、無極、南和、唐山、平鄉、鉅鹿、任、曲周、廣平、雞澤、元城、大名、隆平二十五州縣，暨濱臨黄河之開、東明、長垣三州縣，應徵糧租並分别蠲緩。

《德宗實録》卷 378，頁 947–948

光緒二十二年（丙申）春正月丁酉日

蠲緩順直武清、寶坻、寧河、霸、保定、文安、大城、遷安、清苑、雄、安、高陽、河間、獻、阜城、任邱、景、故城、吳橋、天津、青、靜海、滄、鹽山、永年、清河、開、南樂、清豐、東明、長垣、豐潤、玉田、寧晉、深、饒陽、房山、滿城、安肅、博野、東光、南皮、無極、南和、唐山、平鄉、鉅鹿、任、曲周、廣平、雞澤、元城、大名、隆平五十四州縣被水、被潮地方糧賦旗租雜課。

《德宗實録》卷383，頁2

光緒二十二年（丙申）冬十月癸未

蠲豁直隸武清、寶坻、寧河、霸、保定、文安、大城、永清、東安、大興、宛平、雄、安、高陽、獻、阜城、天津、青、靜海、深、饒陽二十一州縣被水、被潮、被雹地方應徵本年下忙錢糧，並一切雜課。其通、清苑、河間、東光、滄、南皮、玉田、武強、香河、安肅、任邱、交河、景、吳橋、鹽山、慶雲、無極、唐山、內邱、任、大名、豐潤、武邑、安平二十四州縣，暨開、東明、長垣三州縣被災較輕地方應徵錢糧雜課。

《德宗實録》卷396，頁180

光緒二十三年（丁酉）春正月壬辰日

綏徵直隸通、武清、寶坻、寧河、霸、保定、文安、大城、永清、東安、大興、宛平、清苑、雄、安、高陽、河間、獻、阜城、東光、天津、青、靜海、滄、南皮、開、東明、長垣、玉田、深、武強、饒陽、香河、安肅、任邱、交河、景、吳橋、鹽山、慶雲、無極、唐山、内邱、任、大名、豐潤、武邑、安平四十八州縣被水地方地丁錢糧，暨各項雜課有差。

《德宗實録》卷 400，頁 224–225

光緒二十四年（戊戌）春正月丙戌日

綏徵直隸順天武清、寶坻、薊、霸、文安、大城、東安、大興、宛平、昌黎、樂亭、清苑、安、高陽、獻、天津、靜海、永年、開、東明、長垣、深、饒陽、通、三河、香河、寧河、保定、順義、灤、安肅、雄、任邱、青、滄、南皮、鹽山、雞澤、大名、蔚、龍門、玉田、武強四十三州縣被水地方新舊糧租雜賦有差。

《德宗實録》卷 414，頁 409

光緒二十五年（己亥）春正月庚戌日

展緩順天直隸武清、薊、寧河、霸、保定、文安、大城、永清、東安、宛平、清苑、雄、安、高陽、獻、天津、青、靜海、永年、開、東明、長垣、豐潤、玉田、武強、饒陽二十六州縣被災各村莊本年春賦並節年民欠錢糧。

光緒二十五年（己亥）五月戊申日

以捐銀助賑，予出使美、日兩國大臣伍廷芳為其父母建坊。其捐助棉衣之直隸文安縣都司職銜張毓檢之父母、捐建義塾之江蘇震澤縣監生黃象曦、暨捐錢購米之吳縣命婦程王氏、金匱縣職婦兩陳沈氏等，並准分別建坊。

《德宗實録》卷 437，頁 747

《德宗實録》卷 444，頁 850

光緒二十六年（庚子）春正月乙巳日

緩徵直隸武清、霸、東安、宛平、唐、安、高陽、獻、天津、宣化、懷來、開、東明、長垣、武強、饒陽十六州縣被水地方額賦旗租，暨文安、昌平、順義、昌黎、樂亭、清苑、交河、東光、青、靜海、滄、南皮、靈壽、平鄉、邯鄲、肥鄉、廣平、雞澤、易、淶水、深、曲陽、大城、房山二十四州縣連年歉收地方原緩額賦旗租，並各項雜徵有差。

《德宗實録》卷 458，頁 2–3

光緒二十七年（辛丑）冬十月乙卯日

蠲緩順直通、三河、武清、寶坻、薊、寧河、霸、保定、文安、固安、永清、東安、大興、宛平、良鄉、涿、順義、灤、盧龍、遷安、樂亭、清苑、安肅、新城、博野、蠡、雄、束鹿、安、高陽、獻、阜城、肅寧、任邱、景、青、靜海、滄、南皮、鹽山、晉、無極、藁城、沙河、開、東明、長垣、遵化、玉田、武強、饒陽、安平、易五十三州縣被水、被雹、被蟲災歉村莊糧賦。

《德宗實録》卷488，頁459

光緒二十七年（辛丑）十二月丁酉日

豁緩直隸通、三河、武清、寶坻、薊、香河、寧河、霸、保定、文安、大城、固安、永清、東安、大興、宛平、良鄉、房山、涿、昌平、順義、懷柔、密雲、盧龍、臨榆、清苑、滿城、安肅、定興、新城、唐、容城、蠡、雄、祁、安、河間、肅寧、任邱、交河、景、東光、青、靜海、南皮、鹽山、井陘、靈壽、平山、晉、藁城、新樂、邢台、沙河、南和、平鄉、廣宗、鉅鹿、成安、肥鄉、曲周、廣平、延慶、蔚、宣化、懷來、西寧、遵化、豐潤、淶水、棗強、衡水、隆平、深、寧晉、武強、饒陽、安平、定、曲陽、深、澤、張家口八十二廳州縣被災歉收村莊糧賦地租。

《德宗實録》卷491，頁491–492

光緒二十八年（壬寅）春正月癸亥日

諭内閣：「上年順直各屬災荒處所，業經降旨分別豁緩。其文安、香河等州縣被災各屬，經袁世凱奏請分別蠲免糧租，亦經照准。惟念今春青黄不接之時，民力必形拮据，實深軫念。著該署督即飭藩司迅速查勘，應如何酌量辦理之處，分晰具奏，候旨施恩，用副履端布闓，嘉惠畿疆至意。」尋奏：「請緩徵通、三河、武清、寶坻、薊、香河、霸、保定、東安、大興、涿、盧龍、樂亭、清苑、安肅、安、高陽、河間、獻、肅寧、靜海、無極、沙河、南和、開、東明、長垣、遵化、玉田、深、武強、饒陽三十二州縣錢糧。」允之。

《德宗實録》卷 493，頁 513–514

光緒二十九年（癸卯）冬十月己卯

蠲緩直隸通、三河、武清、薊、寧河、霸、保定、文安、大城、東安、清苑、安肅、安、高陽、河間、獻、阜城、任邱、東光、天津、青、靜海、滄、南皮、慶雲、邯鄲、元城、大名、豐潤、深、武強、饒陽、安平三十三州縣被水、被旱、被蟲、被霜歉收村莊糧租，其濱臨黄河被水之開、東明、長垣三州縣糧賦並蠲緩。

《德宗實録》卷 522，頁 911

光緒三十年（甲辰）冬十月壬戌日

蠲緩順直通、武清、霸、保定、文安、大城、固安、永清、東安、宛平、良鄉、房山、涿、懷柔、清苑、滿城、安肅、定興、新城、容城、完、蠡、雄、安、高陽、河間、獻、任邱、天津、青、靜海、滄、南皮、鹽山、平山、無極、邢台、南和、隆平、深、棗強、饒陽、安平、獨石口四十四廳州縣被水、被雹、被蟲、被旱、被霧、被風地方本年應徵糧租。其開、東明、長垣三州縣濱臨黃河被水地方應徵糧賦，並分別蠲緩。

《德宗實録》卷 536，頁 136–137

光緒三十一年（乙巳）十一月癸酉日

蠲緩直隸武清、文安、大城、東安、滿城、安肅、定興、容城、高陽、河間、獻、交河、天津、青、靜海、滄、鹽山、元氏、永年、邯鄲、雞澤、元城、西寧、易、武強二十五州縣被災地方糧租。其開、東明、長垣濱河三州縣歉收村莊錢糧暨原貸倉穀並展緩。

《德宗實録》卷 551，頁 314

光緒三十二年（丙午）五月丙辰日

諭內閣：「張百熙等奏分別舉劾屬員一摺。順天大城縣知縣畢承緗、署武清縣知縣、候補直隸州知州周登皞，均著傳旨嘉獎。署東安縣知縣、文安縣知縣徐體善，貪詐無恥，劣跡昭彰，著革職永不敘用，派員押解回籍，交地方官嚴加管束。准補西路同知鄭襄，才具甚庸，難資表率；薊州知州古銘猷，精神委靡，聽斷無才，均著開缺，以間缺通判歸部選用。」

《德宗實録》卷 560，頁 420–421

光緒三十三年（丁未）八月戊子日

諭內閣：「順天府奏，特參詐妄貪劣各員一摺。順天府治中孫壽臣，滑詐性成，辦事謬妄，著以州同降補。香河縣知縣、前署文安縣知縣王維琛，藉端苛罰，操守難信；候補知縣鄭世綱，天性太薄，被控有案；石港司巡檢、前署門頭溝縣丞鄧汝霖，違例擅受，控告有案，均著即行革職。順義縣知縣吳亦琳，恃才任性，辦事草率，著開缺察看。」另片奏：「順天高等學堂監督候選訓導保鳌東，居心近利，鄙玩已甚，著即革職。」又片奏：「署霸州知州、候補直隸州知州周登皞，署文安縣知縣、升補西路同知李培之，署昌平州知州、候補知縣何則賢，均堪為循良之選，著傳旨嘉獎。」

《德宗實録》卷 579，頁 655–656